금융경제학 2판

FINANCIAL ECONOMICS

| 안철원 지음 |

한 경 사

PREFACE

머리말(2판)

본서(금융경제학)가 나온 지 벌써 5년이 지났습니다. 그 동안 금융상황을 포함한 경제상황이 크게 변화하였습니다. 금융경제에 새로운 현상들이 많이 등장하였고 새로운 금융제도가 도입되거나 제도가 바뀐 분야도 많이 발생하였습니다. 이에 따라 금융경제학의 내용을 새로 보완하거나 수정하여야 할 부분이 많아졌습니다. 또 시간이 흐르면서 본서에서 사용한 통계나 자료가 낡아서 새로이 수정하고 보완할 부분이 늘어났습니다. 그리고 처음 책이 나온 이후 한 차례(2015년 8월) 오타나 잘못된 부분을 일부 수정하였지만 여전히 잘못된 부분이 있어 수정할 필요가 발생하였습니다. 본서의 기본 골격은 그대로 유지하면서 이러한 점들을 수정, 보완하여 독자들의 금융경제에 대한 이해도를 더욱 높이기 위하여 금융경제학의 개정판을 출간하기로 하였습니다.

이번 개정판에서 수정되고 보완된 부분은 다음과 같습니다. 첫째, 금융에 디지털 기술이 접목되는 현상(금융의 디지털화)이 그 동안에 크게 확대되었고 이에 따라 국내외적으로 많은 핀테크(Fintech) 기업들이 등장하고 비금융기관인 대형 ICT기업들이 금융업에 진출하는 등 다양한 새로운 금융현상들이 나타나고 있는데 이러한 현상들을 많이 보완하였습니다.

둘째, 새로운 제도의 등장이나 기존제도의 수정부분을 많이 반영하였습니다. 예컨대, 2015년에 우리나라의 사모펀드제도는 전문투자형 사모펀드와 경영참여형 사모펀드의 두 형태로 대폭 개편되었으며 금융지주회사제도도 많이 바뀌었고 당국은 규제와 관련하여 새로운 조치들을 추가로 도입하였으며 인터넷 전문은행에 특례를 인정하는 제도를 도입하였습니다. 또 미국은 2018년에 Dodd-Frank Act의 개정법을 통과시켜 중소형 금융기관의 규제를 완화하였습니다. 이러한 다양한 제도변경과 개편을 많이 반영하였습니다.

셋째, 초판에서 설명이 부족하였던 부분에 대해 보완을 하였습니다. 금융증권에서 기업어음(CP)과 커버드본드(covered bond)에 대해 보완하였으며 파생금융상품시장을 많이 보완하였습니다. 특히 파생결합증권시장과 파생금융상품시장의 위험성에 대해 보완하였습니다. 그리고 미국에서 글로벌 금융위기 당시에 위기를 촉발시킨 단기금융시장에서의 펀드런(fund run)현상을 보완하였습니다.

넷째, 초판에서 사용된 통계자료나 통계치를 최신자료로 가급적 보완하였습니다. 곳곳에서 사용된 많은 통계자료들을 가급적 최근의 것으로 수정하였습니다. 아울러 많은 곳에서 표현이 모호하여 혼란을 주거나 불확실한 부분, 보완이 필요한 부분, 용어의 변경 등에 대해 수정하고 보완하였습니다.

이번의 개정판을 준비하면서도 초판의 경우와 마찬가지로 국내외의 많은 연구소와 기관이 발표한 좋은 연구와 자료를 많이 참고하였습니다. 다시 한 번 연구자들과 연구소와 기관에 깊이 감사드립니다. 그리고 이번 개정판을 발간하면서도 개인적으로 많은 사람들로부터 도움을 받았습니다. 특히 본서를 교재로 사용하면서 많은 격려와 도움을 주신 장덕주 교수님, 역시 본서를 교재로 사용하면서 세세하게 지적해 주시고 도움을 주신 장병화 전 한국은행 부총재님께 깊은 감사를 드립니다. 마지막으로 바쁜 일정과 어려움 속에 신속하게 편집하여 시간을 맞춰주신 한경사의 편집부 여러분들께 깊이 감사드립니다.

2019년 2월

안철원

머리말

본서는 학부학생들을 위한 금융경제학 교과서입니다. 금융경제학 교과서이기 때문에 금융시장, 금융기관 그리고 금융하부구조에 관한 전통적인 주제와 이에 대한 다양한 견해를 포함시키고 전통적인 접근방법으로 설명하려고 노력하였습니다. 이와 더불어 학생들의 관심을 끄는 것도 중요하므로 이들의 관심을 끌기 위한 주제들도 포함시키려고 노력하였습니다. 또 학부학생에 가급적 맞는 수준을 유지하기 위해 수학과 통계학의 기본적인 지식만 있으면 쉽게 접근하고 이해할 수 있도록 노력하였습니다.

금융과 관련하여 훌륭한 교과서가 많이 있습니다. 국내외의 훌륭한 교과서들로부터 많은 것을 배우고 참고하였습니다. 특히 저자가 20년 가까이 화폐와 금융을 강의하면서 주교재와 부교재로 많이 이용하여 익숙한 Mishkin 교수, Hubbard 교수 그리고 Cecchetti 교수의 교과서 등을 많이 참고하였습니다. 훌륭한 교과서가 많이 있음에도 불구하고 저자가 본서를 준비한 이유는 최근의 글로벌 금융위기로 금융에 대한 인식과 금융의 패러다임이 크게 바뀌고 있으며 이에 따라 금융교육의 중요성이 더욱 증가하였기 때문입니다. 이러한 변화된 환경에서 금융현상을 설명하고 금융원리를 이해시킬 필요가 있다고 보았기 때문입니다. 또한 많은 외국교과서가 훌륭하지만 아쉬운 점도 많이 있었기 때문입니다. 특히 이들 교과서에서 설명하는 제도와 사례가 미국 내지 서구중심이어서 우리나라의 제도와 여건에 대한 설명을 보완할 필요성이 있었습니다. 또 교과서의 내용은 통상 정형화되어 있어서 더 이상 새로울 것이 없을 것이라 생각도 하였지만 일부분에서나마 기여할 수 있을 것이라는 생각으로 본서를 준비하였습니다.

따라서 본서는 다음과 같은 몇 가지 특징을 가지고 있습니다. 첫째, 2007년의 미국의 서브프라임모기지 사태를 시작으로 확산된 글로벌 금융위기가 금융에 대한 사고방식을 크게 뒤흔들어 놓았는데 이러한 사고의 변화를 널리 반영하고 있다는 점입니다. 금융환경의 변화에 따른 최근의 현상과 반응들을 비교적 많이 취급하고 있습니다. 둘째, 가급적 우리나라의 제도를 많이 반영하고 있다는 점입니다. 금융은 세계적인 공통현상이므로 선진국의 제도발전을 많이 반영하지만 우리나라의 제도변화도 가급적 많이 반영하고 있습니다. 셋째, 본서는 학부학생을 위한 교과서이기 때문에 복잡한 수식이나 모형을 피하고 가급적 단순한 도형과 서술 중심으로 전통적인 주제와 새로운 주제를 체계적으로 설명하고 있다는 점입니다. 엄밀한 모형의 도출과 계량적 결과를 가급적 피하고 다양한 금융현상을 서술이나 도형으로 주로 설명함으로써 학부학생들뿐 아니라 일반인들이 금융에 대한 폭넓은 일반적 지식을 얻는데 유용하도록 노력하였습니다.

본서를 준비하면서 많은 사람들과 기관들의 도움을 받았습니다. 저자가 알고 있는 분야는 제한되어 있고 다루어야 할 토픽은 많기 때문에 많은 교과서와 금융관련저서, 학술논문 그리고 국내외의 많은 연구소(KDI, 금융연구원, 자본시장연구원, 대외경제정책연구원, 삼성경제연구소, 현대경제연구원, LG경제연구원, 보험연구원, 하나금융경영연구소, NBER, ADB Institute, Peterson Institute for International Economics, Levy Economics Institute of Bard College, American Enterprise Institute, Center for Geoeconomics Studies 등)와 기관(한국은행, 금융위원회, 금융감독원, 예금보험공사, 기획재정부, 법제처, Fed, IMF, ECB, World Bank, BIS, OECD 등)이 발표한 수많은 학자들과 담당자들의 좋은 연구와 자료에서 많은 것을 배우고 참고하였습니다. 좋은 연구와 자료들을 제공해 주어 평소에 강의하고 본서를 준비하는데 많은 도움을 주신 훌륭한 저술가, 연구자들과 연구소와 기관에게 깊이 감사드립니다.

본서를 집필하는데 많은 사람들과 많은 연구자료로부터 도움을 받았음에도 불구하고 잘못된 부분은 전적으로 저자의 이해력 부족과 설명력 부족에 기인하는 것이므로 널리 이해하고 지적해 주시기 바랍니다. 아울러 금융경제학의 포괄범위는 매우 넓은데 본서에서는 금융분야에만 한정하다 보니 금융경제와 거시경제의 관계나 통화금융정책의 파급영향 등은 다루지 못하였습니다. 다음에 기회가 되면 이 분야를 포함하여 다루고자 합니다.

본서가 나오기까지 개인적으로 많은 사람으로부터 도움과 격려를 받았습니다. 공부의 재미와 연구의 열정을 가르쳐 주시고 항상 든든한 힘이 되어주신 정우식 교수님, 유학시절부터 항상 도움과 용기를 주신 오인식 교수님, 유진방 박사님, 장덕주 교수님에게 깊은 고마움을 표합니다. 또한 평소 연구와 토론분위기를 잘 만들어 학교생활을 즐겁게 해준 서울시립대학교 경제학부의 교수님들께도 감사를 표합니다. 특히 연구와 교수의 자세와 방법에 대해 항상 자문과 자극을 주시고 본서의 저술에 용기와 의욕을 북돋아주신

이근식 교수님, 곽태운 교수님, 신봉호 교수님 그리고 모든 원고를 자세하게 읽어보고 많은 지적을 해주시고 늘 좋은 방향으로 저자를 격려해주신 신성휘 교수님께 깊은 감사를 드립니다. 또한 본서의 출판과 관련해 많은 도움을 주신 세종대학교의 유동근 교수님께도 고마움을 표합니다. 아울러 원고를 읽고 검토해준 서울시립대 경제학부의 오은혜 양과 유홍민 군 그리고 바쁜 학기말과 더운 여름에 원고의 교정과 정리를 위해 애써준 대학원의 장준희 군에게 감사드립니다. 또 어려운 출판사 사정에도 불구하고 본서의 출판을 흔쾌히 수락해주신 한경사의 이계남 사장님, 수시로 고쳐 혼란스럽고 난삽한 원고교정에도 불구하고 멋지게 편집하고 시간을 맞춰주신 편집부 직원분들께 깊이 감사드립니다. 그리고 항상 마음을 편하게 해준 우리 가족에게도 감사와 사랑의 마음을 표합니다. 마지막으로 본서를 집필할 수 있도록 연구년을 제공해준 서울시립대학교에 감사를 드리며 "이 저서는 2011년도 서울시립대학교 연구년교수 연구비에 의하여 연구되었음"을 밝혀 둡니다.

2013년 8월

안철원

CONTENTS
차례

I부 개관

II부 금융시장

III부 금융위기

10장 금융위기의 이론 365

11장 금융위기의 사례 389

Ⅳ부 금융기관

V부 금융하부구조

I부 개관

1997년에 우리나라는 외환위기와 금융위기라는 엄청난 충격을 받았다. 이제까지 안정적으로 성장하고 건실하게 발전하던 우리경제가 갑자기 위기에 처하고 파탄을 맞았다. 경제의 모든 부문이 심각한 영향을 받았고 모든 경제주체가 파산의 위기에 처하였다. 이후 경제구조, 경제운영방식, 사고방식, 생활방식, 위험에 대한 인식, 사회 및 금융 안전망의 구조 등 모든 것이 변하였다. 2008년에도 갑작스럽게 전 세계적인 금융위기가 닥쳐왔다. 금융시장은 끝없이 침체되고 금융기관은 도산을 막기 위해 노심초사하였다. 경제는 침체되고 불안은 심화되었다. 이러한 경험이 보여주는 것은 금융의 불안정이 경제에 심각한 나쁜 영향을 미쳐 경제주체들을 불안과 공포 속에 떨게 만든다는 것이다. 그러나 이러한 위기가 있다고 금융과 담을 쌓고 살아갈 수는 없다. 가끔씩 위기가 있지만 사람들은 평소 금융의 혜택을 보고 있으며 금융행위를 하지 않고는 자본주의경제에서 살아가기 어렵다. 그러므로 이러한 위기 속에서도 잘 대처해 나갈 수 있도록 평소에 금융의 본질, 구조, 과정, 속성 등을 잘 알고 있어야 한다. 이러한 것을 공부하는 것이 금융경제학인데 금융경제학에 대해 자세히 공부하기 전에 먼저 I부에서 금융경제학과 금융제도에 대한 개관을 하고 중요한 기초개념들을 공부한다. 1장에서는 금융경제학의 의미와 금융경제학이 다루는 내용에 대해 개관한다. 2장에서는 금융제도의 전체적인 모습과 기능 등을 개관한다. 그리고 3장에서는 금융이론의 기초가 되며 금융투자자들의 행동의 기초가 되는 자산선택이론에 대해 개관한다.

CHAPTER

01

금융경제학의 의미와 내용

1. 금융경제학의 의미
2. 금융경제학을 공부하는 이유
3. 금융경제학을 공부하는 방법
4. 금융경제학의 주요 내용

1. 금융경제학의 의미

일상생활에서 많은 사람들은 신용카드나 온라인이체로 물건 값을 지불하고 있으며 학자금 융자든 주택담보대출이든 은행에서 돈을 빌려 쓰지 않는 사람이나 주식투자나 펀드투자 한번 안 해본 사람을 찾아보기 어렵다. 너무나 일상적이고 당연한 현상이기 때문에 왜 이런 현상이 나타나는지에 대해 의문을 제기하는 사람은 거의 없다. 그러나 이런 현상과 제도들은 우리 생활에서 매우 중요한 의미를 갖고 있으며 우리에게 많은 영향을 미친다. 이자율이 조금만 올라가도 걱정을 하고 위기라는 말만 나와도 주가는 폭락하고 우리의 미래를 지켜줄 생명자산이 줄어든다. 이러한 현상과 제도가 왜 나타나며 우리에게 어떠한 영향을 미치며 앞으로 어떻게 변화되어 갈 것인가? 이와 같은 문제들을 경제적 관점에서 다루는 것이 **화폐금융론**(economics of money and banking, economics of money and finance, economics of money, financial institutions and financial markets)이다. 화폐금융론은 화폐(자금의 형태와 규모)와 금융(자금의 조달과 운용)과 관련된 매우 포괄적인 분야로서 화폐경제학(화폐이론 및 통화정책에 관한 연구)과 금융경제학(금융시장과 금융기관의 역할과 운영에 관한 연구)을 모두 포괄하는 경제학의 한 분야이다.

경제활동의 핵심적 요소의 하나는 **거래**(trade, transaction)이다.[1] 거래에서는 어느 한쪽이 상대방에게 무언가를 제공하고 상대방은 그 대가(reward)로 다른 무언가를 제공한다. 대부분의 경제적 거래에서는 거래당사자의 양쪽이 모두 사람이다. 그러나 어떤 경우에는 거래의 두 당사자 중 단지 한쪽만이 사람인 경우도 있다. 만약 농부가 1년 후에 더 많은 수확을 얻기 위하여 논에 씨앗을 뿌린다면 이것은 사람과 자연 간의 거래이다. 흔히 첫 번째 형태의 거래를 **교환**(exchange)이라고 하고 두 번째 형태의 거래를 **생산**(production)이라고 한다. 생산과 교환이 결합되는 거래도 많이 있다.

사람들은 일반적으로 거래되는 물건의 하나가 화폐(money)인 교환에 참여한다. 그리고 대부분의 사회는 사람들 간의 가치의 공간적 교환을 촉진하기 위하여 특정 물건이 교환수단(화폐)으로 사용될 수 있도록 다양한 제도와 관행을 확립하고 있다. 따라서 만약 우리나라에서처럼 원화가 화폐(교환수단)로 사용된다면 사람들은 일반적으로 사과를 원화와 교환하고(사과를 팔고) 원화를 감과 교환(감을 구매)함으로써 사과와 감을 간접적으로 교환한다. 첫 번째 교환에서의 교환조건이 사과의 가격을 결정하고 두 번째 교환의 교환조건이 감의 가격을 결정한다. 이러한 가격이 사과와 감의 상대가격(교역조건)을 결정한다(예컨대, 감 2개에 사과 1개). 화폐의 사용은 거래를 아주 쉽게 만들며 그래서 거래비용을 크게 낮춘다. 또한 화폐의 사용은 회계의 단위를 단일화시킴으로써 계산과 거래를 쉽게 만들며 역시 거래비용을 낮춘다.

이와 같이 화폐를 이용해 교환이 이루어지는 경제를 **화폐경제**(monetary economy)라고 한다. 반면에 화폐 없이 물건의 교환이 이루어지는 경제를 **물물교환경제**(barter economy)라고 한다. 자본주의 시장경제에서는 효율성이 매우 중요하기 때문에 화폐경제는 거래비용을 줄이기 위해(효율성을 증대시키기 위해) 효율적인 화폐를 지속적으로 발전시켜 왔다. 이러한 화폐경제에서 일어나는 여러 가지 경제적 문제를 다루는 것이 **화폐경제학**(monetary economics)이다. 미시적 수준에서 화폐는 교환을 원활하게 해서 경제가 효율적으로 작동하게 만드는 역할을 하며, 거시적 수준에서는 화폐의 양(통화량)이 적절하여야 경제 전체의 생산과 교환이 원활해진다. 즉, 경제 전체의 통화량은 경제활동 규모(산출량), 물가와 인플레이션의 움직임에 매우 중요한 영향을 미친다. 그러므로 통화량을 적절하게 통제하는 것이 매우 중요한데 이러한 통화량(또는 통화량에 영향을 미치

1 이하 W. Sharpe 홈페이지(www.stanford.edu/~wfsharpe/mia/int/mia_int2.htm) 참고.

는 정책금리)의 통제가 **통화정책**(monetary policy)이므로 통화정책이 화폐경제학에서는 매우 중요한 부분이 된다. 이와 같이 화폐경제의 특성과 발전과정, 통화량(이자율)의 변화가 생산이나 물가(인플레이션)에 미치는 과정과 영향, 그리고 통화량(이자율)의 크기에 영향을 미치는 통화정책에 대해 논의하는 것이 화폐경제학의 주 내용이 된다.

화폐경제학은 교환의 두 대상물 중 단지 하나가 화폐인 교환에 초점을 맞춘다. 그러나 **금융경제학**(financial economics)은 교환의 양쪽 모두에 어떤 형태의 화폐가 등장하는 교환에 주로 초점을 맞춘다. 즉, 금융경제학은 한 형태의 화폐와 다른 형태의 화폐가 교환되는 거래(금융적 거래, 화폐의 금융적 유통)를 대상으로 한다. 통상적으로는 현재의 화폐와 미래의 화폐(미래에서의 화폐에 대한 청구 권리를 나타내는 금융증권) 간의 시간적 가치 교환을 대상으로 한다. 때로는 우리나라의 화폐와 외국의 화폐(달러 등) 간의 교환(외환거래)을 대상으로 하기도 한다. 이러한 외환거래도 금융의 한 형태이기는 하지만 기본적으로는 현재의 화폐와 미래의 화폐 간의 시간적 교환을 주 대상으로 한다. 이와 같이 화폐라는 자원을 시간적으로 배분하는 현상(intertemporal allocation of money)을 **금융**(finance)이라고 하며, 이러한 금융현상을 다루는 것이 금융경제학이다.[2] 좀 더 구체적으로 말하면 금융경제학은 화폐의 존재를 전제로 하여(화폐가 없더라도 차입과 대출 등의 금융현상은 가능하나 통상 화폐의 존재를 가정함) 화폐(자금)의 대출과 차입이 일어나는 과정(재무적 의사결정), 이 과정의 특징적 성질, 자금의 대차관계가 경제에 미치는 영향 그리고 이러한 자금의 대차관계가 원활하게 이루어지도록 하는 각종제도(금융시장, 금융기관)의 성격, 운영, 그리고 발전과정 등에 대해 논의하는 분야이다. 많은 의사결정은 현재의 화폐와 미래의 화폐(금융증권) 간의 거래를 수반하며 그러한 거래는 사람 간의 거래(순수한 금융거래)이든, 사람과 자연 간의 거래(금융활동이 실물경제에 미치는 영향)이든 모두 금융경제학의 영역에 속한다.

금융현상이 발생하기 위해 가장 중요한 요소는 **시간**(time)이라는 요소이다. 금융은 현재의 자금(화폐)과 미래의 자금(화폐)이 교환되는 것이기 때문에 시간적 요소가 불가피하다. 물론 현재와 미래 간의 시간적 가치 교환이지만 미래의 동일한 상황과의 교환만을 의미하는 것은 아니며 미래는 미래에 나타날 다양한 공간적 상황(기업의 적자나 흑자,

2 화폐금융의 핵심은 시공간을 통한 가치의 교환이라고 볼 수 있다. 개괄적으로 말하면 화폐(money)는 공간을 통한 가치의 교환을 주로 담당하고 있으며 금융(finance)은 시간을 통한 가치의 교환을 주로 담당하고 있다고 볼 수 있다.

특정상황의 발생, 특정지역 등)을 포함한다. 이러한 의미에서 미래는 시간적 요소와 공간적 요소를 모두 포함하고 있다. 그리고 이러한 시간적 및 공간적 요소 때문에 **위험**(risk)과 **불확실성**(uncertainty)이 불가피하다. 미래의 자금이 약속대로 상환될 수 있을지에 대한 위험과 미래에 어떤 상황이 발생할지 모르는 불확실성이 발생하게 된다. 만약 시간과 위험과 불확실성의 개념이 없다면 금융경제학이 성립되지 않을 것이다. 그러나 실제에서 이러한 측면(시간, 위험, 불확실성)은 거의 모든 경제활동의 핵심적인 요소이자 필연적인 요소이다.[3] 그러므로 금융현상의 발생은 불가피하다.

위험과 불확실성 하에서 경제적 의사결정을 하기 위해서는 많은 정보가 필요하다. 즉, **정보**(information)가 미래의 결과와 관련된 위험과 불확실성을 감소시키거나 때로는 제거할 수 있다. 따라서 정보는 의사결정의 기초가 되며 금융경제학에서는 화폐와 관련된 거래에 관한 정보가 중요하다. 요컨대, 금융경제학은 금융적 활동에서 시간, 위험, 불확실성 그리고 정보가 하는 역할에 초점을 맞춤으로써 전통적 화폐경제학과 구분이 된다.

2. 금융경제학을 공부하는 이유

금융현상은 복잡하여 이해하기 어렵지만 현대사회에서 살아가기 위해서는 이에 대해 공부하여야 한다. 첫째, 금융경제학은 실생활과 밀접한 관계를 가지는 매우 현실적인 분야이기 때문에 공부할 필요가 있다. 각 경제주체(개인, 기업, 정부 등)는 항상 자금을 빌리거나 빌려준다. 전 세계적으로 경제성장이 지속되고 경제규모가 커짐에 따라 각 경제주체의 여유자금(저축)이 점차 커지고 있으며 따라서 이들은 어떤 형태로든 이러한 자금을 잘 관리하여야 한다. 또 많은 사람들은 주택이나 자동차의 구입 또는 생활자금을 위해 자금을 빌려야 한다. 이 같은 경우에 어떤 방식으로 자금을 운용하고 어떤 방식으로 자금을 조달하고 상환할 것인지를 결정하여야 한다. 2007년의 미국의 서브프라임 모

3 현대적 거시경제학의 창시자라고 할 수 있는 J. M. Keynes는 "화폐의 중요성은 본래 화폐가 현재와 미래를 연결하는 하나의 고리라는 데서 생기는 것이다(Keynes(1936). 조순(1985, p.295))"라고 말하고 있는데 이에서 알 수 있듯이 Keynes의 경제학은 "시장체제에서의 인간행위는 물물교환체제의 그것과는 달리 화폐와 시간의 개입으로 인해 불확실성과 불안정성 속에서 이루어질 수밖에 없다는 인식에서 출발한다(고세훈(2009, p.136))." 따라서 화폐 및 금융경제학뿐 아니라 거시경제학이 모두 시간과 불확실성(위험)의 제약에서 벗어날 수 없다고 볼 수 있다. 그러나 금융경제학에서 특히 그러한 제약이 가장 크고 핵심적이라고 볼 수 있다.

기지사태에서 본 바와 같이 금융시장과 금융기관의 나쁜 성과에 의해 많은 가계, 기업, 지방 및 중앙정부, 그리고 심지어 대학까지 큰 타격을 받았다. 또 2011년의 우리나라의 저축은행사태에서 본 바와 같이 금융에 대한 정확한 지식이 없으면 미래를 위해 마련한 생명과 같은 자산이 하루아침에 사라지는 불행을 겪게 된다. 이러한 타격을 받지 않으려면 금융시장과 금융기관에서 금융상품의 가격이 어떻게 결정되고 어떠한 요인에 의해 움직이며 위험이 얼마나 큰지를 파악하는 것이 매우 중요하다.

둘째, 금융현상은 매우 가변적이고 상호의존적이며 복잡하고 위험하기 때문에 깊이 있게 공부하여야 한다. 우선 화폐금융시장은 세계적 연관성을 갖고 있다. 예컨대, 일본의 금리인상은 미국의 금융시장에 파급되고 뉴욕의 주가변동은 우리나라의 주식시장에 영향을 미친다. 또 금융의 세계화로 돈이 전 세계를 돌아다니기 때문에 돈이 어디로 가느냐에 따라 각국의 금리, 환율, 주가 등 금융변수가 급등락을 되풀이한다. 그리고 채권시장, 주식시장, 외환시장이 밀접하게 연관되어 있어 상호작용이 매우 복잡하며 예측이 불가능할 정도로 매우 변동이 심하다. 이에 따라 금융분야는 많은 기회를 제공하면서도 위험한 분야이다. 특히 금융의 디지털화와 비대면화가 진행되면서 제도의 변경이 수시로 이루어지고 있으며 제도도 매우 복잡하여 잘 모르면 큰 손실을 입을 수 있기 때문에 사람들은 스스로 자신의 재산과 권익을 보호할 수 있어야 한다. 세계금융시장이 통합되고 금융이 디지털화될수록 금융을 잘 아는 사람에게는 더 많은 기회가 제공되고 금융을 잘 모르는 사람은 사회에서 뒤떨어질 위험이 더 커진다. 근로소득에 비해 자본소득이 상대적으로 급속히 커지고 있어 금융에 대해 정통한 경우의 보상과 금융에 무지한 경우의 벌칙의 차이가 너무나 크고 가혹하므로 이에 대비하여야 한다.

셋째, 금융의 경제에서의 역할이 중요하다는 것을 이해하고 금융에 대한 정확한 인식을 갖기 위하여 금융경제학을 공부하여야 한다. 금융에 대한 정확한 인식을 가져야 경제에 올바른 기여를 할 수 있기 때문이다. 자본주의 교환경제에서 화폐와 금융은 필수불가결한 요소이다. 그러나 이러한 인식이 자리 잡은 것은 그렇게 오래된 것이 아니다. 금융과 금융업자에 대한 적개심은 시대와 장소를 막론하고 항상 있었는데 그것은 금융이 돈놀이라는 생각과 돈놀이로 생활하는 자들은 농업이나 제조업 등 실물경제활동에 기생하고 있다는 생각 때문이었다. 그러나 실제로는 금융과 금융발전은 인류가 비참한 생존상황에서 벗어나 현재의 풍요로운 물질세계로 나아가는데 절대적으로 기여하였으며 필수적인 것이었다. 또 빈곤은 탐욕스러운 금융업자가 가난한 자를 착취한 결과가 아니며 빈곤은 금융업자(은행)의 존재 때문이 아니라 오히려 금융을 이용할 수 있는 기회가 없기 때문에 발생한다는 것을 알 필요가 있다.[4] 차입자가 효율적인 금융기관에의 접근이 가능해야 탐욕스러운 금융업자의 횡포에서 벗어날 수 있으며 저축자가 신뢰할 수 있는 금융기관에 예금을 할 수 있어야 자금이 생산적으로 이용되어 일자리가 창출되고 빈곤을 극복할 수 있다. 금융의 발전이 산업의 혁신보다 앞섰다는 사실에는 의심의 여지가 없다. 신용과 금융제도의 발전은 고대부터 오늘날에 이르기까지 문명을 일으킨 그 어떤 기술혁신 못지않게 중요하였고 금융은 현대 문명사회를 지탱하는 근본 기둥이다. 아무리 좋은 기술혁신이 있어도 이를 사업화하고 상품화할 수 있는 금융의 지원이 없다면 그러한 기술혁신은 무용지물이 될 가능성이 크다. 그러므로 화폐가 없거나 제 기능을 못하고 금융기술이 발전하지 않았다면 경제는 지금처럼 발전할 수 없었을 것이며 인류는 지금보다 훨씬 어려운 상황에 머물렀을 것이다.

넷째, 금융경제와 실물경제의 관계를 이해하기 위하여 금융경제학을 공부하여야 한다. 특히 앞으로 금융분야에 종사하고자 하는 사람은 이러한 이해가 필요하다. 금융제도는 매우 중요하여 한 나라의 금융관련제도나 정책이 잘못되면 나라 전체가 어려운 상황에 빠지기도 한다. 이처럼 금융부문에서 문제가 생기면 실물경제가 나쁜 영향을 받게 되고 또한 실물경제가 악화되면 금융경제도 역시 악화되는데 이와 같이 금융경제의 난관(금융위기의 발생)과 실물경제의 어려움(경제위기의 발생)은 서로 상승작용을 일으켜 나쁜 악순환을 가져온다. 반면 금융경제가 발전하면 효율성이 증대하여 실물경제의 성장과 발전을 가져오며 또 실물경제의 성장과 발전은 한편으로 소득의 증대를 통해 저축의 증가를 가져오고 다른 한편으로는 더 많은 투자자금을 필요하게 만들어 금융경제의 발전을 가져오는 등 선순환을 가져온다.

금융경제와 실물경제가 위와 같이 상호작용(금융-실물 간 연계 강화, macro-finance linkage)을 하면서 최근에 와서 금융경제의 중요성은 상대적으로 점점 확대되고 실물경제의 상대적 중요성은 점점 축소되는 경향을 보여 왔다.[5] 경제가 성장하고 발전하면 소

4 2006년에 노벨평화상을 수상한 Muhammad Yunus 총재가 방글라데시에서 설립한 그라민은행(Grameen Bank)은 차입기회가 없기 때문에 빈곤이 발생한다는 것과 금융이 성장과 배분에 크게 기여한다는 것을 잘 보여주고 있다.

5 금융경제의 부상과 확대는 피할 수 없는 현상으로 보인다. 1980년만 해도 세계금융자산규모는 세계GDP 규모와 비슷한 수준이었다. 그러나 1990년에 금융자산규모는 GDP의 2배, 2002년에 3배로 증가하였고 2008년 4배로 증가하였다. 미국의 경우만 보면 2008년에 20배에 달하였다.

득이 증가하고 저축의 합인 재산(wealth)이 점차 증가하는데 이러한 소득을 지속적으로 증가시키는 실물경제의 발전도 중요하지만 재산을 잘 관리하는 금융경제의 역할이 더욱 더 중요해지고 있다. 그러나 2008년의 글로벌 금융위기에서 본 바와 같이 금융경제의 과도한 팽창과 잘못된 관리는 실물경제에 많은 부작용을 유발하고 엄청난 경제위기를 유발하였다. 2008년 경제 불안정의 근인은 금융에 있었다. 즉, 금융경제의 과도하고 제약 없는 팽창이 오히려 실물경제를 더욱 어렵게 만드는 요인이 되었다. 그러므로 금융경제의 기능과 역할을 잘 인식하고 이에 맞는 제도발전과 감독이 절실히 필요하다. 이러한 과업은 일부 전문가들만이 수행하는 일이지만 많은 사람이 금융과 관련된 제도와 이론을 잘 알고 있으면 보다 쉽게 금융위기에 대한 대응력이 커지게 되고 경제가 발전하게 된다. 그래서 최근에는 금융교육에 대한 관심이 매우 높다. Robert Shiller 교수는 금융민주화(financial democracy)가 서브프라임 모기지사태로 인한 금융위기를 해결하고 다시는 그러한 위기가 발생하지 않도록 하는 가장 중요한 대책이라고 보고 있는데 이를 위해 가장 필요한 것이 바로 금융교육의 강화이다.[6]

3. 금융경제학을 공부하는 방법

금융경제학은 금융현상을 설명하기 위한 이론적 측면과 제도적 측면을 모두 갖고 있기 때문에 금융경제학을 공부하기 위해서는 금융이론에 대한 이해와 이론을 활용하기 위한 훈련 그리고 금융제도에 대한 이해와 새로운 제도에 대한 관심이 중요하다.

먼저 금융에 대해 공부하기 위해서는 주요개념과 분석틀(모형)을 잘 익혀야 하며 이러한 개념과 모형을 이용하여 경제분석을 하는 훈련을 쌓아야 한다. 통상적으로 양적 경제분석에서는 기본적인 수요공급모형을 이용하여 여러 현상을 분석한다.[7] 대표적인

6 Shiller 교수는 금융민주화에 대해 예전에는 개인적 문제로 여겨져 온 이슈들을 금융을 통해 사회적으로 해결하는 시스템을 만드는 것이라고 했다. 금융위기를 극복하기 위해서는 이러한 금융의 민주화가 필요한데 이는 금융혁신의 수혜를 많은 사람들이 공유하게 하고 모든 현대적인 기술을 동원하여 건전한 금융원칙들을 사회전체로 확대하는 것이다. Shiller 교수는 사람들이 매년 건강검진을 받듯이 모든 가계는 정기적으로 각자의 금융상황에 대해 자문을 받아야 하며 이를 위한 금융교육의 확대가 지금과 같은 경제 상황에서는 장기적으로 위기에 대한 가장 중요한 대책이 된다고 주장한다. Shiller(2009), 전준희(2009) 참고.

7 모형은 복잡한 현실을 단순화시킨 것이므로 단순화된 현실이라고 볼 수 있다. 현실은 너무 복잡하여 직

모형으로는 이자율결정과 관련된 채권시장모형(대부자금이론), 주식시장모형, 환율결정과 관련된 외환시장모형 등이 있다. 이러한 분석틀(모형)을 이용하여 비교정태분석을 하는 것이 본서에서 가장 일반적으로 활용하는 분석방법이다. **비교정태분석**(comparative static analysis)이란 모형의 원래의 균형점과 새로운 균형점을 비교하는 분석방법이다. 즉, 외생변수(모형의 외부에서 결정되는 변수)의 변화가 내생변수(모형의 내부에서 결정되는 변수로서 우리가 관심을 가지는 변수)에 미치는 영향을 초기의 균형점과 이후의 균형점을 비교하여 살펴보는 것을 비교정태분석이라고 한다. 위에서 언급한 다양한 모형의 경우 모두 이런 방식으로 경제분석을 한다.

금융현상을 분석하고 설명하는 데는 양적 분석만이 아니고 정성적 분석(qualitative analysis)도 사용된다. 정성적 분석을 하기 위해서는 주로 중요한 개념을 이용하는데 이러한 개념들을 잘 이해하고 잘 활용하는 것이 매우 중요하다. 특히, 금융시장과 금융기관의 분석에서는 **거래비용**(transaction cost)과 **비대칭적 정보**(asymmetric information)의 개념을 이용하여 분석한다. 비대칭적 정보에 의해 발생하는 **역선택**(adverse selection)과 **도덕적 해이**(moral hazard)의 개념이 다양한 금융현상이 발생하는 이유, 은행과 같은 금융중개기관이 존재하는 이유, 그리고 금융위기가 발생하는 이유 등을 설명한다. 또 이자율의 기간구조이론에서는 기대수익, 유동성 프리미엄과 같은 중요한 경제개념을 이용하여 설명한다.

이러한 분석적 접근방법 이외에도 금융현상을 공부하고 익히기 위해서는 제도에 대한 이해와 제도변경에 대한 관심이 매우 중요하다. 그동안 주류경제학에서 제도는 불변이라는 가정 하에 경제현상을 시간과 공간을 초월해서 항상 성립되는 대상처럼 연구하였다. 그러나 Douglas North 교수(1993년 노벨경제학상 수상자)는 주류경제학에는 시간과 제도가 빠져 있다고 비판하면서 역사와 제도를 강조하였고 제도는 경제활동의 유인체계를 결정하는 게임법칙이며 따라서 장기 경제성장의 근본요인이라고 주장하였다. 그러므로 유인부합적인 제도를 만들고 이 제도를 통해 경제활동이 이루어지도록 하는 것이 매우 중요하다. 특히 금융분야에서는 경제 환경의 변화에 따라 많은 제도가 수시로

접 분석하기 어려우므로 보다 쉽게 현실을 파악할 수 있도록 단순화시킨 것이 모형이다. 따라서 모형을 이용하여 분석하는 것이 훨씬 더 쉽다. 모형에는 다양한 형태가 있으며 이러한 다양성은 어떤 관점에서 얼마나 현실을 단순화시키느냐에 달려 있다. 통상 교과서에서 공부하는 모형들은 접근의 관점이 보편적이고 비교적 단순화가 많이 되었지만 매우 유용한 모형들이다.

바뀌고 있다. 그러므로 제도에 대해 충분히 이해해야 한다. 왜 그러한 제도가 도입되었고 왜 그러한 제도가 변화되고 수정되는지, 현재 각 나라의 제도는 어떤 배경에서 도출된 것인지를 알고 있어야 우리나라에서의 제도와 제도변화의 효과를 알 수 있다.

금융분야는 다른 어떤 경제분야보다도 급속하고 역동적으로 변화하고 있다. 이처럼 급속하게 역동적으로 변화하는 환경조건(각종 위험과 각종 제도가 발생하고 변화하는 환경) 하에서 이윤을 추구하는 경제주체들과 이러한 이윤추구행동이 가져오는 불안정적 결과를 감시하는 당국 간의 끊임없는 게임이 진행되고 있다. 즉, 환경의 변화에 따른 새로운 이윤추구기회의 포착으로 금융혁신이 발생하고 이에 따라 새로운 위험이 등장하고 이러한 위험을 줄이거나 없애기 위한 새로운 규제 등 제도의 변화가 발생하며 이에 따라 또 새로운 혁신이 발생하는 순환과정이 나타나고 있다. 이런 과정에서 금융현상에 대해 수많은 찬반논란과 분석 자료들이 생성되고 있다. 따라서 항상 관심과 문제의식을 갖고 이러한 현상들을 살펴보는 것이 금융경제학을 공부하는 가장 기본적이고 좋은 방법이다.

4. 금융경제학의 주요 내용

금융경제학에서 우리는 무엇을 공부하는가? 우선 금융경제에서 나타나는 기본적 원리와 추세(trend)에 대해 살펴보고 본서에서 앞으로 다룰 내용을 개관한다.

(1) 금융경제의 기본원리[8]

① 금융은 시간을 수반하며 이에 대해 보상을 요구한다.

금융은 현재와 미래 간의 거래이므로 항상 시간(time)을 수반한다. 그리고 시간은 가치(value)를 갖는 자원이므로 금융거래는 시간에 대한 보상을 요구한다. 예컨대, 내가 타인에게 1년간 일정한 자금을 빌려주는 경우 그 보상은 무엇이어야 하는가? 그 보상의 일부는 내가 그 자금을 사용하려면 1년을 기다려야 하는 데 대한 보상이다. 즉, 자금의

8 Cecchetti(2006) 참고.

사용을 1년간 지연시킨 데 대한 보상이다.

시간은 중요하며 가치를 가진다. 그러므로 현재의 100만 원과 1년 후의 100만 원은 같은 가치가 아니다. 1년 후의 100만 원의 현재가치를 계산하는 것을 할인(discount)이라고 하며 그 비율을 **할인율**(discount rate)이라고 하는데 시간은 가치가 있는 자원이므로 이 할인율, 즉 **시간선호율**(rate of time preference)은 항상 양의 값을 갖는다.

② 금융은 불확실성을 수반하므로 위험이 수반되고 이에 대한 보상을 요구한다.

금융은 현재와 미래 간의 거래에 대한 약속인데 미래에는 어떤 사태가 발생할지 불확실(uncertain)하며 따라서 금융거래에는 미래에 약속이 지켜지지 않을 위험(risk)이 필연적으로 수반된다. 사실상 금융은 위험을 거래하는 것으로 볼 수 있으며 금융은 거래되는 위험의 종류와 크기에 따라 이에 대한 보상을 요구한다. 위험이 클수록 더 많은 보상을 요구한다. 현재 경기가 나쁘거나 자산시장이 불안정한 경우 미래에 대한 불확실성과 위험은 증가한다. 이러한 위험에 대한 보상은 흔히 **위험프리미엄**(risk premium, **위험보상**)이라고 불린다. 금융증권이 제공하는 수익(이자)의 일부는 이러한 위험프리미엄이며 이 위험프리미엄은 항상 양의 값을 가진다. 그리고 미래로 갈수록 불확실성과 위험이 더 크므로 위험프리미엄도 더 커진다. 그리고 수익의 일부는 위험에 대한 보상이므로 큰 위험을 취하지 않으면서 높은 수익을 올릴 수 있는 방법은 없다. 높은 수익을 얻으려면 높은 위험을 감수하여야 한다.

③ 자금은 기대수익률이 낮은 곳에서 높은 곳으로 흐른다.

금융에서의 보상은 시간에 대한 보상과 위험에 대한 보상을 모두 포함한다. 이러한 보상은 자금의 기대수익률로 나타난다. 자본주의경제에서 자금은 항상 높은 (기대)수익을 좇아 흘러간다. 물은 아래로 흐르지만 돈(자금)은 위로 흐른다. 많은 단기부동자금이 대기하고 있다가 만약 부동산시장에서 높은 수익이 기대되면 자금이 한꺼번에 부동산시장으로 몰려서 부동산가격이 급등하며 정부의 규제로 부동산거래가 어려워지고 기대수익률이 하락하면 부동산시장에서 자금이 이탈한다. 그러다가 주식시장에서 높은 수익이 기대되면 자금이 주식시장으로 흘러가 주가의 상승을 유발한다. 만약 기대수익률이 높은 곳으로 흐르는 자금의 규모가 매우 크고 지속된다면 거품(bubble, 본질적 가치를 넘어서는 가격의 상승)이 발생한다.[9]

특히 오늘날 자금은 빛과 같은 속도로 흐른다. 동시적인 원격통신, 인터넷을 이용한 매매로 인해 과거와 같은 자금거래에서의 시간지체현상은 사라졌다. 생각하고 평가하고 수정할 시간이 줄어들었다. 그 만큼 기대수익률의 변화가 경제에 미치는 속도는 빨라져 동시적 현상이 되었고 영향력은 커졌다.

④ 금융제도는 효율성과 안정성의 두 축을 중심으로 변화하고 있다.

자금의 이전이라는 분업을 담당하는 금융제도는 초기의 단순한 은행형태에서 엄청나게 다양한 형태의 금융기관과 금융시장이 존재하는 지금의 형태로 변화하였으며 금융상품도 단순한 은행예금이나 주식 또는 채권에서 매우 다양하고 복잡한 형태로 변화하였다. 이러한 금융제도의 변화와 발전은 모두 금융활동에서 발생하는 비용, 즉 거래비용과 정보비용을 감소시켜 경제의 효율성을 증대시키는 방향으로 진행되어 왔다. 더 적은 비용으로, 더 빨리, 더 정확하게 지급이 이루어지고 자금이 이전될 수 있는 방향으로 금융제도가 진화되어 온 것으로 볼 수 있다.

금융제도의 변화와 발전에는 이러한 **효율성**(efficiency)과 함께 **안정성**(stability)에 대한 고려도 중요하게 작용하였다. 금융으로 후생(welfare)을 개선하기 위해서는 효율성뿐 아니라 안정성도 중요하므로 안정성을 확보하기 위해 노력하여 왔다. 금융제도의 발전과 변화과정에서 효율성을 지나치게 강조하여 거래규모가 커지고 거래속도가 빨라지면 안정성의 문제가 제기된다. 즉, 효율성을 증대시키는 제도의 발전이 다른 면에서 안정성을 손상시키는 결과를 가져온다. 이처럼 제도의 효율성을 강조하다보면 안정성이 훼손되지만 반면에 안정성을 강조하다보면 효율성이 훼손된다.

과거의 금융제도의 변화과정을 보면 효율성과 안정성이라는 양 축을 중심으로 변화하여 왔다. 미국 금융제도의 경우 1920년대에는 효율성이 강조되어 안정성이 크게 약화되었고 이로 인해 1930년대 초에 대공황(Great Depression)이 발생하였다. 대공황으로 안정성이 극단적으로 훼손되자 1933년의 **Glass-Steagall Act**로 대변되는 강력한 규제를 통해 금융제도의 안정성을 강화하는 극적인 조치들이 취해졌다. 그러나 이러한 조치들

---

9 저금리의 일본자금이 높은 금리를 따라 전 세계적으로 흘러가 발생한 **엔 캐리 트레이드**(yen carry trade)도 높은 기대수익을 좇아 나타나는 자금이동현상의 한 예이다. 이러한 국제적 자금이동이 전 세계에 큰 금융교란요인이 된다는 것은 주지의 사실이다. 특히 1990년대 이후 선진국에서의 저금리상황으로 인해 많은 자금이 신흥시장국으로 흘러들어가 한편으로는 경제성장에, 다른 한편으로는 경제교란에 기여하였다.

로 인해 금융제도의 효율성이 크게 떨어지고 금융기관의 대외적 경쟁력이 하락하자 1980년대부터 다시 효율성을 강조하는 방향으로 기울고 규제를 완화하기 시작하였다. 이러한 규제완화와 효율성을 강조하는 대표적인 예가 미국의 1999년의 **금융서비스현대화법(Financial Services Modernization Act of 1999, Gramm-Leach-Bliley Act)**이다. 그러나 이번에도 효율성의 과도한 추구는 결국 안정성의 붕괴라는 결과를 야기하였고 2008년에 세계적인 금융위기를 유발하였다. 다시 안정성을 확보하기 위해 미국의 경우 Glass-Steagall Act의 부활을 시도하는 2010년의 **금융개혁법(Dodd-Frank Act)**을 제정하여 규제를 강화하는 등 효율성보다는 안정성을 확보하는 방향으로 제도변화가 이루어졌다.

⑤ 장기간의 과도한 신용증가나 저금리의 유지는 거품을 유발하고 이러한 거품은 반드시 꺼진다.

인간의 탐욕과 공포는 역사적으로 계속 반복되어 왔다. 이러한 인간의 탐욕과 공포는 결코 합리적이고 이성적인 인간의 행동으로 보기 어렵다. 오히려 비합리적이고 심리적이고 감성적인 요인에 의해 탐욕과 공포가 발생하는 것이라고 볼 수 있다. 현대적 거시경제학의 창시자인 Keynes의 경제학은 화폐경제를 기본으로 하는데 화폐와 금융이 개입되는 한 경제주체로서의 인간의 행위는 무지와 불확실성을 피할 수 없다는 인식에서 출발한다. 앞에서 보았듯이 화폐 및 금융과 시간 및 불확실성은 서로 뗄 수 없는 관계에 있으며 자본주의의 본원적 문제가 여기에 있다. 이런 상황에서 경제행위자들의 행동은 희소성의 조건에 따라 합리적으로 선택되는 것이 아니라 무지와 불확실성의 조건 하에서 비합리적으로, 심리적으로 선택된다. 탐욕으로 인해 주식이나 부동산의 가격을 실제가치보다 더욱 끌어올려 거품을 만들기도 하고 반대로 공포로 인해 자산가격을 폭락시키기도 한다.

탐욕이 거품(버블)을 유발하는데 그 배경에는 어김없이 지속적이고 과도한 신용의 증가나 장기간에 걸친 저금리의 지속이 있다. 자산가격의 거품은 신용의 증가와 저금리에 절대적으로 달려있다. 신용의 과도한 증가 없이는 자산가격의 거품이 발생하지 않는다.[10] 신용이 지속적으로 증가하거나 저금리가 장기화되면 누구든 돈을 얼마든지 빌릴 수 있다고 생각하게 된다. 마치 자금의 사용에 비용이 없는 것처럼 보이고 왕성한 소비

10 Kindleberger and Aliber(2005). 김홍식(2006, p.118, 4장) 참고.

와 투자증가가 계속되고 엄청난 가격으로 자산들이 거래된다. 그래서 과도한 신용증가나 저금리의 지속은 자산가격의 거품을 유발한다. 특히 안정적인 물가 하에서는 명목금리가 장기간 낮은 수준에 유지되어 금리가 낮은 것으로 느껴져 차입수요가 늘고 결과적으로 신용이 과다하게 확대되는 것을 방지하는 것이 어렵게 된다. 또한 낮은 수익률에 대한 불만족으로 위험자산에 대한 투자가 성행하게 된다. 그리고 물가안정이 지속되면 금리가 인상될 이유가 없을 뿐 아니라 현재의 호황이 지속될 것이라는 환상(economic euphoria)에 빠지게 되어 자산에 대한 과도한 투자가 유발될 수 있다.

이러한 와중에 정부정책의 변화(금리인상, 신용규제 등)나 어제까지만 해도 성공적이라고 여겨지던 일부 회사가 특별한 이유 없이 파산하는 사건들이 벌어지면서 자산가격은 상승행진을 멈추게 된다. 자산의 매입을 대부분 차입금으로 조달했던 일부의 투자자들은 결국 대출자금에 대한 이자지불액이 자산에서 나오는 투자소득보다 커지게 되는 순간, 보유하고 있던 부동산이나 주식의 투매자로 돌변한다. 이들의 투매는 공포를 유발하고 이로 인해 자산가격이 폭락하게 된다. 가격이 더 떨어지기 전에 팔아치우려는 매도 행렬이 시장을 장악하고 급작스럽게 진행된다. 이러한 공포가 패닉(panic)과 붕괴를 유발하게 된다. 결국 자산가격의 버블이 터져 금융기관과 기업의 파산이 급증하고 금융제도가 작동하지 못하게 되는 금융위기가 발생하며 이어 경기침체가 유발된다. 거품은 신용의 지속적 확대와 저금리의 지속으로 유발되며 거품은 역사적으로 반드시 꺼졌다.

⑥ 경제적 유인이 금융을 지배한다.

사람들은 비경제적 동기도 갖고 있고 따라서 항상 합리적으로 경제적 이익을 추구하지는 않지만 대부분의 경제활동은 합리적인 경제적 동기에 따라 이루어진다. 사람들은 명시적이고 엄밀하지는 않지만 행동을 결정할 때는 항상 행동에 따른 이득과 비용을 감안한다. 이득이 증가하면 그러한 행동을 더 하게 되고 비용이 증가하면 그러한 행동을 줄이게 된다. 이득이 증가하도록 만드는 것을 **경제적 유인(economic incentive)**이라고 할 수 있으며 비용이 증가하도록 만드는 것을 경제적 벌칙(economic penalty), 즉 마이너스의 경제적 유인이라고 할 수 있다. 모든 사람은 경제적 유인에 반응한다.

특히 금융활동은 직접적인 금전적(화폐적) 이득과 직결되고 경제적 계산은 명확하기 때문에 사람들의 금융활동은 제도의 변화로 유발되는 경제적 유인에 매우 민감하고 즉각적으로 반응한다. 또 금융은 재산(자금)을 다루는 분야이기 때문에 특히 환경과 제도변화에 민감하다. 증권거래에 양도소득세를 부과하면 증권거래를 줄이고 증권거래수수료가 내려가면 증권거래를 늘린다. 단기거래에서 이득이 많으면 단기거래를 늘리고 장기거래에서 이득이 많으면 장기거래를 늘린다. 단기성과에 인센티브를 부여하면 의사결정의 시계(time horizon)가 짧아지며 장기성과에 인센티브를 부여하면 그 시계가 길어진다.

금융을 둘러싼 환경은 항상 변화한다. 금융제도에서 변화하지 않는 유일한 것은 '변화한다는 사실'이다. 이러한 환경 속에서 이득을 추구하기 때문에 많은 금융혁신(financial innovation)이 지속적으로 빠르게 유발되고 있다. 이에 따라 금융활동에서의 변화속도는 1980년대, 1990년대, 2000년대로 오면서 점차 가속화되어 왔다. 이와 같이 금융혁신과 변화의 속도가 점차 빨라지고 있는 것은 금융참여자들의 경제적 유인에 대한 민감도가 매우 크기 때문이다. 이로 인해 작은 제도변경이나 금융환경의 변화도 엄청난 자금흐름의 변화를 유발할 수 있고 금융시장에 큰 변화를 유발할 수 있다.

⑦ 금융은 규제에 의해 유지된다.

옛 공산권국가의 금융제도는 정부가 경제부문 간의 자금을 직접 배분하는 것이었다. 이들의 경험은 그러한 자금배분이 얼마나 비효율적이고 잘못된 것인지를 보여준다. 발전도상국에서도 자금배분에서의 정부개입이나 관여가 흔히 존재하며 이러한 자금배분 방식도 매우 비효율적이다. 반면 많은 선진자본주의국가에서는 일반적으로 금융시장, 신용시장과 같은 사적인 시장메커니즘이 대부자와 차입자 간의 자금의 이전을 유도하고 결정한다. 대부자(저축자)와 차입자가 시장메커니즘인 금융제도를 이용하는 것은 각자가 자발적인 거래를 통해 상호이득을 얻기 때문이다. 차입자는 저축자의 자금을 생산적으로 사용할 수 있으며 저축자는 차입자로부터 그 대가로 많은 보상을 받는다. 게다가 시장에 의존하는 금융제도는 세 가지 핵심적인 금융서비스(위험분담, 유동성제공, 그리고 정보제공)를 제공한다. 따라서 기본적으로 금융도 시장에서 자율적으로 이루어지는 경우 가장 효율적이고 바람직하다.

그러나 시장메커니즘을 통한 자금이전에는 많은 불확실성과 위험이 따르고 탐욕과 공포 등 금융안정을 해치는 요소가 많이 있으므로 시장중심적 금융제도는 항상 불안하다. 특히 자금이전이라는 분업을 담당하는 금융제도는 경제에서 매우 중요한 역할을 수행하므로 여기에 애로가 발생하면 경제 전체에 심각한 문제가 발생하게 될 뿐 아니라 금융소비자가 큰 피해를 입게 된다. 따라서 정부는 금융제도의 작동에 문제가 발생하지 않고 금융소비자의 예기치 않은 피해가 발생하지 않도록 적절한 규제와 감독을 하여야 한다. 이러한 규제가 없으면 금융질서는 유지되기 어려우며 실제로 많은 산업 중 금융산업은 가장 많은 규제와 감독을 받고 있다. 규제 없는 금융은 신호표시판 없는 고속도로이고 여기서는 대형사고가 빈발하게 된다. 근본적으로 금융적 의사결정은 사적인 시장메커니즘에 의해 자발적으로 수행되는 것이 효율적이지만 정부의 규제와 감독으로 금융의 안정성을 유지하여야 한다.

(2) 금융경제의 추세

① 금융의 세계화

현대적 금융경제의 특징은 전 세계적 연관성을 갖는다는 것이다. 이러한 세계적 연관성을 **금융의 세계화**(financial globalization)라고 할 수 있다. 금융현상이 일국의 국경 내에 한정되어 영향을 미치는 것이 아니라 국경을 넘어 초국경적으로 영향을 미치고 있다. 일본의 금리인상은 미국의 금융시장에 파급되고 뉴욕의 주가변동은 우리나라의 주식시장에 영향을 미친다. 자금이 전 세계를 돌아다니기 때문에 각국의 채권시장, 주식시장, 외환시장이 밀접하게 연관되어 있으며, 각국의 금리, 환율, 주가 등 금융변수가 서로 연관되어 변동한다. 이러한 금융의 세계화 추세는 이미 오래전부터 진행되어 왔으며 앞으로도 당분간 지속될 것이다.[11]

② 금융의 증권화

2008년의 세계적 금융위기를 촉발한 중요한 요인의 하나로 주목받은 것이 미국의 서브프라임 모기지(subprime mortgage)인데, 이 모기지가 증권화의 과정을 통해 시장에서 거래가 폭발적으로 확대됨으로써 사태가 확산되었다고 볼 수 있다. **금융의 증권화**(securitization)는 은행 등 금융중개기관에 의해 발행된 비시장성 증권을 시장성 있는 금융시장증권으로 만드는 현상을 말하는데 이러한 증권화 현상은 1970년 미국에서 자산유동화증권(ABS, asset backed security)의 한 형태인 주택저당증권(MBS, mortgage

---

11 Cecchetti(2012)는 금융발전이 어느 수준을 넘어서게 되면 가계와 기업들은 과도하게 많은 부채로 인해 파산하게 되고 가치있는 자원을 낭비하게 되는 등 경제에 부정적일 수 있으며 금융의 국제화도 마찬가지로 일정수준까지만 긍정적일 수 있다고 말하고 있다.

backed security)을 처음 만들면서 도입되었다. 이것은 간접금융에 의해 발행된 증권을 직접금융시장에서 거래가 가능하도록 하는 것이므로 간접금융과 직접금융을 결합시킨 형태라고 볼 수 있다.

은행입장에서는 증권화를 통해 대출을 수수료를 받고 매각할 수 있기 때문에 자금이 묶이지 않고 자금조달이 원활해진다는 이점이 있으며 투자자에게는 비교적 높은 수익을 제공해 줄 수 있다는 이점이 있기 때문에 증권화는 활발하게 추진되었다. 1990년대 이후 자산유동화증권(ABS)은 다양한 형태로 등장하여 엄청난 규모로 성장하였다. 특히 이러한 증권화과정은 2000년대에 들어와 폭발적으로 확대되었고 이것이 갖는 단점인 불확실성과 불투명성으로 인해 글로벌 금융위기가 촉발되었다. 금융위기의 발생과 더불어 증권화는 크게 위축되었고 증권화의 추세는 한풀 꺾였다. 그러나 증권화는 기본적으로 새로운 수익창출기회를 제공하고 시장성을 확대하여 효율성을 증대시키는 현상이므로 보다 엄격한 규제를 통해 새로운 형태로 발전할 것으로 보인다.

③ 금융의 선물화(先物化): 위험이전의 시장화

1970년대에 시장경제의 불확실성이 크게 증대하였다. 1971년 8월 미국의 닉슨대통령은 달러의 금태환을 중지하였으며 이에 따라 **브레턴우즈체제(Bretton Woods System)**는 사실상 붕괴하였고, 1973년에 변동환율을 허용하였다. 또 1970년대 초 원유가의 폭등으로 촉발된 오일쇼크(oil shocks)[12]와 자원파동으로 물가가 상승하기 시작하여 엄청난 인플레이션이 유발되었으며 이로 인해 명목이자율이 두 자리 숫자를 기록하게 되었다. 이러한 가격(환율과 이자율)의 변동성의 증가로 시장거래는 매우 큰 불확실성과 위험에 직면하게 되었으며 거래는 위축되었다. 이러한 위험을 회피하기 위한 거래가 금융업에서 불가피해지고 선물거래, 옵션거래, 스왑거래와 같은 파생금융상품시장(financial derivatives market)이 등장하였고, 앞에서 설명한 증권화상품이 확대되는 추세가 나타났다. 이러한 파생상품시장과 증권화시장의 발전으로 위험의 적정관리가 가능해지고 위험관리가 일반화되었다. 그러나 이러한 위험관리는 위험의 감축이 아니라 위험의 이전(risk transfer)이라는 속성을 갖고 있다. 이러한 금융선물화, 위험이전의 시장화현상은 경

---

12 1973년 10월 제4차 중동전쟁을 계기로 OAPEC(아랍석유수출국기구)에 가맹한 아랍 산유국들이 석유를 무기화한 사건으로 1973년 초 배럴당 2달러 59센트였던 중동산기준 원유가격은 연말에 11달러 65센트로 무려 4배 가까이 올랐으며 이로 인해 전 세계적으로 불황과 인플레이션이 유발되었다.

제상황의 변동에 대응하기 위한 필수불가결한 현상이기는 하지만 지난 10여 년간 과도하게 확대, 추진되어 많은 문제를 일으켰다. 2007년의 미국의 서브프라임 모기지사태는 지금까지 본 세 가지 현상(금융의 세계화, 증권화, 선물화)이 가져오는 폐해가 집중적으로 나타난 결과라고 볼 수 있다. 이러한 추세는 당분간 다소 진정되겠지만 앞으로도 불확실성과 위험이 지속적으로 확대될 것이므로 이러한 추세는 앞으로도 지속될 가능성이 매우 크다.

④ 금융과 화폐의 디지털화

디지털 기술이 우리 사회의 많은 영역에 엄청난 영향을 미치고 있듯이 디지털 기술이 금융에 접목된 금융의 디지털화(financial digitalization)도 강력한 추세로 금융영역에 영향을 미치고 있다. 금융영역에 기술이 접목되어 새로운 서비스가 출현하거나 기존 서비스의 품질이 크게 개선된 것은 물론 최근에만 나타난 현상은 아니다. 1960년대의 신용카드, 1970년대와 1980년대의 현금자동지급기(ATM)와 폰뱅킹의 등장은 기술변화에 대한 초기의 금융적 반응이었다. 반면 금융의 디지털화는 개인용 컴퓨터(PC), 인터넷 그리고 모바일기기(스마트폰 등)의 등장과 같은 정보통신기술(ICT)의 최근의 발전에 크게 기인하는 것이다. 1990년대 초반 PC와 인터넷의 발전으로 예전보다 정보를 값싸고 빠르게 이용하는 것이 가능해졌고 2000년대 이후 모바일기기의 발전으로 언제 어디서나 쉽고 빠르게 정보를 이용할 수 있게 되었고, 이후 다양한 디지털혁신이 발생하여 금융의 디지털화도 빠른 속도로 진화되었다.

최근 우리는 디지털 금융혁신의 새로운 변곡점에 놓여 있다. 금융의 디지털화는 이제 금융기관의 전통적인 업무의 자동화나 새로운 금융서비스의 등장에 머물지 않는다. 비약적으로 발전한 정보통신기술(ICT)과 대량정보처리기술이 금융 영역에 도입되면서 금융산업 진반에 걸쳐 창조적 파괴의 변화가 나타나고 있기 때문이다. 지급결제서비스, 암호화폐(암호자산), 송금, 대출, 클라우드 펀딩, 증권거래, 자산관리, 보험 등 다양한 영역에서 혁신적인 금융서비스가 제공되고 있으며 일부 영역에서는 산업구조에 근본적인 변화를 가져오고 있다. 이러한 금융 디지털화는 금융기관의 내부혁신뿐만 아니라 외부기업과의 협력관계를 재설정함으로써 전체 가치생성과정의 혁신으로 나아가고 있으며, 기존의 수익원천에 도전하고 정형화된 비즈니스모델의 한계를 극복하고 있다. 즉, 단순히 기존의 비즈니스를 강화하는데 머물지 않고 새로운 미래전략을 구상하는데 디지털 기술을 활용하고 있다.

금융에서의 이러한 현상을 통상 **핀테크**(Fintech=Finance+Technology)라고도 하는데 이러한 현상들이 금융경제의 강력한 새로운 추세로 나타나고 있다. 핀테크는 정보통신기술 및 대량정보처리기술에 기반하여 금융서비스를 제공하는 것을 말하는데 핀테크는 기존의 금융서비스의 효율화와 비용절감에서부터 혁신적 서비스의 창출로 확대되는 추세이다. 특히 최근에는 클라우드 컴퓨팅(Cloud Computing), 무선통신기술과 사물인터넷(IoT=Internet of Thing), 빅데이터(big data), 인공지능(AI=Artificial Intelligence), 블록체인(Block Chain=분산원장), 바이오인증(biometrics) 등과 같은 다양한 새로운 디지털 기술이 등장하고 있으며 이들이 융복합화 함으로써 금융의 디지털화가 금융의 모든 분야에서 활발하게 진행되고 있어 새로운 금융방식에 대한 기대도 되지만 앞으로 금융디지털의 블랙박스에서 무엇이 나타날지 쉽게 예측할 수 없는 상태에 놓여 있다.

화폐의 디지털화(digitalization of money)도 빠르게 진행되는 추세에 있다. 이것은 단순히 전자지급수단(electronic means of payment)의 등장과 확대를 넘어서고 있다. 비트코인(bitcoin)을 선두주자로 비약적으로 발전하고 있는 암호화폐(crypto-currency)는 화폐의 역사를 새로 쓰게 하고 있다. 중앙은행이 발행한 법화(국가가 제공하는 화폐)를 바탕으로 금융기관을 통해 지급되고 결제되는 거래가 지금까지의 전형적인 화폐경제의 모습이었다. 그러나 이제 암호화폐를 통해 중앙은행이나 금융기관의 개입(중앙집중적 보안 및 신뢰제공) 없이 거래와 화폐의 지급이 가능해졌으며 온라인으로 상품을 구매하든 금융거래를 하든, 암호화폐로 거래할 수 있는 환경이 갖춰진다면 기존에 행해졌던 중개자를 통한 거래는 크게 감소할 것이다. 이에 따라 다양한 암호화폐가 등장하고 암호화폐 생태계가 구축된다면 기존의 화폐제도를 대체하지는 못하더라도 적어도 양립하거나 공존할 수 있게 될 것이며 암호화폐를 통한 디지털 거래규모가 커질수록 기존의 화폐금융제도의 기반은 근본부터 흔들리고 거래질서 재편에 대한 압박은 심해질 것이다. 이에 더하여 각국의 중앙은행이 국가차원에서 직접 암호화폐나 디지털화폐를 발행하려는 시도가 진지하게 추진 중이어서 화폐경제의 미래가 매우 큰 불확실성의 상태로 빠져들고 있다.

⑤ 규제완화와 재규제의 반복

1930년대의 대공황 이후 미국에서 도입된 1933년의 Glass-Steagall Act로 대변되는 규제중심의 금융체제는 이후 금융제도의 안정적 발전에 크게 기여하였다. 그러나 이러한 엄격한 규제체제(은행업무와 증권업무의 분리 등)는 1970년대에 오면서 미국 금융기관의 수익성에 큰 제약이 되었다. 이에 따라 금융규제가 서서히 완화되기 시작하였고 금융자유화가 활발하게 진행되었다. 1980년대에서 2000년대 초까지는 이러한 금융자유화가 크게 진행되었고 **금융자유화**(financial liberalization)와 **규제완화**(deregulation)는 대세였다. 특히 1999년의 Gramm-Leach-Bliley Act의 도입에 의해 Glass-Steagall Act의 엄격한 규제는 크게 완화되었다. 이러한 추세의 배경에는 자유시장경제에 대한 믿음과 우월성이 깔려 있었다. 규제 없는 자유로운 시장경제활동이 경제의 성장과 발전, 사람들의 복리증진에 유리하다는 생각이었다.

그러나 2008년의 글로벌 금융위기로 인해 금융규제가 다시 강화되는 추세로 역전되어 재규제가 진행되고 있다. **재규제**(reregulation)는 선진국 정책입안자들이 금융안정에 중점을 두고 제약 없는 금융이 가져오는 경제적 폐해를 줄이기 위해 새로운 방식으로 금융산업을 제약하려는 것을 말한다. 예컨대, 미국의 2010년의 Dodd-Frank Act(Wall Street Reform and Consumer Protection Act of 2010)는 많은 영역에서 이제까지와는 반대로 상당한 규제를 다시 도입하고 있다. 1999년의 Gramm-Leach-Bliley Act에 의해 거의 폐기되었던 Glass-Steagall Act를 다시 복구시키는 규정도 포함되어 있다. 미국 이외의 다른 나라들도 더 엄격한 금융규제를 도입하였다. 물론 일부국가에서는 발전과 성장을 위해 여전히 금융제도를 더욱 자유화할 것이지만 금융발전이 이미 높은 수준에 와 있는 선진경제의 경우 재규제에 대한 강력한 추세를 거부하기 어려울 것이며 장기적인 추세역전으로 보아야 한다. 재규제의 새로운 추세는 모든 금융활동이 규제될 것이라는 것을 의미하는 것은 아니지만 그 영향력은 매우 강하며 당파를 초월한 정치적 합의를 이끌어낸 것이기 때문에 곧 사라지는 추세는 아닐 것이다. 그러나 세월이 흐르면서 이러한 금융 재규제 추세가 장기간 지속되기는 어려울 것이다. 금융규제가 심할 때 금융제도가 제 역할을 하지 못한 과거의 경험이 있기 때문에 안정성을 확보하는 범위 내에서 금융자유화의 추세는 다시 추진될 가능성이 있다.[13]

13 실제로 트럼프 미국 대통령은 2018년 5월 24일 '경제성장, 규제완화 및 소비자보호법(일명 금융규제완화법)'에 서명함으로써 Dodd-Frank Act의 강력한 규제를 줄이는 방향으로 방향을 틀었다. 즉, 강력한 금융규제의 대상이 되는 대형은행기준을 자산 500억 달러에서 2,500억 달러로 완화하였고, 소형지역은행에 대한 규제를 대폭 없앴다.

⑥ 금융의 산업화: 금융이 제조업의 매개지원기능에서 신성장동력 산업화

과거에는 금융산업이 제조업의 발전을 위한 지원산업으로 인식되었고 그래서 경제 발전을 위한 수동적인 역할을 수행하여 왔다. 그러나 최근에 오면서 금융산업을 하나의 성장산업으로 인식하는 경향이 강하다. 우리나라도 금융산업을 제조업을 대체할 수 있는 전략산업, 고용문제를 해결할 수 있는 서비스산업으로 육성하기 위하여 노력하고 있다. 자본주의 경제에서 금융업이 차지하는 비중은 지난 30년간 급속히 증대해 왔다. 금융산업은 미국 등 주요 선진국에서는 일자리와 소득의 매우 중요한 원천이었다. 이것은 금융업이 발전한 미국과 영국을 보면 알 수 있다. 금융업이 GDP에서 차지하는 비중은 영국은 10%, 미국은 20%에 달한다. 2006년까지 미국 금융제도는 경제의 부가가치(GDP)의 1/5 이상을 차지하였다. 고용에도 많은 기여를 하였다. 특히 금융부문의 일자리는 상대적으로 좋은 일자리이다. 이러한 측면에서 우리나라를 비롯한 많은 나라들이 금융산업을 제조업을 대체하는 서비스산업의 주요한 핵심산업으로 인식하고 성장과 고용의 주요한 원천으로 생각하는 경향이 나타나고 있다. 문제는 이러한 금융업 중심의 경제성장이 지난 2008년의 글로벌 금융위기에서 보았듯이 일시에 허물어질 수 있다는 것이다. 금융선진국으로서 많은 나라의 부러움의 대상이던 미국과 영국이 2008년의 금융위기에서 가장 심각하게 시달리게 된 것은 금융의 산업화를 재검토하는 계기가 되고 있다.

⑦ 산업의 금융화

최근에는 대규모 제조기업들의 금융자본화경향도 나타나고 있다. 즉, 제조기업이 금융산업에 참여하거나 금융업을 겸영하는 **산업의 금융화**(financialization) 추세가 발생하고 있다. 이러한 경향의 대표적인 예가 미국의 GE 및 GM이었다. 미국의 GE와 GM과 같은 대기업이 자사제품의 판매와 관련하여 금융업(예컨대, 과거의 GE Capital, GMAC 등)에 진출하였다. 그리고 본업보다는 오히려 금융자본화에 더 중점을 두었으며 이로 인해 금융사업에서의 부실로 원래의 제조기업들이 타격을 받는 사태가 발생하였다. 제조기업의 금융업진출은 꼬리가 개를 흔드는(The tail wags the dog) 위험을 유발할 가능성이 있다.

일반 제조기업의 금융화 추세에 이어 2000년대 이후에는 금융부문에서 디지털 기술 활용이 심화됨에 따라 기존 금융기관이 담당하던 소비자금융, 자금이체 및 결제, 투자 및 자산관리 등의 영역에서 IT기술이나 인터넷기술을 보유한 비금융회사의 역할이 더욱 확대되는 추세에 있다. 특히 혁신적인 대형 IT기업(예컨대, 아마존, 애플, 구글, 페이스북, 알리바바, 텐센트, 카카오, 네이버, 삼성전자, LG전자, 국내 통신사 등)이 금융업으로 빠르게 진출하고 있다. 이러한 추세는 핀테크 추세의 일환이라고 볼 수 있는데 핀테크가 발전함에 따라 금융산업도 기존의 금융기관 중심형(고객이 금융기관의 금융서비스에 접근)에서 금융서비스 중심형(고객과의 인터페이스를 주도하는 대형 IT기업이 고객의 수요에 맞는 금융서비스를 조합하여 제공)으로 진화될 가능성이 있으며 이로 인해 은행 등 전통적인 금융기관이 다방면으로 변형될 가능성이 있다.

대형 IT기업이나 인터넷기업의 금융업 진출은 기업의 자체적인 전략적 측면과 금융소비자의 소비욕구변화와 같은 시장의 변화에 기인한다고 볼 수 있다. 즉, 대형 IT기업은 이미 산업간 영역을 파괴하고 비즈니스의 영토를 넓히면서 자체적인 생태계를 구축 중인데 이러한 생태계 내에 금융서비스를 제공함으로써 고객을 더욱 자신들의 영토 내에 묶어 둘 수 있다는 전략적 판단이 이러한 진출을 강하게 요구하고 있다. 또한 소비자들의 금융욕구나 선호도 전통적인 수단에서 새로운 수단으로 이동하고 있는데 IT기업이 제공하는 금융서비스에 대한 소비자, 특히 밀레니엄세대 소비자의 신뢰도가 이미 전통적 은행수준으로 구축되었다는 점도 이러한 추세를 강화하고 있다고 볼 수 있다. 이러한 추세로 인해 향후 금융산업은 은행 등 전통적 금융기관, 대형 IT기업과 인터넷기업, 그리고 신생 핀테크기업의 3자가 경쟁하고 협력하는 구도로 발전할 것으로 보인다.

⑧ 금융다극화

글로벌 금융의 지형이 북대서양 중심에서 더 넓은 영역으로 급속히 확대되는 **금융다극화**(financial multi-polarity) 추세가 나타나고 있다. 신흥시장경제의 급속한 추격에도 불구하고 금융문제에 있어서 미국과 유럽의 동반 우위는 오랫동안 탄탄한 것으로 보였다. 그러나 글로벌 금융의 무게중심이 지금은 동쪽으로 이동하고 있다. 세계 100대 은행에서 신흥시장경제가 차지하는 비중이 1998년 거의 제로에서 2010년 1/3 이상 수준으로 증가하였다. 물론 이러한 급격한 증가에는 2005~2006년의 IPO(기업공개) 이후 중국은행들의 가치가 급속히 상승한 데 기인한다. 글로벌 금융센터를 보더라도 이와 유사한 현상을 볼 수 있다. 글로벌 금융센터순위에서 아시아의 금융센터들(도쿄, 홍콩, 싱가포르, 상하이 등)이 뉴욕과 런던의 턱밑까지 따라오고 있다. 높은 저축과 국부를 좇아 자산관리팀들이 10년 전만 해도 회사의 위치로 런던이나 뉴욕을 선택하였으나 지금은 두바이,

홍콩, 싱가포르에 설치하고 있다. 앞으로 상당기간 서구에서의 채무축소와 신흥국가에서의 지속적인 금융발전이 결합하여 금융다극화의 추세를 더욱 더 강화시킬 것이다. 이에 따라 신흥국가들이 글로벌 금융정책논의에서 보다 큰 힘을 얻게 될 것이다. 특히 2008년의 글로벌 금융위기가 금융문제에 있어 서구의 리더십에 손상을 입힌 것이 이러한 금융다극화추세를 더욱 강화하고 있다. 즉, 금융다극화추세는 글로벌 금융위기이전부터 진행되어 왔지만 2008년의 글로벌 금융위기로 인해 크게 가속화되었으며 우리가 보는 바와 같이 G-7/G-8로부터 G-20으로 금융권력이 급격히 이동하고 있는 것이 좋은 예가 되고 있다.[14]

(3) 앞으로 본서에서 다루는 내용

① 금융제도를 개관하고 기초개념에 대해 공부한다(I부: 1장~3장)

이 교과서에서는 II부(금융시장), III부(금융위기), IV부(금융기관) 그리고 V부(금융하부구조)로 나누어 금융경제학에 대해 논의한다. 금융경제학에 대해 자세히 논의하기 전에 먼저 I부에서 금융제도에 대한 개관을 하고 중요한 기초개념들을 공부한다. 1장 서론에 이어 2장에서는 금융제도를 개관한다. 그리고 3장에서는 금융이론과 금융투자의 기초가 되는 자산선택이론에 대해 개관한다.

② 금융시장의 움직임과 역할에 대해 공부한다(II부: 4장~9장)

금융제도는 대부자(lender)와 차입자(borrowers)를 연결시켜주는 장치이다. 이러한 연결장치에는 금융시장(financial market)을 통하는 방식과 금융중개기관(financial intermediary)을 통하는 방식의 두 가지가 있다. II부는 대부자로부터 차입자로 자금이 직접 이동되는 직접금융을 담당하는 금융시장에 초점을 맞춘다. 금융시장에서는 금융증권의 가격이 결정되기 때문에 금융시장의 움직임은 ① 채권시장에서 결정되는 이자율(금리), ② 외환시장에서 결정되는 환율, 그리고 ③ 주식시장에서 결정되는 주가의 움직임으로 파악할 수 있다. 금융시장의 변동을 잘 이해하기 위해서는 이러한 가격변수의 움직임에 어떠한 변화가 일어나고 있으며 어떤 요인이 이들의 변동을 유발하는지를 잘 파악

14 Rottier and Veron(2010) 참고.

하여야 한다. 사실 이들 금리, 주가, 환율은 상호 밀접한 연관관계를 가지고 서로 영향을 주고받기 때문에 각 시장 간의 연관관계가 중요한데 이를 보기 위해 각 금융시장에서의 가격의 기본적 결정과정에 대해 먼저 자세히 살펴본다. 그리고 금융자산가격의 변동성에 대비하는 파생금융상품시장에 대해서도 살펴본다.

먼저 4장~6장에서는 채권시장과 화폐시장을 중심으로 이자율의 의미와 개념, 이자율의 수준, 이자율의 구조에 대해 살펴보고, 7장에서는 주식시장에서의 주가의 결정과 효율적 시장이론에 대해 살펴본다. 그리고 자금의 대차시장은 아니지만 자금이 운용되기 때문에 외환시장과 파생금융상품시장도 금융시장에 포함되는데 8장에서는 외환시장에서의 환율의 결정과 움직임에 대해 살펴보고 9장에서는 이자율위험을 비롯한 시장위험의 헤지(hedge)를 위한 파생금융상품시장에 대해 살펴본다.

③ 금융위기에 대해 공부한다(III부: 10장~11장)

III부에서는 금융위기의 발생과정과 구체적 사례에 대해 살펴본다. 먼저 10장에서는 금융위기의 발생요인과 발생과정에 대한 여러 견해를 살펴본다. 통화량의 급속한 감축을 수 원인으로 보는 통화론자들의 견해, 금융위기를 경기순환과정의 일부로 보는 Kindleberger와 Minsky의 견해, 그리고 비대칭적 정보문제가 금융위기의 주원천이라고 보는 비대칭적 정보이론가들의 견해를 살펴본다. 11장에서는 금융위기의 사례를 자세히 살펴본다. 많은 나라에서 다양한 형태로 금융위기가 발생하였는데 그 중에서 금융선진국인 미국에서의 금융위기, 1997년에 발생한 우리나라를 포함한 동아시아의 금융위기를 살펴보며 특히 2008년 이후의 글로벌 금융위기에 대해 자세히 논의한다.

④ 은행 및 비은행금융기관의 운영과 발전에 대해 공부한다(IV부: 12장~14장)

IV부에서는 금융제도에서 또 하나의 중요한 금융형태인 금융기관에 대해 살펴보는데 특히 금융중개기관으로서 가장 중요한 형태인 은행의 경영관리, 발전 및 변화과정에 대해 살펴본다. 그리고 최근에 오면서 은행 이외의 비은행금융기관도 중요한 역할을 하므로 이들에 대해서도 개관한다. 먼저 12장에서는 은행의 활동과 은행의 경영관리문제에 대해 살펴보고 13장에서는 은행산업의 발전과 변화에 대해 살펴본다. 그리고 14장에서는 보험회사, 투자회사, 증권회사 등 비은행금융기관에 대해 살펴본다.

⑤ 금융하부구조에 대해 공부한다(V부: 15장~16장)

V부에서는 금융제도의 중요한 구성요소인 금융하부구조(financial infrastructure), 특히 금융안전망(financial safety net)에 대해 살펴본다. 금융시장과 금융기관이 안전하게 유지되어 제 기능을 수행하기 위해서는 금융제도를 안정적으로 유지할 안전장치가 필요하다. 먼저 15장에서는 은행을 중심으로 금융규제감독제도에 대해 살펴보고 16장에서는 그 외의 중요한 금융안전망인 예금보험제도, 부실금융기관 정리제도, 거시건전성감시제도, 지급결제제도 그리고 최종대부자제도에 대해 살펴본다.

참고문헌

고세훈, "케인스, 민주주의, 한국," 아세아 연구, 제52권 4호(2009년), pp.133-164

Stephen G. Cecchetti, Money, Banking, and Financial Markets, McGraw-Hill/Irwin 2006

Stephen G. Cecchetti, "Is globalisation great?" Remarks prepared for the 11th BIS Annual Conference. Lucerne, Switzerland, 21-22 June 2012

J.M. Keynes, The General Theory of Employment, Interest and Money, McMillan St. Martins Press, 1936. 조순(역), 고용, 이자 및 화폐의 일반이론, 비봉출판사, 1985

C. Kindleberger and R. Aliber, Manias, Panics and Crashes: A History of Financial Crisis, 5th ed. 2005. 김홍식(역), 광기, 패닉, 붕괴: 금융위기의 역사, 굿모닝북스, 2006

S. Rottier and N. Veron, Not all financial regulation is global, Policy Brief #PB10-22(Sept. 2010), Peterson Institute for International Economics

Robert Shiller, Subprime Solution, 2009. 전준희(역), 버블경제학, 랜덤하우스, 2009

연습문제

1. 대기업이 금융에 관심을 가지는 이유는 무엇인가? 대기업이 본연의 제조업에만 관심을 가질 수 없는가? 산업자본의 금융자본화는 나쁜 것인가?
2. 금융시장이 발달하지 못한 과거에는 가정이나 가족 간의 금융거래(비공식적 내부금융시장)가 보편적이었다. 즉, 여유자금이 생기면 가족 간에 빌려주거나 자녀를 교육시키는 등 자녀에 주로 투자를 하였으며 이것이 유일한 노후대책이고 연금보험이었다. 그러나 이제는 공식적 금융시장(금융증권과 보험)이 노후대책의 수단을 제공하고 있다. 금융시장의 발달은 가족관계를 변화시켰는가? 가족관계를 통한 금융거래와 금융시장을 통한 금융거래의 차이점은 무엇인가?
3. "만약 시간과 위험의 개념이 없다면 금융경제학이 성립되지 않을 것이다." 이 명제는 옳은가, 잘못된 것인가 아니면 불확실한가? 논평하시오.
4. 금융위기에 대한 대처방안의 하나로 금융교육이 강조되고 있다. 금융에 대한 지식의 부족으로 어려움을 겪는 경우를 찾아보고 논의해 보시오.
5. "신용제도와 금융제도의 발달은 고대 바빌론부터 오늘날에 이르기까지 문명을 일으킨 그 어떤 기술혁신 못지않게 중요하였다." 논평하시오.

6. 금융의 세계화는 우리에게 어떤 이점과 폐해를 주는가? 금융의 국제화는 많이 될수록 좋은가?
7. 많은 정부가 금융산업의 육성을 강조하였다. 그러한 정책의 일환인 정부의 금융허브화(금융의 산업화) 전략에 대해 논의해 보시오.
8. 우리나라에서 환율은 다른 어떤 가격변수보다 더 중요하다고 생각된다. 이 말에 동의하는가? 그렇다면 그 이유는 무엇인가?
9. 외국의 제도를 도입하면 우리에게 도움이 될 것인가?
10. 금융에 대한 인식이 나쁘고 금융업자에 대해 적대적인 감정을 갖는 경우가 흔히 있는데 그 이유는 무엇이라고 생각하는가?

CHAPTER

02 금융제도의 개관

1. 금융의 의미와 형태

(1) 금융의 의미

금융(**金融**, **finance**)은 경제주체 간에 이루어지는 자금(資金)의 융통(融通)을 말하며 자금을 빌려주고(대출) 빌리는(차입) 행위(대차행위)를 의미한다. 다시 말하면 금융은 한 형태의 화폐(현재의 화폐)와 다른 형태의 화폐(미래에서의 화폐에 대한 청구 권리를 나타내는 금융증권)가 교환되는 것을 의미하며 이것은 J. Keynes가 말하는 **화폐의 금융적 유통**(**financial circulation of money**)에 해당되는데 이것은 실물의 매매와는 상관없는 화폐의 흐름을 말한다.[1] 그리고 금융행위(빌려주고 빌리는 대차행위)는 화폐가 없어도 가능하지만 자본주의 시장경제는 화폐경제를 기본으로 하므로 화폐를 이용한 금융행위가 통상적이다.

1 물건을 구매하고 화폐를 지불하는 것처럼 실물의 매매와 관련된 화폐의 흐름을 화폐의 산업적 유통(industrial circulation of money)이라고 한다.

금융행위는 왜 발생하는가? 금융은 자금의 여유가 있는 주체(저축잉여주체, 흑자주체, 대부자, 저축자, 주로 가계)와 자금을 필요로 하는 주체(저축부족주체, 적자주체, 차입자, 투자자, 주로 기업)를 연결하는 것이다. 따라서 금융행위가 발생하기 위해서는 흑자주체(저축자)와 적자주체(투자자)가 있어야 하고 서로 달라야 한다. 그러면 왜 흑자주체가 있고 적자주체가 있는가? 여기에는 두 가지 이유가 있다. 하나의 이유는 사람마다 소득이 발생하는 시간적 유형이 다르기 때문이다. 어떤 사람은 현재의 소득이 지출보다 낮아 적자주체(자금수요자)가 되고 어떤 사람은 현재의 소득이 지출보다 높아 흑자주체(자금공급자)가 된다. 또 하나의 이유는 현재의 지출과 미래의 지출에 대한 선호(preference)가 다르기 때문이다. 현재의 지출에 대해 강한 선호를 갖는 사람은 적자주체가 되고 미래지출에 대해 강한 선호를 갖는 사람은 흑자주체가 된다. 따라서 금융행위가 많이 발생하려면 저축과 투자의 주체와 이유가 다양하고 소득의 발생시기가 다양하며 자금에 대한 선호시기가 다양하여야 한다. 저축과 투자의 주체 및 시기가 다양할수록 금융의 필요성은 더욱 커지고, 저축과 투자의 주체 및 시기는 경제 범위가 넓어질수록 더 다양해지기 때문에 경제 범위가 넓어질수록 금융도 더 확대되고 더 활발해진다.

(2) 금융의 형태

1) 화폐만 있고 금융시장과 금융중개기관이 없는 경제의 금융(내부금융)

먼저 화폐만 존재하고 금융시장과 금융중개기관이 없는 경제를 생각해 보자. 여기서는 각 경제주체는 차입을 할 수 없기 때문에 자신이 저축을 해야만 투자(지출)를 할 수 있다. 규모가 작고 매우 단순한 경제에서는 이것이 가능할 것이다. 이와 같이 자신이 필요한 자금을 자신이 만드는 자금조달방식을 **내부금융**(internal finance)이라고 한다. 어떤 사람이 좋은 아이디어가 있어서 이것을 활용해 사업을 하고자 하는 경우 이 사람은 필요한 자금을 저축할 때까지 기다려야 한다. 이러한 경제에서 자본축적은 매우 제한적이 되며 따라서 경제성장이 크게 제한된다. 또 이 경제에서 저축은 화폐로만 축적이 되어야 한다. 저축을 하더라도 화폐형태로 보유할 뿐이고 이것을 활용하여 재산을 증식시킬 방법이 없다. 저축을 하여 재산을 증식시킬 유인이 적으므로 저축이 크게 증가되지 않는다.

〈그림 2-1〉 ▸ 직접금융의 구조

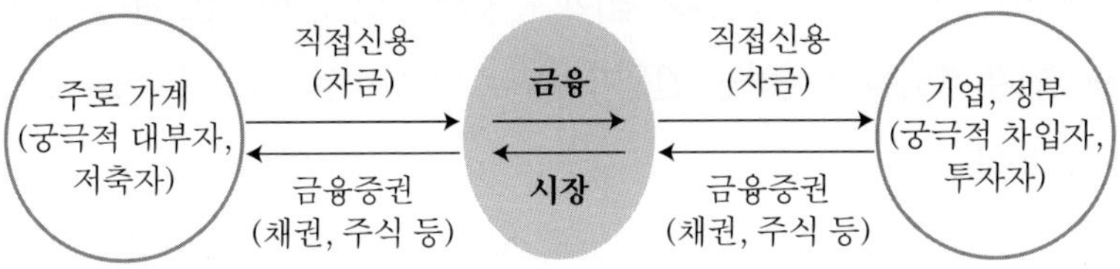

2) 화폐와 금융시장만 있는 경제의 금융(외부직접금융)

금융시장이 있는 경우 자금이 흑자주체(대부자)로부터 적자주체(차입자)로 직접 이전될 수 있다. 이제 금융증권(차용증서)을 발행하여 흑자주체에게 제공하여 금융시장에서 자금을 조달할 수 있으므로 투자가 차입자의 저축규모에 의해 제약을 받지 않는다. 이와 같이 적자주체가 저축을 초과하는 투자자금을 다른 사람으로부터 직접 조달할 수 있다는 것은 그 사회의 자금배분을 크게 개선시킨다. 앞의 경우에서 제기된 많은 문제들이 여기서는 제거된다. 이 경제에서 적자주체(투자자)는 이제 전망 있는 투자기회를 저축 부족으로 연기할 필요가 없으며, 자금의 뚜렷한 용도를 가지지 않는 사람(저축자)으로부터 매우 생산적인 용도를 가진 사람(투자자)에게로 자금을 이전할 수 있게 되어 대규모의 효율적인 사업이 가능하게 되며 경제성장을 촉진시킬 수 있게 된다. 저축자들도 화폐보유 이외에 금융증권의 형태로 저축을 소지할 수 있어 높은 수익을 얻을 수 있다.

이와 같이 차입자가 외부의 대부자에게 직접금융증권을 제공(판매)하고 자금을 빌리는 형태의 금융을 **(외부)직접금융**(external direct finance)이라고 한다. 여기서 '직접'이란 서로 직접 만나서 빌린다는 것을 의미하는 것이 아니라 궁극적 차입자(ultimate borrowers)와 궁극적 대부자(ultimate lenders)가 각자 자기 이름과 책임으로 빌리고 빌려준다는 것을 말하며 차입자의 이름으로 발행된 증권을 금융시장에서 대부자가 직접 구매한다는 것을 의미한다. 예컨대 기업이 주식이나 회사채를 발행하여 자금을 조달하는 경우에는 자금의 차입자인 기업이 주식이나 회사채를 구매한 사람(대부자)으로부터 직접 자금을 빌리는 것이므로 직접금융에 해당된다. 이러한 관계를 나타낸 것이 〈그림 2-1〉이다. 증권을 직접 사고파는 곳이 **금융시장**(financial market)이므로 직접금융은 금융시장을 통한 자금거래라고 볼 수 있다. 그리고 차입자와 대부자 간의 직접적 거래는 쉽지 않기 때문에 이러한 거래를 도와주기 위하여 금융시장에는 **시장중개기관**(market intermediary)(대표적인 것이 증권회사임)이 활동하고 있다. 이들은 지속적으로 차입자와 대부자의 연결 작업에 종사하는 전문가이므로 낮은 비용으로, 더 효율적으로 이러한 역할을 할 수 있다.

그러나 외부직접금융에도 여전히 문제가 있다. 우선 직접금융체제는 대규모투자를 하는 데는 다소 불충분한 측면이 있다. 필요한 외부자금이 매우 큰 경우에 많은 사람의 여유자금을 동원해야 하며 많은 대부협상을 해야 한다. 예컨대, 10억 원을 투자하려면 1,000만 원의 여유자금을 가진 사람을 100명이나 모아서 설득해야 하는데 이는 쉽지 않다. 차입자들은 생산에 도움이 되는 좋은 아이디어를 갖고 있을지 모르나 누가 여유자금을 많이 갖고 있는지에 대한 정보를 갖고 있지 못하다. 물론 이러한 정보망의 부족을 해소하기 위해 시장중개자를 이용할 수 있지만 이에도 한계가 있으며 또 비용이 많이 든다. 특히, 잘 알려지지 않은 차입자(중소기업과 신설기업)는 직접금융시장에서 대규모자금을 조달하기가 쉽지 않다. 왜냐하면 잘 알려지지 않은 사람에게 직접 돈을 빌려주는 것은 위험한 일이기 때문이다. 이처럼 외부직접금융에는 여전히 한계가 있으므로 직접적인 방식보다 더 효율적인 방식으로 대부자와 차입자를 연결시킬 필요가 있다.

3) 화폐와 금융시장과 금융중개기관이 모두 있는 경제의 금융(외부간접금융)

이제 금융중개기관도 있는 경우를 생각해 보자. 이 경우 간접적인 자금의 흐름도 가능하다. **금융중개기관**(financial intermediary)은 궁극적 대부자와 궁극적 차입자의 사이에서 간접적으로 자금을 연결하는 업무를 전문으로 하는 기관이다. 이들은 수많은 대부자(저축자)로부터 여유자금을 받아서 큰 자금을 만들고 이 자금을 큰 규모로 차입자(투자자, 기업)에게 빌려준다. 이에 따라 금융중개기관은 더 낮은 비용과 더 적은 불편으로 자금이 대부자에서 차입자에게 이전될 수 있도록 한다. 이제 큰 자금을 한꺼번에 차입할 수 있으므로 투자규모는 확대되고 자본축적이 대규모로 이루어져 경제성장이 활발해질 수 있다.[2]

---

2 19세기 영국의 중앙은행이론가인 Walter Bagehot(1873, p.25)는 금융중개기관의 중요성을 다음과 같이 설명하고 있다. "한 사람의 은행가의 손에 쥐어져 있는 100만 파운드는 대단한 힘이다. 은행가는 그것을 원하는 곳에 몽땅 대출해 줄 수 있으며 그가 그만한 돈을 가지고 있다는 것을 알거나 또 그렇게 믿는 사람들이 그에게 몰려와 대출을 요구할 수 있다. 그러나 같은 양의 돈이 나라 전체를 통해 10명 혹은 50명에 분

〈그림 2-2〉 ▸ 간접금융의 구조

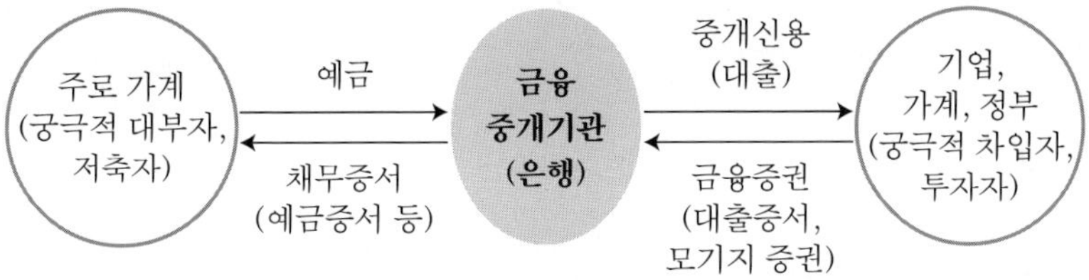

이와 같이 차입자와 대부자의 사이에 금융중개기관이 개입하여 금융중개기관의 이름과 책임 하에 예금 등의 형태로 대부자로부터 여유자금을 빌리고 이 자금을 그 금융중개기관의 이름과 책임 하에 차입자에게 제공하는 간접적인 금융방식을 **(외부)간접금융**(external indirect finance)이라고 한다. 이러한 관계를 나타낸 것이 〈그림 2-2〉이다. 우리가 흔히 금융기관이라고 하면 대개 이러한 금융중개기관을 말하며 중요한 금융중개기관으로는 은행, 보험회사(insurance company), 투자회사(뮤추얼펀드, mutual funds) 등이 있다.[3]

2. 금융제도의 기능과 발전방향

금융제도(financial system)는 넓게 보면 금융증권이 거래되는 금융시장, 간접금융을 담당하는 금융중개기관, 금융거래를 하는 경제주체, 그리고 금융과 관련된 법규, 관행, 기법, 인력의 전반적 집합체를 말한다. 그러나 좀 단순하게 말하면 금융제도는 금융시장, 금융중개기관 그리고 이들을 감독하고 지원하는 금융하부구조(금융인프라, financial infrastructure, 중앙은행제도 + 지급결제제도 + 금융감독제도 + 예금보험제도 + 금융소비자보호제도 + 증권거래소제도 등)로 구성된다고 볼 수 있다. 따라서 본서에서는 금융

산되어 있다면 아무런 힘도 없다. 왜냐하면 아무도 그 돈이 어디에 있는지, 또 누구에게 부탁해야 빌려 쓸 수 있는지 알 수 없기 때문이다. 비록 그것이 유일한 이유는 아니라 하더라도 돈이 은행에 집중된다는 것이 영국 화폐시장을 다른 나라들의 화폐시장보다 훨씬 가치 있게 만든 주요인이다."

3 금융기관을 금융회사(financial company)라고 부르기도 하므로 본서에서는 금융기관과 금융회사를 혼용하여 사용한다.

경제학의 대상을 개략적으로 금융시장(외부직접금융)(II부), 금융중개기관(외부간접금융)(IV부) 그리고 금융하부구조(V부)로 나누어 살펴보기로 한다.

(1) 금융제도의 기능

자본주의 시장경제는 분업과 전문화에 의해 효율적으로 운영되고 있다. 그런데 금융제도는 각 부문의 분업을 원활하게 해주는 자금순환이라는 분업을 통해 가치를 창조하는 부문이기 때문에 자본주의경제에서 가장 핵심적인 기능을 수행한다고 말할 수 있다. 그러면 금융제도는 어떤 기능을 통해 가치를 창조하는가? 금융제도는 통상 다음과 같은 다섯 가지의 중요한 기능을 수행한다고 볼 수 있다.

1) 저축과 투자의 중개기능

금융제도가 하는 가장 기본적인 기능은 사람들(주로 가계)이 저축을 가급적 많이 하게 만들고 이러한 저축을 최대한 동원하여 가장 효율적인 투자로 연결시켜주는 저축과 투자의 중개기능(capital allocation, 금융중개기능, 자금중개기능, 자원배분기능)이다. 우선 금융제도는 다양한 저축기회와 안전한 저축수단을 제공함으로써 저축유인을 증가시켜서 사람들의 저축을 최대한 동원한다. 그리고 금융제도는 이렇게 동원된 저축을 가장 효율적으로 사용할 사람들(주로 기업)에게 전달하는 기능을 수행한다.

이러한 **금융중개기능**이 기본적이고 중요한 이유는 저축자는 통상 좋은 투자기회를 가진 사람이 아니므로 사업수완이 좋고 아이디어가 좋은 사람에 의해 저축이 잘 활용되어야만 나라경제에 큰 도움이 되기 때문이다. 또 저축동원으로 투자자금의 제공이 원활하게 되지 않으면 투자자금을 해외에서 조달하여야 하는데 이것은 한 나라의 경제운용에 매우 어려운 제약조건이 될 것이기 때문이다. 따라서 잘 갖춰진 금융제도는 경제의 생산효율성을 촉진(투자증대를 통한 생산효율성의 증대)하는데 핵심적인 요소가 된다. 또 사람(가계)들이 소비를 위해 돈을 빌리고 사람들에게 자금을 빌려주는 것도 금융제도의 중요한 기능(소비평준화를 통한 소비효용 및 소비효율성의 증대)이다. 통상적으로 소비와 소득발생의 타이밍이 정확하게 일치되지 않기 때문에 금융의 기회를 이용함으로써 일생을 통해 소비지출을 자기가 원하는 대로 평준화(smoothing)하고 조정할 수 있게 된다. 이와 같은 기능을 수행함으로써 금융제도는 경제의 생산효율성과 소비효율성을 증대시키며 모든 사람의 경제적 후생을 증가시키게 된다.[4]

2) 위험배분(관리)기능

금융제도의 또 하나의 중요한 기능은 사람, 재산, 그리고 소득에 대한 위험으로부터 경제주체(가계, 기업, 정부)를 보호하는 수단을 제공함으로써 금융적 손실의 위험을 분산, 감소, 이전시키는 것이다. 이러한 위험의 관리를 통해 미래 위험과 노후에 대한 대비 수단을 제공한다. 이러한 **위험배분(관리)기능**(risk allocation)을 수행하는 방식은 다양하다. 첫째, 금융제도를 통해 위험을 나누어 부담하는 **위험분담**(risk sharing)이 가능하다. 예컨대, 한 개인이 사업자금을 대부하는 경우 만약 차입자가 채무불이행을 한다면 대출해준 개인이 모든 부담(위험)을 감수하여야 한다. 그러나 예금을 받아 대출하는 은행의 경우 차입자가 채무불이행을 하다면 모든 예금자가 그 위험을 분담하게 된다. 주식회사의 주식발행도 사업자금을 수많은 주식으로 나누어 주식의 보유만큼만 위험을 분담하는 것이다. 위험을 배분하는 두 번째 방법은 **다변화**(diversification)를 통해 위험의 크기를 경감시키는 것이다. 재산이 적은 개인이 다변화를 하기는 쉽지 않지만 은행이나 뮤추얼펀드와 같은 금융중개기관은 여러 사람의 예금을 모아 자금을 대형화(pooling)하기 때문에 다변화가 가능하며 이를 통해 위험을 줄일 수 있다. 위험을 배분하는 세 번째의 방법은 **위험이전**(risk transfer)으로서 금융제도는 경제주체들이 위험을 이전시키는 것을 가능케 한다. 즉, 위험을 줄이기를 원하는 사람(hedger)으로부터 위험을 부담하려

---

4 당국이 금융을 이용하여 정책적으로 특정부문이나 특정영역을 지원하고자 하는 다양한 금융형태와 정책금융이 제시되고 있다. 기술금융은 기업의 기술투자를 지원하는 금융방식으로서 기술개발의 전 과정에서 소요되는 자금의 중개라고 할 수 있다. 벤처금융이라는 용어도 같은 개념이다. 포용적 금융(inclusive finance)은 금융 소외계층에게 금융접근성을 높이고 재기의 기회를 주는 금융으로서 금융을 통해 서민의 금융부담완화, 취약채무자 보호, 국민재산형성지원, 그리고 금융의 사회적 책임강화(금융소비자보호제도 정비와 사회적 경제활동(사회적 기업, 협동조합, 마을기업과 같은 사회적 경제조직)에 대한 금융지원기능 강화)를 추진하는 것을 말한다. 사회적 금융은 자선·기부, 임팩트투자, 사회책임투자를 포괄하는 용어이다. 임팩트금융(impact finance)은 사회적 가치와 재무적 이익을 동시에 추구하는 투자형태로 사회적 금융의 한 유형인데 처음부터 사회적 가치창출을 목적으로 투자한다는 점에서 임팩트투자(impact investment)라고도 한다. 당연히 금융이 경제발전과 사회발전에 기여하고 도움이 되어야 하지만 어디까지나 금융이기 때문에 가급적 민간주도, 시장원리(역선택과 도덕적 해이방지, 질서있는 시장진입과 퇴출 등)라는 금융의 기본원칙의 범위 내에서 추진되어야 할 것이다.

고 하는 사람(speculator)에게로 위험을 이전하는 것을 가능하게 함으로써 금융제도는 위험배분기능을 수행한다. 이러한 위험이전의 대표적 상품으로는 선물, 선도, 옵션, 스왑과 같은 파생금융상품(financial derivatives)과 신용파생상품(credit derivatives)이 있다.

3) 지급결제수단제공기능

금융제도의 세 번째 중요한 기능은 다양한 지급결제수단을 제공하여 거래와 결제가 효율적이고 안전하고 빠르고 편리하게 이루어지도록 하는 지급결제기능(settlement of payments)이다. 지급결제수단이란 물건을 사고 그 값을 치루고 계산이 정리되는 수단을 말한다. 현금으로 지급하는 것이 가능하지만 만약 그 지급규모가 크고 원거리로 지급해야 한다면 현금으로는 쉽지 않다. 이런 경우에 금융기관을 통해 수표나 온라인 등의 방법을 이용하면 쉽고 값싸게 지급이 가능해진다. 금융기관은 다양한 지급수단을 제공하여 거래가 빠르고 편리하게 이루어지도록 하고 있으며 거래규모와 거래범위가 확대될수록 이러한 기능은 더욱 중요하게 된다. 만약 이러한 지급결제에 문제가 생긴다면 실물경제에 엄청난 충격을 주게 되므로 금융제도를 안정적으로 잘 유지하여야 한다.

4) 유동성증대기능

금융제도가 갖는 네 번째 중요한 기능은 유동성증대기능(securities transactions)이다. 자산이 빠르게 현금으로 교환될 수 있는 정도를 **유동성(liquidity)**이라고 하는데 일반적으로 금융제도에 의해 만들어진 금융자산(주식, 채권, 요구불예금)은 자동차나 기계나 부동산보다 훨씬 더 유동적이다. 유동적인 자산은 개인이나 기업이 새로운 기회나 예상치 않은 사태에 더 빨리 대응할 수 있게 한다.

금융제도는 유동적인 금융자산(증권)을 창조하는 기능 이외에 금융자산을 더 유동적인 것으로 만드는 거래시스템을 제공한다. 즉, 금융제도(금융시장)는 금융증권의 시장을 형성하고 거래참여자를 증대시킴으로써 거래비용을 절감시켜 금융자산의 유동성을 증대시키는 기능을 수행한다.[5] 또 지난 20여 년 동안에 금융제도는 대출매각(loan sales)

5 예컨대, 정크본드(junk bond)는 신용등급이 낮아 시장에서 거래가 잘 이루어지지 않았는데 1980년대에 Michael Milken이 미국에서 정크본드시장을 활성화시킴으로써 많은 정크본드가 활발하게 거래되기 시작하였다.

이나 증권화(securitization)를 통해 많은 자산을 유동적으로 만들었다.

5) 정보수집과 전달기능

금융제도가 갖는 또 하나의 기능은 차입자(기업)에 관한 정보와 금융자산의 가격 및 예상수익 등에 관한 정보를 수집하고 전달하는 기능(collection and communication of information)이다. 금융제도의 정보적 역할에서 우선 중요한 것은 정보수집(정보생산)이다. 전망 있고 괜찮은 잠재적 차입자에 대한 정보수집은 개별 대부자가 하기에는 비용도 많이 들고 시간도 많이 소요된다(높은 거래비용). 개별대부자가 정보를 수집하는 데는 또 하나의 문제가 있는데 그것은 **비대칭적 정보(asymmetric information)**의 문제이다(정보비용의 발생). 이러한 정보문제는 개별대부자가 직접 대부를 하려고 하는 경우(금융시장에서의 직접금융)에는 매우 심하게 나타난다. 그러나 금융중개기관은 이러한 정보수집과 감시에 전문화하고 있으며 비대칭적 정보문제를 해결하기 위한 특별한 장치를 갖고 있기 때문에 금융중개기관은 정보비용을 덜 발생시키며 보다 쉽게 정보를 수집할 수 있고 경제전체적으로 정보가 증가한다.

금융제도가 갖는 또 하나의 정보적 기능은 정보전달(communication)이다. 만약 어느 제약회사가 암 치료제를 발명하였다는 사실이 알려진다면 이 발명사실(정보)이 어떻게 전달되어 의미있는 정보가 되는가? 바로 금융시장이 그 역할을 한다. 금융시장이 즉각적으로 그 정보를 그 회사의 주식과 채권의 가격에 반영함으로써 그러한 역할을 수행한다. 이용 가능한 정보를 금융자산가격에 잘 반영하도록 전달하는 것은 금융시장이 갖는 특별한 기능이다.

6) 금융에 대한 두 관점

금융의 기능에 대해서는 서로 상반된 두 개의 관점이 존재한다.[6] 첫 번째의 관점은 금융을 실물경제의 보조자로 보고 저축과 투자의 중개기능(자금중개기능)을 기본적 기능으로 중시하는 견해이다. Hubbard(2008)는 위의 2)에서 5)의 기능은 저축자(대부자)와 투자자(차입자)가 금융제도를 이용하도록 촉구하는 금융서비스들이며 1)의 기능이 핵심적 기

6 삼성경제연구소(2009) 참고.

능이라고 본다. 즉, 2)에서 5)의 기능을 통해서 1)의 핵심적 기능이 수행되는 것이다. 이러한 관점은 금융의 고전적 견해로 금융제도는 가계의 저축을 받아 기업에 투자자금을 제공하는 금융중개기능을 수행하여야 한다는 것이다. 이것은 금융시장을 통한 직접금융보다는 은행 등 금융중개기관을 통한 금융중개(간접금융)가 더 효율적이며 더 중요하다는 견해를 말한다. 은행은 조성된 예금을 기업에 대출하여 경제성장에 기여한다는 사회적으로 중요한 공공기능을 수행하기 때문에 이 과정에서 발생하는 위험을 줄이기 위해 정부는 다양한 안전장치(예금보험제도, 최종대부자기능 등)를 마련하여 은행을 보호해야 한다고 본다.

두 번째의 관점은 금융제도는 위험관리자(risk manager)로서 실물과는 독립된 영역으로 기능하므로 위험배분기능을 중시하는 견해이다. 즉, 금융제도는 금융거래에 존재하는 위험을 평가하여 위험의 가격을 설정하고 위험을 거래하는 핵심적 장치라고 할 수 있으므로 위험을 정확하게 평가하고 위험의 크기에 따라 위험의 가격이 결정되고 이러한 가격에서 금융증권이 거래되도록 하는 것이 금융제도가 갖는 중요한 기능이라고 보는 견해이다. 이러한 견해는 1990년대 이후 경제주체의 재산관리가 중요해지고 금융시장이 급속히 성장하면서 미래에 발생할 수 있는 각 경제주체의 위험관리에 주목하는 것이 더 중요하다는 입장에 기인한다.

금융제도의 구조변화 과거 1990년대 중반까지의 금융제도는 자금중개기능(저축과 투자의 중개기능)을 중시하고 강조하였다. 그러나 이후 금융제도는 위험배분기능을 강조하고 위험관리자(금융상품의 관리 및 중재자)로서의 역할을 과도하게 추진하였다. 이로 인해 2007~2009년에 심각한 금융위기를 겪게 되었다. 금융제도가 저축과 투자를 연결하는 핵심적인 기능보다 금융권 내에서의 자금운용과 위험이전에 과도하게 참여하였고 이로 인해 전통적 은행제도(real banking system)보다 **그림자금융제도(shadow banking system or shadow financial system)**, 즉 전통적인 은행제도 밖의 금융기관들의 금융행위를 통해 수행되는 신용중개제도가 더 크게 확대되었다.[7]

---

7 2018년 10월 22일 금융안정위원회(Financial Stability Board)는 그동안 사용해 오던 그림자금융(shadow banking)이라는 용어를 보다 중립적인 의미가 담긴 비은행금융중개(non-bank financial intermediation)로 변경하여 사용하기로 결정하였다. 이는 그림자금융이 금융시장을 통해 경제주체들에게 자금을 공급하는 긍정적 기능을 수행하고 있음에도 불구하고 용어(shadow) 자체에 내포된 부정적 어감으로 인해 해당 업종 또는 상품에 불필요한 오해를 야기할 수 있다는 우려에 따른 것이다. 그러나 본서에서는 그림자금융이라는 용어를 그대로 사용할 것이다.

그림자금융제도에서는 정보통신기술의 발전으로 증권화가 촉진되고 이것이 심화되어 은행과 유사한 기능을 하는 다양한 금융기관들이 등장하였는데 이들을 그림자금융기관(shadow institutions)이라고 부른다. 즉, 그림자금융기관은 대출에 있어 매우 큰 역할을 수행하는 비은행금융중개기관들을 말하며 이들도 전형적으로 대부자와 차입자를 연결하는 금융중개기관이다. 예컨대, 연기금(pension fund)과 같은 기관투자자가 자금을 빌려주려 하고 어떤 기업은 자금을 차입하려고 할 때 그림자금융기관이 이들을 연결시켜주는 역할을 하는데 이들이 얻는 수입은 수수료일 수도 있고 이자율의 차이일 수도 있다. 문제는 그림자금융기관은 예금은행과 같이 예금을 받지 않으므로 이들은 예금은행과 같은 수준의 안전성 규제와 건전성 규제를 받지 않으며 예금자보호 및 공적 유동성 지원제도가 적용되지 않는다는 것이다. 예컨대 그들은 대출이나 차입규모에 비해 그렇게 많은 준비금을 보유하지 않아도 된다. 즉, 그들은 매우 높은 레버리지수준을 갖고 유동자산 대비 부채비율이 매우 높다. 이러한 높은 레버리지는 경기가 좋을 때는 이윤을 확대하지만 경기가 나쁠 때는 손실을 확대한다. 그림자금융기관의 잘 알려진 예로는 투자은행, 헤지펀드(hedge funds), 구조화 투자회사(SIV, structured investment vehicle),[8] 단기금융시장펀드(자금시장펀드, MMF, money market mutual fund), 기타 비은행금융중개기관 등을 들 수 있다. 이들은 손익이 투명하지 않고 또 은행도 아니면서 은행처럼 자금을 빌려주고 새로운 유동성을 창출하기 때문에 그림자(shadow)라는 명칭이 부여되었다고 볼 수 있다.[9]

영국과 미국의 금융산업이 이러한 그림자금융제도를 중심으로 실물경제와의 관련성을 무시하고 금융산업 독자적으로 수익을 추구하는 패턴, 즉 금융기관들 상호 간의 금

---

8 SIV는 은행이나 투자은행이 고수익 자산에 투자할 목적으로 설립한 독립적인 투자전문자회사로서 모기업의 장부를 통해서는 손실을 파악하기가 어려운 구조이다. 은행들이 SIV에 우량자산을 출자하면 SIV는 이를 근거로 단기증권을 발행해 단기자금을 조달하고 이 자금으로 모기지증권 등 고수익 장기채권에 투자한다. 자금조달은 단기인 반면 투자는 장기로 이뤄져 자금조달이 안 될 경우 유동성문제에 봉착한다는 구조적인 문제점을 안고 있다.

9 그림자금융제도라는 용어는 2007년 채권펀드 운용사인 PIMCO사의 Paul McCulley에 의해 처음 명명되었는데 그는 이것을 '차입을 통해 자금을 운용하는 비은행 투자기구들(the whole alphabet soup of levered up non-bank investment conduits, vehicles, and structures)'이라고 정의하고 있다. 최근에 급성장하고 있는 핀테크(Fintech)는 새로운 형태의 그림자금융의 등장이라고 볼 수 있다. 기존의 그림자금융이 은행을 위시한 전통적 금융중개기관을 우회하여 자금중개를 하는 것이라면 새로운 그림자금융은 P2P대출이나 클라우드 펀딩처럼 비금융회사를 통해 수행된다고 볼 수 있다.

융거래(주로 CP시장과 RP시장을 통한 단기자금거래)를 주로 하는 패턴으로 변실되었는데 1990년대 말부터 본격화되었다. 경제에서 차지하는 금융의 비중은 크게 증대하였으나 금융과 실물경제의 연관성은 약화되었다. 금융기관의 대출은 크게 늘었으나 금융기관은 소매금융시장(기업과 가계를 대상으로 하는 대출시장)이 아니라 도매금융시장(특히 그림자금융기관 간에 빌리고 빌려주는 시장)에서의 활동을 확대하여 기업보다는 주로 다른 금융기관에 대출을 하였다. 이러한 것이 결국 2008년의 심각한 금융위기를 유발하였고 이러한 금융위기로 지난 10여 년 간의 위험관리, 특히 위험이전을 과도하게 추구한 금융제도의 취약성이 그대로 드러났다고 볼 수 있다.

앞으로 금융제도는 글로벌 금융위기이전 10여 년의 위험관리형 금융제도(세계적인 저금리 + 파생금융상품 및 신용파생상품 확대 + 그림자금융제도의 확대)에서 전통적 모습의 금융제도로 변화될 가능성이 크다. 즉, 글로벌 금융위기이후 금융이 본래의 금융중개기능을 중시하는 쪽으로 가야 한다는 입장이 강하게 대두되고 있는데 이것은 금융이 저축과 투자의 매개기능을 회복해야만 금융경제와 실물경제가 모두 건전하게 발전할 수 있다고 보기 때문이다. 그렇다고 위험관리기능을 무시하고 금융중개기능만을 추구하는 것도 바람직하지 않으므로 앞으로 금융중개기능과 위험관리기능 간의 적절한 균형이 추구되어야 할 것이다.

(2) 금융제도의 발전방향[10]

앞에서 언급한 다양한 기능을 수행하는 금융제도가 나아가야 할 발전방향, 정부당국이 금융제도의 유지와 발전을 위해 지향해야 할 방향은 무엇인가? 금융제도의 발전방향은 기본적으로 두 가지로 요약될 수 있다. 하나는 효율성(이에 의한 성장잠재력)의 증대이고 다른 하나는 안정성(금융안정)의 확보이다. 금융제도의 **효율성**(efficiency)의 증대란 저축과 투자의 중개기능이라는 기본적 기능과 관련된 것으로 '저축을 최대한으로 동원하고 동원된 저축을 가장 효율적인 투자로 연결하는 기능을 더 적은 운영비용으로 수행하고 그러한 저축과 투자의 수준이 매우 높고 안정적인 상태에 있는 것'을 말한다. 효율성은 기본적으로 금융에서의 시장경쟁원리, 즉 금융산업 간, 금융기관 간 경쟁을 도입

10 안철원(1991, 2007) 참고.

함으로써 증대될 수 있다. 그리고 이러한 경쟁의 수단이 금융제도의 기능에서 언급한 위험배분, 지급결제수단제공, 유동성증대, 그리고 정보수집과 전달능력이다. 대부자와 차입자에게 이러한 서비스를 잘 제공함으로써 경쟁력을 가지게 되고 저축과 투자의 중개기능을 효율적으로 수행하게 되는 것이다.

금융안정(financial stability)은 '금융제도가 제공하는 지급수단의 안정적 공급, 신용경제체제를 유지하는 금융기관의 안정적 운영, 그리고 금융자산가격의 급격한 변동을 방지하는 금융시장의 안정을 통해 금융제도의 붕괴나 위축을 막고 안전하게 운영되는 것'을 의미한다. 최근의 글로벌 금융위기에서 경험하였듯이 금융제도의 안정성의 붕괴는 실물경제에 엄청난 나쁜 영향을 미치게 되므로 금융안정의 확보는 효율성의 증대를 위해서도 중요하다.

1) 효율성의 증대

금융제도의 기본적인 기능은 저축과 투자에 대한 사회적 욕구를 충족시키는 것이다. 이를 위해 금융제도는 대부자(저축자)와 차입자(투자자)의 욕구충족에 적합한 다양한 금융수단을 제공하여야 한다. 또 금융참여자에게 허용되어 있는 조건이 공정하다는 것을 보장하여야 하며 투자에 사용될 자원은 사회적으로 가장 생산적인 사업에 배분되어야 한다. 또 총저축과 총투자 사이의 균형을 유지하는 것도 금융제도의 중요한 기능이며 이 균형이 높은 경제활동수준에서 달성되는 것도 중요하다. 이러한 기능들은 금융제도의 두 가지 효율성, 즉 미시경제적 효율성과 거시경제적 효율성의 증대로 구분하여 살펴볼 수 있다.

금융제도의 **미시경제적 효율성**(microeconomic efficiency)이란 '다양한 방식으로 저축을 최대한으로 동원하고 이것을 가장 효율적인 투자로 연결하는 기능을 적은 운영비용으로 수행하는 것'을 말한다. 미시경제적 효율성의 문제는 완전보험효율성(full insurance efficiency), 배분적 효율성(allocative efficiency), 운영적 효율성(operational efficiency) 그리고 동태적 효율성(dynamic efficiency)의 네 측면으로 나누어 볼 수 있다. 거시경제적 효율성(macroeconomic efficiency)이란 '저축과 투자의 수준이 매우 높고 안정적인 상태를 유지하는 것'을 말한다.[11]

---

11 Tobin(1984)과 Bain(1981) 참고.

① 완전보험효율성

금융제도의 미시경제적 효율성을 판단하는 첫 번째 기준은 저축자와 투자자에게 이용 가능한 금융수단의 선택범위와 관계된다. 이용 가능한 금융수단들이 궁극적 이용자(저축자와 투자자)의 필요를 충족할 만큼 다양한가? 즉, 완전히 안전하고 유동성이 매우 높은 것에서부터 위험에 대한 희생을 감수하면 더 높은 수익을 얻을 수 있는 것까지 선택의 폭이 다양한가? 차입자들도 금융수단의 다양한 형태에 접근할 수 있는가? 이러한 물음에 긍정적인 답변을 할 수 있다면 그러한 금융제도는 효율적이라고 볼 수 있다. 그러나 중요한 것은 금융수단의 선택범위의 확대가 단순히 금융기관 간의 이해조정이나 이익배분에 그쳐서는 안 되며 궁극적 이용자에게 실질적으로 도움이 되도록 다양화되어야 한다는 것이다.

금융은 현재와 미래 간의 자금의 배분을 수행하므로 금융수단을 제공한다는 것은 미래의 상황에서 자금의 회수나 상환을 보장하는 것을 말하며, 따라서 폭넓은 금융수단을 제공한다는 것은 미래의 폭넓은 상황에 대하여 보험(보장)을 제공할 수 있는 상태를 의미한다. 이러한 상태가 상당히 가능하면 금융제도는 매우 효율적이라는 것을 의미한다. 이러한 효율성을 James Tobin(1984)은 **완전보험효율성**(full insurance efficiency)이라고 한다. 그러나 현실상황은 완전보험의 상황과는 엄청난 거리가 있으며 거기에는 많은 이유가 있다. 우선 금융시장의 운영에는 자원이 필요하고 비용이 발생하는데 이러한 비용으로 인해 모든 형태의 금융(보험)시장이 존재하는 완전한 시장체계를 갖는 것이 어렵기 때문이다. 또 그러한 시장의 대부분은 너무 참여자가 적어서 경쟁적이 되지 못할 가능성이 있으며 모든 미래의 상황을 정의하기도, 관찰하기도 어려울 것이기 때문이다. 그럼에도 불구하고 현실의 금융제도는 보험시장, 선물시장(futures market) 그리고 자본시장 등의 형태로 미래에 대한 대비와 보장을 어느 정도 잘 수행하여 왔다. 새로운 금융시장과 금융수단이 지난 30여 년 동안에 엄청나게 증가하였으며 이렇게 확대된 다양한 새로운 시장으로 완전보험의 이상적 체계에 서서히 접근하고 있지만 아직도 크게 부족하다.

② 배분적 효율성

미시경제적 효율성을 판단하는 두 번째 기준은 **배분적 효율성**(allocative efficiency)이다. 배분적 효율성이란 투자재원이 사회적으로 가장 수익성이 높은 곳에 배분되는 정도를 나타내는 것이다. 민간부문에서 배분적 효율성을 위해 통상적으로 가장 중요한 것은 경쟁이며 경쟁에서 가장 중요한 것은 가격경쟁이므로 가격이 중요하다. 자본주의 시장경제에서 금융제도는 자금을 사용자에게 직접적으로 할당하기보다는 자금의 가격을 통해 배분한다. 그러므로 가격이 자원의 가치를 잘 반영하여야 배분적 효율성이 가능하다. 즉, 자금을 효율적으로 배분하기 위하여 금융제도가 충족하여야 할 가장 기본적 조건은 금융증권의 가격 또는 이자율이 위험과 거래비용의 차이를 고려하고 나면 같아져서 가격체계의 왜곡이 없어야 한다는 것이다. 중요한 것은 어느 차입자에게는 자금을 너무 싸게 빌릴 수 있게 하고 다른 사람에게는 너무 많은 비용을 지불하게 하는 가격설정에서의 체계적인 편향(bias)이 없어야 한다는 것이다.

정보효율성 이러한 편향이 존재할 것 같은 첫 번째 부문이 주식시장이다. 어떤 주식은 다른 것과 비교하여 과소평가되어 있으며 새로운 정보가 가격에 충분히 반영되어 있지 않는 주식도 있다. 만약 이용 가능한 모든 적합한 정보가 가격에 완전히, 즉각적으로 반영되고 그래서 위험에 대한 고려를 하고 나면 이 주식의 수익률이 다른 주식의 예상수익율과 같다면 그 주식시장은 **정보효율성**(information arbitrage efficiency, informational efficiency)을 가진다고 한다. 정보효율성이 있는 경우 가격이 자원배분의 정확한 신호가 되며 따라서 정보효율성은 배분적 효율성의 기초가 된다. 주식시장에서 주식시장참여지는 주식가격을 계속 예의검토하며 주식의 가치에 대한 새로운 정보의 영향을 평가하는 수많은 전문투자자들이 있기 때문에 새로운 정보가 완전히, 즉각적으로 주가에 반영되며 따라서 정보효율성이 있는 것으로 보고 있다.

본질적 가치효율성 가격기구의 원활한 작동과 관련하여 또 하나 중요한 것이 **본질적 가치효율성**(fundamental valuation efficiency)이다. 본질적 가치효율성이란 시장의 가치평가(가격)가 그 재화의 본질적 가치(fundamentals, 펀더멘털)를 얼마나 정확히 반영하느냐 하는 정도를 나타낸다. 즉, 증권의 가격이 그 증권의 본질적 가치(그 기업의 미래의 소득에 의해 보장되는 가치)를 정확히 나타낼 때 그 시장은 본질적 가치효율성을 갖는다. 그러므로 본질적 가치효율성은 정보효율성보다 훨씬 더 강한 의미의 효율성개념이다. 가격이 적합한 정보를 완전히, 즉각적으로 반영할 뿐 아니라 적합한 정보가 본질적 가치만을 나타내는 경우를 말한다. 이 본질적 가치효율성이 있을 때 가격이 자원배분의 정확한 신호가 되기 때문에 이것 역시 배분적 효율성의 기초가 된다. 그러나 이러한 본질적 가치효율성에 대해 일반적으로 매우 회의적이다. 현실을 살펴보면 시장가격이 합리적으로 형성된 예상치나 그것의 할인율의 변화에 의해 정당화될 수 있는 본질적 가치보다 훨씬 더 많이 오르내리는 현상(버블의 발생과 붕괴 현상)을 볼 수 있다.[12]

③ 운영적 효율성

금융제도에서의 미시적 효율성의 또 하나의 측면은 **운영적 효율성**(operational efficiency), 즉 금융중개기관이나 금융시장의 사용자들이 부담하여야 할 금융중개비용의 문제이다. 동일한 금융중개를 적은 비용으로 수행하는 경우 운영적 효율성이 있다고 말할 수 있다. 중개비용을 줄이는 주요무기는 역시 경쟁이다. 금융시장에서의 중개비용은 세금에 의해서도 영향을 받는다. 예컨대, 현재 증권거래세가 증권의 구매에 부과되고 있으며 따라서 증권을 사고파는 총비용에 있어 매우 중요한 요소가 되고 있다. 그러나 이러한 증권거래세는 지나치게 단기적 거래에 몰두하는 것을 피하고 본질적 가치에 따라 투자를 행하게 하는 기능을 부분적으로 수행한다.

④ 동태적 효율성

미시적 효율성의 마지막 측면은 금융제도의 **동태적 효율성**(dynamic efficiency)이다. 이것은 변화하는 금융환경에 맞추어 혁신을 하고 변화하는 욕구에 적응하는 능력을 말한다. 동태적 효율성은 구체적으로는 금융상품이나 금융서비스의 생산에서의 빠른 혁신으로 볼 수 있다. 따라서 이 효율성은 완전보험효율성과 밀접하게 관련이 되며 이의 달성을 위해 크게 요구되는 측면이다. 정태적 효율성(기존자원의 최적 사용 및 배분)을 극대화하는 체제는 일반적으로 동태적 효율성(새로운 자원의 최적 창출)을 항상 극대화하지는 않는다. 다시 말하면 사용의 측면에서 최적인 제도는 발전의 측면에서 반드시 최적이 되는 것은 아니다. 그러므로 금융제도는 가급적 신축적이고 변화에 대응하는 적응력이 강해야 한다. 최근의 경제상황은 금융기관의 동태적 효율성을 중요하게 만들고 있으며 특히 여러 측면에서 금융여건이 급격히 변화하고 있고 또 앞으로도 계속 여건이 불투명하기 때문에 금융기관의 적응력을 향상시켜야 할 필요성이 매우 크다.

---

12 경쟁과 관련하여 또 중요한 것은 금융기관에 대한 선택의 범위와 제도의 탄력성이다. 금융제도의 배분적 효율성은 또한 금융산업의 시장구조, 정부의 규제, 조세 및 보조금제도 등 많은 요인에 의해서도 영향을 받는다. 자세한 내용은 Bain(1981) 참고.

⑤ 거시경제적 효율성

금융제도는 경제의 거시경제적 효율성에도 중요한 기여를 하여야 한다. 이것은 경제에서의 저축수준과 투자수준에 관한 사회의 목표를 충족시키는 데 있어 금융제도가 기여할 수 있는 정도에 관한 것이다. 따라서 **거시경제적 효율성(macroeconomic efficiency)**이란 높은 수준의 저축을 동원하여 높은 수준의 투자가 가능하도록 하고 그래서 높고 안정적인 수준의 경제활동을 유지할 수 있는 상태를 말한다. 즉, 경제발전을 위해 금융제도가 얼마나 잘 기여하느냐 하는 것이다.

2) 금융안정의 확보

1980년대 이후 전 세계적으로 금융위기가 자주 발생하고 있다. 특히 1997년 전후의 동남아 및 남미의 외환위기, 1998년의 러시아 디폴트사태와 미국의 LTCM사태(헤지펀드인 Long Term Capital Management의 파산으로 인한 위기), 2008년의 글로벌 금융위기와 같은 엄청난 금융위기가 발생하면서 금융안정에 대한 관심이 고조되고 있으며 금융안정이 금융제도운영의 필수적 요건으로 인식되고 있다.

금융안정은 무엇을 의미하는가?[13] 물가안정(price stability)의 경우에는 소비자물가지수 등 물가지수를 이용하여 구체적인 측정이 가능하지만 금융안정의 경우 이를 일의적으로 정의하고 측정하기는 매우 어렵다. 왜냐하면 금융안정이 매우 다면적인 현상이기 때문이다. 그래서 금융안정에 대한 정의가 다양하게 제시되고 있으나 **금융안정(financial stability)**은 '금융제도가 실물경제의 활동을 원활하게 지원할 수 있고 내생적 또는 외생적 충격에 의해 유발되는 금융불균형을 스스로 치유할 수 있어 체제위험(systemic risk)이 없는 상태'라고 정의할 수 있을 것이나. 그러나 이러한 정의는 매우 포괄적이고 관념적이다. 그래서 통상 금융안정은 '금융기관들이 정상적인 자금 및 위험중개 기능을 수행하고(금융기관의 안정), 금융시장에서 시장참가자의 신뢰가 유지되는 가운데 금융자산가격이 본질적 가치(펀더멘털)로부터 크게 벗어나지 않으며(금융시장의 안정), 금융인프라가 잘 구비되어 있어 금융제도의 불균형이 원활하게 치유되는(금융인프라의 안정) 상태'를 의미한다고 정의되고 있다. 따라서 금융안정은 금융제도의 구성요소인 금융기관, 금융시장 및 금융인프라(금융하부구조)의 안정을 의미한다고 볼 수 있다. 이 정

13 Crockett(1997), 한국은행(2005.7, 2018.12a) 참고.

의는 다소 평면적이고 협소한 면이 있지만 금융제도를 구성하는 각 구성요소가 안정적이면 전체가 안정되고 기능을 잘 수행할 것이라고 볼 수 있다는 점에서 수용 가능하다.

금융제도의 안정성의 확보(금융안정)는 이제 금융제도가 추구해야 할 중요한 목표로 인식되고 있으며 이에 따라 공공정책적 개입이 정당화되고 있다. 금융안정이 반드시 필요하고 이에 대한 당국의 개입이 정당화되는 이유는 다음과 같다. 첫째, 금융안정은 양의 외부성(positive externality)을 갖고 있기 때문이다. 즉, 금융안정은 저축과 투자의 연결이 잘되게 만들어 실물자원의 배분을 개선하고 거시경제정책의 이행을 위한 더 나은 환경을 제공하여 실물경제가 잘 운영되도록 하기 때문이다. 또한 금융제도는 **금융불안정(financial instability)**이 가져오는 음의 외부성(negative externality)에 특히 취약하기 때문이다. 금융제도 내의 어느 금융기관이 불안해지면 즉각적으로 다른 금융기관이나 시장에 나쁜 영향을 미치며 그래서 금융제도가 저축과 투자의 중개기능을 제대로 할 수 없게 되고 이로 인해 실물경제가 타격을 입기 때문이다. 둘째, 금융안정은 공공재(public goods)이기 때문이다. 금융안정은 어느 개별금융기관이 감당할 수 있는 문제가 아니며 국방(national defence)과 같이 금융안정은 소비하면 없어지는 경합재가 아니기 때문이다. 이에 따라 적정수준의 금융안정을 제공하는 것은 관련 공공기관의 목표가 된다.

안정성과 효율성의 상충관계 그러나 금융안정이 중요하지만 이를 지나치게 강조하다 보면 규제가 많아지고 이에 따라 금융기관이 수행할 활동영역이나 인센티브가 줄어들어 효율성이 떨어질 수 있다. 반면 효율성을 강조하여 규제를 철폐하거나 완화하고 경쟁원리에 충실하게 되면 과도한 경쟁으로 안정성이 저해될 수 있다. 이와 같이 안정성과 효율성은 상충관계(trade off)에 있으므로 적절한 조화를 유지하여야 하는데 기본적으로는 안정성의 토대 위에서 효율성이 증대되어야 한다.

3. 금융시장

금융제도는 금융시장, 금융중개기관 그리고 금융하부구조(금융인프라)로 구성된다. 이하에서는 이 중 금융시장과 금융중개기관에 대해 개략적으로 살펴보고자 한다. 먼저 3절에서는 금융시장에 대해 살펴보고 4절에서는 금융시장에서 거래되는 주요한 금융증권(금융상품, 금융수단)에 대해 살펴보며 5절에서는 금융중개기관에 대해 살펴본다.

(1) 금융시장의 역할

금융시장(financial market)은 직접금융이 이루어지는 곳을 말한다. 구체적으로는 가계, 기업, 정부, 금융기관 등 경제주체들이 금융증권을 직접 사고팔아 필요한 자금을 조달하고 여유자금을 운용하며 이 과정에서 금융증권의 가격이 결정되는 장소라고 할 수 있다.

금융시장도 금융제도의 한 구성부분이기 때문에 금융제도와 마찬가지로 금융시장의 거시적인 주요기능은 자금을 대부자(저축자, 공급자)로부터 차입자(투자자, 수요자)에게로 연결함으로써 경제의 생산효율성과 소비효율성을 증대시키는 저축과 투자의 중개기능이다. 이와 동시에 금융시장은 금융증권을 거래하는 하나의 개별시장으로서 여러 가지 미시적 기능을 수행한다. 첫째, 수요자와 공급사 간의 가격탐색과정을 통해 금융증권의 가격을 결정하는 기능이다. 금융시장에서 결정되는 금융증권의 가격은 금융시장의 정보를 반영하는데 시장이 발달할수록(시장의 범위가 확대되고 이에 따라 시장에 대한 참여자가 확대될수록) 가격에 반영되는 정보도 확대되고 전파속도도 증대된다. 그리고 이렇게 결정된 가격은 금융시장의 신호역할을 하여 자금의 차입결정(투자결정)과 공급결정(저축결정)에 영향을 미친다. 둘째, 금융시장은 금융증권보유자에게 유동성을 제공한다. 금융증권이 금융시장에서 활발하게 거래됨으로써 높은 유동성을 제공하며 금융증권의 발행과 매매를 활발하게 만든다. 셋째, 금융시장은 탐색비용과 정보비용 등 금융거래에 따른 비용과 시간을 경감시켜준다. 넷째, 시장참가자에게 다양한 금융증권과 금융거래기회를 제공함으로써 위험관리를 도와준다. 위험회피자(hedger)는 분산투자나 파생상품투자로 위험의 경감이 가능하고 투기자(speculator)는 위험을 매입할 수 있다.

(2) 금융시장의 형태[14]

금융시장은 금융이 수행되는 측면에 따라 여러 가지 형태로 분류가 가능하다. 그러

14 한국은행(2016) 참고.

나 가장 일반적인 금융시장의 분류는 발행시장과 유통시장, 그리고 자금시장과 자본시장의 분류이다.

1) 발행시장과 유통시장

발행시장(issuing market, primary market)은 증권(채무증서와 지분증서)의 신규 발행분이 최초의 구매자에게 판매되는 시장이다. 증권의 발행과 매각은 복잡한 문제를 갖고 있으므로 전문기관의 도움이 필요한데 투자은행(investment bank)과 증권회사가 대표적인 시장중개기관이다. **유통시장**(secondary market)은 기존의 증권이 재판매되는 시장이다. 주식의 유통시장으로는 우리나라의 유가증권시장(코스피(KOSPI)시장), 코스닥시장(KOSDAQ, Korea Securities Dealers Automated Quotations),[15] 코넥스시장(KONEX, Korea New Exchange)[16] 및 K-OTC시장(Korea Over-The-Counter, 종전 프리보드)[17] 이 있으며 미국의 뉴욕증권거래소(NYSE), AMEX(American stock exchange), NASDAQ시장 등이 대표적인 주식유통시장이다.[18] 다른 중요한 유통시장으로는 외환시장, 선물시장, 옵션시

---

15 유가증권시장과 더불어 한국거래소(KRX. Korea Exchange)에 개설된 시장이며 유망 중소기업, 벤처기업 등에게 자본시장을 통한 자금조달기회를 제공하는 한편 투자자에게는 고위험·고수익 투자수단을 제공하는 역할을 한다.

16 유가증권시장, 코스닥시장에 이은 제3의 거래소시장으로 '중소기업기본법'상 중소기업만 상장이 가능한데 코넥스상장기업은 유가증권시장과 코스닥시장의 상장법인과 동일한 주권상장법인으로 인정된다.

17 비상장주식의 매매를 위해 한국금융투자협회가 자본시장법에 따라 개설·운영하는 장외시장이다.

18 일본의 주식유통시장은 동경증권거래소(주로 대기업이 상장되는 1부, 중견기업 중심의 2부로 구성), JASDAQ(Japanese Association of Securities Dealers Automated Quotations. 중소·벤처기업 중심의 유통시장), Mothers(Market of the High-growing and Emerging Stocks. 신흥기업대상 시장으로 IT, 생명공학 기업이 중심) 등으로 구성되어 있다.

중국의 주식시장은 1984년 주식발행이 시작된 이후 1990년 상해증권거래소와 1991년 심천증권거래소가 개설되었다. 이후 2004년 5월에는 심천증권거래소에 중소기업 전용시장(中小板, SME Board)이 설립되었으며 2006년 1월에는 비상장기업의 주식을 거래하는 장외시장이 개설되었다. 2009년 10월에는 미국의 나스닥과 유사한 첨단기술주 중심의 차스닥시장(創業板, ChiNext)도 출범하였다. 또 중국의 주식시장은 투자자 및 거래통화, 기업의 설립·상장지역 등에 따라 A주시장, B주시장, H주시장, Red Chip시장 등으로 구분된다. A주시장은 내국인이 위안화로 거래하는 시장이고, B주시장은 외국인이 외국통화(상해는 미달러화, 심천은 홍콩달러화)로 거래하는 시장이다. 다만 2001년 2월부터는 내국인의 B주시장 투자가 허용되었으며, 2002년 12월에는 QFII(Qualified Foreign Institutional Investor. 중국 금융당국의 심사를 거쳐 중국내 증권시장에 투자할 수 있도록 인가를 받은 해외 기관투자자를 말함)제도가 도입되어 2003년 5월부터 외국 기관투자자의 A주시장 진출이 허용되었다. 그리고 2014년 11월에는 상해증시와 홍콩증시간 상호주식거래를 허용하

장 등이 있다. 유통시장이 잘 기능하기 위해서는 시장중개기관(증권회사)이 필수적이다.

금융제도의 자금중개기능과 직접적으로 관계된 것은 발행시장이다. 발행시장에서 활발한 발행활동이 있어야 저축이 투자로 연결되는 것이다. 이렇게 보면 기존의 증권이 거래되는 유통시장은 크게 중요하지 않다고 생각할 수 있으나 그렇지 않다. 유통시장도 매우 중요한 기능을 수행한다. 유통시장이 수행하는 기능은 앞의 금융제도의 기능에서 본 2)에서 5)의 기능들이다. 물론 금융중개기관도 이러한 기능을 수행하지만 금융시장에서는 유통시장이 이러한 기능을 수행한다. 또한 유통시장은 발행시장에 직접적으로 영향을 미치므로 유통시장의 발전은 발행시장의 발전을 위해 매우 중요하다. 발행시장을 위해 유통시장이 수행하는 첫 번째 중요한 기능은 증권의 유동성증대기능이다. 증권은 거래가 잘 이루어져 언제든지 현금화하는 데 불편이 없어야 신규증권이 쉽게 판매가 된다. 발행시장을 위한 유통시장의 두 번째 기능은 유통시장이 발행가격의 결정에 도움을 제공한다는 것이다. 신규로 증권을 발행하는 경우 그 증권의 가격결정이 매우 어려운데 유통시장의 가격을 참고하여 발행가격을 결정할 수 있다.

2) 경매시장과 장외시장

유통시장은 하나만 있는 것이 아니다. 유통시장은 기준에 따라 다양하게 구분할 수 있다. 우선 구매자와 판매자 사이에 증권거래가 수행되는 거래의 조직형태에 따라 유통시장을 경매시장과 장외시장으로 나눌 수 있다. **경매시장**(auction markets)에서는 개별구매자와 개별판매자를 대리하여 활동하는 수많은 거래자(traders)에 의한 경쟁적 입찰에 의해 가격이 설정된다. 가장 통상적인 경매시장은 구매자와 판매자가 거래를 하는 집중화된 장소인 **거래소시장**(exchanges)이나. 한국거래소(KRX), 뉴욕증권거래소(NYSE) 등이 대표적인 거래소이다.

유통시장은 또한 장외시장으로 운용될 수도 있다. 광의의 장외시장은 거래소시장 밖에서 유가증권의 거래가 이루어지는 시장을 총칭하는 것인데 거래방법에 따라 직접거래시장(no broker market)과 **점두시장**(OTC market, over the counter market)으로

는 후강퉁 제도가 실시되어 외국의 기관투자자뿐만 아니라 개인투자자도 상해증권거래소에 상장된 A주를 거래할 수 있게 되었다. H주시장(중국증권감독위원회의 승인을 받은 중국기업의 주식이 홍콩달러표시로 거래되는 시장)과 Red Chip시장(중국자본소유의 홍콩기업주식이 거래되는 시장)은 홍콩증권거래소에 개설되어 있다.

〈표 2-1〉 ▸ 우리나라 금융시장의 구조

<table>
<tr><td rowspan="9">금융시장</td><td rowspan="5">전통적
금융시장</td><td>자금시장(단기금융시장)</td><td>콜시장, RP시장, CD시장, CP시장</td></tr>
<tr><td rowspan="4">자본시장(장기금융시장)</td><td>주식시장</td></tr>
<tr><td>채권시장</td></tr>
<tr><td>자산유동화증권(ABS)시장</td></tr>
<tr><td>통화안정증권시장</td></tr>
<tr><td>외환시장</td><td>은행간시장(통상의 외환시장)
대고객시장</td><td></td></tr>
<tr><td rowspan="2">파생금융
상품시장</td><td>주식관련시장
금리관련시장
통화관련시장</td><td>선도, 선물, 옵션, 스왑</td></tr>
<tr><td>신용파생상품시장</td><td>CDS, CDO</td></tr>
</table>

자료: 한국은행(2016, p.6)을 수정.

구분되며 직접 거래시장은 투자자 상호 간의 개별적 접촉과 협상에 의해 증권거래가 이루어지는 시장이고 점두시장은 증권회사가 개입하여 증권거래를 중개해주는 시장으로 이를 통상 협의의 장외시장이라 한다. 직접 거래시장은 그 비중이 매우 적기 때문에 장외시장과 점두시장을 동의어로 사용하기도 한다. 우리나라의 경우 주식, 선물, 옵션상품은 대개 거래소시장에서 거래된다. 그러나 채권은 대부분 장외시장에서 거래되고 있으며(일반채권시장과 국채전문유통시장은 거래소시장) 자금시장상품, 외환과 외환파생상품, 금리 및 통화스왑 등 파생금융상품도 대개 장외시장에서 거래된다.

3) 자금시장(단기금융시장)과 자본시장(장기금융시장)

금융시장은 금융증권의 만기까지의 남은 기간에 따라 자금시장과 자본시장으로 분류된다. **자금시장**(money market)은 단기채무증서(통상 원래만기가 1년 미만인 증권)가 거래되는 시장으로서 **단기금융시장**이라고도 하며 **자본시장**(capital market)은 중장기채무증서(통상 원래만기가 1년 이상인 증권)와 지분증서(주로 주식)가 거래되는 시장으로서 **장기금융시장**이라고도 한다. 이러한 금융시장분류는 가장 전통적인 방식이기 때문에 〈표 2-1〉에서 보듯이 이들을 전통적 금융시장이라고 한다.

자금시장은 경제주체들이 단기자금을 효율적으로 조달, 운용할 수 있는 기회를 제공하여 유휴자금의 보유에 따른 기회비용을 경감하고 자금조달의 효율성을 제고할 수 있는 기회를 제공하는 시장을 말한다. 반면 자본시장은 기업, 정부, 지방자치단체, 공공기관 등이 중장기적인 자본의 조달이나 자금의 운용을 위한 증권이 유통되는 직접금융시장을 말하는데 주식, 채권 등 시장성증권(marketable securities)이 발행되어 유통되는 시장을 의미한다.[19]

4) 국내금융시장과 국제금융시장

국제금융시장(international financial market)은 국제적 성격을 가지는 자금대차거래가 수행되는 시장의 집합을 의미한다. 국내금융시장과 구분되는 국제금융시장의 범위를 파악하기 위해서는 어떤 거래가 국제금융거래(국제적 자금대차거래)인지 구분하는 기준이 필요하다. 국제금융거래의 중요한 기준으로는 ① 거래당사자의 거주성, ② 거래의 표시통화, ③ 거래에 적용되는 규제의 세 가지이다. 국제금융시장은 이 세 가지 기준의 어느 하나에 의해서도 국제금융거래로 구분되는 경우를 모두 포함하는 매우 넓은 범위로 정의하는 것이 일반적이다.[20] 거주성의 기준이란 금융거래의 일방 혹은 양방이 거래발생지의 거주자가 아닌 경우에 국제금융거래로 구분하는 것이다. 그러나 각국의 금융시장개방으로 국내금융시장에 비거주자가 많이 참여하고 있기 때문에 순수한 의미에서의 국내금융시장이란 오늘날의 금융세계에서는 거의 존재하지 않는다고 해도 과언이 아니다. 따라서 ②와 ③의 기준에 따라 국제금융시장과 국내금융시장 그리고 국제금융시장의 유형을 나누어 보면 〈표 2-2〉와 같다.

이러한 두 기준에 따라 국제금융시장을 넓게 정의하면 〈표 2-2〉에서 II + III + IV의 부분과 국내금융시장(I)에 외국인(비거주자)이 참여하는 금융거래를 모두 포함하는 것이 된다. 그리고 국제금융거래에서 거래발생지의 통화가 아닌 외국통화로 표시된 거래를 특히 유로거래라고 하며 이 거래시장을 **유로시장**(euromarket)이라고 한다(II와 IV). 그리고 거래발생지국의 규제가 적용되지 않는 거래가 역외거래이며 이 거래시장을 **역외시장**

19 자본시장은 넓은 의미에서는 은행의 시설자금대출 등 장기대출시장을 포함하기도 하나 통상적으로는 중장기 시장성증권이 발행 유통되는 증권시장을 의미한다.

20 민상기·정창영(2001, pp.288-293) 참고.

〈**표 2-2**〉 ▸ 국제금융시장의 분류

		통화	
		거래발생지 통화	외국통화
규제	발생지국의 규제적용	I	II
	규제적용 않음	III	IV

I = 국내금융시장, II + IV = 유로시장, III + IV = 역외시장

자료: 민상기 · 정창영(2001, p.290)

(offshore market)이라고 한다(III과 IV). 역외시장은 주로 비거주자를 대상으로 한 국제금융시장으로 소재지국의 규제대상에서 제외되는데 인위적으로 개발(자유화된 금융환경, 낮은 금융거래비용, 정치적 및 경제적 안정유지, 주요 국제금융시장과 밀접한 관계유지 등의 조건충족)되는 경우가 대부분이다. 유로거래는 대부분 발생지국의 규제를 적용받지 않기 때문에 대부분의 유로거래는 동시에 역외거래(IV)이기도 하다.

5) 현물시장과 파생금융상품시장

금융시장은 증권의 청산시점에 따라 현물시장(또는 현금시장)과 파생금융상품시장으로 나눌 수 있다. **현물(현금)시장**(spot market or cash market)은 즉시적인(동일일에서 1주일) 청산을 통해 증권이 판매되고 구매되는 시장이다. 여기서 구매자는 판매자에게 돈을 지불하고 즉각 증권을 구매한다. 대표적인 예가 주식시장과 채권시장이다. 반면 **파생금융상품시장**(financial derivatives market)에서는 거래는 지금 이루어지지만 청산은 미래(통상 1주 이상)의 어느 시점에서 이루어진다. 예컨대, 어떤 투자자는 채권딜러로부터 국채를 지금으로부터 1년 뒤에 미리 정해진 가격으로 구매하기로 합의할 수 있다. 이러한 거래를 원하는 이유는 투자자(가계나 기업)가 파생금융상품시장을 이용하여 현물시장에서의 가격변동위험에 대한 노출을 감소시킬 수 있기 때문이다. 파생금융상품시장에는 **선물시장**(futures market), **선도시장**(forward market), **옵션시장**(options market), **스왑시장**(swap market), 그리고 **신용파생상품시장**(credit derivatives market) 등이 있다. 선물시장에서의 거래대상이 선물계약(futures contracts)이고 선물계약이 장외시장(OTC)에서 협상에 의해 거래될 때 선도계약(forward contracts)이라고 한다. 옵션시

장은 미래에서의 증권의 이전과 지불이 조건부인 시장을 말하며 이 시장의 거래대상이 옵션계약(options contracts)이다. 스왑계약(swaps contracts)은 장래 특정일 또는 특정기간 동안 금융자산(부채)을 상대방의 금융자산(부채)과 교환하는 계약을 말하는데 이러한 스왑계약이 거래되는 시장을 스왑시장이라고 한다.

6) 외환시장

외환시장(foreign exchange market)은 외화자산(예컨대, 원화자산과 달러자산)이 서로 거래되는 시장으로 여기서 환율이 결정된다. 외환시장은 전형적인 장외시장으로서 딜러(은행)간시장(외화도매시장으로 통상의 외환시장)과 대고객시장이 있다. 외환시장과 파생금융상품시장에서는 자금을 빌려주고 빌리는 자금의 대차거래가 이루어지지 않지만 여기서도 자금이 운용되고 있다는 점에서 금융시장에 포함시키고 있다.

(3) 금융시장의 특성

1) 금융시장에서는 정보의 비대칭성 문제가 심각하다

정보의 비대칭성(informational asymmetry)이란 거래의 두 당사자(차입자와 대부자)가 금융거래에 대해 서로 다른 비대칭적 정보를 가지는 경우를 말한다. 예를 들면 차입자는 사업의 내용, 자금의 용도 그리고 본인의 신용정도 등에 대해 잘 알고 있지만 대부자는 차입자의 사업내용, 자금용도, 차입자의 신용상태 등에 대해 잘 알지 못한다. 이처럼 거래의 두 당사자가 갖는 정보가 서로 일치하지 않고 한 쪽은 다른 쪽보다 정보를 덜 가지는 경우를 정보의 비대칭성이라고 한다.

금융시장에서는 이러한 정보의 비대칭성이 매우 심각하다. 일반상품(예컨대, 사과)의 구매자와는 달리 금융시장에서의 증권의 구매자(대부자)는 증권의 판매자(차입자)가 어떤 목적으로 그 증권을 판매하는지, 판매자가 재산이 많은지, 그 증권에 적혀 있는 대로 상환약속을 이행할 것인지의 정보에 관심을 가지며 걱정을 한다. 왜냐하면 금융거래는 미래에서의 약속을 거래하는 것인데 그 정보를 충분히 갖고 있지 않기 때문이다. 이러한 관심과 걱정이 금융시장에서는 매우 심각하다.

이러한 정보의 심각한 비대칭성으로 인해 금융시장에서는 역선택문제와 도덕적 해이 문제라는 심각한 문제가 발생하며 이로 인해 금융시장에서는 비효율성이 발생하거나 아예 시장이 형성되지 않게 되는 경우가 있다. **역선택**(adverse selection)은 자금을 빌려줄 것인지, 말 것인지를 결정하는 과정에서(금융거래가 발생하기 전에) 정보의 비대칭성 때문에 나타나는 현상으로서 사전적(ex-ante) 정보비대칭성문제이며 이것은 잠재적 차입자의 숨겨져 있는 특성(hidden characteristics) 또는 감춰진 유형(hidden type) 때문에 나타나는 정보비대칭성문제이다. 즉, 금융시장에서의 역선택문제는 어느 차입자가 좋은 차입자이고 어느 차입자가 나쁜 차입자인지 알 수 없기 때문에 발생한다. 이러한 역선택은 대출이 잘못될 가능성을 크게 만들기 때문에 대출자들은 시장에서 좋은 신용을 가진 사람이 있음에도 불구하고 구분이 안 되기 때문에 아예 대출을 하지 않기로 결정할 수 있으며 따라서 자금이 흘러가지 못하게 되어 자원배분이 비효율적으로 되도록 만든다.

도덕적 해이(moral hazard)는 금융거래가 이루어진 후(자금을 빌려준 후)에 나타나는 정보의 비대칭성문제로서 사후적(ex-post) 정보비대칭성문제이다. 금융시장에서의 도덕적 해이는 대출자의 관점에서 볼 때 차입자가 차입을 한 후에 바람직하지 않은(비도덕적인, 위험한) 행동에 개입할 가능성을 말한다. 따라서 이것은 차입자의 숨겨져 있는 행동(hidden action) 때문에 나타나는 정보비대칭성문제이다. 자금을 빌려준 이후에 자금을 빌린 사람이 자금을 성실히, 안전하게 운용하여 상환을 하겠다는 차입당시의 말과는 달리 행동(태도)을 바꾸어 자금을 비도덕적으로 사용하거나 위험한 사업에 투자를 하는 행위를 말한다. 그러므로 도덕적 해이가 심해진다는 것은 숨겨져 있는 나쁜 행동이 나타날 가능성이 커진다는 것을 의미하며 이런 우려 때문에 자금을 빌려주는 것을 더욱 더 꺼린다는 것을 의미한다. 금융시장에서는 이러한 역선택과 도덕적 해이가 심하기 때문에 자금이 원활하게 대출되지 않을 가능성이 크며 때로는 역선택과 도덕적 해이문제가 매우 심해 금융거래가 거의 이루어지지 않거나 금융시장이 성립되지 않아 자원배분이 비효율적으로 되는 경우도 발생할 수 있다.

2) 금융시장은 정보효율적 시장이다

정보에 민감하여 이용 가능한 적합한 정보가 가격에 즉각적으로 완전하게 반영되는 시장을 정보효율적 시장이라 한다. 이러한 정보효율성의 의미에서 금융시장은 대개 효율적이다. 금융시장 중에서 특히 주식시장이 매우 효율적인 시장이라고 볼 수 있다. 주식시장은 정보에 매우 민감하며 모든 정보가 주식가격에 거의 즉시로 반영된다고 볼 수 있기 때문이다. 이렇게 보면 주식가격은 새로운 정보(뉴스)가 있을 때 변화하게 된다. 그런데 새로운 정보 또는 뉴스는 성질상 무작위적(random)이며 예측 불가능한 것이다. 그러므로 주가도 무작위적이고 예측 불가능하게 움직인다고 볼 수 있다. 그래서 흔히 주가의 움직임을 **확률보행**(random walk, **랜덤워크**)이라고 한다. 주식시장 이외의 채권시장이나 외환시장도 비교적 효율적이라고 볼 수 있다.

3) 금융시장은 재화시장보다 훨씬 더 불안정적이다

재화시장에서는 통상 수요와 공급이 매우 안정적이며 따라서 재화시장은 비교적 안정적이다. 반면 금융시장에서는 수요와 공급이 모두 매우 신축적이며 투기적 성향이 매우 강하여 수요와 공급이 흔히 급변동한다. 따라서 단기간에 가격이 크게 변할 수 있다. 물론 재화시장과 금융시장 중에서 어느 시장이 더 안정적이냐 하는 문제는 쉽게 판단할 수 있는 문제는 아니며 이에 대한 논쟁은 긴 역사를 갖고 있다.[21]

4) 금융시장은 내면적인 긴밀한 연관성을 가지고 있다

금융시장은 재화시장에 비해 서로 훨씬 밀접한 금융적 연관성(financial interconnectedness)을 가지고 있다. 재화시장 간에는 그 연관성이 경쟁재나 보완재의 경우에 한정되지만 금융시장에서는 모든 상품이 수익률로 연결되어 있기 때문에 매우 긴밀한 상호연관성을 가지고 있다. 이러한 긴밀한 금융적 상호연관성으로 인해 금융시장이 붕괴로 이어지거나 폭발적으로 상승하는 구조를 갖고 있다.

금융시장은 한 나라 내에서도 상호 밀접한 연관관계를 가지기 때문에 금리, 주가, 환율은 상호 밀접한 연관관계를 가지고 영향을 주고받지만 특히 규제완화, ICT(정보통신기술)의 발달, 자본이동자유화의 심화, 그리고 이에 따른 금융의 세계화로 각국의 채권시장,

---

21 John M. Keynes는 금융시장(특히, 화폐시장)에서는 자산(화폐)에 대한 수요가 이자율의 변화에 대해 매우 민감하게 반응하기 때문에 화폐시장이 매우 불안정적이라고 보았다. 투자의 불안정성 때문에 재화시장도 불안성적이기는 하지만 기본적으로는 안정적인 소비로 인해 재화시장은 안정적이라고 보고 있다. 반면 Milton Friedman을 위시한 통화론자들은 화폐수요함수가 매우 안정적이기 때문에 화폐시장이 재화시장보다 훨씬 더 안정적이라고 보았다. 그러나 1980년대 이후 금융혁신이 급격하게 진행되면서 화폐수요함수가 매우 불안정하게 되었으며 금융시장의 불안정성이 크게 높아졌다고 볼 수 있다.

〈그림 2-3〉 ▸ 금융시장의 상호연관성

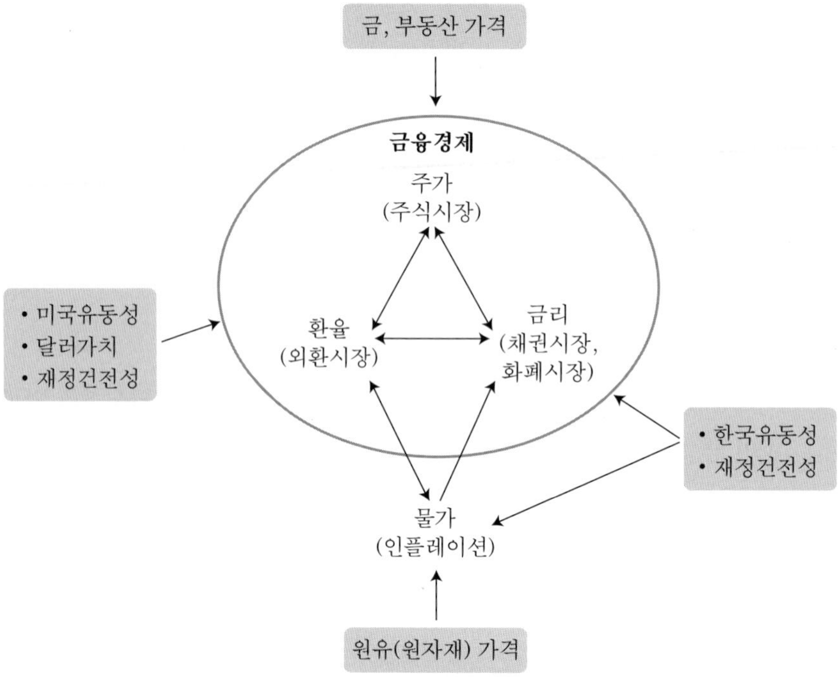

주식시장, 외환시장이 밀접하게 연관되어 있으며 각국의 금리, 환율, 주가 등 금융변수가 서로 연관되어 변동하는데 국내외 금융시장의 연계성 심화는 순기능도 크지만 부작용도 크다. 그리고 이들의 대체자산인 실물자산(금, 원유, 부동산 등)의 가격도 각국의 금융시장에 영향을 미치거나 각국의 금융시장으로부터 영향을 받는다.[22] 이러한 관계를 개략적으로 나타내면 〈그림 2-3〉과 같다. 이 그림은 우리나라를 중심으로 표기한 것이지만 각국의 금융시장이 서로 연결되고 연관관계를 가진다. 과거부터 금융의 세계화가 진행되었

22 금가격 또는 원유가격의 변화도 금융시장에 영향을 미친다. 예컨대, 금가격의 상승 또는 원유가격의 상승은 달러약세를 의미한다. 기축통화로서의 달러의 가치기준이 금 또는 원유와 같은 원자재로 나타나기 때문이다. 금값 급등은 금리 인하, 인플레이션 우려 등에 따른 달러화 약세 우려에 기인하는 것으로 볼 수 있다. 또한 금가격과 달러가치가 동시에 모두 상승하면(예컨대, 우리나라 원화가 달러에 대해 약세가 되고 금가격이 상승하는 경우) 이것은 안전자산(금 및 달러)에 대한 선호현상으로 보아야 할 것이다. 다시 말하면 세상이 매우 불확실하고 위험해지고 있다는 것을 의미한다. 그러므로 이 경우에는 안전자산의 대표적인 상품인 미국 국채에 대한 수요가 증가하여 미국의 금리가 하락하게 된다.

는데 과거에는 일부 선진국을 중심으로 주로 진행되었다면 이제는 그 범위가 크게 확대되어 거의 모든 국가를 포괄하고 있다고 볼 수 있다.

4. 금융증권

금융시장에서 거래되는 것이 **금융증권**(금융수단, 금융자산, 금융상품; financial securities, financial instruments, financial assets)이다. 금융증권은 미래의 소득이나 자산에 대한 권리(또는 의무)를 나타내는 계약서이다. 금융은 자금이라는 자원을 시간적으로 교환하는 것이므로 현재의 자금제공에 대한 반대급부로 미래에 자금을 제공할 것이라는 약속증서를 제공하는데 이러한 약속증서가 바로 금융증권이다.

(1) 법률상의 개념

우리나라의 '자본시장과 금융투자업에 관한 법률(제정 2007.8.3 법률 제8635호. 2009년 2월 4일 시행. 이하 자본시장법)'에서는 〈그림 2-4〉에서 보듯이 명칭과 형태를 불문하고 금융상품을 원본(원금)손실의 위험이 있는 **금융투자상품**과 원본손실의 위험이 없는 **비금융투자상품**으로 구분한다. 은행의 예금과 보험회사의 보험계약은 원본손실의 가능성이 없기 때문에 비금융투자상품으로 볼 수 있으며 이들을 제외한 모든 금융상품이 금융투자상품에 해당된다. 그리고 금융투자상품은 또 원본(원금) 이외에 추가적인 지급의무의 존재여부에 따라 증권과 파생상품으로 구분된다. **증권**은 원본(원금)을 초과하여 손실이 발생할 수 없는 일반금융투자상품을 의미하고 **파생상품**은 원본을 초과하여 손실이 발생할 수 있는 위험금융투자상품을 말한다. 그리고 파생상품은 거래소시장에서 거래가 되는 장내파생상품과 거래소시장이 아닌 장외시장에서 거래되는 장외파생상품으로 구분된다.

자본시장법에서의 법적인 의미의 금융상품은 위와 같이 분류되지만 통상적으로는 금융상품이라는 용어를 (금융)증권과 혼용하여 사용하고 있다. 그래서 비금융투자상품인 은행예금과 보험계약도 예금증서와 보험증권처럼 모두 증권이라고 부른다. 자본시장법에서는 원본초과 손실이 발생할 수 없는 일반금융투자상품을 증권이라고 부르지만 이

〈그림 2-4〉 ▸ 자본시장법에서의 금융상품의 경제적 실질에 따른 분류 체계

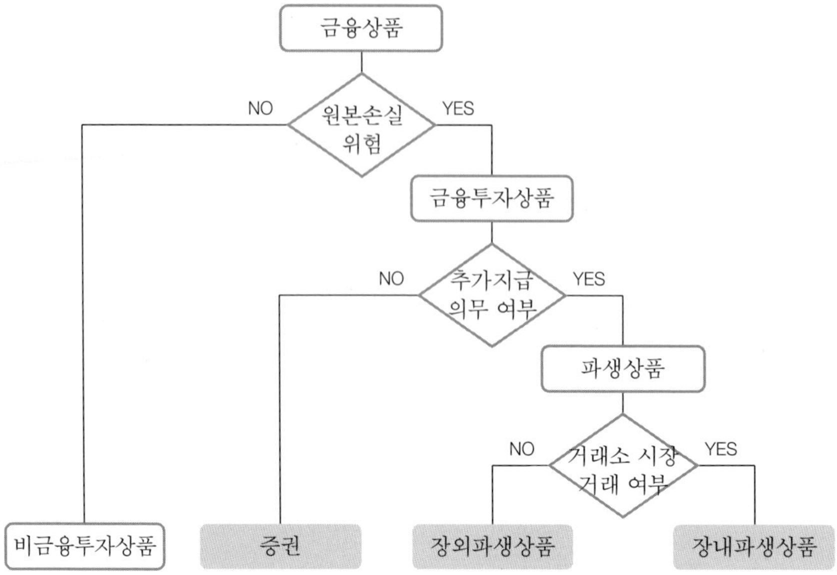

하에서는 통상적인 개념의 금융증권을 중심으로 증권에 대해 살펴본다. 아래에서는 금융증권을 자금시장증권과 자본시장증권으로 나누어 살펴본다.[23]

(2) 자금시장증권[24]

증권은 자금시장에서 거래되는 만기 1년 미만의 자금시장증권과 자본시장에서 거래되는 만기가 1년 이상인 자본시장증권으로 구분할 수 있다. **자금시장증권(money market instruments)**은 만기가 짧기 때문에 가격변화가 적으며 따라서 시장위험(가격변

23 증권은 **본원적 증권(primary securities)** 또는 **직접증권(direct securities)**과 **2차적 증권(secondary securities)** 또는 **간접증권(indirect securities)**으로 구분되기도 한다. 본원적 증권(직접증권)은 자금의 궁극적 차입자(기업, 정부 등)가 발행한 증권(주식, 회사채, 국채, 어음, 차용증서 등)을 말한다. 반면 2차적 증권(간접증권)은 은행과 같은 금융중개기관이 발행한 증권을 말한다. 예컨대, 은행이 발행한 예금증서와 CD, 보험회사가 발행한 보험증서 등이 간접증권이다. 그러나 여기서 우리가 다루는 대상은 (직접)금융시장이므로 여기서 취급되는 증권은 기본적으로 본원적 증권이다. 그러나 CD와 같은 일부 간접증권이 시장에서 거래되기도 한다.

24 한국은행(2012, 2016) 참고.

동성)이 매우 적어 안전성이 크며 또 잘 발달된 유통시장이 있기 때문에 비교적 유동성이 크다. 반면 만기가 짧기 때문에 수익성이 낮다. 그리고 자금시장증권은 상대적으로 정보비용(information costs)이 적다. 왜냐하면 차입자(발행자)들이 모두 잘 알려진 대기업 또는 금융기관이거나 정부기관(재무부나 공기업)인 경우가 많기 때문이다. 우리나라의 경우 자금시장에서 주로 거래되는 증권으로는 콜(call), 기업어음(CP, commercial paper), 양도성예금증서(CD, negotiable certificates of deposit), 환매조건부매매증권(RP 또는 Repo, repurchase agreement) 등이다.[25] 이들 중 콜, 환매조건부매매증권 그리고 기업어음에 대해 간략히 살펴본다.

1) 콜

은행(금융기관)은 예금을 받고 대출 또는 유가증권투자를 하는 과정에서 자금이 남기도 하고 부족하기도 하는데 이러한 자금과부족을 콜(call)시장에서의 자금거래(콜거래)를 통해 조절한다. 이처럼 콜거래(콜자금을 빌려주는 것을 콜론(call loan)이라 하고 빌리는 것을 콜머니(call money)라고 함)는 은행(금융기관)의 일시적 자금과부족을 조절하는 거래이기 때문에 1일물(만기가 하루인 금융상품)거래가 대부분이다. 우리나라의 경우 2008년 2월까지 콜금리(콜시장의 금리)는 정책금리이자 운영목표금리이었기 때문에 콜시장과 콜금리는 중앙은행의 통화정책수행에 있어 매우 중요한 위치를 차지하고 있었다. 그러다가 2008년 3월부터 정책금리가 콜금리에서 기준금리(한국은행과 금융기관 간의 RP거래의 기준이 되는 금리)로 변경되었다. 이에 따라 한국은행은 이제 콜금리가 기준금리 수준에서 크게 벗어나지 않도록 공개시장운영 등을 통해 유동성을 조절하므로 콜시장은 여전히 통화정책수행에서 매우 중요한 역할을 한다.

2) 환매조건부매매증권

환매조건부매매(RP 또는 Repo, repurchase agreement)는 일정 기간이 경과한 후에 정해진 가격으로 채권을 반대방향으로 환매하는 조건으로 채권을 매매하는 것을 말

25 통상의 예금증서(예금통장)는 각 개인의 실명으로 되어 있기 때문에 양도가 불가능한데 양도성예금증서(CD)는 은행정기예금증서에 양도성을 부여한 것이다. 시장별로 보면 RP시장, CP시장의 규모가 확장세를 지속하는 반면, 콜시장, CD시장은 2010년에 들어 규모가 감소하고 있다.

한다. 채권의 매도와 환매라는 두 거래가 하나의 계약으로 구성되어 있어 형식은 채권매매이지만 경제적으로는 단기자금 대차거래이다. 즉, RP는 단기대출과 실질적으로 같은 것이다(채권은 담보의 역할). 그러나 RP시장은 채권시장과 매우 밀접한 관계를 가지고 있으며 RP시장은 자금시장(단기금융시장)과 자본시장(장기금융시장)을 연결시켜주는 기능을 한다.

RP는 거래주체를 기준으로 금융기관과 일반고객 간에 이루어지는 대고객 RP,[26] 금융기관 간에 이루어지는 금융기관 간 RP, 그리고 한국은행과 금융기관 간에 이루어지는 한국은행 RP로 구분할 수 있다. 한국은행이 금융기관(주로 은행)과 RP거래를 할 때 적용되는 금리(주로 7일물 RP금리)가 기준금리인데 금융통화위원회는 연 8회 이 기준금리를 정하여 공표한다. 그리고 거래기간에 따라서는 1일물 RP(overnight RP), 만기가 2일 이상으로 만기가 미리 정해진 기간(기일물) RP(term RP), 만기일을 미리 정해두지 않고 어느 한쪽의 통지가 있기 전까지는 매일 자동적으로 만기가 연장되는 개방 RP(open RP) 등으로 나눌 수 있다.

3) 기업어음

기업어음(CP, Commercial Paper)은 신용상태가 양호한 기업이 상거래와 관계 없이 운전자금 등 단기자금을 조달하기 위하여 자기신용을 바탕으로 발행하는 융통어음을 의미한다. 개념과 관련하여 몇 가지 특성을 지적할 필요가 있다. 첫째, 기업어음은 상거래와 관계없는 융통어음인데 이것은 상거래에 수반되어 발행되는 상업어음(commercial bill, 진성어음)과 대비된다. 둘째, 일반 CP는 자기신용으로 발행하지만 유동화를 목적으로 설립된 특수목적회사(SPC, Special Purpose Company)가 기초자산(정기예금, 대출채권, 회사채 등)을 담보로 CP를 발행하기도 하는데 이를 ABCP(Asset Backed CP)라고 한다.[27]

---

26 미국에서 1969년에 처음으로 도입된 이래로 대고객 RP는 현재 은행의 자금차입의 중요한 수단이 되고 있다. 이 시장에서 가장 중요한 대출자는 대기업이다. RP가 수행되는 과정은 다음과 같다. 예컨대, 삼성전자가 1주일 정도 10억 원의 여유자금을 가지고 있는데 이를 활용하려고 한다. 이때 삼성전자는 은행으로부터 단기국채를 10억 원어치 구매하고 1주일 후에 은행이 삼성전자의 구매가격보다 조금 높은 가격(이자가 포함된 가격)으로 단기국채를 재구매하기로 합의한다. 이러한 합의는 삼성전자가 10억 원의 단기국채를 담보로 이자를 받고 은행에 10억 원을 빌려주는 것과 같다.

27 우리나라의 ABCP제도는 2000년 기업들에게 다양한 자금조달수단 제공을 통한 기업자금조달의 원활화를 목적으로 도입되어 빠른 성장세를 보였으나 2008년 이후 ABCP시장은 금융불안 및 경기침체의 영향

셋째, 통상 CP는 자금시장증권이지만 자본시장법(2009년 2월 시행)에 의해 1년 이내라는 만기 제한이 폐지되면서 장기물 발행이 가능하게 되었다.[28]

CP를 거래하는 시장은 발행기관(issuers), 할인·매출기관(dealers) 그리고 매수기관(investors)으로 구성된다. 발행기관은 민간기업, 공기업, 증권사, 카드사, 특수목적회사(SPC. 자산유동화증권의 일종인 자산담보부 기업어음(ABCP)을 발행) 등이다. 할인·매출기관은 발행기관으로부터 CP를 할인 매입한 후 이를 매수기관에 매출함으로써 매매차익을 얻는데 주로 증권회사와 종합금융회사가 담당하고 있으며 은행, 자산운용회사 및 보험회사 등의 CP할인은 활발하지 않다. 매수기관(투자자)은 주로 단기자금의 운용수단으로 CP를 활용하고 있는데 자산운용회사의 MMF(Money Market Mutual Fund), 종합금융회사, 은행신탁, 증권신탁 등이 주요 CP매수주체이다.[29]

(3) 자본시장증권[30]

자본시장증권(capital market instruments)은 주식과 같이 만기가 없거나 만기가 1년 이상인 장기금융증권을 말한다. 이들 증권은 만기가 길므로 가격변동이 커 시장위험(가격변동의 위험)이 크고 정부가 발행하는 국공채를 제외하고는 채무를 불이행할 위험성(신용위험)을 어느 정도는 갖고 있고 있기 때문에 안전성이 낮다. 또한 자금시장증권에 비해 유통시장이 활발한 편이 아니기 때문에 유동성이 다소 낮다. 반면에 이러한 증권은 수익성이 비교적 높다. 주요한 자본시장증권으로는 주식, 채권, 그리고 자산유동화증권(ABS) 등이 있다.

으로 크게 위축되었다가, 2012년 이후 정기예금, 채권, 주식, 신용파생상품(CDS) 등을 기초자산으로 하는 일반 ABCP를 중심으로 꾸준히 성장하여 2016년 6월말 전체 CP시장(발행잔액기준, 133조 원)에서 ABCP가 차지하는 비중은 74.7%로서 금융회사 및 일반기업의 비중을 크게 상회하고 있다.

28 예컨대, 2016년 상반기에는 장기물 발행에 증권신고서 제출의무가 부과되면서 만기가 1년을 초과하는 장기물의 비중이 0.5%로 미미하지만 2012년의 CP발행구조를 보면 만기가 1년을 초과하는 비중이 7.7%로 비교적 높았다.

29 미국의 경우 투자자별 CP매입현황을 보면 2016년 6월말 현재 MMF가 27.2%로 가장 큰 비중을 차지하고 있으며 다음으로 연기금(8.6%), 뮤추얼펀드(8.4%), 민간기업(7.4%) 등의 순으로 나타나고 있다. 2010년의 MMF의 비중은 38.0%였다.

30 한국은행(2012, 2016) 참고.

1) 주식

가장 대표적인 자본시장증권은 **주식**(stocks)이다. 주식은 주식회사가 설립자본금을 조달하거나 자본금을 증액할 때 발행된다. 자본금 증액을 위한 주식발행에는 유상증자 이외에 무상증자, 주식배당, 그리고 전환사채의 주식전환 등이 있다. 그리고 주식은 표준적 성격의 **보통주**(common stocks)와 의결권이 제한되지만 이익배당 및 잔여재산분배 등에 있어서 우선적 지위가 인정되는 **우선주**(preferred stocks)로 나누어진다. 그런데 실제로 매년 신규로 발행되는 주식의 양은 매우 적어 시가총액의 1% 미만이다. 우리나라의 경우 2017년 말 현재 유가증권시장의 시가총액은 1,605.8조 원이고 코스닥시장 282.7조 원, 코넥스시장 4.9조 원, K-OTC시장 14.2조 원으로서 전체시장의 시가총액은 약 1,907조 원이다. 그리고 2017년에 주식시장을 통한 자금조달규모는 약 12조 3천억 원 정도로서 1% 수준에 크게 못 미치고 있다.

2) 채권

채권(bonds, **債券**)은 일반적으로 정부, 공공기관, 민간기업 등이 비교적 장기로 불특정다수로부터 거액의 자금을 조달하기 위하여 정해진 이자와 원금의 지급을 약속하면서 발행하는 고정소득증권(fixed income securities)을 말한다.

채권의 종류는 다양하다. 채권은 발행주체를 기준으로 국채, 지방채, 특수채, 금융채 및 회사채로 구분된다. **국채**(government bonds)는 국가가 발행하는 채권으로 주요한 국채로는 국고채권, 국민주택채권, 외국환평형기금채권, 양곡기금증권 등이 있는데 국채는 채권 중 가장 유동적이다. **지방채**(municipal bonds)는 지방자치단체가 발행하는 채권으로 지하철공채, 지역개발공채 등이 있다. **특수채**는 특별법에 의해 설립된 법인이 발행하는 채권으로 한국전력채권, 토지개발채권, 예금보험기금채권, 부실채권정리기금채권 등이 있으며 대부분 정부에 의해 보증된다. 통상 국채, 지방채 및 특수채를 포괄하여 국공채로 지칭하기도 한다. **금융채**는 금융기관(은행, 증권회사, 리스회사 등)이 발행하는 채권을 말하며 은행이 발행하는 것이 은행채이다. 그리고 **회사채**(corporate bonds)는 상법상 주식회사가 발행하는 채권이다. 회사채시장은 통상 주식시장에 비해 규모가 다소 작지만 신규발행의 경우에는 주식시장보다 더 크며 매우 중요한 시장이다.

또 채권은 이자지급방법에 따라 **할인채**(discount bond, zero coupon bond), **이표**

채(coupon bond) 등으로 구분되며 지급이자의 변동여부에 따라 고정금리부 채권과 변동금리부 채권(FRN, floating rate note)으로 구분되기도 한다. 그리고 만기에 따라 만기가 1~5년인 **단기채**(bill), 5~10년인 **중기채**(note), 그리고 10년 이상인 **장기채**(bond)로 구분된다. 또 채권자의 권리를 기준으로 **단순사채**, **전환사채**(CB, convertible bond), **신주인수권부사채**(BW, bond with warrant), **교환사채**(EB, exchangeable bond), **이익참가부사채**(PB, participating bond), **파생결합사채** 등으로 구분된다.[31]

3) 자산유동화증권(ABS)

자산유동화증권(ABS, asset backed security)은 주로 금융기관 등이 보유하고 있는 채권(債券), 대출관련 채권(債權), 주택저당대출채권(주택을 담보로 한 대출채권), 상업용 부동산 등과 같이 유동성이 낮은 자산을 기초(담보)로 발행되는 증권을 말한다. 금융기관이 비유동적인 자산을 시장성이 있는 자본시장증권으로 변환시키는 과정을 **증권화**(securitization)라고 하고 이 과정에서 발행된 것이 자산유동화증권(ABS)이다. 1980년대 중반이후 미국에서 자산의 증권화(유동화)를 통해 금융기관의 새로운 자금조달수단으로 개발되기 시작한 이후 자산유동화증권이 크게 확대되어 채권시장에서 자산유동화증권 시장이 차지하는 비중이 크게 증가하였다. 그리고 이러한 자산유동화가 과도하게 진전되면서 2008년의 글로벌 금융위기를 유발하는 중요한 요인이 되기도 하였다.

① 자산유동화증권(ABS)의 분류와 의의

ABS의 종류 ABS의 초기형태로는 주택저당(대출)채권(residential mortgage)[32]을 기초

31 전환사채(CB)는 전환기간 내에 미리 정해진 전환조건에 따라 당해 전환사채 발행회사의 주식으로 전환할 수 있는 권리가 부여된 회사채를 말하며, 신주인수권부사채(BW)는 발행 후 소정의 기간이 경과한 후 일정수의 발행회사 신주를 일정한 가격으로 인수할 수 있는 권리가 부여된 회사채이며, 교환사채(EB)는 회사채 보유자에게 일정기간 내에 당해 채권발행회사가 소유하고 있는 상장유가증권 또는 협회등록 유가증권으로 교환을 청구할 수 있는 권리가 부여된 회사채를 말하며, 이익참가부사채(PB)는 회사채 보유자가 회사채의 이자를 받는 외에 이익의 배당에도 참가할 수 있는 회사채로서 회사채에 주식의 성격을 가미한 것이며 이익분배사채라고도 한다. 파생결합사채는 유가증권이나 통화 또는 어떤 지표 등의 변동과 연계하여 미리 정하여진 방법에 따라 상환 또는 지급금액이 결정되는 회사채이다. 그리고 이러한 권리가 부여되지 않은 회사채가 단순사채이다.

32 모기지(mortgage)는 주택, 땅, 기타 실질구조물을 구매하려고 하는 가계나 기업에 대한 대출을 말한다. 이 경우 주택이나 토지는 대출에 대한 담보의 역할을 하는데 모기지 중에서는 주택모기지(residential

〈그림 2-5〉 ▸ ABS의 형태

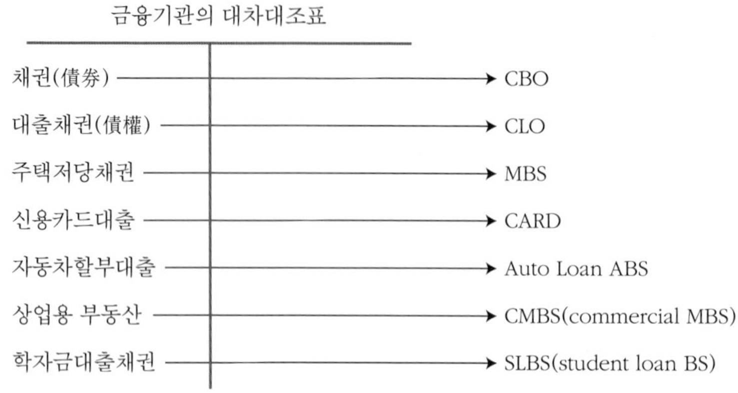

자산(담보)으로 한 **주택저당증권(MBS, mortgage backed security)**을 들 수 있다.[33] 이후 이 기법이 여타 자산에까지 확대 적용되면서 자동차대출(auto loan), 신용카드대출(credit card loan), 학자금대출(student loan), 리스대출과 같은 다양한 자산을 기초자산으로 하여 자산유동화증권을 발행하고 있다. 그래서 자산유동화증권은 기초자산에 따라 별도의 명칭을 붙이기도 한다. 예컨대, 〈그림 2-5〉에서 보듯이 기초자산이 주택저당채권인 경우 MBS(주택저당증권)라고 하고 기초자산이 채권(bond)인 경우 **채권담보부증권(CBO, collateralized bond obligation)**, 은행의 대출채권(loan)인 경우 **대출담보부증권(CLO, collateralized loan obligation)**, 신용카드대출인 경우 CARD(certificates of

---

mortgage)가 가장 많다. 주택모기지를 주택저당채권(債權)이라고 하므로 MBS를 주택저당채권(모기지) 담보부債券(mortgage backed security)이라고도 하지만 통상 주택저당증권이라고 부른다.

33 미국에서 MBS가 처음 발행된 것은 1970년으로 이때 정부모기지협회(GNMA, Ginnie Mae)가 보증한 MBS가 발행되었는데 당시의 MBS는 매우 단순한 수익증권형 MBS(pass-through MBS)이었다. 그러다가 1980년대 초 미국의 저축은행(S&L 등)들이 파산하는 등 어려움에 처하자 이 위기를 기회로 반전시킨 사람들이 있었다. 대표적인 인물이 투자은행 Salomon Brothers의 채권거래자인 Lewis S. Ranieri이었다. 그는 증권화(securitization)와 새로운 형태의 MBS의 개척자적 역할을 하여 2004년에 BusinessWeek에 의해 가장 위대한 혁신자의 한 사람으로 뽑히기도 하였다. 당시 저축은행들이 모기지를 마구 팔아치울 때 Ranieri는 수천 개의 모기지를 한데 모아 매력적인 새 채권으로 전환하면 국채와 회사채의 대안으로 팔 수 있을 거라고 생각하였다. 헐값에 모기지를 사들이고 이를 한데 모아 이자지급기한을 만기와 신용도에 따라 나누었다. 이 새로운 형태의 주택저당증권(MBS)이 1983년 6월에 첫선을 보였다. 증권화라고 불리는 이 과정은 월 스트리트의 판도를 근본적으로 바꾸어 놓았다.

amortizing revolving debts), 자동차할부대출인 경우 auto-loan ABS, 학자금대출채권인 경우 SLBS(student loan backed security) 등으로 다양하게 불린다. 그리고 상업용부동산(commercial real estate)을 기초자산으로 하여 발행된 MBS를 CMBS(commercial MBS)라고 한다.

ABS의 장단점 그러면 ABS를 왜 발행하는가? 금융기관(특히 은행)의 입장에서 보면 첫째, 재무상태를 개선할 수 있다. 즉, 모기지대출 등 대출을 해주고 만기까지 가져가면 현금흐름이 묶이게 되고 당장 모기지대출액 만큼 유동성이 감소하게 되는데 이를 방지할 수 있다. 특히 모기지대출은 대개 장기(20년 이상)이기 때문에 대출금과 이자를 다 받는데 장기간이 소요되는데 ABS를 발행함으로써 대출을 조기에 회수하는 효과가 있게 된다. 둘째, 신용도가 낮은 자산보유자(금융기관)라 하더라도 우량자산만을 기초로 하여 신용등급이 높은 ABS를 발행하게 되면(신용보강을 위한 비용이 추가되므로 이러한 비용을 감안해야 함) 유리한 조건으로 자금을 조달할 수 있다는 장점이 있다. 셋째, 금융기관의 경우 보유하고 있는 위험자산(대출)을 매각하여 현금화함으로써 신용위험을 외부로 이전할 수 있고 자기자본비율을 제고할 수 있다. 한편 투자자의 입장에서는 ABS는 매우 양호한 투자대상이 된다. ABS는 신용평가기관의 엄밀한 평가와 신용보강을 거쳐 발행되므로 상대적으로 안전하면서 일반 회사채보다 수익률이 다소 높기 때문이다. 그러나 이에 반해 유동성이 낮다는 단점이 있다.

MBS의 종류 ABS의 초기형태이고 대표적 형태인 MBS(주택저당증권)에 대해 미국시장을 중심으로 자세히 살펴본다.[34] 〈그림 2-6〉에서 보듯이 금융기관(은행 등 주택담보대출 취급기관)이 주로 예금을 통해 조달한 자금을 이용하여 주택구입자(모기지 차입자)에게 주택구입자금을 대출해 주는데 이것이 1차 주택금융시장(모기지시장)이다. 미국의 경우 많은 공적기관들(FHLB, FHA, VA 등)이 참여하여 1차 모기지시장이 활성화되도록 지원하고 있다.[35] 그런데 모기지(주택담보)대출을 하는 소규모 은행이나 전문대출

---

34 차진섭(2008) 참고.

35 FHLB는 연방주택대출은행제도(FHL Bank System, 12개 지역은행으로 구성)에 속하는 기관으로 주택담보대출을 하는 금융기관에 저리로 자금을 제공하며 연방주택관리국(FHA, Federal Housing Administration)은 모기지대출자에 대한 보험을 제공하며 재향군인청(VA, Department of Veterans Affairs)은 모기지대출의 지원 및 보증을 한다.

〈그림 2-6〉 ▸ 주택금융시상(모기지시장)의 구조

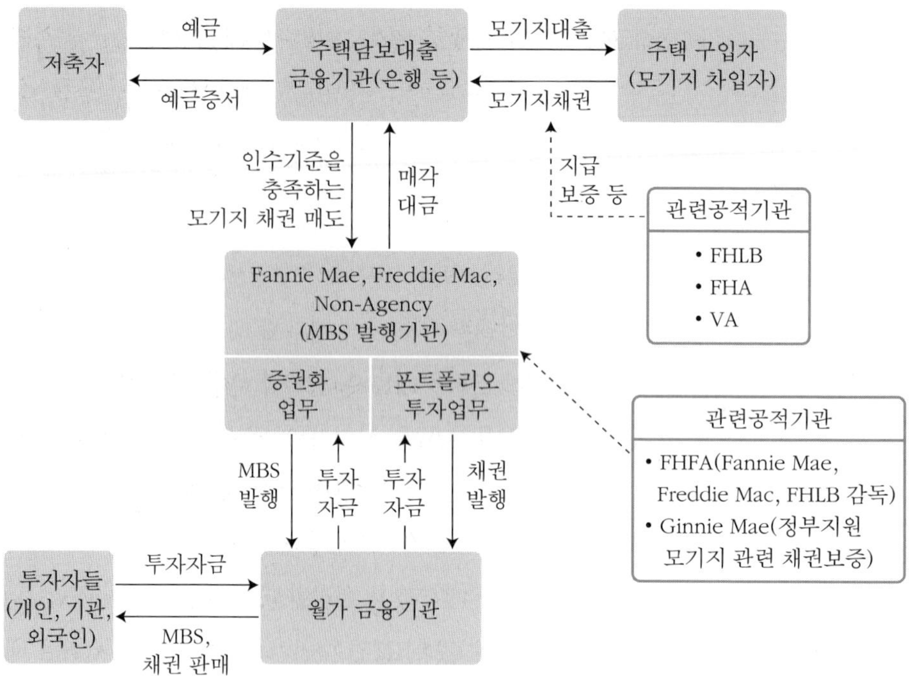

기관들은 유동성부족과 자금부족을 해소하기 위하여 증권화를 하는 더 큰 은행이나 기관(Agency)에게 이 모기지를 매각한다. 그리고 이렇게 매각한 자금으로 다시 다른 사람에게 모기지대출을 해주고 이러한 모기지대출을 다시 큰 은행이나 기관(Agency)에 매각한다. 여기서 기관(Agency)은 미국의 경우 연방모기지협회(FNMA, Federal National Mortgage Association, Fannie Mae), 연방주택대출모기지회사(FHLMC, Federal Home Loan Mortgage Corporation, Freddie Mac)와 같은 기관을 말한다. 바로 이러한 기관과 큰 은행들이 2차 주택금융시장(모기지시장)을 담당하고 있으며 이들이 MBS를 발행(MBS 발행기관)한다. 여기에도 FHFA(Federal Housing Finance Agency, 연방주택금융청), 정부모기지협회(GNMA, Government National Mortgage Association, Ginnie Mae)와 같은 많은 공적기관이 관여하여 감독과 보증을 제공한다. Fannie Mae와 Freddie Mac과 같은 기관(Agency)이 발행한 MBS가 Agency MBS이고 기타 상업은행이나 모기지 전문회사(Non-Agency)가 발행한 MBS가 Non-Agency MBS이다. Agency MBS는 기관이 원리금을 지급보증하기 때문에 이들이 발행한 MBS는 통상 최상위 등급인 AAA등급을 받고 있고 매우 안전한 MBS이다. 그러나 Non-Agency MBS는 원금보장순위에 따라 다양한 신용등급을 갖고 있다.

MBS의 출현은 모기지시장의 성장에 큰 획을 긋는 중대한 사건이었다. 이것은 은행이 비유동자산인 모기지대출금을 유동화시켜 새로운 모기지대출을 가능하게 해 주었다. 또 미국의 MBS가 미국뿐 아니라 전 세계 투자자들에게 팔림으로써 전 세계의 자금을 미국 부동산시장으로 끌어들이는 역할을 하였다. 전 세계 자본시장과 미국 부동산시장의 연결고리를 형성하게 된 것이다. 이후 많은 금융기관들이 다양한 ABS(자산유동화증권)를 적극 발행함으로써 자산유동화(securitization)는 1980년대와 1990년대 금융시장의 변화를 대표하는 가장 중요한 현상중의 하나가 되었으며 이들의 과도한 성장은 11장에서 보듯이 2008년의 글로벌 금융위기를 유발하는 핵심원인이 되었다.

ABS의 발행방법 일반적으로 ABS를 발행하는 방법은 은행 등 비유동자산(기초자산)을 보유하고 있는 금융기관이 유동화증권을 발행하기 위해 설립된 특수목적회사(SPC, special purpose company, 유동화전문회사)에 그 자산을 매각하면 SPC는 그 기초자산을 담보로 신용평가기관과 신용보증기관 등의 신용보강을 토대로 ABS를 발행한다.[36] 발행된 ABS는 판매회사를 통해 투자자에게 매각되고 자금이 자산보유자에게로 전달된다. ABS가 발행된 이후에는 원리금이 회수되어 반대방향으로 투자자에게 전달된다.

② 부채담보부증권(CDO)

부채담보부증권(CDO, collateralized debt obligation)도 ABS의 한 형태라고 볼 수 있는데 이것은 고정적인 현금흐름을 발생하는 다양한 채권을 기반(기초자산)으로 하여 만들어진 금융상품이다. 수많은 대출채권을 매입하여 한군데 모으고 이것을 섞어서 매달 일정한 현금이 들어오는 증권으로 만들어 판매하는 증권이 CDO이다. 이렇게 보면 CDO는 ABS와 매우 유사하다. 그러나 하나의 차이점은 CDO의 경우 판매되는 증권에 등급(tranche)이 매겨져 있다는 것이다. 통상 3등급으로 나누어진다. 먼저 조기상환이

36 우리나라에서는 현재, 금융기관, 한국자산관리공사(KAMCO), 한국토지주택공사, 그리고 금융위원회가 인정한 법인 등이 보유하고 있는 기초자산을 대상으로 ABS를 발행할 수 있으며 주택저당증권(MBS)의 발행을 전문으로 하는 SPC로서는 한국주택금융공사가 있다.

나 파산 등으로 손실발생시 손실을 일차적으로 떠안는 equity등급(저급),[37] equity가 손실을 모두 떠안고도 더 손실이 발생하는 경우 그 손실을 떠안는 mezzanine등급(중급), 그리고 마지막으로 그 이상의 손실이 발생하는 경우 이를 떠안는 senior등급(고급)이다. senior등급은 통상 매우 안전하며 그래서 신용평가기관들이 AAA정도의 신용등급을 매기는 것이고 액면가 가까이에서 거래가 된다. 세 등급 모두 들어오는 최대현금흐름은 같지만 받게 되는 현금은 손실률에 따라 다르다. 만약 equity등급을 샀는데 손실이 발생하지 않을 경우 높은 수익률을 받게 된다. 이러한 등급부과의 매력은 투자자들이 각자 자기가 원하는 위험수준을 선택할 수 있다는 점이다. 그리고 CDO를 발행하는 이유도 ABS의 발행이유와 유사하다.

CDO의 종류 CDO의 기초자산이 될 수 있는 것은 대출(loan), 채권(bond), ABS 등 다양하다. 그래서 CDO는 기초자산에 따라 채권(bond)을 기초자산으로 하는 CBO(collateralized bond obligation), 대출채권(loan)을 기초자산으로 하는 CLO(collateralized loan obligation), 신용파생상품(CDS 등)을 기초자산으로 하는 합성CDO 등 다양한 형태를 가진다. 즉, CDO는 **일반CDO(cash CDO)**와 **합성CDO(synthetic CDO)**로 구분되는데 전자는 채권이나 실물자산을 기초자산으로 하는 CDO를 말하며 후자는 신용파생상품인 CDS(credit default swaps, 특정 회사의 도산 등 신용사건 발생 시 원금의 지급을 보장하는 대신 일정 프리미엄을 수취하는 스왑계약) 등을 기초자산으로 하는 CDO를 말한다. 즉, 합성CDO는 유동화자산에 대한 소유권과 신용위험을 분리하고 신용위험(credit risk)만을 대상으로 한 CDO로서 신용파생상품과 자산유동화를 결합한 상품이다.

CDS의 의미 합성CDO의 대상이 되는 것이 **신용파생상품(credit derivatives)**의 하나인 **CDS(credit default swaps, 신용디폴트스왑, 신용부도스왑)**인데 이것은 증권의 신용위험만을 거래하는 일종의 보험같은 계약인데, 그 성격은 지급보증과 유사하다. 이러한 CDS의 구조를 그림으로 나타내면 〈그림 2-7〉과 같다. 여기서 보면 CDS의 매입자(보장매입자, protection buyer, 주로 은행)가 CDS의 발행자(보장매도자, protection seller, 주로 AIG와 같은 보험회사)로부터 은행대출에 대한 CDS를 구매하고 있다. 즉, 대출자(주로 은

---

37 senior와 mezzanine등급은 이자율이 주어져 있으므로 채권(bond)의 성격을 갖지만 equity등급은 사실상 신용등급도 없고, 위의 등급들이 자기 몫을 가지고 간 후에 남는 것이 있으면 가지고 가기 때문에 주식의 성격(잔여청구권)을 갖는다. 그래서 이 등급을 equity등급이라고 부른다.

〈그림 2-7〉 ▸ CDS거래의 구조

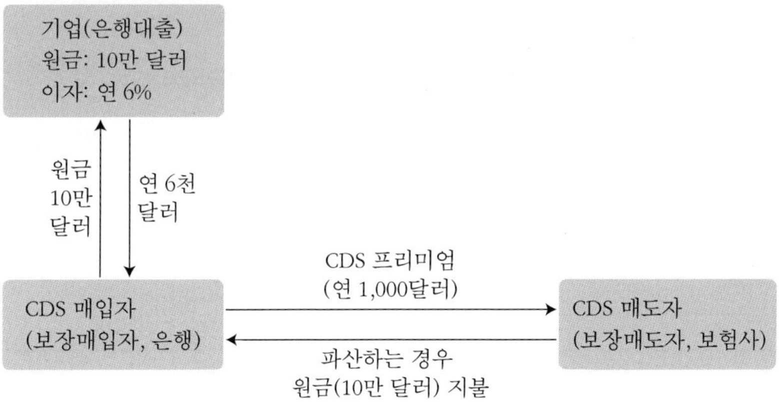

행)는 연 6%의 대출이사율로 기업에 대출(기초자산, 10만 달러)을 하고 이들의 신용위험(부도위험, default risk)에 대한 우려를 벗어나기 위하여 보장매도자(보험회사나 투사은행)로부터 CDS를 매입한다. 물론 보험에 가입하면 보험료를 내듯이 CDS를 매입한 기관(보장매입자 = 자금의 대출자 = 은행)은 주기적으로 CDS를 매도한 기관(보장매도자 = AIG나 J. P. Morgan 등)에게 프리미엄(예컨대, 매년 대출원금의 1%인 1천 달러)을 내야 한다. 그러므로 프리미엄을 CDS의 가격이라고 볼 수 있는데 당연히 신용위험이 큰 채권일수록 CDS프리미엄(CDS premium)이 높다. 보장매입자인 은행은 프리미엄을 일부 부담하면서 대출(기초자산)에 따른 신용위험으로부터 벗어나며 아무런 위험부담 없이 매년 5천 달러(이자 6천 달러 – 프리미엄 1천 달러)를 벌게 된다. 또한 이러한 보장매입을 통해 자기자본비율유지의 부담으로부터도 벗어나게 된다. 대차대조표에 대출이 그냥 존재하지만 신용위험은 없는 것이다. 그러므로 위험채권(대출)을 구매하고 CDS계약을 구매하는 것은 무위험자산을 구매하는 것과 동일하다. 또한 CDS매도자의 입장에서도 CDS는 매우 유익한 상품이다. 기초자산의 발행자(은행에서 차입한 기업)가 파산하지만 않는다면 아무 부담없이 수입을 얻을 수 있기 때문이다. 그러나 만약 은행대출에 대해 신용문제(예컨대, 대출받은 기업이 이자지불불능, 신용등급의 하락, 파산신청 등으로 채무불이행사태)가 발생한다면 보장매도자는 보장매입자에게 대출금액을 대신 물어주어야 한다. 그러나 통상적으로는 혹시라도 파산으로 인해 손실이 발생하더라도 풀링효과(pooling effect)에 의해 그 손실을 최소화할 수 있기에 매우 안전하게 수익을 낼 수 있다. 즉, CDS매도자는 많은

〈그림 2-8〉 ▸ 합성CDO의 구조

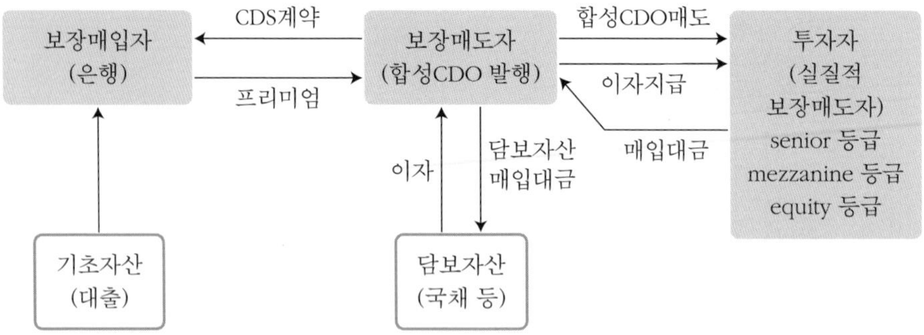

자료: 한국은행(2009, p.452)

CDS매입자와 CDS계약을 맺음으로써 신용위험을 분담하고 분산시킬 수 있게 된다.

CDS의 문제점 이렇게 보면 CDS는 보험과 동일한 성질을 가졌지만 이것은 공식적으로는 보험계약이 아니며, 보험계약이 아니기 때문에 보험상품처럼 엄격한 규제를 받지 않는다. 이러한 규제완화 속에서 보장매도자는 특별한 사태가 발생하지 않는 한 프리미엄을 받음으로써 새로운 수익원이 생기는 것이다. 그리고 필요하면 신용파생상품시장에서 헤지거래를 함으로써 신용위험을 다른 데로 이전시킬 수도 있다. 이러한 장점으로 CDS는 1990년대 중반부터 2007년 금융위기가 시작될 때까지 엄청나게 증가하였다. 그런데 이러한 CDS계약의 경우 거래과정이 불투명하여 거래규모의 파악이 매우 어려운 상태에 있다는 약점이 있다. 그런데도 CDS는 정부당국의 규제를 거의 받지 않았다. 증권이 아니기 때문에 SEC(증권거래위원회)의 규제 밖에 있었고 보험과 유사하지만 일반적인 보험형태가 아니기 때문에 보험업의 규제도 받지 않았다. 또 CDS거래를 일일이 정부에 보고할 의무도 없었다. 그래서 CDS는 사실상 규제의 사각지대에 있었다.

합성CDO의 의미 합성CDO는 이러한 CDS를 기초자산으로 하는 CDO이다. 합성CDO의 구조를 설명한 것이 〈그림 2-8〉이다. 여기서 보장매입자(은행)는 CDS거래를 통해(프리미엄을 지불하고 CDS계약을 매입) 보장매도자에게 기초자산의 소유권이전 없이 신용위험만을 이전하고 보장매도자는 이를 바탕으로 신용도가 각기 다른 등급(tranche)의 합성CDO라는 증권화된 채권을 발행하여 투자자에게 매각하고 약정이자를 지급한다. 이 경우 투자자가 실질적인 보장매도자가 된다. 합성CDO채권을 발행할 때 손실분담순위를 고려하여 여러 등급의 증권(senior, mezzanine, equity 등)을 발행하며 기초자산에서의 채무불이행과 같은 신용사건이 발생할 경우 신용도가 낮은 순서부터 차례로 손실을 부담한다. 그리고 보장매도자는 보장이 실현될 것에 대비하여 합성CDO 발행대금으로 안전한 담보자산(국채 등)을 매입한다.

③ 커버드본드[38]

최근의 금융위기는 증권화(securitization)로 인해 초래되었다는 점에서 지금까지의 금융위기와 다르다고 볼 수 있다. 증권화는 본래 신용위험을 가장 잘 부담할 수 있는 경제주체에게 분산시키기 위해 개발된 것이나 증권화로 인해 중개 체인(chain)이 길어진 결과 위험이 투자자보다는 투자은행과 같은 금융기관에 집중되었고 이로 인해 채무불이행이 한꺼번에 집중되면서 금융위기가 발생하였다고 볼 수 있다. 그래서 미국식 증권화의 대표적 산물인 ABS 대신 증권화의 취약점이 비교적 없는 유럽식의 커버드본드가 하나의 대안으로 제시되고 있다.

유럽에서는 미국식의 자산유동화증권(ABS) 대신 주로 커버드본드(CB)를 발행하고 있다. **커버드본드(CB, covered bond)**는 은행들이 중장기자금을 조달하기 위해 모기지대출, 공공부문대출, 선박대출 등의 우량자산을 담보자산(cover pool)으로 하여 발행하는 채권으로서 성격상 ABS와 유사하다. 전형적인 커버드본드의 발행체계를 보면 〈그림 2-9〉와 같다. CB의 발행기관은 주로 은행이며 발행된 CB를 투자자에게 매각한다. CB의 투자자는 주로 은행, 해외중앙은행, 정부기관, 보험회사 및 연기금 등이다. 그리고 담보자산감시자(cover pool monitor)는 담보자산의 관리 및 유지, 발행자의 파산시 투자원리금 지급 등의 업무를 담당하며 정기적으로 담보자산을 감시한다.

커버드본드(CB)와 자산유동화증권(ABS)은 유사한 성격을 갖고 있지만 몇 가지 면에서 중요한 차이가 있다. 첫째, ABS는 자금조달목적 외에 자산의 신용위험회피, 위험자산에 대한 자본금규제회피를 목적으로 발행되는 반면 CB는 자금조달목적으로만 발행되고 있다. 둘째, ABS는 SPC(특수목적회사)에 의해 발행되는데 반해 CB는 일반적으로 자산을 보유한 금융기관이 직접 발행한다. 셋째, ABS의 담보자산은 신용카드대출, 자동차

---

38 한국은행(2009), 한국은행(2016) 참고.

〈그림 2-9〉 ▸ 전형적 커버드본드의 발행체계

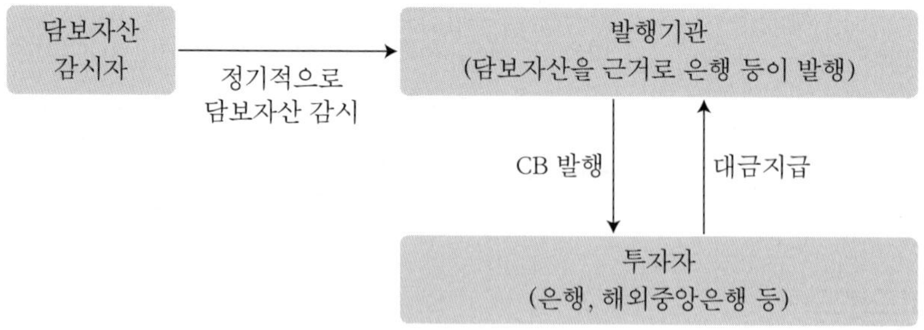

자료: 한국은행(2009.8.26)

대출, 학자금대출 등 다양한데 반해 CB의 담보자산은 주로 모기지(상업용, 주거용)대출, 공공부문대출, 선박대출 등 우량자산으로 한정된다. 이와 같은 장점이 부각되면서 CB는 ABS를 대체할 새로운 자금조달수단으로 주목을 받고 있다.

우리나라의 경우 정부는 가계부채문제에 대한 대책의 일환으로 장기고정금리대출의 확대를 유도하면서 이에 상응하는 은행의 자금조달수단으로 2014년 1월에 '이중상환청구권부 채권발행에 관한 법률'을 제정하여 2014년 4월부터 커버드본드(covered bond)를 도입하였다. 커버드본드는 근거법률의 유무에 따라 법정커버드본드(regulated covered bond)와 구조화커버드본드(structured covered bonds)로 구분되는데 법정커버드본드는 담보자산의 종류, 담보 관리방식 등을 규정한 법에 근거하여 발행되는 반면 구조화커버드본드는 커버드본드 관련 법률규정 없이 구조화기법을 이용하여 발행된다. 물론 구조화커버드본드는 당사자 간 계약을 통해 투자자에게 이중상환청구권을 보장하므로 법정커버드본드보다 안전성이 낮은 것으로 인식되고 있다. 우리나라에서는 KB국민은행이 구조화커버드본드를 2009년 5월에 10억 달러 규모로 해외에서 발행하였으며 2015년 10월에는 '이중상환청구권부 채권발행에 관한 법률'에 근거한 법정커버드본드를 발행(5억 달러)하기도 하였다. 아직까지 국내 커버드본드의 발행규모가 작은 수준에 머물고 있으나 향후 장기고정금리 분할상환 주택담보대출의 비중확대를 위한 재원조달에 커버드본드가 적극 활용될 수 있을 것으로 보인다.

(4) 국제금융시장의 채권

1980년대 이후로 국제금융시장이 크게 발전하였는데 이 과정에서 많은 국제채권(international bond)이 발행되어 왔다. 국제채는 외국채와 유로본드(유로채)로 구분될 수 있다. **외국채**(foreign bond)는 미국시장에서 외국기업이 발행한 달러표시의 채권 등과 같이 한 나라의 국내자본시장에서 외국차입자가 발행하는 채권을 말한다. 외국차입자가 미국자본시장에서 발행하는 달러표시채권을 **양키본드**(yankee bond)라고 하고 외국차입자가 일본자본시장에서 발행하는 엔화표시채권을 **사무라이본드**(samurai bond)라고 하며 영국자본시장에서 비거주자가 발행하는 파운드표시채권을 **불독본드**(bulldog bond)라고 한다. 그리고 외국기업이 우리나라 자본시장에서 원화 표시로 발행하는 채권을 흔히 **아리랑본드**라고 한다.

유로본드(**유로채,** eurobond)는 채권이 판매되고 있는 나라 이외의 통화로 표시된 채권을 말한다. 예를 들면 런던에서 판매되고 있는 달러표시채권 등을 말한다. 과거에는 우리나라에서 외국투자자들이 주로 원화로 채권(아리랑본드)을 발행하였으나 최근에는 외국통화로 표시된 채권을 발행하는 추세다. 이처럼 우리나라에서 외국통화(주로 달러)로 표시해 발행하는 채권을 **김치본드**(kimchi bond)라고 하는데 김치본드는 우리나라에서 발행되는 유로본드이다. 국제채권시장에서의 채권의 신규발행분은 대개 유로본드이다.

유로본드의 한 변형이 유로커런시이다. 미국 이외의 지역의 은행에 예치된 달러를 **유로달러**(eurodollar)라 하는데 이처럼 자국 이외의 외국의 은행에 예치되어 있는 각종 통화를 총칭하여 **유로커런시**(eurocurrency)라고 한다. 유로커런시에서의 '유로'는 유로화에서의 '유로'와는 개념이 다르다. 앞에서 거래발생지국의 통화가 아닌 외국통화로 표시된 거래를 유로거래라고 하였는데 여기서 말하는 '유로'는 이러한 의미이다. 유로커런시와 같은 단기예금은 이자를 받기 때문에 자금을 운용한다는 의미에서 단기유로본드와 유사하다.

5. 금융중개기관

이제까지 금융시장과 금융시장에서 거래되는 금융증권에 대해 살펴보았다. 이번에는 금융제도의 또 하나의 중요한 구성요소인 금융중개기관에 대해 살펴본다. 금융중개기관은 간접금융을 담당하는 기관으로서 저축과 투자의 중개기능에서 매우 큰 역할을 수행하고 있다.

(1) 금융중개기관의 기능과 중요성

1) 금융중개의 형태

〈그림 2-2〉에서 본 바와 같이 간접금융을 담당하고 있는 기관이 금융중개기관이다. **금융중개기관**(financial intermediary)은 그들의 명의와 책임으로 저축자로부터 자금을 빌리고 그들의 명의와 책임으로 이 자금을 차입자에게 대출하는 금융중개업무를 수행한다. 그런데 자금의 중개업무는 〈그림 2-10〉에서 보는 바와 같이 크게 세 가지 형태로 나누어 볼 수 있다.

첫째, **금액중개**(denomination intermediation)이다. 저축자들은 다양한 규모의 소액자금을 금융중개기관(주로 은행)에 예치한다. 그러나 차입자들은 대개 (중소)기업이며 이들은 비교적 규모가 큰 자금을 빌리려고 한다. 이와 같이 차입자가 요구하는 자금규모와 저축자가 제공하는 자금규모가 서로 다른데 이를 중개하는 것이 금액중개이다. 둘째, **만기중개**(maturity intermediation)이다. 저축자들의 자금예치기간은 비교적 짧다. 반면 차입자는 비교적 긴 기간 동안 차입하기를 원한다. 따라서 이런 경우에도 서로 간에 자금대차거래가 이루어지기 어렵다. 이러한 경우에 금융중개기관은 단기의 자금(단기부채=예금)을 장기의 자금(장기자산=대출)으로 전환시키는 역할을 하는데 이것이 만기중개이다. 셋째, **위험중개**(risk intermediation)이다. 저축자들의 저축동기는 대개 미래를 대비하기 위한 것이므로 저축자들은 위험을 싫어한다. 그러나 금융에서는 차입자(또는 금융증권)의 채무불이행위험(또는 시장위험)은 항상 있다. 그러므로 저축자와 차입자들이 직접 자금거래를 하기는 어렵다. 그런데 금융중개기관은 저축자의 위험노출을 줄여서 저축자들에게 더욱 안전한 자산을 제공하는 역할을 수행한다. 즉, 금융중개기관은 저축자들이 안심할 정도의 위험을 가진 상품(예금)을 개발하여 판매하고 이러한 상품을 판매하여 얻은 자금을 이용하여 차입자들이 원하는 수준의 위험자산(대출)을 구입하기 위해 사용함으로써 위험중개를 한다. 이것이 가능한 것은 금융중개기관은 많은 저축자로부터 자금을 모아 매우 신중하게 신용을 검토하여 다양한 차입자에게 대출하므로 차입자가 채무를 불이행할 가능성도 적지만 설령 차입자가 채무불이행을 하는 경우

〈그림 2-10〉 ▸ 금융중개기관의 기능

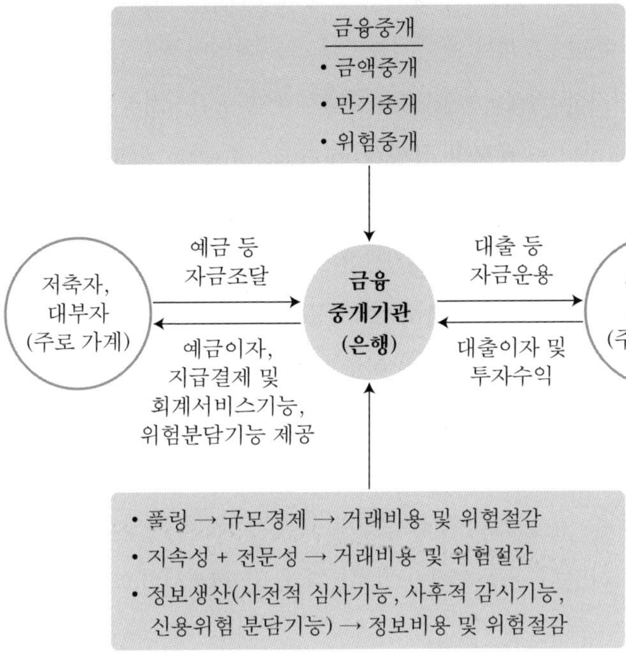

에도 많은 저축자들이 이러한 위험을 분담하기 때문이다. 또 소액저축자들이 금융증권에 투자하는 경우 투자규모가 소액이므로 분산투자를 하기가 어렵고 그래서 많은 위험을 부담하게 된다. 그러나 금융중개기관은 대규모자금을 운용하기 때문에 분산투자(다변화)가 가능하며 그래서 위험을 줄일 수 있다. 이러한 위험분담(risk sharing)과 위험분산(diversification)으로 인해 위험을 줄일 수 있게 된다. 금융중개기관은 이러한 금융중개기능을 잘 수행함으로써 수익을 얻는다.

2) 금융중개기능의 수행방식

간접금융과정은 자금을 대부자(저축자)에게서 차입자에게로 이전하는 중요한 루트이며 통상적으로 금융중개기관이 금융시장보다 기업에게 훨씬 더 중요한 자금원천이다. 그러면 금융중개기관은 어떻게 금융중개기능을 수행하는가? 이것은 거래비용과 정보비용을 통해 살펴볼 수 있다.

거래비용의 경감 금융거래를 수행하는데 소요되는 돈과 시간을 금융거래에서의 **거래비용**(transaction cost)이라 하는데 금융시장을 통해 자금을 운용하거나 조달하려면 우선 거래비용이 많이 든다. 그래서 소액저축자나 소액차입자들은 금융시장을 이용하기가 어렵다. 그런데 이러한 거래비용을 금융중개기관이 경감시켜줄 수 있는데 여기에는 두 가지 측면이 있다. 하나는 **규모의 경제**(economies of scale, 규모증가에 따른 단위당 거래비용감소)이고 다른 하나는 사업의 지속성과 전문성(예금유치, 엄격한 대출심사, 대출감시에 전문화하는 것)이다. 금융중개기관은 수많은 사람들로부터 예금을 받고(풀링, pooling) 수많은 기업에게 자금을 대출해주기 때문에 규모의 경제를 이용할 수 있다. 즉, 금융중개기관은 동일한 많은 거래를 하며 이로 인해 거래단위당 비용을 크게 줄일 수 있다. 또한 금융중개기관은 저축자나 차입자와는 달리 예금을 받고 대출을 하는 것을 지속적으로, 전문적으로 하기 때문에 이 일에 익숙하며 일을 효율적으로 처리하기 때문에 거래비용을 경감시킬 수 있다. 그리고 금융중개기관은 이러한 거래비용의 절감(거래효율성)을 통해 고객에게 다양한 유동성서비스(지급결제 및 회계서비스기능)와 높은 이자를 제공할 수 있다.

정보비용의 경감 앞에서도 언급하였듯이 금융시장은 심각한 **비대칭적 정보**(asymmetric information)의 문제를 갖고 있다. 이러한 비대칭적 정보에 따른 비용을 **정보비용**(information cost)이라 하는데 특히 역선택과 도덕적 해이라는 두 형태의 정보비용이 발생하며 이러한 정보비용 때문에 금융시장에서는 금융거래가 비효율적으로 이루어지게 된다. 그런데 금융중개기관은 이러한 문제를 제거하거나 경감시켜준다. 그것이 어떻게 가능한가?

금융중개기관(은행)이 있음으로 해서 소규모 저축자들도 이제 금융중개기관에 돈을 예치함으로써 궁극적으로 누가 자기의 돈을 이용하는지 알 수 없지만 차입자에게 자금을 제공할 수 있다. 물론 금융중개기관(은행)을 믿을 수 있느냐 하는 문제가 있다. 그러나 기업에 대한 정보보다는 은행에 대한 정보를 얻기가 훨씬 더 쉽고 좋은 은행과 나쁜 은행을 구분하는 것도 훨씬 더 쉽다. 따라서 은행의 역선택의 문제는 기업의 역선택의 문제보다는 훨씬 더 적다고 할 수 있다. 그리고 금융중개기관은 그 예금으로 기업에 대출을 한다. 그런데 금융중개기관은 앞으로 돈을 빌려갈 가능성이 있는 수많은 잠재적 차입자(주로 기업)에 대한 정보를 수집하고 분석하여(이러한 활동을 정보생산이라고 함) 좋은 차입자와 나쁜 차입자를 심사할 수 있는(역선택을 줄일 수 있는) 전문인력과 담당기구를 가지고 있고 이것이 주 업무이므로 차입자의 우열구분을 개인보다 훨씬 더 잘 할 수 있다. 또한 금융중개기관은 실제로 돈을 빌려간 차입자의 활동을 살피고 분석함으로써(이러한 활동도 정보생산활동임) 대출한 자금에 대한 모니터링(감시)을 개인보다 더 잘 할 수 있는(도덕적 해이를 줄일 수 있는) 전문가나 담당기구를 가지고 있다. 이렇게 함으로써 금융중개기관은 역선택과 도덕적 해이를 경감시킬 수 있고 이에 의해 대출에 따른 손실(채무불이행위험)을 최소화함으로써 금융중개기관은 저축자에게 높은 이자를 지불하고 많은 서비스를 제공하면서 이윤을 얻을 수 있게 된다. 또한 금융중개기관을 이용함으로써 금융시장을 이용하는 경우보다 위험분담과 위험분산을 더 잘 할 수 있다. 왜냐하면 풀링(pooling)에 의해 대규모 자금을 이용함으로써 대출을 다변화할 수 있고 또 여러 사람이 위험을 부담할 수 있기 때문이다.

(2) 금융중개기관의 형태[39]

금융중개기관은 크게 예금기관, 계약형 저축기관 그리고 투자중개기관의 세 가지 형태로 구분할 수 있다.

1) 예금기관

예금기관(depository institutions)은 예금을 유치하여 대출을 주로 하는 금융중개기관으로 우리나라의 경우 예금은행(일반은행 + 특수은행 + 외국은행 국내지점)과 비은행 예금취급기관(상호저축은행(주식회사형태) + 신용협동기구(비영리협동조합형태)[40] + 종합금융회사(주식회사형태)[41] + 우체국예금(국영금융형태) 등)으로 구성된다. 이러한 기관들은 신용화폐의 창조와 관련이 있기 때문에 중요하다. 예금은행에 대해서는 12장과 13장에서 자세히 논의한다.

---

39 Mishkin(2004), 한국은행(2018b) 참고.

40 신용협동기구는 신용협동조합, 새마을금고 그리고 농업협동조합, 수산업협동조합 및 산림조합의 상호금융을 포괄한다.

41 2018년 말 현재 전업 종합금융회사는 우리종합금융주식회사 1개뿐이며 종합금융회사를 합병한 은행 등은 단기금융업무를 겸영하고 있다.

2) 계약형 저축기관

계약형 저축기관(contractual savings institutions)은 고객과의 계약을 기초로 정해진 기간 동안 정기적으로 일정액을 납입 받고, 계약에 의해 고객에게 지급해야 할 상황이 발생하면 보험금이나 연금을 지급하는 금융중개기관이다. 이것의 대표적인 형태는 보험회사(생명보험회사, 손해보험회사, 우체국보험, 공제기관 등)와 연기금(pension fund) 등이다.

연기금은 연금계획(pension plan)에 의해 보장을 받는 고용인에게 은퇴소득을 연금의 형태로 제공한다. 기금의 자금조달은 고용자 및 피용자의 기여금(contribution)이며 연기금이 보유하는 가장 큰 자산은 국채, 회사채 및 주식 등 금융증권이다. 각국은 연금계획을 강제하는 입법과 세금유인책을 통해 연기금의 설립을 적극 장려하고 있다. 보험회사에 대해서는 14장에서 자세히 논의한다.

3) 투자중개기관

투자중개기관(investment intermediary)은 투자자금을 조달하여 금융자산이나 대출에 투자하고 수익을 배분하는 금융중개기관이다. 이에는 집합투자업자가 운영하는 투자회사(주식회사형 집합투자기구, 뮤추얼펀드(mutual fund)), 전문사모집합투자업자가 운영하는 전문투자형 사모펀드, 여신전문금융회사 등이 있다.

여신전문금융회사(credit-specialized finance company)는 예금을 수신하는 것이 아니라 CP를 발행하거나 채권을 발행하여 자금을 조달하고 이 자금을 소비자나 중소기업에 대출하는 금융기관으로 수신기능은 없고 여신기능을 주로 하는 금융기관이다. 우리나라의 경우 여신전문금융회사는 주로 채권발행과 금융기관차입금 등에 의해 자금을 조달하여 다른 금융기관이 거의 취급하지 않는 소비자금융, 리스, 벤처금융 등에 운용한다. 투자회사와 사모펀드에 대해서는 14장에서 살펴본다.

(3) 금융중개기관의 특성

1) 금융중개기관에도 정보비대칭성의 문제가 발생한다

금융중개기관은 금융시장에 존재하는 거래비용과 정보비용을 크게 감소시켜 자금이 대부자로부터 차입자로 원활하게 이동할 수 있도록 만든다. 그러나 금융중개기관(간접금융)에도 정보의 비대칭성이 존재한다. 물론 금융시장보다는 적지만 금융중개기관에도 정보의 비대칭성의 문제가 발생한다. 첫째, 은행과 같은 금융중개기관도 일반대부자와 마찬가지로 기업의 역선택과 도덕적 해이의 문제를 가지고 있다. 은행이 비록 정보생산활동을 전문적으로 하여 기업에 대한 정보를 수집하지만 그럼에도 불구하고 은행이 좋은 차입자(기업)와 나쁜 차입자(기업)를 구분하는 데 한계와 어려움이 있으며 차입자가 차입자금을 잘 이용하고 있는지 알기가 어려운 상태에 있다. 결코 완벽하게 기업에 대한 모든 정보를 알 수는 없다.

둘째, 금융중개기관도 금융중개기관 스스로의 역선택문제와 도덕적 해이문제를 가진다. 은행도 자기은행이 다른 은행보다 좋다는 것을 보여주기 위하여 좋게 포장도 하고 실적을 부풀리기도 하여 예금자들을 자기은행으로 유인한다. 즉, 예금자의 입장에서 볼 때 좋은 은행과 나쁜 은행을 구분하는 것이 어려운 상태(은행의 역선택문제)에 있다. 또한 은행도 위험한 사업(위험한 사업을 하는 기업에 대한 대출, 수익은 높지만 위험도 큰 상품)에 투자할 유인을 갖는다(은행의 도덕적 해이문제). 이러한 문제 때문에 예금자들이 은행에 예금하는 것을 꺼리게 된다. 이러한 문제 때문에 때때로 금융중개기관들이 망하고 금융위기가 발생하기도 하는 것이다.

2) 금융중개기관은 본질적인 구조적 취약성을 가진다

개별 금융중개기관(은행)은 본질적인 구조적 취약성을 갖고 있다. 첫째, 은행은 예금(단기부채)을 받아 대출(장기자산구매)하는 것을 기본적인 업무로 하는 금융기관이다. 이와 같이 단기부채를 장기자산으로 전환하는 은행의 기능을 자산전환기능(asset transmutation function)이라고 한다. 그런데 이러한 기능수행과정에서 부채는 단기이고 자산은 장기이기 때문에 **자산·부채의 만기 불일치**(maturity mismatch)문제가 매우 심각하다. 이로 인해 금융중개기관은 본질적으로 유동성위험에 과도하게 노출되고 있으며 유동성을 주의깊게 관리하지 않으면 예금이 인출되는 과정에서 유동성위기(liquidity crisis)가 발생할 수 있다. 둘째, 은행은 **부분준비제도(fractional reserve system)** 하에서 운영된다. 예금의 일부만을 준비금으로 보유하고 나머지를 대출 등 수익자산으로 운용할 수 있는 구조이다. 이러한 취약한 구조를 갖고 있기 때문에 은행에 대한 신뢰가 깨지면 즉각

예금인출사태(bank run)가 발생하게 되어 위기에 처하게 된다.

개별금융기관의 이러한 구조적 취약성은 금융기관전체의 문제점과 취약성으로 확대된다. 첫째, 금융기관전체의 **전염효과**(contagion effects) 또는 **도미노효과**(domino effects)가 매우 크다는 특징을 갖고 있다. 한 금융기관의 문제가 그 금융기관에 한정되지 않고 다른 금융기관으로 쉽게 확대된다. 전염효과가 큰 이유는 우선 금융기관들이 지급결제망으로 서로 연결되어 있고 콜시장(call market)을 통해 금융기관들이 자금거래로 서로 연결되어 있기 때문이며 또 금융중개기관들은 서로 유사한 업무를 하므로 한 금융기관의 파산은 다른 금융기관의 파산을 가져올 것이라고 예상하기 때문이다. 둘째, 은행파산의 **외부효과**(external effects)가 매우 크다. 하나의 은행의 파산이 다른 은행의 파산을 가져오고 이러한 연쇄적인 은행파산은 실물경제에 나쁜 영향을 미쳐 때로는 실물경제위기를 유발할 수 있다.

참고문헌

민상기 · 정창영, 글로벌 재무전략, 개정판, 2001, 명경사

삼성경제연구소(SERI), 금융패러다임의 변화가 예상, 경제포커스 제243호(2009.5)

안철원, "금융제도개편의 기본방향," 산경논집, 제6권 제1호(1991.2), 서울시립대 산업경영연구소

안철원, "금융감독권이 없는 중앙은행의 금융안정역할," 산경논집, 제22권 제1호(2007.2), 서울시립대학교 산업경영연구소

차진섭, 미국MBS시장의 현황과 과제, 한국은행 금요강좌, 2008.5.9

한국은행, 금융안정보고서, 2018.12a

한국은행, 감독권이 없는 중앙은행의 금융안정기능, 금융안정분석국, 2005.7

한국은행, 한국의 금융제도, 2018.12b

한국은행, 유럽의 Covered Bond 시장현황과 전망, 해외경제정보 제2009-55호(2009.8.26)

한국은행, 한국의 금융시장, 2012.12, 2016.12

Walter Bagehot, Lombard Street: A Description of the Money Market, 1873. Reprint: John Wiley and Sons, Inc, 1999. 유종권 · 한동근(역), 『롬바드 스트리트』, 대우학술총서 #504, 아카넷, 2001

A. C. Bain, The Economics of the Financial System, Chap.15, Martin Robertson & Company Ltd, Oxford, 1981

Andrew Crockett, "Why is Financial Stability a Goal of Public Policy," in Maintaining Financial Stability in a Global Economy. A symposium sponsored by the Federal Reserve Bank of Kansas City, August 1997

R. Glenn Hubbard, Money, the Financial System, and the Economy, 6th ed. Pearson International Edition, 2008, Chapter 2

F. S. Mishkin, The Economics of Money, Banking and Financial Markets, 7th ed. Pearson, 2004, Chapter 2

James Tobin, "On the Efficiency of the Financial System," Lloyd Bank Review, No.153 (July 1984)

연습문제

1. 우리는 어릴 때부터 저축하는 습관을 가지도록 교육을 받았고 돈이 생기면 돈의 범위 내에서 지출해야 한다고 교육을 받았다. 빚을 지는 것은 위험하고 현명하지 못한 행동으로 간주되었다. 과연 돈을 빌리는 것은 현명하지 못한 행동인가?

2. 많은 발전도상국들은 많은 외환보유고를 갖고 있는 반면 선진국들은 많은 부채를 안고 있다. 국고가 든든하면 강대국이고 돈을 많이 빌려 쓰면 약소국인가? 많은 외환보유고를 갖고 있으면 강대국인가? 논평하시오.
3. 왜 가계는 은행에 저축을 하고 기업은 은행에서 차입을 하는가? 가계가 직접 기업에 자금을 빌려주는 것은 어떤 문제가 있는가?
4. 다양한 자산유동화증권(ABS)이 발행되고 있는데 사실상 어떠한 수익자산(수익사업)도 유동화가 가능하다. 유동화가 가능한 수익자산이나 사업을 찾아보시오.
5. 장학금의 지급에서도 정보의 비대칭성문제(역선택과 도덕적 해이의 문제)가 있다. 이러한 문제가 심각하다고 보는가? 그렇다면 정보의 비대칭성문제를 해결하기 위하여 어떤 조치가 필요한가?
6. 종래의 금융제도는 정부의 보호와 육성에 기반하여 개인의 저축을 총동원함으로써 기업에 대규모의 자금을 공급하는 역할을 주로 수행해 왔으나 이제는 기업의 혁신적 고위험투자(모험사업투자)에 대한 대규모 자금을 공급하는 기능을 크게 요구하고 있다. 기업이 투자하기에는 소요자금이 너무 크고 사업의 위험부담이 너무 크기 때문에 이러한 사업에 대한 자금공급을 금융제도가 해주어야 한다는 것이다. 이러한 주장에 대해 어떻게 생각하는가?
7. 최근에는 금융제도가 위험의 이전거래를 과도하게 조장하여 문제가 되었고 이에 따라 금융에 대한 비판이 쏟아지고 있다. 앞으로 위험이 더욱 커지는 환경이 될 것이고 이에 따라 전 세계의 금융위험은 확대될 것인데 어떻게 이에 대응할 것인가? 위험을 거래하는 것을 제약하면 어떻게 될 것인가?
8. 그림자금융제도는 무엇이며 이것이 금융제도에 문제를 유발하는가? 한다면 어떤 문제를 유발하는가?
9. 서민들이 은행에서 돈을 빌리기가 어려워 고리대금업자에게서 돈을 빌려 높은 이자로 어려움에 처하는 경우가 흔히 있다. 왜 은행에서는 서민들에게 돈을 빌려주지 않으려고 하는데 고리대금업자들은 돈을 빌려주는가?
10. 금융제도의 효율성과 안정성의 상충관계는 왜 발생하는가? 그 사례를 들어 보시오.

CHAPTER

03 자산선택이론의 개관

여기서는 투자자나 금융기관의 자금운용의 기초가 되는 자산선택이론에 대해 살펴본다. 앞으로 금융시장과 금융기관에 대해 살펴보는데 금융시장에서는 다양한 투자자들(가계, 기업, 뮤추얼펀드, 외국투자기관 등)이 참여하여 금융자산에 투자를 하며 금융기관은 풀링된(pooling) 자금을 금융자산에 투자하거나 기업(가계)에 대출을 한다. 이러한 투자나 자금운용을 하는 데 있어서 기본적으로 하나의 자산에 집중하지 않고 다양한 자산으로 분산한다. 이러한 행동은 투자자(자금운용자)로서의 금융기관의 경우에도 마찬가지이다. 하나의 자산만 구입하지 않고 다양화하며 한 기업이나 한 산업에만 대출하지 않고 다양화하며 한 지역에만 대출하지 않고 지역적으로 다원화한다. 왜 투자자들은 재산을 하나의 자산만으로 구성하지 않고 다양한 자산으로 구성하며 금융기관들도 자산을 다양하게 구성하는가? 투자자들이 하나의 자산만을 선택하지 않고 다양한 자산으로 **포트폴리오**(portfolio, 여러 자산으로 구성된 하나의 자산그룹)를 구성하는 문제를 다루는 것이 **자산선택이론**(theory of asset selection) 또는 **포트폴리오선택이론**(theory of portfolio choice, theory of portfolio allocation)이다.

이러한 문제를 살펴보기 위해 먼저 1절에서는 재산을 가진 투자자들이 자산선택에 관한 결정을 할 때 어떤 요인들을 고려하는지 살펴본다. 이러한 요인들이 4장 이하에서 살펴보는 금융시장의 분석에서 자산수요의 중요한 결정요인들이다. 이 이론을 이용하여 채권이나 화폐나 주식에 대한 수요곡선을 유도할 수 있다. 2절에서는 다변화의 원리에 대해 살펴본다. 포트폴리오선택이론의 또 하나의 주제는 다변화를 통해 어떠한 이점을 얻을 수 있으며 다변화를 하는 원칙이 무엇인가를 살펴보는 것이다.

1. 자산선택의 결정요인

자산(asset)은 가치를 저장하는 수단인데 다양한 형태를 가진다. 금융자산(주식, 채권, 뮤추얼펀드, 생명보험, 연금보험, 현금, 예금, 외화, 골프회원권 등)과 실물자산(주택, 토지, 귀금속, 골동품, 미술품 등) 등 다양하다. 특히 금융제도가 발전하면서 매우 다양한 금융자산이 제공되고 있으며 시기에 따라 보유하는 자산의 구성도 매우 다양하다.

우리나라의 경우 가계의 자산구성을 보면 부동산위주로 되어 있다. 2006년의 경우 가계가 비금융자산(주택, 토지, 건물 등)으로 보유하는 자산비중이 77%에 달하며 금융자산은 20% 정도에 그쳤다. 그러나 2008년을 기점으로 비금융자산의 비중은 줄고 금융자산의 비중은 늘어나 2015년 말에 비금융자산비중은 63.1%, 금융자산비중은 36.9%로 변하였다.[1] 한편 금융자산에 한정하는 경우 〈표 3-1〉에서 보듯이 현금과 예금의 비중이 최근 감소하고 있는 반면 보험과 연금의 비중이 크게 상승하고 있고 주식과 채권의 비중은 낮아지는 추세에 있다. 이러한 현상은 미국의 경우와 다소 대조를 이룬다. 미국가계의 경우 2006년에 오히려 주식의 비중이 가장 높고 예금의 비중은 비교적 낮다.

자산선택은 다양한 요인에 의해 영향을 받는다. 우리나라 가계의 경우 안전자산(현금과 예금, 보험과 연금)의 비중이 상대적으로 크게 높은 것은 자산선택자(가계)의 특성에 기인하는 것으로 보인다. 즉, 우리나라 가계의 경우 특히 안전자산을 보유할 것인지 위험자산(채권 및 주식)을 보유할 것인지의 결정에서는 가계의 소득위험(가계 소득의 불확실성), 주택소유 여부, 가구주의 나이 및 교육수준 등 가계의 개별위험이 매우 중요한 요인으로 나타났다. 가계의 소득위험이 매우 높고 주택을 소유하지 못한 상태에서 자가보유를 위해 안전자산의 비중이 높게 나타난 것으로 볼 수 있다.[2] 이와 같이 자산선택의 주체인 가계의 개별위험이 중요한데 이러한 요인은 전체적으로 볼 때 가계(자산투자자)의

---

1 현대경제연구원(2007), LG경제연구원(2016) 참고.

2 한국은행(2004) 참고.

〈표 3-1〉 ▸ 국내 개인금융자산 추이(%)

연도	현금 및 예금	보험 및 연금	채권	주식
2002	57.0	22.5	5.1	15.4
2003	53.6	22.0	7.5	16.8
2004	50.9	22.9	9.4	16.8
2005	48.4	22.1	8.7	20.8
2006	47.6	22.9	10.0	19.6
2010	47.0	24.4	9.8	18.8
2015	43.1	31.1	5.4	19.4

자료: 현대경제연구원(2007), 금융연구원(2014, p.48), LG경제연구원(2016)

재산상태(재산규모)로 대변된다고 볼 수 있다. 이보다는 자산 자체의 특성(수익, 위험, 유동성 등)이 더욱 중요하다. 따라서 전체적인 재산의 크기와 함께 개별자산의 특성에 따라 자산선택이 어떻게 영향을 받는가를 살펴보고자 한다.

만약 어떤 자산투자자가 현금 1억 원(재산)을 가지고 있다면 그는 이 자금으로 다양한 자산을 선택할 수 있다. 어떤 요인들이 그러한 선택에 영향을 미치는가? 자산선택을 할 때 만약 투자자들이 오로지 기대수익에만 관심을 가진다면 그들은 가장 큰 기대수익을 제공할 것으로 생각하는 단지 하나의 자산에 모든 자원을 투입할 것이다. 그러나 이러한 투자는 매우 위험하며 이외에도 다른 이유로도 하나의 자산만을 보유하지는 않을 것이다. 이와 같이 투자자들이 한 가지의 자산만 구입하지 않고 여러 가지 자산을 구입하여 포트폴리오를 구성한다는 것은 기대수익 이외에 다른 기준도 고려한다는 것을 의미한다. 자산선택이론은 그러한 선택을 할 때 통상 다음과 같은 다섯 가지의 기준을 고려한다는 것을 보이고 있다. 이들은 ① 재산(wealth)의 크기(개인이 소유하고 있는 총 자원), ② 자산의 상대적 기대수익(relative expected return), ③ 자산의 상대적 위험(relative risk), ④ 자산의 상대적 유동성(relative liquidity), 그리고 ⑤ 자산에 대한 상대적 정보획득비용이다.[3]

3 Hubbard(2008) 참고.

(1) 재산

재산이 증가하면 포트폴리오의 크기가 더 커지기 때문에 수요하는 자산의 양도 전반적으로 증가한다. 그러나 사람들이 더 부유해진다고 해서 그들의 포트폴리오에 포함되어 있는 모든 자산의 양을 동일한 비율로 증가시키지는 않을 것이다. 어떤 자산은 다른 자산보다 더 많이 증가될 것이며 어떤 자산은 오히려 포트폴리오를 조정하는 기회에 감소시키기도 할 것이다. 이와 같이 각 자산에 대한 수요는 재산의 증가에 대해 다르게 반응한다. 이러한 반응은 자산수요의 재산탄력성(wealth elasticity of asset demand)에 의해 측정할 수 있다. 이것은 다른 조건이 주어져 있을 때 (자산수요량의 %변화)/(재산의 %변화)를 측정하는 것이다.

통상적으로 자산수요의 재산탄력성은 0보다 크다. 자산수요의 재산탄력성에 따라 자산은 두 종류로 분류될 수 있다. 첫째, 자산수요의 재산탄력성이 0 이상인 정상자산(normal asset)과 재산탄력성이 마이너스여서 재산이 증가하면 수요가 오히려 감소하는 열등자산(inferior asset)으로 구분된다. 둘째, 재산탄력성이 1보다 작은 필수자산(necessity asset, 예컨대, 현금과 요구불예금 등)과 재산탄력성이 1보다 큰 사치자산(luxury asset, 주식과 특수채 등)으로 구분된다. 요컨대, 재산이 증가함에 따라 투자자들은 재산의 더 많은 부분을 사치자산에 투입하고 더 적은 부분을 필수자산에 투입하며 때로는 자산의 규모를 줄이기도 한다.

(2) 기대수익

자산의 수익률은 그 자산을 소지함으로써 얻는 수익을 측정한다. 사람들은 높은 수익을 요구하므로 다른 요소들이 모두 동일한 경우에 자산의 구매결정은 그 자산의 상대적 기대(예상)수익에 의해 영향을 받는다. 다른 자산에 비해 상대적으로 어떤 자산의 기대수익이 증가하면 그 자산에 대한 수요량은 증가할 것이다.

자산의 **기대수익(expected return)**은 경제 상황에 따른 자산의 수익률을 각 상황의 확률로 평가한 것이다. 즉, 기대수익(r^e)은 다음의 식 (3-1)과 같이 정의된다.

(3-1) $$r^e = \sum_{i=1}^{n} p_i \times r_i$$

여기서 i는 각 상황(n개의 상황)을 나타내며 r_i는 각 상황에서 발생하는 수익을 의미하며 p_i는 그러한 상황이 발생할 확률을 나타낸다.

<예시 3-1> 기대수익의 계산

내년에는 경기가 회복되거나(i = 1) 경기가 현재와 동일한(i = 2) 두 상황뿐이고 경기가 회복될 확률은 60%(p_1 = 0.6), 경기가 동일할 확률은 40%(p_2 = 0.4)이며 만약 내년에 경기가 회복된다면 두성기계 회사채의 수익률이 10%(r_1 = 10%), 만약 경기가 지금과 동일하다면 두성기계 회사채의 수익률은 5%(r_2 = 5%)라고 가정하자. 이 경우 두성기계 회사채의 기대수익률은 다음과 같다.

$$0.6 \times 10\% + 0.4 \times 5\% = 8\%$$

그런데 기대수익은 그 기업의 채무불이행위험(default risk)과 관련이 있다. 기대수익이 낮다는 것은 채무불이행위험의 가능성이 있다는 것을 의미한다. 즉, 어떤 이유로 채무불이행위험이 커지게 되면 채권의 기대수익이 낮아진다. 따라서 기대수익에는 채무불이행위험이 반영된다고 볼 수 있다. 다음 항에서 인급하는 위험은 시장에서의 가격의 변동성(시장위험)을 나타내고 금융자산 자체의 상환 가능성을 나타내는 채무불이행위험은 기대수익에서 반영된다. 예컨대, 금융기관이 대출을 하는 경우에는 이러한 채무불이행위험을 줄이기 위해 다양하게 대출을 하는데 이것은 기대수익에 반영된다.

기대수익의 보다 정확한 측정치는 **실질기대수익(expected real return)**이므로 투자자들은 수익률에 대한 인플레이션의 영향(예상인플레이션)을 고려하여야 한다. 또한 투자자들은 이자소득에 대해 세금을 납부하여야 하기 때문에 이들이 관심을 가지는 것은 세금을 공제한 후의 실질기대수익률이다. 즉, 투자자들은 세후실질기대수익(expected real after-tax return)을 비교하여 자산을 선택한다. 투자의 수익(금융소득)에 대해서는 일반적으로 소득세가 부과된다.[4] 그리고 주식 및 채권 등의 유가증권을 이전 또는 매각

4 금융소득에 대한 세금징수는 나라에 따라 많은 차이가 난다. 우리나라의 경우 이자와 배당에 대해 세금이 부과되며 금융소득을 합쳐서 2,000만 원 이상인 경우 종합과세가 되며 그 이하인 경우 분리과세가 되는데 이 때 세율은 2005년 이후 15.4%(이자소득세 14%+이자소득의 10%인 1.4%의 주민세)이다. 미국의 경우 회사채와 은행예금이자 그리고 주식배당에 대해서는 연방정부, 주정부, 지방정부에서 모두 세금을 부과한다. 국채이자에

하는 경우에는 증권거래세가 부과된다.[5]

(3) 위험

1) 위험의 측정

투자자들이 자산선택결정을 할 때 그들은 수익의 평균적인 크기(기대수익)에도 관심을 가지지만 수익의 변동성(불확실성)에도 관심을 가진다. 왜냐하면 투자자들이 투자를 하는 이유는 주로 장기적으로 지출을 평준화하기 위한 것이기 때문이다. 이러한 자산수익의 변동성을 자산의 **위험**(risk) 또는 **시장위험**(market risk)이라고 한다. 통상 투자자들은 위험을 싫어하는 **위험회피자**(risk averter)이므로 위험이 증가하는 자산에 대한 수요는 감소한다.

위험은 통상 수익(률)의 표준편차(σ)로 측정되며 수익의 표준편차는 다음의 식 (3-2)와 같이 계산된다. 즉,

(3-2) $$\sigma = \sqrt{\sum_{i=1}^{n} p_i \times (r_i - r^e)^2}$$

여기서 i는 상황(n은 상황의 수)을 나타내며 r_i는 i상황에서의 수익이며 p_i는 i상황의 발생확률, 그리고 r^e는 식 (3-1)에서 계산된 자산의 기대수익(평균)이다. 따라서 이 식은 수익이 기대수익(평균)으로부터 얼마나 크게 벗어나 있느냐 하는 것을 측정한다.

<예시 3-2> 증권의 위험의 측정

1,000만 원을 가지고 채권투자를 하려고 하는데 관심이 있는 두 채권(두성기계 회사채와 제일은행 정기예금)의 수익률은 각각 다음과 같다. 먼저 두성기계 회사채는 앞의 〈예시 3-1〉에서와 같고 이에 따라 기대수익률(re)은 8%이다. 반면 제일은행 정기예금의 경우 내년

는 연방소득세가 부과되지만 지방소득세는 부과되지 않으며 지방채의 이자는 모든 세금이 면제되며 그래서 지방채는 통상 면세채권(tax-exempt bonds)이라고 한다. 이러한 차이가 투자자의 자산선택에 영향을 미친다.

5 우리나라에서는 증권거래세가 1963년부터 부과되다가 자본시장육성책의 일환으로 1971년에 폐지되었으나, 1978년에 세수를 증대하고 자본시장에서의 단기성 투기행위를 억제하기 위해 다시 증권거래세법이 제정되어 시행되고 있다. 증권거래세는 원칙적으로 증권양도가액의 0.5%(증권거래세법 제8조)인데 자본시장 육성을 위해 필요할 경우 이보다 낮춰 적용할 수 있으며 정부는 증시안정을 위하여 때때로 증권거래세율을 조정한다.

의 경기에 상관없이 예금이자율이 8%라고 가정하자. 따라서 정기예금의 기대수익률은 8%이다. 두 채권의 기대수익률이 동일하게 8%이므로 어느 채권을 구매하든 상관이 없는가? 그렇지 않다. 두 채권의 위험(변동성)이 다르기 때문에 이 위험을 비교해 보아야 어느 채권을 선택할 것인지를 결정할 수 있다.

두 채권의 위험(채권수익률의 표준편차)을 계산해 보자. 먼저 두성기계 회사채의 위험은 식(3-2)에 의해 다음과 같이 계산된다. 즉, $\sqrt{0.6 \times (10-8)^2 + 0.4 \times (5-8)^2} = 2.45$이다. 그리고 제일은행 정기예금의 경우 위험은 전혀 없다. 즉, 위험 = $\sqrt{(1 \times (8-8)^2} = 0$이다. 따라서 두성기계 회사채가 정기예금보다 위험이 더 크다. 정기예금의 투자자는 경기에 관계없이 무조건 8%의 수익률을 받지만, 두성기계의 투자자는 잘되면 10%의 높은 수익률을 받지만 잘못되면 5%의 수익률을 받게 되므로 더 불확실한 투자이다.

2) 투자자의 위험에 대한 태도[6]

자산의 기대수익과 위험이 자산의 선택에 중요한 요소가 되지만 투자자의 위험에 대한 태도도 자산의 선택에 중요한 요소가 된다. 즉, 위험에 대한 투자자의 태도(견해)가 어느 자산을 구매할 것인지를 결정한다. 만약 투자자가 위험회피자라면 당연히 위험이 더 적은 제일은행의 정기예금을 선호할 것이며 만약 투자자가 위험선호자라면 위험이 더 큰 두성기계의 회사채를 선호할 것이다. 만약 그가 위험중립자라면 위험에 대해 고려하지 않고 단지 기대수익만 고려하여 결정할 것이므로 어느 채권이든 상관없다.

기대효용이론에 입각하여 투자자들의 위험에 대한 태도를 고려해 보자. **기대효용이론(expected utility theory)**에 의하면 위험의 세계에서 투자자들은 금융투자의 기대수익으로부터 얻는 효용을 극대화하는 것이 아니라 금융투자로부터 얻을 것으로 기대되는 기대효용을 극대화하려고 한다. 금융투자로부터 얻는 기대효용은 다음과 같이 나타낼 수 있다.

(3-3) $$E(U) = \sum_{i=1}^{n} p_i U(r_i)$$

여기서 E(U)는 기대효용, p_i는 각 상황에서의 확률, $U(r_i)$는 각 수익이 가져오는 효용이

6 박재윤(1979), 이필상(1985) 참고.

다. 즉, 기대효용(expected utility)은 어떤 자산으로부터 나오는 효용의 기대 값이다. 그리고 U(·)는 수익의 수준에 따른 효용의 크기를 보여주는 효용함수이다. 이제 논의의 편의를 위해 예를 들어보자. 동전게임이 있는데 앞면이 나올 확률과 뒷면이 나올 확률이 각각 0.5이다. 앞면이 나오면 2,000원을 받고 뒷면이 나오면 0원을 받는다고 하자. 이 게임에서 기대수익(expected income, $Er=r^e$)은 $Er=(0.5\times0)+(0.5\times2{,}000)=1{,}000$이다. 그리고 이 게임을 선택하여 뒷면이 나오는 경우 0원을 받을 수 있으므로 이 게임의 당사자에게 얼마를 받으면 이 게임을 포기할 것인지를 물어 그 금액을 구할 수 있을 것이다. 예컨대, 그 금액이 700원이라고 하자. 이 금액을 불확실한 수입에 대한 **확실성등가(certainty equivalence, $\hat{r}$)**라고 한다. 게임을 하면 평균적으로 1,000원을 기대할 수 있으나 2,000원을 받을 수도, 0원을 받을 수도 있다. 그러나 게임을 포기하면 700원을 받고 만족할 수 있다는 것이다.

위험에 대한 태도에 따라 투자자는 **위험회피자(risk averter)**, **위험중립자(risk neutral)** 그리고 **위험추구자(risk lover)**로 구분된다. 그런데 위험회피형 투자자는 게임으로부터 발생하는 불확실한 기댓값 1,000원보다는 확실한 1,000원을 더 선호할 것이다. 즉, 위험회피형 투자자의 경우에는 게임의 기대수익(1,000원)이 주는 효용(기댓값 r^e의 효용, $U(r^e)$)이 게임의 각 경우(0원과 2,000원)의 수익이 주는 효용의 기댓값(기대효용, $E(U(r))$)보다 더 클 것이다. 이를 나타내면 다음과 같다.

$$U(r^e) = U(0.5 \times 0 + 0.5 \times 2{,}000) > E(U(r)) = 0.5 \times U(0) + 0.5 \times U(2{,}000)$$

이러한 상황을 나타낸 것이 〈그림 3-1〉이다. 따라서 〈그림 3-1〉과 같은 효용함수를 가진 투자자는 위험회피형이라는 것을 보이고 있다. 반면 위험추구형 투자자는 확실한 1,000원보다 불확실한 기댓값 1,000원을 더 선호하므로 위험추구형 투자자의 경우 $U(r^e) < E(U(r))$이 되고 위험중립형 투자자는 확실한 1,000원과 불확실한 기댓값 1,000원을 동일하게 선호하며 따라서 위험중립형 투자자의 경우 $U(r^e) = E(U(r))$이 된다. 이러한 위험에 대한 태도를 효용함수를 이용하여 구분하면 다음과 같다. 즉, 〈그림 3-1〉과 같이 위로 볼록한 형태(concave)의 효용함수를 가지는 사람은 위험회피자가 되고 반대로 위로 오목한(convex) 효용함수를 가진 사람은 위험추구자가 되고 직선의 효용함수를 가진 경우 위험중립자가 된다.

그리고 확실성등가($\hat{r}$)에서의 효용은 게임에서 발생 가능한 각 경우(위의 예에서는 0과 2,000원)에서의 효용의 가중평균과 같게 설정된다. 즉, $U(\hat{r}) = E[U(r)] = 0.5 \times U(2{,}000)$

〈그림 3-1〉 ▸ 위험회피형 투자자의 효용함수

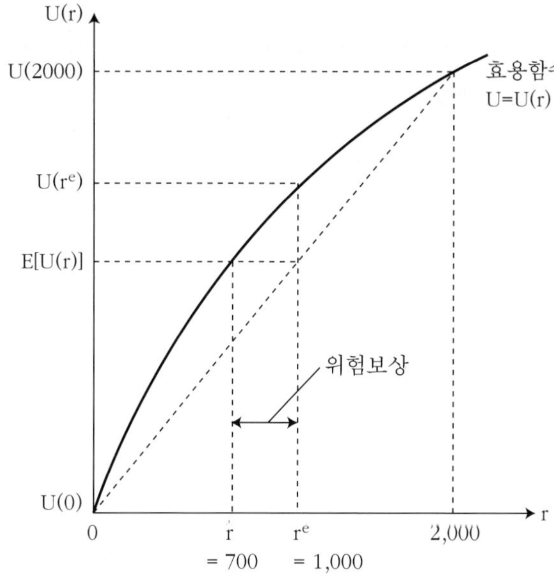

+ 0.5 × U(0)이 된다. 따라서 투자자의 위험에 대한 태도는 다음과 같이 구분할 수도 있다. 즉,

U(r^e) > U($\hat{r}$) 이면 위험회피형(그림 3-1의 경우)

U(r^e) = U($\hat{r}$) 이면 위험중립형

U(r^e) < U($\hat{r}$) 이면 위험추구형

또 동일한 것이지만 투자자의 위험에 대한 태도는 다음과 같이 구분할 수도 있다. 즉, $\hat{r} < r^e$인 경우 위험회피형, $\hat{r} > r^e$인 경우 위험추구형, 그리고 $\hat{r} = r^e$인 경우 위험중립형이다. 그리고 〈그림 3-1〉에서 r^e와 $\hat{r}$의 차이, 즉 ($r^e - \hat{r}$)을 위험선택에 대한 보상, 즉 **위험보상**(risk premium)이라고 할 수 있다.[7]

따라서 위험회피자는 위험을 줄이기 위해 보험에 가입하며 위험추구자는 위험을 선호하기 때문에 로또나 도박을 한다. 그러나 현실적으로 보면 사람들은 보험에도 가입을 하고 로또도 한다. 이 기대효용이론은 이러한 인간행동의 이중성(양면성)을 설명하기 어

7 좀 더 엄밀하게 말하면 U(r^e − A) = U($\hat{r}$)을 만족시키는 A가 위험보상이다.

렵다. 그러나 7장에서 보는 행동경제학에서는 이러한 인간행동의 이중성을 설명할 수 있다.

통상 금융투자자들은 위험회피자이며 따라서 다른 조건이 주어진 상태에서 다른 자산에 비해 그 자산의 위험이 증가하면 그 자산에 대한 수요는 감소한다.[8]

(4) 유동성

자산선택에 영향을 미치는 또 하나의 요소는 비용의 큰 부담 없이 얼마나 빨리 자산이 현금화될 수 있느냐를 나타내는 **유동성**(liquidity)이다. 유동성이 큰 자산은 투자자들이 지출을 평준화하는 데 도움이 되며 긴급 시에 증권을 빨리 현금화할 수 있도록 해준다. 현금은 말할 것도 없이 가장 유동적인 자산이다. 시장에서 거래가 되는 많은 시장성증권(marketable securities), 예컨대 국채, 회사채, 주식, CD, CP 등은 매우 유동적이다. 그러나 부동산, 예술품 등은 상대적으로 덜 유동적인 자산이다. 왜냐하면 그러한 자산의 매각에는 거래상대방의 물색, 가격지불상의 지연 등 상당한 거래비용이 수반되기 때문이다.

유동성이란 자산이 얼마나 빨리 현금화될 수 있느냐 하는 정도를 나타내기 때문에 이러한 유동성은 시장이 얼마나 잘 발달되어 있느냐, 즉 시장이 얼마나 자주 열리고 거래가 활발하냐에 달려 있다. 유통시장이 잘 발전되어 있고 개장시간이 길면 그 자산의 유동성은 크다고 볼 수 있다. 또 자산의 유통시장에 많은 시장참여자가 있으면 거래가 활발하며 따라서 유동성은 증가한다. 그러므로 각 지역의 증권시장이 통합되거나 각국의 증권시장이 통합되면 유동성이 증가한다. 그리고 다른 조건이 동일하면 다른 자산에 비해 유동성이 증가할수록 그 자산에 대한 수요는 증가한다.

---

8 실증적 자료에 따르면 대부분의 투자자들은 위험회피자라는 것을 보여주고 있다. 예컨대, 미국의 경우 미국 대기업주식에 대한 연평균 실질수익률이 1926~2005년의 기간 동안 10.4%였는데 미국장기국채에 대한 연평균 실질수익률이 2.5%에 불과하였다. 투자자들이 주식에 투자하면 더 높은 수익을 얻을 수 있음에도 불구하고 더 낮은 수익을 주는 장기국채에 투자한 이유에는 여러 가지가 있겠지만 가장 중요한 이유의 하나는 장기국채의 위험(국채수익률의 변동성)이 적다는 것이다. 그럼에도 불구하고 많은 경제학자들은 주식수익률과 채권수익률사이의 차이를 말하는 주식 프리미엄(equity premium)이 위험만으로 설명될 수 없을 정도로 매우 크다고 주장하고 있는데 이러한 현상이 '주식프리미엄퍼즐(equity-premium puzzle)'이라는 것이다. Hubbard(2008, p.89) 참고.

(5) 정보획득비용

투자자들은 자산(증권)의 가격변동위험(시장위험)뿐 아니라 자산(증권)발행자의 채무불이행위험 또는 신용위험(credit risk)도 낮은 자산을 원한다. 증권을 구매할 때는 우선 증권의 가격에 대한 정보가 필요하지만 또한 그 증권의 신용위험(채무불이행위험)이 있는지, 없는지, 있으면 어느 정도인지를 알 필요가 있다. 이와 같이 증권의 가격과 발행자의 신용도에 대한 정보를 얻는데 들어가는 비용이 **정보획득비용(cost of acquiring information)**이다. 현금의 경우 그러한 정보획득비용이 없으며 국채의 경우에도 그러한 비용은 거의 없다고 볼 수 있다. 왜냐하면 국채수익률은 신문이나 기타 공개된 자료를 통해 쉽게 얻을 수 있으며 또 정부가 채무를 불이행할 가능성은 거의 없기 때문이다. 공개된 대기업의 주식이나 회사채에 관한 정보도 큰 비용을 들이지 않고 쉽게 구할 수 있으나 만약 새로운 회사가 금융증권을 발행하다면 투자를 하기 전에 그 회사에 대한 정보를 수집하고 분석하기 위하여 많은 시간과 비용을 지불하여야 한다. 통상 투자자들은 정보획득비용이 적은 자산을 보유하려고 하며 정보비용의 증가는 그 자산에 대한 요구수익률(required rate of return)을 증가시킨다. 따라서 상대적인 정보획득비용이 적을수록 그 자산에 대한 수요는 증가한다.

상기에서 언급한 모든 결정요인들은 자산수요이론으로 통합될 수 있다. 자산의 수요량은 다른 조건이 일정할 때, 재산(또는 소득), 상대적인 기대수익, 그리고 상대적인 유동성과는 양(positive)의 관계를 가지며 상대적 위험과 상대적 정보획득비용과는 음(negative)의 관계를 가진다.

2. 다변화의 원리

자산선택이론의 주요 목적의 하나는 왜 투자자들이 모든 재산을 하나의 자산(증권)에 집중시키지 않고 여러 개의 자산(증권)으로 보유하는지를 설명하는 것이다. 그 대답은 필연적으로 금융투자에서의 위험에 대한 분석과 관계가 있다. 만약 투자자들이 단지 수익에만 관심을 가진다면 기대수익이 가장 큰 하나의 자산에 모든 자원을 할당할 것이다. 그러나 현실은 불확실성으로 가득 차 있으며 자산의 수익은 계속 변화하며 위험을 수반한다. 따라서 완벽한 하나의 자산(기대수익이 가장 크면서 위험이 가장 적은 자산)을 발견할 수 없으며 통상 투자자들은 다양한 형태의 자산, 예컨대 금융자산, 부동산, 내구소비재 등을 보유하는 것이다. 또 금융자산 내에서도 다양한 증권을 보유하는 것이다. 이와 같이 다양한 자산으로 포트폴리오를 구성하는 것을 **다변화**(diversification)라고 한다.

이렇게 다변화를 하는 이유는 무엇인가? 그것은 기본적으로는 위에서 말한 바와 같이 자산의 수익률은 불확실하고 따라서 위험이 존재하기 때문이다. 기대수익도 중요하지만 위험도 중요하기 때문에 다변화를 하는 것이다. 투자자들은 통상 위험회피자이며 그래서 가급적 위험을 줄이고자 한다. 그런데 하나의 자산을 보유하는 것보다는 여러 개의 위험자산을 보유하는 것(다변화)이 기대수익을 유지하면서 전체위험을 오히려 감소시킬 수 있기 때문에 다변화를 하는 것이다. 다양한 자산의 수익률은 현실에서 완전히 같이 움직이지 않는다. 그러므로 포트폴리오 속에 있는 개별자산의 수익률보다는 다변화되어 있는 전체 포트폴리오의 수익률이 오히려 더 안정적이고 위험이 더 적을 수 있다.

<예시 3-3> 다변화와 위험의 감소

주식에 투자할 자금이 1,000만 원이 있고 두 회사가 있다고 하자. 하나는 호황(A)주식회사이고 다른 하나는 불황(B)주식회사이다. 이들 두 회사의 영업실적은 경제상황에 따라 크게 영향을 받는다. 경기가 좋으면 A주식은 15%의 수익률을 가지지만 경기가 나쁘면 수익률은 5%이다(표 3-2 참고). 경기가 좋을 확률과 나쁠 확률은 모두 반반(0.5)이다. 따라서 A주식에 투자하여 얻을 기대수익률은 0.5 × 15% + 0.5 × 5% = 10%이다. 만약 1,000만 원을 A주식에만 투자한다면 기대수익률은 10%이고 기대수익은 100만 원이다.

B주식의 수익구조는 A주식과 반대패턴이라고 가정한다. 즉, 경기가 나쁘면 B주식의 수익률은 15%이고 경기가 좋으면 수익률은 5%이다. 따라서 이 회사의 기대수익률은 0.5 × 15% + 0.5 × 5% = 10%이다. 만약 1,000만 원을 B주식에만 투자를 한다면 기대수익률은 역시 10%이고 기대수익은 역시 100만 원이다. 그러나 기대수익은 동일하지만 만약 단지 하나의 주식에만 투자한다면 그 수익은 경제의 상황에 따라 변하므로 투자자는 위험을 부담하게 된다. 예컨대, 경기가 좋아지는 경우 A주식에만 투자한 사람은 높은 수익(150만 원)을 얻지만 경기가 나빠지는 경우 이 투자자는 낮은 수익(50만 원)만을 얻게 된다. 이 경우 식

〈표 3-2〉 ▸ 포트폴리오에 포함된 주식의 특성

	A주식(호황주식회사)		B주식(불황주식회사)	
상황	호황	불황	호황	불황
확률	0.5	0.5	0.5	0.5
수익률(%)	15	5	5	15

(3-2)에 따라 계산해 보면 위험의 크기(σ)는 5%이다. B주식에만 투자한 사람은 반대로 호황의 경우 50만 원의 수익을 얻고 불황인 경우 150만 원의 수익을 얻는데 이 경우에도 위험의 크기(σ)는 5%이다.

만약 투자자금을 두 회사에 500만 원씩 투자한다면 어떻게 될 것인가? 경기가 좋을 때 A주식의 수익률은 15%이고 B주식의 수익률은 5%이다. 따라서 경기가 좋은 경우의 총수익률(포트폴리오의 수익률)은 0.5 × 15% + 0.5 × 5% = 10%이고 수익은 500만 원 × 15% + 500만 원 × 5% = 100만 원이다. 마찬가지로 경기가 나쁜 경우 총수익률은 0.5 × 5% + 0.5 × 15% = 10%이며 수익은 역시 500만 원 × 5% + 500만 원 × 15% = 100만 원이다. 이러한 다변화 전략을 취함으로써 단지 한 가지 주식만을 보유하는 경우와 동일한 10%의 기대수익을 얻으면서 확실하게 10%의 수익률(100만 원)을 얻게 되어 위험을 줄인 것(σ = 0%)이다.

〈예시 3-3〉의 경우를 일반화시켜 다변화의 이득에 내해 살펴보자. A, B의 두 가지 증권이 있고 각각의 기대수익이 Er_A, Er_B이고 각각의 위험(표준편차)이 σ_A, σ_B이며 두 증권의 투자 비중을 각각 X_A, X_B라고 하자. 그리고 두 증권의 수익률(r_A, r_B)이 선형으로 얼마나 같은 방향으로 같이 움직이는지(상관관계)를 나타내는 상관계수(ρ_{AB})는 $\rho_{AB} = \sigma_{AB}/\sigma_A \sigma_B$이다. 여기서 σ_{AB}는 두 증권의 수익률(r_A, r_B)의 공분산(covariance)이며 $-1 \leq \rho_{AB} \leq 1$이다. 그리고 $X_A + X_B = 1$이다. 그러면 두 증권(A와 B)으로 구성된 포트폴리오의 수익률(r_p), 기대수익률(Er_p) 그리고 분산(σ^2_p)은 각각 다음과 같다.[9]

---

9 이것을 일반화시키면(n개의 증권결합) 다음과 같다.

$$Er_p = \sum_{i=1}^{n} X_i\, Er_i, \qquad \sigma^2_p = \sum_{i=1}^{n}\sum_{j=1}^{n} X_i\, X_j\, \rho_{ij}\, \sigma_i \sigma_j$$

$$(3\text{-}4) \qquad r_p = X_A r_A + X_B r_B$$

$$(3\text{-}5) \qquad Er_p = X_A Er_A + X_B Er_B$$

$$(3\text{-}6) \qquad \sigma^2_p = E(r_p - Er_p)^2 = E[X_A(r_A - Er_A) + X_B(r_B - Er_B)]^2$$

$$= X^2_A\,\sigma^2_A + X^2_B\,\sigma^2_B + 2X_A X_B\,\rho_{AB}\sigma_A\sigma_B$$

식(3-5)에서 보면 포트폴리오의 기대수익(Er_p)은 각 증권의 비중(X_A와 X_B)에 선형으로 비례적이다. 즉, A의 비중이 높으면 A의 기대수익이 포트폴리오의 기대수익(Er_p)에 비례적으로 영향을 미친다. 이번에는 포트폴리오의 위험(σ_p)을 구하기 위해 식(3-6)에 제곱근을 취하면 다음과 같은 관계를 얻을 수 있다.

$$(3\text{-}7) \qquad \sigma_p = \sqrt{X^2_A\,\sigma^2_A + X^2_B\,\sigma^2_B + 2X_A X_B\,\rho_{AB}\,\sigma_A\sigma_B} \leq X_A\sigma_A + X_B\sigma_B$$

여기서 보면 포트폴리오의 위험(σ_p)은 포트폴리오를 구성하고 있는 두 증권의 위험의 비중보다 더 적어진다는 것을 알 수 있다. 이것이 다변화의 위험감소효과이다. 식(3-7)에서 보듯이 위험감소효과에서는 두 증권의 수익률의 상관계수($-1 \leq \rho_{AB} \leq 1$)가 중요한데 이 상관계수가 작을수록 이러한 위험감소효과는 더욱 커진다.

ρ_{AB} = 1인 경우 이 경우는 두 증권의 수익률의 상관계수가 1(완전한 양의 상관관계)인 상태로 두 증권의 수익률이 마치 하나의 증권처럼 동일하게 움직이는 경우이다. 이 때에는 포트폴리오의 위험을 나타내는 식(3-7)은 $\sigma_p = X_A\sigma_A + X_B\sigma_B$와 같이 되며 따라서 위험은 두 증권의 비중에 비례적이므로 포트폴리오를 구성하더라도 위험감소효과가 전혀 없다.

$-1 < \rho_{AB} < 1$인 경우 두 증권의 수익률의 상관관계가 완전한 양의 상관(+1)도, 완전한 음의 상관(−1)도 아닌 경우에는 식(3-7)은 아래 식과 같이 된다.

$$\sigma_p = \sqrt{X^2_A\,\sigma^2_A + X^2_B\,\sigma^2_B + 2X_A X_B\,\rho_{AB}\,\sigma_A\sigma_B} < X_A\sigma_A + X_B\sigma_B$$

이 식에서 보면 이 경우에는 두 증권(A, B)의 결합으로 위험감소효과가 나타난다. 즉, 두 증권을 결합한 경우의 포트폴리오위험이 두 증권의 위험을 선형으로 결합한 것보다 적다. 비록 증권의 수익률이 서로 독립적인 경우(상관관계가 없는 경우, ρ_{AB} = 0인 경우)에도 포트폴리오에 포함되는 증권의 수를 증가시키면 전체 위험이 줄어든다. 그리고 두 증권의 수익률의 상관계수(ρ_{AB})가 작을수록(−1에 가까울수록) 위험감소효과는 크다.

$\rho_{AB} = -1$인 경우 두 증권의 수익률이 완전한 음의 상관관계($\rho_{AB} = -1$)를 가지는 경우에는 위험감소효과가 최대가 되며 σ_p를 0으로 감소시킬 수 있다. 이 경우 식(3-7)은 다음과 같이 된다.

$$\sigma_p = \sqrt{X_A^2 \sigma_A^2 + X_B^2 \sigma_B^2 - 2X_A X_B \sigma_A \sigma_B} = \sqrt{(X_A \sigma_A - X_B \sigma_B)^2} \tag{3-8}$$

식(3-8)에서 만약 $X_A\sigma_A - X_B\sigma_B = 0$이라면 포트폴리오의 위험($\sigma_p$)은 0이 된다. 이것을 정리하면 $X_A/X_B = \sigma_B/\sigma_A$이며 이 조건을 충족시키는 A와 B의 두 증권으로 구성된 포트폴리오의 위험은 최소화(이 경우 0)된다.

다변화를 통해 위험감소의 이득을 얻지 못하는 유일한 경우는 두 증권의 수익률이 완전히 같이 움직이는 경우(상관계수가 +1)이다. 이 경우에는 하나의 증권을 가지는 경우와 동일한 결과가 되므로 위험의 감소는 없다. 요컨대, 증권의 수익률이 완전히 같이 움직이는 특별한 경우를 제외하고는 항상 위험을 감소시키므로 다변화는 거의 항상 위험회피자에게는 이득이 되며 두 증권의 수익률이 반대 방향으로 움직일수록 다변화로부터의 위험감소의 이득은 더 크다. 그리고 포트폴리오에 포함되는 증권이 많을수록 위험의 감소에 유리하기 때문에 가급적 많은 증권을 포함시키는 것이 바람직하다.

투자자의 위험은 체계적 위험과 비체계적 위험으로 구분되는데 자산선택의 다변화로 제거할 수 있는 위험은 비체계적 위험이다. **체계적 위험**(systematic risk)은 금융시장(증권시장) 전체에 영향을 미치는 사태의 발생에 따른 위험을 말한다. 이러한 위험은 증권시장 전체의 수익률에 영향을 미치며 따라서 모든 증권이 영향을 받으므로 이러한 경우에는 아무리 다변화를 하더라도 체계적 위험의 영향에서 벗어날 수 없으며 따라서 이러한 위험을 감소시킬 수 없다. **비체계적 위험**(unsystematic risk) 또는 **특이위험**(idiosyncratic risk)이라고 부르는 것은 개별기업이나 개별산업에 관련되는 위험을 말한다. 예컨대, 어떤 기업이 새로운 제품을 개발하였거나 어떤 기업에 화재가 발생한 경우와 같이 개별기업이나 개별산업의 증권가격에 영향을 미치는 요인들에 의해 발생하는 위험을 비체계적 위험이라고 한다. 다변화를 통해 감소시킬 수 있는 위험은 이러한 비체계적 위험이다.[10]

---

10 자산의 체계적 위험은 각 자산의 베타(β)계수에 의해 측정되는데 이것은 전체시장가치의 변화에 대한 각 자산의 수익의 반응도를 측정하는 것이며 이에 대한 논의는 7장 1절에서 살펴본다.

그런데 투자자들이 증권을 다변화할 수 있는 능력은 여러 요인에 의해 제약된다. 첫째, 증권에 대한 정보획득비용과 증권을 사고파는 거래비용에 의해 제약된다. 다변화를 하기 위해서는 증권에 대한 충분한 정보가 있어야 하고 증권을 매매하는데 많은 거래비용이 들지 않아야 한다. 이러한 비용이 발생한다면 다변화가 제약될 수밖에 없다. 둘째, 법적 제약에 의해 다변화가 제약될 수 있다. 개인투자자들은 물론이고 은행과 같은 금융중개기관도 법에 의해 소지 못하는 증권이 있을 수 있다. 예컨대, 개인투자자들은 그들의 재산규모에 따라 헤지펀드나 파생상품에 대한 투자가 제한되며 15장에서 보듯이 은행은 기업의 주식소유에 대한 규제를 받고 있다.

참고문헌

금융연구원, 금융산업발전사, 2014

박재윤, 화폐금융론, 박영사, 1985

이필상, 금융론, 박영사, 1985

한국은행, 우리나라 가계의 금융자산선택 결정요인, 금융경제연구원 금융연구팀, 2004.6

현대경제연구원, 한미가계자산 비교와 시사점, 한국경제주보, 07-22호(2007.6.15)

LG경제연구원, 가계의 자산포트폴리오: 부동산에서금융 · 안전자산으로, LG Business Insight, 2016.8.3

R. Glenn Hubbard, Money, the Financial System, and the Economy, 6th ed. Pearson International Edition, 2008. Chapter 5

연습문제

1. 자산선택이론을 이용하여 다음의 경우에 삼성전자주식을 더 구매할 것인지, 덜 구매할 것인지를 판단해 보고 그 이유를 설명하시오.

   1) 복권에 당첨되어 1억 원을 받았다.

   2) 외국인들의 주식자금이 들락날락하여 주식시장의 변동성이 매우 심하게 되었다.

2. 자산선택이론을 이용하여 다음의 경우에 일성전자주식을 더 구매할 것인지, 덜 구매할 것인지를 판단해 보고 그 이유를 설명하시오.

   1) 일성전자의 주가가 내년까지 오를 것으로 예상된다.

   2) 채권시장에서 단위거래규모가 감소하여 이제 일반인도 쉽게 투자할 수 있게 되었다.

3. 다변화를 위해 바람직한 투자결합은 무엇인가?

   1) 내수기업과 수출기업

   2) 대기업과 중소기업

   3) 건설회사와 페인트회사

   4) 은행과 보험회사

4. 어떤 사람의 일성전자주식에 대한 수요의 재산탄력성이 3이라고 하자. 현재 이 사람은 일성전자주식을 1,000주 보유하고 있으며 이 사람의 총재산은 1억 원이다. 만약 보너스로 1,000만 원을 받는다면 일성전자주식을 얼마나 더 구매할 것인가?

5. 시장위험과 채무불이행위험은 무엇인가? 채무불이행위험은 자산수요의 선택기준 중 어느 것에 반영되는가?
6. 위험추구자와 위험중립자의 효용함수를 그려보고 기댓값의 효용(U(Er))과 효용의 기댓값(기대효용, E(U(r)))을 비교하여 보시오.
7. 〈예시 3-3〉의 경우에서 포트폴리오의 위험을 최소화시키는 두 증권의 비중(X_A, X_B)을 구해보시오. 위험은 얼마나 되는가?
8. 많은 경제학자들은 주식수익률과 채권수익률사이의 차이를 말하는 주식 프리미엄이 위험만으로 설명될 수 없을 정도로 매우 크다고 주장하고 있다. 그렇다면 이러한 현상은 무엇에 의해 설명될 수 있는가?
9. 최근에 일반 가계의 MMF(money market mutual fund, 단기금융시장펀드)의 보유가 급격히 증가하였다. 그 이유는 무엇이라고 생각하는가?
10. 체계적 위험과 비체계적 위험의 차이는 무엇인가? 다변화를 통해 감소시킬 수 있는 위험은 어느 것인가? 왜 그런가?

II부 금융시장

최근의 경험에 의하면 금융시장은 매우 불안정하다. 2008년의 글로벌 금융위기 시에 우리나라의 주가는 폭락하고 환율은 폭등(원화가치는 폭락)하였으며 국채가격은 크게 오르고 이자율은 크게 하락하였다. 이러한 금융시장의 불안은 모든 사람에게 불안과 손실을 안겨주었다. 금리, 주가, 환율의 변동은 모든 경제주체들에게 많은 영향을 미치는 중요한 변수들이다. 이들이 어떻게 움직이며 경제에 어떠한 영향을 미치는가? 이러한 문제를 보기 위하여 금융시장의 움직임에 대해 살펴볼 필요가 있다. 따라서 II부에서는 채권시장, 주식시장, 그리고 외환시장을 중심으로 채권, 주식, 그리고 외환의 가격결정문제에 대해 살펴보고 파생금융상품시장에 대해 살펴본다.

4장에서는 이자율과 수익률의 개념과 측정문제에 대해 살펴본다. 5장에서는 이자율의 전반적 수준이 어떻게 결정되는가를 살펴본다. 채권에 대한 수요와 공급에 의해 채권의 균형가격(균형이자율)이 결정되는 대부자금이론과 화폐시장에서의 수요공급에 의해 이자율이 결정되는 유동성선호이론에 대해서 살펴본다. 6장에서는 개별채권의 가격 또는 개별채권의 이자율이 어떻게 구성되어 있는가 하는 이자율의 구조에 대해 살펴본다. 1장에서 보았듯이 금융에서의 보상은 시간에 대한 보상과 위험에 대한 보상을 모두 포함하며, 금융에 대한 보상이 이자율이므로 이자율은 위험에 대한 보상과 시간에 대한 보상을 포함한다. 이에 따라 6장에서는 이자율의 위험구조와 이자율의 기간구조를 다룬다. 7장에서는 주식가치의 평가와 주가의 결정문제에 대해 살펴본다. 그리고 효율적 시장이론이 타당한가에 대해서도 살펴보며 행동경제학과 행동금융론에 대해서도 살펴본다. 8장에서는 금융시장으로서의 외환시장과 외환시장에서 환율이 결정되는 문제에 대해 살펴본다. 외환시장에서는 자금의 대차거래가 이루어지지 않지만 자금이 운용된다는 점에서 외환시장은 금융시장에 포함된다. 9장에서는 파생금융상품시장에 대해 살펴보는데 이 시장은 위험을 헤지하는 수단을 제공하는 중요한 기능을 수행하므로 이러한 다양한 수단(선도, 선물, 옵션, 스왑)에 대해 살펴본다.

CHAPTER

04 이자율과 수익률의 개념

1. 이자율의 의미
2. 채권의 형태와 현재가치
3. 이자율의 측정: 만기수익률
4. 이자율과 수익률의 구분
5. 명목이자율과 실질이자율의 구분

이자율은 가계, 기업, 정부 등 경제주체의 의사결정에 매우 중요한 영향을 미친다. 예컨대, 가계는 대개 은행 등 금융기관에서 자금을 빌려 자동차나 주택을 구매하기 때문에 은행의 대출금리는 이러한 내구재의 구매결정에서 매우 중요한 고려요소가 된다. 기업과 정부도 많은 차입을 하므로 이자율이 차입의 매우 중요한 고려요소가 된다. 또 이자율은 경제 전체의 건전성에도 중요한 영향을 미친다. 2000년대에 들어오면서 금리가 계속 낮아져 저금리시대로 접어들었고 전 세계적으로 금융기관은 많은 자금을 대출해주었다. 이로 인해 각국에서 버블이 형성되었고 2008년에는 이 버블이 꺼지면서 전 세계가 전후 최악의 금융위기와 경기침체를 경험하였다. 이자율이 낮은 것이 지출의 측면에서 어느 정도 바람직한 측면이 있지만 과도하게 낮아지면 경제에 나쁜 영향을 미치게 되고 경제의 건전성이 오히려 악화된다. 이와 같이 이자율은 매우 현실적이고 중요한 의미를 가짐에도 불구하고 이자율의 개념이 정확하게 이해되지 않고 있는 경우가 많다. 특히 이자율과 수익률의 개념이 흔히 혼동되고 있다. 그래서 4장에서는 이자율(interest rate)과 수익률(rate of return)의 개념을 정확하게 이해하고자 한다.

1. 이자율의 의미

이자율은 쌀이나 자금 등 대차(빌리고 빌려줌)의 대상이 되는 물품의 형태를 불문하고 대차에 대한 대가를 의미하지만 자본주의경제에서 대차의 대상은 거의 자금의 형태를 가지므로 자금을 빌린 대가를 의미하는 금리와 동일한 의미로 사용되고 있다. 자금의 대차(금융)와 이자의 지급은 바빌로니아에서 함무라비 왕이 지배하던 시기(1792~1750 BC)에 이미 활발하여 함무라비법전에서 이자율의 상한을 설정하기도 하였으나 그리스 로마시대에 아리스토텔레스가 화폐불임설을 주창한 영향으로 9세기쯤 로마교회법은 이자를 받는 것을 하나의 죄악으로 규정하였다. 그러나 점차 경제가 발전함에 따라 이자금지법은 엄격히 지켜질 수 없었다. 이에 따라 이자금지법을 배격하는 소리가 높아졌고 특히 종교개혁 당시 John Calvin(1509.7.10~1564.5.27. 프랑스 태생의 스위스의 종교 개혁가)은 이자수취의 정당성을 적극적으로 주장하였다.[1] Calvin(칼빈)은 대출에 대해 이자를 부과하는 것이 도덕적 그리고 신학적 관점에서 적합하다는 것을 믿은 최초의 기독교 신학자이었다. 그는 아리스토텔레스와 스콜라철학자의 이론인 화폐불임설(money is fruitless)을 거부하고 대신 노동이 자본과 결합된다면 노동의 생산성은 크게 상승한다고 강조하였다. 그러므로 자본의 공급자에게 보상을 주는 것은 마치 땅이나 주택의 사용에 대해 지대(rent)를 지불하는 것이 자연스럽고 공정한 것과 마찬가지로 자연스럽고 공정한 것이다.[2] 그리하여 이자금지법은 16세기 종교개혁이후 크게 약화되었고 이자의 지급은 일반화되기 시작하였다.

---

1 Max Weber의 잘 알려진 저서(청교도 윤리와 자본주의 정신)에서 보듯이 경제에 관한 Calvin의 사상은 자본주의를 정당화시키는 기초를 제공하였다. 중세의 전통에 충실하였던 Luther(루터)나 다른 개혁파와는 달리 그는 기업인의 눈으로 경제를 보았다. 그는 기업가의 자본주의적 정신에 대해 회의하지 않았으며 자본과 신용과 교역의 필요성을 인정하였다. 또한 자본의 공급자들은 사회에서 유용한 기능을 가지고 있다는 것을 인정하였고 그 시대 경제에서의 화폐와 이자율의 역할을 정당화하는 방안을 제공하였다. 그러므로 이자를 받고 대출하는 것(lending at interest)에 대한 Calvin의 입장은 종종 서구의 경제사에서 전환점으로 간주되고 있다(Graafland(2009)).

2 그러나 이자에 대한 Calvin의 긍정적인 태도에도 불구하고 Calvin은 이자부과를 무조건적으로 받아들이지는 않았으며 이자부과에 대해 몇 가지 예외와 제약을 지적하였다. Calvin의 견해로는 이자부과는 적합하지만 항상 적합한 것은 아니며 또 모든 사람으로부터 이자를 받는 것이 적합한 것이 아니며 모든 수준에서 받는 것이 적합한 것은 아니다. 첫째, Calvin은 가난한 자에 대한 이자부과의 금지라는 성서적 금지를 유지하고 있다. 가난 때문에 절대적인 궁핍상황에 있는 사람을 악용해서는 안 된다. 둘째, 이자를 받고 대출을 하는 기회가 있다는 것이 궁핍한 자에 대한 무이자대출을 저해해서는 안 된다. 셋째, 대출을 할 때 만약 우리가 남으로부터 차입을 하는 경우 우리 스스로가 받아들이려고 하지 않는 조건을 적용해서는 안 된다. 마지막으로 Calvin은 돈을 빌려주는 것을 직업으로 하는 것은 용인될 수 없다고 믿었다(Graafland(2009)).

(1) 고전학파와 Keynes의 이자율의 의미

그러면 이자 또는 이자율은 무엇이며 왜 이자를 지급하여야 하는가? 통상 이자는 자금의 대차에 대한 대가라고 하는데 구체적으로 무엇에 대한 대가인가?[3] John Keynes에 따르면 사람들의 심리적 시간선호가 완전하게 수행되기 위해서는 두 단계의 의사결정과정을 필요로 한다.[4] 첫째, 각 개인이 그의 소득 중에서 얼마를 현재의 소비에 사용하고 얼마를 장래의 소비를 위해 유보할 것인가 하는 의사결정이다. 둘째, 이 결정이 끝나고 나면 두 번째의 의사결정이 기다리는데 이것은 그의 현재 저축 또는 이전의 저축으로부터 유보된 재산을 장래의 소비를 위해 어떤 형태로 보유할 것인가 하는 의사결정이다. 각 개인은 그것을 직접적이고 유동적인 지배력의 형태(화폐)로 보유할 것인가, 아니면 특정기간 또는 불확정한 기간 동안 그러한 직접적인 지배력과 결별할 용의(화폐 이외의 다른 형태로 보유)가 있는가 하는 것이다.

Keynes는 고전파의 이자율이론(대부자금이론)은 심리적 시간선호의 상기 두 가지 의사결정과정 중에서 첫 번째의 과정만으로 이자율을 설명하려고 시도함으로써 두 번째의 의사결정과정을 무시하는데 오류가 있다고 비판한다. 고전학파는 현재 소비를 할 것인가, 아니면 미래에 소비하기 위하여 현재 소비를 미루고 저축을 할 것인가에 의해 이자율이 결정된다고 보는 것이다. 이들은 이자율을 저축에 대한 보상, 즉 소비를 연기하는 데 대한 보상, 절제에 대한 보상, 인내에 대한 보상, 기다림(waiting)에 대한 보상이라고 본다. 지금 내가 갖고 있는 화폐(자금)를 현재 소비하지 않고 미래에 소비하기 위하여 빌려준 데 대한 대가가 이자율이라고 보는 것이다. 따라서 이들은 이자율을 **시간선호(time preference)**에 대한 대가로 본다. 이와 같이 소비지연을 통하여 나타나는 저축(자금의 대부)과 미래의 소비에 필요한 자본재의 생산을 위한 투자(자금의 차입)와 같은 실물적인 요인에 의해 이자율이 결정된다고 보기 때문에 이자율을 실물적 현상(real phenomenon)으로 보는 것이다.

반면 Keynes는 이자율이 이러한 과정에서 결정되는 것이 아니라 심리적 시간선호의 두 번째 의사결정인 저축(재산)을 화폐형태로 보유하는가, 아니면 다른 형태(채권)로 보유하는가에 의해 결정된다고 보는 것이다. Keynes는 이자를 화폐의 사용에 대해 지

3 Dillard(1948). 허창무(1988, pp.169-172), 이토 미쓰하루(1962), 김경미(2004, pp.125-145) 참고.

4 Keynes(1936). 조순(1985, p.164) 참고.

불하는 금액이라고 본다. Keynes는 사람들이 다른 자산 대신 화폐를 보유하는 것은 불확실한 미래에 대한 불안감이 지출에 대한 두려움을 유발하기 때문이며 이로 인해 화폐를 가치저장수단으로 보유하게 만든다고 보고 있다. 그러나 재산의 소지자가 화폐를 빌려주는데 따른 불안감(위험)이 있다고 해서 화폐의 형태로 재산을 저장하려는 욕구가 절대적인 것은 아니다. 이자의 형태로 보상이 주어지면 그러한 욕구는 극복될 수도 있다. Keynes에게 있어서 이자는 유동적인 형태의 재산(화폐)에 대한 지배를 포기하고 이에 따른 위험을 수용한데 대한 보상이다. 다시 말하면 이자는 유동성을 포기한데 대한 대가이며 유동성선호(liquidity preference)에 대한 보상이다. 이자가 붙느냐의 여부는 절제한 다음 단계에서 그것을 현금으로 보유하느냐 아니면 현금으로 지니지 않고 빌려주느냐(채권으로 보유하느냐)의 여부에 달려있다. 유동성 선호가 강하면 강할수록 더 높은 이자율이 제공되어야 한다. 화폐를 보유하려는 대중의 욕구가 증가하는 경우 은행이나 통화당국이 화폐량을 증가시켜 이러한 욕구를 충족시켜 줄 수 있으나 그렇게 하지 못한다면 이자율은 상승한다. 이 욕구가 증가하면 자기의 화폐를 내놓는 사람들에게 더 높은 보상을 지불해야 한다. 따라서 Keynes에 의하면 이자는 순전히 화폐적 현상(monetary phenomenon)이며 화폐포기에 대한 대가로 지불하는 금액이다. 그러나 화폐를 빌리는데 지불해야 하는 이자율이 올라가면 이자율이 낮은 경우에 수행할 수 있는 다양한 신규투자활동이 전혀 수행되지 못할 것이며 따라서 이자율의 상승은 유효수요를 감소시키고 통상 실업을 일으키는 경향이 있다.

(2) 고전학파와 Keynes의 이자율의 차이점

Keynes가 전통적 이자율이론에 의문을 제기한 것은 1920년대부터 1930년대 초에 걸쳐 영국의 이자율이 20년 전보다 평균적으로 50% 이상 높아진 것을 보았기 때문이다. 왜 이자율이 이렇게 높아진 것인가? 이것은 전통적 이론에서처럼 자금수요(투자)와 자금공급(저축)에 의해 이자율이 결정된다고 보는 관점으로는 설명되지 않는 것이었다. 이자율이 50% 이상 상승할 만큼 자금수요가 늘어난 것도 아니고 자금공급에도 충분한 여력이 있었기 때문이다. 그럼에도 왜 이자율이 높아진 것인가? 이것을 해명하는 것이 현실적인 문제가 되었다. 이전의 이론으로는 해명되지 않으므로 이 문제를 해결할 새로운 방식이 필요하였으며 그 대안으로 제시된 것이 Keynes의 이자율개념이고 유동성선호이론이다. 즉, 이자율을 화폐적 현상으로 보게 된 것이다. 이자에 대한 이러한 견해는 동시에 경제에서의 화폐의 역할과도 관련이 된다. 18세기의 중상주의시대 이후 경제이론의 중요한 전통은 경제의 중요한 주체인 화폐를 실물경제의 움직임 설명에서 추방하여 버리는 것이었다. 그러나 Keynes는 화폐적 이자율이론을 통해 경제전체의 산출량과 고용이론 속에 화폐를 다시 등장시킨 것이다. 화폐의 본질적 역할이 이자율이론과 연관되어 설명되고 있는 것이다.

Keynes의 이자율은 화폐(유동성)의 포기에 대해 지불하는 대가인데 반해 전통적 이론은 이자율을 이것과는 전혀 다른 것, 즉 기다림, 저축, 절제 또는 시간선호에 대해 지불하는 것이라고 간주하였다. 이렇게 보는 근본적인 차이는 완전고용의 경제를 대상으로 하느냐, 과소고용의 경제(산출량이 완전고용상태 이하인 경제)를 대상으로 하느냐의 차이에 있다. 완전고용의 경제에서는 모든 자원은 고용되어 있다. 따라서 한 재화의 생산을 증가시키려면 반드시 다른 용도에 사용되어 있는 자원을 빼내오지 않으면 안 된다. 예를 들어 투자를 증가시키려면 소비재산업에 사용되는 자원을 빼내 투자에 전용하여야 한다. 만약 사람들로 하여금 그들의 소비를 잠깐 동안 하지 않고 기다리도록 할 수 있다면 소비재구매에 사용되는 양만큼 소비재생산에서 투자재생산으로 자원을 이전시킬 수 있다. 이 경우 사람들로 하여금 현재의 소비를 포기하도록 하기 위해 지불하는 유인이 이자이다. 따라서 이자는 기다림(인내)에 대한 보수이다. 따라서 완전고용의 가정에서는 이자를 기다림, 절제에 대한 보수라고 보는 것은 타당하다. 그러나 만약 고용되지 않은 자원이 많이 존재한다면 자본재의 생산(투자)에 더 많은 자원을 투입하기 위해서 사람들에게 소비를 절제시키는 보상을 반드시 지불할 필요는 없다. 더 많은 투자를 하기 위한 방법은 유휴자원을 이용하는 것이고 이미 소비재생산에 고용된 자원을 빼내올 필요가 없다. 적어도 완전고용에 가까운 상태에 도달하기까지는 더 많은 투자를 하기 위해 사람들에게 소비를 포기시키거나 그것을 유인할 필요가 없다. 이자를 지불하는 이유를 해명하기 위해 기다림 또는 시간선호 이외의 다른 요인이 필요한 것이다.

이자를 소비지연의 대가로 보는 것(전통적 이론의 이자율)과 유동성포기의 대가로 보는 것(Keynes의 이자율)은 결국 경제상황의 차이에 달려 있으며 본질적으로는 자금을 빌려주는 데 대한 대가, 즉 대부자금의 대차에 대한 대가, 화폐대신 채권을 구매한 데 대한 대가이므로 차이가 없다고 볼 수 있다. 그런데 대부자금이론의 경우의 이자율은 대부자금을 빌려준 데(신규채권을 구매한 데) 대한 대가를 의미하므로 분명 채권의 이자율을 의미한다고 볼 수 있다. 그러나 Keynes의 경우의 이자율은 화폐대신 채권을 구매한데 대한 대가이므로 채권의 이자율이 아니라 채권의 수익률을 나타낸다고 볼 수 있다. Keynes는 사람들이 매우 단기로 채권거래를 하므로 이자율과 수익률이 거의 비슷하다고 생각하였다고 볼 수 있다. 그러면 자금을 빌려주는 데(또는 빌린 데) 대한 대가인 이자율은 정확하게 어떻게 측정되는가? 고전학파의 대부자금이론과 Keynes의 이론에 따라 보면 이자율은 채권과 밀접한 관계를 가지고 있다. 따라서 이하에서는 채권을 중심으로 이자율과 수익률의 측정문제에 대해 살펴본다.

2. 채권의 형태와 현재가치

이자율은 채권(채무증서, debt instrument)과 밀접한 관계를 가지고 있다. 그 이유는 채권의 경우에 만기가 있고 수익의 흐름이 고정되어 있어 원금과 이자의 크기를 정확히 분리할 수 있기 때문이다. 주식의 경우에는 만기가 없으며 또 배당도 매 기간 확정되어 있는 것이 아니므로 수익(이자)을 정확하게 평가하기가 어렵고 그래서 이자율(interest rate)이라는 개념을 사용하는 것이 부적합하다고 볼 수 있다. 그래서 먼저 채권에는 어떠한 형태가 있는지에 대해 살펴보고 다음에 이자율의 측정문제를 살펴본다.

(1) 채권의 형태

자금을 빌려주는 중요한 형태인 채권(채무증서)에는 이자와 원금을 지급받는 방식에 따라 여러 가지 형태가 있다. 그러나 시장성채권(marketable bond)에 초점을 맞추어 보면 이표채와 할인채의 두 가지 형태로 나누어 볼 수 있다.[5]

1) 이표채

이표채(쿠폰본드, coupon bond)는 채권의 발행자가 채권의 소유자에게 만기 때까

5 시장성채권은 공개시장에서 거래되는 채권을 말한다. 채권에는 비시장성채권도 있는데 대표적인 것이 은행의 단순대출이나 고정분할상환대출(fixed-payment loan, amortization loan)이다. 이 경우에도 시장성채권과 동일하게 논의될 수 있으나 여기서는 시장성채권을 중심으로 시장이자율의 측정에 대해 살펴본다.

지 일정한 기간마다 고정된 이자(coupon, 이표)를 지불하고 만기에 액면금액(face value or par value)을 지불하는 채권을 말한다. 중장기국채, 장기회사채와 같이 시장에서 거래가 되는 채권은 통상 이러한 형태이다. 이표채의 경우 지불(현금흐름)이 일정한 기간마다 발생하고 만기일에도 발생한다. 이러한 채권의 **표면이자율**(coupon rate, **쿠폰이자율, 이표율**)은 채권의 액면가격에 대한 이자지불의 비율을 말한다. 예컨대, 액면금액(액면가격)이 1,000만 원이고 매년 100만 원의 이자(쿠폰)를 받는다면 표면이자율은 10%이다. 그러나 이표채는 시장에서 거래가 되므로 시장가격이 계속 변화하며 액면가격보다 높을 수도, 낮을 수도 있다.

2) 할인채

할인채(discount bond)는 채권의 판매 시에 할인된 가격으로 판매되고 만기에서 액면금액을 받는 채권을 말한다. 중간에 이자(쿠폰)를 지급하지 않기 때문에 **무이표채** 또는 **제로쿠폰채권**(zero coupon bond)이라고도 한다. 이러한 채권은 대개 만기가 짧기 때문에 중간에 이자를 지급할 번거로움이 없이 미리 할인하여 판매하고 만기에 액면금액을 받는 것이다. 따라서 할인채의 경우 지불(현금흐름)은 만기에서만 발생한다. 만기가 짧은 단기국채(treasury bill) 등이 주로 이런 형태이다. 할인채도 시장에서 거래가 되므로 시장가격이 계속 변화하며 발행가격보다 높을 수도, 낮을 수도 있다.

이러한 두 형태의 채권의 현금흐름을 비교하기 위하여 만기가 5년인 채권의 경우에 현금흐름이 어떻게 발생하는지를 보여주는 것이 〈그림 4-1〉이다. 〈그림 4-1〉에서 할인채의 경우 만기가 5년이고 액면가가 1,500만 원인 채권을 지금의 시장가격인 1,000만 원(투자원금, 발행가격이 이와 다를 수도 있음)에 구매하였을 때 5년 후의 만기에서 1,500만 원을 상환받는 것을 나타낸다.[6] 이표채(쿠폰본드)의 경우 현재의 시장가격인 1,100만 원(투자원금)에 구매하였을 때 5년에 걸쳐 매년 이자로 100만 원을 받고 5년 후에는 액면금액인 1,000만 원을 상환 받는 것을 나타낸다.

〈그림 4-1〉에서 두 형태의 채권을 비교해 보면 할인채의 경우에는 만기에서만 지불(현금흐름)이 일어나고 이표채의 경우에는 만기까지 주기적으로, 여러 차례 현금흐름이

6 할인채의 경우 통상 만기가 1년 이내로 짧은 경우가 일반적이고 그래서 할인하여 판매하는 것인데 그림에서는 설명의 편의상 만기를 5년으로 통일하여 보여주고 있다.

〈그림 4-1〉 ▸ 할인채와 이표채의 현금흐름의 크기와 시기

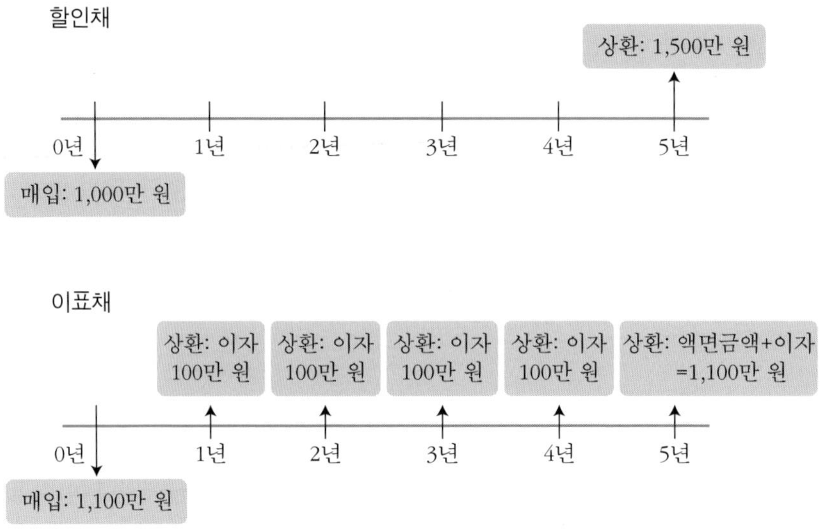

일어난다. 현금흐름에는 이자만 포함된 경우도 있고 원금이 포함된 경우도 있기 때문에 어느 채권이 얼마의 이자를 받고 그래서 이자율이 얼마인지를 알기가 어렵고 그래서 어느 채권이 더 높은 이자율을 받는지 알기가 쉽지 않다. 이와 같이 채권보유에 따르는 현금의 지불시점과 지불규모가 다르기 때문에 각 형태의 채권의 이자율을 측정하기 위해서는 모든 지불(현금흐름)을 동일한 기준으로 평가해 보아야 한다.

(2) 현재가치

일반적으로 이자율은 투자(차입)원금에 대한 이자의 비율을 말한다. 이렇게 보면 이자율을 쉽고 간단하게 알 수 있을 것 같으나 문제가 그렇게 간단하지 않다. 앞에서 본 바와 같이 채권에는 액면금액과 이자의 지급(상환)방식에 따라 다양한 형태가 있기 때문에 이자율을 측정하기 위해서는 미래의 모든 지불(이자와 액면금액)을 동일한 기준에서 평가해 보아야 한다. 동일한 기준으로 나타내는 방법에는 여러 가지가 있겠지만 가장 합리적인 방법의 하나는 모든 미래의 고정되어 있는 수익(이자와 액면금액)을 현재의 시점에서 현재가치(present value)로 환산해 보는 것이다.

단순한 경우를 생각해 보자. 예컨대 차입자가 1년 기간으로 1,000만 원을 빌려 1년 후에 원금 1,000만 원과 이자 100만 원을 지불한다면 단순이자율(i)은 i = 100/1,000 = 0.1 = 10%이며 이 경우 이자율의 계산은 매우 단순하다. 이 경우 지금 10%의 이자율로 1,000만 원을 빌려주면 1년 후에는 1,000 × (1 + 0.1) = 1,100, 2년 후에는 1,000 × $(1 + 0.1)^2$ = 1,210, n년 후에는 1,000 × $(1 + 0.1)^n$ 만 원을 받을 수 있다. 이것을 거꾸로 보면 현재의 이자율(10%)이 주어진 상태에서 1년 후의 1,100만 원은 현재로는 1,000만 원의 가치가 된다. 즉, 1년 후의 1,100만 원의 현재가치는 1,100/(1 + 0.1) = 1,000만 원이다. 2년 후의 1,210만 원의 현재가치는 1,210/$(1 + 0.1)^2$ = 1,000만 원이다. 이와 같이 미래의 가치를 현재 시점에서 평가한 금액을 **현재가치(현가, present value)**라고 하며 미래가치를 현재가치로 환산하는 것을 **할인**(discount)이라고 한다.

일반화시켜서 생각해 보면 미래 n년 후의 1,000만 원의 현재가치(현가 또는 할인된 현재가치)는 1,000/$(1 + i)^n$가 된다. 여기서 i를 **할인율**(discount rate)이라고 한다. 할인율이 높고 낮음에 따라 현재가치가 크게 달라지므로 현재가치를 구하는 데는 할인율이 매우 중요하다. 위의 예에서는 할인율이 알려져 있는 경우이지만 때로는 미래의 금액이 알려져 있고 현재가치가 알려진 상황에서 할인율을 계산하는 경우도 있다. 또 사람들은 일반적으로 미래의 동일한 금액보다는 현재의 동일한 금액을 더 선호한다. 즉, 1년 후의 1,000만 원보다는 현재의 1,000만 원을 더 선호한다. 사람들이 미래의 가치보다 현재의 가치를 얼마나 더 선호하느냐의 정도를 나타내는 것이 **시간선호율(시선호율, rate of time preference)**이다. 시간선호율이 높은 사람은 미래의 가치보다는 현재의 가치를 더 중요하게 생각하며 시간선호율이 낮을수록 현재보다는 미래의 가치를 더 소중하게 생각한다. 사람들은 미래의 가치보다는 현재의 가치를 더 선호하기 때문에 통상 시간선호율은 양의 값을 가진다. 이러한 시간선호율은 사람마다 다를 것이므로 할인율은 사람마다 다를 것이다. 그러나 할인을 할 때는 개인의 입장에서 하는 경우보다는 시장전체의 입장에서 하는 경우가 일반적이므로 할인율로는 개인의 시간선호율이 아니라 시장전체의 시간선호율을 사용하는데 통상적으로는 시장이자율이 사용된다. 이러한 현재가치개념을 이용하여 미래의 모든 소득(수익)을 현재가치로 환산하면 상기 두 형태의 채권의 가치를 비교할 수 있게 한다. 이제 좀 더 구체적으로 현재가치의 계산방식에 대해 살펴보자.

1) 연금소득의 현재가치

할부금처럼 매년 일정한 금액을 지불하거나 연금처럼 매년 일정한 금액을 받는 경우에 그 연간불입금이나 연금소득의 현재가치가 어떻게 되는지를 살펴보자. 1년 후에 A의 금액을 받는 경우 이것의 현재가치(PV)는 PV = A/(1 + i)이며 여기서 i는 할인율(통상 이자율)이다. 만약 미래의 n년 동안 매년 말에 A_t(t=1, …, n)의 소득(연금)이 발생한다면 이러한 미래소득 전체의 현재가치(PV)는 현재의 이자율(i)로 할인하는 경우 다음과 같이 된다.

(4-1) $$PV = \sum_{t=1}^{n} \frac{A_t}{(1+i)^t}$$

만약 n년 동안 매년 말에 동일한 A의 소득이 발생하는 경우 이러한 미래소득의 현재가치는 다음과 같이 단순화될 수 있다. 즉,

(4-2) $$PV = \sum_{t=1}^{n} \frac{A}{(1+i)^t} = \frac{A}{i}\left(1 - \frac{1}{(1+i)^n}\right)$$

<예시 4-1> 복권 당첨금의 진실

로또(lotto)에 1등으로 당첨이 되면 수십억 원을 바로 지불받지만 이러한 로또 당첨자들이 자금관리를 잘못하여 오히려 어려움에 처하는 경우가 많이 발생하자 우리나라에서도 연금식 복권이 도입되었다. 복권에 당첨이 되면 매년(매월) 일정금액을 연금식으로 제공하는 것이다. 예컨대 어떤 사람이 12억 원의 연금식 복권에 당첨되어 지금부터 20년 동안 매년 6천만 원씩(실제로는 매달 500만 원씩) 지불받는다고 하자. 그 사람이 실제로 지불받는 금액의 현재가치는 얼마나 될까? 이자율(할인율)이 5%라고 가정한다. 그러면 당첨자가 20년 동안에 받는 당첨금총액(12억 원)의 현재가치는 다음과 같이 된다.

$$\text{현재가치(억 원)} = \sum_{t=0}^{19} \frac{0.6}{(1+0.05)^t}$$
$$= 0.6 + [0.6/1.05] + [0.6/(1.05)^2] + \cdots + [0.6/(1.05)^{19}] = 7.85\text{억 원}$$

현재가치로 따지면 생각보다 크지 않다. 여기에 세금까지 제한다면 실제 받게 되는 연금은 그렇게 크지 않을 것이다.

2) 연금소득을 일 년에 두 번 나누어 지급하는 경우의 현재가치

연금이나 할부금을 1년에 한 번이 아니라 두 번(반년마다 한 번씩) 나누어 받거나 지불하는 경우가 있다. 이 경우의 현재가치는 어떻게 계산하는가? 예컨대, 앞으로 3년간 매년의 연금소득(A_t, t = 1, 2, 3)을 반년마다 나누어 지불받는 경우에 그 연금소득의 현재가치를 계산하는 문제를 생각해 보자. 이 경우 0.5년과 1년 후에 $A_1/2$를 받고, 1.5년과 2년 후에 $A_2/2$를 받고 2.5년과 3년 후에 $A_3/2$를 받는다. 현금흐름이 이러한 경우에 연금소득의 현재가치는 현재의 연간이자율(할인율)이 i로 주어진 경우 다음과 같이 계산된다. 즉,

(4-3) $$PV=\frac{A_1/2}{\left(1+\frac{i}{2}\right)}+\frac{A_1/2}{\left(1+\frac{i}{2}\right)^2}+\frac{A_2/2}{\left(1+\frac{i}{2}\right)^3}+\frac{A_2/2}{\left(1+\frac{i}{2}\right)^4}+\frac{A_3/2}{\left(1+\frac{i}{2}\right)^5}+\frac{A_3/2}{\left(1+\frac{i}{2}\right)^6}$$

이러한 할인과 현재가치를 이용하면 다양한 문제에 대한 해답을 얻을 수 있다.

<예시 4-2> 고정 분할상환액의 계산

차입금(B)을 연이자율 i로 차입하고 n년(매년 말에 지불)에 걸쳐 고정액으로 분할상환하는 대출의 경우 매년 지불금액(YP)이 얼마나 될 것인가 하는 문제를 생각해 보자. 이 문제는 다음과 같이 설정할 수 있다. 즉, 차입금(B)과 이자율(i)이 주어진 상태에서 매년 지불금(YP)의 현재가치가 차입금(B)과 같아지는 YP를 구하면 된다. 이것을 식으로 나타내면 다음의 식(4-4)와 같다.

(4-4) $$B=\frac{YP}{(1+i)}+\frac{YP}{(1+i)^2}+\cdots+\frac{YP}{(1+i)^n}$$

이 식을 풀면 다음과 같이 YP를 구할 수 있다.

(4-5) $$YP=(1+i)^n B\times\frac{i}{(1+i)^n-1}$$

예컨대, 차입금 2,000만 원을 연이자율 10%로 차입하고 6년(매년 말에 지불)에 걸쳐 일정액씩 분할 상환하는 경우(B = 2,000, i = 0.1, n = 6) 매년 지불금액(YP)을 계산해 보자. 6년간에 걸쳐 매년 일정한 금액(YP)을 지불하는데 그 금액의 할인된 현재가치(이 경우의 할

인율은 차입이자율임)가 지금 차입을 하는 금액(차입금)과 동일하여야 하므로 식(4-5)에 의해 계산을 하면 YP=459.21(만 원)이다. 즉, 매년 이자와 원금을 합쳐 459.21(만 원)을 상환해야 한다.

3. 이자율의 측정: 만기수익률

미래소득의 현재가치를 구하는 방법에 대해 살펴보았으므로 이제 앞에서 본 두 가지의 시장성채권의 모든 소득(현금흐름)을 동일한 기준(현재가치)으로 평가할 수 있으며 이를 이용하여 채권의 이자율을 측정할 수 있다. 앞에서 미래소득의 현재가치를 계산할 때는 미래소득과 이자율(할인율)이 주어져 있었다. 할인율이 주어져 있지 않으면 현재가치를 계산할 수 없다. 그러나 현실적으로 보면 우리는 채권의 시장가격과 그 채권의 미래소득규모와 시기를 알고 있고 이자율을 모르는 경우가 많이 있다. 통상적으로 채권투자자가 직면하는 문제는 표면이자율이 5%인 액면가 1,000만 원의 이표채(회사채)를 1,025만 원에 구매할 것인지 아니면 6개월 만기인 액면가 1,000만 원인 할인채(단기국채)를 960만 원에 구매할 것인가 하는 문제들이다. 투자자는 어느 것에 투자하는 것이 더 나을 것인지를 결정해야 한다. 즉, 주어진 현재의 이자율에서 미래소득의 현재가치가 얼마인가에 관심이 있는 것이 아니라 만약 내가 채권에 대해 오늘 일정한 가격을 지불(투자)한다면 미래의 소득(현금흐름)을 통해 받을 수 있는 이자율은 얼마인가 하는데 관심이 있는 것이다. 이러한 문제를 해결하는 방법은 앞에서 본 현재가치의 계산식을 이용하여 채권의 이자율을 계산해 보는 것이다. 이자율을 측정하기 위하여 채권의 미래소득을 현재가치로 나타내는 이유는 그 경우에 투자원금(채권가격)에 대비한 이자의 비중을 알 수 있기 때문이다.

채권의 이자율을 말할 때 가장 적합하게 정의되는 이자율로는 **만기수익률**(yield to maturity)이라는 개념이 사용된다. 이 개념이 경제학적으로 가장 합리적이며 가장 일반적으로 사용되는 이자율 개념이다. 만기수익률은 다음과 같이 정의된다. 즉, 채권의 만기수익률은 현재부터 만기 때까지 채권으로부터 받는 모든 미래지불(현금흐름)의 현재가치(PV)와 그 채권의 현재의 시장가격(투자원금)을 같게 만드는 할인율이다. 즉,

(4-6) 채권의 현재 시장가격(P) = 채권의 미래지불의 현재가치(PV)

를 만족시키는 할인율이 만기수익률이다.

우선 이 관계에서 왜 '채권의 현재 시장가격(P)=채권의 미래지불의 현재가치(PV)'가 되는가를 생각해 보자. 채권시장에는 수많은 사람이 거래에 참여하고 있다. 만약 '미래지불의 현재가치(PV) > 현재의 시장가격(P)'이라면 이 채권을 보유하고 있는 것이 당연히 유리하다. 따라서 투자자들은 이 채권을 구매하려고 할 것이며 이에 따라 채권의 시장가격(P)이 상승하게 되며 결국 'P = PV'가 된다. 반대로 'PV < P'이라면 투자자들은 그 채권을 판매하려고 할 것이며 이에 따라 채권의 시장가격(P)은 하락하게 된다. 그래서 결국 'P = PV'가 된다. 그리고 이 관계를 만족시키는 할인율이 바로 이자율(만기수익률)이 되는 것이다.

이 이자율개념은 이자율의 가장 정확한 측정치로 간주된다. 왜냐하면 이렇게 하여야 투자원금(채권의 매입가격)에 대한 이자의 비율을 정확하게 계산할 수 있기 때문이다. 순수하게 이자로 받은 것이 원금에 대해 어느 정도이냐를 나타내는 것이 이자율이므로 채권을 가지고 있는 동안 채권의 가격이 변화하여 발생하는 자본이득을 고려하면 안 된다. 자본이득(capital gain)이 발생하지 않으려면 채권을 만기 때까지 가지고 있어야 한다. 만기까지 갖고 있으면 액면가격이 상환되고 따라서 투자원금 이외의 모든 수익은 모두 이자라고 볼 수 있기 때문에 이자율을 정확히 계산할 수 있다. 이와 같이 만기까지 가지고 있는 경우의 수익률을 말하므로 만기수익률(yield to maturity)이라고 한다.[7] 그러므로 주식과 같이 만기가 없고 배당수익이 매년 불확실한 경우에는 만기수익률(이자율)이라는 개념을 적용할 수 없다. 물론 채권의 경우에도 만기까지 보유하지 않고 만기가 오기 전에 매각을 하는 경우가 있다. 이런 경우에는 뒤에서 보듯이 그 채권보유자의 입장에서 보유기간수익률(holding period rate of return)을 계산할 수 있으나 그것은 만기수익률은 아니다. 또 만기수익률은 일단 채권을 일정한 가격으로 구매한 이후 만기까지 보유한다는 전제 하에 계산하는 것이므로 많은 투자자들이 채권을 사고팔고 하는 과정에

7 이렇게 구해진 이자율(만기수익률)은 때로는 내부수익률(internal rate of return)이라고도 불린다. 만기수익률을 내부수익률이라고 하는 이유는 채권구매를 하나의 투자로 보기 때문이다. 즉, 일정한 투자를 하면 얻을 수 있는 수익이 매년 주어지고 마지막에 가서 청산을 하면 청산가치가 나오는데 이러한 수익을 얻기 위해 지금 채권에 자금(투자원금=매입가격)을 투입하므로 채권투자도 하나의 투자와 동일하다고 볼 수 있다.

서 채권의 현재시장가격이 변화하기 때문에 만기수익률(이자율)이 계속 변화한다. 내가 채권을 구매하였을 때와 현재의 채권의 시장가격이 달라지므로 구매시의 만기수익률(이자율)과 현재의 만기수익률(이자율)은 달라진다. 이제 앞에서 살펴본 두 형태의 채권에 대해 각각 만기수익률(이자율)이 어떻게 계산되는지에 대해 살펴보자.

(1) 이표채(쿠폰본드)

이표채는 매 기간(연, 월 또는 분기별) 이자(C, 쿠폰, coupon)를 지불하고 만기(N년 후)에 액면가(F)를 지불하는 채권인데 이 채권의 현재시장가격이 P_b인 경우 식(4-6)에 의해 만기수익률(i)을 계산할 수 있다. 예컨대, 매년 100만 원의 이자(C)를 제공하는 액면가(F)가 1,000만 원인 10년 만기(N=10) 채권의 현재가격(P_b)이 900만 원이라면 이 채권의 현재이자율(만기수익률)은 얼마가 되는가? 이 이자율은 다음 식에서 i를 구함으로써 계산이 가능하다.

$$900 = \frac{100}{1+i} + \frac{100}{(1+i)^2} + \cdots + \frac{100}{(1+i)^{10}} + \frac{1{,}000}{(1+i)^{10}}$$

이를 일반화시켜서 보면 식(4-7)과 같이 나타낼 수 있고 식(4-7)에서 C, F, P_b, N은 주어져 있으므로 여기서 i를 구하면 이것이 만기수익률이다. 식(4-7)에서 좌측은 채권의 현재가격(P_b)이고 우측은 채권의 미래지불의 현재가치(PV)이다.

(4-7) $$P_b = \frac{C}{1+i} + \frac{C}{(1+i)^2} + \frac{C}{(1+i)^3} + \cdots + \frac{C}{(1+i)^N} + \frac{F}{(1+i)^N}$$

식(4-7)을 단순화시키면 다음과 같이 된다.

(4-8) $$P_b = \frac{C}{i}\left[1 - \frac{1}{(1+i)^N}\right] + \frac{F}{(1+i)^N}$$

반년마다 이자(반년마다 C/2만큼)를 지불하는 이표채의 경우에는 다음 식(4-9)를 이용하여 i(만기수익률)를 구할 수 있다. 이 식에서 역시 C, F, P_b, N이 주어져 있으므로 i를 구할 수 있다.

(4-9) $$P_b = \frac{C/2}{\left(1+\frac{i}{2}\right)} + \frac{C/2}{\left(1+\frac{i}{2}\right)^2} + \cdots + \frac{C/2}{\left(1+\frac{i}{2}\right)^{2N}} + \frac{F}{\left(1+\frac{i}{2}\right)^{2N}}$$

위의 식들에서 보면 다음과 같은 사실을 알 수 있다. 첫째, 이표채의 현재가격이 액면가와 같다면(P_b = F), 만기수익률 = 표면이자율(액면가에 대한 매년의 쿠폰의 비율, C/F)이 된다. 채권은 액면가(F)가 1,000만 원이라고 하더라도 이 채권이 항상 1,000만 원에서 거래되는 것은 아니다. 이 채권은 1,000만 원 이상에서 팔리기도 하고 1,000만 원 이하에서 팔리기도 하며 1,000만 원에서 팔리기도 한다. 채권가격은 채권시장에서 계속 변화한다. 만약 현재의 시장가격이 1,000만 원으로 액면가와 동일하다면 이 채권의 만기수익률은 표면이자율과 동일하게 된다. 이것은 당연한 것이다. 채권을 발행할 때 보장된 표면이자율은 액면가에 대한 이자율이므로 현재가격이 액면가와 같다면 당연히 만기수익률은 표면이자율과 같아지게 된다. 따라서 이표채의 현재가격이 액면가 이하(할인되어 판매되는 경우, 즉 P_b < F)이면 만기수익률은 표면이자율보다 더 높으며 이표채가 할증되어(프리미엄이 부여되어 판매되는 경우, 즉 P_b > F) 거래된다면 만기수익률은 표면이자율보다 낮다.

둘째, 이표채의 가격과 만기수익률은 서로 역(반대방향)으로 관계되어 있다. 예컨대, 식(4-7)에서 쿠폰(C), 액면금액(F) 그리고 만기(N)가 주어진 상태에서 i(만기수익률)가 상승한다면 오른쪽의 모든 분모가 커지며 이것은 오른쪽의 현재가치가 하락한다는 것을 말하며 따라서 채권가격이 하락한다는 것을 의미한다. 즉, 식(4-7)에서 C, F 그리고 N이 주어진 상태에서(모든 채권에서 C, F, N이 주어져 있다) 채권의 가격(P_b)과 채권의 만기수익률(i)은 서로 반대방향으로 움직인다. 이것은 채권의 이자율(만기수익률)이 상승한다는 것은 채권가격이 하락한다는 것을 의미하며 또 채권가격이 하락한다는 것은 이자율이 상승한다는 것을 의미한다는 것이다. 즉, 채권가격의 하락과 이자율의 상승은 정확하게 1:1의 대응관계를 가지는 것이며 동일한 현상을 말하는 것이지 인과관계를 나타내는 것이 아니다. 채권가격의 하락은 이자율의 상승을 의미하고 이자율의 상승은 채권가격의 하락을 의미하는 것이지 채권가격의 하락으로 인해 이자율이 상승하거나 이자율의 상승으로 인해 채권가격이 하락하는 것은 아니다.[8]

---

8 5장에서 채권시장을 통해 이자율의 결정문제를 살펴보는데 이 경우에 채권가격과 그 채권의 이자율이 1:1로 대응한다는 사실을 이용하여 이 문제를 살펴본다.

이표채의 특수한 형태로 **콘솔**(consol) 또는 **영구채**(perpetuity)라는 것이 있다. 이 채권은 만기가 없고 따라서 액면금액의 상환이 없고 정기적으로 이자(쿠폰)만 영구히 지급되는 채권인데 영국의 콘솔은 아직도 거래가 되고 있다.[9] 콘솔의 경우의 이자율(만기수익률)도 '콘솔의 현재가격 = 미래소득의 현재가치'를 충족시키는 할인율이다. 매 기간마다 일정한 쿠폰(C)이 지급되므로 이 콘솔의 모든 미래소득의 현재가치는 아래 식(4-10)의 우변과 같다. 그리고 현재 시장에서 거래되는 콘솔의 현재가격이 P_c라면 이 콘솔의 만기수익률은 식(4-10)을 충족시키는 i가 된다.

(4-10)
$$P_c = \frac{C}{(1+i)} + \frac{C}{(1+i)^2} + \frac{C}{(1+i)^3} + \cdots$$

식(4-10)의 우변을 정리하면 식(4-11)의 우변과 같이 된다. 식(4-11)을 변형하면 식(4-12)가 된다.

(4-11)
$$P_c = \frac{C}{i}$$

(4-12)
$$i = \frac{C}{P_c}$$

식(4-12)를 이용하면 콘솔의 경우 만기수익률을 계산하는 것이 매우 간단하다. 이러한 계산은 통상적으로 생각하는 이자율의 개념과 동일하다. 즉, 이자율은 채권의 현재가격에 대한 이자(쿠폰)의 비율을 나타낸다. 예컨대, 매년 100만 원을 이자로 지급하는 영구채(perpetuity)의 현재시장가격이 800만 원이라면 만기수익률(i)은 100/800 = 12.5%가 된다. 만약 이 영구채의 시장가격이 1,000만 원이라면 만기수익률(i)은 100/1,000 = 10%

9 1688년 영국에서 네덜란드의 신교도인 오렌지 공(윌리엄3세, 1689-1702)을 내세워 제임스2세를 폐위한 명예혁명이 진행되면서 여러 가지 새로운 제도가 네덜란드 암스테르담에서 영국 런던으로 전파되었다. 이 때부터 영국왕실의 주기적인 채무불이행은 더 이상 발생하지 않았다. 특히 1717년 금본위제를 채택한 이후 더 이상 주조화폐의 가치가 떨어지지 않았다. 왕실재정은 의회의 감시를 받았다. 더불어 스튜어트왕조가 수년에 걸쳐 양산한 각종 채무를 정리하고자 꾸준히 노력하였고 이 같은 노력은 1749년 Henry Pelham이 통합기금(consolidated fund)을 만들면서 결실을 보았다. 이러한 통합기금을 위해 발행된 표준화된 영국 국채의 이름이 통합기금의 명칭에 따라 콘솔(consol)이 되었다. 이것은 확정만기일이 없는 영구채권(perpetuity)이었다. 18세기 중엽 런던 채권시장은 번성하였고 이곳에서는 콘솔공채가 압도적으로 많이 거래되었다. 이 채권들은 유동성이 높아 외국인 투자자, 그 중에서도 특히 네덜란드사람에게 인기가 많았다. 영국의 콘솔은 여태껏 발행된 공채 중 가장 성공한 경우였다(Ferguson(2008), 김선영(2010, pp.79-80)).

가 된다. 그러나 이것은 이표채의 특수한 경우인 영구채에서만 그러하며 일반적으로는 그렇지 않다. 그리고 위의 식(4-11)에서 보더라도 이자율(i)이 상승하면 채권가격(P_c)은 하락하고 채권가격이 하락하면 이자율이 상승한다는 것을 알 수 있다. 즉, 채권가격과 이자율(만기수익률)이 서로 반대방향으로 1:1로 대응하여 움직인다는 것을 알 수 있다.[10]

(2) 할인채(무이표채)

할인채(무이표채)의 경우의 만기수익률의 계산도 위에서 본 이표채의 경우와 동일하다. 여기서도 마찬가지로 '할인채의 현재가격=미래소득의 현재가치'를 충족시키는 할인율이 이자율(만기수익률)이다. 예를 들어 1년 후에 액면금액(1,000만 원)을 지불하는 1년 만기 할인채가 현재 900만 원에 거래된다면 이 할인채의 만기수익률은 얼마인가? 1년 후에 받는 액면가(1,000만 원)의 현재가치(PV)는 1,000/(1 + i)이며 시장가격(P)이 900만 원이므로 900 = 1,000/(1 + i)에서 만기수익률(i)은 (1,000 − 900)/900 = 0.111 = 11.1%이다.

이를 일반화시켜 보면 1년 만기 할인채의 경우 만기수익률은 다음 식(4-13)에서 i를 구함으로써 계산이 가능하다.

(4-13)
$$P_d = \frac{F}{1 + i}$$

여기서 F는 할인채의 액면가(액면금액), P_d는 할인채의 시장가격이다. 이것을 정리하면 할인채의 만기수익률(i)은 다음과 같다.

(4-14)
$$i = \frac{F - P_d}{P_d} = \frac{F}{P_d} - 1$$

그런데 할인채의 경우 만기가 1년 미만으로 매우 짧은 것이 일반적이다. 따라서 만기가 1년 미만인, 예컨대 만기가 30일 남은 할인채의 연간 만기수익률(i)은 식(4-13)을 이용하여 식(4-15)와 같이 구한다. 즉 $P_d = F/[1 + (i \times \frac{30}{365})]$이므로

10 만기수익률이 이자율의 정확한 측정치이지만 이표채의 경우 때때로 다소 덜 정확하지만 개략적인 이자율로 **경상수익률**(current yield)을 사용하기도 한다. 경상수익률은 수익의 다른 원천은 고려하지 않고 이자지불만 고려하여 C/P_b로 측정한다. C는 연간이자(쿠폰)지불액, P_b는 이표채의 현재가격이다.

(4-15)
$$i = \frac{F - P_d}{P_d} \times \frac{365}{30}$$

예컨대, 액면가(F)가 1,000만 원이고 만기가 30일 남은 할인채의 현재가격이 995만 원이라면 이 할인채의 연간 만기수익률은 식(4-15)에 따라 i = (1,000 − 995)/995 × 365/30 = 0.061 = 6.1%와 같이 계산된다.

투자자(채권구매자)는 통상 양(+)의 수익을 얻으므로 할인채의 시장가격이 액면가격보다 낮다. 즉, $P_d < F$이다. 그러므로 통상 이자율은 0보다 크다. 그러나 과거 1998년 일본 단기국채의 경우나 2008년의 미국 단기국채의 경우에서 보듯이 반드시 그런 것은 아니며 단기국채(재정증권)의 이자율이 마이너스가 되는 경우가 있을 수 있다.[11]

할인채의 경우 만기가 짧은 것이 일반적이지만 때로는 만기가 장기인 할인채도 있으며 만기가 N년인 할인채의 경우에 이 채권의 만기수익률은 다음 식(4-16)에서 i(연간이자율)를 구하면 된다. 즉,

(4-16)
$$P_d = \frac{F}{(1 + i)^N}$$

여기서 P_d는 할인채의 가격, F는 액면가격, 그리고 N은 만기, i는 이자율이다. P_d, F, N은 주어져 있으므로 i를 구할 수 있다.

위의 모든 식에서 보면 할인채의 경우에도 이자율(만기수익률)이 채권가격과 역으로 관계되어 있다는 것을 볼 수 있다. 즉, 할인채의 경우에도 만기수익률이 상승하면 채권가격이 하락하고 채권가격이 상승하면 이자율이 하락한다. 사실 채권가격과 이자율은 서로 반대방향으로 변화한다는 사실은 할인채의 경우뿐 아니라 모든 시장성채권

---

11 2008년 12월 9일 미 재무부가 실시한 300억 달러어치 4주 만기 단기국채입찰에서 낙찰금리가 0.00%를 기록하였고 실제로 단기국채 유통이자율은 이미 마이너스를 기록할 정도로 사상 최저수준을 기록하였다. 금융위기 때문에 미국도 과거 일본(1998년 11월에 일본의 6개월 만기 단기국채의 이자율이 −0.004%를 기록하였음)의 경우와 마찬가지로 제로 내지 마이너스 금리를 경험한 것이다. 4주 만기 국채는 2001년부터 발행되기 시작하였으나 미 국채 발행금리가 제로를 기록한 것은 당시가 처음이었다. 발행금리가 제로를 기록한 것은 금융시장 불안감이 팽배해 있어 단기자금을 안전한 국채로 운용하려는 금융기관들의 수요가 몰렸기 때문이다. 이는 이자율과 반대로 움직이는 채권가격이 급등하고 있다는 의미이다. 국채이자율이 사상 최저수준을 기록하고 있는 데는 디플레이션 현실화에 대한 우려가 작용하고 있다. 또 연방은행이 모기지 금리를 낮추기 위해 국채를 대거 매입하는 방식으로 채권시장에 개입하고 있는 것도 채권가격 상승(이자율 하락)을 유발하고 있는 것으로 볼 수 있다.

(marketable bond)의 경우에서 성립하는 사실이다.

요컨대, 자산가격의 펀더멘털이론에 의하면 자산가격은 자산보유로부터 유발되는 모든 현금흐름의 현재가치와 같다. 만기수익율의 계산은 이러한 매우 합리적인 경제원리에 의존하기 때문에 만기수익률은 가장 정확한 이자율 개념으로 받아들여지고 있다. 그리고 채권은 수없이 다양하며 각 채권마다 미래의 소득의 흐름이 모두 다르기 때문에 채권마다 이자율이 모두 다르다. 그리고 중요한 사실은 시장성채권의 가격과 이자율은 역의 관계를 가진다는 것이다. 이자율이 올라간다는 것은 채권가격이 하락한다는 것을 의미하고 이자율이 하락한다는 것은 채권가격이 상승한다는 것을 의미한다. 이자율의 하락과 채권가격의 상승은 동일한 현상을 다르게 표현한 것이고 인과관계를 나타내는 것은 아니다.

4. 이자율과 수익률의 구분

(1) 채권가격과 이자율의 관계: 채권가격이 이자율에 따라 변화하는 이유

채권이론에서 가장 중요한 것이 채권가격과 이자율(만기수익률)의 관계이다. 앞에서 이미 여러 차례 채권가격과 이자율은 반대방향으로 움직인다고 설명을 하였으나 이 관계가 중요하므로 이들의 관계를 보다 자세히 살펴볼 필요가 있다. 많은 채권투자자들은 채권을 구매하여 만기 때까지 보유하기도 하지만 또 많은 투자자들은 만기가 오기 전에 채권을 매각하는데 이때 그 채권을 매각하고 받는 가격(채권의 현재가격)은 그 채권의 미래의 현금흐름 이외의 다른 요인에 의해 영향을 받는다. 특히 시장이자율에 의해 영향을 받는데 그 이유는 시장이자율의 변화가 그 투자자가 보유하는 채권의 가치에 영향을 미치기 때문이다.

김투자씨는 액면가(F)가 1,000만 원이고 만기수익률이 5%인 20년 만기 채권을 1,000만 원에 구매하였다. 그는 매년 50만 원의 이자(세금은 없다고 가정)를 받게 된다. 그런데 채권을 구매한 5년 후에 예상치 않은 일이 생겨 그 채권을 팔지 않으면 안 되게 되었다. 그런데 김투자씨가 채권을 보유하고 있던 5년 동안에 시장이자율은 10%로 상승하였다. 이러한 시장이자율의 변화(상승)가 김투자씨가 채권을 판매하는 가격에 어떤 영향을 미치는가? 이제 아무도 김투자씨가 갖고 있는 채권에 대해 1,000만 원을 지불하려고 하지 않을 것이다. 왜냐하면 1,000만 원을 지불하고 구매하면 결국 5%의 수익률밖에 얻지 못하기 때문이다. 따라서 다른 투자자들은 10%의 수익을 제공하는 다른 채권을 구매할 것이다. 다시 말하면 이제 투자자들은 500만 원 정도(정확하게는 574만 원)만 투자하여 채권을 구매한다면 매년 50만 원을 받을 수 있다. 그러므로 이제 더 높아진 시장이자율(10%)과 경쟁하여 갖고 있는 채권을 판매하기 위해서 김투자씨는 이 채권에 대한 요구가격을 낮추어야 할 것이다. 김투자씨가 갖고 있는 채권에 대해 다른 투자자가 1,000만 원보다 낮은 가격을 지불할 때에만 이 채권의 수익률은 5% 이상으로 상승할 것이다. 그러므로 김투자씨는 이 채권의 수익률이 10%가 되고 그래서 시장에서 경쟁력을 가질 때까지 지속적으로 이 채권의 판매가격을 낮추어야 할 것이다. 다시 말하여 시장이자율이 상승함에 따라 그 채권이 시장에서 매각되기 위해서는 채권가격이 1,000만 원 아래로 하락하여야 한다. 구매할 때의 시장이자율은 5%였고 그래서 그 채권의 시장가격이 1,000만 원이었지만 5년이 지난 지금 시장이자율이 10%로 상승하고 그래서 그 채권의 이자율도 10%로 상승하여 그 채권의 시장가격은 1,000만 원 아래(574만 원)로 하락하였다. 물론 반대로 이자율이 3%로 하락하였다면 그 채권의 시장가격은 1,000만 원 이상으로 상승하였을 것이다.

이와 같이 시장이자율이 변화함에 따라 채권의 시장가격은 더 이상 액면가격과 같을 수가 없으며 시장이자율이 변화함에 따라 채권가격이 오르락내리락 하는 것이다. 위에서 본 바와 같이 이자율이 상승한다면 이것은 채권가격을 떨어뜨리는 결과를 가져온다. 반대로 이자율이 하락한다면 이것은 채권가격을 상승하게 만든다. 좀 더 정확히 표현한다면 앞에서도 언급하였듯이 이자율이 상승하였기 때문에 채권가격이 하락한 것이 아니라 이자율이 상승하였다는 것은 이미 채권가격이 하락하였다는 것을 의미한다. 마찬가지로 채권가격의 하락은 이자율의 상승을 의미한다.

(2) 수익률의 정의

이와 같이 이자율의 변화는 채권가격을 변화시키기 때문에 채권의 이자율이 반드시 그 채권이 얼마나 좋은 투자대상인가를 말해 주는 절대적인 지표는 아니다. 왜냐하면 만기까지 채권을 보유한다면 이자율이 수익률을 의미하지만 만기까지 보유하지 않고 만기 전에 처분한다면 이자율변화에 따른 채권가격변화로 인해 그 채권으로 벌어들이는 채권의 수익률이 채권의 이자율과 다를 수 있기 때문이다.

이자율은 자산을 만기까지 보유하는 경우, 또는 자산(증권)의 가격이 변화하지 않는 경우에는 수익률과 동일하다. 예컨대, 은행에서 대출이나 예금을 하는 경우에는 만기까지 보유하고 있다가 만기에서 대출을 갚거나 예금을 찾으므로 이자율과 수익률의 차이가 없다. 또 이러한 경우 증권의 가격이 변화하지 않으므로(대출금과 예금의 크기는 변화가 없다) 이자율(단순대출이자율이나 예금이자율)과 수익률은 동일하다. 그러나 시장성채권을 만기까지 보유하지 않는 경우에는 이자율과 수익률은 다를 수 있다.

이와 같이 채권을 만기까지 보유하지 않고 일정한 기간 동안 보유하는 경우의 수익률을 **보유(기간)수익률**(holding period rate of return) 또는 **실현수익률**(realized rate of return) 또는 **수익률**(rate of return)이라고 하는데 채권을 일정기간 보유함으로써 채권투자가 얼마나 잘 되었느냐 하는 것은 이 보유(기간)수익률에 의해 정확히 측정된다. 보유기간수익률은 만기 전에 매각하는 경우의 수익률이므로 이것은 분명 만기수익률과 다를 것이다. 왜냐하면 보유기간이 다르고 따라서 미래의 소득흐름이 다르기 때문이다. 그런데 그 차이는 채권의 매각시점만 다르므로 만기수익률의 계산과 유사하게 다음과 같이 계산할 수 있다. 즉, 보유수익률(수익률)은 '보유기간 동안의 이자와 채권매각가격의 현재가치'와 '채권의 매입가격'을 같게 만드는 할인율이다. 즉,

(4-17) 채권의 매입가격 = 보유기간 동안의 채권의 모든 수익의 현재가치

를 충족시키는 할인율이 보유기간수익률이다. 만약 채권을 만기까지 보유하면 보유수익률은 만기수익률과 같아지고 일정한 기간 동안만 보유하면 보유기간수익률은 만기수익률과 달리진다.

이표채의 경우에 대해 살펴보자. 이표채의 매입가격을 P_0라고 하고(매년 C라는 이자를 제공) 만기(N)이전에 일정기간(n)후에 P_n의 가격으로 채권을 매각하였다고 하면 이 이표채의 보유기간수익률은 다음 식(4-18)을 만족시키는 할인율(i)이다.

(4-18) $$P_0 = \frac{C}{1+i} + \frac{C}{(1+i)^2} + \cdots + \frac{C}{(1+i)^n} + \frac{P_n}{(1+i)^n}$$

예컨대, 액면가 1,000만 원, 표면이자율 5%, 매입가격 1,000만 원인 채권을 1년 동

안 소지하다가 1,100만 원에 매각한 경우의 보유기간수익률을 계산해 보자. 이 경우에는 다음과 같다. 즉, 보유기간(1년)동안의 수익(이자와 매각가격)의 현재가치는 50/(1 + i) + 1,100/(1 + i)이다. 그리고 이 채권의 매입가격은 1,000만 원이다. 따라서 식(4-18)에 의해 1,000 = 50/(1 + i) + 1,100/(1 + i)에서 i를 구하면 이 채권의 보유기간수익률은 15%가 된다.

할인채의 경우 매입가격을 P_0라고 하고 30일 동안 보유하다가 P_1의 가격으로 할인채를 매각하였다고 하면 $P_0 = P_1 / [1 + (i \times \frac{30}{365})]$이므로, 이 할인채의 연간 보유기간수익률(i)은 다음과 같이 자본이득률(rate of capital gain)로 계산된다.

(4-19)
$$i = \frac{P_1 - P_0}{P_0} \times \frac{365}{30}$$

(3) 이자율변화와 채권가격의 변화

앞에서 이자율과 채권가격은 서로 반대방향으로 변화한다는 것을 설명하였다. 즉, 채권가격이 상승하면 이자율(만기수익률)은 하락하고 채권가격이 하락하면 이자율은 상승한다. 그리고 채권가격의 변동(이자율의 변동)은 보유기간수익률에도 영향을 미친다. 그래서 이자율의 변화가 채권가격을 얼마나 변화시키는지, 그리고 이자율의 변화에 따라 자본이득율과 채권의 수익률이 얼마나 변하는지, 그리고 이러한 변화는 채권의 잔여만기에 따라 얼마나 민감한지를 보다 자세히 살펴볼 필요가 있다.

〈표 4-1〉에서는 잔여만기가 1년에서 30년까지인 여섯 가지의 다양한 채권(이표채)을 보여주는데 이들은 모두 표면이자율이 10%이고 이자(쿠폰)는 매년 말에 지급되며 이 채권들은 모두 액면가인 1,000만 원에 구매되었다고 가정한다. 따라서 이 채권들의 이자율(만기수익률)은 모두 매입 당시에 10%이다. 이자율의 변화가 채권가격과 보유수익률에 미치는 영향을 중점적으로 살펴보기 위해 동일한 조건을 가정한 것이다. 그런데 매입 1년 후에 이들 채권을 매각하려고 하는데 이때 이자율이 10%에서 20%로 상승하였다고 할 때 만기가 다른 채권들을 1년간 보유하는 경우의 보유기간수익률은 어떻게 되는지를 살펴보자. 즉, 모든 채권을 1년 동안만 보유하고 1년 후에 매각하는 경우의 보유수익률을 구하는 것이다. 이자율이 1년 후에 10%에서 20%로 상승하였으므로 이것은 채권가격의 하락을 의미하는데 이러한 이자율상승이 채권가격을 얼마나 변동(하락)시키는지, 또 동일한 이자율상승에 대해 채권가격의 변동(하락)이 만기에 따라 얼마나 민감하게 변하는

〈표 4-1〉 ▸ 이자율이 10%에서 20%로 상승한 경우 만기에 따른 채권의 1년 보유수익률

채권구매시의 잔여만기	초기의 만기수익률(1)	초기의 구매가격(2)	1년 후의 가격 (3)	자본이득률(%) (4)	보유수익률(%) (1)+(4)
30	10	1,000	503	−49.7	−39.7
20	10	1,000	516	−48.4	−38.4
10	10	1,000	597	−40.3	−30.3
3	10	1,000	847	−15.3	−5.3
2	10	1,000	917	−8.3	+1.7
1	10	1,000	1,000	0.0	+10.0

자료: Mishkin(2004, p.77)을 수정

지 그리고 이에 따라 보유수익률이 얼마나 감소하는지를 보는 것이 중요하다. 〈표 4-1〉에서 그 결과를 보여주고 있다.

① 잔여만기가 1년인 채권의 경우

우선 〈표 4-1〉의 맨 아래쪽에 있는 잔여만기기간이 1년인 채권의 경우에 대해 살펴보자. 이 채권은 만기까지의 기간과 보유기간이 동일한 채권이다. 즉, 만기가 1년 남았고 1년 동안만 보유하므로 만기까지 보유하는 채권이다. 이 채권을 1,000만 원을 주고 구매하였는데(P_0 = 1,000) 만기가 1년 남았고 1년 후에는 이자 100만 원과 액면금액 1,000만 원을 받으므로 만기시점에서 이자율이 20%로 상승하더라도 이 채권의 가격(P_1 = 1,000)은 액면가와 동일하다. 이 경우의 보유수익률의 계산은 다음과 같다. 식(4-18)에서 n = 1인 경우이므로 1,000 = 100/(1 + i) + 1,000/(1 + i)를 만족시키는 할인율(i)을 구하면 보유수익률(i)=10%이다. 1,000만 원짜리 채권을 1,000만 원에 사서 1,000만 원에 매각하였으므로(실제로는 매각이 아니라 만기로 원금상환) 자본이득은 없고(자본이득률 = 0) 만기수익률만 받으며 따라서 보유수익률은 만기수익률과 같다. 이와 같이 보유기간과 남아 있는 만기가 같은 경우 앞에서도 언급한 바와 같이 보유기간수익률=만기수익률이다.

② 잔여만기가 2년인 채권의 경우

맨 아래에서 두 번째의 잔여만기기간이 2년인 채권의 경우 1,000만 원에 채권을 구

〈그림 4-2〉 ▸ 잔여만기가 2년인 채권의 미래수익

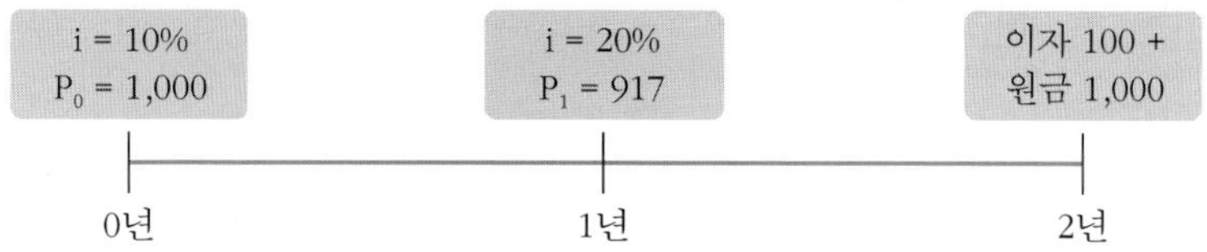

매하였고(당시 이자율은 10%) 1년 후에 채권을 매각하려고 하는데 이자율이 20%로 상승하였으며 이로 인해 채권의 가격이 변화하였다. 우선 채권가격이 얼마로 변화하였는지를 보자. 1년 후에 이자율이 20%로 상승하였으므로 이제 이 채권의 가격은 앞으로 받을 수 있는 미래의 모든 수익(2년 시점에서 받을 수 있는 수익)을 20%의 이자율로 할인한 현재가치와 같게 된다. 이러한 미래수익을 도시화하면 〈그림 4-2〉와 같다. 즉, 만기가 1년 남았으므로 만기 때(구매 후 2년 시점)에 이자(100만 원)와 원금(1,000만 원)을 받는다.

따라서 이자율이 20%로 상승한 시점(1년 시점)에서의 채권가격은 P_1 = 100/(1 + 0.2) + 1,000/(1 + 0.2) = 917만 원이 된다. 즉, 이자율이 10%에서 20%로 상승한 1년 시점에서 그 채권의 가격은 917만 원이 된다. 이자율이 상승함으로써 채권가격은 하락하였다. 이자율이 상승함에 따라 이제 이 채권의 가격이 하락하지 않으면 시장에서 거래가 안 되는 것이다. 얼마로 하락하여야 시장에서 경쟁력이 생길 것인가? 그 가격을 계산한 결과가 917만 원이다. 또는 이것을 다음과 같이 볼 수도 있다. 즉, 1년 후에 매각하려고 보니 채권의 가격이 하락하여 917만 원이었는데 이 채권의 미래의 모든 수익의 현재가치와 이 가격을 동일하게 만들어 주는 이자율(만기수익률)을 계산해보니 20%이다.

이번에는 이 채권의 (보유기간)수익률을 계산해 보자. 이 채권을 1,000만 원(P_0 = 1,000)에 사서 1년 후에 매각하는데 1년 후에 이자율상승으로 인해 채권의 가격이 917만 원으로 하락하였다(P_1 = 917). 매각시점인 1년 시점에서는 물론 이자 100만 원도 받기 때문에 매입 1년 후의 총수입은 917 + 100 = 1,017만 원이다. 따라서 식(4-18)에서 n = 1인 경우이므로 1,000 = 100/(1 + i) + 917/(1 + i)에서 보유기간수익률(i) = 1.7%이다. 비록 이자수입(100만 원, 10%)은 있으나 채권가격하락으로 인한 자본손실이 8.3%(1,000만 원에 구매하여 917만 원에 매각) 발생하여 보유기간수익률은 10% − 8.3% = 1.7%가 되는 것이다.

③ 잔여만기가 3년 남은 채권의 경우

만기가 3년 남은 채권의 경우 1년 후에 이자율이 20%로 상승함에 따라 채권가격은 847만 원으로 하락한다. 왜냐하면 앞으로 남은 2년 동안 발생하는 모든 미래소득(2년 동안의 이자와 만기시의 원금)을 20%의 이자율로 할인한 것이 이 채권의 이 시점에서의 현재가격이기 때문이다. 즉, $P_1 = (100/1.2) + (100/1.2^2) + (1{,}000/1.2^2) = 847$만 원이다. 따라서 이 채권을 1년간 보유한 동안의 수익은 이자 100만 원과 판매시점의 채권가격 847만 원을 합한 947만 원이다. 이 채권을 1,000만 원(P_0)에 구입하였으므로 이 채권의 1년간 보유수익률은 식(4-18)에 의해 $1{,}000 = (100 + 847)/(1 + i)$에서 $i = -0.053$이다. 이 채권의 경우에도 1년 동안 보유하면서 이자수입이 100만 원 있었지만 이자율상승으로 인한 채권가격하락으로 15.3%의 자본손실이 발생하여 전체적으로 손실을 입어 보유기간수익률은 −5.3%가 된다.

④ 만기가 10년, 20년, 30년 남은 채권의 경우

만기가 10년, 20년, 30년 남은 나른 채권의 경우에도 모두 이런 식으로 채권의 기격과 수익률을 계산할 수 있으며 이를 나타낸 것이 〈표 4-1〉이다. 1년 후에 이자율이 20%로 상승한 경우 남아 있는 만기가 길수록 미래발생소득을 20%로 할인하기 때문에 채권의 가격은 더 많이 하락하게 되고 이에 따라 자본손실률이 크게 발생하게 되고 보유수익률은 크게 감소하게 된다. 그리고 이러한 현상은 이표채 이외의 다른 채권의 경우에도 마찬가지로 적용된다.

〈표 4-1〉을 보면 다음과 같은 몇 가지 사실을 확인할 수 있다. 첫째, 수익률(보유기간수익률)이 초기의 만기수익률과 같은 유일한 채권은 만기까지의 기간이 보유기간과 동일한 채권이다(표 4-1의 예에서는 만기가 1년인 채권). 만기 때까지 소유하고 있으므로 보유수익률 = 만기수익률이 된다.

둘째, 이자율의 상승은 채권가격의 하락과 연계되어 있다. 그래서 만기까지의 기간이 보유기간보다 더 긴 채권의 경우 이자율이 상승하는 경우 자본손실을 유발한다. 즉, 〈표 4-1〉에서 만기가 2년 이상인 채권의 경우 모두 자본이득률이 마이너스가 된다. 이에 따라 비록 채권이 초기에 상당히 높은 만기수익률을 갖고 있었다고 하더라도 보유기간수익률은 이자율이 상승하는 경우 마이너스가 될 수 있다. 물론 반대로 이자율이 하락하면 채권가격이 상승하여 자본이득률이 플러스가 될 것이다.

셋째, 채권의 잔여만기가 길면 길수록 이자율의 변화에 따른 가격변화의 크기는 더 크다. 이자율이 상승하는 경우 만기가 2년인 채권보다는 만기가 3년인 채권의 가격하락이 더 크며 만기가 3년인 채권보다는 만기가 10년 남은 채권의 가격하락이 더 크다. 이자율이 상승할 때 만기가 길수록 가격하락이 더 큰 이유는 채권가격은 만기까지 남아 있는 기간 동안의 미래소득을 현재의 이자율로 할인한 현재가치를 의미하는데 만기가 길수록 높은 이자율로 할인할 미래소득(특히 만기에서의 원금)이 더 많기 때문이다. 물론 이자율이 하락하는 경우에는 반대로 만기가 길수록 가격상승이 더 크다.

채권투자는 주식투자에 비해 안전하다고 생각하기 쉽지만 이자율이 상승하는 경우 채권가격이 하락하기 때문에 채권투자로 큰 손실을 볼 수 있다. 흔히 은퇴자들이 미래를 대비해 우량장기채권인 장기국채를 보유하는데 이는 결코 현명하다고 볼 수 없다. 왜냐하면 장기채권은 이자율의 변화에 따라 매우 가변적인 수익률을 가지기 때문이다. 이러한 혼란을 해소하기 위해 중요한 것은 이자율의 상승이 채권가격의 하락을 의미한다는 것을 이해하는 것이다. 그러므로 이자율의 상승은 자본손실이 일어난다는 것을 의미하며 만약 이 손실이 매우 크다면 채권수익률이 마이너스가 되는 나쁜 투자가 될 수 있다. 물론 이자율의 상승에도 불구하고 투자자가 채권을 팔지 않는다면 만기에서는 액면가를 받을 수 있으므로 자본손실은 발생하지 않을 것이다. 그러나 만약 은퇴자들이 가끔씩 장기국채를 팔아야 할 필요가 있는 경우에는 채권가격이 하락한다면 어려움에 처할 것이다. 은퇴자들은 장기적 자금계획에 따라 적절한 만기의 채권을 보유하는 것이 바람직하다.

(4) 이자율위험

만기가 긴 채권의 가격이 이자율의 변화에 더 크게 반응한다는 사실은 장기채권의 가격과 수익률은 단기채권의 가격과 수익률보다 훨씬 더 가변적이라는 사실을 의미한다. 만기가 많이 남은 장기채권의 경우 가격변화는 매우 심하다. 이처럼 이자율의 변화는 장기채권에 대한 투자를 매우 위험스러운 것으로 만드는데 이와 같이 이자율의 변화로부터 유발되는 자산(채권)수익률의 변동성(volatility)을 **이자율위험(interest rate risk)**이라고 한다.

만기가 긴 장기채권은 상당한 이자율위험을 가지고 있는데 반해 단기채권은 그러한 위험이 비교적 적다. 그러므로 단기채권은 비교적 안전한 자산이라고 생각할 수 있으나 장기채권은 안전한 자산(보유기간 동안 비교적 확실한 수익을 가져다주는 채권)이라고 생각할 수 없다. 그러나 좀 더 엄밀히 말하면 채권의 만기가 장기냐 단기냐 하는 것이 중요한 것이 아니라 채권의 만기가 투자자의 보유기간보다 긴 것이냐 같으냐가 중요하다. 만기가 보유기간보다 긴 경우에는 이자율위험이 있는 반면 실제로 남아 있는 만기가 보유기간과 같은 채권에는 이자율위험이 없다. 왜냐하면 만기가 보유기간과 동일한 채권의 경우에는 보유기간말의 가격이 액면가로 이미 주어져 있으며 따라서 구매시점의 만기수익률이 그대로 유지되기 때문이다. 물론 만기까지의 기간이 보유기간과 같은 경우에 이자율위험이 없는 채권은 엄밀하게 말하면 만기가 되기 전에는 현금지불을 하지 않는 할인채(무이표채)의 경우이다. 중간에 이자지불이 있는 이표채의 경우에는 위의 내용이 옳기 위해서는 이 이자지불금이 초기의 채권구매시의 이자율로 재투자되어야 한다는 조건이 있어야 한다. 만약 이자지불금이 재투자되는 이자율이 크게 변동한다면 만기와 보유기간이 동일하더라도 수익률의 변동성이 나타날 수 있다. 그러나 이자지불금의 재투자에 따른 수익률의 위험성이 그렇게 크지 않다고 볼 수 있기 때문에 만기와 보유기간이 동일한 이표채도 이자율위험이 없다고 볼 수 있다.

때때로 보유기간이 만기보다 긴 경우도 있을 수 있다. 재산관리를 장기적으로 하여야 하는데 원하는 장기보유기간에 해당하는 장기채권이 없는 경우 단기채권을 만기까지 보유하는 것을 반복하여 장기적 재산관리를 하여야 한다. 이와 같이 만약 투자자들의 보유기간이 채권의 만기보다 더 길면 투자자는 일종의 이자율위험인 **재투자위험(reinvestment risk)**에 직면하게 된다. 이 경우 단기채권을 계속 구매하고 판매하여야 하는데 단기채권을 매각하여 다시 다른 단기채권을 매입하는 시점에 만약 이자율이 하락한다면 손실을 입게 된다. 즉, 단기채권에 재투자를 하는 과정에서 손실을 입게 된다. 반면 만약 단기채권을 매각하고 새로 단기채권을 매입하는 시점에 이자율이 상승한다면 재투자를 통해 이득을 볼 수 있다. 이와 같이 보유기간이 채권의 만기보다 긴 경우 투자자는 이자율이 상승할 때 이득을 보고 이자율이 하락할 때 손실을 보게 되는데 이자율의 변화에 따른 이러한 위험을 재투자위험이라고 한다.

5. 명목이자율과 실질이자율의 구분

(1) 명목이자율과 실질이자율의 관계

이제까지는 **명목이자율**(nominal interest rate)에 대해 언급하였다. 즉, 이제까지는 차입비용에 대한 인플레이션의 영향을 무시하였다. 그러나 차입의 정확한 비용을 알아보기 위해서는 실질이자율에 대해 논의해 보아야 한다. **실질이자율**(real interest rate)은 사전적 실질이자율과 사후적 실질이자율로 구분할 수 있다. **사전적 실질이자율**(ex-ante real interest rate)은 자금을 차입하여 사용할 미래의 기간 동안에 실질적으로 얼마의 부담이 발생할 것인가를 나타내는 것이다. 즉, 앞으로 부담할 실질비용이 얼마인지를 예상한 것이 사전적 실질이자율이다. 반면 **사후적 실질이자율**(ex-post real interest rate)은 자금을 차입하여 사용한 후에 결과적으로, 사후적으로 차입비용을 실질적으로 얼마나 부담하였는가를 나타내는 것이다. 실질이자율은 명목단위로 계산된 것이 아니라 실질적인 재화와 서비스의 단위로 계산된 것을 의미한다.

경제적 의사결정에 있어서 중요한 것은 사전적 실질이자율이다. 실질이자율은 **피셔관계(방정)식**(Fisher equation)에 의해 정의되는데 피셔관계식은 식(4-20)과 같다.

(4-20) $$i = i_r + \pi^e$$

여기서 i는 명목이자율, i_r은 실질이자율, 그리고 π^e는 예상인플레이션율이다. 이 식을 정리하면 (사전적) 실질이자율은 다음과 같다.

(4-21) $$i_r = i - \pi^e$$

피셔관계식은 명목이자율이 실질이자율 + 예상인플레이션율이라는 것을 나타내며 실질이자율은 명목이자율에서 예상인플레이션율을 차감한 것이라는 사실을 나타낸다.[12] 즉, 차입자의 실질적인 부담은 명목이자율에서 인플레이션의 예상치를 제거한 것이다. 물가가 상승할 것으로 예상되는 만큼은 차입부담에서 제외된다는 것을 의미하고 있

12 채권가격은 이자율과 대응되며 채권의 수익구조는 주어져 있기 때문에 이자율에는 불확실성이 없다. 즉, 채권의 수익은 주어져 있는데 이 수익을 구성할 때 앞으로의 인플레이션을 예상하여 결정된 것이기 때문에 명목이자율은 실질이자율+예상인플레이션으로 구성되며 예상되지 않은 인플레이션은 이자율에 반영되지 않는다.

다. 실질이자율이 중요한 것은 이것이 차입의 실질비용을 반영하며 따라서 차입과 대출 유인을 더 잘 나타내기 때문이다. 때때로 명목이자율이 상승하고 높아져서 신용시장이 매우 긴축적인 것으로 보이지만 실제로는 실질이자율이 낮거나 오히려 마이너스가 되어 신용시장이 매우 풍족한 경우도 있다.

예컨대, 앞으로 1년 동안 1,000만 원을 명목이자율 10%로 친구에게 빌려준다고 생각해 보자. 그리고 앞으로 1년 동안 인플레이션이 5% 예상된다고 생각하자. 그러면 실질이자율은 식(4-21)에 의해 10% − 5% = 5%이다. 이것이 의미하는 것은 1,000만 원을 빌려주고 1년 후에 1,100만 원을 받지만 이 1,100만 원으로 1년 후에 구매할 수 있는 재화의 양은 5%만큼만 증가한다는 것이다.

이자율에서와 마찬가지로 수익률에서도 **명목수익률**(nominal rate of return)과 **실질수익률**(real rate of return)은 구분되어야 한다. 앞에서 우리가 보유기간수익률이라고 한 것은 명목수익률이며 이것은 인플레이션에 대한 고려를 하지 않은 것이다. 명목수익률에서 예상인플레이션율을 차감한 것이 실질(보유기간)수익률이 된다.

앞의 예에서처럼 친구에게 돈을 빌려준 경우에는 이자에 대해 세금이 부과되지 않지만 금융기관에 예금을 하거나 채권투자를 하는 경우에 이자나 수익이 발생하면 이에 대해 이자소득세가 부과되므로 실질이자율(또는 실질수익률)을 보기 위해서는 세후실질이자율(수익률)을 보아야 한다. **세후실질이자율**(after-tax real interest rate)은 $i(1-t)-\pi^e$ 이다. 여기서 t는 한계이자소득세율이다.

(2) 실질이자율의 측정: 물가연동채권의 역할

이와 같이 실질이자율이 경제적 의사결정에서 매우 중요한데 문제는 실질이자율을 측정하는 것이 어렵다는 것이다. 왜냐하면 명목이자율은 알고 있지만 실질이자율을 알려면 예상인플레이션율을 알아야 하는데 예상인플레이션율을 측정하는 것이 어렵기 때문이다. 인플레이션이 안정적인 경우에는 인플레이션율을 비교적 잘 예측할 수 있을 것이나 인플레이션이 불안정적인 경우에는 그 예측이 매우 어렵다. 그런데 최근에 와서 각국이 물가연동채권을 발행함으로써 실질이자율을 보다 직접적으로 측정할 수 있는 가능한 방법이 생겼다.[13]

13 이하 재정경제부(2007) 참고.

물가연동채권(indexed bond)이란 채권의 원금 및 이자지급액을 물가에 연동시켜 채권투자에 따른 물가변동위험을 제거함으로써 채권의 실질구매력(purchasing power)을 보장하는 채권을 말한다. 핀란드(1945년), 영국(1981년), 미국(1997년), 프랑스(1998년), 일본(2004년), 한국(2007년) 등 많은 국가에서 물가연동국채를 발행 중이며 이들은 TIPS(Treasury Inflation Protected Securities, 미국), ILGs(Inflation Linked Gilts, 영국), RRBs(Real Return Bonds, 캐나다), IIBs(Inflation Indexed Bonds, 일본), KTBi(Inflation-Linked Korean Treasury Bond, 한국)[14] 등 다양한 명칭으로 불리고 있다. 물가연동채권에는 다음과 같은 세 가지 종류가 있다.

① 원금지수연계채권(capital-indexed bond): 표면이자율(이표금리)은 발행 시에 결정되고 원금이 기간별로 인플레이션수준에 따라 조정되는 채권이다.

② 이자지수연계채권(inflation-indexed coupon bond): 원금은 변동하지 않고 이자만 인플레이션율에 따라 변동한다. 예컨대, 표면이자율 = 초기표면이자율 + CPI상승률과 같이 변동된다.

③ 연금형인플레채권(indexed annuity bond): 원금과 이자가 모두 인플레이션율에 따라 조정되고 분할 상환되는 구조이다.

<예시 4-3> 물가연동국채(원금지수연계채권)의 원금과 이자

물가연동국채 중에서 원금지수연계채권의 경우에 원금과 이자가 물가상승에 따라 어떻게 변동하는지를 살펴보자. 이 국채의 액면금액은 100만 원이고 표면이자율이 4%인데 이자는 6개월마다 2%씩 지급하며 만기는 10년이다. 원금지수연계채권의 경우 표면이자율은 발행 시에 결정되고 원금만 기간별로 인플레이션수준에 따라 조정되는 채권이다. 원금을 조정하는 데 사용되는 지수는 소비자물가지수(CPI)라고 가정한다. 만약 CPI가 6개월마다 1 포인트씩 상승하는 경우 원금과 이자가 어떻게 될 것인지를 보면 〈표 4-2〉와 같다. 원금은 CPI의 변화에 따라 조정되는데 발행 후 0.5년(6개월) 후의 원금은 액면 × 물가연동계수이다.

---

14 우리나라에서는 2007년 3월에 10년 만기 물가연동국고채(KTBi)를 처음으로 발행하였으나 투자수요부족 등으로 2008년 8월 발행을 일시 중단하였다가 2010년 6월부터 발행을 재개하여 2016년 6월 말 현재까지 총 6회 발행되었다(발행잔액은 2016년 6월 말 현재 10.2조 원으로 전체 국고채의 2% 정도).

〈표 4-2〉 ▸ 원금지수연계형 물가연동국채의 경우 원금과 이자의 변화

(단위: 만 원)

구분	발행일	+ 0.5년	+ 1년	+ 1.5년		+ 9.5년	+ 10년
CPI	110.00	111.00	112.00	113.00	…	129.00	130.00
원금	100.00	100.91	101.82	102.73		117.27	118.18
이자	—	2.0182	2.0364	2.0545		2.3455	2.3636

자료: 재정경제부(2007)

여기서 물가연동계수는 (지급일의 CPI)/(발행일의 CPI)이다. 그러므로 0.5년 후의 물가연동계수는 (0.5년 후의 CPI)/(발행일의 CPI) = 111/110 = 1.0091이다. 따라서 0.5년 후의 원금은 100(만 원) × 1.0091 = 100.91(만 원)이다. 그리고 0.5년 후의 이자는 원금 × 2%(표면이자율의 반) = 100.91 × 2% = 2.0182(만 원)이다. 이런 방식으로 원금과 이자를 계산하면 〈표 4-2〉와 같다.

이러한 물가연동채권의 이자와 원금은 물가수준의 변화에 따라 조정되기 때문에 이들 채권의 시장이자율은 실질이자율의 직접적인 측정치를 제공할 수 있다. 위의 〈예시 4-3〉에서 보듯이 원금이 물가의 변동을 반영하므로 이 채권의 이자율은 실질이자율을 나타낸다. 이 채권의 이자율은 초기에 입찰을 통해 결정되고 이후 이 채권이 시장에서 거래되는데 이 채권의 시장이자율은 실질이자율을 반영한다고 볼 수 있다. 또 물가연동이 되지 않는 채권의 명목이자율에서 동일만기의 물가연동채권의 이자율을 차감하면 예상인플레이션(break-even inflation)에 대한 정보를 얻을 수 있기 때문에 이러한 채권은 통화정책입안자에게 매우 유용한 정보를 제공할 수 있다. 최근 우리나라를 포함하는 많은 나라에서 물가안정목표제(inflation targeting)를 도입하고 있는데 물가안정목표제에서는 예상인플레이션을 추정하는 것이 매우 중요한데 이러한 채권이 그러한 정보를 제공할 수 있다. 또한 민간부문도 물가연동국채에 의해 제공되는 정보가 매우 유용하다고 보고 미국의 경우 많은 금융기관에서 이러한 채권으로부터 유도되는 미국의 예상인플레이션율을 주기적으로 발표하고 있다.

예컨대, 2018년 12월 6일에 미국에서 10년 만기 재무부채권에 대한 이자율이 2.87%

였으며 10년 만기 TIPS(재무부 인플레이션연동국채)에 대한 이자율이 0.97%였다. 이것은 2018년 12월 6일 현재 10년 만기 채권의 실질이자율이 0.97%이며 앞으로 10년간의 예상 인플레이션율이 연 1.90%(2.87% − 0.97%)라는 것을 의미하고 있다. 따라서 이러한 물가연동채권의 이자율로 실질이자율을 바로 관측할 수 있으며 명목이자율에서 이를 차감함으로써 예상인플레이션율을 알 수 있다.

참고문헌

재정경제부, 물가연동국고채(Inflation-Linked Korean Treasury Bond, KTBi) 발행계획, 2007년 1월

이토 미쓰하루, 케인즈, 1962. 김경미(역), 존 케인즈: 새로운 경제학의 탄생, 소화, 2004

Stephen G. Cecchetti, Money, Banking, and Financial Markets, McGraw-Hill/Irwin 2006. Chapter 4

Dudley Dillard, The Economics of John Maynard Keynes: The Theory of a Monetary Economy, Prentice Hall Inc., 1948. 허창무(역), 케인스경제학의 이해, 지식산업사, 1988

Niall Ferguson, The Ascent of Money: A Financial History of the World. 2008. 김선영(역), 금융의 지배: 세계금융사이야기, 민음사, 2010

Johan J. Graafland, "Calvin's restrictions on interest: guidelines for the credit crisis," European Banking Center Discussion Paper #2009-22, Nov. 2009

R. Glenn Hubbard, Money, the Financial System, and the Economy, 6th ed. Pearson International Edition, 2008. Chapter 5

J. M. Keynes, The General Theory of Employment, Interest and Money, McMillan St. Martins Press, 1936. 조순(역), 고용, 이자 및 화폐의 일반이론, 비봉출판사, 1985

F. S. Mishkin, The Economics of Money, Banking and Financial Markets, 7th ed. Pearson, 2004. Chapter 4

James C. Van Horne, Financial Market Rates and Flows, 5th ed. Prentice Hall, 1998. Chapter 6

연습문제

1. 3,000원하는 담배를 지금부터 50년간 금연을 하여 은행에 예금을 한다고 하면 그 가치는 현재가치로 얼마나 될까? 하루 한 갑을 피우면 한 달이면 10만 원, 1년이면 120만 원이다. 이 돈을 모아 연리 5%의 예금을 들면 그 가치는 50년 후에는 큰 금액이 될 것이다. 이 금액을 계산하여 보시오. 이 금액을 현재가치로 환산하여 보시오. 이자율은 5%로 보고 계산하시오.
2. 잡지를 정기구독을 하는데 1년에 3만 원이다. 그런데 이 잡지를 2년간 구독한다면 5만 원을 받는다고 한다. 어느 방법이 독자에게 더 유리한가? 이자율이 현재 5%라고 가정한다.
3. 식(4-4)에서 식(4-5)를 유도해 보시오.
4. 식(4-8)에서 $P_b = F$라면 $i = C/F = C/P_b$가 된다는 것을 보이시오.
5. 식(4-10)에서 식(4-11)(콘솔의 가격)을 유도하여 보시오.

6. 다음의 경우에 만기수익률을 계산하는 식을 써 보시오. 가능하다면 만기수익률을 계산해 보시오.

   (1) 지금 1,000만 원을 대출받고 3년 후에 1,300만 원을 상환하는 단순대출

   (2) 액면가가 1,000만 원이고 5년 동안 매년 100만 원씩 이자를 받는 이표채(쿠폰본드)를 1,200만 원에 매입하는 경우

   (3) 2년 후에 액면가 1,000만 원을 지급하는 할인채를 지금 800만 원에 매입하는 경우

   (4) 등록금으로 500만 원을 대출받고 2년 후부터 매년 60만 원씩 10년 동안 상환하는 대출

7. 이표채의 경우 만기수익률의 측정이 어려운 상황에서는 다소 덜 정확하지만 계산하기 쉬운 개략치로 경상수익률이 흔히 사용된다. 경상수익률은 수익의 다른 원천은 고려하지 않고 이자지불(C)만 고려하여 C/P_b로 계산된다. 여기서 P_b는 이표채의 현재가격이다. 경상수익률이 만기수익률의 좋은 개략치가 되는 경우는 어떤 경우인가?

8. 2012년 6월 20일에 미국에서 10년 만기 국채의 이자율이 1.65%였으며 10년 만기 TIPS의 이자율이 −0.51%였다. 2012년 6월 20일 현재 10년 만기 국채의 실질이자율과 앞으로 10년간의 예상인플레이션율은 얼마라고 추정할 수 있는가?

9. 은퇴자들이 채권투자를 하는 경우 장기채권과 단기채권 중 어느 것을 선호하는가? 그 이유는 무엇인가? 은퇴자들의 가장 적합한 채권투자방식은 무엇인가?

10. 주택담보대출이자율이 7%에서 4%로 내렸고, 주택가격의 예상상승률은 6%에서 2%로 낮아졌다면, 사람들은 주택을 더 구입하려고 할 것인가, 하지 않을 것인가?

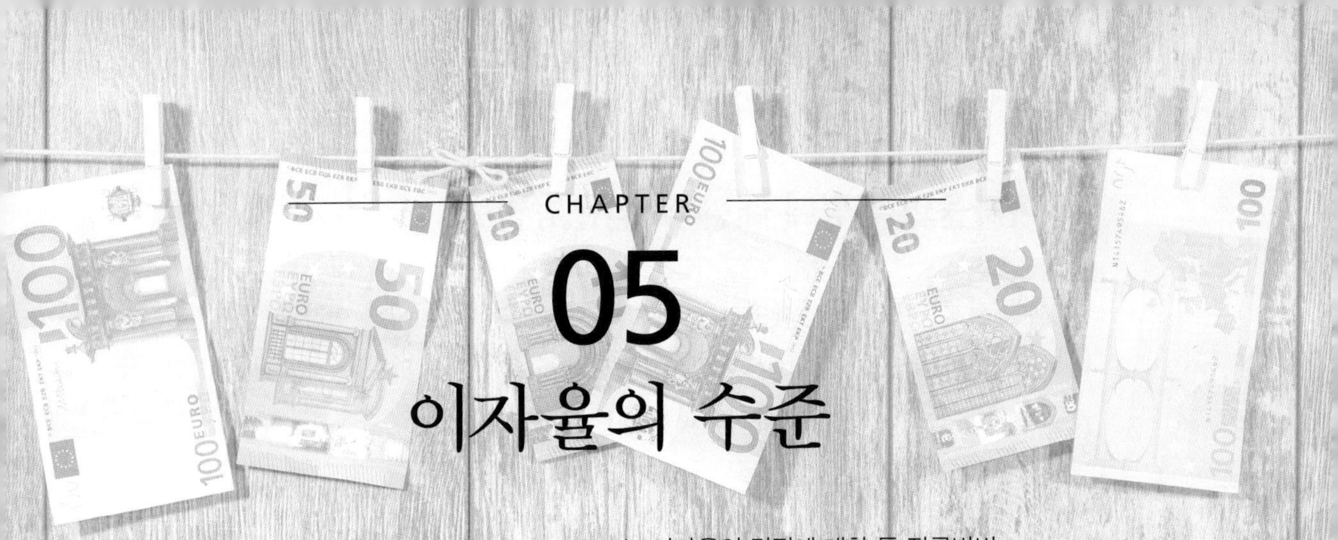

CHAPTER

05 이자율의 수준

1. 이자율의 결정에 대한 두 접근방법
2. 대부자금이론: 채권시장의 수요공급모형
3. 유동성선호이론: 화폐시장의 수요공급모형

4장에서는 이자율(만기수익률)을 정의하고 측정하는 문제를 살펴보았다. 5장에서는 이러한 이자율의 시장전체(경제전체) 수준이 어떻게 결정되며 그 움직임에 영향을 미치는 요인들에는 어떤 것이 있는지에 대해 살펴보고자 한다. 그리고 다음 장(6장)에서 각 채권의 이자율의 차이가 왜 발생하는지에 대해 살펴본다.

한 나라의 이자율수준이 어떻게 결정되는가에 대해서는 많은 이론이 있지만 5장에서는 채권시장과 화폐시장에서의 수요공급분석을 이용하여 이자율의 결정문제에 접근한다. 4장에서 채권가격과 이자율이 역으로 1대1의 대응관계에 있다는 것을 보았으므로 만약 채권시장에서 채권의 수요와 공급에 의해 채권가격이 어떻게 결정되는지를 설명할 수 있다면 이자율이 어떻게 결정되는지를 설명할 수 있다. 또 이자율은 유동성(liquidity)을 포기한 대가이므로 유동성에 대한 수요와 공급에 의해서도 이자율이 결정된다고 볼 수 있다. 유동성을 대표하는 것이 화폐(money)이므로 이자율은 화폐시장에서 화폐에 대한 수요와 공급에 의해 결정될 수도 있다. 먼저 1절에서는 이자율의 결정에 대한 이러한 두 이론의 관계에 대해 간략히 설명한다. 두 이론이 서로 다른 방식으로 접근하고 있지만 두 이론은 서로 연관되어 있고 공통점도 있기 때문이다. 2절에서는 채권시장을 중심으로 채권가격과 이자율이 어떻게 결정되는지를 설명하는 대부자금이론을 살펴본다. 그리고 3절에서는 화폐시장에서의 수요공급에 의해 이자율이 결정되는 Keynes의 유동성선호이론에 대해 살펴본다.

1. 이자율의 결정에 대한 두 접근방법

여기서 살펴보는 이자율이론은 채권시장의 수요공급에 의해 이자율이 결정되는 대부자금이론(채권시장모형)과 화폐시장에서의 수요공급에 의해 이자율이 결정되는 Keynes의 유동성선호이론(화폐시장모형)이다. 이 두 접근방법은 다음과 같은 차이점과 공통점을 갖고 있다.[1]

단기이론과 장기이론의 차이 이들 이론이 말하는 이자율의 의미가 다소 다르다. 4장에서 보았듯이 Keynes의 이자율은 유동성(화폐)을 포기한데 대한 대가, 유동성(화폐)의 사용에 대해 지불하는 대가인데 반해 전통적 이론을 이어받은 대부자금이론은 이자율을 이것과는 전혀 다른 것, 즉 소비를 연기시킨 것(저축)에 대한 대가, 기다림, 절제 또는 시간선호에 대해 지불하는 것이라고 간주하고 있다. 이러한 의미의 차이로 인해 한 이론은 이자율이 화폐시장에서 결정된다고 보고 다른 하나의 이론은 채권시장에서의 자금의 대차에 의해 이자율이 결정된다고 보는 것이다. 그러나 이들 두 이자율이론은 서로 연관이 있다. Keynes의 유동성선호이론은 단기(산출량이 완전고용상태 이하인 상황)에서의 이자율을 설명하는 것이며 대부자금이론은 산출량이 완전고용상태에 있는 장기에서의 이자율을 설명하는 것이다. 단기에서는 화폐시장에서 화폐공급과 화폐수요가 먼저 이자율을 결정하고 대부자금시장은 화폐시장을 뒤따른다. 왜냐하면 화폐공급의 변화(증가)가 이자율을 변화(하락)시킬 때 이로 인한 승수효과를 통해 실질산출량과 저축이 변화(증가)하고 이것이 대부자금의 공급을 변화(증가)시켜(대부자금 공급곡선을 오른쪽으로 이동시켜) 대부자금이론에서도 이자율이 변화(하락)하기 때문이다. 반면 장기에서는 대부자금시장이 균형이자율을 결정하고 화폐시장이 대부자금시장을 뒤따른다. 왜냐하면 장기에서는 산출량이 완전고용산출량으로 되돌아가기 때문이다. 단기에서는 화폐공급이 이자율에 영향을 미치지만 장기에서는 화폐공급이 이자율에 영향을 미치지 못한다. 따라서 장기에서 이자율을 결정하는 것은 대부자금시장이다. 즉, 장기에서의 이자율은 완전고용산출량수준에서 발생하는 대부자금의 수요와 공급이 같아지도록 만든다. 그리고 화폐시장에서의 이자율은 원래의 균형상태(장기균형상태)로 되돌아간다.[2]

---

1 Dillard(1948), 허창무(1988, pp.169-172), 이토 미쓰하루(1962), 김경미(2004, pp.125-145), Hubbard(2008) 참고.

2 Keynes의 유동성선호이론과 전통적인 대부자금이론에서의 이자율의 관계에 대해서는 Krugman and

저량적 접근방법 이 두 이론에서의 수요와 공급이 모두 자산의 **유량**(flow)에 대한 것이 아니라 **저량**(stock)에 대한 것이라는 점이다. 채권시장모형(대부자금이론)의 경우 일정기간(예컨대, 1년) 동안의 채권(대부자금)에 대한 수요량과 공급량을 나타내는 것이 아니라 특정시점에서의 채권(대부자금)의 수요량과 공급량을 나타낸다는 것이다. 대부자금이론에는 유량으로 접근하는 방법도 있고 저량으로 접근하는 방법도 있는데,[3] 2절에서 살펴보는 대부자금이론(채권시장모형)은 저량으로서의 대부자금(채권)에 대한 수요공급 분석이다.[4] 또 Keynes의 유동성선호이론도 화폐(통화량)는 저량변수이기 때문에 화폐의 저량수요(stock demand)와 화폐의 저량공급(stock supply)에 의해 이자율이 결정된다고 본다. 특히 최근에 와서 금융시장에서의 자산가격(이자율, 환율, 금 등)의 움직임을 이해하고 설명하기 위해 유량보다는 저량을 강조하고 있는데 이러한 방식이 **자산시장접근방법**(asset market approach)이며 현재 자산가격결정에서 가장 널리 사용하는 접근방법이다. 자산시장접근방법을 이용하는 이유는 채권과 화폐는 물론이고 대부자금이나 외환과 같은 것도 자금운용의 대상이 되는 하나의 자산으로 취급되기 때문이다.

그런데 사실상 이자율의 결정에 있어 자산시장(저량적)접근방법의 원조는 Keynes이다. Keynes의 유동성선호 이자율이론의 가장 큰 특징은 Keynes가 이자율의 결정을 고전학파처럼 유량에 관련시키지 않고 저량인 화폐와 채권과 관련시키고 있다는 것이다. 다시 말하면 Keynes는 자산시장접근방법으로 이자율을 분석하고 있는 것이다. 고전파의 전통적 이자율이론은 유량변수인 저축과 투자에 의해 이자율이 결정된다고 본다. 금년 일 년 동안의 저축(소비의 연기), 일 년 동안의 투자와 같은 실물적 요인에 의해 이자율이 결정된다는 것이다. 고전파는 미래를 완전히 예견(perfect foresight)할 수 있고 재화는 생산된 후 짧은 기간 동안에 반드시 소비되며 화폐는 일시적으로 이러한 소비의 지

Wells(2010, chapter 31 Appendix) 참고.

3 대부자금이론과 관련하여 과거에는 유량분석이 지배적이었다. 고전파의 이자율이론은 유량형(flow type)의 대부자금 수요공급모형으로 볼 수 있는데 일정기간 동안의 대부자금의 공급(저축)과 대부자금의 수요(투자)에 의해 이자율이 결정된다고 본다. 이외에도 대부자금의 개념을 다소 확대하여 유량형으로 분석하는 모형도 있다.

4 물론 엄밀하게 말하면 채권에 대한 신규수요와 신규공급이 대부자금의 신규공급과 신규수요를 나타내는 것이지만 채권은 한번 발행되면 유통시장에서 계속 거래되므로 기존채권에 대한 수요와 공급에 의해 그 채권의 이자율이 결정된다고 보며, 이렇게 보는 것이 더 현실적이고 더 타당하다고 볼 수 있기 때문에 대부자금이론도 최근에는 저량적 접근을 한다.

연을 도와주는 교환수단이라는 관점을 가지고 있었기 때문에 오랜 기간 축적되어 저량이 되는 문제는 전혀 고려하지 않았다. 그런데 저축은 금년의 저축만이 아니라 지난 기간의 과거의 저축이 누적되어 재산이 형성되는 것이며 이자율의 움직임은 이러한 재산 전체와 밀접하게 관계된다는 것이 Keynes의 생각이었다. 특히 영국과 같이 자본주의가 성숙한 국가에서는 과거에 축적된 재산이 막대하며 이러한 재산의 소지자들은 단순히 현재의 저축만이 아니고 과거의 저축의 집합인 재산 그 자체의 가치의 변화에 관심을 가지게 된다는 것이다.

두 이론의 상호관계 앞에서 언급한 바와 같이 이들 두 이론에서 의미하는 이자율의 개념이 서로 다르지만 그럼에도 이들 두 이론은 서로 밀접하게 관계되어 있다. 두 모형의 관계를 알아보기 위하여 경제전체의 재산시장을 생각해보자. 경제전체의 총재산은 화폐(M)와 비화폐자산(N, 채권, 주식, 부동산 등)으로 구성된다. 총재산에 대한 수요는 화폐에 대한 수요(M^d)와 비화폐자산에 대한 수요(N^d)로 구성된다. 총재산의 공급은 화폐의 공급(M^s)과 비화폐자산의 공급(N^s)으로 이루어진다. 그리고 재산시장의 균형에서는 총재산에 대한 수요와 총재산의 공급이 같아야 한다. 즉,

(5-1) $$M^s + N^s = M^d + N^d$$

이 식을 화폐와 비화폐자산으로 정리하면 다음의 식(5-2)와 같다.

(5-2) $$M^d - M^s = N^s - N^d$$

이 식에 의하면 만약 왼쪽이 0이면 오른쪽도 0이 된다. 왼쪽이 0이라는 것은 $M^d = M^s$를 의미하고 이것은 화폐시장이 균형이라는 것을 의미한다. 오른쪽이 0이라는 것은 $N^d = N^s$를 의미하며 이것은 비화폐자산시장이 균형이라는 것을 의미한다. 따라서 식(5-2)가 의미하는 것은 화폐시장이 균형이면 비화폐자산시장도 균형이라는 것을 의미한다. 그런데 만약 비화폐자산이 채권(B)으로만 구성되고 채권이 하나만 존재한다면(N=B) 균형이자율에 대해 생각할 때 화폐시장의 균형상태(화폐에 대한 수요와 공급의 일치)에서 보나 채권시장의 균형상태(채권에 대한 수요와 공급의 일치)에서 보나 동일하다고 볼 수 있다. 실제로 Keynes는 이론을 전개할 때 자산의 형태가 화폐(M)와 채권(B) 두 가지뿐이라고 가정하였는데 이 경우에는 적어도 외형적으로는 유동성선호이론은 대부자금이론과

동일하다고 볼 수 있으며 이자율이론은 하나로 통합되는 것이다. 그러나 자산의 형태가 화폐와 채권 두 가지뿐이라는 Keynes의 가정은 매우 비현실적이라고 볼 수 있다. 그럼에도 불구하고 Keynes가 채권이나 다른 자산대신 화폐를 중시하고 이자율이 화폐시장에서 결정된다고 본 것은 이자율이 유동성(화폐)을 포기한 것에 대한 대가이며 당시에는 채권이 화폐의 가장 중요한 대체수단이었기 때문이다.

2. 대부자금이론: 채권시장의 수요공급모형

한 나라의 이자율수준은 그 나라 경제의 건전성정도를 나타내는 중요한 지표이다. 따라서 여기서는 이자율의 수준에 대해 살펴보고자 한다. 이자율수준이 어떻게 결정되는가에 대한 하나의 접근방법은 채권시장에서 채권에 대한 수요와 공급에 의해 채권가격이 어떻게 결정되는지를 살펴보고 채권가격과 이자율(만기수익률)이 1:1로 대응된다는 점을 이용하여 이자율의 결정과정을 살펴보는 것이다. 채권에는 다양한 형태가 있지만 여기서는 한 나라의 이자율수준이 어떻게 결정되는가를 살펴보기 위하여 하나의 채권만이 있다고 가정하고 이 채권에 대한 수요와 공급에 의해 채권가격과 이자율수준이 어떻게 결정되는지를 살펴본다.

(1) 채권시장의 수요공급모형

1) 채권수요곡선

먼저 채권의 수요곡선을 유도해보자. 채권의 수요공급곡선을 통상적 수요공급곡선과 유사하게 유도할 수 있다. 채권수요곡선은 채권가격의 변화에 따른 채권수요량의 관계를 나타낸다. 그런데 채권도 하나의 자산이므로 3장에서 살펴본 자산선택이론에 따르면 채권에 대한 수요는 투자자들의 재산, 상대적 기대수익, 상대적 위험, 상대적 유동성, 그리고 상대적 정보획득비용 등에 달려있다. 이러한 다양한 요인들이 채권수요에 영향을 미치므로 채권수요곡선을 유도하기 위해서는 현재의 투자자들의 재산, 모든 자산(주식 등의 대체자산은 물론이고 채권도 포함)의 기대수익, 위험, 유동성, 그리고 정보획득비용이 모두 주어져 있다고 가정하고 채권가격과 채권수요량의 관계에 대해서만 생각하여야 한다. 이렇게 가정하면 채권수요곡선, 즉 다른 모든 조건이 주어진 상태에서 채권수요량과 채권가격 사이의 관계를 구할 수 있다.

채권가격의 변화에 따른 채권수요량의 변화를 나타낸 것이 채권수요곡선이므로 채권가격에 따른 채권수요량을 찾아보면 된다. 경제에는 하나의 채권, 즉 위험이 없는 하나의 국채만 있다고 가정하고 이를 대상으로 살펴본다. 편의상 액면가격이 100만 원인 1년 만기 이표국채(coupon bond, 표면금리 연 10%)를 대상으로 살펴본다. 이 채권(국채)의 가격이 105만 원인 경우 시장전체의 투자자들의 이 채권에 대한 수요량이 100억 원이라고 가정하자. 투자자들의 총재산(total wealth)은 현재 주어져 있다고 가정하고 있다. 총재산은 여러 자산으로 보유되고 있는데 총재산 중의 일부가 채권으로 보유되고 105만 원의 채권가격에서 채권을 구매하려는 규모가 100억 원이라는 것이다. 이 점이 〈그림 5-1〉의 A점이다. 이제 채권가격이 100만 원인 경우를 생각해 보자. 가격이 105만 원에서 100만 원으로 하락하였으므로 정상적인 자산이라면 다른 요소들이 변화하지 않는 경우 수요량은 분명 증가할 것이다. 이 가격에서 채권수요량은 200억 원이라고 가정하자. 〈그림 5-1〉의 B점이 이러한 상황을 나타낸다. 채권가격이 95만 원인 경우에 채권에 대한 수요가 증가하여 수요량이 300억 원이라면 이 점은 C점이 된다. 이와 같이 채권의 각 가격에서의 채권수요량을 찾아 이러한 점들(A, B, C 등)을 모두 이으면 채권수요곡선이 된다. 이것이 〈그림 5-1〉의 채권수요곡선(B^d)이다. 채권가격과 채권수요량의 관계를 나타낸 채권수요곡선은 일반적인 수요곡선과 마찬가지로 가격에 대해 우하향한다.

2) 채권공급곡선

채권수요곡선의 유도에서와 마찬가지로 채권공급곡선도 채권가격과 채권공급량을 제외한 모든 다른 변수들(기업이나 정부의 자금조달에 관련된 모든 요소)이 주어져 있는 상태에서 채권공급량과 채권가격의 관계를 나타내는 것이다. 일반 재화의 공급과 마찬가지로 채권공급도 채권가격에 따라 변화한다. 채권가격이 85만 원인 경우 채권의 공급량은 100억 원이라고 하자. 이 점을 나타낸 것이 〈그림 5-1〉의 F점이다. 만약 채권가격이 90만 원으로 상승한다면 채권의 공급자(주로 기업이나 정부)는 동일한 채권을 발행하여 더 많은 자금을 조달할 수 있기 때문에 채권공급량은 증가한다. 채권가격이 90만 원인 경우 채권공급량은 200억 원이라고 가정하면 G점이 채권공급곡선상의 점이 된다. 이와 같이

〈그림 5-1〉 ▸ 채권시장모형

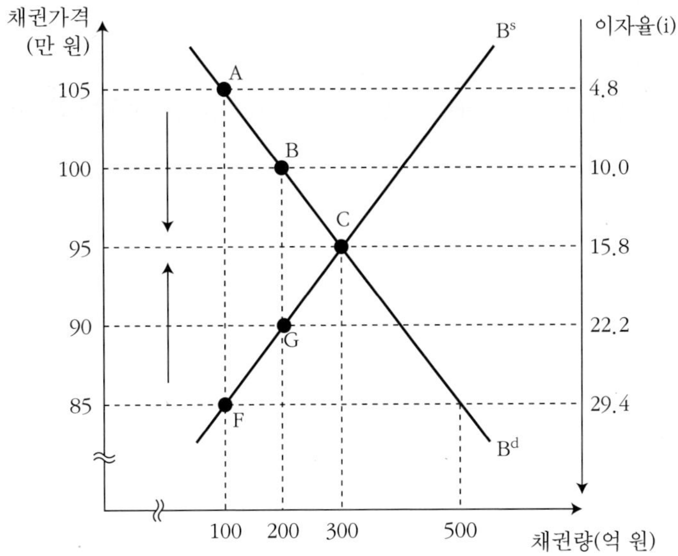

각각의 채권가격에 대응하는 채권공급량을 모두 연결하면 채권공급곡선을 구할 수 있다. 채권가격이 상승할수록 채권공급량은 늘어나기 때문에 채권공급곡선(채권가격과 채권공급량의 관계를 나타낸 선)은 우상향한다. 이것을 나타낸 것이 〈그림 5-1〉의 채권공급곡선(B^s)이다.

3) 채권시장의 균형

모든 수요공급모형에서와 마찬가지로 채권시장에서도 채권수요곡선과 채권공급곡선이 만나는 점에서 채권의 균형가격이 결정된다. 즉, 시장균형조건은 다음과 같다.

(5-3) $$B^d = B^s$$

〈그림 5-1〉에서는 C점이 균형점이며 균형채권가격은 95만 원이 된다. 시장균형(균형가격)의 개념은 매우 중요하다. 왜냐하면 시장은 이 균형점으로 향하는 경향이 있기 때문이다. 만약 채권가격이 균형상태에서 벗어나면 이것은 균형점으로 수렴한다. 예컨대, 채권가격이 85만 원이라면 400억 원의 초과수요가 있으며 초과수요가 없어질 때까지 채

권가격은 상승하여 균형을 이룬다. 가격이 상승하면서 채권수요는 감소하고 채권공급은 증가하여 결국 수요와 공급이 같아지는 균형가격(95만 원)으로 수렴한다. 반대로 초과공급이 있으면 가격이 지속적으로 하락하여 균형점에 도달하게 된다. 이와 같이 균형상태에서 벗어나면 균형상태로 수렴하려는 경향이 있는데 이러한 균형을 **안정적 균형**(stable equilibrium)이라고 한다.

4) 채권시장의 수요공급분석과 대부자금시장의 수요공급분석

이 채권시장모형을 이용하여 채권의 균형가격을 결정할 수 있다. 그리고 4장에서 본 바와 같이 채권의 경우 채권가격과 이자율은 서로 1 대 1로 대응이 되기 때문에 이 모형을 이용하여 균형이자율도 구할 수 있다. 예컨대, 앞에서 가정한 1년 만기 이표채(액면가격 100만 원, 표면금리 10%, 따라서 연 이표는 10만 원)의 경우 이자율(만기수익률)은 식(4-7)에서 N=1인 경우이므로 다음과 같이 된다.

$$i = \frac{(C + F) - P_b}{P_b} = \frac{110 - P_b}{P_b} \quad (5\text{-}4)$$

여기서 i는 이자율(만기수익률)이며 F는 액면가격, C는 이표(이자), P_b는 이표채의 시장가격이다. 이 식에 의하면 F(액면가. 100만 원)와 C(이표. 10만 원)가 주어져 있으므로 이자율과 채권가격은 각각 1:1로 대응한다는 것을 알 수 있다. 따라서 균형가격 95만 원은 균형이자율 15.8%에 대응된다. 그런데 사람들은 통상 채권가격보다는 이자율에 관심이 더 많기 때문에 채권가격보다는 이자율이 직접적으로 결정되는 모형을 선호하는 경향이 있다.

식(5-4)를 이용하여 채권의 수요량 및 채권의 공급량과 이자율의 관계를 나타내면 〈그림 5-1〉과 같이 나타낼 수 있다. 〈그림 5-1〉에는 종축이 두 개 있다. 하나(왼쪽 종축)는 채권가격을 나타내는데 이 경우 위로 갈수록 가격이 높고 아래로 가면 낮은 가격을 나타낸다. 다른 하나(오른쪽 종축)는 이자율을 나타내는데 이 경우에는 위로 갈수록 이자율은 낮고 아래로 갈수록 이자율은 높다. 따라서 〈그림 5-1〉의 채권수요곡선(B^d)은 채권가격과 채권수요량의 관계로 나타내는 경우에는 일반적인 수요곡선과 마찬가지로 가격에 대해 우하향하지만 이자율과 채권수요량의 관계로 채권수요곡선을 나타내면(이자율

〈그림 5-2〉 ▸ 대부자금모형

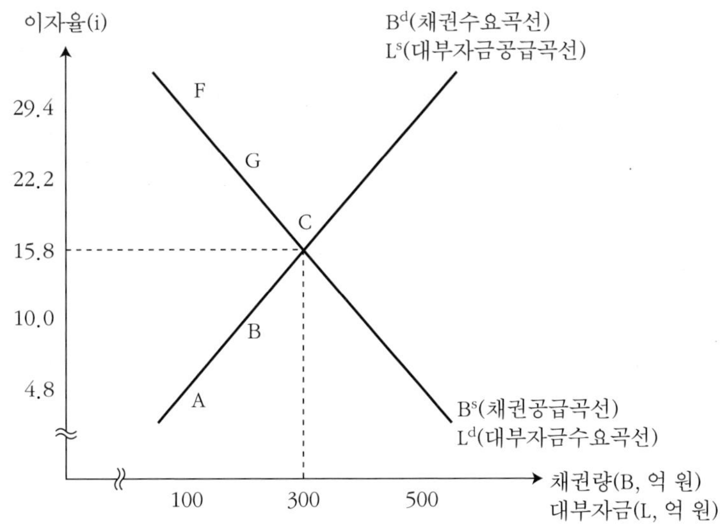

축을 뒤집어서 보면) 채권수요곡선은 우상향하는 곡선이 된다. 또 채권공급곡선(B^s)도 채권가격과 채권공급량의 관계로 나타내는 경우에는 통상적인 경우처럼 우상향하지만 채권공급곡선을 이자율과 채권공급량의 관계로 나타내면(이자율 축을 뒤집어서 보면) 채권공급곡선은 우하향하는 곡선이 된다. 즉, 이자율을 수직축으로 하면서 위로 갈수록 이자율이 높은 방식으로 나타내면 이것은 결국 〈그림 5-1〉의 채권수요곡선과 채권공급곡선을 위아래로 뒤집어 놓은 것이 된다. 이렇게 뒤집어서 보면 〈그림 5-2〉에서 보듯이 채권수요곡선(B^d)은 우상향하게 되고 채권공급곡선(B^s)은 우하향하게 된다. 이것은 통상의 수요공급분석과는 반대이므로 어색하다. 물론 수평축은 여전히 채권거래량(금액단위로 표시)이다. 이제 이자율을 수직축으로 하면서 수요곡선은 우하향하고 공급곡선은 우상향하는 통상적인 것으로 전환하려면 수평축을 채권량에서 대부자금(loanable fund, 대출규모)으로 바꾸면 된다.

채권을 공급하는 기업은 자금이 필요하여 자금을 빌리려는 것이므로 채권의 공급은 바로 자금(대부자금)에 대한 수요와 같은 것이 된다. 따라서 채권의 공급곡선은 대부자금의 수요곡선이 되며 이자율을 수직축으로 하는 경우 우하향의 채권공급곡선(B^s)은 우하향의 대부자금 수요곡선(L^d, demand for loanable funds)이 된다. 마찬가지로 가계 등이 채권을 수요하는 것은 여유자금을 빌려주려는 것이므로 채권의 수요는 대부자금의 공급과 같은 것이며 이에 따라 이자율을 수직축으로 하는 경우 우상향하는 채권수요곡선(B^d)은 우상향의 대부자금 공급곡선(L^s, supply of loanable funds)이 된다. 즉, 〈그림 5-2〉에서 이자율을 수직축으로 하고 대부자금을 수평축으로 하는 경우 채권수요곡선(B^d) = 대부자금 공급곡선(L^s)이 되고 채권공급곡선(B^s) = 대부자금수요곡선(L^d)이 된다.

이자율을 수직축으로 하여 이자율의 결정을 설명하는 수요공급분석은 결국 대부자금에 대한 수요공급분석이므로 이 분석모형을 흔히 대부자금이론(loanable fund framework)이라고 한다. 그러나 두 가지 분석, 즉 채권에 대한 수요공급분석(채권가격과 채권량의 관계)과 대부자금에 대한 수요공급분석(이자율과 대부자금의 관계)은 동일한 것이며 편의와 목적에 따라 선택하여 사용할 수 있다.

(2) 균형채권가격(균형이자율)의 변동요인

이제 채권의 수요공급모형(대부자금이론)을 이용하여 왜 채권가격(이자율)이 변화하는지를 분석해 볼 수 있다. 앞에서 채권의 수요곡선과 공급곡선을 유도할 때 많은 것이 주어져 있다고 가정하였다. 〈그림 5-3〉의 B^d(……)과 B^s(……)에서 괄호 속의 …은 이들 곡선에 영향을 미치는 무수히 많은 주어진 요소들을 나타낸다. 이러한 요소들이 주어진 상태에서 채권가격의 변화에 따라 채권수요량과 채권공급량이 어떻게 변화하는가를 보여주는 것이 채권수요곡선과 채권공급곡선이다.

그런데 채권의 수요공급곡선을 유도할 때 주어져 있다고 가정한 요소들은 계속 주어져 있는 상태로 가만히 있는 것이 아니다. 이들도 당연히 변화한다. 주어져 있다고 가정한 변수들(이들을 **외생변수**라고 함)이 변화하는 경우는 곡선의 이동(shift in the curve)에 해당되며 채권수요곡선과 채권공급곡선이 이동한다. 채권수요곡선이나 채권공급곡선이 이동하는 경우에는 새로운 균형점이 생기게 되는데 원래의 초기균형점과 새로운 균형점을 비교하여 외생변수의 변화의 영향을 살펴보는 분석방법이 바로 **비교정태분석**(comparative static analysis)이며 경제학의 가장 기본적이고 중요한 분석방법이다. 따라서 경제분석을 잘하기 위해서는 어떤 모형이든 그 모형에 등장하는 곡선들(이자율결정을 위한 채권시장모형의 경우 채권수요곡선과 채권공급곡선)을 이동시키는 요인들이 어떤 것이 있으며 그 요인들이 변할 때 어느 곡선을 어느 방향으로 이동시키느냐 하는 것

〈그림 5-3〉 ▸ 채권시장의 분석

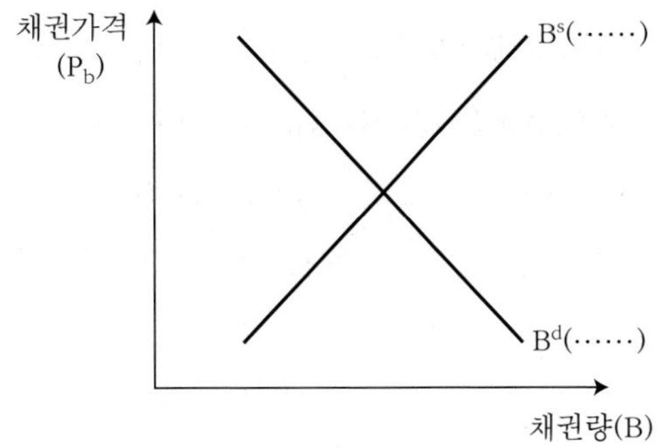

을 잘 파악하는 것이 중요하다. 따라서 이하에서는 채권수요곡선과 채권공급곡선을 이동시키는 주요한 요인들과 이러한 요인들이 곡선을 어느 방향으로 이동시키는지에 대해 살펴본다.

1) 채권수요곡선의 이동

먼저 채권수요곡선을 이동시키는 요인들에 대해 살펴보자. 앞에서 채권수요곡선을 유도할 때 현재의 투자자들의 재산, 모든 자산의 기대수익, 위험, 유동성 그리고 정보수집 비용이 모두 주어져 있다고 가정하였다. 이러한 요인들은 자산선택이론에서 살펴본 바와 같이 채권수요에 영향을 미치는 요소들이며 채권수요곡선(또는 대부자금 공급곡선)을 이동시키는 요인들이다. 이러한 다섯 가지 요인들을 중심으로 채권수요곡선의 이동요인을 살펴본다.

재산 투자자의 재산의 크기가 주어져 있다고 가정하였지만 만약 어떤 이유로 투자자의 재산이 증가한다면 이것은 채권수요곡선(대부자금공급곡선)을 오른쪽으로 이동시키는 요인이 된다. 그러면 어떤 경우에 재산이 증가하는가? 먼저, 경제가 성장하거나 경기가 좋아지는 경우에 통상 소득이 증가하며 이에 따라 저축이 늘어 재산이 증가한다. 재산에 영향을 미치는 또 하나의 중요한 요인은 민간의 **저축성향**이다. 비록 소득이 증가하지 않는다 하더라도 저축성향이 증가하면 가계가 저축을 더 많이 하여 재산도 증가하며 이에 따라 채권수요곡선(대부자금공급곡선)은 오른쪽으로 이동한다. 또한 외국자본의 유입과 유출은 재산의 증가나 감소의 한 형태로 볼 수 있다. 국내에서 형성된 재산은 아니지만 외국에서 들어오는 자본유입은 국내에서의 재산의 증가와 같은 영향을 미친다고 볼 수 있다. 통상 투자자들은 이자율이 높고 통화가 절상될 것으로 예상되는 나라의 채권에 투자(채권수요증가)를 한다.[5]

상대적 기대수익 채권의 상대적 기대수익이 증가(감소)하면 채권에 대한 수요는 증가(감소)하며 그래서 채권수요곡선은 오른쪽(왼쪽)으로 이동한다. 앞에서 예로 든 1년 만기 이표채에서 만약 보유기간이 1년이면 기대수익률(기대보유수익률)과 이자율은 동일하며 따라서 현재의 이자율(채권가격) 외에는 기대수익률에 영향을 미치지 않는다. 그러나 통상 만기가 보유기간보다 길며 이 경우 4장에서 본 바와 같이 기대보유수익률은 이자율(만기수익률)과 다르며 이 경우 이자율의 상승은 채권의 가격을 크게 떨어뜨리며 보유수익률을 크게 하락시킨다. 그러므로 예상이자율이 상승(하락)하면 채권의 기대수익률은 하락(상승)하며 따라서 채권수요곡선을 왼(오른)쪽으로 이동시킨다.[6] 또 다른 자산의 기대수익률의 변화도 채권수요곡선을 이동시킨다. 예컨대, 만약 사람들이 미래에 주식가격이 더 높아질 것이라고 예상한다면 주식에 대한 예상자본이득과 기대수익은 모두 증가하며 이 경우 채권의 상대적인 기대수익(주식투자에 대한 상대적인 기대수익)은 하락하며 따라서 채권수요곡선을 왼쪽으로 이동시킨다. 또한 예상인플레이션의 변화는 주택과 같은 실물자산에 대한 기대수익률을 변화시키며 따라서 채권수요에 영향을 미친다. 예컨대, 예상인플레이션의 상승은 미래의 주택가격을 상승시켜 높은 명목자본이득을 유발하며 주택과 같은 실물자산에 대한 기대수익을 증가시킨다. 이것은 채권의 상대적인 기대수익률의 하락을 의미하므로 채권수요곡선을 왼쪽으로 이동시킨다.[7]

---

5 국내통화의 절상예상은 높은 이자율과 마찬가지로 외국자본의 유입을 촉구하기 때문에 역시 채권수요곡선을 오른쪽으로 이동시킨다. 1997~1998년에 동남아시아에서 발생하였던 외환위기 동안에 아시아에 투자한 많은 투자자들은 아시아 국가의 잠재적 통화절하예상이 높은 이자율을 상쇄시킬 것이라고 우려하였다. 그래서 자금을 회수하여 아시아에서 미국, 유럽 등으로 이동시켰다.

6 만약 채권공급곡선이 변하지 않고 그대로 있다면 예상이자율의 상승으로 인한 채권수요곡선의 왼쪽 이동에 의해 현재의 채권가격은 하락하고 현재의 이자율은 상승한다. 즉, 예상이자율의 상승으로 인해 현재의 이자율이 상승(채권가격이 하락)한다. 이와 같이 미래에 예상되는 상황이 현재에서 실현되는 이러한 현상을 **자기실현적(자기충족적) 기대(self-fulfilling expectation)**라고 한다.

7 다른 방식으로 해석하면 피셔관계식(Fisher equation: 실질수익률 = 명목수익률 − 예상인플레이션)에서 보듯이 예상인플레이션의 상승은 채권의 실질수익률의 하락으로 볼 수 있으며 따라서 채권의 상대적 기

상대적 위험 만약 채권가격이 더 가변적이 된다면 채권의 위험(시장위험)은 증가하며 이것은 채권수요를 감소시키며 채권수요곡선을 왼쪽으로 이동시킨다. 반면 다른 자산시장(예컨대, 주식시장)에서의 자산가격의 가변성(위험)의 증가는 채권의 상대적 위험을 줄이므로 채권수요곡선을 오른쪽으로 이동시킨다.

상대적 유동성 채권의 상대적 유동성의 증가는 채권에 대한 수요를 증가시키며 따라서 채권수요곡선을 오른쪽으로 이동시킨다. 만약 사람들이 더 많이 채권시장에 참여하고 따라서 채권이 더 쉽게 거래가 가능하다면 이것은 채권의 유동성을 증가시키는 것이며 이것은 채권수요곡선을 오른쪽으로 이동시킨다. 반면 다른 자산의 유동성의 증가는 채권의 상대적인 유동성의 감소를 의미하므로 채권수요를 감소시킨다.

채권에 대한 정보수집비용 등 투자자들이 자산을 평가하기 위하여 지불하여야 하는 정보비용은 투자자들이 그러한 자산을 구매하려고 하는 의사에 영향을 미치기 때문에 채권에 대한 정보수집비용의 증가는 채권수요곡선의 왼쪽 이동을 유발한다. 반면 정보수집비용의 감소는 채권수요곡선을 오른쪽으로 이동시킨다. 또한 중앙은행의 공개시장매입이나 양적완화정책(quantitative easing, 자산매입)과 같은 통화정책활동도 채권수요곡선을 오른쪽으로 이동시킨다. 채권수요곡선의 이동요인을 그림으로 보이면 〈그림 5-4〉와 같다.

2) 채권공급곡선의 이동

앞에서 채권공급곡선을 유도할 때 채권가격 이외에 채권의 공급, 즉 기업이나 정부의 자금조달에 영향을 미치는 요인(변수)들은 모두 주어져 있다고 가정하였다. 그런데 만약 주어져 있다고 가정한 요인들이 변화하면 채권공급곡선이 이동하며 따라서 채권가격에 영향을 미칠 것이다. 채권의 공급은 주로 기업과 정부의 자금조달과 관련된 것이므로 채권공급곡선(대부자금수요곡선)을 이동시키는 요인은 기업의 투자활동과 정부의 재정활동과 밀접한 관련이 있다.

투자의 예상수익성 투자의 수익성이 앞으로 더 좋아질 것으로 예상된다면 기업은 투자를 하기 위해 자금을 조달할 필요가 생길 것이며 따라서 채권공급곡선은 우측으로 이

대수익의 하락을 유발하며 따라서 채권수요가 감소한다.

〈그림 5-4〉 ▸ 채권수요곡선의 이동요인

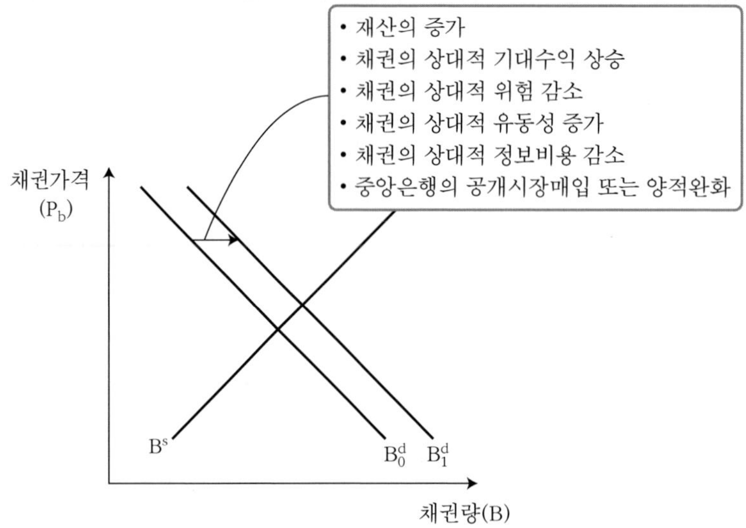

동한다. 일반적으로 경기상승이 예상되는 경우에는 유망한 투자기회가 더 늘어나며 이를 위한 투자자금을 조달하기 위해 채권발행을 증가시키며 따라서 채권공급은 증가한다. 또 경기가 아주 좋은 상태가 아니더라도 새로운 기술혁신이 등장하는 경우에는 높은 수익성이 기대되는 많은 새로운 투자기회가 생기며 따라서 채권공급이 늘어나게 된다.

예상인플레이션 예상인플레이션의 상승은 채권공급곡선을 우측으로 이동시킨다. 4장에서 보았듯이 자금차입의 실질비용은 실질이자율인데 이것은 '명목이자율 − 예상인플레이션'으로 측정된다. 그런데 주어진 명목이자율에서 예상인플레이션이 상승하면 실질차입비용은 감소하며 따라서 주어진 이자율(채권가격)에서 채권의 공급량은 증가하므로 채권공급곡선은 우측으로 이동한다.

기업조세 기업에 대한 조세제도는 기업의 투자활동에 큰 영향을 미친다. 기업조세가 기업에 유리하게 변하면 기업의 투자활동이 활성화되고 이에 따라 자금조달을 위해 채권(회사채)공급이 증가할 것이며 반대로 기업에 불리한 조세제도는 채권공급을 감소시킬 것이다.

정부활동 정부도 여러 가지 활동을 하면서 시장에서 민간부문으로부터 자금을 조달할 필요가 있으며 정부가 자금조달을 위해 발행하는 것이 국공채이다. 정부활동은 몇 가지

〈그림 5-5〉 ▸ 채권공급곡선의 이동요인

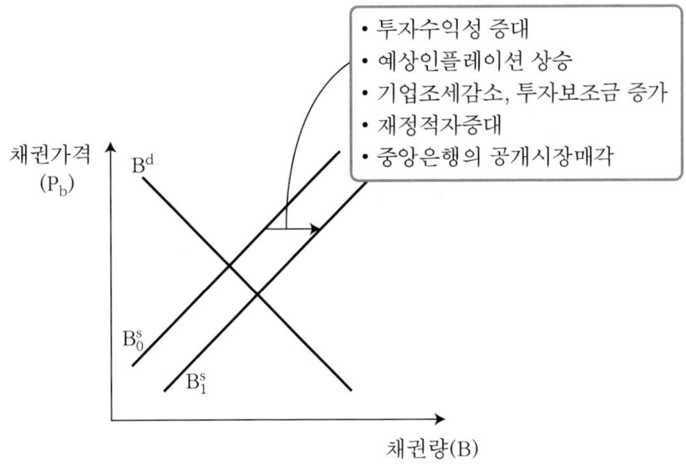

형태로 채권공급곡선에 영향을 미칠 수 있다. 먼저, 재정당국(정부)은 정부의 재정적자(세출 − 세입)를 보전하기 위해 국채를 발행한다. 따라서 정부의 재정적자의 증가는 채권공급곡선을 오른쪽으로 이동시킨다. 또 지방정부나 정부관련기관(자산관리공사, 예금보험공사 등)도 지출을 보전하기 위해 채권(지방채와 특수채)을 발행하며 이것도 채권공급곡선에 영향을 미친다. 또한 중앙은행(한국은행)은 통화정책의 수행과정에서 채권을 팔며(공개시장매각) 이것도 채권공급에 영향을 미친다. 채권공급곡선과 관련된 이동요인을 정리하면 〈그림 5-5〉와 같다.

(3) 채권시장 수요공급모형의 응용

위에서 살펴본 채권시장 수요공급모형(저량형 대부자금이론)을 이용하면 경제상황의 변화에 따라 균형채권가격(균형이자율)이 어떻게 변화하는지를 분석해 볼 수 있다. 이 모형의 분석에서 중요한 것은 첫째, 하나의 외생변수가 변할 때 다른 외생변수는 변화하지 않는다고 가정하는 것이다. 여러 외생변수가 함께 변화하는 경우에는 이러한 개별 영향을 합치면 된다. 둘째, 이자율과 채권가격은 반대로 움직인다는 것을 인식하는 것이다. 아래에서는 채권가격을 중심으로 살펴볼 것이지만 채권가격의 상승(하락)은 이자율

〈그림 5-6〉 ▸ 예상인플레이션의 변화가 채권가격에 미치는 영향

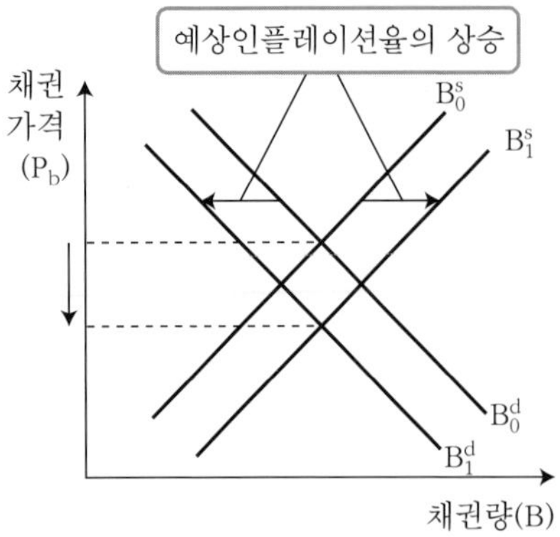

〈그림 5-7〉 ▸ 예상인플레이션의 변화가 이자율에 미치는 영향

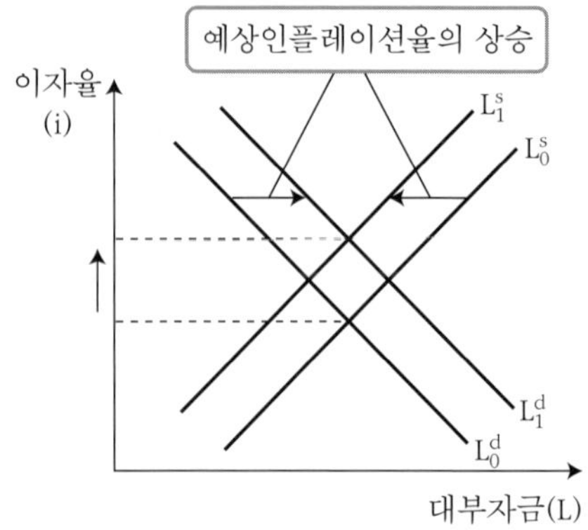

의 하락(상승)을 의미한다는 것을 명심하여야 한다. 이 모형은 다양한 상황의 분석에 대해 응용될 수 있지만 이하에서는 중요한 몇 가지 경우에 대해서만 살펴본다.

1) 예상인플레이션의 변화가 이자율에 미치는 영향: 피셔효과

먼저 예상인플레이션의 변화가 명목이자율에 어떤 영향을 주는지를 살펴보자. 앞에서 설명한 대로 예상인플레이션율이 상승하면 채권의 예상수익률은 실물자산에 비해 상대적으로 불리해지므로 채권수요는 감소하며 따라서 채권수요곡선(B^d)은 왼쪽으로 이동한다. 반면 예상인플레이션율이 상승하면 차입의 실질비용은 감소하므로 채권공급곡선(B^s)은 오른쪽으로 이동한다. 그러므로 균형채권가격은 명백히 하락하며 이것은 균형이자율이 상승한다는 것을 의미한다. 이러한 상황을 나타낸 것이 〈그림 5-6〉이다. 마찬가지로 예상인플레이션이 상승하는 경우 직접적으로 이자율에 어떤 영향을 미치는지를 대부자금이론으로 살펴볼 수 있는데 이것을 보이는 것이 〈그림 5-7〉이다. 여기서 보면 예상인플레이션의 상승이 대부자금공급곡선(L^s)을 왼쪽으로 이동시키고 대부자금수요곡선(L^d)을 오른쪽으로 이동시키며 따라서 균형이자율은 상승한다.

여기서 보면 예상인플레이션이 상승하는 경우 명목이자율이 상승한다는 것을 볼 수 있다. 이 결과는 **피셔효과**(Fisher effect)라고 알려진 것이다. 즉, $i = i_r + \pi^e$의 **피셔관계식**(Fisher equation, i는 명목이자율, i_r은 실질이자율, 그리고 π^e는 예상인플레이션율)

에서 피셔효과가 의미하는 것은 실질이자율이 안정적인 상황에서 예상인플레이션(π^e)의 변화는 명목이자율(i)에만 영향을 미치며 예상인플레이션의 변화만큼 명목이자율이 변화한다는 것이다. 이것은 예상인플레이션과 명목이자율이 1:1의 대응관계를 가진다는 것이다. 이 효과가 옳다면 미래이자율의 변화방향을 판단하는 좋은 방법을 제공한다. 즉, 인플레이션이 상승하면 예상인플레이션이 상승하게 되고 이에 따라 명목이자율이 상승하게 된다. 이러한 결과는 장기적으로 보면 대개 맞는다고 볼 수 있다. 이러한 피셔효과에 의거하여 많은 학자들은 이자율을 낮추려고 한다면 인플레이션을 억제하여야 한다고 주장한다. 그러나 단기에서는 몇 가지 이유로 예상인플레이션율과 명목이자율이 1:1로 대응되지 않는다는 지적을 받고 있다. 통상 예상인플레이션의 증가보다 명목이자율의 증가가 더 적으며($\triangle i < \triangle \pi^e$) 예상인플레이션의 증가의 약 80% 정도가 명목이자율에 반영되고 있다고 본다.

2) 우리나라의 저금리현상(1998~2007년)

우리나라를 포함한 전 세계가 1990년대와 2000년대 초반에는 저금리상황에 있었다. 이자율이 일본만큼 심하게 낮은 상태는 아니었지만 우리나라의 경우 역시 1990년대 후반부터 저금리시대에 돌입하게 되었다. 즉, 외환위기가 진정되면서 금리가 급속히 낮아지기 시작하였는데 저금리를 한자리수 금리로 본다면 1998년 10월(3년 만기 국고채 기준)부터 시작되었다고 볼 수 있다. 이후 정책금리(콜금리)도 낮은 수준에 유지되면서 저금리정책기조(2003년부터 3%대로 하락)가 유지되었다. 물론 2008년의 글로벌 금융위기에 직면하여 정책금리인 기준금리가 1.25%까지 하락하는 등 금융위기극복을 위해 금리를 인하하였고 저금리가 지속되었지만 여기서는 금융위기 이전의 시기, 즉 2007년까지의 상황에 초점을 맞추어 우리나라의 저금리현상을 살펴본다.[8]

1990년대 후반 이후 저금리현상이 왜 발생하였는가? 여기에는 경제 구조적 요인, 시장적 요인 그리고 정책적 요인들이 복합적으로 작용한 것으로 볼 수 있다. 우선 경제 구조적 요인으로는 우리 경제가 안정적 성장기에 진입하였다는 사실이다. 즉, 2000년대에 들어오면서 1990년대 중반까지의 고도성장이 한계에 부딪치면서 안정적 성장기(잠재성장률이 5%내외)에 들어갔다. 또 물가도 매우 안정적인 상태에 진입하였다. 1980년대 이후

8 삼성경제연구소(2005) 참고.

〈그림 5-8〉 ▸ 우리나라의 금리에 대한 시장요인의 영향

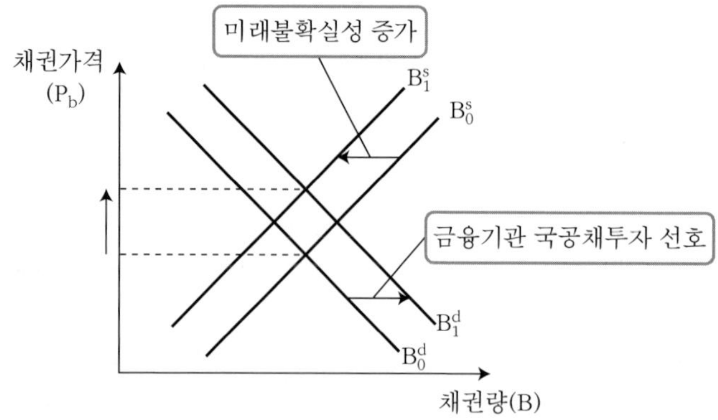

전 세계적으로 물가가 매우 안정적인 상태가 되었으며 우리나라도 예외가 아니었다. 우리나라의 경우 물가상승률이 안정된 것은 중국의 저가품유입, 경쟁심화, IT제품가격 하락, 그리고 원/달러환율의 하락(원화가치상승)에 기인하였다. 또 우리나라의 저금리는 국제적인 저금리현상에 기인하는 부분도 있었다.[9] 즉, 국제적으로 저금리현상이 나타나면서 대기업이나 금융기관들이 국제시장에서 낮은 금리로 많은 자금을 조달하여 유동성이 매우 풍부해진 것이 또 하나의 저금리요인이 되었다.

우리나라의 저금리현상에는 시장적 요인도 작용하고 있다. 시장적 요인의 분석에는 앞에서 본 채권시장모형이 도움이 될 수 있다. 우선 경기침체와 미래에 대한 불확실성의 증가로 투자가 크게 위축되었다. 이러한 투자위축으로 기업의 자금수요가 감소하여 채권공급곡선이 왼쪽으로 이동하였다. 또 이에 따라 풍부한 자금을 보유하고 있는 금융기관이 민간부문에 대한 자금공급대신 안전한 국공채투자를 선호하게 되었고 이것이 채권수요곡선을 우측으로 이동시켰다. 이러한 요인들이 채권가격의 상승을 유발하고 따라서 이자율을 낮아지게 만들었다. 이것은 〈그림 5-8〉에서 볼 수 있다.

여기에 정부가 경기부양을 위해 의도적으로 금리를 낮게 유지하려는 저금리정책기조도 한 요인이 되었다. 2001년의 네 차례의 콜금리인하와 2003년의 네 차례의 콜금리인하로 경기를 부양시키려는 시도가 있었는데 이러한 팽창적 정책기조로 인해 단기금리의 인하를 예상하게 하고 이러한 예상이 장기적인 시장금리의 하락을 유발하였다.

9 아래의 (4)절 참고.

저금리의 경제적 영향을 일률적으로 평가하기 어렵지만 이중적인 측면, 즉 경기부양을 통해 경제성장을 유발하는 긍정적인 측면과 장기불황의 유발이나 거품경제의 유발과 같은 부정적인 측면을 갖고 있다. 통상적으로 저금리의 긍정적인 영향은 저금리가 차입자의 금융(차입)비용을 낮추고 이것이 소비촉진과 투자촉진으로 이어져 수요가 증가하고 성장잠재력이 증대된다는 것이다. 정부가 저금리기조를 유도하고자 하는 데는 이러한 단기적 경기부양효과와 장기적인 성장잠재력확충효과를 보려는 것이다.

그러나 저금리가 이러한 긍정적인 효과만 가져오는 것은 결코 아니다. 저금리의 부정적인 측면도 많이 있다. 첫째, 미래가 불확실하고 미래전망이 불투명한 경우 아무리 금리가 낮아도 경기부양과 투자촉진효과는 별로 나타나지 않고 대신 저금리로 인해 오히려 장기불황의 가능성이 발생할 수 있다. 그 이유는 이자소득자의 소득이 감소하여 소비위축이 발생할 수 있기 때문이다.[10]

둘째, 금융비용의 감소로 한계기업이 사라지지 않고 존속함으로써 구조조정을 지연시키게 된다. 또 이러한 한계기업이 존속함에 따라 차입자의 역선택과 도덕적 해이가 심화되어 금융기관이 대출을 꺼리거나 증권매매가 되지 않아 신용시장의 침체와 증시침체를 유발한다.

셋째, 저금리가 지속되면 2008년의 글로벌 금융위기에서도 본 바와 같이 버블(거품)경제를 유발할 가능성이 있다. 왜냐하면 풍부한 자금이 지나친 저금리에 만족하지 못하고 높은 수익을 추구하면서 안전자산선호성향이 둔화되고 자금이 한 곳으로 몰리면서 자산가치의 폭등을 유발할 수 있기 때문이다. 그리고 버블이 꺼지는 경우 심각한 위기를 유발할 수 있다. 따라서 저금리현상이 미래의 경제사정이 개선될 것이라는 것을 보여주는 것이 아니라 오히려 1990년대의 일본의 저금리에서처럼 현재의 경제상황이 나쁘다는 사실을 보여주는 지표가 된다.

---

10 저금리가 소비에 미치는 영향은 세 가지 효과로 나누어 볼 수 있다. ① 자산효과(저금리 → 자산가격상승 → 소비증가), ② 소득효과(저금리 → 이자소득감소 → 소비감소), ③ 대체효과(저금리 → 저축감소 → 소비증가). 이 세 효과 중에서 소득효과가 더 크게 작용하는 경우 저금리로 인해 소비가 위축될 수 있다. 일본의 경우 소득효과가 매우 크기 때문에 저금리가 소비위축에 많은 영향을 미쳤으며 이로 인해 장기적인 경기위축이 있었다고 볼 수 있다. Keynes는 저금리의 소득효과에 따른 소비감소를 이자소득자의 안락사(euthanasia of the rentier)라고 불렀다.

〈그림 5-9〉 ▸ 경기팽창이 채권가격에 미치는 영향

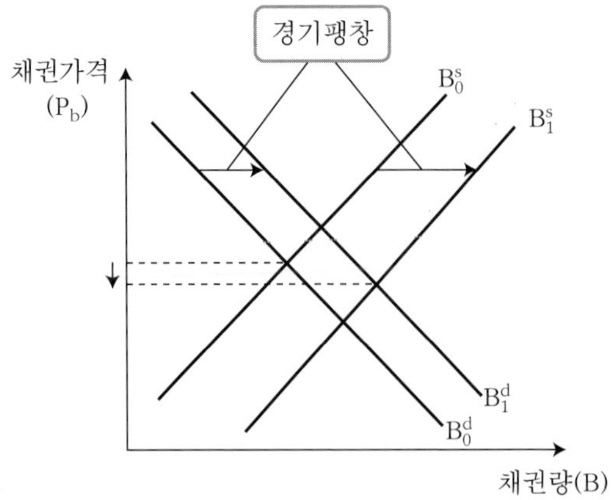

3) 경기팽창이 이자율에 미치는 영향

여기서는 채권시장모형이 가지는 한계를 보여주는 경우를 생각해 보자. 경기가 좋아지게 되면 이자율은 통상 상승하는 경향이 있는데 이러한 이자율의 움직임을 채권시장모형으로 설명할 수 있다. 〈그림 5-9〉는 경기팽창이 이자율에 미치는 영향을 분석하고 있다. 우선 경기가 좋아지면 소득이 증가하며 이에 따라 재산이 증가하고 이것은 자산수요를 증가시키며 따라서 채권수요곡선은 오른쪽으로 이동한다. 또 경기가 좋아지면 새로운 투자기회가 더 생기고 그래서 자금에 대한 수요가 늘어나 채권공급은 증가하며 채권공급곡선은 오른쪽으로 이동한다. 이와 같이 경기가 팽창하는 경우 채권수요곡선과 채권공급곡선이 모두 오른쪽으로 이동하므로 채권거래량은 분명 증가하지만 채권가격(이자율)은 하락할 수도, 상승할 수도 있다. 따라서 이 분석에 따르면 경기팽창기에 채권가격(이자율)이 어떻게 될 것인가에 대해 명확한 답을 제공하지 못한다. 그러나 〈그림 5-9〉에서는 채권공급곡선이 채권수요곡선보다 더 많이 이동하는 것으로 그려져 있으며 따라서 채권가격은 하락하고 채권이자율은 상승하는 것으로 그려져 있는데 그 이유는 실제의 자료가 이러한 결과를 보이기 때문이다. 즉, 경기가 상승하는 경우 통상 채권공급이 채권수요보다 더 많이 증가한다고 본다.[11]

11 이 모형은 경기변동시기의 이자율의 움직임에 대한 설명을 하는데 다소 한계를 보이지만 다른 많은 경

(4) 국제자본시장과 이자율[12]

이제까지 우리는 주로 **폐쇄경제**(closed economy)를 대상으로 이자율(채권가격)의 결정에 대해 논의하였다. 즉, 외국으로의 자금대출이나 자금차입이 없는 경제를 대상으로 하였다. 그러나 이러한 논의는 이자율의 결정에 대한 중요한 측면을 무시하는 것이다. 현실에서는 각국의 이자율에 따라 외국의 가계, 기업, 금융기관, 정부가 자금을 빌려주기도 하고 빌리기도 하는 등 국제적인 자금차입과 대출이 엄청난 규모로 이루어지고 있으며 이로 인해 외국부문이 국내차입자들의 자금공급(채권수요)에 영향을 미치며 따라서 국내이자율에 영향을 미친다.

이러한 국제적 자본이동이 이자율에 미치는 영향을 살펴보기 위하여 대부자금이론(채권시장 수요공급모형)을 이용할 수 있다. 문제를 단순화시키기 위하여 여기서 이자율을 실질이자율(명목이자율에서 예상인플레이션을 차감한 이자율)이라고 가정한다. 이렇게 가정함으로써 나라 간의 인플레이션율의 차이에 따라 발생하는 문제를 무시하고 논의할 수 있다.

개방경제(open economy)에서는 자본의 국제적 이동이 자유로우며(각 나라는 국제적인 자본이동에 대해 아무런 제약도 하지 않는다고 가정) 모든 경제주체(가계, 기업, 금융기관, 정부)는 국제자본시장(international capital market)에서 자유롭게 차입과 대출을 한다. 이 국제자본시장에서 결정되는 이자율이 **세계실질이자율**(r_w, **world real interest rate**)이다. 그런데 우리나라나 네덜란드와 같은 소규모 개방경제에서의 자금의 수요와 공급(채권의 수요와 공급)의 어떤 변화는 세계시장에 큰 영향을 미치지 못하며 따라서 세계실질이자율에 영향을 미치지 못한다. 그러나 미국, 일본, EU 및 중국과 같은 대국의 경우에는 대출이나 차입의 변화는 세계시장에 영향을 미치며 따라서 세계실질이자율에 영향을 미칠 수 있다. 따라서 폐쇄경제와 개방경제가 차이가 나듯이 개방경제에서도 소국개방경제와 대국개방경제를 구분하여 살펴보아야 한다.

우에는 좋은 설명력을 가지고 있는 모형이다. 반면 뒤에서 보는 유동성선호이론에 의하면 경기가 좋아지거나 소득이 증가하는 경우 이자율이 상승하는 것을 명백하게 보여줄 수 있다. 물론 유동성선호이론은 다른 측면에서 한계를 가진다. 하나의 모형이 모든 상황을 잘 설명하기는 어렵다. 그러므로 설명하고자 하는 상황에 적합한 모형을 잘 선택하는 것이 매우 중요하다.

12 Hubbard(2008, pp.120-124) 참고.

1) 소국개방경제

폐쇄경제에서 균형이자율은 국내대부자금시장에서의 대부자금의 수요와 공급이 같아지는 수준에서 결정된다. 그런데 소국개방경제에서는 대부자금의 수요와 공급이 매우 적기 때문에 대부자금의 세계수요와 공급에 거의 영향을 미칠 수 없으며 따라서 세계이자율에 영향을 미칠 수 없다. 이와 같이 국내의 자금공급과 자금수요가 세계시장에 영향을 미치지 못하는 경제를 **소국개방경제**(small open economy)라고 한다. 예컨대, 우리나라가 국내저축을 증가시키기 위한 조세정책(예컨대, 저축에 대한 세금감면)을 추구한다고 하더라도 이로 인해 증가하는 저축의 크기는 매우 적으며 그래서 세계저축에 큰 영향을 미치지 못하고 세계이자율에 영향을 미치지 못한다. 따라서 소국개방경제는 세계이자율을 주어진 것으로 받아들인다. 즉, 소국개방경제의 국내실질이자율은 세계실질이자율(r_w)과 같아야 한다. 만약 같지 않다면 국내저축자들은 그들의 자금을 외국에 대출할 것이다. 예컨대, 세계이자율이 4%이고 국내이자율이 3%라면 국내의 대출자들은 4%의 수익을 제공하는 외국의 채권을 구매할 것이다. 반면 만약 소국개방경제인 우리나라의 실질이자율이 5%라면 국내차입자들은 세계이자율인 4%보다 더 높은 이자율을 지급하려고 하지 않을 것이다. 왜냐하면 그들은 국제자본시장에서 4%의 이자율로 자금을 쉽게 조달할 수 있기 때문이다.

소국개방경제는 세계이자율을 주어진 것으로 받아들이기 때문에 대부자금모형을 이용하면 대부자금의 규모와 국제적 차입 및 대출규모를 알아 볼 수 있다. 여기서는 직접적으로 이자율의 결정에 관심이 있기 때문에 채권시장모형보다는 대부자금모형을 이용하는 것이 더 적합하다. 〈그림 5-10〉은 소국개방경제(우리나라)의 대부자금수요 및 대부자금공급곡선을 보여주고 있다. 만약 세계이자율(r_w)이 4%라면 국내에서의 대부자금의 수요와 공급은 같으며(E점) 우리나라는 국제자본시장에서 자금을 차입하지도 대출하지도 않는다. 그러나 만약 세계이자율이 5%라면 현재의 국내 대부자금시장에서 국내의 대부자금공급량(C)이 대부자금수요량(B)보다 크며 BC만큼 국제자본시장에 대한 대출로 나타난다. 이 규모가 매우 적기 때문에 우리나라는 현재의 5%의 세계이자율수준에서 원하는 만큼 국제자본시장에 대출할 수 있다. 즉, 국제자본시장에는 5%의 이자율에서 빌리려고 하는 차입자들이 항상 있으며 그래서 국내에서 대출될 수 없는 자금을 국제자본시장에서 대출할 수 있다. 세계이자율이 5%이고 BC만큼의 국제대출(자본유출)이 있

〈그림 5-10〉 ▸ 소국개방경제에서의 국내이자율

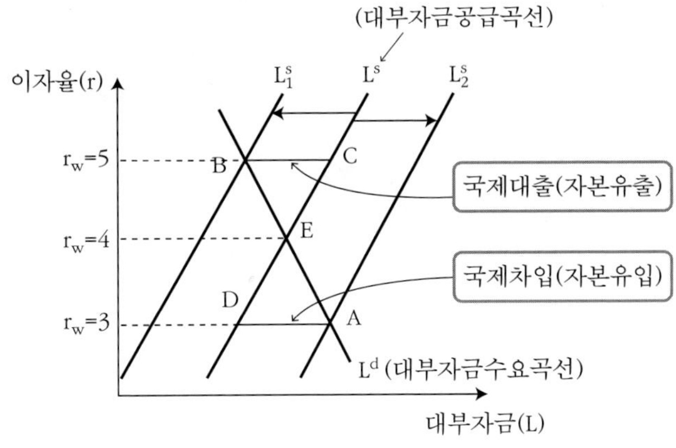

다면 국내의 대부자금공급곡선은 왼쪽으로 BC만큼 이동하여(L^s가 L_1^s으로) 결국 B점에서 국내대부자금시장이 균형이 되며 국내이자율이 5%가 된다. 소국개방경제의 이자율은 결국 국제자본시장의 세계이자율수준으로 수렴한다.[13]

만약 세계실질이자율이 3%라면 국내대부자금시장에서 국내의 대부자금수요량(A)이 국내의 대부자금공급량(D)보다 크다. 그러나 소규모개방경제이기 때문에 현재의 3%의 세계이자율에서 원하는 만큼 자금을 차입할 수 있다. 국제자본시장에는 3%의 이자율에서 빌려주려는 대출자가 많이 있기 때문이다. 세계이자율이 3%이고 DA만큼의 국제차입(자본유입)이 있다면 결국 국내대부자금공급곡선이 DA만큼 우측으로 이동하고(L^s가 L_2^s로) 따라서 A점에서 국내대부자금시장이 균형이 되고 국내이자율이 3%가 된다. 이처럼 소국개방경제(우리나라)에서의 실질이자율은 결국 국제자본시장에서의 세계실질이자율과 같게 된다.

2) 대국개방경제

미국, 일본, 독일, 중국과 같은 대규모 국가에서의 대부자금에 대한 수요와 공급의 변화는 매우 크기 때문에 국제자본시장의 세계이자율에 영향을 미친다. 이러한 나라들

13 대국인 미국의 정책금리 인상으로 세계이자율이 상승하게 되면 국내자금이 외국으로 유출되며 이에 따라 우리나라의 기준금리가 동결되어 있어도 국내시장금리는 상승하게 된다.

〈그림 5-11〉 ▸ 대국개방경제에서의 이자율결정

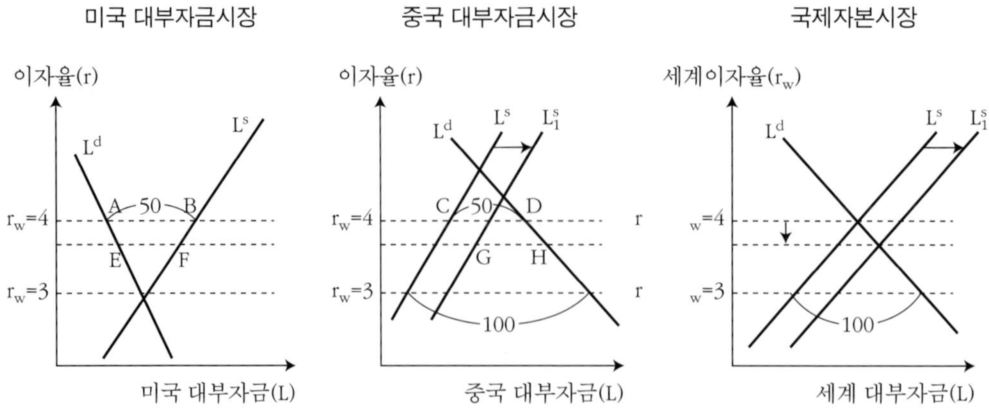

을 **대국개방경제**(large open economy)라고 한다.

대국개방경제의 경우에는 국내실질이자율이 국제자본시장의 실질이자율(세계이자율)과 동일하다고 볼 수 없다. 이제 두 대국(미국과 중국)이 있다고 가정하자. 이 경우에는 국제자본시장의 실질이자율은 미국의 국제대출규모와 중국의 국제차입규모를 같게 만드는 수준이 될 것이다. 〈그림 5-11〉은 대국개방경제에서의 이자율결정과정을 보여준다. 이 그림에는 두 나라(미국과 중국)와 국제자본시장의 대부자금모형이 그려져 있다. 만약 세계이자율이 3%라면 미국의 대부자금수요와 대부자금공급이 같아져 미국대부자금시장은 균형이 된다. 그러나 그 이자율(3%)에서 중국의 대부자금수요량은 대부자금공급량을 100억 달러만큼 초과한다. 즉, 3%의 이자율수준에서 국제자본시장에서는 100억 달러의 초과수요가 있으며 중국의 차입자들은 국제자본시장에서 100억 달러를 차입하기를 원한다. 이러한 국제자본시장에서의 초과수요가 세계이자율을 상승하게 만든다. 만약 세계이자율이 4%로 높아진다면 미국의 대출자들은 중국의 차입자에게 자금을 대출할 것이다. 이와 같이 중국의 대부자금에 대한 큰 수요가 국제자본시장에서 세계이자율을 4%로 끌어올리는 것이다. 4%의 이자율에서 미국의 대부자금의 초과공급(대출)(50억 달러 = AB)이 중국의 초과수요(차입)(50억 달러 = CD)와 같아진다. 따라서 세계자본시장은 4%의 이자율에서 균형이 된다.

여기에서 국제자본시장에서의 대부자금공급곡선(L^s)을 오른쪽으로 이동시키는 요인

은 세계이자율을 하락시킨다. 이러한 세계대부자금공급곡선의 우측이동은 대국에서의 대부자금공급의 증가가 있는 경우에만 가능하다. 소국의 경우에는 그 나라에서의 대부자금이 증가하여도 세계대부자금공급곡선에 아무런 영향을 미치지 못한다는 것을 이미 보았다. 그러므로 미국이나 중국의 대부자금공급의 증가가 있으면 세계대부자금공급곡선이 우측으로 이동하고 세계이자율은 하락한다. 예컨대, 중국의 저축이 늘어나 중국의 대부자금공급곡선이 우측으로(L^s에서 L_1^s으로) 이동한다면 중국의 초과자금수요(차입규모 = GH)는 이제 50억 달러(CD)보다 더 적어질 것이다. 이러한 차입규모의 감소는 세계자본시장의 대부자금공급곡선을 오른쪽으로 이동시키는 것이며 따라서 세계이자율은 하락한다. 이러한 세계이자율의 하락에 의해 미국시장에서 대부자금에 대한 수요는 늘고 공급은 감소하여 결국 미국대부자금시장에서 초과공급(대출규모)은 AB(50)에서 EF로 감소하여 EF=GH가 되는 세계이자율수준에서 균형이 된다. 이로 인해 세계이자율이 하락하면 〈그림 5-10〉에서 보았듯이 우리나라의 국제차입은 증가하며 이로 인해 우리나라의 대부자금공급곡선은 우측으로 이동하며 결국 우리나라의 이자율이 세계이자율수준으로 하락한다. 또 미국이나 중국의 대부자금수요(차입)의 감소도 미국이나 중국의 대부자금수요곡선을 왼쪽으로 이동시키며 이것은 세계대부자금수요곡선(L^d)을 왼쪽으로 이동시키므로 세계이자율은 하락한다.

반면 세계대부자금공급곡선이 왼쪽으로 이동(미국이나 중국의 대부자금공급곡선의 왼쪽이동)하는 것은 세계이자율을 상승시킨다. 그리고 세계대부자금수요곡선이 오른쪽으로 이동(미국이나 중국의 대부자금수요곡선이 오른쪽으로 이동)하는 것도 세계이자율수준을 상승시킨다.

3. 유동성선호이론: 화폐시장의 수요공급모형

이자율의 결정문제에 대한 또 하나의 접근방법은 John Maynard Keynes(케인스)가 1936년의 일반이론(General Theory of Employment, Interest, and Money)에서 제시한 **유동성선호이론(liquidity preference framework)**이다. 채권에 대한 수요와 공급에 의해 이자율의 결정문제를 살펴본 대부자금이론과는 달리 이 이론에서는 자산으로서의 화폐에 대한 수요와 공급을 통해 균형이자율의 결정문제를 살펴본다.

Keynes가 갖는 이자율의 개념은 전통적 이론이 갖는 개념과 다르며 따라서 Keynes는 이자율의 결정과정을 보기 위해 사람들이 재산을 축적하는 자산의 형태는 두 가지뿐(화폐와 채권)이라고 가정하고 화폐시장을 토대로 분석하고 있다. 그러나 Keynes가 화폐와 채권 두 자산만 고려한 것은 당시의 상황을 토대로 단순화한 것이지 다른 자산을 무시하였기 때문은 아니라고 볼 수 있다. 그러나 의도가 무엇이든 유동성선호이론 자체는 이러한 가정에서 출발하고 있으며 이러한 가정 하에서는 식(5-3)에서 보듯이 외형적으로 대부자금이론과 유사하다. 그럼에도 불구하고 우리가 이자율의 결정에 대해 두 가지 접근방법을 모두 살펴보는 이유는 다음과 같다. 첫째, 이론의 구조에서 차이가 나기 때문이다. 즉, 대부자금이론은 화폐와 채권의 두 자산 이외에도 주식도 있고 자동차나 주택과 같은 실물자산도 있다고 가정하고 있지만 유동성선호이론은 화폐와 채권의 두 가지 자산만 있다고 가정함으로써 암묵적으로 실물자산 등 기타자산의 기대수익의 변화가 이자율에 미치는 영향을 고려하지 못하기 때문에 이를 보완하기 위한 것이다. 둘째, 분석목적에 따라 어느 한 이론이 더 적합한 경우나 이용하기에 더 편리한 경우가 있기 때문이다. 예컨대, 대부자금이론은 예상인플레이션의 영향과 정부의 재정정책(경기부양정책)의 영향을 분석할 때 또는 저축이나 자본유출입의 영향을 분석할 때 사용하기 적합하다. 반면 유동성선호이론은 소득, 물가수준 그리고 화폐공급의 변화와 같은 통화정책의 영향을 분석할 때 더 적합하다. 또 대부자금이론은 경기확장(소득증가)이 이자율에 미치는 영향을 분석하는 데 한계가 있으며 유동성선호이론은 예상인플레이션의 영향을 살펴보는 데 어려움이 있다. 또한 대부자금이론(채권시장 수요공급모형)은 주로 채권시장을 대상으로 분석하므로 채권가격의 변화를 살펴보는 경우에 편리하고 유동성선호이론은 이자율의 변화를 직접 살펴보는 데 편리한 면이 있다. 그러므로 두 이론은 서로 보완적이며 분석의 목적과 대상에 따라 적합한 이론을 잘 선택하는 것이 매우 중요하다. 그러나 대부분의 경우에 양이론은 같은 예측결과를 제시하고 있다.

(1) 화폐시장의 수요공급모형

1) 화폐수요곡선

1936년의 일반이론에서 Keynes는 유통속도가 고정되어 있다는 고전학파의 견해를 포기하고 이자율의 중요성을 강조한 화폐수요이론을 전개하였다. Keynes는 그의 화폐수요이론인 **유동성선호이론**에서 왜 사람들이 화폐를 보유하는가 하는 문제를 제기하였다. 즉, Keynes는 개인의 선택차원에서 화폐수요를 접근하고 있다. 그러나 Keynes는 개인들의 의사결정에 영향을 미치는 요인들에 관하여 그의 선구자들보다 더 정밀하였다. 그는 당시 금융시장에서 발생하는 투기에 대한 실제적 경험을 토대로 사람들이 왜 화폐를 보유하는가 하는 이유에 대해 정밀한 분석을 한 결과 개인들의 화폐수요의 이면에는 세 가지 동기가 있다고 생각하였다.

① 거래적 화폐수요동기와 예비적 화폐수요동기

화폐는 일상의 거래에 필요한 교환수단이기 때문에 사람들이 거래를 위해 화폐를 소지(수요)한다. 이러한 화폐수요의 동기를 Keynes는 **거래적 동기(transactions motive)** 라고 부른다. 거래적 동기(목적)의 화폐수요는 주로 사람들의 거래수준에 의해 결정되는데 거래수준은 명목소득(Y)에 비례적이기 때문에 거래적 화폐수요는 실질소득(y)과 물가(P)에 의존한다고 보았다. 실질소득과 물가가 상승하면 화폐수요도 증가한다.

또 Keynes는 사람들이 거래를 수행하기 위해 화폐를 보유하는 외에 예상치 않은 상황에 대비하여 화폐를 소지한다고 생각하였다. Keynes는 예상치 않은 필요에 대비한 화폐보유(수요)를 **예비적 동기(precautionary motive)**의 화폐수요라고 부른다. 예비적 목적으로 화폐를 보유할 필요성은 현재의 다양한 사회적 안전장치로 볼 때 많이 줄었지만 Keynes의 당시 상황에서는 매우 중요한 화폐수요요인이라고 볼 수 있다. 이러한 예비적 동기의 화폐수요는 불확실성에 대한 개인들의 대비성향과 같은 심리적 요인에 크게 의존할 것이다. 그러나 개인 간의 성향 차이에도 불구하고 역시 소득이 많은 사람이 대비도 더 많이 할 것으로 볼 수 있으므로 Keynes는 예비적 화폐수요도 장래에 사람들이 예상하는 실질소득과 물가에 의해 주로 결정된다고 보았다. 그러므로 거래적 동기와 예비적 동기의 화폐수요는 모두 실질소득(y)과 물가(P)에 의해 영향을 받는다고 볼 수 있다.

② 투기적 화폐수요동기

Keynes는 화폐가 재산의 저장수단이라는 캠브리지학파(Cambridge school)의 의견을 발전시켜 18세기의 중상주의시대 이후 경제이론에서 추방되었던 화폐를 다시 되살렸다. Keynes는 여기서 살펴보는 화폐적 이자율이론인 유동성선호이론을 통해 경제전체의 산출량과 고용이론 속에 화폐를 다시 통합하여 화폐를 경제의 핵심적인 요소로 되살렀다. Keynes는 사람들이 다른 자산 대신 화폐를 보유하는 것은 불확실한 미래에 대한 불안감이 지출에 대한 두려움을 유발하기 때문이며 이로 인해 화폐를 가치저장수단으로 보유하게 만든다고 보고 있다.[14] 그리고 당시 사람들이 가치저장수단으로서 화폐를 이용하여 투기(speculation)를 하는 광범위한 현상을 관측하면서 투자(투기)목적으로 화폐를 보유하는 것을 크게 중시하였으며 화폐수요의 이러한 동기를 **투기적 동기(speculative motive)**라고 불렀다.

투기적 목적의 화폐수요의 결정요인과 관련하여 Keynes는 처음에는 재산이 소득과 밀접하게 관련되어 있다는 영국 고전학파(캠브리지학파)와 같은 생각을 하고 있었기 때문에 화폐수요의 투기적 부분도 소득에 관련된다고 보았다. 그러나 Keynes는 재산의 저장수단으로서의 화폐를 얼마나 보유할 것인가의 의사결정에 영향을 미치는 요소들을 더욱 주의 깊게 검토한 결과 캠브리지학파와는 달리 이자율도 중요한 역할을 한다는 것을 알게 되었다.

Keynes는 앞에서 언급한 바와 같이 재산을 저장하기 위해 사용될 수 있는 자산을 화폐(money)와 채권(bond)의 두 가지로 나누었다. 그리고 왜 사람들은 그들의 재산을 채권이 아니라 화폐의 형태로 보유하려고 하는가 하는 질문을 하였다. 3장에서 살펴본 자산선택이론에 의하면 화폐의 기대수익이 채권의 기대수익보다 더 크다면 사람들은 화폐를 보유하기를 원할 것이다. Keynes는 화폐가 현금과 요구불예금(이자의 수취없이 인출이 자유로운 예금)으로 구성된다고 보았기 때문에 화폐의 기대수익은 0%라고 가정하였다. 왜냐하면 그 당시 대부분의 요구불예금에는 이자가 없었기 때문이다. 그러나 채권의 경우 기대수익은 두 부분, 즉 채권이자율과 예상자본이득률(expected rate of capital gain)로 구성이 된다. 채권의 경우 이자(coupon)는 주어져 있으며 채권이자율은 개략적으로 (이자/채권가격)으로 주어진다. 자본이득률도 채권의 가격변화와 관련이 된다. 4장에서 보았듯이 이자율의 상승은 채권가격의 하락을 의미한다. 이자율이 상승하면 채권가격은 하락하며 이자율이 하락하면 채권가격은 상승한다. 이자율이 상승할 것이라고 예상되면 채권가격이 하락할 것이라고 예상되며 따라서 자본손실(capital loss)을 보게 된

14 고전학파들은 화폐의 기능으로 교환수단, 회계단위의 기능을 인정하였지만 화폐로 가치를 저장한다는 점을 간과하였다. 이에 비해 Keynes는 화폐의 기능을 가치저장수단으로까지 확대하였다. Keynes가 '고용, 이자 및 화폐의 일반이론'이라고 할 때 '화폐'의 일반이론이라는 의미는 바로 이러한 화폐의 기능의 일반화에 있는 것이다(이토 미쓰하루(1962), 김경미(2004, p.143)).

다. 만약 이자율의 상승이 매우 크다고 예상하면 자본손실률이 이자율을 능가할 것이며 채권의 기대수익률은 마이너스가 될 것이다. 이 경우에는 재산을 화폐로 보유하기를 원할 것이다. 왜냐하면 화폐의 기대수익률(0%)이 채권의 기대수익률보다 더 높기 때문이다.

Keynes는 **정상이자율(normal interest rate)**의 개념을 이용하여 투기적 화폐수요를 설명한다. Keynes는 실제로 투기를 많이 해 보았기 때문에 이자율과 채권시장의 관계와 투자자들이 투자를 하는 실제적 행동을 잘 알고 있었다. Keynes는 투자자들이 각자 시장이자율의 정상수준을 갖고 있으며 시장이자율은 그 정상수준으로 수렴한다고 생각하고 있다고 본다. 예컨대 어느 투자자가 5%의 정상이자율을 갖고 있다고 하자. 이것을 채권가격으로 말하면 이 투자자는 채권가격의 정상수준(예컨대, 정상이자율 5%에 대응하는 채권가격인 100만 원)을 갖고 있다. 만약 시장이자율이 이 투자자가 생각하는 정상이자율 이상으로 상승하여 시장이자율이 7%인 경우, 즉 현재의 채권가격이 정상수준 이하로 하락하여 채권가격이 90만 원(예컨대, 7%의 이자율에 대응되는 가격)인 경우 이 투자자는 앞으로 채권가격이 정상수준을 향해 상승할 것으로 예상(이자율이 정상수준으로 하락할 것으로 예상)할 것이며 따라서 지금 채권을 구매하면 앞으로 자본이득이 발생할 것으로 예상할 수 있다. 따라서 이 투자자는 현재의 채권가격(90만 원)에서 가지고 있는 모든 화폐(Keynes는 채권에 투자하기 위하여 보유하고 있는 화폐를 투기적 화폐수요라고 부름)를 채권구매에 사용하며 따라서 화폐수요는 감소한다. 즉, 이자율이 정상이자율 위로 상승하면 채권투자를 늘리기 때문에 화폐수요는 감소한다. 반대로 이자율이 정상수준 이하로 하락하는 경우에는 채권을 모두 팔아 화폐(투기적 화폐수요)로 보유할 것이므로 화폐수요는 증가한다. 그래서 화폐수요와 이자율은 역관계에 있다.

이러한 Keynes의 투기적 화폐수요를 정형화하여 살펴보자. 우선 Keynes가 말하는 투기적 화폐수요란 수익성 있는 자산(채권)에 투자하기 위해 기회를 기다리면서 일시적으로 갖고 있는 화폐를 말한다. 그리고 Keynes는 투기적 수요가 존재하는 이유는 각 개인이 미래의 이자율의 움직임에 대해 믿을만한 예상(confident expectation)을 갖고 있지만 그 예상이 사람에 따라 모두 달라서 사회 전체적으로는 미래의 이자율예상이 다양하게 나타나기 때문이라고 보았다. 그리고 화폐와 채권만이 존재하므로 화폐의 보유는 채권의 포기를 의미한다. 그러므로 화폐보유의 기회비용은 채권보유의 기대수익이다. 채권보유의 기대수익은 이자율(i)과 예상자본이득률(g)의 두 가지로 구성된다. 자본손실이 발생하면 자본이득률(g)은 마이너스가 된다.

〈그림 5-12〉 ▸ 개인의 투기적 화폐수요곡선

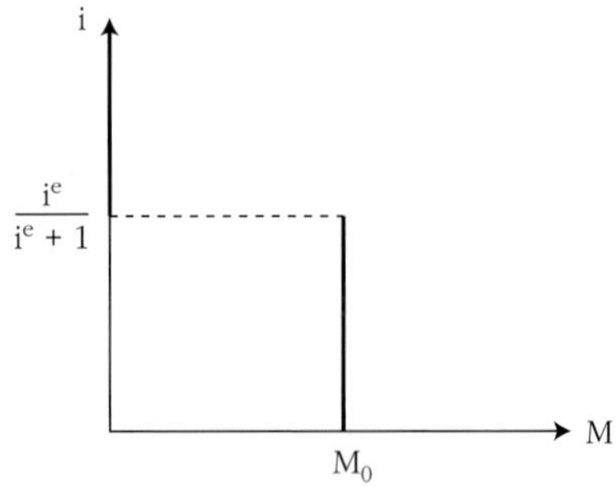

단순화하기 위해 채권을 콘솔(consol, 영구채)이라고 가정한다. 그러면 채권의 현재 시장가격은 1/i이 된다.[15] 여기서 i는 채권의 시장이자율이다. 이 때 예상이자율이 i^e라고 하면 채권의 예상가격은 $1/i^e$이 된다. 따라서 채권보유의 기대수익률(이자율 + 예상자본 이득률)은 식(5-5)와 같다.

$$(5\text{-}5)\qquad i + g = i + \left(\frac{1}{i^e} - \frac{1}{i}\right) \Big/ \left(\frac{1}{i}\right) = i + \frac{i}{i^e} - 1$$

개별경제주체는 i + g > 0(화폐보유의 수익율)이면 채권을 보유하고 i + g < 0이면 화폐를 보유하려고 할 것이다. 즉, $i > i^e/(i^e + 1)$이면 모두 채권으로 보유하고 $i < i^e/(i^e + 1)$이면 모두 화폐로 보유한다. 여기서 $i^e/(i^e + 1)$가 정상이자율에 해당된다고 볼 수 있다. 이 개인의 투기적 화폐수요의 총규모는 M_0라고 하자. 이러한 상황을 그림으로 나타내면 〈그림 5-12〉와 같다. 이것이 각 개인의 투기적 화폐수요곡선이다. 그러므로 개인의 투기적 화폐수요곡선은 계단함수의 형태를 가진다고 볼 수 있다. 이러한 계단함수가 의미하는 것은 개별경제주체는 모든 재산을 화폐(M)나 채권(B) 중 어느 하나만 보유한다는 것이다. 이자율(i)이 정상이자율($i^e/(i^e + 1)$)보다 높으면 모두 채권으로 보유하고(화폐수요 = 0) 이자율이 정상이자율보다 낮으면 투기적 자산(M_0)을 모두 화폐로 보유한다. 이 이론은 화폐수요가 이자율에 의해 영향을 받는다는 현상을 잘 설명하고 있지만 이 이론의 가장

15 콘솔(consol) 또는 영구채(perpetuity)에 대한 자세한 설명은 4장 3절과 식(4-11)을 참고. 여기서는 식(4-11)의 쿠폰(C)이 1이라고 가정한다. 즉, 매 기간 1달러의 이자를 지불하는 콘솔을 가정한다.

〈그림 5-13〉 ▸ 유동성선호모형

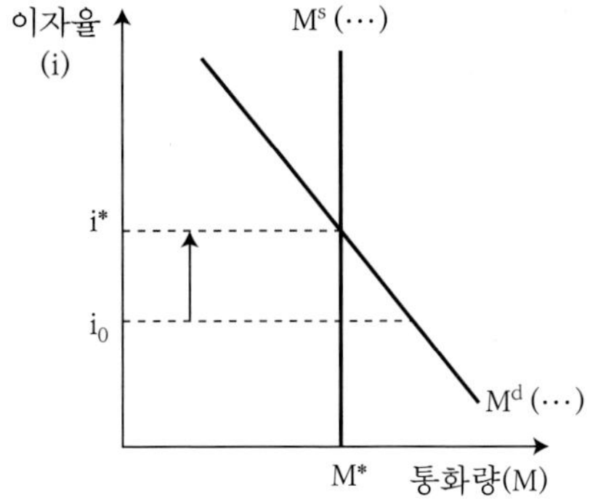

큰 단점은 현실적으로 경제주체들은 두 가지 자산(M과 B) 중 하나만을 보유하는 것이 아니라 두 가지 모두 보유한다는 사실을 설명하지 못하고 있다는 점이다.

그런데 정상이자율(정상채권가격)은 투자자마다 다르다. Keynes가 상정하고 있는 인간은 똑같은 사람이 아니며 미래를 잘 예견하는 사람도 아니다. 인간은 천차만별하며 예상 또한 다양하다. 사람들의 예상이 항상 똑같다면 채권가격이나 이자율은 한없이 오르거나 내리거나 하여 균형을 이루기 어려울 것이다. 미래는 어떻게 될지 모르는 것이기 때문에 다양한 정상이자율을 갖는 것이다. 그러므로 현재의 이자율에서 어떤 투자자는 정상이자율보다 높다고 보고 채권을 보유하며 어떤 투자자는 정상이자율보다 낮다고 보고 화폐를 보유한다. 또 투기적 자산규모(M_0)도 사람마다 다르다. 재산이 많은 사람은 투기적 자산규모가 클 것이고 재산이 적은 사람은 투기적 자산규모가 적을 것이다.

그러나 경제전체적으로 볼 때 이자율이 높아질수록 많은 투자자들이 앞으로 조만간 이자율이 낮아질 것(채권가격이 높아질 것)으로 보고 채권을 구매하여 화폐수요를 줄이며 이자율이 낮아질수록 많은 투자자들이 앞으로 이자율이 올라갈 것(채권가격이 낮아질 것)으로 예상하고 채권을 매각하여 화폐수요(보유)를 늘린다. 이로 인해 경제전체적으로는 화폐수요곡선은 우하향하는 형태를 가지게 된다. 그러므로 이자율의 함수로 화폐수요곡선을 유도하면서 주어져 있다고 가정한 모든 변수(예컨대 소득, 물가 등)가 주어져 있는 상태에서 화폐수요곡선은 〈그림 5-13〉에서 보듯이 이자율에 대해 우하향하는 기울기를 가진다. 〈그림 5-13〉에서 M^d는 화폐수요곡선이고 M^d의 (　)속에 있는 '⋯' 표시

〈그림 5-14〉 ▸ 화폐수요곡선: 유동성함정의 경우

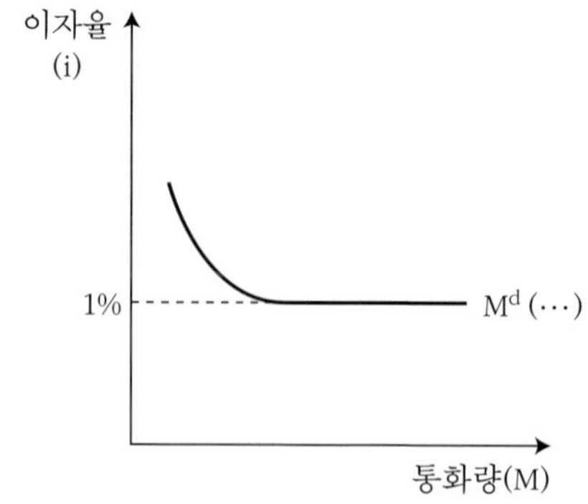

는 다른 변수들이 주어져 있다는 것을 의미한다. 뒤에서 보듯이 이러한 주어진 변수들이 변화하는 경우 화폐수요곡선은 이동한다.

그러나 만약 현재의 이자율이 매우 낮아(예컨대, 1%)(채권가격이 매우 높아) 모든 투자자들이 생각하는 정상이자율보다 낮다면 모든 투자자들이 앞으로 이자율이 상승(채권가격이 하락)할 것이라고 생각할 것이며(모든 투자자의 이자율예상이 한 방향으로 나타남) 따라서 모두 투기적 자산을 화폐로 보유하려고 할 것이며 이 경우 화폐수요곡선은 1% 수준에서 수평선이 될 것이다. 이러한 현상은 경기가 매우 나쁜 상황에서 이자율이 매우 낮을 때 나타날 수 있는 현상이며 이것을 Keynes는 **유동성함정(liquidity trap)**이라고 부른다. 이 경우 모든 투자자들의 모든 투기적 자산이 전부 화폐형태로 보유되는 것이다. 이러한 상태에서는 이자율이 조금만 올라도 화폐수요가 크게 감소하기 때문에 화폐수요는 이자율에 매우 민감하게 된다. 이것을 그림으로 나타내면 〈그림 5-14〉와 같다. 그러나 이자율이 매우 낮은 경우가 아닌 통상적인 범위에서는 투자자들의 예상(정상이자율)은 다양하므로 우하향한다.

2) 화폐공급곡선

화폐공급(통화량)은 중앙은행에 의해 통제되고 있다고 가정하면 화폐공급은 정책변수로 간주될 수 있다. 이것이 의미하는 것은 화폐공급이 이자율이 높고 낮음에 따라 변동하는 것이 아니라 이자율과는 무관하게 정책적으로 결정된다는 것이다. 따라서 화폐공급곡선은 일정한 통화량수준(M^*)에서 수직의 기울기를 갖는다. 통화당국에 의해 결정된 화폐공급곡선을 나타낸 것이 〈그림 5-13〉의 M^s선이다. 화폐공급곡선(M^s)이 정책적, 외생적으로 결정되지만 많은 요인들이 이에 영향을 미치며 이러한 많은 요인들이 주어져 있는 상태에서 정책적으로 결정되는 것이다. 따라서 이러한 요인들이 $M^s(\cdots)$에 …으로 표시된 것이며 이들이 변화하면 화폐공급곡선은 이동한다.

3) 화폐시장의 균형

이제 화폐수요곡선과 화폐공급곡선이 만나는 점에서 균형이 되고 〈그림 5-13〉에서 보듯이 균형이자율(i^*)이 결정된다. 즉, $M^d = M^s$인 점에서 균형이 이루어진다. 만약 현재의 이자율(i_0)이 균형이자율(i^*)보다 낮다면 현재의 이자율에서 화폐수요가 화폐공급을 초과하여 화폐시장에 초과수요가 발생한다. 이 경우 사람들은 더 많은 화폐를 보유하기 위해 가지고 있는 채권을 팔아서 화폐로 교환하려고 한다. 그러므로 채권공급이 증가하여 채권가격은 하락하고 따라서 이자율은 상승하게 된다. 이러한 이자율의 상승과정은 이자율이 균형이자율에 도달할 때까지 지속된다. 만약 이자율이 균형이자율보다 더 높아 화폐의 초과공급이 있다면 이것은 사람들이 원하는 것보다 더 많은 화폐를 보유하고 있다는 것을 의미하며 따라서 사람들은 화폐로 채권을 구매(채권수요증가)하려고 할 것이며 이 과정에서 채권가격은 상승하며 따라서 이자율은 하락한다. 이러한 과정을 거쳐 결국 이자율은 균형수준(i^*)으로 수렴한다.

(2) 균형이자율의 변동요인

균형이자율의 변동을 보기 위해서는 화폐수요곡선과 화폐공급곡선을 이동시키는 요인들을 살펴보아야 한다. 앞에서 언급하였듯이 화폐수요곡선과 화폐공급곡선을 유도할 때 이자율 이외의 모든 변수는 주어져 있다고 가정하였다. 따라서 이들 주어져 있다고 가정한 변수들(외생변수)이 변화하면 화폐수요곡선과 화폐공급곡선이 이동한다. 그러므로 주어져 있다고 가정되어 있는 변수들 중 중요한 것이 무엇인지 이들이 변화할 때 어느 방향으로 곡선이 이동하는지에 대해 살펴본다.

1) 화폐수요곡선의 이동요인

Keynes의 유동성선호이론에서는 소득과 물가수준 등의 요인이 화폐수요곡선을 이동시키는 중요한 요인들이다.

소득 실질소득(y)의 상승은 화폐수요를 증가시켜 화폐수요곡선을 오른쪽으로 이동시킨다. Keynes는 소득증가가 화폐수요에 미치는 영향을 두 가지로 보고 있다. 우선 소득이 증가하면 재산도 증가하므로 사람들은 가치저장수단인 화폐를 보다 많이 보유하려고 한다. 또한 경제가 확대되고 소득이 증가하면 사람들은 거래적 또는 예비적 목적으로 더 많은 화폐를 보유하려고 한다. 전자는 투기적 자산규모(M_o)의 크기가 증가하는 것을 나타내고 후자는 거래적 및 예비적 화폐수요의 증가를 나타낸다.

물가수준 Keynes는 사람들이 실질통화량(M/P), 즉 명목통화량(M)으로 구매할 수 있는 재화 및 서비스의 양에 관심이 있다고 본다. 그러므로 물가(P)가 상승하면 같은 명목통화량으로는 이전과 동일한 양의 재화와 서비스를 구매할 수 없게 되며 따라서 더 많은 화폐를 수요하게 되며 화폐수요곡선을 오른쪽으로 이동시킨다. 그리고 실질통화량에 관심이 있으므로 물가의 상승이 있는 경우 명목화폐에 대한 수요는 물가의 상승과 동일한 비율로 증가한다. 따라서 화폐수요함수는 일반적으로 다음과 같이 표현된다. 즉,

(5-6) $$\frac{M^d}{P} = L(i, y) \quad \text{또는} \quad M^d = P \times L(i, y)$$

여기서 M^d는 명목화폐수요, P는 물가, (M^d/P)는 실질통화량에 대한 수요, L은 화폐수요함수, i는 이자율, 그리고 y는 실질소득을 나타낸다.

예상인플레이션 예상인플레이션(π^e)의 상승은 화폐의 실질기대수익의 감소를 의미하므로 화폐의 상대적 기대수익의 감소를 유발하고 이것은 화폐에 대한 수요를 감소시키므로 화폐수요곡선을 왼쪽으로 이동시킨다. 이 경우의 화폐수요함수는 다음의 식(5-7)과 같이 나타낼 수 있다. 여기서 예상인플레이션은 화폐수요에 마이너스의 영향을 미친다. 여기서 i_r은 실질이자율이다.

(5-7) $$\frac{M^d}{P} = L(i_r + \pi^e, y) = L(i_r, y, \pi^e)$$

기타 요인 이러한 요인 이외에도 금융기관의 보급, 은행의 보급, 은행지점의 설치확대, 그리고 신용카드의 보급증가와 같은 제도적 요인들은 화폐수요(적어도 현금수요)를 감소시키며 따라서 화폐수요곡선을 왼쪽으로 이동시킨다.

2) 화폐공급곡선의 이동

화폐공급은 중앙은행에 의해 통제가 가능하다고 가정하고 있다. 따라서 중앙은행이 화폐공급을 증가시키면 화폐공급곡선은 오른쪽으로 이동한다. 반대로 중앙은행이 화폐공급을 감소시키면 화폐공급곡선은 왼쪽으로 이동한다. 예컨대, 중앙은행의 공개시장매입, 할인율인하, 지급준비율인하, 외환시장에서의 달러매입 등은 모두 화폐공급을 증가시키며 따라서 이러한 조치들이 있으면 화폐공급곡선이 오른쪽으로 이동한다. 화폐공급을 증가시키는 이외의 요인들도 모두 화폐공급곡선을 오른쪽으로 이동시킨다.

(3) 유동성선호이론의 응용

유동성선호모형을 이용하면 경제 환경의 변화가 이자율에 어떤 영향을 미치는지를 알 수 있다. 특히 이 모형을 이용하면 소득과 물가수준, 그리고 화폐공급의 변화가 균형이자율에 어떤 영향을 미치는지를 살펴볼 수 있다.

1) 소득(경기)과 물가수준의 변화

경기상승으로 소득이 증가하는 경우 이자율은 어떻게 되는가? 소득이 증가하면 〈그림 5-15〉에서 보듯이 화폐수요곡선이 오른쪽으로 이동한다. 따라서 균형이자율은 상승한다. 이와 같이 유동성선호모형에서는 소득증가(경기상승)의 이자율효과는 분명하다.[16] 또 물가가 상승하는 경우에도 〈그림 5-15〉에서 보듯이 화폐수요가 증가하며 따라서 화폐수요곡선이 우측으로 이동하고 이에 따라 균형이자율은 상승한다.

---

16 앞에서 본 바와 같이 대부자금이론에서는 소득증가(경기상승)가 채권수요곡선과 채권공급곡선의 어느 것을 더 많이 이동시키느냐에 따라 이자율이 하락할 수도 상승할 수도 있다는 불확실한 결과를 가져왔었다.

〈그림 5-15〉 ▸ 소득증가와 물가상승이 이자율에 미치는 영향

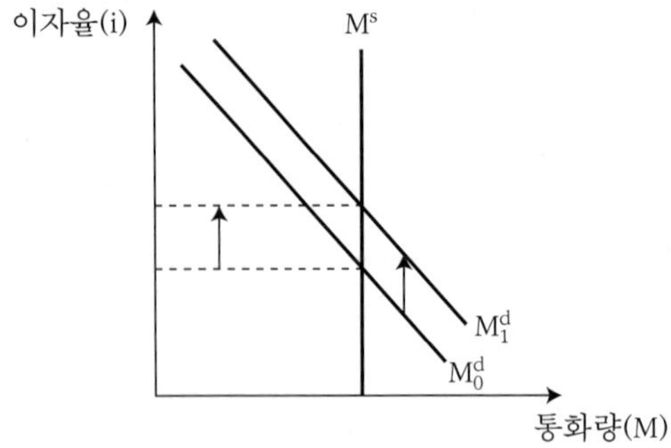

2) 예상인플레이션의 변화가 이자율에 미치는 영향

Keynes의 유동성선호모형은 물가가 안정된(고정된) 상황에서의 이자율의 결정이론이므로 예상인플레이션이 이자율에 미치는 영향을 분석하는 데는 다소 불편하다. 예상인플레이션의 영향을 분석하는 데는 앞에서 본 대부자금이론이 더 적합하다. 그럼에도 불구하고 예상인플레이션의 변화가 화폐수요에 영향을 미치고 이것이 이자율에 영향을 미치는 과정을 살펴볼 수 있다.

예상인플레이션(π^e)이 상승하는 경우 먼저 명목이자율($i = i_r + \pi^e$)이 상승한다(피셔효과). 그리고 예상인플레이션이 상승하는 경우 화폐수요곡선이 왼쪽으로 이동하고 그래서 이자율이 하락한다. 그러므로 예상인플레이션의 상승이 이자율에 미치는 영향을 알기 위해서는 이러한 두 효과, 즉 이자율을 상승시키는 효과(피셔효과)와 이자율을 하락시키는 효과(화폐수요의 감소를 통한 이자율하락)를 합쳐 보아야 한다. 일반적으로 화폐수요곡선을 통한 이자율하락효과는 크지 않을 것이기 때문에 예상인플레이션이 상승하는 경우 **피셔효과(Fisher effect)**를 통해 명목이자율은 상승한다고 볼 수 있을 것이다.[17]

3) 화폐공급의 변화가 이자율에 미치는 영향

유동성선호모형의 가장 큰 장점과 의의는 화폐공급이 증가하는 경우에 이자율이

17 이러한 효과 때문에 앞에서 설명한 피셔효과에서 예상인플레이션이 상승할 때 명목이자율이 1:1이 아니라 그보다 적게 상승하는 것으로 볼 수 있다.

〈그림 5-16〉 ▸ 화폐공급증가가 이자율에 미치는 영향(유동성효과)

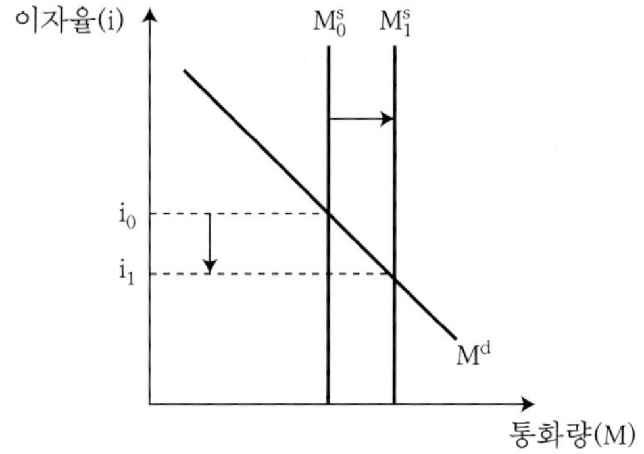

어떻게 되는지, 즉 통화정책의 효과를 잘 분석할 수 있다는 것이다. 유동성선호모형에 따르면 화폐공급이 증가하면 〈그림 5-16〉에서 보듯이 화폐공급곡선이 우측으로 이동(M_0^s에서 M_1^s으로)하여 균형이자율이 i_0에서 i_1으로 하락한다.[18]

위의 분석에 의하면 화폐공급이 증가하면 이자율이 하락하며 따라서 이자율을 낮추고자 한다면 화폐공급을 증가시키면 된다는 것을 의미한다. 그렇다면 화폐공급과 이자율은 항상 역의 관계를 갖는가? 반드시 그런 것은 아니다. 화폐공급의 증가가 이자율을 하락시킨다는 결론에 대한 비판은 Milton Friedman 교수에 의해 제기되었다. 그는 유동성선호분석이 옳다고 인정하고 그 결론(통화량의 증가가 다른 조건이 변화하지 않는 한 이자율을 하락시키는 효과)을 **유동성효과(liquidity effect)**라고 부르고 있다. 그러나 유동성효과는 다른 변수들이 주어진 상태(단기적 상태)에서의 효과이며 따라서 유동성효과는 전체의 한 부분에 불과하다. 화폐공급의 증가는 주어져 있다고 가정한 다른 변수들(소득, 물가, 예상인플레이션)을 변화시키기 때문에 장기적으로는 이자율을 상승시키는 효과를 가진다. 이러한 효과가 매우 크다면 화폐공급이 증가할 때 장기적으로 이자율이 오히려 상승하는 것도 가능하다. 화폐공급의 증가에 따른 다른 경제변수들의 변화는 소득효과, 물가수준효과 그리고 예상인플레이션효과 등을 유발한다.

---

18 대부자금이론(채권시장모형)을 이용하더라도 화폐공급의 증가가 이자율에 미치는 영향을 분석할 수 있다. 이에 의하면 화폐공급을 증가시키는 가장 일반적인 형태가 공개시장매입이며 이것은 채권에 대한 수요의 증가를 나타내며 따라서 채권수요곡선이 오른쪽으로 이동하게 되고 이로 인해 채권가격은 상승하며 이자율은 하락하게 된다.

〈그림 5-17〉 ▸ 화폐공급증가가 이자율에 미치는 영향(소득효과와 물가수준효과)

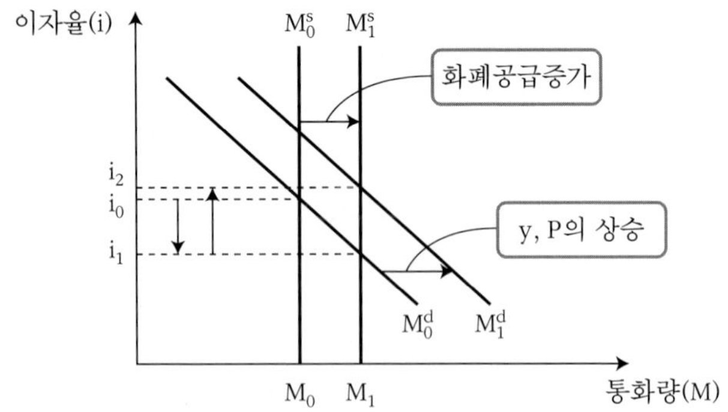

첫째, **소득효과**(income effect)인데 이것은 화폐공급의 증가(M_0에서 M_1으로)가 시간이 지나면서 경제에 팽창적인 영향을 미쳐 재산과 소득(y)을 증가시키고 이에 따라 화폐수요곡선이 오른쪽으로 이동하여 이자율을 상승시키는 효과를 말한다.

둘째, **물가수준효과**(price level effect)인데 이것은 화폐공급의 증가가 물가수준(P)을 상승시키며 이것이 화폐수요곡선을 오른쪽으로 이동시켜 이자율을 상승시키는 효과를 의미한다. 소득효과와 물가수준효과의 두 효과를 그림으로 나타내면 〈그림 5-17〉과 같다. 여기서 보면 화폐공급증가로 이자율이 i_0에서 i_1으로 하락하였으나(유동성효과) 화폐공급증가로 시간이 지나면서 소득이 증가하고 물가가 상승하여 화폐수요곡선이 M_0^d에서 M_1^d으로 오른쪽으로 이동하고 그래서 이자율이 i_1에서 i_2로 다시 상승한다. 화폐수요곡선이 얼마나 많이 이동하느냐에 따라 i_2가 화폐공급이 증가하기 전의 이자율인 i_0보다 더 높아질 수도 있고 더 낮아질 수도 있다. 〈그림 5-17〉에서는 이자율이 더 높아진 것으로 그려져 있다.

셋째, **예상인플레이션효과**(expected inflation effect)인데 이것은 화폐공급증가로부터 유발되는 물가상승이 예상인플레이션율을 상승시켜 이자율을 상승시키는 효과를 말한다. 즉, 화폐공급의 증가는 사람들로 하여금 장래에 물가수준이 더 높아질 것이라고 예상하게 만들며 이러한 예상인플레이션의 상승은 이자율의 상승을 유발한다. 앞에서 지적한대로 예상인플레이션의 상승은 두 가지 효과(화폐수요를 감소시켜 이자율이 하락하는 효과와 피셔효과에 의해 이자율이 상승하는 효과)를 가지는데 화폐수요를 감소시키는 효과는 비교적 적기 때문에 전체적으로 이자율이 상승한다고 볼 수 있다.

〈그림 5-18〉 ▸ 유동성함정에서의 통화량증가의 효과

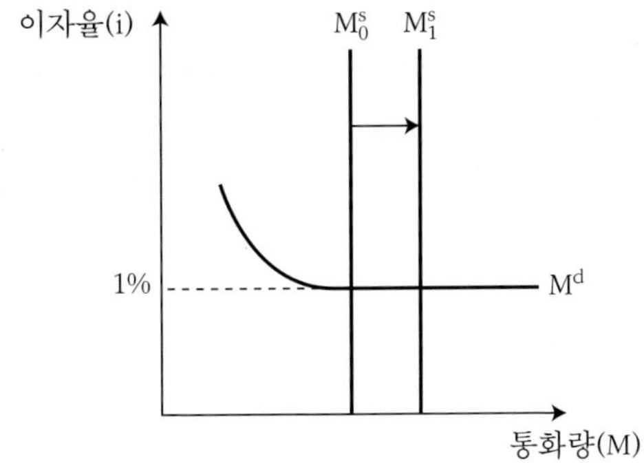

위에서 언급한 네 가지 효과 중에서 단지 유동성효과만이 화폐공급의 증가가 이자율의 하락을 유발한다는 것을 보여주고 있다. 반면 소득효과, 물가수준효과 그리고 예상인플레이션효과는 화폐공급이 증가할 때 이자율이 상승한다는 것을 제시하고 있다. 그리고 일반적으로 유동성효과는 즉각적으로 나타나지만(단기효과) 소득효과와 물가수준효과가 발휘되는 데는 다소 시간이 걸린다(장기효과). 또 예상인플레이션효과는 사람들이 화폐공급증가에 대해 인플레이션의 예상을 얼마나 빨리 조정하는가에 따라 빠를 수도 있고 느릴 수도 있다. 이러한 효과들이 얼마나 크고 얼마나 빨리 나타나는가(효과의 크기와 속도)에 따라 화폐공급의 증가로 인해 이자율이 하락하기도 하고 상승하기도 할 것이다.

한편 통화당국이 화폐공급을 늘리더라도 이자율이 거의 변하지 않는 상황이 발생할 수 있다. 〈그림 5-14〉에서와 같이 화폐수요곡선이 만약 수평적이라면 화폐공급을 증가시키더라도 이것이 모두 화폐수요로 흡수(화폐형태로 보유)되고 이자율에는 별 영향을 미치지 못하는 상황이 발생할 수 있는데 이러한 상황을 **유동성함정(liquidity trap)**이라고 한다. 이러한 상황을 그림으로 나타내면 〈그림 5-18〉과 같다.

유동성함정의 상황에서는 화폐공급의 증가는 이자율을 내리는 데 영향력이 없으므로 침체된 경제를 살리는 데 별 역할을 할 수 없다. 이러한 현상은 자주 일어나는 현상은 아니지만 1930년대의 대공황시기와 같이 경기가 매우 침체된 경우에는 발생할 수 있다. 최근의 예로는 2008년 10월에 미국의 금융위기가 전 세계로 확산되면서 각국의 실물경기의 침체가 우려된 상황을 들 수 있다. 이 침체를 극복하고 경기를 부양하고자 각 나라의

통화당국이 통화량을 많이 공급하였지만(또는 정책금리를 많이 내렸지만) 기업이나 가계가 부담하는 금리는 내리지 않았고 시중에서 자금이 돌지 않고 따라서 투자나 소비가 잘 이루어지지 않았다. 따라서 통화당국(중앙은행)은 비통상적인 방식으로 자금을 직접 자금의 수요자(기업, 국채전문딜러, 투자은행, 뮤추얼펀드 등 비은행금융기관)에게 공급하거나[19] 지출에 영향을 미치는 장기금리를 낮추는 방식을 추구하였다.[20] 또한 Keynes는 이러한 경우에는 통화정책은 한계를 가지므로 정부가 경제활동을 촉구하기 위해 스스로 지출을 늘리는 더 직접적인 조치(재정정책)를 취할 필요가 있다고 생각하였다.

---

19 미국의 경우 글로벌 금융위기를 맞아 정책금리(연방기금금리)를 0~0.25%(2008년 12월 16일 제로금리 시대 개막)로 인하하였지만 효과가 없자 국채딜러신용제도(PDCF, primary dealer credit facility), 기간물 ABS대출제도(TALF, term asset backed securities loan facility), 자산담보부 기업어음 매입제도(AMLF, ABCP money market mutual fund liquidity facility), 단기금융시장 유동성공급제도(MMIFF, money market investor funding facility), 기업어음 직매입제도(CPFF, commercial paper funding facility), 기간증권대출제도(TSLF, term securities lending facility) 등의 도입으로 자금이 필요한 곳으로 바로 갈 수 있는 다양한 조치를 취하였다. 이에 대한 자세한 내용은 11장 3절 참고.

20 2008년의 글로벌 금융위기를 맞아 미국, 일본, EU 등 주요 선진국은 제로정책금리에도 불구하고 경기회복이 되지 않자 비통상적(비전통적) 통화정책수단을 이용해 추가적인 금융완화조치를 취할 수밖에 없었다. **비통상적 통화정책(unconventional monetary policy)**의 목표는 정책금리의 조정 이외의 방식으로 장기금리를 낮추어 금융시장의 신용경색을 완화하여 지출을 늘리려는 것이다. 미 연방준비제도 이사회의 Ben Bernanke 전 의장은 2008년의 금융위기 당시 정책금리가 제로금리인 상태에서 경제를 활성화시키기 위한 비통상적 통화정책을 다음의 세 가지 범주로 나누어 추진하였다(Bernanke and Reinhart(2004)). 첫째, 투자자들에게 단기금리가 그들이 현재 예상하고 있는 것보다 미래에 더 낮게 유지될 것이라는 확신을 제공하는 방식(낮은 이자율예상의 형성방식). 둘째, 중앙은행의 대차대조표의 구성을 변경시킴으로써 시장에서의 증권의 상대적인 공급을 변화시키는 방식(6장에서 살펴보는 트위스트조작(operation twist)이 여기에 해당). 셋째, 정책금리를 제로금리에 유지하는데 필요한 수준 이상으로 중앙은행의 대차대조표의 규모를 증가시키는(통화공급을 증가시키는) 양적완화방식(자산매입방식).

참고문헌

삼성경제연구소, 저금리기조의 배경, SERI 경제포커스 제37호(2005.4)

이토 미쓰하루, 케인즈, 1962. 김경미(역), 존 케인즈: 새로운 경제학의 탄생, 소화, 2004

Ben Bernanke and V. Reinhart, Conducting Monetary Policy at Very Low Short-term Interest Rates, American Economic Review Vol. 94 Issue 2(May 2004)

Stephen Cecchetti, Money, Banking, and Financial Markets, McGraw-Hill/Irwin 2006. Chapter 6

Dudley Dillard, The Economics of John Maynard Keynes: The Theory of a Monetary Economy, Prentice Hall Inc., 1948. 허창무(역), 케인스경제학의 이해, 지식산업사, 1988

R. Glenn Hubbard, Money, the Financial System, and the Economy, 6th ed. Pearson International Edition, 2008. Chapter 6

P. Krugman and R. Wells, Economics, 2nd ed.(2010), Worth Publishers, 김재영 · 박대근 · 전병헌(역), 크루그만의 경제학(제2판), ㈜시그마 프레스, 2011

F. Mishkin, The Economics of Money, Banking and Financial Markets, 2004(7th ed.), Chapter 5

연습문제

1. 이자율의 결정에 관한 대부자금이론과 유동성선호이론의 차이점과 공통점은 무엇인가?
2. 단기에서 금융자산가격의 결정에 대해 자산시장접근방법을 하는 이유는 무엇인가?
3. 대부자금이론과 유동성선호이론이 잘 설명할 수 있는 현상과 잘 설명하지 못하는 현상은 무엇인가?
4. 다음 상태가 발생하는 경우 채권수요곡선이나 채권공급곡선에 미치는 영향은 무엇인가?
   1) 2008년의 경우처럼 주식시장에서 주가의 엄청난 변동이 발생한다.
   2) 주식시장의 폭락과 관련하여 각국에서 주식거래세를 감면하는 방안을 비롯하여 주식거래수수료를 인하하려고 한다.
   3) 기업의 투자에 대한 투자보조금(또는 투자세액공제)이 감소한다.
   4) 대규모 자연재해가 발생하여 인프라의 구축을 위한 신규투자지출이 늘어났다.
5. 경기침체를 맞아 정부가 예상보다 큰 경기부양정책을 발표하는 경우 이자율이 상승한다. 왜 그러한 발표가 현재의 이자율을 상승시키는가?

6. 1990년대 이후로 일본의 이자율은 세계에서 가장 낮았다. 심지어 1998년 11월에는 6개월 만기 재무부증권의 이자율이 마이너스가 되기도 하였다. 일본의 이자율이 이렇게 낮아진 이유는 무엇인지 채권시장 수요공급모형을 이용하여 설명하시오.
7. 자본의 이동이 자유로운 경우 중국과 같은 대국의 저축의 증가가 소국경제의 이자율에 미치는 영향은 무엇인가?
8. 대부자금이론(채권시장 수요공급모형)과 유동성선호이론을 이용하여 이자율이 왜 경기동반적인지(왜 경기확장기에 이자율이 상승하고 경기침체기에는 이자율이 하락하는지) 설명하시오.
9. 화폐공급이 증가하는 경우 장기적으로 이자율이 하락하기도 하고 상승하기도 한다. 그런데 화폐공급이 증가한 이후에 곧바로 이자율이 상승하는 경우가 있는데 이것은 어떤 경우에 나타나는가? 유동성효과, 소득효과, 물가상승효과 그리고 예상인플레이션효과를 이용하여 설명하시오.
10. 유동성함정이 나타나는 경우 중앙은행의 통화정책(통화량증가나 정책금리인하)은 어떤 효과를 가지며 이 경우 경제를 활성화시키기 위해 어떤 조치가 필요한가?

CHAPTER

06 이자율의 구조

1. 이자율의 위험구조
2. 이자율의 기간구조

5장에서는 하나의 채권(국채)만이 존재한다고 보고 이 채권의 이자율수준이 어떻게 결정되는지를 살펴보았는데 실제로는 다양한 채권이 존재하기 때문에 이자율도 다양하다. 6장에서는 왜 채권의 이자율에 차이가 발생하는가 하는 이자율의 구조문제를 살펴본다. 왜 어떤 이자율은 높고 어떤 이자율은 낮은지를 알아야 투자자가 어느 채권에 투자할 것인지를 결정할 수 있다. 그러므로 6장에서는 각 채권의 이자율이 어떠한 요소를 고려하여 결정되는지를 살펴본다.

이자율의 구조문제는 이자율의 위험구조와 이자율의 기간구조를 통해 살펴볼 수 있다. 먼저 동일한 만기를 가진 채권 간의 이자율의 차이를 살펴보는데 이러한 차이를 유발하는 요인을 이자율의 위험구조라고 한다. 채권의 수익구조(이자를 언제 얼마나 지급하는가의 구조)는 채권발행자의 채무불이행위험, 채권의 유동성, 세제상의 혜택, 정보비용 등과 같은 발행조건을 고려하여 결정되는데 이러한 발행조건이 변화함에 따라 이자율의 구조(위험구조)가 달라지는 것이다. 또 채권의 만기도 이자율에 영향을 미치는데 이러한 관계를 이자율의 기간구조 또는 이자율의 만기구조라고 한다. 채권의 만기가 얼마나 남아 있느냐 하는 것이 이자율의 차이를 유발하는 중요한 요소가 되는데 다른 조건에는 차이가 없고 만기까지의 기간(term to maturity)의 차이로 이자율의 차이를 설명하는 것이 이자율의 기간구조이다. 따라서 채권의 이자율의 차이는 위험구조와 기간구조의 차이로 구성된다고 볼 수 있다.

1. 이자율의 위험구조

장기간에 걸친 이자율의 움직임을 관찰하면 같은 만기라도 채권에 따라 이자율이 다르며 따라서 이자율 간의 차이인 스프레드(spread)도 변화한다. 〈그림 6-1〉은 한국의 만기가 동일한 몇몇 장기채권(3년 만기 국고채, 장외 3년 만기 AA 등급 회사채, 장외 3년 만기 BBB⁻ 등급 회사채)의 이자율(만기수익률)을 보여준다(1996년 1분기~2018년 3분기). 이 그림은 동일만기의 이자율의 움직임에 대해 두 가지 사실을 보여준다. 첫째, 주어진 시점에서 채권의 이자율이 서로 다르다. 이자율이 변화하는 양상은 서로 비슷하지만 이자율에 큰 차이가 있다. 둘째, 이자율 간의 스프레드는 계속 변화한다. 예컨대, 국고채이자율은 AA⁻ 등급 회사채이자율보다 낮은데 그 차이는 계속 변하고 있으며 특히 외환위기(1997년 4분기 이후)와 글로벌 금융위기(2008년 1분기이후)에는 스프레드가 크게 확대되었다. 또한 AA⁻ 등급 회사채와 BBB⁻ 등급 회사채이자율 간의 차이도 2009년 1분기 이후 크게 확대되었다. 왜 이러한 차이와 변화가 유발되는 것인가?

이와 같이 동일만기 채권의 이자율에 차이가 나는 것은 채권의 신용위험(채무불이행위험), 유동성, 발행조건(세제혜택, 채권이 갖는 발행 시의 특수조건), 정보비용의 차이 등 때문인데 만기 이외의 요인으로 채권의 이자율(만기수익률)을 설명하는 것을 **이자율의 위험구조**(risk structure of interest rate)라고 한다. 특히, 신용등급으로 반영되는 발행주체가 지닌 채무불이행위험이 위험구조에서는 중요하다.

(1) 채무불이행위험

동일만기 채권 간의 이자율의 차이를 유발하는 채권의 가장 중요한 속성은 채무불이행위험이다. **채무불이행위험**(default risk)이란 채권의 발행자가 이자와 원금을 약속대로 지불할 수 없거나 지불하려고하지 않는 경우에 발생한다.[1] 이러한 채무불이행위험은

---

1 이자율의 위험구조를 말할 때 이 위험은 채무불이행위험(신용위험)만을 고려하는 것이다. 시장에서 채권가격이 변동하는 위험, 즉 이자율의 변화로 인해 채권가격이 변동하는 이자율위험(interest rate risk) 또는 시장위험(market risk)은 이자율의 구조와는 별개이다. 이자율위험은 이자율의 구조문제(이자율의 수준이 어떤 요소로 구성되어 있느냐 하는 문제)와는 관련이 없고 그렇게 구성되어 있는 이자율이 변동하는 것을 말한다.

〈그림 6-1〉 ▸ 우리나라 장기채권(3년 만기)의 이자율

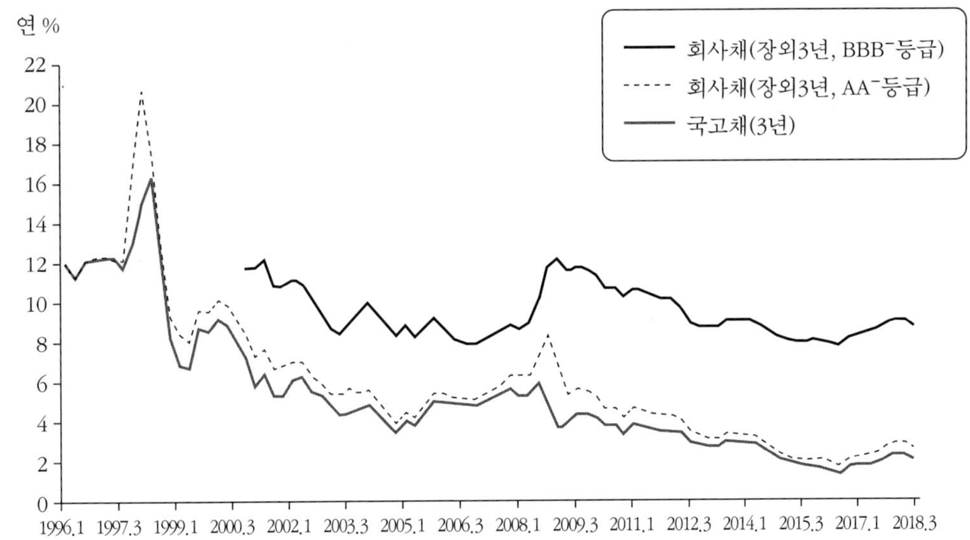

자료: 한국은행 경제통계시스템(ECOS)

자산수요에 영향을 미치는 요인들 중에서 기대수익(expected return)과 관계된다고 볼 수 있다. 일반회사에서 발행하는 회사채는 어느 정도의 채무불이행위험을 갖고 있는 위험채권(risky bonds)이고 정부가 발행하는 국채나 정부가 보증하는 채권은 채무불이행위험이 거의 없으므로 **무위험채권(default free bonds)**이라고 볼 수 있다. 위험채권의 이자율과 무위험채권의 이자율 간의 차이를 **(신용)위험프리미엄**(risk premium, **위험보상**)이라고 한다. 이것은 위험채권을 보유하도록 하기 위해서는 얼마만큼의 수익을 더 제공하여야 할 것인지를 나타낸다.[2] 예컨대, 만기가 3년인 무위험채권(국고채)의 이자율이 6%이고 대한전자의 3년 만기 위험채권(회사채)의 이자율이 8%라면 이 대한전자 회사채의 위험프리미엄은 8% − 6% = 2%이다. 투자자들은 채무불이행위험(낮은 기대수익)을 싫어

2 위험프리미엄은 엄밀하게 보면 두 가지 요소로 구성된다. 우선 위험중립적인(기대수익에만 관심이 있고 수익률의 변동성에는 관심이 없는) 투자자(채권구매자)에게는 채무불이행위험이 있는 채권의 이자율은 이러한 위험이 없는 채권의 이자율보다 당연히 높아야 하며 이 차이가 위험프리미엄이다. 그러나 투자자들은 일반적으로 위험회피적(risk averse, 기대수익뿐 아니라 수익의 변동성에 대해서도 신경을 쓰는 사람)이며 따라서 채무불이행위험의 변동에 따른 이자율(채권가격)의 변동(위험)에 대해서도 고려하며 이에 따른 추가적인 프리미엄을 요구한다.

〈그림 6-2〉 ▸ 위험프리미엄

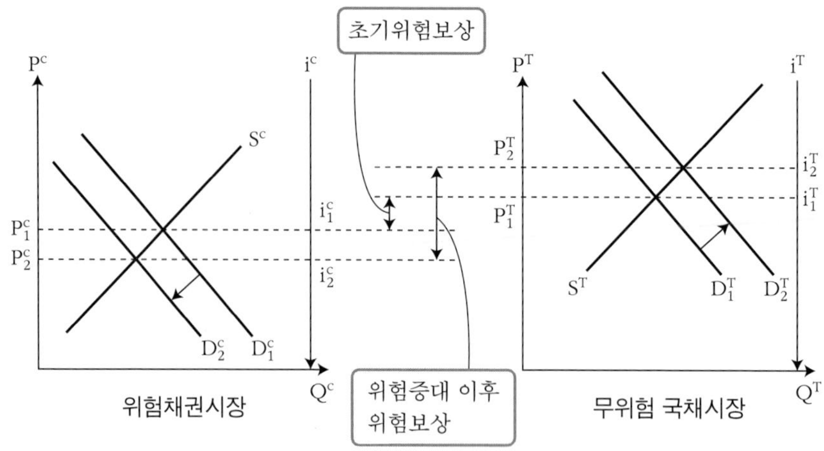

하므로 위험이 있는 채권의 보유에는 항상 보상이 필요한데 이 보상(위험프리미엄)은 항상 양(+)이며 채무불이행위험이 크면 클수록 위험프리미엄도 커진다.

이러한 현상을 〈그림 6-2〉에서 설명하여 보자. 〈그림 6-2〉에서는 위험채권(회사채)시장과 무위험국채시장을 보여주고 있다. 위험채권시장의 수요곡선(D^c)과 공급곡선(S^c)에 의해 위험채권가격(P^c)과 위험채권이자율(i^c)이 결정되고 무위험국채시장의 수요곡선(D^T)과 공급곡선(S^T)에 의해 국채가격(P^T)과 국채이자율(i^T)이 결정된다. 5장에서 본 바와 같이 이자율 축은 아래로 갈수록 높은 수준을 나타낸다. 초기에 위험채권은 채무불이행위험이 약간 있었고 다른 속성은 무위험국채와 동일하다고 가정한다. 따라서 초기(수요곡선이 각각 D_1^c, D_1^T)에는 무위험국채가격과 위험채권의 가격은 약간의 차이를 가졌고 따라서 위험프리미엄(위험채권이자율과 무위험국채이자율의 차이)도 적었다. 〈그림 6-2〉에서 $P_1^T > P_1^c$이며 $i_1^T < i_1^c$이다.

그런데 위험채권(회사채)을 발행한 회사의 경영이 잘못되어 채무불이행위험이 더 증가한다고 가정하자. 이 경우 위험채권의 기대수익이 감소할 것이며 위험채권의 수익률은 더 불확실해질 것이다. 그런데 자산수요이론에 의하면 위험채권에 대한 기대수익의 하락(채무불이행위험의 증가)과 위험의 증가(채무불이행위험에 따른 위험채권 수익률의 변동성 증대)는 위험채권에 대한 수요를 감소시킨다. 그래서 위험채권수요곡선이 아래로(D_1^c에서 D_2^c로) 이동할 것이다. 반면 무위험국채의 상대적 기대수익은 증가하고 상대적 위험은 감소하므로 위험이 없는 국채수요는 증가하며 따라서 국채수요곡선은 위로(D_1^T에서 D_2^T로) 이동할 것이다. 이와 같이 시장상황의 악화로 위험이 큰 위험채권으로부터 위험이 없거나 적은 국채로 자금이 이동하는데 이러한 이동을 **안전자산으로의 도피**(flight to quality) 또는 **안전자산선호성향**이라고 한다.

〈그림 6-2〉에서 보듯이 위험채권수요곡선이 아래로 이동함에 따라 위험채권가격은 P_1^c에서 P_2^c로 하락하고(이자율은 i_1^c에서 i_2^c로 상승하고) 국채수요곡선이 오른쪽으로 이동함에 따라 무위험국채가격은 P_1^T에서 P_2^T로 상승하며(국채이자율은 i_1^T에서 i_2^T로 하락하며) 이들 두 채권사이의 이자율의 차이, 즉 위험채권의 위험프리미엄은 $(i_1^c - i_1^T)$에서 $(i_2^c - i_2^T)$로 증가하였다. 이와 같이 채무불이행위험이 있는 채권은 항상 양의 위험프리미엄을 가진다. 또 채무불이행위험이 증가하면 더 많은 보상을 요구하므로 위험프리미엄은 증가한다.

채무불이행위험은 채권투자에 매우 중요하기 때문에 채권투자자들은 차입자(채권발행자)의 신용도(상환능력)를 평가하여야 한다. 그런데 차입자의 신용도에 대한 직접적인 정보획득에는 많은 비용이 들어가기 때문에 투자자들은 통상 정보를 얻기 위하여 기업정보를 전문적으로 생산하는 기관에 의존한다. 채권에 대해서는 민간 신용평가기관이 채무불이행위험에 대한 정보를 제공하고 있다. 국제적으로 유명한 신용평가기관으로는 Moody's Investors Service, Standard and Poor's Corporation, Fitch Ratings, Japan Bond Research Institute(일본의 JBRI) 등이 있고 현재 국내신용평가기관으로는 한국신용평가회사(KIS), 한국기업평가회사(KR), 한국신용정보회사(NICE), 서울신용평가정보회사(SCI)가 있다. 신용평가기관은 채권을 평가하여 등급을 부과하는데 평가기관마다 평가등급의 표기가 다소 다르지만 우리나라의 평가등급은 〈표 6-1〉과 같으며 Moody's와 S&P의 채권평가등급(장기신용등급)도 이와 유사하다. AA에서 B까지는 각 등급 내에서 +와 −를 부여하고 있다. 채권의 평가등급은 발행자의 순자산가치, 현금흐름 그리고 미래 전망 등 발행자의 채무약속의 이행 가능성에 대한 평가기관의 요약통계이다. 이러한 평가등급에서 BBB 이상을 **투자(적격)등급채권**(investment grade securities)이라고 하고 BB 이하를 **투기등급채권**(speculative grade securities, **투자주의등급**) 또는 **정크본드**(junk bond) 또는 **고수익채권**(high yield bond)이라고 하며 CC 이하를 투자부적격등급 채권이라고 한다.

〈그림 6-1〉에서 보듯이 회사채는 국채보다 채무불이행위험이 크기 때문에 회사채이자율이 국채이자율보다 항상 높다. 또 BBB회사채의 이자율은 AA회사채의 이자율보다

〈표 6-1〉 ▸ 우리나라의 채권 평가등급

등급	등급의 정의
AAA	원리금 지급확실성이 최고 수준임
AA	원리금 지급확실성이 매우 높지만, AAA 등급에 비하여 다소 낮은 요소가 있음
A	원리금 지급확실성이 높지만, 장래의 환경변화에 다소 영향을 받을 가능성이 있음
BBB	원리금 지급확실성이 있지만, 장래의 환경변화에 따라 저하될 가능성이 내포되어 있음
BB	원리금 지급능력에 당면문제는 없으나, 장래의 안정성면에서는 투기적인 요소가 내포되어 있음
B	원리금 지급능력이 부족하여 투기적임
CCC	원리금의 채무불이행이 발생할 위험요소가 내포되어 있음
CC	원리금의 채무불이행이 발생할 가능성이 높음
C	원리금의 채무불이행이 발생할 가능성이 지극히 높음
D	현재 채무불이행 상태에 있음

항상 높다. 그래서 차입자와 투자자 모두 신용평가등급에 많은 관심을 가진다. 차입자는 신용등급이 위험프리미엄에 영향을 미치고 그래서 발행이자율(자금의 차입비용)에 영향을 미치기 때문에 관심을 가지고 투자자는 채무불이행에 대한 정보를 얻기 위하여 신용등급에 관심을 가진다. 또 통상 대공황이나 경기침체기에는 위험프리미엄이 크게 증가한다. 왜냐하면 경기침체기에는 기업이 파산할 위험이 매우 높아지기 때문이다.[3] 반면 경기가 좋아지는 경우에는 위험프리미엄이 감소한다. 따라서 위험프리미엄은 경기와 반대방향으로 움직이는 성질을 가진다.

(2) 유동성

채권이자율에 영향을 미치는 또 하나의 채권의 속성은 유동성이다. **유동성**(liquidity)이란 자산이 얼마나 빨리 현금화될 수 있느냐 하는 정도를 나타낸다. 유동성이 클수록

3 채무불이행위험은 두 가지 이유로 발생할 수 있다. 하나의 이유는 그 기업의 특별한 사정으로 약속된 지불을 제공하지 못하게 되는 경우이며 이러한 위험은 비체계적 위험(unsystematic risk)에 해당된다. 또 하나의 이유는 경제전반의 불경기로 인해 채무불이행위험이 발생하는 경우이며, 이러한 위험을 체계적 위험(systematic risk)이라고 부른다.

〈**그림 6-3**〉 ▸ 회사채의 유동성 감소가 이자율에 미치는 영향

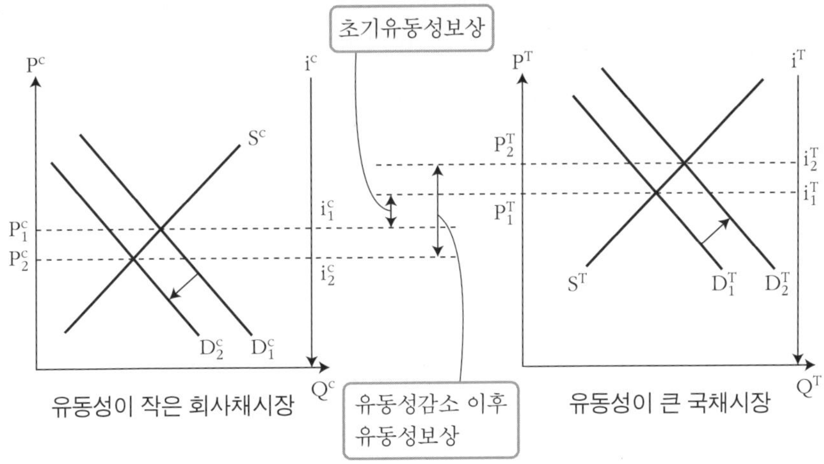

더 좋은 채권이 되며 따라서 투자자들은 이러한 채권을 더 많이 소지하고자 할 것이며 유동성이 작은 채권보다는 유동성이 큰 채권에 대해 더 낮은 이자율을 수용할 것이다. 국채(Treasury bond)는 매우 유동성이 큰 채권인 반면 거래량이 아주 적은 회사채는 유동성이 낮다. 따라서 국채는 채무불이행위험뿐 아니라 유동성에 있어서도 기준이 되는 채권이다.

회사채의 유동성의 감소는 어떻게 이자율에 영향을 미치는가? 〈그림 6-3〉을 이용하여 회사채의 유동성감소의 영향을 살펴보자. 초기에 회사채가 국채보다 다소 유동성이 적었다고 가정하자. 따라서 초기(수요곡선이 각각 D^c_1, D^T_1)에는 유동성이 높은 국채의 가격과 유동성이 낮은 회사채의 가격은 약간의 차이를 가졌고 따라서 유동성프리미엄(유동성이 낮은 채권이자율과 유동성이 큰 국채이자율의 차이)도 적었다. 〈그림 6-3〉에서 $P^T_1 > P^c_1$이며 $i^T_1 < i^c_1$이다. 그런데 어떤 이유로 회사채시장의 유동성이 감소하였다고 하자. 회사채의 유동성감소는 회사채에 대한 수요를 감소시키며 따라서 회사채가격은 P^c_1에서 P^c_2로 하락한다(회사채이자율은 i^c_1에서 i^c_2로 상승한다). 반면 상대적으로 유동성이 증가한 국채에 대한 수요는 증가하여 국채가격은 상승하며 국채이자율은 i^T_1에서 i^T_2로 하락한다. 그 결과로 두 채권 간의 스프레드는 $(i^c_1 - i^T_1)$에서 $(i^c_2 - i^T_2)$로 확대한다. 덜 유동적인 회사채이자율과 유동적인 국채이자율 간의 이러한 차이는 **유동성 프리미엄**(liquidity premium, **유동성**

보상)이라고 볼 수 있다. 따라서 국채(위험이 없고 매우 유동적인 채권)이자율과 회사채(위험이 있고 유동성이 작은 채권)이자율 간의 차이는 회사채의 높은 채무불이행위험뿐 아니라 낮은 유동성도 반영한다. 그러므로 이 차이를 더 정확하게 말하면 '위험 및 유동성 프리미엄(risk and liquidity premium)'이라고 할 수 있지만 통상 위험프리미엄이라고 부른다.

(3) 정보수집비용

이자율의 위험구조에 영향을 미치는 또 하나의 요소는 **정보수집비용**(cost of acquiring information)이다. 이것은 투자자가 회사채에 관한 정보(발행자에 대한 정보 및 가격 정보)를 수집하는 비용으로 이것이 크면 투자의 기대수익은 감소한다. 만약 두 채권이 동일한 채무불이행위험과 유동성을 가진다면 투자자들은 낮은 정보수집비용을 가진 채권을 보유하기를 원할 것이다. 예를 들어 국채는 발행자가 잘 알려져 있고 채무불이행위험이 없고 유동성이 크다는 것이 잘 알려져 있기 때문에 정보수집비용이 거의 없지만 잘 알려지지 않은 차입자(기업)가 발행한 채권에 투자하려고 하는 경우에는 그 차입자가 어떤 기업인지 채무불이행의 여지는 어느 정도인지 등에 대해 정보수집을 하여 알아보아야 한다. 신용평가기관의 정보는 잘 알려진 차입자에 대한 정보수집비용과 모니터링비용을 감소시켜주지만 잘 알려지지 않은 차입자가 발행한 채권의 경우에는 그러한 비용이 매우 높다.

정보수집비용의 증가가 이자율스프레드에 미치는 영향은 〈그림 6-3〉에서와 같이 볼 수 있다. 〈그림 6-3〉에서 회사채를 정보수집비용이 큰 채권으로 보고 국채를 정보수집비용이 적은 채권으로 보면 된다. 초기에는 회사채의 정보수집비용이 비교적 적었다고 가정하자. 그러다가 회사채의 발행자에 대한 정보수집비용이 크게 증가하는 경우 회사채에 대한 수요곡선은 아래로 이동하고 상대적으로 정보수집비용이 감소한 국채에 대한 수요는 증가하여 국채수요곡선이 위로 이동한다. 이로 인해 정보수집비용에 기인한 **정보비용프리미엄**(information cost premium)이 증가한다. 위험프리미엄에 이러한 정보비용프리미엄을 포함시킨다면 위험프리미엄은 증가하게 된다. 정보수집비용의 증가는 증권에 대한 요구수익률을 증가시키며 정보수집비용의 감소는 증권에 대한 요구수익률을 감소시킨다. 따라서 회사채이자율은 채무불이행위험이 없고 유동성이 크며 정보수집비용이 없는 국채의 이자율에 위험프리미엄, 유동성프리미엄 그리고 정보비용프리미엄을 합한 것과 같게 된다. 통상 이러한 프리미엄을 모두 합쳐 위험프리미엄(risk premium)이라고 부른다.

(4) 소득세에 대한 고려

투자자들은 채권보유로부터 얻는 세전소득보다는 세후소득에 더 관심을 가진다. 채권의 다른 모든 속성이 동일하다면 세금이 부과되는 채권은 세금이 면제되는 채권(면세채권)보다 세전수익률이 더 높아야 투자자들이 선호하게 될 것이다. 그러므로 세금과 관련된 이 부분은 자산수요에 영향을 미치는 요인 중 기대수익에 영향을 미치는 요인이 된다.

세금이 부과되는 채권에 대해 요구되는 추가적 보상은 투자자들이 부담하는 세율에 달려 있다. 높은 세금구간(tax bracket)에 속하는 투자자들은 면세채권으로부터 상대적으로 더 많은 이득을 얻게 된다. 왜냐하면 세금이 부과되는 채권의 경우 비록 이자는 많아도 높은 세율을 적용받기 때문에 세후적으로는 비록 이자율이 낮더라도 아예 세금이 부과되지 않는 채권이 더 유리할 수 있기 때문이다. 그러므로 채권의 기대수익을 평가할 때는 세후수익률을 살펴보아야 한다. 그 계산은 식(6-1)과 같다.

(6-1) $$R_{at} = R_{bt}(1 - t)$$

여기서 R_{at}는 세후(after-tax)수익률이고 R_{bt}는 세전(before-tax)수익률이며 t는 투자자의 한계세율이다. 한계세율이 높을수록 세금이 감면되는 채권이 유리하게 된다. 예컨대, 미국의 경우 2차대전 이전에는 이자소득세율이 매우 낮아 지방채(municipal bonds, 미국의 경우 지방채에는 연방소득세가 감면됨)의 세금감면이 큰 이득이 되지 않았기 때문에 지방채에 대한 수요가 그렇게 많지 않았고 그래서 지방채이자율이 국채이자율보다 더 높았다. 그러나 이자소득세율이 높아진 2차대전 이후에는 지방채에 대한 수요가 매우 크며 그래서 지방채이자율이 국채이자율보다 더 낮다.

(5) 채권의 특별조항

채권과 관련된 특별한 조항도 그것이 권리이든, 의무이든 세금감면과 마찬가지로 채권의 기대수익에 영향을 미친다. 그러한 특별조항의 하나의 예가 조기상환권리가 부여된

조기상환권리부채권(callable bond)이다. 조기상환권리는 채권의 발행자가 그 채권을 특정한 가격에 만기가 되기 전에 미리 상환할 수 있는 권리로서 이 권리를 허용하는 채권이 조기상환권리부채권이다. 예컨대, 1980년대 초에 이자율이 매우 높던 시기에는 조기상환권리부채권을 발행한 기업은 이러한 권리를 흔히 사용하였다. 어떤 기업이 1981년에 연 16%의 이자율로 채권을 발행하였는데 이후 이자율이 크게 하락하였다. 그래서 1981년에 발행된 채권을 회수하여 조기상환하고 신규채권을 연 9%의 이자율로 발행하기 위해 조기상환조항을 사용하였다. 그런데 이러한 조기상환권리는 채권투자자들에게는 매우 불리한 것이다. 왜냐하면 그들이 원하지 않는 시기에 채권을 매각하여야 하기 때문이다. 따라서 투자자들은 이러한 채권을 구매하기 위해서는 추가적인 보상(premium)을 요구할 것이다. 이자율이 하락할 것으로 예상되는 기간에는 조기상환을 할 가능성이 크기 때문에 특히 그럴 것이다. 따라서 조기상환권리부채권에 대한 이자율은 다른 사정이 동일한 경우 조기상환권리가 없는 채권보다 더 높아야 할 것이다.

이와는 반대로 투자자가 만기일전에 발행자에게 주어져 있는 가격으로 상환을 요구할 수 있는 권리가 부여된 채권을 **수시환불요구채권**(puttable bond)이라고 하는데 이러한 채권의 경우에는 그 권리가 없는 채권에 비해 이자율이 낮아야 할 것이다. 즉, 수시환불요구채권의 경우에는 수시환불에 따른 디스카운트(discount)가 있어야 할 것이다. 은행의 요구불예금은 이러한 수시환불요구채권의 하나의 형태로 볼 수 있는데 요구불예금에는 매우 낮은 이자율이 적용된다.

이자율에 영향을 미칠 수 있는 또 하나의 특별조항은 전환조건(convertibility clause)이다. 이것은 채권의 구매자들이 주어진 시점에 주어진 가격으로 채권을 그 회사의 주식으로 전환하는 것을 허용하는 권리이다. 이러한 권리가 부여된 회사채를 **전환사채**(convertible bond)라고 한다. 만약 채권의 시장가격이 하락한다면 그 채권을 처분하기를 원하는 투자자는 채권시장에서 매각하는 외에 또 하나의 선택권이 있게 되는 것이다. 이런 이유로 이러한 전환권리가 부여된 전환사채의 이자율은 이러한 권리가 없는 채권에 비해 더 낮게 된다.

요컨대, 이자율의 위험구조(만기가 동일한 채권의 이자율의 구조)는 채무불이행위험, 유동성, 세금에 대한 고려, 정보수집비용 그리고 채권에 부여된 권리와 같은 요인을 통해 이자율의 차이를 설명하는 것이다. 따라서 동일한 만기의 채권이자율은 다음의 식 (6-2)와 같은 구조를 가진다고 볼 수 있다.

(6-2) n년 만기 채권이자율 = n년 만기 무위험 국채이자율 + 위험프리미엄
+ 유동성프리미엄 + 정보수집프리미엄 + 세금효과
+ 권리효과(조기상환프리미엄, 수시환불디스카운트, 전환가능성디스카운트)

<예시 6-1> 동일만기 이자율의 구조

1년 만기 국고채의 연 이자율이 3.55%이다. 그리고 제일기업이 1년 만기 회사채를 발행하려고 하고 있다. 제일기업은 1년 만기 국고채만큼 회사채가 팔릴 수 있도록 회사채의 이자율을 결정할 필요가 있다. 이를 위해서 제일기업은 먼저 위험프리미엄, 유동성프리미엄 그리고 정보수집프리미엄을 결정할 필요가 있다. 그리고 통상적으로 회사채와 국고채에 대한 국세의 부과조건은 동일하다. 그러나 설명의 편의상 만약 회사채의 투자수익에 대해서는 지방세가 부과되지만 국고채의 투자수익에 대해서는 지방세가 부과되지 않는다고 가정하자. 그러면 회사채투자자들은 지방세부과에 대한 보상을 요구할 것이다. 또 제일기업의 회사채는 조기상환권리를 갖고 있다고 하자.

제일기업은 1년 만기 회사채를 투자자에게 판매하기 위하여 위험프리미엄이 0.6%포인트(p), 유동성프리미엄이 0.2%p, 정보수집프리미엄이 0.05%p, 세금부과효과가 0.1%p이며 조기상환프리미엄이 0.07%p라고 추정하고 있다고 하자. 그러면 이 회사채에 대해 부여할 적정한 이자율은 식(6-2)에 따라 다음과 같이 된다.

$$\begin{aligned} \text{1년 만기 회사채이자율} &= 3.55\% + 0.6\% + 0.2\% + 0.05\% + 0.1\% + 0.07\% \\ &= 4.57\% \end{aligned}$$

물론 제일기업의 1년 만기 회사채의 이자율은 시간이 흐르면서 1년 만기 무위험 국채이자율, 위험프리미엄, 유동성프리미엄, 정보수집프리미엄, 세금효과 그리고 조기상환프리미엄이 변화함에 따라 변화할 것이다. 그리고 만기가 다른 채권에 대해서도 동일한 방식으로 이자율이 결정되는데 동일한 성격의 채권인데도 불구하고 만기에 따라 이자율이 다른 이유는 이자율의 기간구조에 대해 논의하는 다음 절에서 설명한다.

(6) 이자율의 위험구조를 이용한 경기예측

기업가들은 투자나 생산이나 고용에 대한 결정을 할 때 앞으로의 경기예측이 필요

하며 정부당국도 미래의 조세수입, 정부지출을 예측하거나 정책결정을 할 때 미래의 경기예측이 필요하다. 그래서 많은 분석가들은 총생산이나 물가와 같은 경제변수의 움직임을 예측하기 위해 많은 노력을 하며 이러한 예측을 위해 금융자료를 많이 이용한다.

경제활동의 미래추세를 예측하는 데는 이자율의 위험구조도 널리 이용된다. 위에서 본 바와 같이 위험프리미엄은 동일한 만기의 회사채이자율과 국채이자율의 차이를 나타내는데 이것은 채무불이행위험, 유동성, 정보수집비용, 조세 등이 이자율의 차이에 얼마나 기여하는지를 나타낸다. 그리고 이러한 위험프리미엄이 증가하는 것은 미래예상 이윤의 저하 등과 같은 이유 때문에 채무를 상환하는데 어려움이 있을 것이라는 시장참여자의 예상을 반영한다. 그래서 경기분석가들은 일부 채권의 위험프리미엄을 이용하여 기업경기를 예측하는데 널리 사용하고 있다. 예컨대 BBB 회사채와 장기국채(AAA) 간의 이자율스프레드 또는 기업어음(CP)과 단기국채 간의 이자율스프레드를 이용하여 경기전망을 한다. 이러한 스프레드의 상승은 채무불이행위험이 증가하고 있다는 것을 나타내므로 이러한 스프레드의 상승은 경기가 나빠지고 있다는 것을 의미한다. 그래서 미국에서 리세션(recession)의 여부를 판단하는 연구기관인 NBER(국립경제연구소)은 언제 리세션이 시작되고 언제 끝나는지를 예측하는데 위험프리미엄(신용스프레드)을 사용하고 있다.

2. 이자율의 기간구조

채권이자율에 영향을 미치는 또 하나의 중요한 요인은 만기까지의 기간(term to maturity)이다. 똑같은 위험, 유동성, 세금구조를 가진 채권도 남아있는 만기까지의 기간에 따라 이자율이 달라진다. **이자율의 기간구조**(term structure of interest rate) 또는 **이자율의 만기구조**는 만기까지의 기간에 따라 이자율이 어떻게 달라지는가를 보는 것이다. 이자율의 일부는 시간에 대한 보상이므로 통상적으로는 단기보다는 장기이자율이 더 높지만 반드시 그런 것은 아닌데 그 이유를 살펴본다. 또 이자율의 기간구조를 볼 때는 채권의 위험, 유동성, 세금구조, 정보수집비용 등이 주어진 상태에서 기간에 대해서만 살펴보는데 위험, 유동성, 세금구조, 정보수집비용 등이 주어진 상태를 가장 잘 나타내 주는 것이 국채이기 때문에 이자율의 기간구조는 주로 국채이자율에 대해 정의된다.

〈그림 6-4〉 ▸ 미국 국채의 수익률곡선

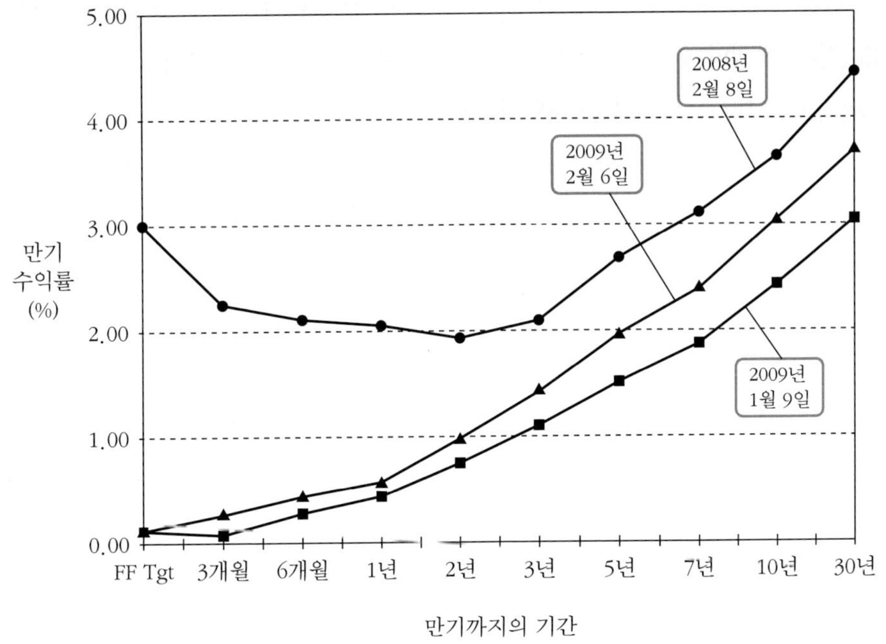

자료: http://www.martincapital.com/

채권의 만기수익률(위험, 유동성, 세금구조는 동일하지만 만기기간은 다른 국채의 이자율)을 만기기간(maturity)에 대해 나타낸 것이 **수익률곡선(yield curve)**이다. 예컨대 미국 국채의 수익률곡선을 보면 〈그림 6-4〉와 같다. 수익률곡선은 매일 달라지며 그 형태는 다양하다. 〈그림 6-4〉에는 글로벌 금융위기가 시작된 2008년 2월 8일, 2009년 1월 9일 그리고 2009년 2월 6일의 미국 국채의 수익률곡선을 보여주고 있다. 그림에서 수평축은 국채의 만기를 보여주는데 초단기(연방자금금리목표치(FF Tgt)와 같은 1일물)에서 30년 만기까지 보여주고 있으며,[4] 수직축은 이자율(만기수익률)을 나타낸다. 수익률곡선의 기본적 형태는 우상향, 우하향, 그리고 수평의 세 가지라고 볼 수 있으며 그때그때의 시장사정에 따라 이러한 세 형태가 결합되어 다양한 형태를 가진다. 예컨대, 2009년 2월 6

4 OECD 34개 회원국 중 미국, 독일, 일본, 한국 등 20개국이 30년 만기 장기국채를 발행하고 있었는데, 최근 스위스, 스페인, 프랑스 등 5개국이 50년 만기 국채, 멕시코, 벨기에, 아일랜드 등 3개국이 100년 만기 century bond를 발행하는 등 초장기국채 발행이 증가하는 추세이며, 우리나라도 2016년 10월부터 50년 만기 국고채를 발행하고 있다.

일의 우상향 수익률곡선은 장기이자율이 단기이자율보다 더 높다는 것을 보여주고 있다. 2009년 1월 9일의 수익률곡선은 단기에서 수평의 형태를 가지다가 우상향하는 형태를 가지고 있다. 수평의 수익률곡선은 단기채권과 장기채권이 동일한 이자율을 가진다는 것을 보여 준다. 그리고 2008년 2월 8일의 수익률곡선은 처음에는 우하향하다가 만기가 길어지면서 우상향하는 형태를 갖고 있다. 우하향(역전된)하는 수익률곡선(inverted yield curve)은 단기이자율이 장기이자율보다 더 높다는 것을 말해준다. 그러나 때로는 2008년 2월 8일의 수익률곡선과는 반대로 처음에는 우상향하다가 나중에는 우하향하는 형태를 갖기도 한다. 이러한 수익률곡선은 중기이자율이 단기이자율보다 높지만 장기이자율은 중기이자율보다는 낮다는 것을 보여준다.

이와 같이 수익률곡선은 시장상황에 따라 다양한 형태를 취하는데 왜 수익률곡선은 그때그때 다른 형태를 취하는가? 수익률곡선이 특정의 형태를 취하는 이유를 설명하기 위하여, 즉 이자율의 기간구조를 설명하기 위하여 많은 이론이 제시되었는데 이들 중에서 어느 이론이 가장 타당한가? 어느 이론이 더 나은지를 평가할 때는 두 가지 평가기준이 도움이 된다. 하나는 이론자체의 논리적 일관성이다. 그 이론이 현실세계에서의 금융시장에 관한 사태들을 설명하는 내적으로 일관성 있는 모형을 제시하느냐 하는 것이다. 이 절에서 제시되는 이론들은 모두 일관성이 검증된 이론들이다. 또 하나의 기준은 예측력(predictive power)이다. 실용적인 측면에서 경제이론의 예측력이 중요하다. 이를 위해서는 이론이 수익률곡선에 관한 과거의 실제 자료들을 얼마나 잘 설명하느냐 하는 것이 중요하다. 왜냐하면 과거의 자료를 잘 설명할 수 있어야 미래에 대한 예측력이 증가하기 때문이다. 따라서 이자율의 기간구조이론은 수익률곡선의 형태를 설명할 수 있어야 할 뿐 아니라 수익률곡선이 보이는 다음과 같은 두 가지 중요한 실증적 사실을 설명할 수 있어야 한다.

첫째(사실 ①), 통상적으로 만기가 다른 채권이자율들이 함께 상승하거나 함께 하락한다. 만기가 단기인 채권의 이자율이 상승할 때 중기(3~5년 정도)인 채권의 이자율 그리고 장기(10년 이상)인 채권의 이자율도 상승하며 하락할 때도 거의 같이 하락한다. 둘째(사실 ②), 수익률곡선은 통상적으로 우상향한다. 즉, 장기이자율이 일반적으로 단기이자율보다 더 높다. 즉, 통상적으로는 〈그림 6-4〉의 2009년 2월 6일의 수익률곡선처럼 우상향하는 형태를 가진다. 그러나 2008년 2월 8일의 수익률곡선과 2009년 1월 9일의 수익률곡선의 경우처럼 우하향하거나 수평이 되는 경우도 현실적으로 나타나고 있다.

이자율의 기간구조를 설명하기 위해 제시된 많은 이론 중 기대(예상)이론(expectations theory), 분할시장이론(segmented markets theory) 그리고 유동성 프리미엄이론(liquidity premium theory, 선호처이론 포함)의 세 가지이론이 가장 일반적이고 주목받는 이론이다. 기대이론은 위에서 언급한 두 가지 실증적 사실 중 첫 번째 사실을 잘 설명하고 있으나 두 번째 사실을 잘 설명하지 못하며 반면 분할시장이론은 두 번째 사실을 잘 설명하나 첫 번째 사실을 잘 설명하지 못하고 있다. 이들 두 이론은 서로 보완적이므로 두 가지 사실을 모두 잘 설명할 수 있도록 결합된 이론이 유동성 프리미엄이론이다. 그러나 앞의 두 이론도 현상을 설명하는데 부분적으로 도움이 되고 또 유동성프리미엄이론의 유도에 도움이 되므로 이들에 대해 먼저 살펴본다.

(1) 기대(예상)이론

1) 기대이론의 의미

기간구조의 **기대이론**(expectations theory)은 가장 상식적인 아이디어를 이론화한 것이다. 이 이론은 장기이자율(장기채권의 이자율)은 장기채권의 전 기간에 걸쳐 나타날 것으로 사람들이 예상하는 매년의 단기이자율의 평균이라고 보는 것이다. 예컨대, 앞으로 3년간에 걸쳐 매년의 단기이자율의 평균이 4%일 것이라고 예상한다면 만기가 3년인 채권의 연간 이자율은 4%가 될 것이라는 것이다. 이 이론에 의하면 만기가 다른 채권의 이자율이 다른 이유는 미래의 각 시점에서 예상되는 단기이자율이 다르기 때문이다.

이 기대이론은 금융거래에 거래비용이 없으며 또 먼 미래의 단기이자율에 대한 예상이 현시점에서 확실하게 형성된다고 가정한다. 경제주체가 미래의 단기이자율에 대하여 확신을 가지고 예상한다고 가정함으로써 불확실한 기대에 기인하는 위험을 전혀 고려하지 않고 있다. 그리고 모든 투자자들은 미래이자율에 대해 동일한 예상을 하며 이윤극대화를 추구하며 기대수익에만 관심이 있기 때문에 채권의 만기에 대해 특별한 선호가 없으며 따라서 채권들은 완전대체관계에 있다고 가정한다. 이러한 단순화된 상황에서 보면 장기이자율은 단기이자율의 평균이라는 것이다.

이 이론의 가장 핵심적 가정은 채권구매자(투자자)들은 기대수익에만 관심이 있기 때문에 수익만 고려하며 채권의 만기에 대해 특별한 선호가 없다는 것이다. 즉, 채권은 **완전대체관계**에 있다는 가정이 가장 중요하다. 이 가정이 실제로 의미하는 것은 만기가

〈그림 6-5〉 ▸ 2년간 투자하는 경우의 두 투자전략

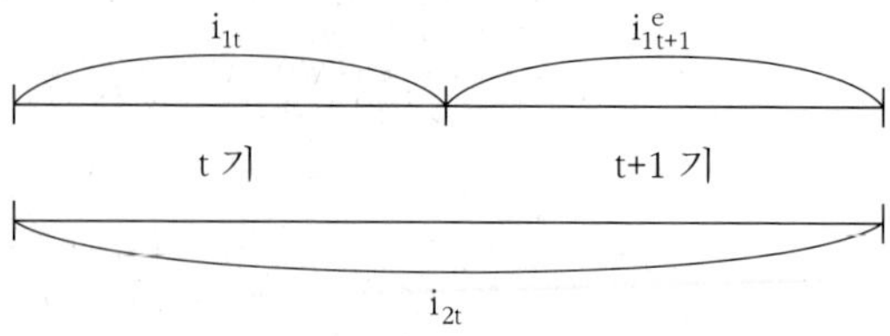

i_{1t} = t기에서의 1년 만기 채권이자율

i^e_{1t+1} = 다음 기(t+1)에서 예상되는 1년 만기 채권이자율

i_{2t} = t기에서의 2년 만기 채권의 연간 이자율

다른 채권이 완전대체자산이라면 이들 채권의 기대수익은 같아야 한다는 것이다. 이 가정이 어떻게 기대이론을 유도하는지를 보기 위하여 2년간 투자를 하는 경우의 두 가지 투자전략, 즉 ① 1년 만기 채권을 구매하고 1년이 지나면 다시 1년 만기 채권을 구매하는 전략(재구매전략)과 ② 2년 만기 채권을 구매하고 만기 때까지 보유하는 전략(보유전략)을 검토해 보자. 만약 사람들이 1년 만기 채권과 2년 만기 채권을 모두 가지려고 하고 그래서 현실에서 두 채권이 모두 존재하며 투자자들이 기대수익에만 관심이 있다면(채권이 완전대체자산이라면) 두 전략은 같은 기대수익을 가져야 한다. 이 논의를 정형화하고 일반화해 보자.

〈그림 6-5〉를 이용하면 두 투자전략의 기대수익이 같은 상태는 다음의 식(6-3)과 같이 표현된다.

(6-3) $$(1 + i_{2t})(1 + i_{2t}) = (1 + i_{1t})(1 + i^e_{1\,t+1})$$

식(6-3)의 좌측은 ②의 투자전략(보유전략)의 기대수익이며 이것을 계산하면 $(1 + i_{2t})(1 + i_{2t}) = 1 + 2i_{2t} + (i_{2t})^2$이다. 그런데 통상 $(i_{2t})^2$은 매우 작으므로 이것을 무시하고 개략화하면 ②의 투자전략의 기대수익은 $1 + 2i_{2t}$가 된다. 우측은 ①의 전략(재구매전략)의 기대수익이며 이 식을 정리하면 기대수익은 $(1 + i_{1t})(1 + i^e_{1\,t+1})$이다. 여기서도 $i_{1t}i^e_{1\,t+1}$를 무시하고 개략화하면 $1 + i_{1t} + i^e_{1\,t+1}$가 된다. 따라서 식(6-3)을 개략화하여 정리하면 $2i_{2t} = i_{1t} + i^e_{1\,t+1}$이다. 이 관계가 충족될 때, 즉 이들 두 전략의 기대수익이 동일할 때에만 두 채권은

모두 존재하고 소지될 것이다. 두 전략의 기대수익이 동일하다는 것을 이용하여 2년 만기 채권의 이자율(i_{2t})을 1년 만기 채권의 이자율로 표시하면 다음의 식(6-4)와 같다.[5]

(6-4)
$$i_{2t} = \frac{i_{1t} + i^{e}_{1\,t+1}}{2}$$

식(6-4)에서 보면 2년 만기 채권이자율은 그 기간(2년) 동안의 두 개의 1년 만기 채권이자율의 평균과 같아야 한다는 것을 보여주고 있으며 이것은 앞에서 살펴본 상식적인 추론과 동일하다. 식(6-4)를 n년의 투자기간으로 일반화시켜보면 t기에서의 n년 만기 채권의 연 이자율(i_{nt})은 다음의 식(6-5)와 같이 된다. 즉,

(6-5)
$$i_{nt} = \frac{i_{1t} + i^{e}_{1\,t+1} + i^{e}_{1\,t+2} + \cdots + i^{e}_{1\,t+(n-1)}}{n}$$

여기서 $i^{e}_{1\,t+1}$, $i^{e}_{1\,t+2}$, …, $i^{e}_{1\,t+(n-1)}$ 등은 n기간 동안에 예상되는 매년의 1년 만기 채권이자율이다.

식(6-5)가 말하는 것은 n년 만기 이자율(i_{nt})은 그 채권의 만기(n)기간 동안에 각 기간에서 예상되는 1년 만기 채권이자율의 평균과 같다는 것이다. 예컨대, 앞으로 3년에 걸쳐 매년의 1년 만기 이자율이 3, 4, 5%로 예상되는 경우 기대이론에 의하면 식(6-5)에 의해 2년 만기 채권이자율은 (3 + 4)/2 = 3.5%, 3년 만기 채권이자율은 (3 + 4 + 5)/3 = 4%가 될 것이다. 따라서 기대이론은 수익률곡선이 왜 시간에 따라 변화하는지를 설명해주는 좋은 이론이다. 기대이론은 단기이자율이 앞으로 상승할 것이라고 사람들이 예상하고 있을 때 수익률곡선이 우상향한다는 것을 제시하고 있다. 마찬가지로 단기이자율이 앞으로 하락할 것이라고 예상될 때 수익률곡선은 우하향하며 단기이자율이 앞으로 변화하지 않을 것이라고 예상될 때 수익률곡선은 수평이 된다.

단기이자율에 대한 예상이 수익률곡선에 미치는 영향은 5장에서 본 채권시장모형을 이용하여 보다 분석적으로 살펴볼 수 있다. 〈그림 6-6〉에서 초기에는 단기이자율(3개월 만기 채권)과 장기이자율(10년 만기 채권)이 동일하며 따라서 수익률곡선이 수평이라

---

5 개략화하지 않고 위의 관계를 보다 엄밀하게 표현하면 다음과 같다. 즉, 채권의 완전대체관계를 가정할 때 두 전략이 동일한 기대수익을 가져야 하므로 식(6-3)을 이용하여 2년 만기 채권의 이자율(i_{2t})을 1년 만기 채권이자율로 나타내면 $i_{2t} = \sqrt{(1 + i_{1t})(1 + i^{e}_{1\,t+1})} - 1$과 같다.

〈그림 6-6〉 ▸ 예상이자율이 상승하는 경우의 수익률곡선

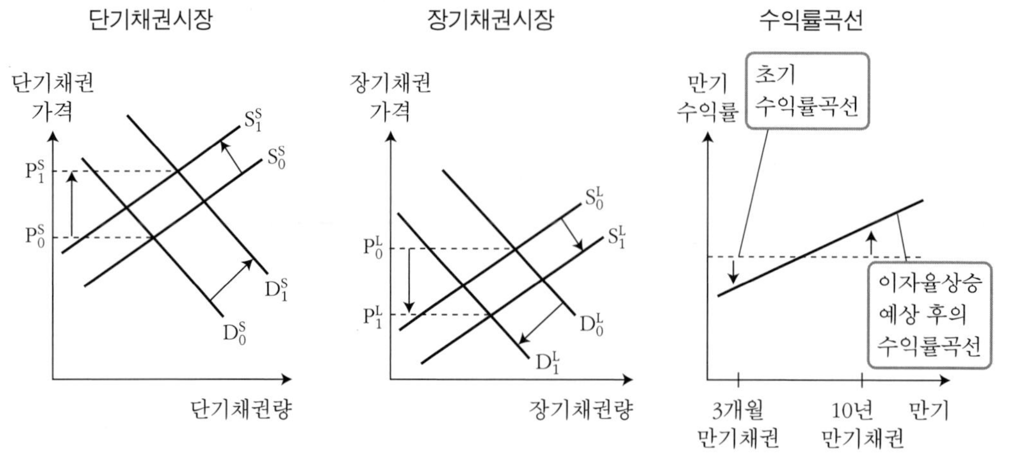

고 가정한다. 이제 이자율이 상승할 것이라고 투자자들이 예상한다고 가정하자. 그러면 투자자들은 단기채권을 더 많이 수요하고(D_0^S에서 D_1^S으로) 상대적으로 장기채권에 대한 수요를 줄일 것이다(D_0^L에서 D_1^L으로). 왜냐하면 이자율이 상승하는 경우 장기채권이 단기채권보다 더 많이 하락하므로 투자자들은 미리 장기채권을 매각하고 단기채권을 구매하였다가 이자율이 실제로 상승한 이후에 단기채권을 팔아서 다시 투자를 할 수 있기 때문이다. 또 채권을 발행하려고 하는 차입자들도 앞으로 이자율이 상승할 것이라고 예상된다면 그들은 현재의 낮은 이자율(현재의 높은 채권가격)에서 장기적으로 자금을 미리 빌려 확정짓기를 선호할 것이며 따라서 차입자(채권공급자)들은 단기채권 대신 장기채권을 발행하려고 할 것이다. 그래서 단기채권의 공급곡선은 왼쪽으로 이동하고(S_0^S에서 S_1^S으로) 장기채권의 공급곡선은 오른쪽으로 이동(S_0^L에서 S_1^L으로)한다. 따라서 이자율의 상승이 예상되는 경우 투자자들은 단기채권에 대한 수요를 증가시키고 장기채권에 대한 수요를 감소시키며 차입자들은 장기채권의 공급을 늘리고 단기채권의 공급을 감소시킴에 따라 단기채권가격(P^S)은 상승(단기이자율은 하락)하고 장기채권가격(P^L)은 하락(장기이자율은 상승)한다. 따라서 지금까지 수평이던 수익률곡선이 우상향으로 바뀌게 된다. 이자율이 하락할 것이라고 예상되는 경우 이와는 반대로 수익률곡선은 우하향의 형태를 취할 것이다.

2) 기대이론의 현실 설명력

기대이론은 앞에서 언급한 두 가지 실증적 사실 중에서 여러 만기의 채권이자율이 함께 움직인다는 첫 번째의 사실①을 잘 설명할 수 있다. 기대이론에 의하면 장기이자율은 그 기간 동안의 단기이자율의 평균이기 때문에 단기이자율이 상승하면 장기이자율도 상승하게 된다. 따라서 단기이자율과 장기이자율은 통상 함께 상승한다. 단기이자율이 하락하는 경우에도 마찬가지로 단기이자율과 장기이자율은 같이 하락하는 경향을 가진다.

기대이론은 수익률곡선의 형태에 대해 비교적 단순한 설명을 제공하고 있기 때문에 매우 매력적인 이론이지만 수익률곡선이 통상 우상향하는 기울기를 가진다는 두 번째의 실증적 사실②를 설명하는 데는 한계가 있다. 수익률곡선이 통상적으로 우상향한다는 것은 단기이자율이 통상 미래에 상승할 것이라고 예상된다는 것을 의미한다. 그런데 예상의 관점에서 보면 앞으로 단기이자율이 상승할 가능성과 하락할 가능성이 동일하다고 볼 수 있다. 아무런 정보 없이 예상을 한다면 단기이자율이 올라갈 확률과 내려갈 확률이 반반이라고 볼 수 있기 때문에 기대이론에 의하면 전형적인 수익률곡선은 수평적이어야 한다는 것을 제시하며 따라서 수익률곡선이 통상 우상향한다는 사실②를 설명하기 어렵다.

기대이론은 비록 수익률곡선이 통상적으로 우상향한다는 것을 설명하기는 어렵지만 수익률곡선이 현실적으로 우상향하거나 우하향하는 형태로 나타나는 사실은 기대이론도 설명할 수 있다. 과거의 이자율의 움직임을 보면 오늘 단기이자율이 상승(하락)한다면 미래에는 더 높아(낮아)지는 경향이 있는데 이 경향은 현재의 단기이자율이 어떤 수준에 있느냐에 따라 달라질 것이다. 만약 현재의 단기이자율이 아주 낮은 수준에 있다면 사람들은 통상 미래에 그 이자율이 어느 정상적인 수준으로 상승할 것이라고 예상할 것이며 따라서 앞으로 단기이자율은 상승할 것이라고 예상할 것이다. 그런데 장기이자율은 미래의 예상된 단기이자율의 평균이므로 장기이자율은 현재의 단기이자율에 비해 상대적으로 높게 된다. 그러므로 현재의 단기이자율이 비교적으로 낮은 수준에 있는 경우 수익률곡선은 우상향하는 형태를 취할 수 있다. 반면에 만약 현재의 단기이자율이 매우 높다면 사람들은 이것이 정상수준으로 하락할 것이라고 예상하게 되며 따라서 앞으로 단기이자율은 하락할 것이라고 예상할 것이다. 이 경우 미래의 예상된 단기이자율의 평균인 장기이자율이 현재의 단기이자율보다 낮게 되며 따라서 현재의 단기이자율이 매우 높은 수준인 경우 수익률곡선은 우하향하게 된다.

기대이론은 또한 단기이자율이 장기이자율보다 더 가변적(volatile)이라는 사실도 잘 설명할 수 있다. 장기이자율은 그 기간 동안의 단기이자율의 평균이기 때문에 현재의 단기이자율이 변화하더라도 장기이자율에 미치는 영향은 적으며 따라서 기대이론에 의하면 장기이자율은 단기이자율보다 더 적은 가변성을 가질 것이다.

(2) 분할시장이론

1) 분할시장이론의 의미

이자율의 기간구조를 설명하는 또 하나의 이론인 **분할시장이론(segmented markets theory, market segmentation theory)**에 따르면 투자자와 차입자는 미래에서의 그들의 자금사정을 충족시키기에 적합한 특정 만기의 채권을 선택하기 때문에 각 만기의 채권시장이 서로 분할되어 있으며 따라서 각 만기의 채권이자율이 각 시장에서 따로따로 결정된다는 것이다. 장기(단기)자금이 필요한 차입자는 장기(단기)채권시장에서 채권을 공급하고 장기(단기)로 자금을 운용하고자 하는 투자자는 장기(단기)채권시장에서 채권을 수요한다는 것이다. 예컨대, 연기금과 생명보험회사는 주로 장기부채를 갖고 있어 자금에 대한 필요가 장기적으로 발생하므로 주로 장기채권 등 장기투자를 선호하며 반면에 은행은 주로 단기부채(단기예금 등)를 갖고 있어 주로 단기투자를 선호한다. 만약 차입자와 투자자가 이처럼 특정자금사정을 충족시킬 수 있는 특정 만기시장에만 참여한다면 시장은 서로 분리되어 있다고 볼 수 있다. 그러므로 투자자나 차입자가 장기시장에서 단기시장으로, 또는 단기시장에서 장기시장으로 이동하는 것은 단지 그들의 자금사정이 변할 경우에만 일어날 수 있다. 이 이론에 의하면 장기시장과 단기시장의 선택은 차입자와 투자자의 자금필요에 의해 결정되는 것이지 미래이자율의 예상과 같은 것에 의해 영향을 받지 않는다.

이와 같이 이 이론은 만기가 다른 시장으로의 이동에 따른 거래비용이 매우 크다고 가정하고 있다. 따라서 이 이론의 핵심가정은 만기가 다른 채권들은 결코 대체자산이 아니며 따라서 한 만기의 채권의 기대수익이 변하더라도 다른 만기의 채권의 수요에 영향을 미치지 않는다는 것이다. 이 가정은 기대이론의 가정(만기가 다른 채권들이 완전한 대체자산이라는 가정)과는 정반대로 만기가 다른 채권들이 **완전한 비대체자산**(만기가 다른 채권들은 서로 대체가 전혀 되지 않는 자산)이라는 것이다. 투자자와 차입자들이 특정만기의 채권에 대해 강한 선호를 가지고 있기 때문에 오로지 그 채권의 기대수익에 대해서만 관심을 가지고 있고 만기가 다른 채권의 기대수익으로부터는 전혀 영향을 받지 않으며 따라서 특정 만기이자율은 특정 만기 채권의 수요와 공급에 의해서만 결정된다는 것이다.

2) 분할시장이론의 현실 설명력

분할시장이론의 하나의 한계는 현실성이 떨어진다는 것이다. 현실적으로 보면 많은 차입자와 투자자는 하나의 만기시장에 고정되는 것이 아니고 여러 종류의 만기시장 중에서 선택할 수 있는 신축성을 가지고 있다. 예컨대, 장기자금을 필요로 하는 기업은 만약 이자율이 하락할 것으로 예상한다면 처음에 단기로 자금을 조달할 것이다. 장기자금을 갖고 있는 투자자들도 만약 이자율이 상승할 것이라고 예상한다면 단기투자를 할 것이다. 또 단기자금을 갖고 있는 투자자도 유통시장이 매우 잘 발달되어 있는 장기채권을 구매하려고 할 것이다. 또 은행들은 자금의 대부분을 단기시장에서 조달하지만 투자를 할 때는 단기, 중기, 장기시장에 골고루 분산하기도 한다. 그러므로 엄격히 특정 만기에 강한 선호를 가진다고 보는 것은 현실적으로 한계가 있다고 볼 수 있다.

이제 분할시장이론이 앞에서 본 두 가지의 실증적 사실을 잘 설명할 수 있는지 살펴보자. 분할시장이론에서 수익률곡선의 형태는 각 만기의 채권의 수요와 공급에 의해 설명된다. 통상적으로 투자자들은 위험회피자이므로 많은 투자자들의 보유기간은 단기이고 그래서 이자율위험이 적은 단기채권을 선호한다. 그래서 통상 〈그림 6-7〉에서 보듯이 단기채권에 대한 수요(D^S)는 크고 장기채권에 대한 수요(D^L)는 적다. 또 차입자들은 대부분 장기차입을 요구하므로 대개 장기채권을 발행하려고 한다. 따라서 장기채권의 공급(S^L)은 많고 단기채권의 공급(S^S)은 적다. 따라서 단기채권의 가격(P_O^S)은 높고(단기이자율은 낮고) 장기채권의 가격(P_O^L)은 낮으며(장기이자율은 높으며) 따라서 수익률곡선이 통상 우상향이라는 사실②를 잘 설명할 수 있다.

이 이론이 사실②를 잘 설명할 수 있지만 사실①을 잘 설명하지 못한다는 약점이 있다. 이 이론은 만기가 다른 채권시장이 서로 완전히 분할되어 있다고 보기 때문에 한 만기의 채권이자율의 상승이 다른 만기의 채권이자율에 영향을 미칠 이유가 없다. 그러므로 다른 만기의 이자율이 함께 움직이는 경향(사실①)을 설명할 수 없다. 또한 단기채

〈그림 6-7〉 ▸ 분할시장이론에서의 이자율

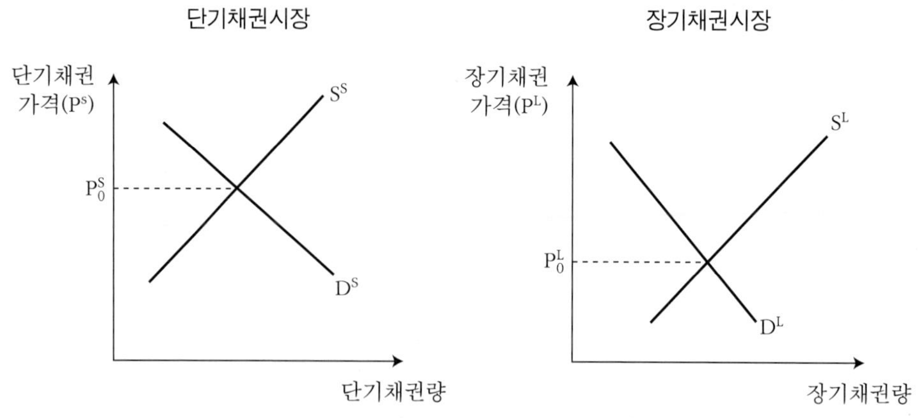

권 및 장기채권에 대한 수요와 공급이 단기이자율의 수준에 따라 어떻게 변화하는지가 분명하지 않기 때문에 수익률곡선이 우하향하거나 수평이 되는 현상을 잘 설명할 수 없다. 이처럼 두 이론(기대이론과 분할시장이론)은 모두 앞의 두 가지 실증적 사실을 완벽하게 설명하지 못하므로 두 이론을 결합한 이론이 등장한다.

<예시 6-2> 트위스트 조작

1960년대 초 미국의 Kennedy 정부는 설비투자의 촉진을 위해 장기이자율을 낮추고 또 자본유출의 억제를 위해 단기이자율을 높이고자 하였다. 이러한 정책결합은 어떻게 가능할 것인가? 이러한 정책결합은 분할시장이론에 따라 재무부가 장기국채의 공급을 감소시키고 단기국채의 공급을 증가시킴으로써 가능하게 된다. 즉, 장기국채의 공급을 감소시켜 장기국채의 가격을 상승시키고(장기이자율을 낮추고) 단기국채의 공급을 늘려 단기국채의 가격을 하락시킴(단기이자율을 높임)으로써 이러한 정책목표를 달성하는 것이 가능하다. 이러한 정책운용은 **트위스트조작(operation twist)**이라고 불린다.

2011년 9월 21일 미국경제의 더블 딥(double dip)우려를 반영하여 연방공개시장위원회(FOMC)가 경기부양책으로 단기국채를 팔고 장기국채를 매입하는 트위스트 조작(operation twist)을 하기로 결정했다. 이번의 트위스트 조작은 중앙은행이 장기국채를 매입하고 단기국채를 매도해 장기이자율을 낮추는 정책으로서 1960년대 초 시행한 뒤 이번이 처음이다. 미국의 통화정책결정기구인 FOMC는 성명을 통해 "내년(2012년) 6월까지 만기 6~30년의 국채 4,000억 달러어치를 매입하고 대신 3년 미만의 국채를 매도할 것"이라고 밝혔는데 이는 장기이자율의 상승압력을 낮추고 전반적인 금융상황의 여유를 확보하기 위한 것이다. 통상 중앙은행이 장기국채를 매입해 장기이자율이 하락하면 기업이 투자를 늘리고 가계는 주택 매입에 나서 내수가 활성화되는 효과가 있다. 그리고 단기채권 매도는 장기국채 매입에 따른 통화량팽창 억제효과가 있다.

(3) 유동성 프리미엄이론

1) 유동성 프리미엄이론의 의미

단기채권은 장기채권에 비해 유동성이 더 크기 때문에 투자자들은 장기채권보다는 단기채권을 보유하는 것을 선호한다. 따라서 장기채권을 보유하게 하려면 유동성의 감소에 대한 보상인 유동성 프리미엄(liquidity premium)을 제공해야 한다는 매우 상식적인 생각을 이론화한 것이 **유동성 프리미엄이론(liquidity premium theory)**이다. 투자자들은 기대이론에서와 같이 미래의 예상이자율에 대해 고려할 뿐 아니라 투자자들은 특정만기에 다소의 선호가 있지만 그 시장에 메여 있는 것이 아니기 때문에 유동성에 대한 보상만 있다면 만기가 긴 다른 시장으로 이동할 수 있다. 따라서 유동성 프리미엄이론은 앞에서 본 기대이론과 분할시장이론을 결합한 이론이라고 볼 수 있다. 즉, 유동성 프리미엄이론에 의하면 장기이자율은 장기채권의 전 기간에서 예상되는 단기이자율의 평균(이 부분은 기대이론과 동일)과 이에 덧붙여 그 채권에 대한 유동성 프리미엄(분할시장에서의 시장간 이동에 대한 보상)을 추가한 것이라고 본다.

그러므로 유동성 프리미엄이론은 투자자들과 차입자들이 특정만기의 채권을 더 선호하는 것을 인정하고 있다. 이와 동시에 만기가 다른 채권들은 서로 대체관계에 있다는 것도 인정한다. 대체관계에 있다는 것은 한 채권의 기대수익은 다른 만기의 채권의 기대수익에 영향을 미친다는 것을 의미하며 한 만기시장에서의 변화가 다른 만기시장에 영향을 미친다는 것을 의미한다. 따라서 유동성 프리미엄이론의 핵심적 가정은 다른 만기의 채권들이 서로 대체관계에 있지만 기대이론에서처럼 완전한 대체관계에 있는 것도, 분할시장이론처럼 완전한 비대체관계에 있는 것도 아니라는 것이다. 투자자는 특정만기의 채권을 선호하기는 하지만 다소 더 높은 기대수익을 얻게 된다면 선호되지 않은 만기의 채권을 구매할 것이다. 그런데 장기채권보다는 단기채권의 유동성이 더 크고 또 투자자들은 통상 위험회피자(risk averter)여서 유동성과 위험의 측면에서 단기채권을 장기채권보다 선호하므로 투자자들이 장기채권을 보유하게 하기 위해서는 유동성 프리미엄이 추가로 지불되어야 한다. 따라서 장기와 단기이자율 사이의 관계를 나타내는 방정식에 양(+)의 유동성 프리미엄을 추가함으로써 기대이론을 보완해야 한다.

이러한 보완을 보기 위해서는 앞에서 기대이론을 논의할 때 살펴본 재구매전략과 보유전략의 비교에서 약간의 수정이 필요하다. 유동성 프리미엄이론은 2년 만기 채권의 경우 유동성 프리미엄이 추가되어야 보유한다고 보므로 식(6-3)은 식(6-6)과 같은 관계로 변경되어야 한다. 즉,

(6-6) $$(1 + i_{2t})(1 + i_{2t}) = (1 + i_{1t})(1 + i^{e}_{1\,t+1}) + 2k_{2t}$$

여기서 k_{2t}는 t기에서의 2년 만기 채권에 대한 1년간의 유동성 프리미엄이다. 이 식을 앞에서와 마찬가지로 개략화하면 다음과 같다.

(6-7) $$i_{2t} = \frac{i_{1t} + i^{e}_{1\,t+1}}{2} + k_{2t}$$

이 식은 2년 만기 채권의 이자율(i_{2t})은 두 기간 동안의 각 기간의 이자율의 평균에다 2년 만기 채권을 보유하게 하기 위한 유동성 프리미엄(k_{2t})을 추가한 것과 같다는 것을 나타낸다. 이러한 관계를 n기간으로 확대하여 일반화하면 유동성 프리미엄이론은 다음의 식(6-8)과 같이 표현된다.

(6-8) $$i_{nt} = \frac{i_{1t} + i^{e}_{1\,t+1} + i^{e}_{1\,t+2} + \cdots + i^{e}_{1\,t+(n-1)}}{n} + k_{nt}$$

여기서 k_{nt}는 t기에서의 n기간채권에 대한 유동성 프리미엄(연간)이며 이는 특정만기 채권에 대한 수요와 공급에 의해서 결정된다. 그리고 유동성 프리미엄(k_{nt})은 항상 양(+)이며 채권의 만기기간이 길수록 증가한다($k_{nt} > \cdots > k_{3t} > k_{2t} > k_{1t} > 0$). 따라서 유동성 프리미엄이론의 수익률곡선은 기대이론이 제시하는 수익률곡선보다 항상 위에 있으며 항상 더 가파른 기울기를 가진다.

예컨대, 앞으로 3년간의 단기(1년)이자율이 3, 4, 5%로 예상된다고 하자. 그리고 투자자들은 단기채권을 선호하는데 단기채권의 소지에 대한 선호를 나타내는 유동성 프리미엄이 1년에서 3년 만기 채권에서 각각 0, 0.25, 0.5%라고 하자. 그러면 위의 식(6-8)에 의해 1년 만기 채권의 이자율은 3 + 0 = 3%이고 2년 만기 채권의 이자율은 (3 + 4)/2 + 0.25 = 3.75%이며 3년 만기 채권의 이자율은 4.5%가 된다. 이러한 결과를 기대이론과 비교하면 유동성 프리미엄이론에서는 단기채권에 대한 투자자의 선호 때문에 기울기가 더 가파르게 된다는 것을 알 수 있다.

유동성 프리미엄이론과 유사한 이론이 **선호처이론**(preferred habitat theory)이다. 이것도 기대이론을 다소 수정한 것인데 이 이론도 분할시장이론에서처럼 투자자들이 특정만기의 채권에 대한 선호처를 갖고 있다는 것을 인정한다. 투자자는 특정만기의 채권을 선호처(preferred habitat)로 보기 때문에 더 높은 기대수익을 가질 때에만 선호되지 않은 만기를 가진 채권을 구매할 것이다. 그러므로 투자자들이 장기채권을 보유하게 하기 위해서는 양의 **기간 프리미엄**(term premium)이 지불되어야 하며(장기채권 보유 시 요구되는 보상 개념) 이 기간 프리미엄도 통상 장기일수록 크다. 유동성 프리미엄이 주로 단기채권보다는 장기채권을 보유함에 따라 발생할 수 있는 유동성의 감소를 반영한다면 기간 프리미엄은 보다 포괄적으로 유동성에 추가하여 불확실성과 위험을 반영한다고 볼 수 있다.[6] 즉, 기간 프리미엄은 장기채권이 단기채권에 비해 갖고 있는 ① 금리변동에 따른 손실 가능성(이자율위험), ② 채권의 부도 가능성(채무불이행위험), ③ 필요시 현금화하지 못할 가능성(유동성) 등의 요인에 의해 좌우된다고 볼 수 있다. 따라서 이와 같이 생각하면 선호처이론은 만기가 증가하면서 유동성 프리미엄이 증가하는 유동성 프리미엄이론을 나타내는 위의 식(6-8)과 동일한 형태를 갖게 된다. 이 경우 k_{nt}는 기간 프리미엄을 나타낸다.

2) 유동성 프리미엄이론의 현실 설명력

이제 유동성 프리미엄이론이 앞에서 본 두 가지 실증적 사실을 얼마나 잘 설명하는지를 살펴보자. 첫째, 만기가 다른 채권이자율이 함께 움직인다는 사실①을 설명해 보자. 장기이자율은 그 기간 동안의 단기이자율의 평균이므로 단기이자율의 상승은 위의 식(6-8)의 첫 번째 항에 의해 장기이자율을 상승시킬 것이다. 즉, 단기이자율의 상승은 기

6 한국은행(2010) 참고.

대이론의 설명에서와 마찬가지로 장기이자율을 상승하게 하며 따라서 단기이자율과 장기이자율은 같은 방향으로 움직인다.

둘째, 수익률곡선이 통상 우상향이라는 사실②에 대해 살펴보자. 기대이론에 의하면 미래의 단기이자율이 상승하거나 하락할 확률이 반반이므로 수평의 수익률곡선을 암시하고 있지만 유동성 프리미엄이론에 의하면 유동성이 높은 단기채권에 대한 투자자들의 선호 때문에 유동성(기간) 프리미엄이 채권의 만기가 길어짐에 따라 상승하게 되며 이에 따라 수익률곡선이 전형적으로 우상향한다는 사실을 설명할 수 있다. 비록 단기이자율이 미래에 일정하게 유지될 것이라고 예상된다고 하더라도 유동성(기간) 프리미엄 때문에 장기이자율은 단기이자율보다 높을 것이며 따라서 수익률곡선은 전형적으로 우상향할 것이다.

또한 이 이론은 때때로 우하향이나 수평의 수익률곡선이 나타나는 현상도 잘 설명할 수 있다. 위의 기대이론에서 본 바와 같이 투자자들은 일반적으로 단기이자율이 매우 낮을 때는 단기이자율이 정상수준으로 상승할 것이라고 예상하기 때문에 예상된 미래의 단기이자율의 평균은 현재의 단기이자율에 비해 높을 것이며 여기에 더하여 양의 유동성 프리미엄이 추가됨으로 해서 장기이자율은 현재의 단기이자율보다 상당히 높을 것이며 수익률곡선은 가파른 우상향의 기울기를 가질 것이다. 반면 단기이자율이 아주 높을 때는 그것이 하락할 것이라고 예상되며 이에 따라 장기이자율은 단기이자율보다 크게 낮아질 것이다. 이 경우 양의 유동성 프리미엄에도 불구하고 장기이자율은 여전히 현재의 단기이자율보다 낮은 경우가 있을 것이며 따라서 수익률곡선은 우하향하게 될 수 있다. 그리고 장기이자율의 하락이 유동성 프리미엄의 증가에 의해 상쇄되는 경우에는 수평의 수익률곡선이 나타날 수도 있다. 이와 같이 유동성 프리미엄이론은 수익률곡선이 우하향하거나 수평이 되는 상황도 설명할 수 있다.

<예시 6-3> 2009년 이후의 미국 장기국채이자율의 상승현상[7]

미국의 경우 2009년 이후 단기이자율이 0% 대의 낮은 수준에 머물고 있음에도 불구하고 장기이자율(미국의 10년 만기 국채이자율)은 상승함에 따라 장단기 금리격차가 확대되었다. 왜 장기국채이자율이 상승하였는지를 유동성 프리미엄(선호처)이론을 이용하여 설명하여 보자. 장기이자율의 상승원인을 알아보려면 장기이자율에 영향을 미치는 요인들을

7 한국은행(2010)에서 인용

〈그림 6-8〉 ▸ 미국 장기국채이자율 결정요인

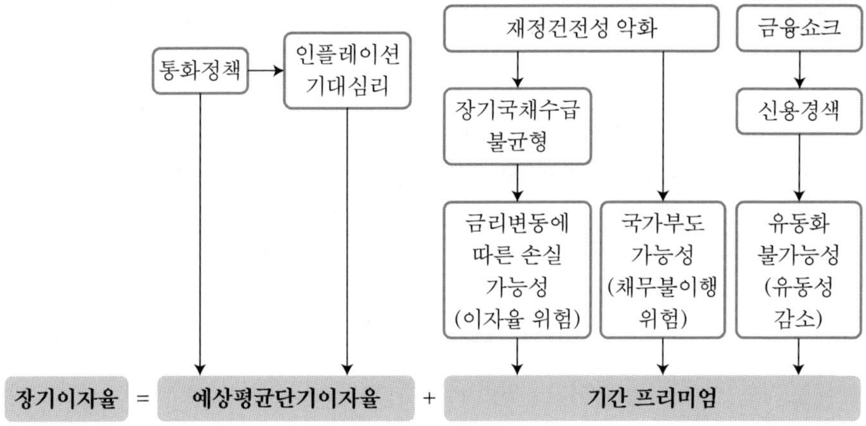

자료: 한국은행(2010)

살펴볼 필요가 있는데 장기국채이자율의 결정에 영향을 주는 요인을 구체적으로 보면 〈그림 6-8〉과 같다.

〈그림 6-8〉에서 보면 먼저 예상평균단기이자율에 영향을 미치는 요인으로는 통화정책 기조와 시장의 인플레이션기대심리가 중요하다. 통화정책의 측면에서 미국 Fed의 저금리 정책이 지속되어 왔기 때문에 이로 인한 장기이자율상승효과는 매우 제한적이었다. 그러나 금융시장에서는 금융위기 대처과정에서 팽창된 유동성이 인플레이션을 유발할 것이라는 우려가 제기되었다. 그러나 유동성 확대에도 불구하고 은행들이 대출에 신중한 태도를 보이고 상당부분의 유동성을 초과지준으로 보유하였고 민간부문의 채무상환지속 등으로 Fed를 통한 본원통화확대가 실제통화량확대나 경제활동활성화로 이어지지 않아 경제주체들의 인플레이션 기대심리도 안정적인 수준을 유지하고 있었다.

따라서 기대이론에 따른 요인에 의해 장기이자율이 상승하였다고 보기는 어렵고 기간 프리미엄의 상승요인에 의해 장기이자율이 확대되었다고 볼 가능성이 더 크다. 우선 재정건전성악화에 따른 금리변동의 확대에 의한 손실 가능성(이자율위험)이 있다. 미국 정부의 재정건전화계획에도 불구하고 당분간 재정건전성 확보가 쉽지 않아 장기국채의 발행확대는 불가피하며 이로 인해 국채가격이 하락할 것이라는 우려가 시장에 팽배해 있었다. 또한 미 달러화의 약세우려 등으로 중국 등 여러 나라가 미 국채매입을 줄이려는 움직임도 국채가격을 하락시킬 것으로 예상되었다. 이와 같은 장기국채의 수급불균형에 따른 가격하락으로 인한 손실 가능성이 기간 프리미엄을 상승시킴으로써 장기이자율을 상승하도록 유발하였다고 볼 수 있다. 반면 비록 미국의 재정건전성이 악화되고 있으나 국가부도위험(채무불이행위험)은 매우 낮다고 볼 수 있으며 이로 인한 기간 프리미엄은 크지 않은 것으로 볼 수 있다. 끝으로 금융위기가 발생하여 글로벌 금융시장이 경색될 경우 안전자산에 대한 선호가 증가하여 미 국채에 대한 수요가 오히려 확대되었던 과거의 경험에 비추어 유동화 불가능성(유동성 감소) 때문에 기간 프리미엄이 상승한 것으로 보기도 어렵다. 따라서 2009년 이후의 미국에서의 장기국채이자율의 상승은 금융시장이 재정상황에 대한 부정적 전망을 근거로 가격손실위험(이자율위험)에 대한 기간 프리미엄을 요구한 데 주로 기인하였던 것으로 볼 수 있을 것이다.

(4) 이자율의 기간구조의 응용

1) 단기이자율 및 인플레이션의 예측

기간구조의 이론 중에서 유동성 프리미엄이론이 실증적 사실을 잘 설명하고 따라서 예측력이 가장 크기 때문에 이 이론을 이용하면 미래의 단기이자율의 움직임을 예측하는 데 도움이 된다. 즉, 가파른 우상향의 수익률곡선은 단기이자율이 상승할 것으로 예상된다는 것을 의미하며 완만한 우상향의 수익률곡선은 단기이자율이 앞으로 거의 고정되어 있을 것이라는 것을 보여준다. 그리고 수평적인 수익률곡선은 단기이자율이 앞으로 하락할 것이라는 것을 보여주며 우하향하는 수익률곡선은 단기이자율이 앞으로 크게 하락할 것이라는 것을 보여준다. 따라서 실제의 수익률곡선을 살펴봄으로써 단기이자율의 움직임을 예측할 수 있다. 또한 만약 실질이자율의 변동이 작다면 수익률곡선은 단기이자율의 예측을 통해 미래의 예상인플레이션에 대한 정보를 제공할 수도 있다.

2) 리세션 또는 경기회복속도의 예측[8]

수익률곡선은 리세션을 예측하는 수단으로 이용될 수 있다. 일반적으로 수익률곡선

8 한국은행(2005), Estrella and Mishkin(1996), Haubrich(2006) 참고.

의 기울기가 평소보다 완만해지면 경기둔화가 올 가능성이 크다. 특히, 수익률곡선이 우하향하여 장단기금리역전 현상(단기금리가 장기금리보다 높은 상황)이 발생할 경우에는 경기침체의 가능성이 매우 높다. 반면 수익률곡선이 가파르게 될수록 경기회복을 시사한다.

왜 수익률곡선이 완만하게 될수록 경기침체의 가능성이 높고 수익률곡선이 가파를수록 경기가 회복될 가능성이 높은가? 분할시장이론이나 유동성 프리미엄이론에 의하는 경우 다음과 같이 설명할 수 있다. 먼저 경기회복기에는 투자심리 회복 등의 영향으로 장기자금수요가 늘어나고 이에 따라 장기채 발행이 증가하면서(기업의 장기채권공급 증가) 장기채권가격이 하락(장기이자율 상승)하여 수익률곡선이 가파르게 된다(장단기 금리스프레드 확대). 따라서 수익률곡선이 가파르게 되는 것은 경기상승을 암시한다고 볼 수 있다. 그런데 경기가 더욱 좋아져서 호황국면에 들어가면 기업의 장기자금수요보다는 기업의 단기운영자금 수요가 증대하여 장기채권의 공급은 줄고 단기채권의 공급이 확대되어 장기이자율은 하락하고 단기이자율은 상승하여 장단기 금리차가 축소되거나 때로는 역전되어 수익률곡선이 매우 완만해지거나 우하향하는 형태가 나타날 수 있다. 경기후퇴기 및 침체기에서도 단기 운영자금수요가 증가하는데(단기채권발행 증가) 비해 장기투자수요가 위축되므로(장기채권공급 감소) 장단기 금리차가 축소되고 따라서 수익률곡선이 평평해지는 것이 일반적 현상이다. 따라서 수익률곡선의 평탄화(flattening)는 경기침체를 시사한다고 볼 수 있다.[9] 그래서 일반적으로 장단기금리스프레드(장기금리 − 단기금리)는 경기순행적인 성격을 가진다고 본다. 즉, 장단기금리스프레드가 커지면 경기가 좋아지고 스프레드가 작아지면 경기가 나빠진다고 볼 수 있다.

일부의 학자들(Estrella and Mishkin(1996))은 구체적으로 10년 만기 국채이자율과 3개월 만기 재무부증권이자율 간의 스프레드(10년 만기 국채이자율 − 3개월 만기 국채이자율)는 2~6분기 앞서 리세션을 예측하는 좋은 수단이 된다고 제시하였다.[10] 예컨대,

---

9 2018년 들어 미연준이 정책금리를 올리면서 나타난 수익률곡선의 평탄화현상이 향후 실물경제의 움직임에 어떤 의미를 가질 것인지에 대한 해석을 둘러싸고 논란이 제기되고 있다. 통상 연준이 정책금리를 인상하는 경우 수익률곡선의 평탄화가 진행되고 이후 장단기금리가 역전되는 경우에는 1~2년 후에 경기침체가 발생하였기 때문이다. 이에 따라 추가적인 정책금리 인상에 매우 신중할 필요가 있다는 인식을 보이고 있다.

10 금융시장에서는 경기침체의 예측척도로 10년 만기 국채이자율(채권시장의 장기전망 반영)과 2년 만기 국채이자율(통화정책의 전망을 반영)의 차이가 중요하다고 보는 견해도 있다.

〈표 6-2〉 ▸ 장단기 금리스프레드와 4분기이후 경기침체 확률 간의 관계

금리스프레드(%p)	1.21	0.76	0.46	0.22	0.02	−0.17	−0.50	−0.82	−1.46	−1.85	−2.40
경기침체 확률(%)	5	10	15	20	25	30	40	50	70	80	90

자료: Estrella and Mishkin(1996)

이들은 〈표 6-2〉와 같이 장단기금리스프레드와 경기침체확률 간의 관계를 제시하였는데 예를 들어 스프레드가 1.21%p인 경우 4분기 후에 리세션이 발생할 확률은 5%이고 스프레드의 값이 −2.40인 경우(스프레드가 '−'이면 장단기 이자율이 역전되어 단기이자율이 더 높은 경우) 4분기 후에 리세션이 발생할 확률은 90%이다.[11] 이 방법은 단순하면서 쉽게 거시모형의 예측과 상호 보완될 수 있기 때문에 매우 유용하다고 강조하고 있다. 그리고 실제로 미국의 경우 1960년대 이후 2007년까지 수익률곡선이 역전(inverted yield curve)된 경우가 8번 있었는데 그 중 7번에서 리세션이 있었다.[12]

그러나 이에 대해 일부(Haubrich(2006))에서는 1990년대 초기 이후로 수익률곡선과 경제상황의 관계가 변동하였기 때문에 수익률곡선은 이제 더 이상 경제활동에 대한 신뢰할만한 예측을 하지 못한다고 지적하고 있는 등 수익률곡선의 경기예측수단으로서의 역할에 대해 의문을 제기하고 있다. 예컨대, 1990년대 이후 중앙은행의 통화정책의 투명성 및 신뢰도 제고 등으로 예상인플레이션이 낮은 수준을 유지하고 특히 안정적인 통화정책의 운용으로 인플레이션의 위험(인플레이션의 변동성)이 감소하여 장기채권에 대한 인플레이션 위험프리미엄이 감소하였다. 이로 인해 장기이자율이 하락하여 수익률곡선이 완만하게 되었다면 이것은 경기둔화와는 아무런 관계가 없으며 따라서 수익률곡선의 기울기가 경기예측에 도움이 된다고 볼 수 없다는 것이다. 또한 만약 수익률곡선의 평탄화가 경기와 밀접한 관련이 있는 미래의 예상이자율과 관련이 있다면 이것은 경기예측력을 증가시키겠지만 만약 수익률곡선의 평탄화가 채권에 대한 수요측면의 변화[13]나 정부부문

---

11 2018년 9월 5일 현재 미국채 10년물과 3개월물의 금리스프레드는 0.76%p에 머물러 있어 미국의 경기침체신호와는 거리가 있지만 미국채 10년물과 2년물의 금리스프레드는 꾸준히 하락하여 글로벌 금융위기 후 최저수준인 0.18%p(2018년 8월 27일)까지 떨어져 경기고점에 도달했다는 주장이 제기되고 있다. 앞으로 미국의 정책금리 인상이 지속된다면 금리스프레드가 더 감소할 가능성이 있다. 한국산업은행(2018) 참고.

12 한국은행(2010) 참고.

13 2011년에 우리나라에서도 외국인의 채권수요변화에 따라 장단기 금리가 역전되는 상황이 벌어졌다. 즉, 2011년 들어 외국인들이 집중적으로 사들인 국고채 3년물 금리는 떨어지고 비중을 줄인 통화안정증권 2년

에서의 채권(국채)의 공급변화에 주로 기인한다면 수익률곡선의 경기예측력이 크게 약화될 것이라는 지적이다. 또한 〈예시 6-3〉에서 본 바와 같이 재정건전성우려로 장기금리가 상승하여 수익률곡선이 가파르게 되는 경우에도 수익률곡선의 경기예측력은 떨어진다고 볼 수 있다.

3) 금융중개기관의 포트폴리오관리에 활용

수익률곡선의 기울기는 금융중개기관의 의사결정에도 매우 중요한 것이다. 그래서 자산과 부채의 만기구조가 크게 다른 금융기관들은 항상 수익률곡선을 유심히 관찰한다. 특히 단기로 자금을 조달하고 장기로 자금을 운용하는 은행의 경우 일반적으로 우상향의 수익률곡선은 매우 이로운 것이다. 왜냐하면 상향수익률곡선의 기울기가 클수록 차입과 대출의 스프레드가 더 커지고 잠재적 이윤도 더 커지기 때문이다. 그래서 은행들은 우상향의 수익률곡선을 이용하려고 노력한다. 그러나 우상향의 수익률곡선이 미래의 높은 이자율을 의미한다면 시간이 지나면서 미래의 예금도 역시 더 높은 이자율에서 유치됨에 따라 부채의 비용이 증가할 것이라고 예상할 것이며 이전에 고정이자율로 제공된 장기대출은 만약 이자율이 상승한다면 미래에는 낮은 수익을 가져올 것이다. 그럼에도 불구하고 만약 수익률곡선이 수평이거나 우하향일 때는 이것은 금융중개기관의 포트폴리오관리에 경계신호로 작용하며 상향인 경우와는 전적으로 다른 포트폴리오관리전략을 요구하게 된다.

물 금리는 상승하면서 장기금리가 단기금리보다 낮은 현상이 6개월 가까이 지속되었다. 이와 같이 채권에 대한 수요(외국인수요)로 인해 수익률곡선이 평평하게 되거나 역전되는 경우 이것이 경기침체를 야기할 것이라고 볼 여지는 줄어들어 수익률곡선의 경기예측력이 약화될 것이다.

참고문헌

한국산업은행, 미국채 장단기 금리차와 경기 고점 논란, Weekly KDB Report, 2018.9.17

한국은행, 미국의 장단기금리 격차 확대 원인과 시사점, 해외경제포커스 제2010-10호, 2010.2.28-3.6

한국은행, 미국 수익률곡선의 경기예측력 약화 요인, 해외경제정보 제2005-68호, 2005.7.26

Stephen G. Cecchetti, Money, Banking, and Financial Markets, McGraw-Hill/Irwin 2006. Chapter 7

Arturo Estrella and Frederic Mishkin, "The Yield Curve As a Predictor of U.S. Recessions", Federal Reserve Bank of New York, Current Issue, June 1996

Joseph G. Haubrich, "Does the yield curve signal recession?" Federal Reserve Bank of Cleveland Economic Commentary, April 15, 2006

R. Glenn Hubbard, Money, the Financial System, and the Economy, 6th ed.(2008), Pearson International Edition, Chapter 7

Jeff Madura, Financial Markets and Institutions, 6th ed. Thomson, 2003. Chapter 3

F. S. Mishkin, The Economics of Money, Banking and Financial Markets, 7th ed.(2004), Pearson, Chapter 6

연습문제

1. 채권의 이자에는 소득세가 부과되는데 현재 우리나라의 이자소득세는 2005년 이후 15.4%로 분리과세되지만 만약 금융소득이 많아 연 2,000만 원 이상이 된다면 종합소득과세 대상이 된다. 주식의 양도차익에는 과세가 없는 상태에서 만약 소득세율을 올린다면 채권가격과 채권이자율에는 어떤 영향을 미칠 것인가?
2. 2001년 12월에 있었던 미국 엔론사(Enron Corporation)의 파산사태를 계기로 드러난 부실회계문제의 영향으로 기업에 대한 신뢰도가 저하되고 있는 가운데 우량기업(AAA)과 비우량기업(BBB) 간 신용스프레드가 확대되었다. 왜 스프레드가 확대되었는가?
3. 2001년에 도입된 Bush 정부의 감세조치(소득세, 자본이득세, 배당소득세 등)는 2010년 말 종료예정이었으나 2년간 연장되었다. 만약 감세조치가 더 이상 연장되지 않을 경우 소득구간별 한계세율은 25, 28, 33, 35%에서 28, 31, 36, 39.6%로 다시 인상되며 자본이득세는 5~15%에서 20%로, 배당소득세는 5~15%에서 소득구간별 소득세율로 과세된다. 현행법령에 의해 2013년부터 각종 감세조치들이 종료되면 미국의 국채이자율과 지방채 이자율은 어떻게 될 것인가? 미국의 지방채는 소득세가 면제된다.

4. 회사채의 위험프리미엄은 일반적으로 경기 역행적이다. 즉 회사채의 위험프리미엄은 경기 확장기에는 감소하고, 경기 침체기에는 증가한다. 회사채의 위험프리미엄은 왜 경기 역행적인가?
5. 어려움에 처한 기업의 자금난을 도와주기 위하여 만약 정부가 기업의 회사채발행에 대해 지불보증을 한다면 회사채의 이자율은 어떻게 될 것인가? 국채이자율에 어떤 일이 발생할 것인가?
6. 1년 만기 채권의 이자율이 현재 4%이고 1년 후에 6%, 2년 후에 8%로 예상된다고 하자. 이자율 기간구조의 기대이론에 따르는 경우 2년 만기 채권과 3년 만기 채권의 현재 이자율은 얼마인가? 수익률곡선을 그려보시오. 만약 사람들이 장기채권보다 단기채권을 선호한다면 수익률 곡선은 어떻게 변화할 것인가?
7. 만약 북한이 핵무기의 폐기를 선언한다면 수익률곡선에 어떤 영향을 미칠 것인가?
8. 〈예시 6-2〉의 트위스트 조작에서처럼 만약 재무부가 장기채권의 공급을 감소시키고 단기채권의 발행을 증가시키는 정책을 추진한다면 수익률곡선은 어떤 형태를 띠게 될 것인가? 채권시장의 수요공급모형을 이용하여 그림으로 설명해 보시오.
9. 〈예시 6-3〉에서 보면 미국의 재정건전성의 악화로 장기금리가 상승하여 장단기스프레드(장기금리 − 단기금리)가 확대되어 수익률곡선이 가파르게 되었다. 이러한 이유로 장단기금리스프레드가 확대되면 통화정책의 유효성을 저하시킨다. 왜 그런가?
10. 2011년 8월 이후 우리나라에서 단기금리가 장기금리보다 높은 장단기금리 역전현상이 발생하였다. 즉, 2010년 7월 초 연 2%에서 최근 3.25%까지 기준금리를 올렸음에도 불구하고 장기금리는 오히려 하락하여 역전현상이 발생하였다. 왜 그런 현상이 발생하였는가? 이러한 역전현상은 경기침체의 가능성을 보여주는 것인가?

CHAPTER

07

주식가격의 결정과 효율적 시장이론

1. 주식가격의 결정
2. 기대이론
3. 효율적 시장이론: 주식시장에서의 합리적 기대이론
4. 효율적 시장이론에 대한 실증적 증거
5. 행동경제학과 행동금융론

채권시장과 더불어 또 하나의 중요한 금융시장이 주식시장이다. 많은 사람들이 주식에 투자하고 있으며 노후를 주식에 의존하는 사람들이 많기 때문에 주식시장은 가장 주목받는 금융시장이다. 주식시장에서 결정되는 주식가격은 매일 크게 요동치고 있기 때문에 항상 기대와 불안이 교차한다. 주식가격은 어떻게 결정되며 왜 변동하는가? 주식가격의 변동은 어떤 형태를 갖고 있는가? 이 장에서는 주식가격과 관련된 다양한 문제에 대해 살펴본다.

먼저 1절에서는 주식의 가치가 어떻게 결정되고 또 이에 의해 주식가격이 어떻게 결정되는지를 살펴본다. 2절에서는 기대(예상)이론에 대해 살펴본다. 미래에 대한 예상이 모든 경제주체의 의사결정에 중요하므로 기대(예상)가 형성되는 방법에 대해 먼저 살펴본다. 3절에서는 합리적 기대이론을 중심으로 예상이 어떻게 주가에 영향을 미치는지를 살펴본다. 즉, 합리적 기대이론을 주식시장에 적용한 효율적 시장이론에 대해 살펴본다. 4절에서는 효율적 시장이론이 과연 타당한 것인지에 대한 증거들을 살펴봄으로써 주식

(금융)시장의 운영과 행태에 대한 몇몇 이상현상들(anomalies)을 설명하고자 한다. 특히 2008~2009년의 글로벌 금융위기는 효율적 시장이론에 대해 많은 의문을 제기하였으며 경제학의 한계에 대해서도 많은 논란을 유발하였다. 이 위기를 계기로 효율적 시장이론이 갖는 한계를 보완하고 경제에 대한 현실적인 설명을 제공하는 행동경제학과 행동금융론이 부각되고 있으므로 5절에서는 이들에 대해서 개괄적으로 살펴본다.

1. 주식가격의 결정

(1) 주식시장의 수요공급모형

채권의 가격과 마찬가지로 주식의 가격(주가)은 주식시장에서의 주식에 대한 수요와 공급에 의해 결정된다. 특정 주식에 대한 수요곡선과 공급곡선을 유도함으로써 주가가 어떻게 결정되고 어떤 요인이 주가에 영향을 미치는지를 살펴볼 수 있다. 주식의 경우에도 채권과 마찬가지로 통상적 수요공급곡선과 유사하게 유도할 수 있다.

주식수요곡선은 주가의 변화에 따른 주식수요량의 관계를 나타낸다. 그런데 주식도 하나의 자산이므로 자산선택이론에 따르면 주식에 대한 수요는 투자자들의 재산, 다른 자산과의 상대적 기대수익, 상대적 위험, 상대적 유동성, 그리고 상대적 정보획득비용 등에 달려있다. 이러한 다양한 요인들이 주식수요량에 영향을 미치므로 주식수요곡선을 유도하기 위해서는 현재의 투자자들의 재산, 모든 자산의 기대수익, 위험, 유동성, 그리고 정보획득비용이 모두 주어져 있다고 가정하고 주가와 주식수요량의 관계에 대해서만 생각하여야 한다. 이렇게 주어져 있다고 가정한 요소들이 변동하게 되면 이것은 주식수요곡선을 이동시키게 된다. 주가의 변화에 따른 주식수요량의 변화를 보여주는 주식수요곡선을 나타낸 것이 〈그림 7-1〉의 S^d이다. 예컨대, 어떤 주식의 주가가 8,000원인 경우 이 주식에 대한 수요량은 300억 원(F점)이고 주가가 10,000원으로 상승하는 경우 이 주식에 대한 수요량은 200억 원(C점)으로 감소하며 주가가 12,000원으로 더 상승하는 경우 수요량은 100억 원(A점)으로 감소한다. 이와 같이 주식수요곡선(S^d)은 우하향한다.

주식수요곡선의 유도에서와 마찬가지로 주식공급곡선도 주식가격과 주식공급량을 제외한 모든 다른 변수들이 주어져 있는 상태에서 주식공급량과 주가의 관계를 나타내

〈그림 7-1〉 ▸ 주식수요곡선과 주식공급곡선

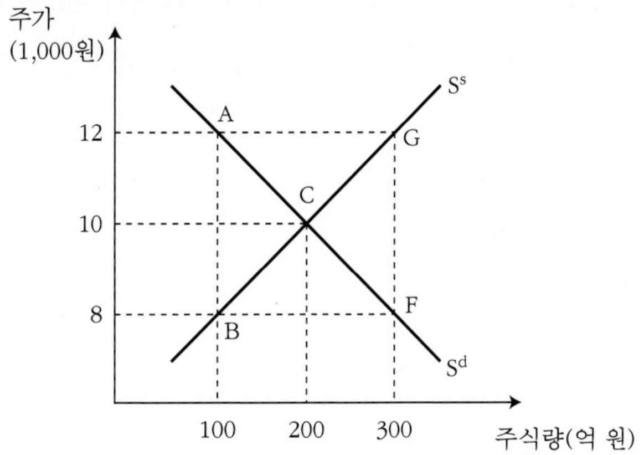

는 것이다. 주식의 공급에 있어서는 기발행된 주식이 공급되는 것뿐 아니라 기업이 자금조달을 하기 위해 신규로 공급할 수 있기 때문에 기업의 자금조달에 관련된 모든 요소들이 주식의 공급에 영향을 미친다. 일반 재화의 공급과 마찬가지로 주식의 공급량도 주가가 상승함에 따라 증가하는데 우상향의 주식공급곡선을 나타낸 것이 〈그림 7-1〉의 S^s이다. 예컨대, 어떤 주식의 주가가 8,000원인 경우 주식의 공급량은 100억 원(B점)이며 주가가 10,000원으로 상승하는 경우 주식의 공급량은 200억 원(C점)으로 증가하며 주가가 12,000원으로 상승하는 경우 공급량은 300억 원(G점)으로 증가한다.

모든 수요공급모형에서와 마찬가지로 주식시장에서도 주식수요곡선(S^d)과 주식공급곡선(S^s)이 만나는 점($S^d = S^s$)에서 주식의 균형가격이 결정된다. 〈그림 7-1〉에서는 C점이 균형점이다. 따라서 균형주가는 10,000원이다.

(2) 주식가격의 결정과 변화

주식의 수요공급모형을 유도할 때 주어져 있다고 가정한 요소(외생변수)들이 변화하는 경우 주식수요곡선과 주식공급곡선이 이동하며 이 경우에 균형주식가격은 변동한다. 앞에서 주식수요곡선을 유도할 때 현재의 투자자들의 재산, 모든 자산의 기대수익, 위험, 유동성 그리고 정보수집비용이 모두 주어져 있다고 가정하였다. 이러한 요인들은 자산선택이론에서 살펴본 바와 같이 주식수요에 영향을 미치는 요소들이며 주식수요곡선을 이

동시키는 요인들이다. 그런데 주식의 경우 특히 기대수익이 중요하다. 미래의 수익이 고정되어 있는 채권과는 달리 주식의 경우에는 미래의 수익이 불확실하다. 따라서 주식의 보유에 따른 기대수익과 주식의 가치가 얼마가 될 것인지를 평가하는 것이 주식의 수요에 대해 가장 중요한 요소이다. 만약 주식의 가치평가가 현재의 주가보다 높다면 주식을 구매(주식수요곡선의 우측이동)하려고 할 것이다. 그러므로 주식에 대한 가치평가가 주식의 수요에 가장 중요한 고려요소가 된다.

주식의 공급에 있어서도 기존에 발행된 주식이 있고 기업이 자금조달을 하기 위해 신규로 공급하는 주식이 있기 때문에 주식공급곡선의 유도에서는 기업의 자금조달에 관련된 모든 요소들이 주어져 있다고 가정하였다. 그러나 기존에 발행된 주식에 비해 신규발행주식의 비중이 매우 적기 때문에 그 영향은 크지 않을 것이다. 주식의 공급에 있어서는 기존 주식의 보유자가 더 중요한데 이들은 주식의 가치가 어떻게 될 것인가에 따라 주식을 공급(매각)하려는 결정을 할 것이다. 예컨대, 만약 주식의 가치평가가 현재의 가격보다 낮다면 주식을 매각(주식공급곡선의 우측이동)하려고 할 것이다. 따라서 이하에서는 주식의 가치를 평가하는 방법에 대해 살펴봄으로써 주식가격의 결정과 변화에 미치는 영향에 대해 알아본다.

주식회사의 주식(stock)은 그 소유자에게 여러 가지의 권리를 제공한다. 즉, 주식은 보유자에게 회사의 중요한 사항에 대해 투표할 권리와 모든 현금흐름에 대한 잔여청구권을 제공하며 배당도 제공한다. 투자자들은 투자결정을 할 때 주식이 제공하는 이러한 권리의 가치를 평가한다. 이러한 주식가치의 평가를 통해 투자자들은 과소평가된 주식을 매입하고(주식수요곡선의 우측이동) 과대평가된 주식을 매각(주식공급곡선의 우측이동)하려고 한다. 또 주식의 가치는 고정된 것이 아니라 지속적으로 변하기 때문에 지속적으로 평가되어야 하며 이로 인해 주식가격도 지속적으로 변하고 있다. 그러므로 주식가치의 평가는 주식의 수요자와 공급자 모두에게 매우 중요한 것이다. 주식가치를 평가하는 통상적인 방법에는 주가-수익률방법과 배당할인모형의 두 가지가 있다.

1) 주가-수익률방법

비교적 쉬운 주식가치의 평가방법인 **주가수익률방법**(price-earnings method)은 그 산업에 속해 있는 공개된 모든 경쟁주식들의 평균적인 PER를 다음 해의 그 기업의 예상수익에 적용하는 것이다. PER는 주가(P)를 수익(E)으로 나눈 **주가-수익비율(P/E, price-earnings ratio)**인데 여기서 수익으로 사용되는 것은 과거의 수익이 아니라 예상수익(미래의 수익)이다. 따라서 예상수익에 동일 산업 내 경쟁기업주식의 평균 PER를 적용하여 주식가치를 평가하는 것이다. 이 방법의 논리는 미래의 수익이 기업가치의 중요한 결정요인이라는 것이다. 이 경우 당연히 내년 이후의 그 기업의 수익이 고려되어야 하지만 이 방법은 묵시적으로 미래의 수익의 성장은 그 기업이 속한 산업의 수익의 성장과 같을 것이라고 가정한다.

예컨대, 내년에 주당 3,000원의 수익을 가져올 것으로 예상되는 기업을 생각해 보자. 만약 같은 산업에 속해있는 경쟁자들의 주가-(예상)수익비율(예상 PER)의 평균이 15라면 이 기업의 주식가치는 다음과 같이 평가된다. 즉, 주식가치 = (기업의 예상주당수익) × (산업의 평균 PER) = 3,000원 × 15 = 45,000원이다.

이 방법에 의하면 동일한 주식에 대해 다양한 가치평가가 나올 수 있다. 우선, 투자자들은 내년의 그 기업의 수익이나 산업평균수익에 대해 다른 예측치를 사용할 수 있다. 전년도의 수익이 흔히 미래수익예측의 기준으로 사용되지만 최근년도의 수익이 항상 미래에 대한 정확한 예측을 제공하는 것은 아니다. 또 하나의 이유는 투자자들이 수익의 적합한 측정치에 대해 다른 의견을 갖기 때문이다. 어떤 투자자는 영업이익을 사용하려고 할 것이며 또 다른 투자자는 일회성 수익(비용)을 제외한 지속적 수익을 이용하려고 할 것이며 이에 따라 다른 주식가치를 제공하게 된다. 또 다른 이유는 어떤 기업들이 산업의 기준이 되느냐에 대해 투자자마다 견해가 다르기 때문이다. 즉, 산업구성을 좁게 보느냐, 넓게 보느냐에 따라 달라진다. 어떤 투자자는 평가하려고 하는 기업과 매우 유사한 기업으로 구성된 좁은 산업의 PER를 이용하려고 할 수 있으며 어떤 투자자는 보다 넓은 산업의 PER를 이용할 수 있다. 이러한 자의성 때문에 이 방법에는 많은 한계가 있다.

2) 배당할인모형

주식은 채권과는 달리 미래에 불확실한 현금흐름을 제공하는데 이러한 미래의 불확실한 현금흐름을 평가하여 주식의 가치를 평가할 수 있다. 특히 미래에 기대되는 배당의 현재가치로 주식의 가치를 평가하는 모형이 **배당할인모형(dividend discount model)** 또는 **배당가치모형(dividend valuation model)**이다.

예컨대, 앞으로 1년 동안 주식에 투자하여 배당을 받고 1년 후에 매도하는 경우의 주식의 현재가치는 다음과 같다.

(7-1)
$$P_0 = \frac{D_1}{1+k} + \frac{P_1}{1+k}$$

여기서 P_0는 현재의 주식가치, P_1은 1기말의 주식의 예상매도가격, D_1은 1기말의 예상배당, 그리고 k는 주식투자의 요구수익률(할인율, 기대수익률, 주식의 자본비용)이다. 이 식이 의미하는 것은 현재의 주식가치는 기대되는 배당에 1년 후의 주가를 더한 뒤 이를 요구수익률(기대수익률)로 할인한 현재가치라는 것이다.

이 모형에서 보면 1년 후의 주가(P_1)가 어떤 값을 갖는가가 중요하다. 그러나 주식의 가치는 기본적으로 장기간에 있어서의 배당에 의해 결정된다고 볼 수 있으므로 현재의 주식가치는 미래배당흐름의 현재가치로 단순하게 계산될 수 있으며 따라서 주식의 가치는 식(7-2)와 같이 나타낼 수 있다.

(7-2)
$$P_0 = \frac{D_1}{1+k} + \frac{D_2}{(1+k)^2} + \frac{D_3}{(1+k)^3} + \cdots = \sum_{t=1}^{\infty} \frac{D_t}{(1+k)^t}$$

이러한 일반적 배당할인모형은 주식의 가치는 기본적으로 배당의 현재가치에 의해서만 결정된다는 것을 의미한다. 이 모형에서는 만약 기업의 배당흐름에 대한 예상이 수정되면 D_t를 수정하고 투자자의 요구수익률의 변화가 있으면 k를 수정함으로써 불확실성에 대한 고려를 할 수 있다.

그런데 식(7-2)의 일반적 배당할인모형을 이용하기 위해서는 미래의 배당을 모두 예측하여야 하는데 이것은 현실적으로 어렵다. 대신 미래 배당에 대해 좀 더 단순한 가정을 도입한다면 이 모형은 실용적인 모형이 될 수 있다. 가장 기본적인 단순화가정은 배당이 일정한 비율(g)로 증가한다는 것이다. 즉, $D_{t+1} = (1 + g)D_t$이라고 가정하는 것이다($t = 0, 1, 2 \ldots$). 이 경우 식(7-2)는 식(7-3)과 같이 배당성장률모형으로 변형된다.

(7-3)
$$P_0 = \frac{(1+g)D_0}{k-g} = \frac{D_1}{k-g}$$

여기서 D_0는 최근(0기)에 지급된 배당, g는 예상되는 배당성장률, k는 주식투자의 요구수익률이다. 이 배당성장률모형이 의미하는 것은 주식가치가 배당과 같은 비율(g)로 상승할 것으로 예상된다는 것이다. 왜냐하면 $P_1 = D_2/(k - g) = D_1(1 + g)/(k - g) = P_0(1 + g)$인데 이것을 정리하면 $(P_1 - P_0)/P_0 = g$이기 때문이다. 그러므로 배당할인모형은 배당이 일정하게 성장하는 경우에 언제나 주식가치의 상승률이 배당성장률(g)과 같다는 것을 보여준다. 그리고 배당성장률모형(식 (7-3))에 의하면 통화정책과 같은 정책의 변화, 엔론사(Enron Corporation)사태와 같은 대규모 회계부정사건의 발생, 제도의 변경 등 모든 경제상황의 변화는 배당성장률(g)과 요구수익률(k)의 변화를 통해 주식가치에 영향을 미친다.

이 모형에 의하면 다음 연도에 지불될 배당(D_1)이나 배당성장률(g)을 투자자들이 잘못 추정할 때 주식의 가치평가는 부정확해질 것이라는 것을 보이고 있다. 또한 이 모형은 성장률을 적용하는 대상으로 배당을 사용하고 있기 때문에 만약 기업이 수익을 배당하지 않고 사내유보를 한다면 이 모형을 적용하기 어려울 것이다. 따라서 이 모형은 성장이 어느 정도 이루어진 기업의 주식가치평가에 유용할 것이다.

그런데 위의 모형을 보면 투자기간 동안의 미래배당의 현재가치가 중요하지만 이 보다 더 중요한 것은 **요구수익률(k, required rate of return)**이다. 왜냐하면 부정확한 요구수익률이 이용되면 부정확한 가치평가를 유발하기 때문이다. 그러므로 투자자들이 배당할인모형에 따라 기업의 가치를 평가하려고 할 때 요구수익률을 정확히 결정하는 것이 중요하다. 투자자들은 일반적으로 더 많은 위험을 갖고 있는 기업에 대해 더 높은 수익률을 요구한다. 그렇지만 모든 투자자가 동의하는 이상적인 위험의 측정치는 없으며 또 요구수익률을 유도하기 위하여 위험이 사용되어야 하는 방법에 대해서도 의견이 다양하다. 그러나 요구수익률을 유도하기 위하여 통상적으로 자본자산가격결정모형(CAPM)과 재정가격결정이론(APT, arbitrage pricing theory)의 두 가지 모형이 사용되는데 여기서는 전자에 대해서만 간략히 살펴본다.[1]

자본자산가격결정모형(CAPM, capital asset pricing model)은 공개상장기업에 대한 요구수익률을 추정하기 위하여 사용된다. CAPM은 기업에서 유일하게 중요한 위험은 체계적 위험(systematic risk, 증권시장의 전체적인 움직임에 영향을 미치는 위험)이라는

1 CAPM과 APT에 대한 자세한 논의는 박정식·박종원·조재호(2003) 참고.

전제에 기반을 두고 있으며 비체계적 위험(unsystematic risk, 개별기업에만 한정되어 영향을 미치는 위험)에 대해서는 고려하지 않는다. 왜냐하면 3장에서 살펴본 바와 같이 체계적 위험은 다변화를 통해 사라지지 않지만 비체계적 위험은 다변화를 통해 회피될 수 있기 때문이다.

자본자산가격결정모형(CAPM)은 어떤 주식(j)의 기대수익률(R_j)은 무위험수익률(R_f), 시장수익률(R_m) 그리고 R_j와 R_m의 공분산에 의해 영향을 받는다는 것을 보여주고 있다. 따라서 자본자산가격결정모형(CAPM)에 따르면 j주식의 기대수익률(R_j)은 다음의 식(7-4)와 같이 표시될 수 있다.

$$R_j = R_f + \beta_j(R_m - R_f) \quad (7\text{-}4)$$

여기서 R_f는 무위험수익률, R_m은 시장수익률이며, ($R_m - R_f$)는 시장위험프리미엄(market risk premium)을 나타낸다. 그리고 β_j는 베타(beta)계수인데 이것은 COV(R_j, R_m)/VAR(R_m)으로 측정된다. 여기서 VAR(R_m)은 시장전체의 체계적 위험의 크기를 나타내며 COV(R_j, R_m)은 j주식의 수익률과 시장수익률 간의 공분산으로 j주식의 수익률이 시장전체와 얼마나 밀접하게 움직이느냐 하는 것을 측정한다. 즉, 베타(β_j)는 시장전체의 수익률에 대한 특정 j주식의 수익률의 민감도(위험)를 반영하기 때문에 j주식의 체계적 위험의 측정치이다. 예컨대, $\beta_j = 1.2$라는 것은 시장수익률이 1% 변화할 때마다 j주식은 같은 방향으로 1.2%씩 변화하는 경향이 있다는 것을 의미한다. 또한 만약 $\beta_j = 0$이라면 j주식은 체계적 위험이 없다(시장수익률과 무관하다)는 것을 나타내며 $\beta_j = 1$이라면 j주식은 전체시장과 동일한 체계적 위험을 가지고 있다는 것을 의미한다.

이 모형은 구체적인 R_f와 R_m이 주어지면 j주식의 기대수익률(R_j)은 무위험수익률(R_f)에 추가하여 시장위험프리미엄 ($R_m - R_f$)을 일정부분 반영한 만큼 결정된다는 것이다. 시장위험을 얼마나 반영하느냐 하는 것을 나타내는 것이 베타(β_j)이므로 투자자는 높은 베타를 가진 주식에 대해 더 높은 수익률을 요구한다는 것을 의미한다. 더 높은 베타는 그 주식의 수익률과 시장수익률 사이의 공분산이 높다는 것을 나타내며 이것은 그 주식이 투자자가 보유하고 있는 자산포트폴리오에 포함되어 있다면 그 포트폴리오에 더 많은 위험을 부과한다는 것을 의미한다.

3) 주식시장에서의 주식가격의 결정과 변화

이러한 주식의 가치평가를 통해 각 투자자들은 주식의 수요가격(주식을 구매하려고 원하는 가격)과 공급가격(주식을 매각하려고 원하는 가격)을 설정하며 주식수요곡선과 주식공급곡선이 만나는 점에서 주식시장의 균형이 이루어지고 주가가 결정된다. 기업과 정부정책 등에 대한 새로운 정보가 제공될 때마다 미래의 배당, 배당성장률 또는 요구수익률에 대한 예상이 바뀌고 이에 따라 주식의 가치평가가 변화하며 이에 따라 구매하고자 하는 가격(수요가격)과 매각하고자 하는 가격(공급가격)이 변화하며 이에 따라 주식의 시장가격이 변화한다. 투자자들은 항상 새로운 정보를 얻고 예상을 조정하기 때문에 주식가격은 계속 변화한다.

2. 기대이론

자산의 가격결정에서는 정보의 역할이 중요하며 앞에서 본 주식가격분석은 특히 현금흐름(배당과 미래주가)에 대한 사람들의 정보에 크게 의존한다는 것을 보았다. 이러한 정보를 토대로 미래를 예상하고 이를 토대로 의사결정을 하기 때문에 자산의 가격결정은 예상에 크게 의존한다. 금융자산의 가치평가와 가격결정뿐 아니라 경제에서 예상이 중요하지 않은 부문이 사실상 거의 없다. 모든 경제적 의사결정은 미래에 대한 예상에 의존하기 때문에 예상(기대)이 어떻게 형성되는가에 대해 살펴볼 필요가 있다. 경제이론에서 사람들의 행동을 설명하기 위하여 사용되는 주요한 기대이론은 정태적 기대이론, 적응적 기대이론 그리고 합리적 기대이론이다.

(1) 정태적 기대이론

예상의 형성이 중요하기 때문에 경제이론에서도 과거부터 다양한 예상형성이론이 이용되어 왔다. 미래의 예상을 형성하는 초기의 이론은 **정태적(고정적) 기대이론**(**static or fixed expectations theory**)이었다. 이 기대이론은 다음의 식(7-5)와 같이 나타낼 수 있다.

$$\pi^e_t = \pi_{t-1} \quad (7\text{-}5)$$

여기서 π^e_t는 t기의 예상치, π_{t-1}은 t-1기의 실제치이다. 이 식이 의미하는 것은 금기(t)의 어떤 변수(예컨대, 인플레이션)에 대한 예상치는 전기(t-1)의 그 변수의 실제치와 같다는 것이다. 즉, 지난 기간에 발생한 만큼의 인플레이션이 금기에도 발생할 것이라고 예상하는 것이다. 고전학파 경제학의 대부분은 암묵적으로 이러한 정태적 기대이론을 가정하여 왔다. 즉, 한번 도달한 균형은 계속 유지될 것이라고 보는 것이다. 일정한 기간 동안 어떤 가격이 지속적으로 유지된다면 많은 사람에게 그것이 하나의 정상수준(norm)으로 받아들여지는 장점이 있다. 그러나 지난 기의 가격만을 고려하고 그 이전의 가격을 고려하지 않는 점이 정태적 기대이론의 가장 큰 약점이다.

(2) 적응적 기대이론

1950년대와 1960년대에는 **적응적 기대이론**(adaptive expectations theory)이 예상형성의 일반적인 방법으로 받아들여졌다. 이것은 예상이 과거의 실적에 의해서만 형성된다고 보는 것이다. 즉, 어떤 변수(예컨대, 인플레이션)에 대한 이번기의 예상치는 그 변수의 과거값에만 의존하며 그 변수의 미래값은 최근 시기의 값들을 연장한 것이라고 보는 것이다. 이 기대이론은 추세를 중시하는 것으로 가격이 최근에 상승하고 있었다면 앞으로도 계속 상승할 것이라는 시각을 반영한다. 그리고 이 이론에 의하면 예상은 과거에 의존하므로 예상의 변화는 과거의 값이 변화함에 따라 서서히 변화한다고 본다. 적응적 기대이론을 정형화시키면 다음의 식(7-6), (7-7), 그리고 (7-8)과 같다.

$$\pi^e_t = \pi^e_{t-1} + (1-\lambda)(\pi_{t-1} - \pi^e_{t-1}) \quad (7\text{-}6)$$

$$\pi^e_t = \lambda\pi^e_{t-1} + (1-\lambda)\pi_{t-1} \quad (7\text{-}7)$$

$$\pi^e_t = (1-\lambda)\sum_{j=1}^{\infty}\lambda^{j-1}\pi_{t-j} = (1-\lambda)\pi_{t-1} + (1-\lambda)\lambda\pi_{t-2} + (1-\lambda)\lambda^2\pi_{t-3} + \cdots \quad (7\text{-}8)$$

여기서 λ는 가중치로서 0과 1사이의 값이다. 위의 세 식은 동일한 것이다. 식(7-6)이 의미하는 것은 금기(t기)의 인플레이션의 예상치는 지난 기(t-1기)의 인플레이션의 예상치(π^e_{t-1})에다 지난 기의 실제치와 예상치의 차이($\pi_{t-1} - \pi^e_{t-1}$ = 예측오차)의 일부(λ)를 반영하여 결정된다는 것이다. 예컨대, 지난 기의 인플레이션의 예상치(π^e_{t-1})가 5%였고 지난 기의 실제의 인플레이션(π_{t-1})이 7%였다고 하자. 그리고 예측오차의 50%(λ = 0.5)만을 반영(수정)한다면 금기(t기)의 예상인플레이션(π^e_t)은 5% + 0.5(7% − 5%) = 6%이다. 이 식에 의하면 적응적 기대이론은 예측오차가 발생하였을 때 이를 전부 수정하는 것이 아니라 일부만 수정한다. 따라서 예상은 매우 느리게 서서히 조정된다. 식(7-6)을 변형시키면 식(7-7)이 된다. 식(7-7)은 금기의 인플레이션의 예상치는 지난 기의 예상인플레이션(π^e_{t-1})과 실제인플레이션(π_{t-1})의 가중평균(가중치는 각각 λ와 1 − λ임)이라는 것을 보이고 있다. 그리고 식(7-7)을 이용하여 π^e_{t-1}을 계속 대체하면 식(7-8)이 된다. 식(7-8)이 의미하는 것은 금기의 인플레이션에 대한 적응적 예상치는 과거의 인플레이션값의 가중평균이라는 것이다. 가중치는 현재로부터 멀어질수록 더 작다. λ = 0인 경우 적응적 기대는 식(7-5)의 정태적 기대와 동일하게 된다.

적응적 기대이론은 몇 가지 문제점을 갖고 있다. 첫째, 식(7-8)에서 보듯이 그 변수의 과거의 값에만 의존하여 예상치(기대치)를 결정한다. 둘째, 식(7-6)과 식(7-8)에서 보듯이 사람들이 예상을 조정할 때 예측오차를 모두 제거하는 것이 아니라 일부만을 조정한다. 셋째, 예상을 서서히 조정한다. 사람들은 새로운 정보에 입각하여 신속히 예상을 변화시키지 않고 서서히 부분적으로 조정한다. 이러한 예상형성행태는 합리적 사고와 합리적 행동의 가정과 맞지 않는 것이므로 적응적 기대이론의 큰 약점이 되며 이러한 약점을 대체하려는 예상형성이론이 바로 합리적 기대이론이다.

(3) 합리적 기대이론

1) 합리적 기대의 의미

사람들이 어떤 변수에 대한 예상을 형성할 때 단순히 그 변수의 과거 실적에만 의존하기보다는 훨씬 더 많은 정보를 사용하고 또 예상을 조정할 때는 점진적으로 조정하기보다는 빠르게 조정하기 때문에 정태적 기대와 적응적 기대는 심각하게 비합리적인 요소를 갖고 있다. 인플레이션에 대한 예상은 분명히 현재와 과거의 통화정책에 의해서 뿐 아니라 미래의 통화정책에 대한 예상에 의해서도 영향을 받는다. 또 미래인플레이션은 과거, 현재 및 미래의 통화정책뿐 아니라 OPEC과 같은 기구의 산유량할당이나 원유가격 통제에 의해서도 영향을 받으며 중동에서의 전쟁 가능성과 같은 국제정치상황에 의해서도 영향을 받는다. 따라서 어떤 변수의 미래예상치에는 그 변수 외에 과거, 현재, 미래의 많은 변수가 영향을 미치게 된다. 또한 사람들은 새로운 정보에 입각하여 신속히 예상을 변화시키기도 한다. 적응적 기대에서와 같이 과거의 변수값에 의해 서서히 조정하거나 예측오차의 일부만 조정하는 것이 아니라 사람들은 새로운 정보에 따라 매우 신속하게 그리고 충분히 예상을 조정한다. 이와 같이 예상의 형성에 있어서 비합리적인 점을 제거하고 합리적인 관점에서 예상을 형성하기 위하여 등장한 것이 합리적 기대이론(rational expectations theory)이다.

합리적 기대라는 관점의 요점은 미래의 상황에 대한 예상, 즉 앞으로 어떤 상황이 발생할 것인가에 대한 예상이 오늘의 가격을 결정한다는 것으로 미래시점으로부터 현재를 돌아보는 미래지향적 시각이다. 이러한 점에서 과거를 통해 현재를 보는 적응적 기대의 관점, 즉 과거에 움직임이 이러했기 때문에 앞으로 어떻게 될 것이라고 예상하는 것과는 다르다. 예컨대, 오늘 현물시장에서 형성된 금의 가격은 먼 미래 시점의 금값 예상치를 적절한 이자율로 할인해 산출한 현재가치이다. 또 만약 정부가 소비지출이나 투자지출을 촉구하기 위해 세율을 인하하는 경우 합리적 기대를 하는 가계와 기업은 세율인하로 인해 오늘에 재정적자가 발생하면 정부가 미래에 세율을 인상하여 재정적자의 확대에 대응할 것이라고 예상하고 다가올 미래의 세금증가에 대비해 저축을 늘리므로 이러한 세율인하정책이 소비지출이나 투자지출의 증대에 성공하지 못한다는 것이다. 이러한 미래지향적(forward looking) 관점이 합리적 기대의 핵심적 내용이다.

John Muth, Robert Lucas Jr. 등이 1960년대와 1970년대 초에 합리적 기대라는 새로운 기대이론을 처음으로 전개하였는데 이들이 이 이론을 제시한 것은 적응적 기대가 갖는 비합리적인 문제점, 즉 그 변수의 과거 값에만 의존하여 예상을 형성하고 예상을 부분적, 점진적으로 조정하며 과거지향적(backward looking) 관점을 갖고 있다는 점을 해결하고 예상을 합리적으로 형성하기 위한 것이었다. 구체적으로 **합리적 기대(rational expectation)**란 어떤 변수의 기대치를 형성하는 경우 그 변수의 값에 영향을 미칠 수 있는 모든 이용 가능한 정보를 충분히 이용하여 기대치를 형성하는 방식을 말한다. 즉, 합리적 기대는 어떤 변수의 예상치는 모든 이용 가능한(all available) 정보를 사용하여 도출된 미래에 대한 최적 예측치(optimal forecast)와 동일하다는 것이다. 모든 이용 가능한 정보에는 예측의 시점에서 이용 가능한 모든 정보, 즉 과거의 실적(경험)뿐 아니라 미래에 대한 예상과 예측치도 포함된다. 인플레이션의 예상에 도움이 되는 많은 변수가 있는데 이들을 이용하지 않고 인플레이션의 과거치만 보는 것은 결코 합리적이지 않다. 그렇다고 인플레이션의 예상치를 알기 위하여 이용 불가능하거나 이용하는데 엄청난 비용이 드는 정보를 구하려고 노력할 필요는 없을 것이다. 이러한 과도한 노력은 비록 인플레이션의 예상치를 보다 정확하게 만들지는 몰라도 결코 합리적이지 않다. 현재 상태에서 이용 가능한 정보를 이용하여 최상의 예측을 하는 것이 바로 합리적 기대이다.

이러한 합리적 예상은 완전히 정확한 것은 아니다. 그러므로 예상이 합리적이기 위해 예상이 반드시 정확해야 할 필요는 없으며 이용 가능한 정보가 주어진 상태에서 가능한 최선의 예측치이면 된다. 합리적인 예상을 하는데 중요한 것은 이용 가능한 정보를 모두 활용하는 것이다. 아무리 어떤 추가적인 요소가 중요하다고 하더라도 이에 대한 정보가 이용 가능하지 않다면 이것을 고려하지 않은 예상은 여전히 합리적이다. 그러나 예측을 하는 데 적합한 이용 가능한 정보의 일부를 이용하지 않거나 무시한다면 이것은 합리적 예상이 아니다.

2) 합리적 기대이론의 함의

합리적 기대를 더 정형화하여 표현하면 다음의 식(7-9)와 같이 나타낼 수 있다.

(7-9) $$X_t^e = X_t^{of} \equiv E[X_t | I_{t-1}]$$

여기서 X_t^e는 X_t에 대한 합리적 예상치를 나타내고 X_t^{of}는 모든 이용 가능한 정보를 사용한 경우의 X의 최적 예측치(optimal forecast)이며 E는 수학적 기대치(mathematical expectation)를 나타내는 기호이다. 식(7-9)가 의미하는 것은 X의 합리적 기대치는 이용 가능한 모든 정보를 사용하여 도출된 최적 예측치와 같다는 것이다. 또 이 최적 예측치는 예상을 형성하는 t-1기에서 이용 가능한 모든 정보(I_{t-1})를 이용한 수학적 기대치와 같다는 것이다.

합리적 기대이론은 예상의 형성에 대해 다음과 같은 몇 가지의 상식적인 함의를 가지고 있다. 첫째, 예상의 대상이 되는 변수(예컨대, 정책변수)의 움직임이 변화할 때는 사람들의 예상이 형성되는 방식(이전의 정책변수에 대한 예상반응, 과거정보에 대한 예상의 관계)도 변화한다는 것이다. 둘째, 예상의 예측오차는 평균적으로는 0이라는 것이다. 합리적 기대를 형성한다고 하더라도 그 예상이 항상 정확하다는 것을 의미하는 것은 아니다. 예상치가 그대로 실현되지 않는 경우가 많다. 이 경우 예상의 예측오차(forecasting error)는 그 변수의 실제치와 예상치의 차이($X_t - X^e_t$)이다. 예측오차는 0보다 클 수도 있고 0보다 작을 수도 있으나 예측오차는 평균적으로 0이다. 이것이 의미하는 것은 비록 예측이 잘못될 수는 있어도 장기적으로는 이러한 오차가 서로 상쇄되며 사람들의 합리적 기대치는 장기적 또는 평균적으로는 정확하다는 것이다. 셋째, 예측오차($X_t - X^e_t$)는 사전에 예측될 수 없다는 것이다. 예측오차는 평균적으로 0일뿐 아니라 사전에 그 값을 예측할 수 없으며 당연히 예측오차가 어떤 패턴을 나타낼지도 알 수 없다. 이것은 예측오차가 랜덤(random)이라는 것을 의미한다. 그리고 예측오차는 t-1기에서 이용 가능한 모든 공개된 정보(I_{t-1})와 무관하다. 이것은 예측하는데 이미 사용된 알려진 공개된 정보(I_{t-1})를 아무리 분석하고 검토하더라도 예측오차의 크기나 패턴을 알 수 없다(예측에 도움이 안 된다)는 것을 의미한다.

합리성이란 세상이 실제로 작동하는 방식에 대한 묘사라기보다는 세상이 따라야 할 작동방식에 대한 선험적인 가정이다. 따라서 투자자들이 적어도 장기적으로 합리적이라는 가정은 유용한 가정이다. 왜냐하면 시장의 가격변동에 대한 이해를 분명히 해주기 때문이다. 따라서 투자자들이 장기적으로 합리적이라고 가정하고 이 가정에 입각해 경제현안들을 분석하는 것은 유용한 일이다.

3. 효율적 시장이론: 주식시장에서의 합리적 기대이론

금융시장에서는 정보가 가격에 반영되고 가격이 다시 정보가 되어 미래의 가격형성에 투입된다. 따라서 금융증권의 가격형성에는 정보에 기반한 예상의 형성이 매우 중요하다. 특히 예상의 형성이 합리적으로 되는 경우에는 증권가격의 움직임은 매우 독특하게 나타날 수 있다. 이 절에서는 주식시장에 합리적 기대가 있는 경우 어떤 결과가 나올 것인지를 살펴보는 효율적 시장이론에 대해 살펴본다.

(1) 효율적 시장이론의 의미

합리적 기대이론을 금융시장, 특히 주식시장에 적용하여 보자. 주식시장에는 다양한 정보들이 쉴새없이 제공되고 투자자들은 자신이 구할 수 있는 모든 정보를 이용하여 주식의 최적 예측가격을 구하려고 노력한다. 투자자들이 그들의 예상을 모든 이용 가능한 정보를 사용한 최적의 예측치와 같도록 노력하는 이유는 그렇게 함으로써 이득을 얻을 수 있는 강한 유인을 가지고 있기 때문이다. 이러한 유인은 소비자나 기업 등 누구에게나 마찬가지이지만 주식시장에서 특히 강하다. 이와 같이 주식(금융)시장에서는 합리적이 될 유인과 동기가 강하기 때문에 주식(금융)시장에 합리적 기대를 적용하는 것은 매우 유용하고 당연하다. 이와 같이 투자자들은 합리적으로 주식가격을 예측하려고 하며 이러한 과정을 통해 주식의 균형가격이 결정되는데 합리적 기대를 적용하여 주식(증권)가격의 움직임을 설명하는 이론이 **효율적 자본시장이론**(theory of efficient capital markets) 또는 **효율적 시장이론**(efficient market theory)이다.

이를 좀 더 자세히 설명하여 보자. 앞에서 본 바와 같이 금융증권의 현재 시장가치는 동일한 위험, 유동성, 그리고 정보비용을 가진 다른 자산과의 상대적 수익에 의존한다. 증권(채권, 주식 등)으로부터 발생하는 수익은 현재의 수익과 예상된 미래수익의 두 부분으로 구성된다. 주식의 경우라면 수익은 보유기간 동안에 받는 배당(D)과 주식을 매각했을 때 받을 것으로 예상되는 미래 자본이득(손실)이다. 그리고 주식의 현재가치와 주식의 가격은 같게 되므로 t기에서의 주식의 가격은 다음 기(t+1)에서 예상되는 기대배당(D^{e}_{t+1})과 t+1기에서의 주식의 예상가격(P^{e}_{t+1})의 합을 할인율(i)로 할인한 현재가치와 같다. 따라서 주식의 현재가격(P_t)은 다음의 식(7-10)과 같이 된다.

(7-10)
$$P_t = \frac{D^{e}_{t+1} + P^{e}_{t+1}}{1 + i}$$

여기서 할인율(i)은 주식의 위험을 반영하는 요구수익률(기대보유수익률)이며 위험을 감안한 이자율이라고 볼 수 있다. 식(7-10)에 의하면 주식이 높은 배당(D^{e}_{t+1})을 갖거나, 위험이 적거나(i가 낮거나) 미래에 가격이 상승할 것으로 예상되면(높은 P^{c}_{t+1}) 주식은 더 높은 가격을 갖게 된다.

먼저 단기적으로 배당은 덜 중요하므로 이것이 주어져 있다고 가정하고 가격의 예상치에만 초점을 맞추어 보자. 합리적 기대이론에 의하면 다음 기의 주가의 예상치(P^{e}_{t+1})는 현재에서 이용 가능한 모든 정보를 사용한 최적 예측치(P^{of}_{t+1})와 같다고 본다. 즉, $P^{e}_{t+1} = P^{of}_{t+1}$(합리적 기대식)이다. 그런데 주식시장의 수요공급분석에서 본 바와 같이 주식의 예상가격(P^{e}_{t+1})은 주식의 수요와 공급이 같아지는 균형가격(P^{*}_{t+1})으로 수렴하는 경향을 가진다. 따라서 주식시장분석에 의하면 주식의 예상가격(P^e_{t+1})은 주식의 균형가격(P^*_{t+1})에 의해 결정된다고 볼 수 있다. 즉, $P^e_{t+1} = P^*_{t+1}$(주식시장 균형식)이라고 볼 수 있다. 따라서 위의 합리적 기대식과 주식시장 균형식을 이용하면 다음의 식(7-11)과 같은 관계를 얻을 수 있다.

(7-11) $$P^*_{t+1} = P^{of}_{t+1} \quad \text{(효율적 시장 조건식)}$$

즉, 주식의 균형가격(P^*_{t+1})은 주식가격의 최적 예측치(P^{of}_{t+1})와 같아진다는 것이다. 이 식이 효율적 주식시장에서의 주식가격의 움직임을 설명할 수 있는 효율적 시장 조건식이 된다. 이 식이 의미하는 것은 주식시장에서의 주식의 현재가격은 이용 가능한 모든 정보를 사용한 다음 기에서의 주식가격의 최적 예측치가 주식의 균형가격과 같도록 설정될 것이라는 것이다. 주식가격은 균형가격으로 수렴하는 경향이 있고 이 균형가격은 합리적 기대하에서는 이용 가능한 모든 정보를 사용한 최적 예측치와 같아지므로 결국 효율적 시장에서는 주식의 가격은 모든 이용 가능한 정보를 완전히, 즉각적으로 반영하는 가격으로 수렴한다는 것이다. 주식가격에 대한 정보의 반영이 완전하고 빠를수록 주식시장은 더 효율적이 되는데 이것이 2장 2절에서 설명한 **정보효율성(informational efficiency)**이다.

그러면 왜, 어떻게 하여 주식의 균형가격이 최적 예측치와 같게 되는가? 그 이유는 균형가격이 최적 예측치와 같지 않게 되는 경우 위험부담이 없는 **재정(차익)거래(riskless arbitrage transaction)**로 이익을 남길 수 있는 기회가 발생하기 때문이다. 주식시장에는 수많은 투자자들이 서로 이윤기회를 찾기 위해 치열한 경쟁을 하고 있다. 만약 주식의 현재가격이 투자자들이 합리적 기대에 의해 예측한 주식의 가치를 제대로 반영하지 않는다면 투자자들은 즉각 재정(차익)거래를 수행하여 그 이윤기회를 소멸시키기 때문에 주식의 균형가격은 최적 예측치와 같게 된다.

이러한 추론과정에서 지적해야 할 하나의 중요한 점은 효율적 시장 조건이 충족되는 점으로 가격이 수렴되기 위하여 주식시장의 모든 사람이 그 주식에 대해 정보를 충분히 가져야 하거나 합리적 기대를 가져야 하는 것은 아니라는 것이다. 주식시장의 많은 투자자들이 비합리적이라고 하더라도 일부의 똑똑한 전문투자자들(smart money)이 차익거래의 기회를 얻기 위해 노력하고 있는 한 그들이 새로 발생한 이윤기회를 제거할 것이며 시장은 효율적으로 된다는 것이다.

(2) 강한 의미의 효율적 시장이론: 본질적 가치효율성

앞에서 효율적 주식시장에서는 주식의 가격은 모든 이용 가능한 정보를 완전히, 즉각적으로 반영하는 가격으로 수렴된다는 것을 보았다. 즉, 주식(금융)시장은 정보효율성(informational efficiency)을 갖는다는 것이다. 그런데 많은 금융학자들은 한걸음 더 나아가 효율적 시장을 예상이 합리적(가격의 예상치가 최적 예측치와 같음)일 뿐 아니라 증권가격이 증권의 진정한 본질적 가치(펀더멘털)를 반영하는 시장으로 정의한다. 증권의 본질적 가치는 예상된 미래의 배당(이자) 등 예상된 미래의 모든 수익을 의미하며 증권의 가격은 이러한 미래소득흐름의 현재할인가치(present discounted value)를 반영하여 결정된다는 것이다.

앞에서 효율적 시장이론(유연한 의미의 효율적 시장이론, 정보효율성이론)을 설명할 때 식(7-10)에서 배당에 대한 예상(D^e_{t+1})이 주어져 있다고 가정하고 가격에 대한 예상(P^e_{t+1})만 고려하였다. 그러나 장기적으로 보면 배당에 대한 예상이 중요하며 장기적인 배당에 대한 예상이 본질적 가치를 반영하는 것이므로 주식가격은 이것을 반영하는 가격이 된다는 것이다. 식(7-10)을 변형시키면 식(7-12)와 같이 된다.

(7-12)
$$P_t = \frac{D^e_{t+1}}{1+i} + \frac{D^e_{t+2}}{(1+i)^2} + \frac{D^e_{t+3}}{(1+i)^3} + \cdots = \sum_{m=1}^{\infty} \frac{D^e_{t+m}}{(1+i)^m}$$

이처럼 효율적 시장에서는 주식가격이 본질적 가치(배당흐름의 합리적 기대)를 반영하는 가격으로 수렴한다는 것이다. 이것이 강한 의미(strong version)의 효율적 시장이론이며 이것은 2장 2절에서 본 **본질적 가치효율성**(fundamental valuation efficiency)에 해당된다.

본질적 가치효율성은 가격이 적합한 정보를 완전히, 즉각적으로 반영할 뿐 아니라 직합한 정보가 본질적 가치만을 나타내는 경우를 말한다. 그러나 본질적 가치효율성에 대해 일반적으로 매우 회의적이다. 현실을 살펴보면 시장가격은 합리적으로 형성된 미래예상수익과 할인율(i)의 변화에 의해 정당화될 수 있는 것보다 훨씬 더 많이 오르내린다는 것을 알 수 있다. 주가의 엄청난 과소평가에 의해 유발된 1960년대 후반의 경우나 1980년대의 미국의 광적인 기업 인수합병, 그리고 2000년대 초반까지의 닷컴버블 등 수많은 버블(거품)현상과 버블붕괴현상은 본질적 가치효율성의 기준에서 시장이 실패하고 있다는 증거이다.

(3) 효율적 시장이론의 함의[2]

금융시장에서의 **이상과열**(irrational exuberance)을 합리화하려는 시도에서 가장 대표적인 것이 바로 효율적 시장이론이다. 이 이론은 금융증권의 가격은 모든 공개적으로 이용 가능한 정보를 즉각적으로 반영하거나(정보효율성) 또는 본질적 가치를 정확하게 반영한다고(본질적 가치효율성) 주장한다. 이러한 효율적 시장이론은 몇 가지 중요한 함의를 가지고 있다.

주식가격의 랜덤워크행태 주식가격은 개략적으로 **랜덤워크**(random walk, **확률보행**)를 따른다는 것이다. 즉, 주식가격의 미래의 변화는 예측 불가능하다는 것이다. 수식으로 표시하면 $X_{t+1} = X_t + u_{t+1}$과 같다. 여기서 X는 증권(주식)가격을 나타내고 u는 평균이 0인 확률변수를 나타낸다. 이 식이 의미하는 것은 내일의 주식가격(X_{t+1})은 오늘의 주식가격(X_t)에 내일의 예상치 못한 어떤 움직임이 더해져서 결정된다는 것이다. 즉, 내일의 주식가격의 기대치는 오늘의 주식가격과 동일하며 따라서 주식가격의 예측된 변화는 0이다. 가격의 변화는 새로운 정보(뉴스)에 반응할 뿐이므로 새로운 정보(뉴스)가 예측 불가능한 것처럼 주식가격의 예측은 불가능하며 주식가격은 단지 예측되지 않은 정보에 의해서만 변화한다.

그런데 주식(증권)가격이 랜덤워크를 따른다고 할 때 중요한 사실은 이 랜덤워크가 가격에 관한 설명이 아니라 가격의 변화에 관한 설명이라는 사실이다. 만약 주식가격자체가 랜덤워크를 한다면($X_{t+1} = u_{t+1}$) 내일의 가격을 예측할 때 오늘의 가격은 아무런 도움이 되지 않는다. 그러나 가격변화가 랜덤워크($X_{t+1} - X_t = u_{t+1}$)를 한다면 오늘의 가격은 내일의 가격에 대한 최선의 예측치이다. 내일의 가격은 오늘의 가격에 무작위적인 조정치를 더하여 결정된다. 그러므로 현재의 가격은 미래의 가격에 대해 많은 것을 알게 해주지만 과거의 가격들은 아무런 소용이 없다. 현재의 가격은 과거의 가격변화의 총합이므로 현재가격에 이르게 된 과거의 역사는 아무런 소용이 없고 오직 현재가격만이 미래가격을 예측할 수 있게 해줄 뿐이다.

효율적 시장이론에서 개략적으로 주식가격의 랜덤워크이론이 나오고 랜덤워크이론은 이해하기 쉽기 때문에 통상적으로 주식가격의 랜덤워크이론과 효율적 시장이론을 같

---

2 Landsburg(1993), 노성태 등(1997), Shiller(2000), 이강국(2003) 참고.

은 것으로 보고 있으나 엄밀히 말하면 랜덤워크이론과 효율적 시장이론은 서로 별개이다. 랜덤워크이론은 과거의 가격을 관찰해서는 이득을 얻을 수 없다는 것을 말할 뿐이고 효율적 시장이론은 이미 본 바와 같이 이용 가능한 모든 정보가 가격에 반영되기 때문에 공개적으로 입수 가능한 정보만을 관찰해서는 이득을 얻을 수 없다는 것을 의미한다.[3]

초과기대수익이 불가능 주식(증권)을 구매할 때 평균 이상의 높은 수익(초과기대수익)을 기대할 수 없다는 것이다. 이것은 시장을 이길 수 없다, 즉 증권을 사서 시장수익률보다 높은 수익률을 얻는 것은 평균적으로 불가능하다는 것을 의미한다. 효율적 시장이론은 주식시장에서 주식이 쌀 때 매입해서 비쌀 때 매도하는 것을 통해 초과이득을 벌기가 어렵다는 관찰에 기초하고 있다. 많은 사람들이 이를 시도하지만 일관되게 성공하지 못하고 있다. 그 이유는 무엇인가? 이러한 현실을 설명하기 위해 효율적 시장이론이 등장한 것이다. 이 이론에 의하면 현명한 투자자들은 저평가된 주식을 살 것이므로 이들 주식의 가격을 상승시킬 것이며 또 그들은 고평가된 주식을 팔 것이므로 이들 주식의 가격을 하락시킬 것이다. 결국 저평가되거나 고평가된 주식은 곧 없어질 것이며 따라서 일시적으로 이득을 얻을 수는 있지만 지속적으로 초과기대수익을 얻을 수 없다는 것이다.[4] 이렇게 보면 효율적 시장이론의 주장은 사람의 능력이 서로 달라도 투자성과는 날라시지 않는다는 것이다. 이 이론에 의하면 가장 똑똑한 사람의 투자성과도 덜 똑똑한 사람의 투자성과에 비해 나을 게 없다는 것이다. 똑똑한 사람들의 우월한 생각과 능력이 이미 시장의 주가에 완전히 반영되어 있으므로 그들이 더 나은 성과를 얻을 수 없다는 것이다.

---

3 랜덤워크이론에 의하면 과거가격은 이미 가격에 반영되어 있기 때문에 주식의 과거가격을 관찰하고 분석하여 전략을 세우는 것(**기술적 분석**, technical analysis)은 좋은 투자전략이 못된다는 것을 의미한다. 그러나 랜덤워크이론은 과거가격 이외의 다른 변수를 관찰하여 전략을 세우는 경우에 대해서는 아무런 제안도 하지 못한다. 랜덤워크이론이 말하는 것은 다만 그 주식의 과거가격을 관찰해서는 돈(초과수익)을 벌 수 없다는 것이다. 그러면 투자자들이 과거가격 이외의 다른 변수와 주가의 상관관계를 관찰함으로써 돈을 벌 수 있을 것인가? 이럴 가능성도 매우 낮다. 왜냐하면 바로 효율적 시장 때문이다. 즉, 그러한 상관관계를 파악하고 있는 사람이 혼자가 아니기 때문이다. 모두가 그러한 관계를 알고 있고 이미 그 정보가 가격에 반영되어 있으므로 효율적 시장이론에 의하면 누구나 알 수 있는 공개적으로 입수 가능한 정보를 이용하여 수립된 투자전략(공개정보의 활용)으로는 시장에서 돈을 벌 수 없다.

4 많은 투자자문가들이 투자보고서를 통해 투자종목을 추천하고 있는데 효율적 시장이론에 의하면 투자자문가들의 추천종목이 시장(평균수익)보다 나은 성과를 얻는데 도움이 되지 않는다. 왜냐하면 투자자문가들이 사용한 정보는 모두가 이용 가능한 공개된 정보이며 이미 시장가격에 반영되어 있기 때문이다.

예상되지 않은 정보에 대해서만 반응 주식시장을 관찰하면 주식에 대해 좋은 뉴스가 있음에도 불구하고 그 주식가격이 상승하지 않는 경우가 있는데 효율적 시장이론은 이러한 현상을 설명한다. 주식가격은 발표되는 정보가 새로운 것이고 예측 불가능한 것일 때에만 발표에 대해 반응할 것이다. 만약 뉴스가 예측된 것이라면 주가의 반응은 없을 것이다. 뉴스라고 하더라도 이미 예측된 것이면 그것은 이미 공개된 정보이며 주가는 공개적으로 이용 가능한 모든 정보를 반영하기 때문에 이러한 결과를 가져온다. 따라서 발표된 뉴스가 좋은 것이기는 하지만 예상만큼 좋은 것이 아닐 경우 새로운 뉴스는 실제로는 불리한 정보가 되며 주식가격은 오히려 하락한다.

4. 효율적 시장이론에 대한 실증적 증거

많은 경제학자들은 정보비용이 매우 낮고 매우 유동적인 시장(주식시장, 외환시장, 금융선물시장 등)은 비교적 효율적이라고 믿고 있다. 실제로 이들 시장에서 결정된 가격이나 수익률은 이용 가능한 모든 정보를 잘 반영하고 있어 효율적 시장이론에 대한 초기의 증거는 이 이론에 매우 호의적이었다. 그러나 이후의 많은 논의는 이 이론이 전적으로 옳은 것은 아닐 수 있다는 증거를 제시하고 있다.

(1) 주식시장의 효율성에 호의적인 증거

1) 주식가격의 랜덤워크 움직임의 확인

우선 금융학자들은 주식가격이 랜덤워크를 따른다는 가설을 검증하였다. 즉, 오늘의 주가의 변화가 과거의 주가의 변화에 일관성 있게 관계되고 따라서 과거자료에 의해 예측이 가능한지를 보기 위하여 주식시장의 자료를 검토하였다. 먼저 과거의 주가의 움직임을 이용하여 오늘의 주가를 예측함으로써 평균 이상의 이득을 얻을 수 있는지를 검토하였는데 이러한 형태의 검정을 **약형효율성검정**(weak-form efficiency test)이라고 한다. 이 약형효율성의 검정은 주식가격을 예측하는데 사용되는 가장 대중적인 기법인 **기술적 분석**(technical analysis, 과거의 주가자료를 분석하여 추세와 규칙적 순환과 같은 패턴을 찾고 이것을 이용하여 주식투자에 사용하는 것)에 의거하여 종목을 선정하는 것이 시장보다 나은 성과를 달성하느냐 하는 검정인데 이 방식이 시장을 이겼다는 증거가 없다. 따라서 기술적 분석의 성과에 대한 이러한 검정의 결론은 주식시장이 (약형)효율적이라는 것이다.

2) 공개적으로 이용 가능한 정보에 의한 가격분석의 성과

또한 금융학자들은 과거의 주식가격 이외에 공개적으로 이용 가능한 정보가 가격변화를 예측하는 데 도움이 되는지를 보기 위하여 자료를 검토하였다. 이러한 형태의 검정을 **준강형효율성검정**(semi-strong-form efficiency test)이라고 한다. 준강형효율성의 실증적 검정은 공개적으로 이용 가능한 정보(예컨대, 각종 정부정책이나 각종 통계와 같은 거시정보 및 기업이 발표하는 수익의 개선예고나 증자 같은 미시적 정보)를 충분히 이용하는 투자자문가나 투자자문가가 운영하는 뮤추얼펀드가 과연 시장보다 나은 성과를 달성하였느냐 하는 검증에 의해 살펴볼 수 있다. 만약 투자자문가가 시장평균성과보다 나은 결과를 가져온다면 시장이 효율적이지 않다는 것을 의미한다. 검정의 결과 승부는 반반이며 투자자문가가 시장을 이겼나는 증거가 없기 때문에 주식시장이 (준강형)효율적이라고 볼 수 있다.

검정의 이러한 초기결과는 주식가격이 예측 가능하지 않고 랜덤워크를 따르며 또 공시된 정보가 즉각 가격에 반영된다는 효율적 시장이론을 일반적으로 확인하고 있다. 즉, 주식시장을 포함한 증권시장은 약형효율성과 준강형효율성을 가지는 것으로 확인되고 있다.

또 하나의 검정형태는 **강형효율성검정**(strong-form efficiency test)이다. 이 검정의 정보집합에는 기업의 내부정보(inside information)가 포함된다. 즉, 내부정보를 이용하여 주식가격을 예측하는 경우 평균 이상의 초과이득을 얻을 수 있는가 하는 것을 검증하는 것이다. 강형효율성검정에 의하면 시장에서 공개적으로 이용 가능하지 않은 내부정보를 이용하는 경우 시장평균 이상의 초과이득을 얻을 수 있다는 것을 보이고 있다. 그러나 이러한 검정결과는 효율적 시장이론과 모순되지 않는다. 왜냐하면 이러한 정보는 시장에서 공개적으로 이용 가능한 것이 아니며 따라서 시장가격에 반영되지 않기 때문이다.

(2) 주식시장의 효율성을 부정하는 증거

초기에는 효율적 시장이론을 지지하는 증거가 매우 많았다. 그러나 현실의 금융거래자나 투자자문가는 주식시장이 효율적이라는 데 의문을 제기한다. 그들은 주식시장의 이론적 움직임과 현실적 움직임 사이의 몇 가지 차이점을 지적하면서 효율적 시장이론의 적합성에 대해 의문을 제기한다. 첫째, 투자자들이 꾸준하게 평균 이상의 이득을 얻을 수 있도록 해주는 시장에서의 **가격이상현상**(pricing anomalies)을 지적한다. 효율적 시장이론에 의하면 그러한 이윤기회는 적어도 그렇게 자주 또는 오랜 기간 동안 존재할 수 없다. 그러한 가격이상현상의 중요한 두 가지는 소기업효과와 1월 효과이다.[5] **소기업효과**(small-firm effect)는 소기업이 갖는 큰 위험을 감안하더라도 소기업은 장기간에 걸쳐 비정상적으로 높은 수익을 얻고 있다는 것을 말하며 장기간에 걸쳐 주가는 12월에서 1월 사이에서 비정상적인 가격상승을 보이는 경향이 있다는 것이 **1월 효과**(January effect)이다.

둘째, 공개적으로 이용 가능한 과거의 정보를 사용해서도 가격변화를 예측할 수 있다는 것을 지적한다. 우선 일부학자는 주식수익률이 **평균회귀현상**(mean reversion)을 보이고 있다는 사실을 발견하였다. 즉, 오늘 수익률이 낮은 주식은 미래에 높은 수익률을 가지는 경향이 있고 오늘 높은 수익을 보이는 주식은 미래에 낮은 수익을 가지는 경향이 있다. 따라서 과거에 실적이 나빴던 주식은 미래에 수익이 높을 가능성이 크며 이것은 주식가격이 랜덤워크가 아니라는 것을 제시한다는 것이다.[6] 또 주가가 수익발표에 즉각적으로 조정되지 않는다는 효율시장이론과 배치되는 증거도 제시되었다.

셋째, 주식가격의 과도한 변동성을 지적한다. 최근의 연구는 주식가격이 새로운 뉴

---

5 시장에서는 다양한 이상현상들(anomalies)이 발생하고 있다. 소기업효과와 일월효과 외에도 탄력세의 존재, 승자의 저주(winner's curse), 주식가격의 자기상관, 뉴스에 대한 반응의 지연, 거래시간이 가격변동에 미치는 영향, 수익발표 후 주가의 이탈(post-earnings announcement drift), 동일한 현금흐름을 가지면서도 다른 가격으로 거래되는 샴쌍둥이 유가증권, 폐쇄형 펀드의 저가책정 등도 이상현상들로 지적되고 있다. 합리적인 의사결정자라면 발생하지 않을 이러한 이상현상들이 일어나는 것은 시장이 효율적이지 않다는 것을 의미한다(Thaler(1992), 최정규·하승아(2007) 참고).

6 일부 연구자들은 2차대전 이후에는 평균회귀현상이 데이터에서는 그렇게 강하지 않으며 현재도 이것이 중요한 현상인지에 대해 의문을 제기하였다. 평균회귀현상은 시간이 지남에 따라 약해지는 경향을 보이고 있다. 예컨대, 1941년부터 1985년까지의 기간 동안의 평균회귀는 그 이전 시기에 비해 다소 약했다(Thaler(1992), 최정규·하승아(2007, p.289) 참고).

스에 과도한 반응(market overreaction)을 보이며 잘못된 가격수준이 매우 서서히 교정되고 있다는 것을 제시하고 있다. 예컨대, 어느 기업이 수익의 대규모 감소를 공시할 때 주가는 과도하게 반응하여 크게 하락하며 이러한 초기의 큰 하락 후에 몇 주에 걸쳐 서서히 새로운 정상수준으로 상승한다. 이것은 효율적 시장이론과 배치되는 것이다. 아울러 주가의 변동이 기업의 본질적 가치(fundamental value)의 변동보다 훨씬 더 크다는 것을 지적한다. 이러한 실증적 증거는 효율적 시장이론이 일반적으로 항상 적용 가능하지는 않다는 것을 보여주고 있다.

(3) 주식시장붕괴와 효율적 시장

주식시장의 비효율성을 보여주는 주가의 폭락이나 과도한 변동사태가 수시로 발생하고 있으며 특히 최근에는 많은 사람들이 주식시장의 과도한 변동이 경제활동의 과도한 변동을 유발한다고 우려하고 있으며 과연 주식시장이 효율적인지에 대해 의문을 제기하였다. 미국의 경우 대공황 때인 1929년 10월 28일에 주가가 약 13% 하락하였으며 1987년 10월 19일(검은 월요일)에 다우지수(DJIA)가 하루에 508포인트 하락(약 23% 하락)하는 증시붕괴가 있었다. 2000년대에도 2000년 3월에 시작하여 2001년과 2002년에 60% 이상 하락하는 기술주의 폭락이 있었다(NASDAQ 지수가 2000년 3월 5,000수준에서 1,500수준으로 하락). 그리고 2007년부터 시작된 글로벌 금융위기에서도 주가의 폭락이 있었다. 이러한 주가폭락과 증권시장붕괴사태를 보고 많은 학자들은 효율적 시장과 합리적 예상의 적합성에 대해 의문을 제기하였다. 이들은 효율적 시장이라면 주가가 그렇게 엄청나게 변동하지는 않았을 것이라고 보고 있다. 물론 효율적 시장이론이 주가가 폭락하거나 폭등할 가능성을 배제하는 것은 결코 아니다. 기업의 본질적 가치(펀더멘털)를 크게 변화시킬 새로운 정보가 있다면 주가가 크게 변동할 수 있다. 그러나 1987년 10월 19일이나 그 전 주말에 미국기업의 본질적 가치를 결정적으로 떨어뜨릴 수 있는 어떤 나쁜 뉴스가 있었던 것은 아니었다.

그래서 많은 사람들은 효율적 시장이론이 아닌 다른 근거에 입각하여 주가폭락을 설명하려고 시도하였다. 첫째, 일부 학자들은 증권시장붕괴와 같은 사건을 설명하기 위해 **합리적 버블**(rational bubble)의 이론을 제시하였다. 합리적 버블에서는 투자자는 자산가격이 본질적 가치보다 높을 때 버블이 발생한다는 합리적 예상을 가지고 있지만 계속해서 가격이 본질적 가치보다 높은 자산을 보유할 수 있다. 자산시장이 과도하게 활발한 시기에는 비록 가격이 본질적 가치를 크게 넘어서고 있음에도 불구하고 일부 투자자들은 그 자산을 보유하기 위해서가 아니라 이득을 보고 빨리 되팔기 위해 구매한다. 그들은 누군가가 미래에 더 높은 가격으로 그 자산을 구매할 더 큰 바보(greater fool)가 있을 것이라고 믿기 때문에 높은 가격에도 불구하고 자산을 구매한다.[7] 더 큰 바보가 있다고 믿는 한 자산의 구매자는 합리적이다. 그러므로 합리적 버블에서는 자산가격이 오랫동안 본질적 가치로부터 괴리될 수 있다. 물론 버블이 전체경제보다 빠른 속도로 팽창한다면 이 버블은 궁극적으로 시장의 모든 재산을 흡수하게 될 것이며 따라서 어느 시점이 되면 버블은 붕괴하게 될 것이다.

둘째, 또 다른 학자들은 합리적 기대이론과 효율적 시장이론에 근본적으로 오류가 있다고 보고 주가의 대붕괴에 대한 하나의 설명으로 **비합리적 투자자**(noise traders)에 초점을 맞춘다. 비합리적 투자자는 우월하거나 정확한 정보에 근거한 합리적인 분석과 판단에 따라 투자를 하는 것이 아니라 주관적인 판단이나 근거 없는 루머에 따라 부화뇌동매매에 곧잘 휩쓸리는 투자자를 말한다. 이들은 증권의 특정 형태에 대한 좋은 뉴스나 나쁜 뉴스에 과도하게 반응한다. 예컨대, 비합리적 투자자는 신문에서 전망을 나쁘게 한 기업의 주식이나 채권을 공격적으로 팔아치운다. 물론 효율적 시장이론은 시장참여자에게 이용 가능한 정보는 그들 비합리적 투자자들이 그 신문을 보기 전에 이미 가격에 반영되었다고 본다. 이러한 비합리적 투자자들의 매각압력으로 인해 본질적 가치의 변화에 의해 제시되는 하락보다 훨씬 더 많이 주가가 하락할 수 있다.

셋째, 일부에서는 효율적 시장이론을 반박하는 대신 1987년의 미국의 증시붕괴에서의 **거래메커니즘**(trading mechanism)에 초점을 맞추었다. 당시 증권시장의 붕괴를 검토한 연구팀은 1987년의 증시붕괴에 대한 설명으로 시장참여자의 비합리성이나 전체경제에서의 본질적 불균형이 아니라 거래메커니즘에서의 몇 가지 취약한 연결고리를 지적하였다. 먼저, NYSE(뉴욕증권거래소)에서 거래가 이루어지는 방식이 취약한 연결고리의

7 더 이상 매도할 사람을 찾지 못하는 마지막 매수자조차도 자신이 매수한 자산을 팔아넘길 수 있는 또 다른 누군가가 반드시 나타날 것이라고 믿는다는 점에서 '더 큰 바보이론(greater fool theory)'이라는 용어가 사용된다. 이러한 '더 큰 바보이론'은 많은 사람들이 제시하고 있는데 이것은 이미 1890년 4월의 시카고 트리뷴(Chicago Tribune)의 사설에 나와 있는 내용으로 더 큰 바보이론의 원천이 적어도 120년 전으로 거슬러 올라간다는 것을 보이고 있다(Kindleberger and Aliber(2005), 김홍식(2006, pp.40-41, p.199)).

하나라고 지적하였다. 예컨대, 1987년 10월 19일 아침에 제시된 대규모의 매도주문이 시장조성자(거래전문기관)들의 자본과 재고를 압도하였다. 연구팀의 이러한 지적에 대응하여 NYSE는 거래전문기관에 요구되는 최소자기자본을 증가시키고 그들이 유지해야 하는 재고주식의 최소수준을 증가시켰다. 또한 연구팀은 시장거래메커니즘의 파멸을 피하기 위해 **매매일시중지제도**(circuit breakers)를 권고하였으며 컴퓨터에 의거한 거래, 즉 **프로그램매매**(program trading)의 제한을 지적하였다.

증권시장이 효율적인지 또는 예상이 합리적인지에 대한 논쟁은 계속되고 있다. 주가폭락사태를 보면 경제이론에서 제시하는 현상과는 다르다. 주가결정에서 중요한 요인은 경제상황(본질적 가치)과 심리적 요인인데 경제이론에서는 경제상황을 강조하고 심리적 요인을 등한시 하였다. 이러한 이유로 현실에서 나타나는 현상이 이론에서 예측한 것과 다르게 나타난다고 볼 수 있다. 이것은 또한 경제학에서 가정하는 경제주체(경제인, homoeconomicus)의 동기와 행동이 실제 사람들이 갖고 있는 동기 및 행동과 다르기 때문이다. 경제학에서 가정하는 경제주체들의 행동은 합리성과 이기심에 기초하고 있다. 그러나 현실적으로 경제주체들은 합리성보다는 제한된 합리성을 갖고 있으며 이기심보다는 협조적인 태도를 보이고 있다. 따라서 이러한 현실적인 경제주체를 대상으로 살펴보아야 보다 현실적인 설명이 가능하며 금융시장에서 합리성에서 벗어난 행동이 나타나는 이유를 설명할 수 있을 것이다. 다음 절에서는 이러한 관점에서 행동경제학과 행동금융론에 대해 살펴본다.

5. 행동경제학과 행동금융론

(1) 행동경제학의 발전과 주요 이론[8]

1) 행동경제학의 의미와 배경

1970년대 후반부터 등장하기 시작한 **행동경제학**(behavioral economics)은 사람들이 합리적이라면 어떻게 행동해야 하는가를 보는 것(주류경제학의 대상)이 아니라 사람들이 실제로 어떻게 행동하는가, 그렇게 행동하는 이유는 무엇인가, 그러한 행동이 경제

8 도모노 노리오(2006), 이명희(2007), Thaler(1992), 최정규 · 하승아(2007) 참고.

에 어떤 영향을 미치는가, 그리고 그러한 행동을 조절하고 그러한 행동에 영향 미치는 정책은 무엇인가를 살펴보는 경제학 연구의 한 방식이라고 볼 수 있다.

주류경제학은 사람들이 이기적(selfish)이고 합리적(rational)이라는 가정 하에 경제현상을 분석하고 설명하고 예측하는 학문이다. 여기서 합리적 행동이란 자신의 선호가 명확하고 일관성이 있고 변화가 없으며 이 선호를 토대로 만족이 가장 큰 대안을 선택한다는 것을 의미하며 이기적 행동이란 자신의 이익을 최대화하려고 최선의 노력을 하는 행동을 말한다. 그렇다면 실제의 인간이 과연 언제나 합리적이며 이기적으로 행동하는가? 이러한 근본적인 문제에 대하여 심도있게 연구한 학자 중의 한 명이 1978년에 노벨경제학상을 수상한 Herbert A. Simon이다. Simon은 인간을 완전히 합리적인 존재가 아니라 **제한적 합리성(bounded rationality)**을 지닌 존재로 인식한다. 제한적 합리성이란 인간의 문제해결능력을 제약하는 인식능력의 한계를 나타내는 것인데 주류경제학이 가정하는 합리성의 가정과는 괴리가 크게 난다. 의사결정은 모든 요소를 정밀하게 계산해서 극대화하는 방식(maximizing principle)이 아니라 늘 하던 익숙한 방식을 거쳐서 적정수준 이상의 만족을 추구하는 방식(satisficing principle)으로 이루어진다. 사람의 이성과 합리성에는 분명히 한계가 있고 사람의 인지능력은 매우 제한적이고 감성적 영향을 받기 때문에 제한적 합리성이라는 개념을 사용하였다. 이처럼 사람들은 이성에 의해 합리적으로 의사결정을 하는 경우보다 오히려 감정이나 정서 또는 심리적인 영향을 받아 결정하고 행동하는 경우가 훨씬 많으므로 심리학 등의 통찰력을 경제현상의 설명에 적용한 것이 행동경제학이다.

현실세계에서 합리성에 제한이 있는 인간을 완벽한 합리적 존재로 가정해 이론을 형성하면 그 이론은 현실적 타당성이 결여되어 현상에 대한 설명력, 예측력 그리고 처방능력이 약해진다. 2008년의 글로벌 금융위기에서 본 바와 같이 경제이론의 예측이 상당히 어긋났으며 사람들의 행동은 경제이론이 예측하는대로 나타나지 않았다. 그 이유는 경제이론이 나타내는 것은 사람들의 실제행동이 아니라 사람들이 어떻게 행동해야 하는가 하는 규범적 행동을 나타내기 때문이었다. 문제의 핵심은 사람들이 합리적이라면 어떻게 행동해야 하는가(합리적이고 이기적인 인간의 행동)를 설명하는 것과 사람들이 실제로 어떻게 행동하는가(제한적 합리성을 가진 현실적 인간의 행동)를 묘사하는 것은 전혀 다르다는 것이다. 사람들이 항상 합리적으로만 행동하는 것은 아니므로 사람들이 어떻게 행동해야 합리적인지를 밝힐 때(주류경제학의 관점)와 사람들이 실제로 어떻게 행동하는가를 묘사할 때(행동경제학의 관점)는 서로 달라야 할 것이다. 이러한 관점에서 행동경제학은 인간이 실제로 어떻게 행동하는지에 초점을 맞추고 관심을 가진다.

사실 경제학이 인간에 관한 학문이라는 것은 일찍부터 인식되고 있었고 특히 인간의 심리가 경제에 중요하다는 점은 일찍부터 언급되고 있었다. 그러나 주류경제학에서 합리적이고 이기적인 경제인(homo economicus)만을 취급하는 과정에서 인간적 측면과 심리적 측면이 소외되었었다. 사람들의 선호(preference, taste)는 주어져 있다고 가정함으로써 심리적인 요소가 경제학에서 배제되어 버린 것이다. 그러나 경제학의 창시자인 Adam Smith도 사람들의 경제활동에서의 심리적 측면을 강조하고 있다. 그는 국부론(Wealth of Nations)에서도 그렇고 초기저작인 도덕감정론(Moral Sentiments)에서도 자제심, 공감, 이타심과 같은 심리적 요소의 중요성을 강조하고 있다. 근대경제학의 기초를 구축한 Alfred Marshall은 경제학을 정의하면서 '경제학은 일상생활을 영위하는 인간에 관해 연구하는 학문'이라고 언급하여 경제학을 일종의 심리학이자 인간에 관한 학문이라고 강조하고 있다. 인간심리를 경제학에 도입한 가장 두드러진 인물은 현대거시경제학의 개척자인 John Maynard Keynes이다. 그는 인간의 비이성적 행동이 경제운용에 큰 영향을 미친다는 것을 잘 알고 있었다. Keynes의 경제학은 화폐경제를 기본으로 하는데 화폐와 시간이 개입되는 한 경제주체로서 인간의 행위는 무지와 불확실성을 피할 수 없다는 인식에서 출발한다. 이런 상황에서 경제행위자들의 선택은 단순히 희소성과 극대화의 원칙에 따라 합리적으로 수행되는 것이 아니라 무지와 불확실성의 조건 하에서 비합리적으로, 심리적으로 수행된다. 특히 그가 언급하는 **야성적 충동**(**animal spirits**)은 사람들의 심리적 측면을 대표적으로 나타내고 있는 개념이다.[9]

2) 행동경제학의 주요이론

Herbert A. Simon의 업적은 경제학과 심리학을 결합하는 것이었으므로 행동경제학을 개척한 선구자로 볼 수 있으나 Simon의 주장은 경제학자들 사이에서는 별로 인정받지 못했다. 그러다가 행동경제학의 모태가 되는 이론인 **휴리스틱과 편향이론**(**heuristic and bias theory**)과 **프로스펙트이론**(**prospect theory**)이 등장하였다. 이러한 이론은 2002년의 노벨경제학상 수상자인 Daniel Kahneman과 그의 동료인 Amos Tversky에 의해 개

9 행동경제학의 관점에서 거시경제학을 설명하는 저서로는 Akerlof and Shiller(2009) 참고.

척되었는데 이들의 이론은 불확실성 하에서의 인간의 판단과 선택에 대한 연구의 결과로 나타난 것이다.

① 휴리스틱과 편향이론

휴리스틱(heuristic, **추단법**)은 불확실한 상황에서 문제를 해결하거나 판단을 내릴 때 완벽하게 합리적이고 논리적으로 판단할 수 있는 방법이 없는 경우에 사용되는 편의적인 방식을 말한다. Kahneman and Tversky는 불확실성 하에서 인간이 확률이나 빈도를 판단할 때 사용할 수 있는 세 가지 휴리스틱을 제시하고 있다. 그러나 이러한 방식에 의한 판단은 객관적이고 올바른 판단과 상당한 차이가 있기 때문에 흔히 편향(바이어스, bias)이 수반된다. 이하에서는 이들이 인간의 행동에 대한 다양한 실험을 통해 밝혀낸 세 가지의 휴리스틱과 그에 따른 바이어스(편향)를 살펴본다.[10]

대표성 휴리스틱 사람들이 자주 사용하는 첫 번째 휴리스틱은 **대표성 휴리스틱(representative heuristic)**이다. 사람들이 관심을 가지는 많은 확률적 질문은 사상(event) A가 그룹(class) B에 속할 확률은 얼마인가, 과정 B가 사상 A를 생성할 확률은 얼마인가 하는 것들이다. 대표성 휴리스틱은 사람들이 이러한 확률판단을 요구받을 때 통상 사용하는 휴리스틱이다. 이러한 질문에 답하는데 있어 사람들은 전형적으로 A가 B를 대표하는 정도, 즉 A가 B를 닮은(유사한) 정도에 따라 확률을 평가한다. 예컨대, A가 B를 상당히 잘 대표할 때 A가 B로부터 출현할 확률은 높다고 판단한다. 대표성 휴리스틱은 이처럼 어떤 그룹에 속하는 사상이 그 그룹의 특성을 대표한다고 간주해 빈도나 확률을 판단하는 방법이다.

예를 들어 특정인 A가 도서관사서(librarian)일 확률은 그가 사서의 전형적인 스타일을 대표하거나 유사한 정도에 의해 평가된다. 이러한 형태의 설문연구에 의하면 사람들은 정확하게 이러한 방식으로 유사성에 의해 직업의 가능성을 유추한다는 것을 보여주고 있다. 확률의 판단에 대한 대표성 휴리스틱은 심각한 바이어스와 오류를 유발한다. 왜냐하면 유사성(similarity) 또는 대표성(representativeness)은 확률의 판단에 영향을 미치는 몇몇 중요한 요인을 고려하지 않기 때문이다.

바이어스가 발생하는 하나의 중요한 이유는 대표성에는 영향을 미치지 않지만 확

10 Kahneman and Tversky(1974, pp.1124-1131), Shiller(2000), 이강국(2003) 참고.

률에는 중요한 영향을 미치는 **사전적 확률**(prior probability)을 고려하지 않기 때문이다. 예컨대, 위에서 언급한 A의 직업에 관한 설문에서 전체인구(모집단)에서 보면 도서관 사서보다는 엔지니어가 훨씬 더 많다는 사실(사서일 사전적 확률이 매우 낮다는 사실)이 A가 엔지니어보다는 사서라는 대표성에 근거한 추정에 반영되어야 한다. 그러나 사서의 전형적인 스타일에 대한 A의 유사성에는 사전적 확률이 영향을 미치지 않는다. 그러므로 만약 대표성(유사성)에 의해 확률을 평가한다면 사전적 확률은 무시되는 것이다. 실험에서 어떤 사람의 성격이 예술적이고 감각적이라면 사람들은 보통 이 사람이 엔지니어나 사무직보다는 피아니스트일 것이라고 선택하였다. 그러나 이는 이러한 직업이 매우 드물다는 사실(피아니스트일 사전적 확률이 매우 낮다는 사실)을 완전히 무시한 것이었으며 그 선택은 통상 잘 맞지 않았다.

대표성 휴리스틱에 의해 판단을 할 때 바이어스가 발생하는 또 하나의 중요한 이유는 표본크기에 대해 고려하지 않는다는 것이다. 작은 표본으로는 정확한 판단이 어려운데도 불구하고 작은 표본이 모집단을 대표한다고 생각하기 때문에 바이어스가 발생한다. 예컨대, 3주 연속 주가변동예측을 적중시키면 뛰어난 애널리스트이고 3주 연속 주가변동예측을 틀리면 무능한 애널리스트라고 판단하기 쉬운데 이러한 판단은 표본이 작기 때문에 바이어스가 있으며 경솔한 판단이다.

이용 가능성 휴리스틱 사람들이 자주 사용하는 두 번째의 휴리스틱은 **이용 가능성 휴리스틱**(availability heuristic)이다. 이것은 사람들이 어느 그룹(class)의 빈도(frequency)나 특정한 사태의 발생 가능성을 평가할 때 쉽게 머리에 떠오르는(쉽게 이용 가능한) 상황에 의해 평가하는 방식이다. 즉, 그 사태의 발생과 관련된 최근의 사례나 현저한 예 등을 기억해내고 그것을 기초로 판단하는 방식을 말한다. 예컨대, 중년층의 심장마비의 위험성을 평가하는 경우 자기가 알고 있는 사람들 중에서 그러한 일이 일어난 경우를 회상하면서 평가한다. 마찬가지로 어느 기업이 파산할 확률은 기업이 직면할 수 있는 여러 가지 난관을 회상함으로써 평가할 수 있다. 저장된 기억으로부터 이용 가능한 사례를 떠올리고 그 사례에 비추어 판단하는 것이 이용 가능성 휴리스틱인데 기억한 내용이 변하거나 일부만이 기억되는 경우가 흔히 있으며 또 금방 떠오르는 최근의 기억이 반드시 그 대상이 되는 사태의 빈도나 확률을 정확하게 나타내지 못하기 때문에 바이어스(이용 가능성 편향)가 발생한다.

이용 가능성 휴리스틱과 관련된 하나의 바이어스는 사례의 환기 가능성에 기인한 바이어스(biases due to the retrievability of instances)이다. 예컨대, 집이 불타는 것을 직접 목격하는 경우에 사례의 환기 가능성이 더 크기 때문에 화재발생의 주관적 확률에 미치는 영향은 아마도 신문에서 화재에 대한 기사를 읽는 경우보다 훨씬 더 클 것이다. 또한 최근의 발생이 먼 과거의 발생보다 상대적으로 이용 가능성이 더 큰 것으로 보인다. 교통사고의 주관적 확률은 길가에 전복된 차를 볼 때 일시적으로 증가하는 것이 통상적인 경험이다. 또 캐나다에서 광우병에 감염된 소가 발생하고 난 직후에 미국산 쇠고기에 대한 기피현상이 강하게 나타나는 것은 사례의 환기 가능성에 따른 바이어스라고 볼 수 있다.

이용 가능성 휴리스틱과 관련된 또 하나의 바이어스는 탐색집합의 효과성에 기인한 바이어스(biases due to the effectiveness of a search set)이다. 탐색내용에 따라 탐색집합은 다르다. 예컨대, 추상적 단어(생각, 사랑 등)와 구체적 단어(사과, 물 등)가 문장에서 등장하는 빈도를 평가하는 설문을 생각할 때 이 설문에 대한 자연스러운 접근방법은 그러한 단어들이 등장하는 문장을 찾는 것이다. 그런데 통상 추상적 개념(사랑)이 언급되는 문장을 생각해내는 것이 구체적 단어(사과)를 언급하는 문장을 생각해내는 것보다 더 쉬운 것으로 보인다. 만약 단어의 빈도가 그들이 등장하는 문장의 이용 가능성에 의해 판단된다면 추상적 단어가 구체적 단어보다 상대적으로 더 많을 것이라고 판단될 것이고 이에 따라 바이어스가 발생할 것이다.

기준점 휴리스틱 Kahneman and Tversky가 세 번째로 제시한 휴리스틱은 **기준점 휴리스틱(anchoring heuristic)**이다. 이것은 수치적 예측을 할 때 우선 초기에 이용 가능한 어떤 적합한 값에서 출발하고 그것을 조정하여 최종답변에 도달하는 휴리스틱을 말한다. 초기값 또는 출발점(기준점, anchor)은 설문의 설정에 의해 제시될 수 있다. 이와 같이 모호한 상황에서 불확실한 사상에 대해 예측할 때 처음에 어떤 값(기준점, 초기값)을 설정하고 그 다음 단계로 조정(adjustment from an anchor)을 통해 최종적인 예측치를 확정하는 것이 기준점 휴리스틱이다.

기준점을 토대로 예측을 하므로 기준점(초기값)이 다르면 다른 추정치를 유발할 수 있다. 예컨대, 통상 물건에 대한 적정가격을 알기가 어렵다. 그래서 대부분은 희망소비자가격을 보고 가격을 판단하는데 이 경우 이러한 희망소비자가격이 기준점이 되고 대개 판매가격은 희망소비자가격보다 낮기 때문에 가격이 싸게 느껴진다. 또한 판사의 판결이 검사의 구형(기준점)에 의해 영향을 받아 동일사건임에도 판결에 큰 차이가 발생하기도 한다. 또 기준점의 영향이 강하여 추정치는 기준점으로 향하거나 기준점에서 크게 벗어나지 않으려는 경향이 있으므로 충분한 조정이 일어나지 않게 되는 데 이러한 이유로 바이어스(기준점 바이어스)가 발생한다. 배가 닻(anchor)을 내리면 배가 움직일 수 있는 범위가 제한되는데 기준점이 어디냐에 따라 조정도 한정되어 바이어스가 나타나게 된다. 앞에서 본 바와 같이 주가는 경제나 기업의 본질적 가치(펀더멘털)를 토대로 결정된다는 것이 효율적 시장이론의 주장이다. 그러나 투자자는 적정주가수준을 알지 못하며 제한적 합리성 때문에 더더욱 알 수가 없다. 그래서 투자자들은 주식매매를 할 때 어떤 기준점을 단서로 삼아 판단한다고 볼 수 있다. 즉, 투자자들은 경제나 기업을 대표하는 기준점을 이용하여 주가를 판단할 것인데 이러한 기준점으로 이용되는 것들은 그들의 기억 속에 남아 있는 가장 최근의 종목별 주가, 주가수익률(PER) 또는 코스피지수(KOSPI) 등일 것이다. 이러한 기준점은 많은 사람들이 똑같은 생각을 하는 경우에는 시장에 중대한 영향을 미칠 수 있다.

이러한 기준점 휴리스틱의 하나의 예가 Robert Shiller(2000)의 **기준점효과(anchoring effect)**이다. Shiller 교수는 두 가지의 **심리적 기준점(psychological anchor)**을 제시하고 있다. 하나는 시장의 **수량적 기준점(quantitative anchor)**이다. 수량적 기준점은 수치화할 수 있는 구체적인 값에 의해 행동이 영향을 받는다는 것이다. 기준점으로 선택된 지표(가장 최근에 기억된 주가수준, 중요한 주가지수의 획기적 기록 등)를 중심으로 판단하기 때문에 주가는 연속적으로 상승 또는 하락하는 경향이 있다는 것이다. 이러한 기준점을 이용하기 때문에 주가는 평균수준을 상당기간 이탈하는 등 쏠림현상이 종종 나타나며 주가의 쏠림현상이 나타나기 때문에 효율적 시장이론과는 달리 과거 추세치가 주가변동을 설명하는 중요한 정보변수가 될 수 있다고 본다.

다른 하나는 시장의 **무형적(경험적, 도덕적) 기준점(moral anchor)**인데 이것은 구체적인 수치는 아니지만 사람들의 행동에 영향을 미치는 경험적 기준점이 있다는 것이다. 이 무형적 앵커의 이면에는 행동을 유발하는 대부분의 인간의 사고는 수량적인 것이 아니며 대신 이야깃거리(storytelling)나 그럴듯한 정당화(justification)와 같은 형태를 띤다는 심리적 원칙이 자리 잡고 있다. 즉, 사람들은 구체적인 수치가 아니라 이야깃거리나 정당성을 부여하기 위해 행동하는 심리가 있으며 이야기 중심으로 사태를 파악하는 경향이 있고 자연스러운 이야기에 기초하여 의사결정을 한다는 것이다. 그래서 이야기가 그럴듯하면 실제로는 완전히 임의적인 사건임에도 의미와 중요성을 가지도록 만들어준다. 또한 사람들은 의사결정을 할 때 단순한 이유로 정당화하거나 단순한 원칙을 제시하려는 경향을 보인다. 의사결정을 아주 단순한 이유와 원칙으로 설명하고 합리화하려고 하는 것은 이야기를 만들어 의사결정을 하는 것과 비슷하다. 그럴듯한 이야기와 단순한 원칙(이유) 둘 다 다른 사람들에게 말로 쉽게 전달할 수 있는 방식이 되는 것이다. 예컨대, 꾸준히 일정금액을 펀드에 저축한다는 단순한 원칙에 의거하여 큰 재산을 모은 투자자의 솔깃한 이야기들은 비정상적인 강세장이 지속되도록 만드는 하나의 무형적 기준점이라고 볼 수 있다.

또 기준점의 영향이 강하여 충분한 조정이 일어나지 않아서 기준점 바이어스가 발생하는데 이러한 기준점 바이어스로 인해 **확증바이어스(확증편향, confirmation bias)**가 발생한다. 확증바이어스란 일단 자신의 의사나 태도를 결정하면 그것을 뒷받침할 정보만을 모아 이 정보를 자신의 의견이나 태도를 보강하는 정보로 해석하거나 반대정보를 무시하는 바이어스를 말한다. 확증바이어스로 인해 사람들은 자신을 과대평가하는 경향을 갖게 된다.

② 프로스펙트이론

Kahneman and Tversky가 개척한 **프로스펙트이론(prospect theory)**은 위험 하에서의 선택문제(의사결정문제)를 다루는 이론으로서 위험 하에서의 선택문제를 다룬 기존의 기대효용이론을 비판하고 이의 대체이론으로 고안된 것이다.[11] 이들이 Kahneman and Tversky(1979)에서 '프로스펙트이론(Prospect Theory)'을 발표한 이후 문제점들을 수정하여 Tversky and Kahneman(1992)에서 '누적프로스펙트이론(Cumulative Prospect Theory)'을 발표하였다. 먼저 기존의 기대효용이론과 프로스펙트이론을 간략히 비교해 보기 위해 식(7-13)과 같은 갬블(gamble)을 생각해 보자.[12]

(7-13) $$(x_{-m}, p_{-m}\,;\, x_{-m+1}, p_{-m+1}\,;\, \cdots\,;\, x_0, p_0\,;\, \cdots\,;\, x_{n-1}, p_{n-1}\,;\, x_n, p_n)$$

11 Kahneman and Tversky(1979), Tversky and Kahneman(1992) 참고.

12 Barberis(2012) 참고.

여기서 x는 이득(gain)이며 p는 그 이득의 발생확률을 나타낸다. 그러므로 각 항목은 확률이 p_{-m}인 이득 x_{-m}, 확률이 p_{-m+1}인 이득 x_{m+1} 등을 나타낸다. 그리고 각 결과(outcome)는 오름차순으로 나타내고 있으며 왼쪽의 이득은 오른쪽의 이득보다 작으며(i < j 이면 $x_i < x_j$) $x_0 = 0$이다. 예컨대, 75%의 확률로 100만 원을 잃고 25%의 확률로 200만 원을 얻는 갬블은 (−100, 0.75 ; 200, 0.25)로 표현될 수 있다.

기대효용이론(expected utility theory) 하에서 각 개인은 위의 갬블을 다음의 식(7-14)와 같이 평가한다.

$$\sum_{i=-m}^{n} p_i U(W + x_i) \tag{7-14}$$

여기서 W는 현재의 재산수준(wealth)이며 U(·)는 우상향(increasing)하고 위로 볼록한(concave) 효용함수이다.[13] 기대효용이론에서는 결과의 효용은 각 결과의 확률에 의해 가중 평균되고 이 기대효용이 가장 큰 것이 선택된다. 그런데 Kahneman and Tversky는 사람들의 선호가 기대효용이론의 원칙을 체계적으로 위배하고 있다는 것을 밝히고 몇 가지 실제적인 현상으로 **확실성효과**(certainty effect), **반전효과**(reflection effect) 그리고 **분리효과**(isolation effect) 등을 지적하고 있다.[14] 이러한 효과를 반영하여

---

13 U(·)가 우상향(increasing)하고 위로 볼록(concave)하며 이 함수의 요소가 재산수준(W)인 효용함수라고 보는 것은 기대효용이론에서의 통상적인 방식이다. U(·)의 형태에 관한 이러한 가정은 다음과 같은 단순한 직관을 보여주는 것이다. 즉, 사람들은 더 많은 재산을 선호하며 추가적인 재산(x)은 기존 재산이 많을수록 효용에 더 적은 영향을 미친다. 볼록성(concavity) 가정은 위험회피태도를 나타낸다. 3장 1절 참고.

14 확실성효과는 기대치가 동일한 경우에도 의사결정자가 가능한 결과(probable outcome)에 비해 확실한 결과(certain outcome)를 과대평가하는 현상을 말한다. 이것은 확실성이 일반적으로 바람직하다는 개념이 아니며 확실성은 이득의 선호를 증가시킬 뿐 아니라 손실에 대한 혐오도 증가시킨다는 것이다. 즉, 확실한 이득을 더 선호하고 확실한 손실을 더 싫어한다는 것이다. 뒤에서 보듯이 확실성효과로 인해 거의 확실한 결과들(발생확률이 매우 높은 결과들)에는 그들이 나올 가능성이 정당화되는 것보다 더 적은 결정가중치가 부여된다. 반전효과는 판단기준점(금액의 경우 0)을 중심으로 하여 선호순서가 정반대로 변하는 것을 말한다. 절대금액으로는 동일하다고 하더라도 이익영역에서의 선호순서와 손실영역에서의 선호순서가 서로 바뀐다는 것이다. 예컨대, 80%의 확률로 4,000원을 받는 경우(20%의 확률로 0원을 받음)와 확실하게 3,000원을 받는 경우라는 이익영역에서의 두 선택문항에서 많은 사람들은 확실한 3,000원의 이득을 선택하였다. 그러나 80%의 확률로 4,000원의 손실을 보는 경우(20%의 확률로 손실이 0원이 됨)와 확실하게 3,000원의 손실을 보는 경우라는 손실영역에서의 두 선택문항에서 많은 사람들은 위와는 반대로 전자의 불확실한 손실을 선택하였다. 이러한 반전효과는 이익영역에서는 위험회피경향이 있는 반면 손실영역에서는 위험선호경향이 있다는 것을 의미한다. 그리고 분리효과는 의사결정대안의 평가에서 공통요소들을 배제한 상태에서의 결정이 공통요소들을 포함한 평가결과와 상이하게 되는 현상이다. 즉, 대안의 단독평가의

〈그림 7-2〉 ▸ 가치함수

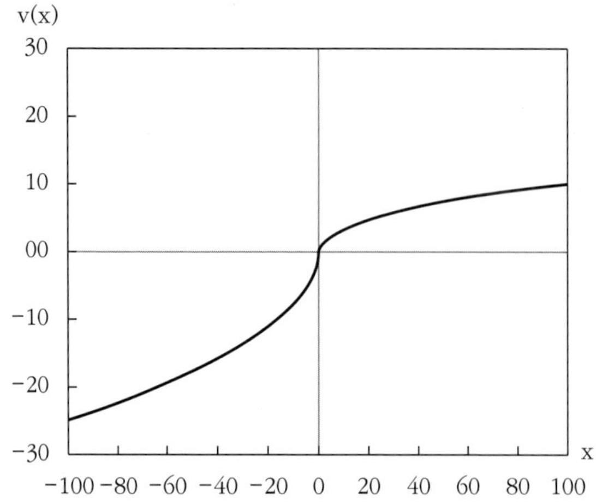

프로스펙트이론에서는 위의 갬블은 다음과 같이 평가된다.

(7-15) $$\sum_{i=-m}^{n} \pi_i(p_i)v(x_i)$$

여기서 v(·)는 가치함수이며 $\pi_i(\cdot)$는 의사결정확률가중함수이다. 즉, 프로스펙트이론은 주류경제학의 효용함수에 대응하는 **가치함수**(value function)와 확률에 대응하는 **의사결정확률가중함수**(decision weighting function)로 구성된다.

가치함수 먼저 가치함수에 대해 살펴보자. 통상적인 가치함수를 그림으로 나타내면 〈그림 7-2〉와 같다.[15] 이러한 가치함수는 사람에 따라, 직면하는 문제에 따라, 준거점(원점)의 상태에 따라 달라질 것이지만 이러한 S자형의 가치함수는 가치함수의 세 가지 특징을 잘 나타내고 있는 전형적인 형태이다.

경우와 대안의 공동평가의 경우에 판단과 선택의 번복이라는 선호역전의 현상이 나타날 수 있다. 이러한 현상이 발생하는 이유는 한 쌍의 의사결정대안은 하나 이상의 방식으로 공통부분과 특수한 부분으로 분할될 수 있으며 분할을 다르게 함에 따라 때때로 다른 선호(선호역전)를 유발하기 때문이다.

15 〈그림 7-2〉는 Tversky and Kahneman(1992)이 제시한 가치함수인데 $x > 0$인 경우에는 $v(x)=x^{\alpha}$이고 $x < 0$인 경우에는 $v(x) = -\lambda(-x)^{\alpha}$이다. x는 이득 또는 손실을 나타내며 Tversky and Kahneman(1992)은 실험자료로부터 $\alpha = 0.88$, $\lambda = 2.25$로 추정하였다. 〈그림 7-2〉는 편의상 $\alpha = 0.5$, $\lambda = 2.5$를 사용하여 그린 것이다(Barberis(2012) 참고).

〈그림 7-2〉에서 보듯이 가치함수의 첫 번째의 중요한 특징은 **준거점 의존성**(reference dependence)이다. 불확실성 하에서의 선택과 관련된 연구에서 드러난 통상적인 결론의 하나는 가치(효용)를 결정하는 주요 요인이 현재의 재산규모와 같은 절대적 수준이 아니라 중립적인 준거점(reference point)으로부터 상대적으로 측정된 이득(gains)과 손실(losses)이라는 것이다. 즉, 식(7-15)의 v(·)함수의 요소가 $W + x_i$가 아니라 x_i이다. Kahneman and Tversky는 이 가정을 실험적 증거로부터 유도할 뿐 아니라 사람들의 인지체계가 실제로 이와 유사한 방식으로 작동한다는 것을 지적하고 있다. 준거점($x = 0$을 의미하며 그림으로는 원점)으로부터 플러스방향으로 변화한다면 이익($x > 0$)이 있는 경우로 양의 가치($v(x) > 0$)를 가져오지만 마이너스 방향으로 변화하는 것은 손실($x < 0$)을 의미하므로 마이너스의 가치($v(x) < 0$)를 초래하게 된다. 준거점으로부터의 이동이 가치를 가져오므로 준거점의 가치는 제로, 즉 $v(0) = 0$이다. 예를 들어 두 사람(A와 B)의 한 달간의 펀드투자결과를 보니 A의 재산은 4,000만 원에서 3,000만 원으로 줄어들었고 B의 재산은 1,000만 원에서 1,100만 원으로 늘어났다. 어느 쪽의 가치(효용)가 더 큰가? 재산의 절대적 수준이 가치의 척도인 표준이론(기대효용이론)에서는 A가 비록 손실을 보았지만 여전히 A의 재산(3,000만 원)이 B의 재산(1,100만 원)보다 더 많으므로 A의 가치(효용)가 더 크겠지만 프로스펙트이론에 따르면, A의 가치(-1,000만 원)보다 B의 가치(100만 원)가 더 크다고 볼 수 있다.[16] 이러한 준거점에는 금전적인 형태뿐 아니라 다양한 형태가 있을 것이다. 예컨대, 건강의 경우 현재의 건강상태가 기준이 될 것이며 행동의 사회규범, 요구수준(기대 성적 등), 목표수준(체중을 10kg 줄이겠다는 목표)이 준거점이 될 수도 있을 것이다.

가치함수의 두 번째 특징은 **민감도 체감성**(diminishing sensitivity)이다. 즉, 이익(이득)영역에서는 일반적으로 위로 볼록(concave)하고 손실영역에서는 통상 아래로 오목(convex)하다. S자형의 가치함수가 이러한 성질을 잘 나타내고 있는데 이것은 10만 원의 이득(또는 손실)을 20만 원의 이득(또는 손실)으로 대체하는 것은 효용수준에 중대한

16 이득과 손실이 중요하다고 하더라도 재산수준도 분명 중요하며 이들을 무시하는 것은 잘못이다. 엄밀히 말하면 가치는 준거점으로 사용되는 재산수준과 준거점으로부터의 변화라는 양자의 영향을 모두 받는다고 보아야 한다. 프로스펙트이론에 의거한 일부 모형에서 사람들은 이득과 손실로부터만 효용을 얻는다고 가정하는 것은 단순히 취급을 용이하게 만들고자 하는 것이며 가치함수가 이득과 손실의 크기만의 함수로 보는 것은 개략치로서 큰 문제가 없다고 보기 때문이다(Kahneman and Tversky(1979, pp.277-278)).

영향을 미치지만 100만 원의 이득(또는 손실)을 110만 원의 이득(또는 손실)으로 대체하는 것은 더 적은 영향을 미쳐 가치의 민감도가 감소한다는 것을 의미한다.

가치함수의 세 번째 특징은 **손실회피성**(loss aversion)이다. 〈그림 7-2〉의 가치함수에서 보면 이익보다 손실 쪽의 가치함수의 기울기가 더 가파른 것으로 나타나고 있는데 이것은 바로 손실회피성을 나타내는 것이다. 즉, 이익을 나타내는 영역에서의 가치함수의 기울기보다 손실을 나타내는 영역에서의 가치함수의 기울기가 훨씬 더 크다(약 2.25배). 이것은 사람들이 상황이 악화되는 방향으로의 변화(손실의 발생, 심리적 비용)를 상황이 개선되는 방향으로의 변화(이익의 발생, 심리적 혜택)보다 훨씬 더 민감하게 느낀다는 것을 의미한다. Kahneman and Tversky는 대부분의 사람들이 (−100만 원, 1/2 ; 110만 원, 1/2)과 같은 갬블을 거부한다는 사실로부터 손실회피성을 추론하고 있다.[17] Kahneman and Tversky(1992)의 측정에 의하면 크기가 같은 이익과 손실에서 가치의 절대치는 손실이 이익보다 평균적으로 약 2.25배 큰 것으로 추정되었다.[18]

---

17 기대효용이론에서는 이러한 사실을 이해하기 매우 어렵다. 즉, 갬블에 걸려있는 금액이 통상적인 재산수준(W)에 비해 매우 적기 때문에 기대효용이론에서는 갬블은 위험중립적으로 평가되며 따라서 양의 기댓값을 제공하는 이 갬블은 매우 매력적인 것이 된다. 그러나 손실회피성을 갖는 사람에게는 이 갬블은 어필하지 못한다. 100만 원의 손실의 고통이 110만 원의 이득의 기쁨을 훨씬 초과하기 때문이다. 이러한 손실회피성은 매우 경험 많고 인센티브에 잘 적응된 전문가의 행동에서도 나타난다. 예컨대, 프로골퍼는 파(par) 이외의 다른 스코어(버디나 보기)를 위한 퍼팅을 시도할 때보다 파 퍼팅을 시도할 때 훨씬 더 신중하게 퍼팅을 하는데 이것은 준거점(파)에 상대적인 손실회피성(보기 회피)과 일관성이 있다(Kahneman(2011), 이진원(2012, pp. 384-385), Barberis(2012) 참고).

18 손실회피성향을 잘 보여주는 것은 다음의 두 가지 효과이다. 하나는 보유효과(초기부존효과, Richard H. Thaler가 제시)이고 다른 하나는 현상유지바이어스(W. Samuelson and R. Zeckhauser가 제시)이다. **보유효과**(**endowment effect**)는 사람들이 어떤 물건이나 상태(재산뿐 아니라 지위, 권리, 의견 등도 포함)를 실제로 소유하고 있을 때는 그것을 소유하지 않고 있을 때보다 그것을 더 높게 평가하는 것을 말한다. 이러한 보유효과로 인해 사람들은 손실이 실현되는 것을 싫어하여 주식이나 아파트 가격이 떨어질 때 팔지 못하며 실제의 시장거래량은 통상적인 경제이론에서 예상되는 것보다 적게 이루어진다. **현상유지바이어스**(**status quo bias**)는 사람들이 현재의 상태에서 변하는 것을 회피하려는 경향을 말한다. 손실회피성에 따른 이러한 성향 때문에 기존계약(FTA, 노사협상, 군비협상 등)의 재협상과 같은 협상에서 합의에 도달하는 것이 매우 어렵게 된다. 이득을 얻기보다는 손실을 회피하기 위해 강력히 싸우기 때문이다. 또 현재상황이 특별히 나쁘지 않는 한 변화를 시도하면 좋아질 가능성(이익)보다는 나빠질 가능성(손실)이 더 크게 느껴지므로 현상유지에 대한 욕구가 강해진다. 위험회피는 조직과 개인 모두 현 상태가 최소한도로만 변하는 걸 선호하게 만드는 강력하고 보수적인 힘이다. 이러한 바이어스로 인해 직장을 옮기지 않으려고 하고 같은 브랜드의 상품을 구매하려는 성향을 보인다(도모노 노리오(2007), 이명희(2007, pp.135-145), Thaler(1992), 최정규·하승아(2007) 참고).

〈그림 7-3〉 ▸ 의사결정확률가중함수

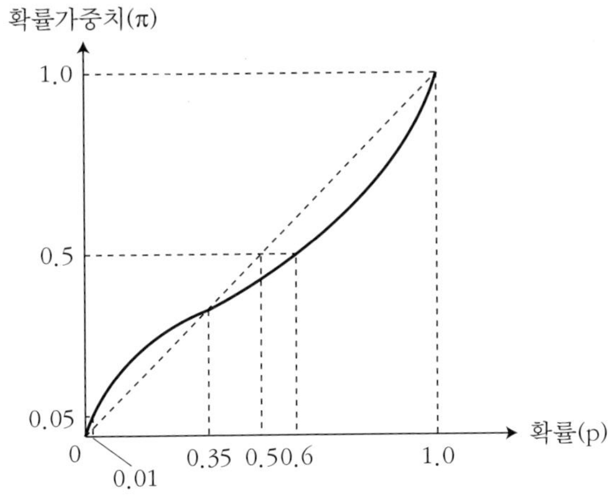

의사결정확률가중함수 프로스펙트이론의 또 하나의 중요한 구성요소는 **의사결정확률가중함수**(decision weighting function)이다.[19] 통상의 기대효용이론에서는 사상의 효용과 확률을 곱하여 기대효용을 구하는데 이때의 확률은 확률의 선형성을 갖는다. 즉, 확률 0.5는 0.1보다 5배 크고 0.2와 0.3의 차이는 0.4와 0.5의 차이와 같다. 그러나 사람들은 의사결정을 할 때 객관적인 확률이나 주어진 확률을 있는 그대로 받아들이지 않고 다른 크기로 평가한다는 것이 프로스펙트이론의 핵심 중의 하나이다. 객관적 확률값이 그대로 가치에 곱해지는 것이 아니라 객관적 확률이 다시 가중평가되어 가치와 곱해지게 된다. 이러한 가중평가된 확률을 의사결정확률가중치($\pi(p)$)라고 하며 이것에 가치($v(x)$)를 곱함으로써 전체적인 가치 $\pi(p)v(x)$가 부여된다. 의사결정확률가중함수가 $\pi(0)=0$, $\pi(1)=1$로 표준화되어 있다고 가정하면 확률(p)과 의사결정확률가중치(π)의 관계인 의사결정확률가중함수 $\pi(p)$는 〈그림 7-3〉과 같이 역 S자의 형태가 된다. 〈그림 7-3〉에서 원점(0)을 통과하는 45°의 점선은 확률의 선형성을 나타내고 있다. 〈그림 7-3〉의 확률가중함수는 예컨

19 Tversky and Kahneman(1992, pp.297-323) 참고. Tversky and Kahneman은 이 논문에서 프로스펙트이론에서 한계점으로 지적되었던 의사결정가중함수를 확장 발전시켜 일반화시킨 누적 프로스펙트이론(cumulative prospect theory)을 제시하였다. 의사결정가중함수는 이익영역과 손실영역에 대해 각각 독립적으로 정의되고 발생 가능성이 낮은 확률의 경우 이익영역에서의 위험선호와 손실영역에서의 위험회피가 나타나는 등 기존의 프로스펙트이론으로는 설명이 부족하였던 현상에 대한 문제를 해결하였다.

대, 실제의 확률(p)이 0.01인 경우 의사결정가중확률은 이보다 큰 0.05로 보며 실제 확률이 0.6인 경우 의사결정가중확률은 이에 못 미치는 0.5로 본다는 것을 보여주고 있다.

역S자형의 의사결정확률가중함수는 Tversky and Kahneman이 실험으로 확인한 것을 나타낸 것인데 이러한 역S자형의 확률가중함수는 사람들의 위험성향을 잘 설명한다. 먼저 확률이 낮을 때(0.35 이하)는 사람들은 확률을 과대평가하여 실제보다 확률이 높다고 생각한다는 것이다.[20] 낮은 확률에서의 확률의 과대평가성향은 이득의 경우에는 사람들을 위험추구적으로 만들며 손실의 경우에는 위험회피적으로 만든다. Tversky and Kahneman는 이러한 현상을 부분적으로는 사람들이 로또(5천 원의 확실한 이득보다는 0.01% 확률의 5,000만 원이라는 불확실한 이득찬스를 선호)와 보험(0.01% 확률의 5,000만 원의 불확실한 손실 가능성보다는 5천 원의 확실한 손실을 선호)을 동시에 모두 좋아한다는 사실로부터 추론하고 있다. 이러한 인간행동의 이중성은 기대효용이론으로는 설명하기 어렵다.[21] 예컨대, 당첨확률이 매우 낮은데도 불구하고 많은 사람들이 로또를 많이 구입하는 것은 당첨이라는 이익영역에서 당첨확률을 높게 평가하여 위험추구성향을 보여주는 것이다. 반면에 광우병에 걸릴 확률은 매우 낮지만 미국산 쇠고기를 기피하는 것은 광우병감염이라는 손실영역에서 감염확률을 높게 평가하여 광우병감염(손실)을 피하려는 위험회피성향을 보여주는 것이다.

반면 확률이 중간 이상(0.35 이상)일 때(통상의 투자행동에서는 확률이 중간 이상인 경우가 대부분임) 사람들은 확률을 과소평가하여 실제보다 확률이 낮다고 생각한다. 이러한 확률의 과소평가성향은 불확실한 이득과 확실한 이득사이의 선택을 할 때는 사람들을 위험회피적(확실한 이득선택)으로 만들고 불확실한 손실과 확실한 손실사이의 선택을 할 때는 사람들을 위험추구적(불확실한 손실선택)으로 만든다. 예컨대, 투자자들이 이미 손실이 발생한 자산을 더 오래 보유하려고 하고 이익이 난 자산을 팔아버리는 경향이 있는데,[22] 이것은 자산가격의 하락영역(손실영역)에서는 가격이 하락할 확률이 실제보다 낮다고 판단하여 보유행태(위험추구성향)를 보이고,[23] 반면 가격의 상승영역(이익영역)

20 확률을 과대평가하는 상태에서 과소평가하는 상태로 전환되는 확률은 약 0.35정도인 것으로 측정되었다. 도모노 노리오(2007), 이명희(2007, pp.118-119) 참고.

21 3장에서 본 기대효용이론에서는 위험회피자만 보험을 선택하고 위험추구자만 로또(도박)를 선택한다.

22 김윤영·이진수(2009) 참고.

23 인간이 처한 수많은 불행한 상황들은〈표 7-1〉의 오른쪽 아래 영역에서 나타난다. 매우 나쁜 상황에 처

〈표 7-1〉 ▸ 위험성향의 네 가지 패턴

확률	이익영역	손실영역
저(0.35 이하): 확률 과대평가 영역	위험추구	위험회피
중 · 고(0.35 이상): 확률 과소평가 영역	위험회피	위험추구

에서는 가격이 상승할 확률이 실제보다 낮다고 판단하여 매각행태(위험회피성향)를 보이기 때문이라고 볼 수 있다. 이와 같이 낮은 확률을 과대평가하고 높은 확률을 과소평가하는 것은 인간의 확률판단에서 보편적인 성질인 것으로 보인다. 이와 같은 사람들의 위험성향을 요약하면 〈표 7-1〉과 같이 네 가지 패턴으로 나타낼 수 있다.

(2) 행동금융론

1987년 10월에 주가폭락이 발생한 이후로 효율적 시장이론에 대한 의구심이 크게 나타났고 이로 인해 새로운 연구 분야인 **행동금융론**(behavioral finance)의 출현을 유발하였다. 이것은 위에서 살펴본 행동경제학의 이론을 금융시장에 적용한 것으로 이 이론은 인류학, 사회학, 특히 심리학의 개념들을 응용하여 주가의 움직임을 이해하려고 노력한다. 사실 주식시장을 움직이는 요소들은 실로 다양해 이를 모두 열거하는 것은 불가능하다. 그러나 주가를 결정하는 여러 가지 요소 중에서 가장 연관성이 높은 것을 굳이 골라 보자면 기업의 예상실적 및 경제의 상황(본질적 가치, 펀더멘털)과 매매행위를 통해 구체화되는 시장참여자의 심리상태를 들 수 있을 것이다. 본질적 가치에 의해 주식가격의 변동을 주로 설명하려는 것이 효율적 시장이론이라면 시장참여자의 심리적 요소가 주식가격의 변동에 중요하다고 보는 것이 행동금융론이라고 볼 수 있다. 행동금융론을 주장하는 사람들은 합리성과 일치하지 않는 아래와 같은 시장의 다양한 현상을 지적하고 설명한다.

한 사람들은 실패(패배)를 수용하는 것이 너무 고통스러운 나머지 일말의 기대감을 품고(실패확률을 과소평가하고) 사태가 더 악화될 수 있는 절박한 도박에 빠져든다. Kahneman(2011), 이진원(2012, pp.399-401) 참고.

첫째, 효율적 시장이론의 주장과는 달리 주가가 본질적 가치를 크게 벗어나는 경우가 발생하는데 이러한 현상을 설명하기 위해 행동금융학자들은 사람들의 **손실회피성(loss aversion)**을 강조한다. 이것은 앞에서 본 가치함수의 세 번째 특징으로 나타나는 것이다. 즉, 사람들은 손실발생에 따른 비효용이 이득발생에 따른 효용보다 훨씬 크다고 느낀다. 효율적 시장이론은 새로운 이윤기회가 발생하면 똑똑한 시장참여자들(smart money)에 의해 이 기회가 즉각 사라지기 때문에 주가의 폭등이나 폭락은 없다고 본다. 그러나 이러한 현상이 발생하기 위해서는 똑똑한 투자자들이 **공매도(空賣渡, short sales)**에 참여할 수 있어야 한다. 즉, 그들은 주가가 과도하게 높이 올라갔다고 판단할 때 보유주식 없이 매도하거나(네이키드 공매도,[24] naked short-selling, 무차입공매도) 브로커로부터 주식을 차입하고 이것을 시장에서 판매하여(대주거래, 커버드 공매도, covered short-selling, 차입공매도) 이득을 얻을 수 있어야 한다. 그러나 만약 공매도 이후에 주가가 훨씬 더 높게 올라간다면 공매도로 인해 투자자는 큰 손실을 볼 수 있다. 사람들은 손실회피성향을 강하게 갖고 있으며 이러한 손실회피심리로 인해 실제로는 공매도가 잘 발생하지 않으며 따라서 주가가 때때로 과도하게 상승하거나 하락할 수 있다.

둘째, 행동금융학자들은 우리가 투기적 시장에서 목격하는 거래량의 급등(효율적 시장이론이 예측하지 못하는 수준)현상을 설명하기 위하여 투자자들이 그들의 판단을 과신(overconfident)하는 경향이 있다는 사실을 적용한다. 행동경제학자들은 투자자들은 그들이 다른 투자자보다 더 똑똑하다고 믿는 경향이 있다는 것을 밝혀냈다. 이러한 경향은 앞에서 본 Shiller의 **무형적 기준점(moral anchor)**과 관련이 있다. 사람들은 남이 보기에는 별로 믿을 만하지 않은 이야기나 이유들에 입각해서 행동(주식매매)을 하기도 한다. 투자자들은 시장이 통상적으로 제대로 작동하지 않는다고 가정하는 경향이 있기 때문에 투자자들은 순수한 객관적인 사실에 입각하기보다는 그들의 신념(정당화, 자기만의 성공이야기)에 기초하여 거래를 한다. 이러한 행태는 기준점 휴리스틱(anchoring heuristic)에서 발생하는 **확증바이어스(confirmation bias)**의 한 형태로 볼 수 있다. 이러한 과도한 확신이 없다면 금융시장에는 그렇게 많은 거래가 발생하지는 않을 것이라고 생각할 수 있다. 만약 사람들이 완벽하게 합리적이라면 투자자의 반은 그들이 투자능력에서 평균 이하라고 생각하여 그들보다 뛰어나다고 생각되는 나머지 반과의 투기적 거래

---

24 우리나라를 비롯한 대부분의 국가에서는 무차입공매도를 원칙적으로 금지하고 있다.

를 하려고 하지 않을 것이다.

셋째, 행동금융학자들은 투자자들이 무리지어 움직이고 추세에 따라 움직이는 쏠림현상과 집단행동(herd behavior) 경향을 설명한다. 이러한 현상은 앞에서 본 Shiller의 **수량적 기준점**(quantitative anchor)에 근거를 두고 있다. 이러한 집단행동은 투자자가 최근의 가격정보를 투자기준점으로 이용하는 경향이 있고 이에 따라 자산가격이 한동안 한 방향으로 상승 또는 하락세를 보이기 때문에 발생한다. 또한 투자자들의 과신행태도 쏠림현상과 집단행동에 영향을 미친다. 주가가 상승할 때 투자자들은 그들의 이윤을 그들의 똑똑함에 기인하는 것으로 과신하고 주식시장에 대해 큰 소리로 거리낌 없이 소신을 말한다. 이러한 열광적 풍문과 부추기는 언론의 기사들이 더 많은 투자자들로 하여금 미래에 주가가 상승할 것이라는 분위기를 조성할 수 있다. 그 결과로 주가가 계속 상승하고 그래서 주가를 본질적 가치로부터 지나치게 벗어나게 하며 결국 대붕괴를 유발한다. 이와 같이 행동금융이론은 효율적 시장이론에 의해 잘 설명되지 않는 주식시장의 행동들을 일부 잘 설명할 수 있다. 그러나 효율적 시장이론과 행동금융이론은 금융시장의 움직임을 설명하는 중요한 두 분야이므로 어느 한쪽으로 편향되어서는 안 될 것이다.

참고문헌

김윤영 · 이진수, 투자자의 시장심리를 반영한 자산가격 변동요인분석, 한국은행 금융경제연구소 working paper #390(2009.8)

도모노 노리오, 행동경제학: 경제를 움직이는 인간심리의 모든 것, 2006, 이명희(역), 지형, 2007

박정식 · 박종원 · 조재호, 현대재무관리 제6판, 다산출판사, 2003

G. Akerlof and R. Shiller, Animal Spirits, 2009. 김태훈(역), 야성적 충동, 랜덤하우스, 2009

Nicholas C. Barberis, Thirty Years of Prospect Theory in Economics: A Review and Assessment, NBER Working Paper Series #18621 (Dec. 2012)

Zvi Bodie and R. C. Merton, Finance, 2000, Prentice Hall. 박영석(역), 재무의 이해, 시그마프레스, 2004. Chapter 9

Stephen G. Cecchetti, Money, Banking, and Financial Markets, McGraw-Hill/Irwin 2006. Chapter 8

R. Glenn Hubbard, Money, the Financial System, and the Economy, 6th ed. Pearson International Edition, 2008. Chapter 10

Daniel Kahneman, Thinking Fast and Slow, 2011. 이진원(역), 생각에 관한 생각, 김영사, 2012

Daniel Kahneman and Amos Tversky, Judgement under Uncertainty: Heuristics and Bias, Science 185, 1974

Daniel Kahneman and Amos Tversky, "Prospect theory: an analysis of decision under risk," Econometrica, Vol.47 No.2(March 1979)

C. Kindleberger and Robert Aliber, Manias, Panics, and Crashes: A History of Financial Crisis, 2005. 김홍식(역), 광기, 패닉, 붕괴: 금융위기의 역사, 굿모닝북스, 2006년

Steven E. Landsburg, The Armchair Economist, The Free Press, 1993. 노성태 · 옥동석 · 황진우(역), 안락의자의 경제학자, 환화경제연구원, 1997. Chapter 20

Jeff Madura, Financial Markets and Institutions, 6th ed. South-Western Thomson, 2003. Chapter 11

F. S. Mishkin, The Economics of Money, Banking and Financial Markets, 7th ed(2004), Pearson. Chapter 7

Robert J. Shiller, Irrational Exuberance, 2000. 이강국(역), 이상과열: 거품증시의 탄생과 몰락, 매일경제신문사, 2003. Chapter 9

Richard H. Thaler, The Winner's Curse: Paradoxes and Anomalies of Economics Life, 1992. 최정규 · 하승아(역), 승자의 저주: 경제현상의 패러독스와 행동경제학, 도서출판이음, 2007. Chapter 7

Amos Tversky and Daniel Kahneman, Advances in Prospect Theory: Cumulative Representation of Uncertainty, Journal of Risk and Uncertainty, Vol.5 No.4(Oct. 1992)

연습문제

1. 주식가치의 평가에 있어서 주가수익률(Price-Earnings ratio) 방법이 갖는 가정과 이 방법의 한계에 대해 설명하시오.
2. A기업의 현재 주당수익은 10,000원이고 수익은 매년 3%씩 증가한다. 그리고 매년 주당 2,000원의 배당을 할 예정이다. 동일산업에 포함된 모든 기업의 평균 PER가 5이다. 투자자는 이 주식을 구매하여 3년 후에 매각하려고 하며 요구수익률은 10%이다. 투자자가 평가하는 A기업주식의 현재가치는 얼마인가?
3. 미국 서브프라임사태로 2007년 7월 25일 2004.22포인트를 기록하였던 KOSPI지수는 8월 14일에서 8월 17일까지 3일 동안에 211.19포인트 폭락하여 8월 17일에는 1638.07을 기록하였다. 우리나라뿐 아니라 전 세계의 주가는 2007년 7월 20일에서 8월 17일 사이에 적게는 6%, 많게는 17%대의 폭락을 기록하였다. 왜 이러한 주가하락이 발생하였는지를 식(7-3)의 배당성장률모형을 이용하여 설명하여 보시오.
4. 식(7-3)의 배당성장률모형을 이용하여 중앙은행의 정책금리인하가 주식가격에 미치는 영향을 설명하시오.
5. 식(7-7)은 현재의 예상인플레이션(π_t^e)과 지난기의 예상인플레이션(π_{t-1}^e)의 관계를 보여주고 있다. 식(7-7)을 이용하여 식(7-8)을 유도하여 보시오.
6. 흔히 '내일 주가가 오를 것으로 생각되는(내일 주가가 오를 것이라는 정보가 있는) 주식을 오늘 구매하고 내일 주가가 내릴 것으로 생각되는(내일 주가가 내릴 것이라는 정보가 있는) 주식을 오늘 판매하라.'고 말한다. 효율적 시장이론의 관점에서 이 명제를 코멘트하시오.
7. 매달 정기적으로 100만 원어치의 일성전자주식을 1년간 구입한다고 하자. 이러한 투자전략을 매수가격평균법(dollar-cost averaging)이라고 한다. 이렇게 투자하면 가격이 높을 때는 적게 사게 되고 가격이 낮을 때 더 많이 사게 된다. 이러한 투자방식은 효율적 시장이론에 의하면 타당한가?
8. 효율적 시장이론을 옹호하는 사람들은 시장이 완전히 효율적이라고 믿고 있다. 그러면서도 그들은 금융시장의 새로운 혁신의 가치를 자랑하고 있다. 그리고 엄청난 보너스와 이익은 이런 혁신이 가져다준 사회적 이익에 대한 정당한 보상이라고 주장하고 있다. 효율적 시장과 혁신의 가치는 양립할 수 있는 것인가?

9. 주가를 설명하는 요인에서 본질적 가치(펀더멘털)와 심리적 요인 중 어느 것이 더 중요하다고 생각하는가?

10. 주식시장에서 관찰되는 거래량의 급등현상을 설명하기 위해 행동금융학자들은 주식투자자들이 그들의 판단을 과신하는 경향이 있다는 사실을 이용하는데 주식투자자들은 과연 과도한 확신을 갖는다고 보는가? 그렇다면 그 이유는 무엇이라고 생각하는가?

CHAPTER

08 외환시장과 환율의 결정

1. 외환시장과 환율
2. 환율의 장기결정이론
3. 단기외환시장모형
4. 단기외환시장모형의 응용

1997년에 우리나라는 처음으로 외환위기를 겪었다. 태국에서 시작된 외환위기는 순식간에 인도네시아, 필리핀을 거쳐 우리나라까지 연쇄적으로 파급되었다. 환율은 1997년 7월 5일 달러당 887.10원이던 것이 IMF에 구제금융을 신청한 11월 21일에는 1,139.00원으로 치솟았으며 12월 24일에는 1,964.80원으로 상승하였다. 그리고 1998년에는 연 평균환율이 1,394.97원으로 거의 1,400원에 육박하였다. 당시의 상황은 비정상적인 경우이지만 통상적인 경우에도 환율은 크게 변동하고 있다. 환율의 변동은 왜 유발되는가? 이것을 알기 위해서는 외환시장의 구조와 특성, 그리고 환율의 결정에 대해 살펴보아야 한다.

8장에서는 외환시장과 외환시장에서의 환율의 결정문제에 대해 살펴본다. 먼저 1절에서는 외환시장과 환율의 개념에 대해 살펴본다. 외환시장의 기능과 우리나라 외환시장의 구조적 특성에 대해 살펴보고 왜 우리나라의 환율이 특히 가변적인가를 구조적 측면에서 살펴본다. 2절과 3절에서는 환율의 결정이론에 대해 살펴본다. 먼저 2절에서는 장기에서의 환율의 움직임에 영향을 미치는 요인들에 대해 살펴보고 이어서 3절에서는 단기에서의 환율의 움직임을 결정하는 요인들에 대해 살펴본다. 그리고 4절에서는 이러한 이론을 이용하여 왜, 어떻게 이자율이나 통화정책의 변동이 환율에 영향을 미치는지를 살펴본다.

1. 외환시장과 환율[1]

(1) 외환시장의 의미와 구조

1) 외환시장의 의미와 기능

대부분의 나라는 각자 자기 나라의 통화를 가지고 있다. 예컨대, 우리나라는 원화(won), 미국은 달러화(dollar), 일본은 엔화(yen)를 통화(currency)로 사용한다. 따라서 나라사이의 교역은 다른 나라 통화와의 교환을 필요로 한다. 예컨대, 한국기업이 중국재화나 서비스, 또는 금융자산을 구매하는 경우 한국원화가 중국의 위안화로 교환이 되어야 한다. 이러한 통화 간의 교환(거래)은 외환시장에서 일어나며 여기서 통화가 교환되는 비율인 환율(foreign exchange rate)이 결정되며 이 환율(명목환율)이 외국재화나 외국자산을 구매하는 비용을 결정한다.

이와 같이 각 나라의 통화가 거래되는 시장이 **외환시장(foreign exchange market)**이다. 외환시장은 반드시 이종통화 간 매매가 수반되고 환율이 매개변수가 된다는 점에서 이자율을 매개변수로 하여 대출과 차입 등 외환의 대차거래가 이루어지는 외화자금시장(foreign money market)과는 구별된다. 그럼에도 불구하고 외환시장에서 자금의 운용이 이루어지기 때문에 외환시장은 금융시장에 포함된다. 즉, 외환시장에서는 자산을 다른 나라의 통화로 보유함으로써 수익을 얻기 위하여 통화 간의 거래가 이루어지고 있기 때문에 다른 금융시장(주식시장이나 채권시장 등)과 대체관계에 있으며 이로 인해 금융시장에 포함된다고 볼 수 있다. 그리고 넓은 의미로는 외환시장에 외화자금시장도 포함되는 것으로 볼 수 있다.

외환시장은 환율의 결정 이외에도 많은 기능을 수행한다. 첫째, 외환시장은 한 나라의 통화로부터 다른 나라 통화로의 구매력 이전을 가능케 한다. 외환시장이 없다면 다른 나라에 구매력을 이전하기 위하여 다른 방식, 예컨대 금시장에서 금을 구매하여 금을 제공하여야 할 것이다. 둘째, 외환시장은 무역 등 대외거래에서 발생하는 외환의 수요와 공급을 청산하는 역할을 한다. 이러한 외환시장의 대외결제기능은 국가 간 무역 및 자본거래 등 대외거래를 원활하게 해준다. 셋째, 변동환율제에서는 외환시장에서 결정되는 환율이 외환의 수급사정에 따라 변동함으로써 국제수지의 조절기능을 수행한다. 한 나라

1 한국은행(2016), 곽태운(2010) 참고.

〈그림 8-1〉 ▸ 외환시장의 구조

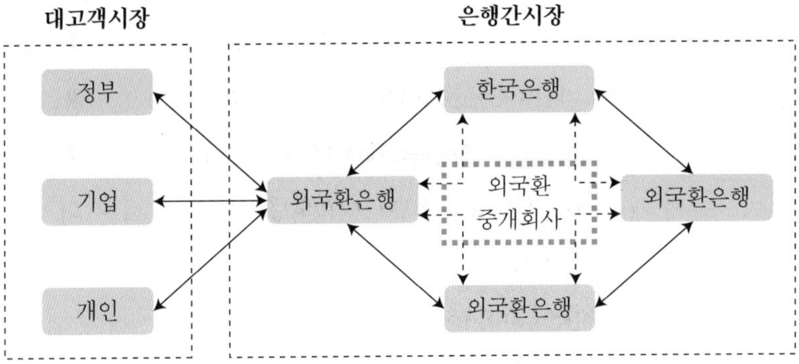

자료: 한국은행(2016, p.100)

의 국제수지가 적자를 보이면 외환의 초과수요가 발생하므로 자국통화의 가치가 하락하는데 이 경우 수출상품의 가격경쟁력이 개선되어 국제수지 불균형이 해소된다. 넷째, 외환시장은 경제주체들(기업이나 금융기관 등)에게 환율변동에 따른 환위험을 회피할 수 있는 수단을 제공한다. 외환시장에서 거래되는 선물환, 통화선물, 통화옵션 등 다양한 파생금융상품거래를 통하여 경제주체들은 환위험을 헤지(hedge)할 수 있다. 아울러 투기거래도 가능하므로 환차익을 획득하거나 환차손이 발생할 수 있다. 외환시장에서는 이러한 환위험 헤지거래나 투기거래가 수출입거래 등과 같은 실수요거래보다 훨씬 큰 비중을 차지하는 것이 일반적이다.

2) 외환시장의 구조와 외환거래의 형태

① 외환시장의 구조

외환시장은 〈그림 8-1〉에서 보는 바와 같이 거래당사자에 따라 은행간시장과 대고객시장으로 구분된다. 은행간시장은 좁은 의미에서의 외환시장을 의미하며 도매시장의 성격을 갖는다. 그래서 전통적 외환거래는 거래소(exchange)에서 거래되는 경우(통화선물거래나 통화옵션거래 등 일부는 거래소에서 거래됨)보다는 수많은 딜러(주로 은행)들이 외국화폐를 사고팔려고 대기하고 있는 장외시장(over the counter market)에서 거래된다. 즉, 외환시장은 주식시장과 같이 거래자들이 모여 각국의 통화를 교환하는 거래소가 있는 것이 아니고 컴퓨터 네트워크로 연결된 많은 은행의 거래원(딜러)들이 거래를 한다. 이들 딜러들은 항상 전화와 컴퓨터로 접촉을 하고 있기 때문에 은행간시장은 매우 경쟁적이며 그래서 거래소시장과 거의 같은 기능을 수행한다. 대고객시장은 외환의 소매시장으로 은행과 고객(개인이나 기업) 간에 외환거래가 이루어지는 시장을 말한다.

환율을 결정하는 시장은 외국환은행(딜러)들 간의 거래가 이루어지는 은행간시장이다. 현재 우리나라에 개설되어 있는 서울외환시장에서 거래되는 통화는 미 달러화와 중국 위안화이다.[2] 그리고 해외여행을 위해 우리가 외환(달러나 엔화 등)을 구매하고 남은 외환을 매각하는 곳은 은행(외국환은행)과 같은 딜러인데 이러한 시장이 대고객시장(소매시장)이며 여기서 적용되는 환율이 대고객환율(소매가격)이다. 그리고 대고객거래의 결과 외국환은행들의 외환포지션에 변동이 발생하는데 은행간시장을 통해 이를 조정하는 과정에서 대고객시장과 은행간시장이 서로 연계된다.[3]

외환시장에는 기업, 개인, 정부 등 고객, 외국환은행, 외환중개인(외국환중개회사) 및 외환당국(중앙은행) 등이 참가하고 있다. 고객은 수출입거래나 금융거래를 하는 기업이나 해외여행을 하는 개인 등과 같이 외환의 실수요자들을 말한다. 정부도 외환당국을 제외하고는 대외거래를 위해 고객으로서 외환시장에 참여한다. 이들은 주로 대고객시장(소매시장)에서 외환의 수요자와 공급자의 역할을 한다. **외국환은행**(외환거래를 할 수 있는 은행)은 대고객시장에서 고객에 대한 외환거래 상대방이 될 뿐 아니라 은행간시장에서 외환거래를 주도하는 중추적 역할을 수행한다.[4] 이들은 은행자신의 외환포지션(외화자

---

2 우리나라는 1996년 원화와 엔화 간의 거래를 위해 원/엔시장이 개장되었으나 유동성부족으로 1997년 1월 이후 활성화되지 않고 있다. 그리고 2014년 12월 원화와 중국 위안화 간의 직거래 시장이 개설되어 현재 우리나라에서는 원/달러시장과 원/위안시장이 개설되어 있다.

3 예를 들어 기업이 수출대금으로 1억 달러를 해외로부터 수취하였다고 할 때 그 기업은 수출대금을 국내에서 사용하기 위해 대고객시장에서 외화를 은행에 매각하고 원화를 수취하게 된다(기업이 외화를 매각하지 않고 거주자외화예금의 형태로 금융기관에 예치할 수도 있는데 이 경우 수출대금으로 벌어들인 외화가 은행간시장에 공급되지 않기 때문에 당장은 환율하락 요인으로 작용하지 않음). 이 경우 은행은 외화자산이 1억 달러 늘어나게 되므로 외환포지션이 양(+)의 방향으로 증가하여 매입초과포지션(over-bought position) 상태가 된다. 이때 앞으로 만약 원화가치가 상승(환율하락)하면 환차손을 입게 되므로 은행은 외환포지션이 일정한도 이상으로 증가하지 않도록 외환포지션을 조정하는데 이 경우 은행은 은행간시장에서 보유하고 있는 외화자산을 매각함으로써 외환포지션변동에 따른 환위험을 최소화한다.

4 2015년 9월 말 현재 외국환중개회사에 등록하여 은행 간 현물환시장에 참여하고 있는 외국환은행은 국내은행 17개(시중은행 6개, 특수은행 5개, 지방은행 6개) 및 외국은행 국내지점 30개, 종금사 1개, 증권사 10개이다.

산-외화부채)을 조정하기 위해 외환거래를 할 뿐 아니라 환율전망을 토대로 환차익 획득을 위한 외환거래(투기적 거래)도 한다. 이들 중에서 규모가 큰 대형은행들은 외환시장에서 시장조성자(market maker)의 기능을 하며 외환시장에서 가격결정을 선도해가는 기능을 수행한다.

외환중개인(foreign exchange broker, **외국환중개회사**)은 중개수수료를 받고 외국환은행 간 거래를 중개해주는 자를 말한다.[5] 외환매매거래를 하는 은행들은 외환을 싸게 매입하여 비싸게 매도함으로써 외환매매이익을 높일 수 있는데 이를 위해서는 많은 비용과 시간이 소요되므로 은행들은 중개수수료를 지불하고 중개회사에서 제공하는 정보를 이용하여 외환매매거래를 한다. 외환중개인은 브로커(broker)로서 중개에 따른 수수료수입만을 받는다는 점에서 딜러(dealer) 역할을 하는 은행과 다르다. **외환당국**(중앙은행인 한국은행과 외국환평형기금)은 외환시장의 안정을 위해 외환시장에 관여하며 때로는 외환시장에서 직접 외환을 매매(외환시장개입)하기도 한다.

② 외환거래의 형태

외환시장에서의 거래형태는 외환매매상품에 따라 현물환, 선물환, 외환스왑, 통화스왑, 통화옵션거래로 구분할 수 있다. **현물환거래**(spot transactions)는 계약체결 후 외환의 인수, 인도 및 결제가 즉각적으로(2일 이내의 청산기간이 소요됨) 이루어지는 거래이다. 현물환이 거래되는 시장이 현물환시장이고 현물환시장의 환율이 **현물환율**(spot exchange rate) 또는 **현물환시세**인데 〈그림 8-1〉에서 말하는 은행간시장은 이러한 현물환시장을 말한다.

각 나라마다 외환시장(현물환시장)이 있어 다양한 통화가 매우 활발하게 거래되고 환율이 결정되는데 각 외환시장에서의 통화 간의 환율에 차이가 없어야 한다. 환율 간의 차이를 없애는 거래가 **환재정거래**(exchange arbitrage transaction)이다. 환재정거래란 동일시점에서 외환시장 간에 환율의 격차가 있을 때 환율의 차이에서 이윤을 얻고자 하는 외환차익거래를 말하는데, 이러한 재정개래로 환율 간의 차이가 사라진다.

---

5 2019년 2월말 현재 우리나라의 외국환중개회사로는 국내중개회사 4개(서울외국환중개, 한국자금중개, KIDB자금중개, IPS 외국환중개)와 외국계중개회사 6개(ICAP, Tullett Prebon, GFI, Nittan Capital, Tradition Korea, BGC Capital Markets)가 있다.

<예시 8-1> 환재정거래를 통한 환율의 일치[6]

뉴욕, 동경, 서울의 3개 외환시장에서 우리나라 원화가 거래되고 있다고 가정하고 원(₩), 달러($), 엔(¥)의 환율이 각각 다음과 같다고 할 때 재정거래를 살펴보자.

뉴욕외환시장	$1.00 = ₩900
동경외환시장	$1.00 = ¥110
서울외환시장	¥1.00 = ₩12

이러한 환율이 유지되는 경우 뉴욕외환시장에서 900원을 주고 1달러를 매입하고 이 1달러를 동경외환시장에서 팔아 110엔을 받고 서울외환시장에서 110엔을 팔면 1,320원을 받는다. 이러한 거래를 통해 900원을 투자하여 1,320원을 받으므로 420원의 큰 이익을 볼 수 있다. 이러한 이익을 얻을 수 있기 때문에 이러한 정보를 알고 있는 외환거래자들은 이러한 이득을 얻기 위해 환거래를 수행한다. 그러면 각 외환시장에서는 다음과 같은 수급의 변동이 발생하며 이에 따라 환율이 변동하게 된다.

뉴욕외환시장 : 원화공급증가, 달러수요증가 → 원/달러 환율은 상승
동경외환시장 : 달러공급증가, 엔화수요증가 → 엔/달러 환율은 하락
서울외환시장 : 엔화공급증가, 원화수요증가 → 원/엔 환율은 하락

이러한 수급의 변동은 각 외환시장에서 다음과 같은 환율의 균형이 이루어질 때까지 계속될 것이다.

뉴욕외환시장	$1.00 = ₩1,000
동경외환시장	$1.00 = ¥100
서울외환시장	¥1.00 = ₩10

이러한 재정거래로 인해 각 외환시장의 환율은 균형이 되고 더 이상 이윤(차익)을 얻을 수 없게 된다. 이러한 재정거래는 관련되는 통화의 수가 늘어나더라도 일어날 수 있다. 그러나 이 경우에는 반드시 한 통화가 매개통화로 사용되는데 달러가 주로 사용된다. 외환거래는 달러 이외의 통화를 교환하는 경우에도 달러를 매개로 해서 거래가 이루어지는 것이 대부분이며 그 이유는 달러의 공급이 풍부하여 거래가 쉽게 이루어지기 때문인데 이와 같이 달러가 통화거래에서의 교환수단(지급수단)기능을 하는 것을 달러의 **기축통화**(vehicle currency)의 기능이라 부른다.

선물환거래(forward exchange transactions)는 계약체결 후 2영업일을 경과한 미래의 주어진 시점에서 외환의 인수, 인도 및 결제가 이루어지는 거래이다. 즉, 투자자들은 주어진 통화와 주어진 환율에서 오늘 계약을 하고 미래의 주어진 날에 선물환율이라고 알려진 환율에서 실제의 교환이 일어난다. 선물환거래의 특수한 형태인 **차액결제선물환**(NDF, non-deliverable forward)은 일반선물환(outright forward)과는 달리 만기에 차액만을 정산하는 것으로 주로 비거주자들이 교환성이 없는 통화(국제결제에 통용이 안 되는 통화)를 대상으로 환위험을 헤지하거나 환투기를 할 목적으로 이용한다. 선물환이 거래되는 시장이 **선물환시장**(forward market)이며 선물환시장의 환율이 **선물환율**(forward exchange rate) 또는 **선물환시세**이다. 선물환거래의 한 형태인 **외환스왑거래**(foreign exchange swap, swap forward)는 동일한 거래상대방 간에 현물환과 선물환(spot-forward swap) 또는 만기가 상이한 선물환과 선물환(forward-forward swap), 현물환과 현물환(spot-spot swap)을 서로 반대방향으로 동시에 매매하는 거래이다.[7]

통화스왑거래(currency swap)는 거래당사자가 보유하고 있는 이종통화를 서로 바꾸어 사용하고 만기일에 원금을 다시 교환하는 거래이다. 계약기간 중의 이자에 대해서는 계약조건에 따라 일정기간마다 서로 교환하게 되고 만기 시에는 원금만을 계약당시 약정된 환율로 반대거래를 함으로써 환위험에 노출되지 않게 된다. 통화스왑도 자금대차거래라는 점에서 외환스왑과 비슷하나 스왑기간과 이자지급방법에서 차이가 있다. 즉, 외환스왑과는 달리 통화스왑은 주로 1년 이상의 중장기 환위험 및 금리위험을 헤지하기 위한 수단으로 이용된다.

통화선물거래(currency futures)는 거래소(exchanges)에 상장되어 있는 특정 통화에 대하여 시장참가자 간 호가방식에 의해 결정되는 선물환율로 일정기간 후에 인수도할 것을 약정하는 거래를 말한다. 통화선물거래는 매매계약은 지금 체결하고 일정 계약기간이 지난 특정일에 그 매매계약을 이행한다는 점에서는 선물환거래와 동일하지만 선물환거래가 거래통화, 거래규모, 거래일자, 환율변동폭, 거래장소 등에 아무런 제한이 없는 완전히 비규격화된 거래인 반면 통화선물거래는 거래통화, 거래단위, 거래일자 등이 엄격하게 제한되고 표준화되어 있는 제도화된 거래라는 점에서 차이가 있다.

---

6 곽태운(2010, pp.53-55) 참고.

7 선물환 등 파생금융상품에 관한 자세한 내용은 9장 참고.

통화옵션거래(currency option)는 미래의 특정시점(만기일 또는 만기일 이전)에 특정통화(기초자산)를 미리 약정한 가격(행사가격)으로 살 수 있는 권리(call option)나 팔 수 있는 권리(put option)를 매매하는 거래로서 기업의 환위험의 주요한 헤지수단으로 사용된다. 통화옵션거래 시 통화옵션 매입자는 대상통화를 매매할 수 있는 권리를 사는 대가로 옵션매도자에게 프리미엄(옵션가격)을 제공하고 이후 환율변동에 따라 자유롭게 옵션을 행사하거나 행사하지 않을 수 있으나 옵션매도자는 매입자가 권리를 행사하는 경우 반드시 그 계약을 이행하여야 한다.

전 세계적으로 하루에 수조 달러가 거래되기 때문에 외환시장은 세계에서 가장 큰 금융시장의 하나가 되었다. 국제결제은행(BIS)의 보고서에 따르면 2013년 4월 중 전 세계 일평균 외환시장(현물환, 선물환, 외환스왑, 통화스왑, 통화옵션 및 기타 파생결합상품)의 거래규모는 5.3조 달러로 2010년 4월 중 4.0조 달러에 비해 14% 정도 증가한 것으로 집계되었다. 그러나 우리나라 외환시장의 총 거래규모는 경제규모에 비해 여전히 낮은 수준이다. 우리나라의 일평균 외환거래량은 2013년 4월중 475억 달러로 GDP 대비 2.9%, 연간 무역규모대비 4.4%로 신흥국 평균치(각각 1.0%, 3.0%)를 상회하고 있으나 선진국 평균치(각각 13.9%, 31.6%)에는 크게 못 미치고 있으며 전 세계 외환시장에서 차지하는 우리나라의 비중도 0.7%에 그치고 있다.[8]

(2) 환율의 종류와 중요성

1) 환율의 종류와 의미

환율(foreign exchange rate)은 두 나라의 통화 간의 교환비율로서 통상 자국통화로 표시하는 외국통화의 가격을 의미하는데 이 환율(명목활율)은 외환거래가 일어나는 외환시장에서 결정된다. 어떤 외환거래가 일어나느냐에 따라 환율도 달라진다. 외환거래에는 앞에서 본 바와 같이 다양한 형태가 있지만 전통적인 외환거래로 중요한 것은 현물환거래와 선물환거래이다. **현물환율**(spot exchange rate) 또는 **현물환시세**는 현물환거래를 위한 환율이며 **선물환율**(forward exchange rate) 또는 **선물환시세**는 선물환거래를 위한 환율이다. 일반적으로 선물환율은 현재의 현물환율과 비교하여 선물환율이 현물환

8 한국은행(2016, p.105)

율보다 더 높으면 **선물프리미엄**(forward premium)이라고 하고 반대로 선물환율이 현물환율보다 더 낮으면 **선물디스카운트**(forward discount)라 부른다.

환율은 통화 간의 교환비율이므로 환율의 표시방법에는 어느 나라 통화를 기준으로 표시하느냐에 따라 두 가지 방법이 있다. 하나는 자국통화(원화) 한 단위에 대한 외국통화(달러)의 비율로 나타내는 **외국통화 표시방법**이다. 예컨대, 1달러=1,000원의 교환비율이 있을 때 1원=1/1,000달러로 환율을 표시하는 것이다. 또 하나는 외국통화(달러) 1단위에 대한 자국통화(원화)의 비율로 나타내는 **자국통화(국내통화) 표시방법**이다. 예컨대, 1달러=1,000원의 교환비율이 있을 때 1달러에 1,000원(₩1,000/$)으로 환율을 표시하는 것이다. 우리나라의 경우에는 외국통화단위당 자국통화, 예컨대 1달러에 1,124.50원, 1유로에 1,283.62원 등으로 표시하는 자국통화 표시가 통례이다.

환율이 외환시장에서 외환에 대한 수요와 공급에 의해 자유로이 결정되는 **변동환율제** 하에서 통화의 가치가 상승하는 현상을 통화가치상승 또는 **통화절상**(appreciation)이라고 하고 통화가치가 하락할 때 통화가치하락 또는 **통화절하**(depreciation)라고 한다.[9] 자국통화(원화) 표시인 경우 환율의 상승(₩1,000/$에서 ₩1,100/$으로 상승)은 원화의 가치하락(절하), 달러의 가치상승(절상)을 나타낸다. 그러므로 환율의 상승과 하락은 국내통화가치의 하락과 상승을 나타내므로 환율의 변동과 통화가치의 변동을 혼동하지 않도록 유의하여야 한다.

은행간환율(inter-bank rate)은 도매시장에 해당하는 외환의 은행간시장에서 결정되는 환율을 의미하며 **대고객환율**은 은행과 고객(개인이나 기업) 간 (소매)거래에 적용되는 환율이다. 대고객환율은 은행간환율을 감안하여 각 은행이 자율적으로 결정하며 은행간시장의 매매기준율에 일정률의 마진(margin)을 추가하여 고시하는데 대고객환율은 외환의 결제방법에 따라 현찰매매율, 전신환매매율, 여행자수표(T/C)매매율 등으로 구분된다.

교차환율(cross rate)이란 국내통화가 개재되지 않는 여타 외국통화 간 환율을 말하는데 우리나라의 경우에는 엔/달러 환율이나 유로/달러 환율 등이 이에 해당한다. 이

---

9 환율을 일정수준에 유지하기로 결정하는 고정환율제 하에서는 각국의 외환당국이 IMF와 협의하여 그 고정된 환율수준을 정책적으로 인상 또는 인하하는 경우가 있는데, 환율수준을 올리는 경우(예컨대, 1달러=500원에서 1달러=700원으로 변경)를 **평가절하**(devaluation)라고 하고 반대로 환율수준을 내리는 경우를 **평가절상**(upvaluation)이라 한다.

러한 환율은 각국의 외환시장(뉴욕외환시장, 동경외환시장 등)에서 결정된다. 그리고 **재정환율**(arbitraged rate)은 국내 외환시장(서울외환시장)에서 거래되지 않는 통화(달러와 위안화 이외의 모든 다른 나라의 통화)의 원화환율을 결정할 때 국제외환시장에서 형성되는 환율을 이용하여 산출한 환율을 말한다. 앞에서 본 환재정거래로 인해 각국의 외환시장에서 환율 간의 차이가 없어지므로 각국 외환시장(뉴욕외환시장 등)에서 결정된 달러와 달러 이외의 통화 간의 환율과 국내외환시장에서 결정된 원화의 달러환율을 이용하여 달러 이외의 통화의 원화환율을 결정할 수 있게 된다.

<예시 8-2> 재정환율의 결정

서울외환시장에는 달러시장이 개설되어 있기 때문에 원/달러환율은 바로 결정되지만 원/엔 환율은 알 수 없다. 이 경우 뉴욕외환시장의 엔/달러 환율을 이용하여 원/엔 재정환율을 결정할 수 있다. 오늘 서울외환시장에서 원/달러 환율이 1달러당 1,000원이고 뉴욕외환시장에서 엔/달러 환율이 1달러당 100엔이면 1달러=1,000원=100엔이다. 따라서 원/엔 재정환율은 1엔당 10원으로 결정된다. 원/유로 환율 등도 모두 이러한 방식으로 결정된다. 환재정거래로 인해 환율 간의 차이가 제거되므로 재정환율을 결정할 때 어느 통화를 매개로 하여 결정하든 상관없다. 그러나 통상 미국 달러화를 매개통화로 사용한다.

명목환율(nominal exchange rate)은 양국 통화의 명목 교환비율을 나타내는 것이다. 예컨대, 1달러에 1,000원이라는 환율은 미국달러의 가격을 우리나라의 통화인 원화의 수량으로 표시한 명목환율이다. 이에 반해 **실질환율**(real exchange rate)은 외국에서 생산된 상품과 국내에서 생산된 상품 간의 교환비율(외국상품 1개와 교환되는 국산품의 개수)을 나타내는데 그 산식은 다음과 같다.

(8-1) $$\text{실질환율} = (\text{명목환율} \times \text{외국물가수준})/\text{국내물가수준}$$

여기서 외국물가수준은 외국통화로 표시된 외국의 물가수준이고 국내물가수준은 국내통화로 표시된 국내의 물가수준이다. 그러므로 (명목환율 × 외국물가수준)은 국내통화로 환산된 외국의 물가수준이므로 실질환율은 외국상품과 국내상품 간의 교환비율을 나타낸다. 예컨대, 국내물가가 미국물가보다 더 크게 상승한다면 실질환율이 하락하게 된다. 즉, 외국상품 1개와 교환되는 국산품의 개수가 감소하며 이를 **실질절상**(real appreciation)이라 한다. 이것은 국산품의 가치가 상대적으로 올라간다는 것을 의미하며 이 경우 국산품의 국제경쟁력은 하락한다. 그러므로 일반적으로 실질환율은 일국의 수출경쟁력을 나타내는 지표로 이용된다. 실질환율의 하락(실질절상. 명목환율의 하락, 외국물가수준의 하락, 국내물가수준의 상승)은 세계시장에서 경쟁력이 떨어지는 것을 의미하고 실질환율의 상승(실질절하. 명목환율의 상승, 외국물가수준의 상승, 국내물가수준의 하락)은 국제경쟁력이 높아진다는 것을 의미한다.

수출경쟁력을 나타내는 또 하나의 지표로는 실효환율을 들 수 있다. **실효환율**(effective exchange rate)은 주요 교역상대국의 환율을 교역비중으로 가중 평균한 환율로서 **명목실효환율**(NEER, nominal effective exchange rate)과 물가지수 변동까지 감안한 **실질실효환율**(REER, real effective cxchange rate)로 구분된다. 실질실효환율은 지수화하여 균형환율수준을 판단하는 지표로 활용되는데 **실질실효환율지수**(REERI, real effective exchange rate index)가 100 이상이면 기준시점 대비 국내통화의 고평가를, 100 미만이면 저평가를 의미한다.

2) 환율의 영향과 중요성

환율은 중요한 거시가격변수로서 국내외의 개인, 기업, 정부 등 경제주체의 행동에 영향을 미쳐 나라전체의 경제 상황에 많은 영향을 미친다. 환율이 경제에 미치는 영향은 다양하다. 첫째, 환율은 수출입(경상수지)에 영향을 미친다. 환율은 국내상품과 외국상품의 상대가격에 영향을 미치기 때문에 수출입에 중요한 영향을 미친다. 미국시장에서의 한국상품의 달러가격은 한국상품의 원화가격과 원/달러환율에 의해 결정된다. 따라서 원화의 가치가 상승(원화절상)하면 두 나라의 국내가격이 변화하지 않는 경우 해외에서의 한국상품은 더 비싸지며 한국에서의 외국상품은 더 싸진다. 따라서 수출은 줄고 수입은 증가하며 경상수지는 악화된다. 이로 인해 일부의 수출산업은 타격을 입고 그 대신 값싼 외국상품을 쉽게 구매할 수 있으며 해외여행도 싼 가격으로 할 수 있기 때문에 소비자들(수입업자)은 유리해진다. 또 경상수지의 악화로 경제운용에 제약이 발생한다. 반면 통화가치가 하락하면 경상수지가 개선되고 거시적 경제운용에 여유가 생기게 된다.

둘째, 환율은 물가에도 영향을 미친다. 환율이 상승하는 경우 수입원재료의 원화가격이 상승하고 이에 따른 생산원가상승으로 국내물가가 상승할 수 있다. 물가상승에 따라 임금이 상승하고 이것이 다시 물가상승으로 이어질 경우 환율상승에 따른 물가상승효과는 증폭된다. 특히 수입비중이 높거나 수입원자재의 사용비중이 높은 석유화학제품, 나무·종이제품, 정밀기기 등의 가격상승압력이 커질 것이다.

셋째, 환율은 경제주체들의 외화채무의 상환부담에 영향을 미친다. 예컨대, 환율상승이 있는 경우 미 달러화 표시 대외채무의 원리금(원화기준) 상환부담이 증가한다. 환율이 갑자기 크게 상승(원화가치하락)하는 경우 해외(외화)채무가 많은 기업이나 금융기관의 채무부담이 갑자기 증가하고 차환이 어려워 외환위기를 겪기도 한다.

넷째, 환율은 자본의 유출입에 영향을 미친다. 환율상승이 있고 환율상승이 예상되는 경우 환차손 우려로 인해 외국인 주식투자자금 등 해외자본이 유출됨에 따라 주식시장 등 금융시장에 큰 영향을 줄 수 있을 뿐 아니라 때로는 이러한 자본유출로 환율이 더욱 상승하고 환율의 변동성이 증대되어 경제에 큰 타격을 줄 수도 있다. 환율에는 예상이 매우 중요하게 영향을 미치므로 미래 환율에 대한 예상이 현재 환율에 직접적으로 영향을 주게 되고 예상으로 인해 환율이 변화하는 경우 자본유출입이 크게 증폭될 수 있다.

우리나라의 경우에는 다른 어떤 금융변수(이자율, 주가)보다 환율이 중요한 변수이다. 한국의 경제사정을 나타내는 하나의 핵심적 지표는 환율이라고 하여도 과언이 아니다. 자본의 이동과 무역에는 항상 환율이라는 변수가 작용하고 있는데 우리나라의 경우 폭넓은 무역자유화와 자본자유화조치로 환율은 거시경제지표에서 가장 중요한 요소가 되었다. 특히 한국은 부존자원이 부족해서 원자재를 수입해야 하고, 생산능력에 비해 내수시장이 크지 않아 해외수출시장에 의존하여야 하는데 이러한 한국경제의 구조적 특성상 환율은 다른 금융변수보다 중요한 역할을 한다.

이와 같이 환율이 실물경제와 금융시장에 영향을 주지만 동시에 실물경제와 금융시장도 환율에 영향을 준다. 특히 자본자유화로 자본의 이동이 자유로운 현 상황에서 실물경제나 금융시장에 혼란이 발생하면 자본의 유출이 발생하고 이에 따라 환율이 크게 영향을 받는다. 그러므로 충분한 외화를 보유하고 있지 않으면 경제의 작은 혼란에도 자본유출로 환율이 급등하고 사실상 경제가 마비되는 상황이 발생할 수 있다. 소국개방경제인 우리나라의 경우 환율과 경제활동 간의 밀접한 정도는 다른 어떤 나라보다 클 수밖에 없다.

(3) 외환시장의 구조와 환율변동성의 증대

1) 외부충격에 취약한 국내외환시장구조[10]

우리나라의 외환시장은 몇 가지 구조적인 문제를 안고 있으며 이로 인해 외환시장의 질적, 양적 성장이 지체되고 외부충격에 취약한 약점을 드러내고 있다.

첫째, 국내 외환거래의 달러화에 대한 의존도가 너무 과도하다. 우리나라는 대외거래에 있어 달러화 사용비중이 절대적으로 높아 달러화 가치변동에 국내외환시장이 과도하게 반응하고 있다. 선진국들의 경우 대외거래결제에서 자국통화결제비율이 높은 반면 우리나라는 원화의 대외거래 결제비중이 매우 낮고 대부분 달러화로 결제되고 있다. 이에 따라 미국경제의 구조적 문제점이 제기될 때마다 국내외환시장이 크게 변동하고 있다.

둘째, 이종 통화(엔, 유로, 위안 등)에 대한 직거래 시장이 활성화되지 않거나 개설 자체가 되지 않아 대외거래에서 기업들의 달러화 의존도 개선에 애로가 있다. 특히 1997년 이후 원/엔 시장은 활성화되지 못하고 있다. 그러나 2014년 7월 한·중 정상은 양국간 자국통화 거래를 활성화하기로 인식을 같이 하고 한·중 무역 및 금융거래에서 위안화 활용도를 제고하기 위해 원/위안 직거래시장을 개설하기로 합의하였다. 이에 의해 2014년 12월 원/위안 직거래시장을 공식 개설하였으며 또 2015년 10월 양국 정상회담을 통해 상하이 원/위안직거래시장을 조속한 시일 내에 개설하기로 합의하였다. 이에 따라 결제통화 다변화를 통해 미달러화에 대한 의존도를 낮출 경우 미달러화의 자금유출입에 민감한 우리경제의 체질개선에도 기여할 것으로 기대된다.

셋째, 국내외환시장의 규모가 너무 작다. 앞에서도 보았듯이 우리나라 외환시장의 거래규모는 경제규모에 비해 여전히 매우 낮은 수준이다. 반면 국내주식시장은 신흥국들 중에서는 절대규모나 경제규모에 대한 상대적 규모로나 큰 편에 속한다. 여기에 자본시장이 매우 개방적이어서 외국인 투자자들은 수시로 달러로 환전하여 유출한다. 이와 같이 국내 외환시장은 시장참가자 수가 제한적인 데다 시장을 주도할 수 있는 대형은행이 부재하여 외국인 투자자들의 움직임에 따라 원/달러 환율의 쏠림현상이 자주 발생하고 있다. 특히 대외 불확실성이 커질 경우 과도한 환율변동성이 야기되는 점은 매우 큰 문제이다. 우리나라 외환시장은 이러한 구조적 취약성으로 인해 외부충격이 있게 되면 과도하게 반응하고 변동하는 약점을 드러내고 있다.

---

10 현대경제연구원(2006), 한국은행(2016) 참고.

2) 환율변동성의 증대

1971년 8월 15일에 미국은 1934년 이래 금 1온스당 35달러로 고정시켰던 달러화의 금평가를 포기하였다.[11] 이에 따라 브레턴우즈체제의 고정환율제를 새 형태로 변형시켜 유지하려는 노력이 1972년 스미소니언 합의로 타결되었지만 결국 이 합의도 실패로 돌아가 1973년 초 공식적으로 변동환율제가 채택되었다. 이후 환율의 변동성은 크게 증대되었다. 개별통화의 시장환율변동은 국가 간 물가상승률의 차이로 설명할 수 있는 변동폭을 훨씬 넘어서는 것이 예사였다. 각국 통화의 과도한 가치상승과 가치하락이 나타나는 **과잉반응**(overshooting)의 출렁거림은 이전 어느 시기보다도 그 폭이 훨씬 더 커졌고 대상 통화의 범위도 더 넓어졌다.[12]

특히 우리나라의 원화환율은 변동성이 매우 큰 편이다. 금융위기(1997년의 외환위기, 2008년의 글로벌 금융위기 등)의 시기에는 말할 것도 없고 평상시에도 경제에 약간의 충격이 발생하더라도 원화의 변동성은 크게 확대되었다. 가까운 예로는 2011년 8월 6일에 신용평가회사인 S&P가 미국의 신용등급을 한 단계 낮추고 유럽의 재정위기가 부각되면서 다시 한번 원화환율이 요동친 바 있다. 또 미국 Fed가 2015년부터 양적완화의 종료(tapering)와 정책금리의 인상을 추진하면서 우리나라의 원화를 비롯해 많은 통화의 가치가 급변하고 있다. 2008년의 금융위기를 겪으면서 그 동안 외환보유액을 크게 확충하고 은행의 외화건전성을 개선하고 또 다양한 규제를 도입하여 단기외채규모를 크게 축소하여 환율안정의 여건을 많이 갖춰 신흥시장국보다는 안정적이나 원화환율의 변동성은 여전히 불안한 수준이다.[13]

---

11 1971년 8월 15일에 닉슨대통령이 달러방위를 목적으로 달러화의 금태환을 정지시켰는데 이 충격적 선언을 **닉슨쇼크**(Nixon Shock)라고도 한다.

12 예컨대, 1973년 이후 1970년대 말까지 미국 달러화는 독일 마르크화와 일본 엔화에 대해 절반 이상 절하되었다. 1980년대 전반 미 달러화의 가치는 상당히 큰 폭으로 상승했지만 1970년대 초 수준까지는 회복되지 않았다. 또 1980년대 초에는 멕시코, 브라질, 아르헨티나, 그 밖의 여러 개도국 통화들이 대대적인 외환위기에 휘말렸다. 또 EMS(유럽통화제도)의 ERM 참여국가들에 대한 투기적 공격의 여파로 핀란드, 스웨덴, 영국, 이탈리아, 스페인의 통화의 대부분의 가치가 1992년 하반기에 독일 마르크화 대비 30% 하락하였다. 또 멕시코 페소화는 1994년 말부터 1995년 초까지 정치적 불안기간에 미 달러화에 대해 절반 이상의 가치를 상실했고 아시아 지역통화의 대부분(태국 바트화, 말레이시아 링기트화, 인도네시아 루피아화, 한국의 원화 등)이 1997년 여름과 가을에 걸친 외환위기 때 가치가 폭락했다.

13 이하 배민근·김건우(2011, pp.8-11) 참고.

이와 같이 금융불안이 확대되는 경우 원화환율의 불안이 발생하는 일차적인 이유로는 위에서 지적한 바와 같이 국내 자본시장의 개방도에 비해 외환시장의 규모가 과도하게 작다는 것을 들 수 있다. 국내 주식시장은 외국인 투자자의 입장에서는 규모가 비교적 크고 유동성이 풍부하고 공매도(short sale) 등에 대한 규제도 상대적으로 적어 개방도와 자유도가 높은 시장이라고 할 수 있다. 따라서 국내주식시장은 외국인 투자자들이 유사시에 주식을 매각하고 달러 유동성을 확보하기에 좋은 시장인데 국내 외환시장, 그 중에서도 대고객 현물환시장의 규모(2015년 3분기 기준으로 1일 거래량이 197억 달러에 불과)가 매우 적으므로 외국인 투자자들의 환전요구가 집중되면 비록 크지 않은 규모의 환전물량에도 환율의 변동폭은 크게 확대될 수 있다. 특히 금융불안이 확대됨으로써 외환거래량이 급감하는 상황에서는 이러한 현상이 더욱 심화될 수 있다. 원화환율의 변동성이 확대되는 또 하나의 이유로는 단기외채 규모를 들 수 있다. 그 동안 단기외채 축소를 위해 노력해 왔지만 외환보유액이나 외환시장의 규모와 다른 나라의 단기외채를 비교했을 때 여전히 불안한 수준이다. 유사시 주식시장뿐만 아니라 은행간대출(국제수지표의 기타투자)을 통해 유입되었던 자금까지 이탈함으로써 외환시장의 환율상승압력을 가중시키는 요인으로 작용하였다. 특히 단기차입금의 유출은 금융시장불안이 상당부분 완화된 이후에도 한동안 지속되는 경향이 있기 때문에 급등한 환율이 하락세로 전환되고 난 후에도 하락속도를 느리게 만드는 요인으로 작용한다.

2. 환율의 장기결정이론

다른 모든 상품의 가격과 마찬가지로 환율도 자유변동환율제도 하에서는 외환시장에서 외환에 대한 수요와 공급의 작용에 의해 결정된다. 그런데 장기에서 환율은 각 나라의 물가나 생산성과 같은 경제의 펀더멘털(fundamentals)에 의해 결정된다고 볼 수 있다. 즉, 장기에서의 환율(외국통화와 국내통화의 교환비율)의 변화는 경제적 펀더멘털의 변화에 대한 외환시장 참여자들의 반응에 의해 결정된다. 따라서 장기에서의 환율결정에 대해 살펴보기 위해서©는 장기환율에 영향을 미치는 중요한 펀더멘털 요인들을 알아볼 필요가 있다. 이를 위해 먼저 환율의 장기이론으로 대표적인 구매력평가이론에 대해 살펴본다.

(1) 구매력평가이론

1) 일물일가의 법칙

장기에서의 환율의 결정을 잘 보여주는 것이 구매력평가이론이다. 그런데 구매력평가이론은 일물일가의 법칙과 밀접한 관계를 가진다. **일물일가의 법칙**(law of one price)이란 수송비 등 일체의 거래비용이 없고 관세와 같은 무역장벽이 없어 완전한 자유무역이 이루어지는 경우 동일한 상품은 어느 나라에서 생산되든 상관없이 동일한 화폐로 환산할 때 동일한 가격으로 판매된다는 것을 말한다. 이것을 수식으로 표현하면 식(8-2)와 같다.

(8-2) $$p_j = ep_j^*$$

여기서 p_j는 j재의 가격(원화표시), e는 환율, p_j^*는 j재의 외국(미국)가격(외국통화표시)이다.

예를 들어 동일한 TV 1대가 미국에서는 100달러에 생산되고 한국에서는 100,000원에 생산된다고 하자. 일물일가의 법칙은 미국TV가 한국에서는 100,000원(한국TV의 가격)에 팔리고 한국TV는 미국에서 100달러(미국TV의 가격)에 팔려야 한다는 것이다. 그리고 이렇게 되기 위해서는 환율이 달러당 1,000원이 되어야 한다는 것을 제시한다. 만약 환율이 달러당 2,000원이라면 한국TV는 미국에서 50달러(미국TV가격의 반)에 판매될 것이며 미국TV는 한국에서 200,000원(한국TV가격의 2배)에 판매될 것이다. 그러면 미국TV는 비싸므로 미국TV에 대한 수요는 0이 될 것이다. 단지 환율이 달러당 1,000원이고 그래서 미국TV와 한국TV의 가격이 양국에서 동일할 때에만 미국TV와 한국TV 모두에 대해 수요가 있게 될 것이다.

그러면 이러한 일물일가의 법칙이 성립하게 되는 이유는 무엇인가? 그것은 두 나라에서 동일상품의 가격에 괴리가 생기면 즉시로 **상품재정거래**(commodity arbitrage transaction)가 발생하여 가격의 균등화가 이루어지기 때문이다.[14] 예를 들어 환율이 달

---

14 **재정거래**(arbitrage transaction)란 시장 간에 가격 차이가 발생할 때 가격 차이를 이용하여 이윤을 얻는 거래를 말한다. 이러한 재정거래는 모든 시장에서 발생할 수 있다. 그 대상이 곡물, 석유, TV와 같은 상품이면 상품재정거래, 외환이 대상이면 앞에서 본 바와 같이 **환재정거래**(exchange arbitrage transaction)이고 시장 간의 금리에 차이가 날 때 금리격차를 이용해서 이윤을 얻고자 하는 것은 **금리(이자율)재정거래**(interest arbitrage transaction)라고 한다.

러당 1,000원인 경우 TV 1대의 가격이 미국에서 100달러인데 반해 한국에서는 120,000원이라면 한국의 TV가격(120달러)이 미국의 TV가격(100달러)보다 높기 때문에 이러한 가격차이를 이용하여 이윤을 얻기 위하여 TV가 미국에서 한국으로 즉시로 수입될 것이다. 그러면 수요의 증가에 따라 미국의 TV가격은 상승하고 수요의 감소에 따라 한국의 TV가격은 하락할 것이며 이러한 상품재정거래는 두 나라의 TV가격이 동일하게 될 때까지 계속되어 결국 두 나라의 TV가격은 동일하게 된다.

2) 구매력평가이론의 의미와 의의

구매력평가이론(PPP, purchasing power parity theory)은 스웨덴의 경제학자인 Karl Gustav Cassel(1866.10.20~1945.1.14)에 의해 도입된 이론으로 물가수준과 환율 간의 장기적 관계를 설명하는 이론인데 균형환율은 두 나라 통화의 구매력의 비율과 같다는 것이다. 이 이론은 한 나라의 일정량의 화폐는 다른 나라에서도 동등한 구매력을 갖게 되고 따라서 동일한 상품의 양을 구매할 수 있어야 한다는 것이다. 예컨대, 미국에서 10달러로 오렌지 5개와 바나나 10개를 살 수 있으면 한국에서도 10달러로 오렌지 5개와 바나나 10개를 살 수 있어야 한다는 것이다. 만약 한국에서 오렌지 5개와 바나나 10개를 구매하는데 10,000원이 소요된다면 환율은 1달러당 1,000원이 되어야 한다. 그리고 한 나라의 통화의 구매력은 그 나라의 물가수준에 반비례하므로 이는 결국 균형환율은 두 나라의 물가수준의 비율과 같아야 한다는 의미이다. 이러한 관계를 **구매력평가(등가)조건(purchasing power parity condition)**이라고 하는데 이것은 식 (8-2)에서 본 일물일가의 법칙을 전체 상품으로 확대시킨 것으로 다음의 식(8-3)과 같다.

(8-3) $$P = eP^*$$

여기서 P는 국내물가수준(원화표시), e는 구매력평가환율(균형환율), P*는 미국 물가수준(달러표시)이다. 좌변은 원화로 표시된 국내물가수준이고 우변은 달러표시물가수준에 환율을 곱하여 원화로 표시한 것이다. 이 식이 의미하는 것은 각국의 물가수준은 동일한 통화로 표시하였을 때 같아진다는 것이다. 식(8-3)을 변형하면 다음과 같은 구매력평가환율(균형환율)이 구해진다.

(8-4) $$e = P/P^*$$

이 식에 따르면 국내물가가 상승하면 환율(달러당 원화)은 상승하고 미국물가가 상승하면 환율이 하락한다는 것을 보여준다. 그러므로 구매력평가이론은 두 통화 간의 환율은 두 나라의 물가수준의 변화를 반영하여 조정된다는 것이며 장기환율에 영향을 미치는 결정적 펀더멘털은 물가라는 것이다. 예컨대, 이제 한국의 물가가 10% 상승하여 오렌지 5개와 바나나 10개를 구매하는데 11,000원이 소요된다면(미국은 여전히 10달러가 소요) 환율은 이제 달러당 1,100원이 된다. 이것을 일반화시켜서 말하면 한국의 물가수준이 미국의 물가수준에 비해 10% 상승한다면 달러당 원화환율은 1,000원에서 1,100원으로 달러가 10% 절상(원화가 10% 절하)된다는 것이다.[15] 그러므로 한 나라의 물가수준이 상대적으로 오르면 그 통화는 절하되고 물가수준이 상대적으로 내리면 그 통화는 절상이 된다. 식(8-4)가 보여주듯이 균형환율은 두 나라의 절대물가수준의 비율에 의해 결정되는데 이와 같이 균형환율이 절대물가수준의 차이만큼 변동한다고 보는 이론을 **절대적 구매력평가이론**(absolute version of PPP theory)이라고 부른다. 절대적 구매력평가이론은 개별상품에 대한 일물일가의 법칙을 나라전체의 상품에 대해, 즉 두 나라의 물가수준에 적용한 것이다.

그러나 환율이 두 나라 통화의 구매력의 절대적 비율에 의해 결정된다고 보기는 어렵기 때문에 더 일반적으로는 물가수준보다는 물가상승률을 통해 환율의 변동을 설명한다. 즉, 일정기간 동안의 두 나라 통화 간의 환율변동률은 그 기간 동안의 두 나라의 인플레이션율(물가변동률)과 같다는 것이다. 이것은 균형환율이 두 나라의 인플레이션율의 차이만큼 변동한다는 것이다. 균형환율이 두 나라의 인플레이션율의 차이만큼 변동한다고 보는 이론을 **상대적 구매력평가이론**(relative version of PPP theory)이라고 한다.

구매력평가이론은 두 나라의 물가상승률만 알면 쉽게 계산할 수 있기 때문에 이러한 계산의 편의성으로 인해 균형환율의 수준을 판정하기 위하여 아직도 널리 이용되고 있다. 예컨대, 지난 1년 동안 우리나라 원화가 미국달러에 대해 6% 절상되었다고 하자. 과연 이러한 절상은 적정한 수준인가, 아니면 과도하게 절상이 된 것인가? 비교적 간단하게 이것을 평가할 수 있는 방법은 구매력평가이론을 이용하는 것이다. 만약 같은 기간 동안

---

15 환율이 조정되지 않고 고정되어 있는 고정환율의 경우에는 환율(E) 대신 두 나라의 물가가 조정되어 균형이 회복된다. 예컨대, $E > P/P^*$, 즉 $EP^* > P$라면 미국물가가 국내물가보다 더 높으며 이 경우 미국상품에 대한 수요는 감소하고 이에 따라 미국물가는 하락하고 국내상품에 대한 수요는 증가하고 이에 따라 국내물가는 상승하여 $EP^* = P$가 된다. 반대인 경우에도 마찬가지로 균형이 회복된다.

에 우리나라의 인플레이션율이 5%인데 미국의 인플레이션율이 7%였다면 원화의 적정절상률(환율하락률)은 2%이다. 따라서 이 경우 원화는 4% 포인트만큼 과도하게 절상되었다고 볼 수 있다.

3) 구매력평가이론의 한계와 문제점

구매력평가이론이 편의성 때문에 자주 사용되고 있지만 과연 구매력평가이론이 현실을 잘 설명하고 예측하는가? 실증분석결과에 의하면 매우 만족스럽지 않은 것으로 나타나고 있다. 특히 구매력평가이론은 단기에서는 잘 성립하지 않는 것으로 나타났다. 장기인 경우에는 결과가 다소 나은 편이지만 일단 균형수준을 이탈한 후에 다시 균형을 회복하는 데 시간이 매우 오래 걸리는 것으로 나타나고 있다.

그러면 실증분석에서 구매력평가이론이 잘 성립하지 않는 이유는 무엇인가? 일물일가의 법칙에 기반을 두고 환율이 물가수준의 상대적 변화에 의해서만 결정된다는 구매력평가이론의 결론은 몇 가지 문제로 인해 잘 맞지 않는 것으로 생각된다. 첫째, 모든 상품이 두 나라에서 동일하다는 가정이 성립되지 않는다. 상품이 동일하다는 가정은 미국과 한국의 비누나 휴지의 경우에는 그렇게 불합리한 가정이 아닐지 몰라도 미국의 스마트폰과 한국의 스마트폰의 경우에는 그 가정이 합리적이라고 보기는 어려우며 스마트폰에 대한 특별한 선호가 있다. 상품에 대한 특별한 상대적 선호가 있다면 동일상품이라고 보기 어렵다.

둘째, 관세 등 **무역장벽**이 존재하여 완전한 자유무역이 가능하지 않다. 이러한 장벽이 존재하면 이들 때문에 가격이 상승할 수 있으며 이러한 것 때문에 동일상품이 동일한 가격을 받는 가격의 균등화가 달성되기 어렵고 구매력평가의 성립을 어렵게 만든다.

셋째, 수송비 등 거래비용이 너무 크기 때문에 교역이 전혀 되지 않는 **비교역재(non-tradable goods)**가 존재한다. 비교역재의 경우 상품재정거래가 발생할 수 없는데 구매력평가이론은 많은 재화와 서비스가 교역이 되지 않는다는 사실을 고려하지 않고 있다. 주택, 토지, 음식서비스 등은 대표적인 비교역재이다. 이들은 교역이 되지 않으며 두 나라의 가격의 격차는 지속된다. 따라서 이들 비교역재의 가격이 상승하여 물가(각국의 물가지수계산에는 비교역재도 포함됨)가 상대적으로 올라가는 경우에는 물가지수에서 비교역재가격이 차지하는 비중만큼은 구매력평가로부터 환율을 괴리시키는 요인이 된다.

넷째, 불완전경쟁과 이에 따른 가격의 경직성이 존재한다. 불완전경쟁시장에서는 기업이 시장지배력을 가지며 제품은 광고 등으로 차별화를 시도하게 된다. 이러한 독과점 시장의 존재는 경쟁을 제한하여 국제적 가격의 차이를 일으키며 일물일가의 법칙이 성립하는 것을 방해한다. 또 가격이 경직적이고 가격이 변화하는 속도가 나라마다 상품마다 다르기 때문에 물가의 상승이 더디게 나타나며 이에 따라 물가가 상대적으로 올라간다고 하더라도 환율에는 직접적인 영향은 없다고 볼 수 있다.

(2) 환율에 영향을 미치는 중요한 장기적 펀더멘털 요인

위에서 본 바와 같이 구매력평가이론에는 많은 한계와 문제점이 있음에도 불구하고 이 이론을 이용하면 장기적으로 환율에 영향을 미치는 요인들을 파악할 수 있다. 우선 구매력평가이론에 의하면 환율에 영향을 미치는 주요 요인으로 두 나라의 상대적인 물가수준을 들 수 있다. 그리고 두 나라의 상대적인 물가수준과 밀접하게 관련되는 것이 두 나라의 상대적인 생산성이다. 왜냐하면 상대적 생산성이 높으면 상대적으로 물가가 낮아지기 때문이다. 그리고 구매력평가이론이 장기환율이론으로서 갖는 문제점으로 앞에서 네 가지를 지적하였으나 환율과 직접적으로 관련되는 중요한 요소는 앞의 세 가지이다. 이들 요소들도 장기적인 환율에 영향을 미칠 수 있다. 하나는 국내상품과 외국상품이 동일한 상품이 아니며 따라서 국내상품과 외국상품에 대한 상대적 선호(상대적 선호가 존재한다는 것은 동일한 상품이 아니라는 것을 의미)가 존재한다는 것이다. 다른 하나는 **관세**(tariff, 수입상품에 대한 세금)나 **쿼터**(quota, 수입할 수 있는 외국상품의 양에 대한 제약)와 같은 무역장벽의 존재이다. 또 다른 하나는 수송비의 과다에 따른 비교역재의 존재인데 이것은 상대적인 물가수준에 반영될 수 있다. 따라서 장기적으로 환율에 영향을 미치는 주요 요인으로는 크게 네 가지를 들 수 있다. 즉, 상대적 물가수준, 상대적 생산성, 국내상품과 외국상품에 대한 상대적 선호, 그리고 관세와 쿼터 등 무역장벽이다. 우리나라와 미국의 경우를 예로 들어 이들 요인이 환율에 장기적으로 어떤 영향을 미치는지 살펴본다.

상대적 물가수준 우리나라의 물가는 변화가 없는데 미국의 물가가 상대적으로 상승한다면 미국의 상품과 금융자산은 우리나라의 유사한 상품이나 금융자산에 비해 더 비싸게 된다. 미국의 물가가 우리나라보다 더 빨리 상승한다면(미국의 인플레이션이 우리나라의 인플레이션보다 더 높다면) 미국상품과 금융자산에 대한 수요가 감소하므로 달러에 대한 수요가 감소하며 다른 사정에 변화가 없는 경우 균형환율(달러당 원화)은 하락한다. 따라서 한 나라(미국)의 상대적 물가상승은 그 나라의 통화(달러)의 절하를 유발한다. 또 상품에는 교역재와 비교역재가 있는데 서비스와 같은 비교역재의 비중이 높고 그 가격이 많이 오르면 물가수준도 높게 된다. 만약 우리나라의 비교역재의 가격상승으로 물가가 상대적으로 올라간다면 원화는 절하된다. 산업구조가 고도화될수록 서비스산업화되는데 대개 선진국의 경우 비교역재인 서비스의 비중이 높고 서비스의 가격이 높기 때문에 물가수준은 선진국이 후진국보다 높게 나타난다. 이로 인해 환율은 장기적으로 선진국의 경우 절하되는 경향이 있고 후진국의 경우에는 절상되는 경향이 있다.[16]

상대적 생산성 우리나라가 미국보다 상대적으로 생산성(상대적 생산성의 증가는 상대적 성장을 의미)이 더 높아진다면 우리나라의 기업들은 미국기업에 비해 상품을 더 싸게 생산할 수 있으며 따라서 국내상품의 가격을 낮출 수 있다. 따라서 상대적인 생산성(성장률)의 증가는 국내상품에 대한 미국수요를 증가시키므로 국내통화(원화)에 대한 수요가 증가한다. 원화수요의 증가에 대응하여 달러의 공급이 증가하므로 다른 사정에 변화가 없는 경우 균형환율은 하락(원화의 절상, 달러의 절하)한다. 요컨대, 장기적으로 볼 때 한 나라의 상대적 생산성(상대적 성장률)의 하락은 그 나라의 통화를 절하시키며 상대적 생산성(상대적 성장률)의 상승은 그 나라의 통화를 절상시킨다.

국내상품과 외국상품의 상대적 선호 만약 우리나라 사람들의 미국상품(예를 들어 미국오렌지, 미국영화, 미국 아이폰, 미국여행 등)에 대한 선호가 증가(미국상품에 대한 상대적 선호의 증가)한다면 우리나라 사람들은 미국상품을 구매하기 위해 달러를 더 많이 수요할 것이다. 이에 따라 환율은 상승(달러절상, 원화절하)한다. 따라서 한 나라의 수출품(국내상품)에 대한 수요의 증가는 장기적으로 그 나라의 통화가치의 상승을 유발하며 수입품(외국상품)에 대한 수요의 증가는 국내통화의 절하를 유발한다.

무역장벽 관세나 쿼터와 같이 자유무역을 제약하는 요소들도 장기적으로 환율에 영향을 미칠 수 있다. 만약 우리나라가 미국 자동차에 대해 관세를 부과한다면 우리나라

---

16 곽태운(2010, pp.116-117).

소비자에게 국산자동차보다 미국산자동차를 더 비싸게 만든다. 따라서 미국산자동차에 대한 수요를 감소시키며 관세가 없는 경우에 비해 달러에 대한 수요를 감소시키며 이에 따라 환율은 하락(달러절하, 원화절상)한다. 따라서 관세와 쿼터의 부과는 장기적으로 관세와 쿼터를 부과하는 나라의 통화가치를 상승시킨다.

3. 단기외환시장모형

환율의 장기적 움직임에 대해 살펴보았는데 환율이 매일매일 매우 심하게 변화하는 것을 이해하기 위해서는 현재의 환율(현물환율)이 단기에서 어떻게 결정되는지를 살펴보아야 한다. 단기에서의 환율의 결정문제를 보는 기본적인 접근방법은 **자산시장접근방법**(asset market approach)이다. 자산시장접근방법이 호소력을 가지게 된 이유는 변동환율제에서 환율이 경상수지를 균형시키는 수준에서 결정되지 않는 최대의 요인은 예상 밖의 대량의 자본이동이 발생하였다는 사실 때문이다. 즉, 한 나라의 경제를 규정짓는 환율이라는 주요경제변수가 세계적인 자본이동에 의해 불안정한 변동을 보였기 때문이다. 그래서 최근에는 환율의 설명에서도 외환을 하나의 자산으로 보는 자산시장접근법이 널리 이용되고 있다.

자산시장접근방법에는 국내자산과 해외자산을 완전대체자산으로 보는 이론도 있고 불완전대체자산으로 보는 이론도 있다. 전자의 경우에는 환위험 이외에는 아무런 위험이 없으며 자산보유자들은 국내자산이든, 외국자산이든 두 자산의 기대수익이 같은 한 전혀 차별을 하지 않는다. 따라서 이 경우에는 국내자산과 외국자산의 기대수익 간에 차이가 날 수 없다. 반면 후자의 경우에는 환위험 이외에도 유동성위험, 조세위험, 부도위험, 정치적 위험 등이 존재하며 이러한 위험으로 인해 위험회피투자자들은 위험자산을 보유하는 데 따른 보상인 위험프리미엄을 요구하게 된다.[17] 그리고 자국 및 외국통화로 표시된 자산의 수익성이 변동할 경우 투자자들이 이윤극대화를 위하여 자산의 포트폴리오를 조정하는 과정에서 환율이 결정된다.

---

17 전자(국내자산과 해외자산을 완전대체자산으로 보는 이론)의 경우에는 **커버되지 않은 이자율평형조건**(uncovered interest parity condition)이 항상 성립하지만 후자(불완전대체자산으로 보는 이론)의 경우에는 커버되지 않은 이자율평형조건이 성립되지 않는다.

여기서는 환율의 단기적 결정을 자산시장접근방법에 의해 살펴본다. 자산시장접근방법에서 환율이란 한 통화의 자산을 다른 통화의 자산으로 나타낸 가격으로 보기 때문에 환율이 외국자산(외국통화로 표시된 은행예금, 채권, 주식 등)과 국내자산(국내통화로 표시된 은행예금, 채권, 주식 등)의 상대가격이라는 사실을 인식하는 것이 중요하다. 환율결정에 대한 초기의 접근방법(환율변동의 설명을 위해 무역수지격차를 중시하는 탄력성 접근방법)은 단기에서 유량(flow)으로서의 수입수요와 수출수요의 역할을 강조하였으나 여기서 사용되는 자산시장접근방법은 **저량**(stock)을 강조한다. 왜냐하면 수출입재화의 거래량(유량)은 어느 주어진 시점에서의 국내통화자산과 외화통화자산의 양(저량)에 비하면 매우 적기 때문이다. 매년 각국의 외환거래규모는 수출입액의 수십 배 이상이 된다. 따라서 단기에 있어서는 국내자산을 소지할 것인지, 외국자산을 소지할 것인지의 결정이 수출입수요보다 환율결정에서 훨씬 더 큰 역할을 한다. 그러나 앞으로 보는 바와 같이 환율의 장기결정요인(물가, 생산성 등)과 이들에 의해 영향을 받는 중기결정요인(무역수지나 경상수지)도 또한 단기적인 자산시장접근방법에서 중요한 역할을 수행한다. 즉, 이러한 장기적, 중기적 요인들은 미래의 예상환율에 영향을 미치는 중요한 요인들이 되며 이를 통해 단기환율에 영향을 미치게 된다.

(1) 이자율평형조건

1) 달러자산과 원화자산의 기대수익의 비교

환율이 외국자산(외국통화자산, 외국통화로 표시된 자산)과 국내자산(국내통화자산, 국내통화로 표시된 자산)의 상대가격이고 자산시장접근방법에서는 자산 간의 상대적 기대수익이 중요하므로 먼저 이들 자산을 보유하는 경우의 기대수익을 비교해 볼 필요가 있다.

여기서는 미국 달러화와 우리나라 원화의 환율에 초점을 맞추어 살펴본다. 미국의 자산은 달러로 표시되고 우리나라의 자산은 원화로 표시된다. 따라서 편의상 미국의 자산을 달러자산(달러로 표시된 자산)이라고 하고 우리나라의 자산을 원화자산(원화로 표시된 자산)이라고 하자. 3장에서 본 자산선택이론에 의하면 달러자산과 원화자산에 대한 수요에 영향을 미치는 가장 중요한 요소는 이들 자산의 상대적 기대수익이다(환위험 이외에는 아무런 위험이 없다고 가정. 달러자산과 원화자산이 완전대체자산이라는 가정). 기대수익이 높은 자산으로 수요가 증가할 것이기 때문에 달러자산과 원화자산에 대한 수요가 어떻게 변화하는지를 이해하기 위해서는 달러자산과 원화자산의 기대수익(률)을 비교할 필요가 있다.[18] 이제 달러자산의 이자율(달러로 지불되는 이자율)을 i^D라고 하고 원화자산의 이자율(원화로 지불되는 이자율)을 i^W라고 하자. 달러자산과 원화자산의 기대수익률을 비교하기 위해서는 투자자들이 사용하는 통화단위로 이러한 수익을 전환해 보아야 한다.

첫째, 투자자가 우리나라사람이라고 할 때 이들이 달러자산과 원화자산의 기대수익률을 어떻게 비교하는지를 검토해 보자. 먼저 우리나라사람들의 원화자산에 대한 원화표시 기대수익률은 원화자산의 이자율과 같으므로 다음의 식(8-5)와 같다.

(8-5) 원화자산의 원화표시 기대수익률 = i^W(원화자산이자율)

이번에는 우리나라투자자가 달러자산에 투자하는 경우에 달러자산의 기대수익률을 구해보자. 달러자산의 기대수익률을 원화로 표시할 때는 단순히 i^D가 아니고 달러의 예상절상과 예상절하를 고려하여야 한다. 현재(t기)의 환율(현물환율)을 E_t(달러당 원화)라고 하고 다음 기(예컨대 1년 후, t+1기)의 기대환율(예상현물환율)을 E^e_{t+1}라고 하면 달러의 예상절상률(d^e, 원화의 예상절하율)은 $d^e = (E^e_{t+1} - E_t)/E_t$이 된다. 따라서 원화로 표시한 달러자산의 기대수익률은 다음의 식(8-6)과 같다.

(8-6) 달러자산의 원화표시 기대수익률 = $i^D + d^e$
= 달러자산이자율 + 달러의 예상절상률

<예시 8-3> 달러자산의 원화표시 기대수익률

현재의 환율이 E_t = ₩1,000/$이고 다음 기(예컨대 1년 후)의 예상환율이 E^e_{t+1} = ₩1,060/$이라고 하면 1년 동안 달러가 6% 절상될 것으로 기대된다. 즉, 달러의 예상절상률(d^e)은 d^e = (1,060 − 1,000)/1,000 = 6%이다. 만약 달러자산의 이자율(i^D)이 5%라면 식(8-6)에 의해 원화로 나타낸 달러자산의 기대수익률은 달러이자율(5%)에다 달러가치의 예상상승률(6%)을 합쳐 11%가 된다. 이를 자세히 살펴보기 위해 100만 원을 달러로 바꾸어 달러자산에

18 유동성도 자산수요에 영향을 미치는 중요한 요인이지만 외환거래에서 국제교역과 관련된 지불수요는 매우 적기 때문에 외화자산수요에 대한 유동성 동기를 무시한다.

투자하고 1년 후에 다시 원화로 환전하는 경우 수익률이 얼마가 되는지를 계산해보자. 100만 원을 지금의 환율인 ₩1,000/$에서 달러로 바꾸면 1,000달러가 된다. 이것을 1년 동안 달러자산(달러정기예금)에 투자하면 1년 후에는 달러자산의 이자로 50달러를 받고 원금을 1,000달러 받으므로 총 1,050달러를 받는다. 그리고 이것을 1년 후의 예상환율인 ₩1,060/$에서 원화로 환전을 하면 총 1,050 × 1,060 = 1,113,000원을 받을 것으로 예상된다. 따라서 원화로 표시하는 경우 1년간의 기대수익률은 약 11%가 된다.[19]

이제 원화자산과 달러자산의 기대수익률을 모두 원화로 나타내어 계산하였으므로 어느 자산의 기대수익률이 높으냐에 따라 우리나라 투자자의 자금이 움직일 것이다. 달러자산의 기대수익률이 상대적으로 증가하면 우리나라 투자자들은 달러자산을 더 많이 보유할 것이고 원화자산을 더 적게 보유하려고 할 것이며 반대로 원화자산의 기대수익률이 상대적으로 증가하면 달러자산을 더 적게 보유하고 원화자산을 더 많이 보유하려고 할 것이다.

둘째, 미국투자자의 경우에도 동일한 방식으로 원화자산과 달러자산의 기대수익률을 달러로 표시하면 다음과 같다.

(8-7) 달러자산의 달러표시 기대수익률 $= i^D$(달러자산이자율)

(8-8) 원화자산의 달러표시 기대수익률 $= i^W - d^e$

= 원화자산이자율 + 원화의 예상절상률

예컨대, 원화자산의 이자율은 6%이고 원화가 2% 절상될 것(달러가 2% 절하할 것, $d^e = -2\%$)으로 예상되는 경우 원화자산의 기대수익률을 달러로 표시하면 식(8-8)에 의해 6% − (−2%) = 6% + 2% = 8%가 된다.

19 〈예시 8-3〉에서 1년간의 기대수익률은 정확하게는 11.3%이다. 이것은 엄밀하게 계산한 수익률이다. 반면 식(8-6)은 개략화한 식이다. 보다 정확하게 나타내면 다음과 같다. 우리나라 사람이 1원을 달러자산으로 예치한다고 가정하자. 그러면 먼저 $1/E_t$의 달러자산을 가질 수 있다. 그러면 기말에 가서 달러로 $(1 + i^D)(1/E_t)$를 받게 된다. 기말에 가서 원화로 환전하기 위해서는 여기에 E^e_{t+1}를 곱하여야 한다. 이것이 1원을 달러로 투자한 경우의 1년 후의 총수익인데 여기서 원금 1원을 빼면 1원을 달러로 투자한 경우의 1년간의 기대수익률이 된다. 따라서 초기의 1원 투자에 대한 기대수익률은 $(1 + i^D)(E^e_{t+1}E_t) - 1 = i^D(E^e_{t+1}/E_t) + (E^e_{t+1} - E_t)/E_t$이 된다. 개략적으로 E^e_{t+1}/E_t는 거의 1에 가깝기 때문에 식(8-6)과 같이 개략화될 수 있다.

미국투자자의 경우에도 달러자산과 원화자산의 달러표시의 기대수익률을 비교하여 달러자산의 기대수익률이 상대적으로 증가하면 미국 투자자들은 달러자산을 더 많이 보유할 것이고 원화자산을 더 적게 보유할 것이며 반대로 원화자산의 기대수익률이 상대적으로 증가하면 달러자산을 더 적게 보유할 것이고 원화자산을 더 많이 보유할 것이다.

따라서 달러로 표시하든, 원화로 표시하든 투자자에게는 달러자산과 원화자산의 상대적 기대수익률이 중요하다. 원화자산에 대한 달러자산의 상대적 기대수익률(RR^D = 달러자산기대수익률 − 원화자산기대수익률)은 원화로 표시하든, 달러로 표시하든 동일하며 식(8-9)와 같다.[20]

(8-9) $$\text{달러자산의 상대적 기대수익률}(RR^D) = i^D + d^e - i^W$$

그러므로 RR^D가 상승하면 미국인이든, 외국인이든, 국내거주자이든 모두 달러자산을 더 많이, 원화자산을 더 적게 보유하려고 하며 RR^D가 하락하면 반대로 행동할 것이다.

<예시 8-4> 한-미간 금리역전에도 외국투자자가 한국채권을 구매하는 이유[21]

미국 연준이 2015년 12월 정책금리(연방자금금리)의 인상을 시작한 이후 2016년 1차례, 2017년 3차례, 2018년 4차례 정책금리 인상을 단행하여[22] 2019년 2월초 현재 미국의 정책금리는 2.25~2.50%이며 이에 따라 우리나라의 정책(기준)금리(2019년 2월 현재 1.75%)보다 더 높아져 3월에 시작된 정책금리의 역전현상이 더 확대되어 정책금리역전의 차이는 0.75%포인트로 커졌다. 정책금리가 변하면 시장금리도 이에 따라 변하는데 실제 시장금리(10년만기 국채금리 기준)는 이미 2018년 1월부터 한-미간에 역전된 상태(1월 한국이 연 2.77%, 미국이 연 2.78%로 0.01%포인트 차이로 역전)이며 정책금리의 역전확대로 시장금리차이도 커져 12월 들어선 역전 차가 0.72%포인트로 벌어졌다.

미국의 정책금리가 상승하게 되면 미국과 신흥국 채권간 금리차가 축소되어 신흥국내

---

20 기대수익률이 동일한 통화단위로 표시되기 때문에 실질상대적 기대수익률로 보아도 무방하다.

21 조선일보(2018), 한국은행(2016, 2019) 참고.

22 미 연준은 2008년 12월~2015년 11월 사이에 정책금리(연방자금금리)를 0~0.25% 수준으로 유지하였으나 이후 2015년 12월, 2016년 12월, 2017년 3월, 6월, 12월, 2018년 3월, 6월, 9월, 12월 총 9차례 각 0.25%p씩 정책금리를 인상하여 2019년 2월 현재 2.25~2.50%이다.

채권수요가 감소하여 외국인자금이 이탈할 가능성이 확대된다고 우려하고 있다. 더구나 우리나라의 경우 미국과의 금리가 역전되어 외국인 채권투자자금이 대량으로 이탈할 가능성이 크다. 시장금리가 역전되면 금리가 낮은 쪽에서 금리가 높은 쪽으로 돈이 흐르는 게 금융경제의 기본원리이기 때문이다. 그런데 예상과는 달리 국내로 들어오는 외국인 채권투자금은 2018년 1월 이후 12월까지 9월(19.8억 달러 유출)과 10월(2.3억 달러 유출)을 제외하고는 순유입되고 있다. 순유입 규모도 2018년 중 139.1억 달러로 2017년(80.5억 달러) 대비 70% 이상 늘었으며 12월에도 13.5억 달러가 순유입되었다. 왜 이런 현상이 벌어지는가? 그 이유는 식(8-9)의 달러자산의 상대적 기대수익률을 보면 알 수 있다. 투자자금의 이동은 금리에만 의존하는 것이 아니라 달러의 예상절상률에도 영향을 받기 때문이다.

식(8-9)에서 달러이자율과 원화이자율의 차이($i^D - i^W$)는 2018년 12월 현재 2.68% − 1.96% = 0.72%(연율)이다. 여기에 달러의 예상절상률(d^e)을 더해야 달러자산의 원화자산에 대한 상대적 기대수익률을 구할 수 있다. 2018년 들어 달러의 예상절상률(원/달러 3개월 스왑레이트 이용)은 계속 마이너스 상태로 12월엔 −1.33%였다.[23] 달러의 예상절상률(d^e)이 마이너스(−)면 원화의 절상이 예상된다는 것이므로 원화자산 투자자는 이익을 본다. 따라서 식(8-9)에 의하면 2018년 12월의 달러자산의 상대적 기대수익률은 다음과 같이 −0.61%가 된다.

$$\text{달러자산의 상대적 기대수익률}(RR^D) = (i^D - i^W) + d^e = 0.72\% + (-1.33\%) = -0.61\%$$

이것이 의미하는 것은 비록 미국의 시장금리가 우리나라의 시장금리보다 높지만 원화의 예상절상률(달러의 예상절하률)이 크기 때문에 달러자산의 원화자산에 대한 상대적 기대수익률이 마이너스가 되어 외국인의 원화자산(한국의 채권)에 대한 투자액이 증가하고 있다는 것이다. 그러나 앞으로 정책금리역전이 더 심화되고 달러의 예상절상률이 변한다면 사정이 달라질 수 있게 된다.

---

23 달러의 예상절상률을 나타내는 지표로 원/달러 스왑레이트(3개월)을 이용하였다. 외국인 투자자들은 달러자금을 우리나라의 원화자산에 투자할 때 대개 환율변동위험을 피하기 위해 달러를 원화와 일정기간(예컨대, 3개월) 스왑(swap, 교환)거래를 하는 방식으로 원화를 확보하는데(외환스왑거래에 대한 자세한 내용은 9장 2절 참고) 이에 적용되는 지표가 스왑레이트(swap rate)이다. 이 스왑레이트는 (선물환율 − 현물환율)/현물환율로 정의되는데(선물환율은 예상된 환율의 움직임을 반영함) 환율의 변화뿐 아니라 금융기관의 자금사정을 반영하여 결정되지만 여기서는 개략적으로 달러의 예상절상률을 나타내는 것으로 간주하였다.

2) 이자율평형조건

자산시장접근방법에서는 통상 자본이동이 자유로운 세계를 가정한다. 실제로 우리나라 사람도 쉽게 달러자산을 구매할 수 있으며 미국사람도 쉽게 원화자산을 구매할 수 있다. 또 원화자산과 달러자산이 같은 정도의 위험과 유동성을 가지며 자본이동에 거의 제약이 없기 때문에 그 자산들은 완전대체자산이라고 가정한다. 만약 자본이 자유로이 이동되고 자산들이 완전대체자산이라면 달러자산의 기대수익률과 원화자산의 기대수익률이 다르게 되면 어떻게 되는가? 이 경우에는 **국제적 이자율재정거래(international interest arbitrage transaction)**가 발생한다. 재정거래란 시장 간에 가격차이가 발생할 때 가격 차이를 이용하여 이윤을 얻는 거래를 말하는데 특히 이자율(수익률)의 차이가 있는 경우에 발생하는 재정거래가 이자율재정거래이며 국제적인 금리차이에 따라 자본이 이동하는 경우 국제적 이자율재정거래가 발생한다. 이러한 국제적 이자율재정거래는 달러자산의 기대수익률과 원화자산의 기대수익률이 같아지는 상태까지 지속되어 결국 이들이 같아지게 된다. 이 상태가 될 때 더 이상 자본이동이 일어나지 않고 균형상태가 된다. 이러한 균형조건은 식(8-9)의 달러자산의 상대적 기대수익률(RR^D)이 0이 되는 상태이므로 다음의 식(8-10)과 같이 나타낼 수 있다.

(8-10) $$i^D = i^W - d^e \text{ 또는 } i^W = i^D + d^e$$

이것이 (커버되지 않은) **이자율평형조건(interest parity condition)**인데[24] 이것을 이자율로 표시하면 달러자산이자율은 원화자산이자율에서 원화예상절상률(달러예상절하율)을 더한 것과 같다는 것을 말하고 있다.[25]

---

24 식(8-10)과 같이 미래시점의 환율(E^e_{t+1})에 대해 선물환거래를 통해 환위험을 제거시키는 커버거래를 하지 않는 경우에 이를 **커버되지 않은 이자율평형조건(uncovered interest parity condition)**이라고 한다. 반면 선물환거래를 통해 환위험을 제거시킨 경우에는 **커버된 이자율평형조건(covered interest parity condition)**이라고 한다.

25 국내자산과 해외자산을 불완전대체자산으로 보는 경우에는 환위험 이외에도 유동성위험, 조세위험, 부도위험, 정치적 위험 등이 존재하며 이러한 위험으로 인해 위험회피투자자들은 위험자산을 보유하는데 따른 보상인 위험프리미엄(ρ)을 요구하게 된다. 이 경우에는 식(8-10)의 이자율평형조건이 성립되지 않으며 만약 국내자산에 위험이 있다면 식(8-10)은 $i^W = i^D + d^e + \rho$와 같이 수정된다.

(2) 자산시장접근방법에 의한 환율결정이론

이자율평형조건은 달러자산의 기대수익이 원화자산의 기대수익과 같다는 것을 의미할 뿐 아니라 국내자산과 미국자산이 완전대체자산이라는 가정 하에서 외환시장의 균형조건을 나타낼 수도 있다. 다시 말하면 그 가정 하에서 환율이 원화자산과 달러자산의 기대수익이 동일하게 되도록 결정될 수도 있다는 것이다. 따라서 이자율평형조건을 이용하여 환율결정모형을 유도할 수 있다.[26] 그러나 많은 경우 원화자산과 달러자산이 완전대체관계에 있다거나 자본이동이 완전히 자유롭다고 가정하기 어렵다.[27] 따라서 여기서는 자산들이 불완전한 대체관계에 있거나 자본이동이 완전히 자유롭지 않다는 가정 하에서 단기에서의 환율결정모형을 전개한다.

단기외환시장에서의 균형환율은 외환시장(서울외환시장, 달러자산시장)에서의 달러자산(F)의 수요곡선과 달러자산의 공급곡선이 만나는 점에서 결정된다. 따라서 균형환율의 결정을 살펴보려면 달러자산의 수요곡선과 달러자산의 공급곡선을 먼저 살펴보아야 한다.

1) 달러자산의 수요곡선

달러자산의 수요곡선은 환율의 변화에 따른 달러자산의 수요량의 관계를 나타낸 것인데 이것을 나타낸 것이 〈그림 8-2〉의 $D^{\$}$이다. 달러자산의 상대적 기대수익에 영향을 미치는 많은 요소들이 주어진 상태에서 만약 환율(E: 달러당 원화)이 예컨대, E_0에서 E_1으로 상승하면 달러의 예상절상률(d^e)은 감소하며 따라서 달러자산의 상대적 기대수익이 작아지며 이에 따라 달러자산에 대한 수요는 F_0에서 F_1으로 감소한다. 반면 환율이

26 원화자산과 달러자산이 완전대체자산이라는 가정 하에서는 이자율평형조건이 외환시장의 균형을 나타내고 따라서 환율은 $E_t = E^e_{t+1}/(i^W - i^D + 1)$과 같이 결정된다.

27 실증분석에 의하면 커버되지 않은 국제적 이자율평형조건은 성립하지 않는 것으로 나타나고 있는데 이를 **커버되지 않은 이자율평형조건퍼즐**(uncovered interest parity puzzle)이라고 한다. 이는 외국자산의 기대수익률과 국내자산의 기대수익률 간에 격차가 있다는 것을 의미하는데 이것은 외환시장의 효율성가설이 성립하지 않는다는 것을 의미한다(곽태운(2010, p.95)). 따라서 환율이 이자율평형조건이 충족되도록 조정된다는 이 모형에는 한계가 있다. 즉, 원화자산과 달러자산이 완전대체자산이 아닌 경우에는 이자율평형조건이 충족되지 않으며 위험프리미엄이 고려되어야 한다. 특히 금융위기가 오는 경우 원화자산과 달러자산이 결코 완전대체자산이 될 수 없을 것이다.

〈그림 8-2〉 ▸ 외환시장의 단기균형과 균형환율

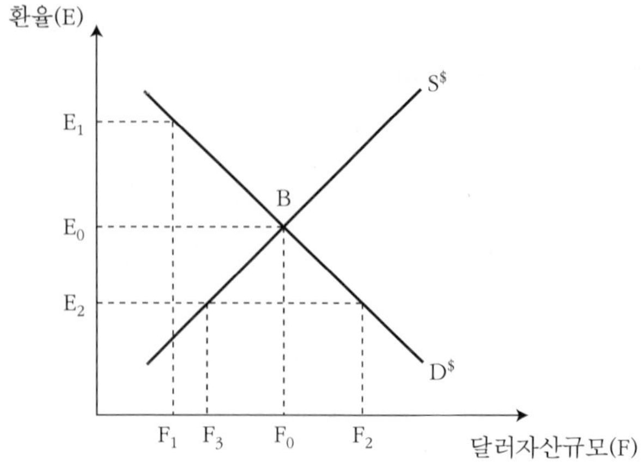

E_0에서 E_2로 하락하면 달러의 예상절상률(d^e)은 상승하며 따라서 달러자산의 상대적 기대수익이 커지며 이에 따라 달러자산에 대한 수요는 F_0에서 F_2로 증가한다. 따라서 달러자산의 수요에 영향을 미치는 많은 요소들이 주어진 상태에서 달러자산 수요곡선($D^\$$)은 환율(E)에 대해 우하향한다.

2) 달러자산의 공급곡선

달러자산의 공급곡선은 달러자산의 공급에 영향을 미치는 많은 요소들이 주어진 상태에서 환율의 변화에 따른 달러자산의 공급량의 관계를 나타낸 것인데 이것을 나타낸 것이 〈그림 8-2〉의 $S^\$$이다. 외환시장(우리나라의 경우 서울외환시장)에서의 달러자산의 공급량은 서울외환시장(한국)에 공급되는 달러자산(달러예금 등)의 크기를 나타낸다. 만약 환율(E: 달러당 원화)이 예컨대 E_2에서 E_0으로 상승하면 이것은 달러자산의 가격이 상승하는 것을 의미하기 때문에 달러자산의 공급량은 증가(예컨대 F_3에서 F_0으로)한다. 반면에 만약 환율이 하락하면 달러자산의 공급량은 감소한다. 따라서 달러자산의 공급에 영향을 미치는 많은 요소들이 주어진 상태에서 달러자산 공급곡선($S^\$$)은 환율(E)에 대해 우상향한다.

외환시장(달러자산시장)에서의 단기균형은 달러자산에 대한 수요량과 공급량이 같은 점에서 달성된다. 〈그림 8-2〉에서 균형점은 B이며 균형환율은 E_0이다. 만약 현재의 환

율이 균형환율(E_0)보다 낮은 E_2이라면 달러자산이 초과수요상태($F_2 - F_3$)에 있으며 따라서 환율은 상승할 것이며 결국 균형(E_0)으로 수렴한다. 반면 현재 환율이 균형환율보다 높은 경우에는 달러자산의 초과공급이 있게 되며 환율은 하락하여 결국 균형환율로 수렴할 것이다.

(3) 균형환율의 변동요인

앞에서 환율의 변동이 매우 심하다는 것을 보았다. 환율이 이렇게 심하게 변동하는 이유를 위에서 도출한 외환시장의 자산시장모형을 이용하여 설명해 볼 수 있다. 이것을 응용하려면 우선 달러자산 수요곡선과 달러자산 공급곡선을 이동시키는 중요한 요인에 대해 살펴보아야 한다. 앞에서 달러자산의 수요곡선과 공급곡선을 유도할 때 많은 것이 주어져 있다고 가정하였는데 이러한 주어진 것들이 변화하면 달러자산 수요곡선과 공급곡선이 이동하게 된다.

1) 달러자산 수요곡선의 이동요인

달러자산 수요곡선을 유도할 때 달러자산의 상대적 기대수익($RR^D = i^D + d^e - i^W$)에 영향을 미치는 중요한 요인인 달러자산(미국)이자율(i^D), 원화자산(한국)이자율(i^W), 그리고 예상환율(E^e_{t+1})이 주어져 있다고 가정하였다. 이외에도 달러자산의 수요에 영향을 미치는 많은 요인이 주어져 있지만 여기서는 i^D, i^W 그리고 E^e_{t+1}이 변할 때 달러자산 수요곡선이 어떻게 이동하는지를 살펴본다.

첫째, 달러자산 이자율(i^D)이 상승하면 현재 환율과 기타 모든 것이 주어진 상태에서 원화자산에 대한 달러자산의 상대적 기대수익은 증가하므로 사람들은 더 많은 달러자산을 보유하기를 원할 것이다. 따라서 달러자산 수요곡선은 우측으로 이동한다. 만약 달러자산의 공급에 변화가 없다면 균형환율은 상승(달러절상, 원화절하)한다. 예컨대, 다른 상황의 변화가 없는 상태에서 미국에서의 경기팽창과 같은 요인으로 미국의 이자율이 상승하면 달러자산에 대한 수요의 증가를 유발하고 이것은 달러의 절상을 유발할 것이다.

둘째, 원화자산 이자율(i^W)이 상승하면 현재 환율과 기타 모든 것이 주어진 상태에서 원화자산에 대한 달러자산의 상대적 기대수익은 하락하며 따라서 사람들은 달러자산을 더 적게 보유하기를 원할 것이다. 따라서 달러자산 수요곡선은 좌측으로 이동한다. 만약 달러자산의 공급에 변화가 없다면 균형환율은 하락(달러절하, 원화절상)한다. 예컨대, 다른 상황의 변화가 없는 상태에서 우리나라의 경기상승으로 우리나라의 이자율이 상승한다면 달러자산에 대한 수요의 감소를 유발하고 이것은 달러의 절하를 유발할 것이다.

셋째, 미래예상환율(E^e_{t+1})도 수요곡선을 이동시키는 중요한 요인이다. 왜냐하면 자산시장접근방법에서는 달러자산에 대한 수요도 다른 내구재 수요와 마찬가지로 미래의 달러자산의 가격에 의존하기 때문이다. 미래의 예상환율(E^e_{t+1})을 상승시키는 요인은 달러의 예상절상률(d^e)을 증가시킨다. 따라서 달러자산의 상대적 기대수익은 더 커지며 이에 따라 모든 환율수준에서 달러자산에 대한 수요를 증가시킨다. 그러므로 달러자산 수요곡선은 우측으로 이동하며 다른 상황의 변화가 없는 경우 환율은 상승(달러절상, 원화절하)한다.

그러면 어떤 요인들이 미래예상환율에 영향을 미치는가? 미래의 예상환율은 비교적 장기적인 요인에 의해 영향을 받는다고 볼 수 있다. 따라서 앞의 2절에서 본 환율에 영향을 미치는 중요한 장기적 펀더멘털요소들이 미래예상환율에 영향을 미치는 중요한 요인들이라고 볼 수 있다. 즉, 두 나라 간의 상대적 물가수준, 상대적 생산성(성장률), 상대적 관세 및 쿼터, 그리고 국내상품과 외국상품에 대한 상대적 선호 등이 미래예상환율에 영향을 미치는 요인들이다. 예컨대, 한국물가에 비해 미국물가가 상대적으로 하락할 것으로 예상된다면 달러는 장기적으로 절상이 될 것이며 따라서 미래의 예상환율(E^e_{t+1})을 상승시키는 경향을 가진다. 이것은 달러자산에 대한 상대적 기대수익을 증가시키며 따라서 달러자산 수요곡선을 오른쪽으로 이동시키며 달러자산 공급곡선에 변화가 없는 경우 곧바로 환율상승(달러절상, 원화절하)을 유발한다.

2) 달러자산 공급곡선의 이동

국내외환시장(서울외환시장)에의 달러자산의 공급의 변동은 주로 외국에서 국내로 달러자산이 유입되고 국내에서 외국으로 달러자산이 유출되는 규모와 같은 외생적 요인에 달려있다. 따라서 달러자산이 유입되면 달러자산 공급곡선이 오른쪽으로 이동하고 달러자산이 유출되면 달러자산 공급곡선이 왼쪽으로 이동한다. 달러자산의 유출입과 같은 외생적 요인에 영향을 미치는 중요한 요소는 국내금융시장의 불안정성과 불확실성의 변동이다. 예컨대 국내 금융시장에서의 불확실성의 증가로 달러자산이 유출되면 달러자산의 공급이 감소하고 이에 따라 달러자산 공급곡선이 왼쪽으로 이동하게 되어 다른 변화가 없는 경우 환율은 상승(달러절상, 원화절하)한다.

4. 단기외환시장모형의 응용[28]

이제 단기외환시장모형을 이용하여 이자율과 통화정책의 변화에 대한 환율의 반응과 단기에서의 환율의 가변성에 대해 자세히 살펴본다.

(1) 이자율의 변화가 환율에 미치는 영향

통상적으로 이자율의 변화는 환율에 영향을 미치는 주요한 요인이다. 앞에서 우리는 미국이자율이 상승하면 달러가치가 상승하고 우리나라이자율이 상승하면 원화가치가 상승한다는 것을 보았다. 그러나 엄밀하게 말하면 반드시 그런 것은 아니다. 왜냐하면 이자율변화가 환율에 미치는 영향은 이자율의 변화의 원천이 무엇이냐에 따라 달라지기 때문이다. **피셔관계식(Fisher equation)**에 의하면 명목이자율(i)은 실질이자율(i_r)이나 예상인플레이션율(π^e)의 변화에 의해 변동한다. 그런데 어느 요인에 의해 이자율이 변화하는가에 따라 환율에 미치는 영향은 상당히 다르다.

첫째, 미국의 국내실질이자율(i_r)이 상승하여 미국의 명목이자율(i^D)이 상승하고 예상인플레이션(π^e)은 변화하지 않는 경우를 생각해 보자. 이 경우 예상인플레이션이 불변이기 때문에 미래예상환율(E^e_{t+1})에 영향을 미치지 않을 것이라고 볼 수 있다. 이 경우에는 미국이자율의 상승은 달러자산의 상대적 기대수익(RR^D)을 증가시키며 따라서 달러자산 수요곡선을 오른쪽으로 이동시키며 이에 따라 균형환율은 상승(달러절상)한다. 그리고 만약 한국의 실질이자율이 상승하여 한국의 이자율이 상승하면 달러자산의 상대

28 Mishkin(2007) 참고.

적 기대수익이 감소하며 따라서 달러자산 수요곡선은 왼쪽으로 이동하며 이에 따라 균형 환율은 하락(달러절하, 원화절상)한다. 그러므로 단기외환시장모형에 의하면 국내실질이자율이 상승하여 국내명목이자율이 상승하면 국내통화는 절상된다.

둘째, 이번에는 미국의 명목이자율이 예상인플레이션에 의해 상승하는 경우를 살펴보자. 미국의 예상인플레이션(π^e)이 상승하는 경우 이것은 한국보다 미국물가가 더 많이 올라갈 것으로 예상된다는 것을 의미하므로 미래예상환율(E^e_{t+1})이 하락할 것이며 따라서 달러의 예상절상률(d^e)이 감소(원화의 예상절상률의 증가)한다. 그런데 실증분석에 따르면 통상 예상인플레이션의 증가보다 명목이자율의 증가가 더 적다($\triangle i < \triangle\pi^e$).[29] 따라서 i^D의 증가($\triangle i^D$)가 d^e의 감소($-\triangle d^e$. $\triangle\pi^e$에 기인)보다 적다. 그 결과로 주어진 환율에서 달러자산의 상대적 기대수익률($RR^D = i^D + d^e - i^W$)은 조금 하락하며(i^W가 고정된 상태에서) 따라서 달러자산 수요곡선은 왼쪽으로 이동하며 환율은 적지만 하락(달러절하, 원화절상)한다. 그러므로 예상인플레이션(π^e)의 상승에 의해 국내명목이자율이 상승하면 국내통화는 약간 절하된다.

여기서 보면 실질이자율과 명목이자율을 구분하지 못하게 되면 환율의 움직임에 대한 예측이 어렵게 될 수 있다는 것을 알 수 있다. 문제는 실질이자율의 측정과 예측이 어렵다는 것이다. 그러나 4장에서 본 바와 같이 물가연동채권(indexed bond)의 발행이 원활해지고 활발해지면 실질이자율의 측정과 예측에 도움이 될 수 있을 것이며 이를 이용하여 통화가치의 변화를 예측할 수 있을 것이다.

(2) 통화정책의 변화가 환율에 미치는 영향

우리나라의 경우 1998년 이전에는 중앙은행(한국은행)이 통화량(총통화)의 크기를 통제하는 **통화량목표제**(monetary targeting)를 채택하고 있었다. 이러한 통화량목표제하에서 만약 한국은행이 실업을 감소시키기 위해 예상치 않게 통화량을 증가시킨다면 이러한 예상되지 않은 팽창적 통화정책은 환율에 어떤 영향을 미치는가? 단기에서는 물가나 인플레이션의 변화가 없으며 따라서 5장의 유동성선호이론에서 본 바와 같이 실질통

29 예상인플레이션의 증가로 명목이자율이 증가할 때 실증적 증거에 의하면 명목이자율이 예상인플레이션의 증가와 1:1로 대응하여 증가하지 않고 명목이자율의 증가가 예상인플레이션의 증가보다 더 적다. 이 결과에 대해서는 5장 3절 (3)항 참고.

〈그림 8-3〉 ▸ 통화량의 증가와 장단기 균형환율

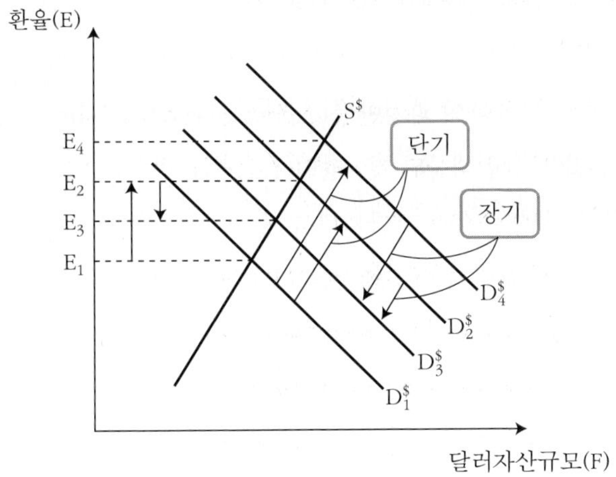

화량(M/P)의 증가는 유동성효과에 의해 우리나라의 이자율(i^W)을 하락시키며 이것은 달러자산의 상대적 기대수익을 증가시키며 달러자산 수요곡선을 오른쪽으로 이동시킨다. 따라서 단기에서는 〈그림 8-3〉에서 보듯이 달러자산 수요곡선은 $D_1^{\$}$에서 $D_2^{\$}$로 이동하며 환율은 E_1에서 E_2로 상승(원화절하)한다. 따라서 국내통화량의 증가는 단기적으로는 국내통화가치의 절하를 유발한다고 할 수 있다. 이것은 앞항에서 살펴본 바와 같이 우리나라의 실질이자율이 하락하여 명목이자율이 하락한 경우에 해당되며 따라서 우리나라의 원화가치의 하락(균형환율의 상승)을 유발한다.

그러나 장기적으로 통화량의 증가는 이자율 등 실물변수에는 아무런 영향을 주지 않으면서 물가수준만 동일한 비율로 상승시킨다. 이에 의해 장기적으로는 국내이자율이 원래의 i^W수준으로 되돌아(올라) 간다. 이에 따라 달러자산의 상대적 기대수익은 감소하며 따라서 달러자산의 수요곡선은 다시 왼쪽으로 이동할 것이다. 그러나 통화량증가가 있는 경우 장기적으로 국내이자율은 원상태로 되돌아가지만 환율은 원상태로 되돌아가는 것은 아니다. 이제 우리나라의 통화량이 미국에 비해 상대적으로 증가하여 장기적으로 우리나라의 물가수준을 미국보다 더 높게 만들므로 미래의 예상환율(E^e_{t+1})을 더 높게 할 것이다. 그리고 이것은 달러의 예상절상률(d^e)을 상승시키므로 달러자산의 상대적 기대수익률을 높게 하고 이것이 달러자산의 수요곡선을 다소 오른쪽으로 이동시키게 된다. 따라서 달러자산 수요곡선은 장기적으로 $D_2^{\$}$에서 $D_1^{\$}$로 이동하지 않고 $D_3^{\$}$로 왼쪽으로 이동할 것이다. 〈그림 8-3〉이 보여주듯이 예상치 않게 통화량이 증가하는 경우 환율은 단기적으로 E_1에서 E_2로 상승하고 장기적으로는 E_2에서 E_3로 하락할 것이라는 것을 의미한다. 이와 같이 통화량이 증가하였을 때 장기에서보다 단기에서 환율이 더 많이 상승(원화절하)하는 현상을 **환율의 과잉반응**(exchange rate overshooting)이라 한다.

만약 팽창적 통화정책이 예상된 것이라면 통화량의 증가가 있는 경우 달러의 예상절상률(d^e)을 처음부터 상승시키므로 단기에서 달러자산의 수요곡선은 $D_2^\$$보다 더 우측($D_4^\$$)으로 이동할 것이며 따라서 환율은 E_2보다 더 상승(E_4까지)할 것이다. 그러나 장기에서는 이자율은 원상복구되고 예상환율의 상승만 남으므로 달러자산 수요곡선은 $D_3^\$$로 돌아가며 환율은 E_3로 하락할 것이다.

그러나 지금의 통화정책체제는 이자율을 통제하는 **이자율목표제**(interest rate targeting)이다. 즉, 중앙은행인 한국은행이 정책금리인 기준금리를 조정하는 방식이다. 만약 한국은행이 기준금리를 낮춘다면 환율에는 어떤 영향을 미칠 것인가? 만약 한국은행이 기준금리를 낮춘다면 이것은 단기적으로 실질이자율의 하락에 의해 명목이자율이 하락하는 것을 의미하며 따라서 단기적으로 원화의 가치하락(환율상승)이 나타날 것이다. 그리고 장기적으로는 기준금리하락에 따른 유동성의 증가로 미래의 예상환율(E^e_{t+1})을 더 높게 할 것이며 이것은 달러자산의 상대적 기대수익률을 높게 하고 달러자산의 수요곡선을 다소 오른쪽으로 이동시키게 되므로 환율은 장기적으로 더욱 상승(원화가치하락)하게 될 것이다.

(3) 환율의 심한 가변성: 예상과 초단기적 요인[30]

환율은 매우 심한 변동성을 보이고 있으며 특히 금융시장이 불안한 경우의 환율의 심한 가변성은 놀라울 정도이다. 40여 년 전 변동환율제가 도입되었을 때 학자들은 시장의 안정성을 신뢰하여 환율이 시장에서 자유롭게 결정되도록 허용하더라도 크게 변동하지 않을 것이라고 생각하였으나 현실은 그렇지 않았다.

환율이 이처럼 가변적인 이유는 무엇인가? 우리나라의 경우 1절에서 살펴본 외환시장의 구조적 문제와 외화채무구조 이외에도 이 장에서 살펴본 환율결정에 대한 자산시장

30 한국은행(2016, II부 제2장) 참고.

접근방법이 환율의 가변성에 대해 직접적인 설명을 제시하고 있다. 환율결정의 초기의 모형은 자산시장보다는 재화시장(수출입)에 초점을 맞추었기 때문에 환율의 움직임의 원천으로 예상의 변화를 강조하지 않았으며 따라서 초기모형들은 환율의 엄청난 변동을 예측할 수 없었고 이에 따라 점차 퇴색되어 갔다. 반면 여기서 전개된 자산시장접근방법은 외환시장도 미래의 예상이 중요한 역할을 하는 다른 자산시장과 유사하다는 것을 강조하고 있다. 환율결정에서 예상이 매우 중요한 요소가 됨으로써 외환시장은 증권시장 등 다른 자산시장과 마찬가지로 심한 가격변동을 나타내고 있으며 환율은 예측하기가 매우 어렵게 되었다.

위에서 살펴본 환율결정의 자산시장접근방법에서는 국내통화의 미래예상환율(E^e_{t+1})이 중요한 요소로 등장한다. 이러한 미래예상환율에 영향을 미치는 많은 장기적 펀더멘털 요인들이 있다. 예를 들면 앞에서 언급한 우리나라와 미국의 물가수준(인플레이션), 관세, 쿼터, 생산성, 상품에 대한 선호도에 대한 예상이 환율의 결정에서 중요한 역할을 한다. 또한 경상수지(상품의 수출입)와 외환의 수급(자본의 유출입)과 같은 중기적 요인들에 대한 예상도 매우 중요하다. 특히 금융시장이 불안정하거나 금융사정이 악화되는 경우 자본의 유출이 급속하게 발생하는데 이러한 상황에 대한 예상이 환율에 직접적이고 결정적인 영향을 미치며 또한 직접적으로 달러자산의 공급에 심한 변동을 유발한다. 단기적으로 통화량이나 이자율에 대한 통화정책당국(우리나라와 미국)의 결정에 대한 예상도 중요하다. 이러한 변수들에 대한 예상이 변화할 때 달러자산의 상대적 기대수익에 즉각적인 영향이 있게 되며 따라서 환율에 영향을 주게 된다. 중앙은행이 통화량을 통제하는 경우라면 통화정책에 의해 통화량이 변화할 때 환율은 과잉반응을 하기도 한다(그림 8-4 참고).

또한 다음과 같은 초단기적 요인들이 환율예상에 영향을 미침으로써 환율은 영향을 받게 된다. 첫째, 시장참가자들의 환율에 대한 예상은 현재의 국제외환시장동향, 거시경제전망, 당국의 정책방향 등 다양한 요인들에 의해 영향을 받는다. 이러한 시장참여자들의 예상의 변화는 자기실현적 기대(self-fulfilling expectation)에 의해 실제 환율의 변동을 초래한다. 시장참여자들의 환율상승(또는 하락) 예상심리가 같은 방향으로 형성되는 경우 매입 또는 매도주문이 한 방향으로 동시에 집중되면서 환율이 급변동하고 외환시장이 불안정해지는 **동반효과(bandwagon effect)**가 나타나기도 한다. 둘째, 환율은 주요 교역상대국의 환율변동에 의해 많은 영향을 받게 되므로 가변성이 심화된다. 예를 들

〈그림 8-4〉 ▸ 환율에 영향을 미치는 요인들

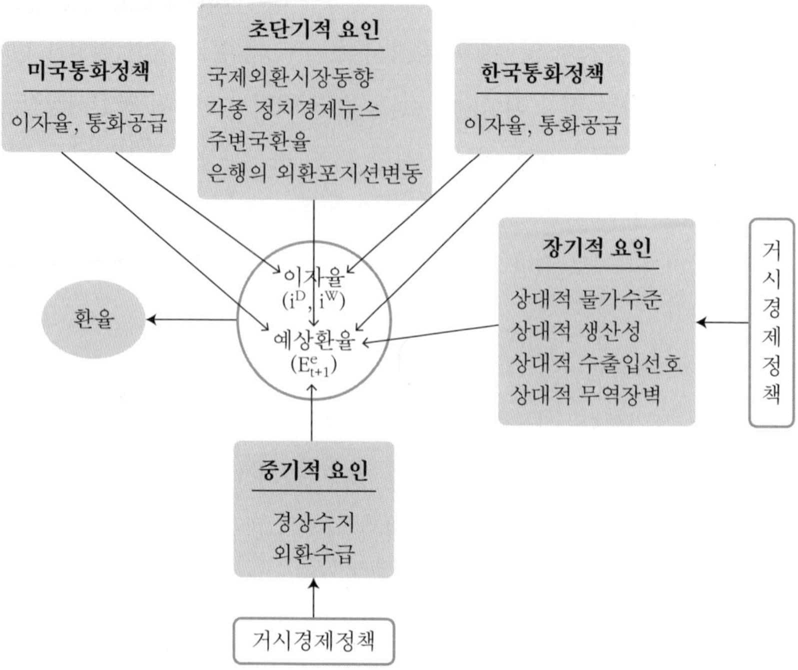

어 수출경쟁관계에 있는 나라의 통화가 절하될 경우 자국의 대외경쟁력이 약화되므로 수출부진으로 외환공급이 감소될 것이라는 시장기대가 형성되어 자국의 통화도 절하된다. 지금은 다소 완화되었지만 과거 우리나라의 원화는 일본엔화의 가치변동과 밀접한 연관성을 갖고 있었다.[31] 셋째, 각종 뉴스도 시장참가자들의 예상변화를 통해 단기 환율 변동에 영향을 미친다. 현재는 인터넷과 기타 정보망을 통해 전 세계의 뉴스가 실시간으로 제공되기 때문에 시장참가자들은 경제관련 뉴스뿐 아니라 정치뉴스 그리고 국내뉴스는 물론 해외뉴스에도 민감하게 반응한다. 넷째, 은행의 외환포지션 변동에 따라서도 환율이 영향을 받는다. 은행의 외환포지션(외환자산 – 외환부채)이 매도초과 또는 매입초

31 이러한 현상을 원/엔 동조화현상이라고 하는데 이것이 나타난 과정은 다음과 같이 볼 수 있다. 엔화가 약세로 되면 우리나라의 경상수지가 앞으로 악화되고 이에 따라 달러공급이 감소하여 달러가치가 앞으로 상승(원화가치가 하락)할 것으로 예상된다. 그러면 이에 대비해 미리 달러를 구매하려고 하므로 지금 달러에 대한 수요가 증가하며 이로 인해 현재의 원화가치가 약세가 된다. 이와 같은 자기실현적 기대에 기인하여 원/엔 동조화현상이 나타난다고 볼 수 있다.

과의 한 방향으로 크게 노출될 경우 포지션조정을 위한 거래가 일어나고 그 결과 환율이 변동하게 된다. 이러한 변수에 대한 예상은 시시각각 변화하기 때문에 환율이 가변적이 되는 것은 놀라운 일이 아니다.

이제까지의 논의를 보면 환율에 영향을 미치는 요인들이 매우 다양하다는 것을 알 수 있다. 이러한 요인들을 종합적으로 나타낸 것이 〈그림 8-4〉이다. 환율은 중요한 거시가격변수이고 특히 우리나라의 경우 환율은 다른 어떤 변수보다도 더 중요한 핵심적인 변수이기 때문에 기업이나 금융기관 등 모든 경제주체는 환율을 예측하는 데 많은 관심을 가지고 있다. 이들은 직접 예측팀을 운영하거나 다른 기관의 예측치를 이용하기도 한다. 이들 예측자들은 이 장에서 언급한 요인들, 즉 〈그림 8-4〉에 적시된 요인들을 살펴본다. 그러나 미래의 예상환율에 영향을 미치는 중요한 요인이 너무나 많기 때문에 이들을 예상하여 환율을 예측하기는 매우 어렵다. 그렇지만 어떤 사건이 발생하거나 정책이 변화하는 경우 그것이 환율에 어떤 영향을 미치는지는 위의 모형을 이용하면 쉽게 파악할 수 있을 것이다.

참고문헌

곽태운, 현대국제금융론, 박영사, 2010.8, 3장-7장

배민근 · 김건우, 변동성으로 본 국내금융시장: 대외충격에 대한 내성 더 높혀야, LG Business Insight, LG경제연구원, 2011.10.5

조선일보, 한미 금리역전에도 한국채권 사는 외국인, 2018.9.11

한국은행, 한국의 외환제도와 외환시장, 2016.1

한국은행, 2018년 12월 이후 국제금융 · 외환시장동향, 보도자료 2019.1.11

현대경제연구원, 정부개입만으로는 환율안정 어렵다. 2006.1

S. G. Cecchetti, Money, Banking, and Financial Markets, McGraw-Hill/Irwin, 2006. Chapter 10

R. Glenn Hubbard, Money, the Financial System, and the Economy, 6th ed. Pearson International Edition, 2008. Chapter 8

F. Mishkin, The Economics of Money, Banking and Financial Markets, 2004(7th ed.), 2007(8th ed.), Chapter 17

연습문제

1. 1999년 초에 유로화가 출범하였을 때 1유로=1.18달러였는데 2019년 2월 22일에 1유로=1.13달러가 되었다. 유로와 달러의 절상률 또는 절하율을 구해보시오.
2. 오늘 서울외환시장에서 원/달러 환율이 1달러당 1,125원이고 뉴욕외환시장에서 달러/유로 환율이 1유로당 1.13달러이면 원/유로 재정환율은 얼마인가?
3. 2011년 1년 동안 기준환율을 대상으로 연월평균 원화환율이 미국달러에 대해 4.3% 절상되었고 연말환율기준으로는 1.2% 절하되었다. 2011년 소비자물가기준으로 우리나라의 물가상승률이 4.0%이었고 미국의 물가상승률이 3.1%였다. 2011년의 우리나라 원화의 절상은 적정한 수준인가, 아니면 과도하게 또는 과소하게 절상이 된 것인가? 구매력평가이론을 이용하여 판단해 보시오. 구매력평가이론이 타당하다고 볼 수 있는가?
4. 현재의 원화의 달러환율이 ₩1,125/$이고 1년 후의 예상환율이 ₩1,051/$이다. 현재 미국의 은행정기예금 이자율이 연 2.5%라고 할 때 원화를 가지고 달러예금에 1년 동안 예치하는 경우 기대수익률은 얼마인가?

5. 다음 정보를 이용해 커버되지 않은 이자율재정거래에 대한 다음의 물음에 답하시오.

원/달러의 현물환율=1,000원

원/달러의 1년 후 예상현물환율=970원

1년간 한국이자율=4%

1년간 미국이자율=5%

1) 원화자산과 달러자산의 1년간 기대수익률(원화표시)을 각각 구하시오.
2) 자금이 어느 나라로 이동할 것인지 설명하시오.
3) 어떤 경로를 거쳐서 원화자산과 달러자산의 기대수익률이 같아지게 되는지 설명하시오. 환율이 얼마에서 균형이 되는가?
4) 만일 한국자산에 3%의 위험프리미엄이 있다면 자금은 어느 나라로 이동할 것인지 설명하시오.

6. 예상인플레이션의 상승에 의해 한국이자율이 상승하는 경우 환율(달러당 원화환율)에 미치는 영향을 분석하시오.

7. 통화량이 증가하는 경우 환율의 과잉반응이 왜 일어나는지에 대해 이자율평형조건($i^W = i^D + d^e$)을 이용하여 설명하여 보시오.

8. 1999년 1월 1일에 환호 속에 유로당 1.18달러의 환율로 유로가 출발하였다. 유로가 강한 통화가 될 것이라는 초기의 희망에도 불구하고 초기에는 약한 통화였다. 2000년 10월에 유로당 0.83달러로 30%나 절하되었다가 2005년 말에 유로당 1.20달러 수준으로 회복되기 시작하였다. 유로가 처음 출범한 후 처음 2년 동안 약세이다가 이후에 회복된 이유를 실질이자율을 이용하여 설명해 보시오.

9. WSJ(월스트리트저널)의 분석에 의하면 미국의 무역적자가 예상보다 작았고 ECB(유럽중앙은행)가 이자율을 낮게 유지할 것이라는 ECB 총재의 언급에 의거하여 시장에서 달러가치가 상승하였다고 지적하고 있다. 단기외환시장모형을 이용하여 왜 이러한 상황전개가 더 강한 달러를 유발하는지를 설명하시오.

10. WSJ의 분석에 의하면 미국의 경제상황의 호전에 대한 기대가 미 달러의 가치를 상승시켰다고 지적한다. 단기외환시장모형을 이용하여 왜 이러한 경제상황전개가 달러의 강세를 유발하는지를 설명하시오.

CHAPTER

09 파생금융상품시장

1. 파생금융상품시장의 개요
2. 선도시장
3. 선물시장
4. 옵션시장
5. 스왑시장
6. 신용파생상품시장
7. 파생결합증권시장
8. 파생금융상품시장의 위험성

파생금융상품에 대한 논란과 우려는 그 동안 지속적으로 제기되어 왔으며 최근에도 우리의 관심을 고조시켰는데 1990년대 이후의 수많은 금융위기와 금융불안정은 거의 예외 없이 파생금융상품과 관련이 있었다. 1995년 Barings Bank(1762~1995년)의 파산, 미국의 많은 지방정부의 파산, 1998년의 LTCM의 파산, 그리고 더 최근의 글로벌 금융위기 등에서 파생금융상품이 그 원천에 있었다. 이렇게 위험하고 위기의 원천이 되는 파생금융상품이 왜 등장하게 되었는가? 파생금융상품은 위험하기만 하고 아무런 기여도 하지 않는 것인가?

(1970년대 이후 시장위험증대 → 위험회피 위해 파생금융상품등장 → 위험증대) 1970년대 이후로 세계경제는 매우 위험한 상황에 처하게 되었다. 2차대전 후 세계경제는 안정적인 성장을 하고 있었는데 1960년대 말 미국이 월남전 확대개입을 계기로 재정적자를 확대하고 1970년대 초 오일쇼크(oil shocks)와 자원파동이 발생하자 전 세계

적으로 급속한 인플레이션이 유발되어 이자율도 크게 상승하였고 변동성도 크게 증가하였으며 이에 따라 주가도 큰 변동성을 보였다. 또 1971년 8월 15일 미국 Nixon 대통령이 달러의 금태환정지를 선언함으로써 달러본위의 고정환율제에서 변동환율제로 전환하게 되었고 그때까지 없었던 환율의 변동성이 증가하기 시작하였다. 이에 따라 금융투자자들(일반투자자, 금융기관 등)은 이러한 시장위험(이자율, 환율, 주가의 변동성증대)을 피하는 수단을 요구하게 되었고 이러한 요구에 따라 위험을 더 잘 관리할 수 있는 새로운 혁신적 금융상품을 만들어냈는데,[1] 이들이 바로 파생금융상품이다. 그러나 위험을 잘 관리하기 위하여 등장한 파생금융상품이 오히려 위험을 증대시켜 많은 금융위기를 유발하는 아이러니를 보여주었다.

이러한 파생금융상품이 거래되는 파생금융상품시장은 위험을 헤징하는 역할을 하면서 금융기관에게는 중요한 수익원천을 제공하기 때문에 비약적으로 성장하였다. 9장에서는 위험을 감소시키기 위하여 사용되는 중요한 파생금융상품시장에 대해 살펴본다. 파생금융상품시장에는 다양한 형태가 있는데 먼저 1절에서는 파생금융상품시장을 간략히 개관하고 2절에서는 선도계약시장, 3절에서는 선물시장, 4절에서는 옵션시장, 5절에서는 스왑시장, 6절에서는 1990년대 이후 크게 성장한 신용파생상품시장에 대해 살펴본다. 그리고 7절에서는 파생금융상품은 아니지만 투자자의 투자손익이 기초자산의 가격변화 등에 연계되어 결정된다는 점에서 파생상품의 성격을 갖고 있는 파생결합증권이 거래되는 파생결합증권시장에 대해 살펴본다. 끝으로 8절에서는 위험의 중요한 관리수단인 파생금융상품시장이 오히려 위험을 증대시켜 위기를 유발할 수 있는 파생금융상품시장의 위험성에 대해 살펴본다.

---

1 파생금융상품의 발전과정을 보면 제2차 세계대전 종전 후 국제자본이동이 늘어나면서 은행간 선물환거래(외화선도거래)가 활발히 이루어지다가 1970년대 들어 변동환율제로의 이행에 따른 환율의 변동성확대 등으로 통화선물이 등장하면서 본격적으로 발전하기 시작하였다. 이와 같이 글로벌 파생금융상품시장은 국제자본이동증가, 환율변동성 및 금융상품의 가격변동성확대 등에 따른 위험헤지(hedge)의 필요성 증가뿐 아니라 정보통신기술을 활용한 금융상품위험의 평가·분리·이전 기법의 혁신 등에 힘입어 빠르게 발전해 왔다. 즉, 1980년대에는 금리관련 파생상품거래가 급격히 늘어났고 신종옵션(exotic options), 구조화채권(structured notes) 등 새로운 상품들이 대거 등장하였으며 1990년대에는 신용디폴트스왑(credit default swap) 등 신용파생상품이 활성화되기 시작하였고 2000년대에는 이들 파생금융상품의 거래가 일반화되면서 시장이 확대되었다. 한국은행(2016.12) 참고.

1. 파생금융상품시장의 개요

파생금융상품(financial derivatives, derivative securities)은 기초자산(underlying assets)의 가치변동에 의해 그 가치가 결정되는 금융상품을 말한다. 이러한 파생금융상품이 거래되는 시장이 **파생금융상품시장**(financial derivatives market)이다. 파생금융상품은 계약형태에 따라 크게 선도(forward contracts), 선물(futures), 옵션(options), 스왑계약(swaps) 등으로 구분된다. 또 파생금융상품의 기초자산은 통화, 금리, 주식, 채권, 신용 등 다양한 형태를 갖고 있다. 특히 1990년대에는 신용위험(credit risk)을 거래하는 신용파생상품(credit derivatives)이 등장하여 그 시장이 크게 확대되었다.

또 파생금융상품의 거래시장은 표준화된 상품이 거래소에서 거래되는 **장내시장**과 개별계약이 거래되는 **장외시장**으로 구분된다. 파생금융상품을 계약형태와 거래시장에 따라 분류해보면 〈표 9-1〉과 같다. 그 중에서도 선물과 옵션이 널리 알려지고 많이 이용되고 있는데 그 이유는 이들이 거래되는 조직화된 거래소(장내시장)가 존재하기 때문이다. 그리고 스왑도 많이 이용되고 있는데 그 이유는 금융중개기관(주로 은행)이 거래소의 역할을 대행하여 주기 때문이다.

파생금융상품시장은 아래와 같은 다양한 기능을 수행함으로써 거래참여자에게 많은 혜택을 주기 때문에 크게 발전하였다. 첫째, 파생금융상품시장은 위험의 헤지라는 중요한 경제적 기능을 수행한다. **헤지**(hedge)는 이미 노출되어 있는 위험(시장위험 또는 신용위험)을 줄이거나 없애는 금융거래를 말한다. 위험을 회피하려는 금융거래자(hedger)는 파생금융상품시장을 통해 위험을 회피할 수 있다. 그러나 파생금융상품시장에서의 위험의 헤지는 어디까지나 위험을 이전하고 배분하는 것이지 위험자체를 줄이는 것은 아니다. 헤지에는 두 가지 형태가 있다. 하나는 **미시적 헤지**(micro hedge)이다. 이것은 투자자(개인투자자, 금융기관 등)가 보유하고 있는 하나의 특정자산의 위험을 헤지하는 경우를 말한다. 또 하나는 **거시적 헤지**(macro hedge)인데 이것은 투자자의 전체포트폴리오에 대한 헤지를 말한다. 그리고 투자자가 어떤 자산을 매수하면 **매수포지션**(long position, **롱포지션**)을 취한다고 하고 이때 그 자산의 수익률이 불확실하면 투자자는 위험에 노출된다. 투자자가 어떤 자산을 매각하면 **매도포지션**(short position, **숏포지션**)을 취한다고 하며 이 경우 역시 위험에 노출된다. 이에 따라 파생금융상품은 다음과 같은 헤지의 기본원칙을 따름으로써 위험을 줄이는데 이용될 수 있다. 즉, 매수포지션에 대

〈표 9-1〉 ▸ 파생금융상품의 종류

구분	장내시장	장외시장
선도		선물환(forward exchange)* 선도금리계약(forward rate agreement)*
선물	통화선물(currency futures)* 금리선물(interest rate futures)* 주가지수선물(stock index futures)* 주식선물(stock futures)*	
옵션	통화선물옵션(currency futures options) 금리선물옵션(interest rate futures options) 주식옵션(equity options)* 주가지수옵션(stock index options)* 주가지수선물옵션(stock index futures options)	통화옵션(currency options) 금리옵션(interest rate options) 주식옵션(equity options)* 스왑션(swaptions)
스왑		통화스왑(currency swaps)* 금리스왑(interest rate swaps)* 주식스왑(equity swaps) 신용디폴트스왑(credit default swaps)(2장)* 총수익스왑(total return swaps)* 신용연계증권(credit linked notes)* 합성CDO(2장)*
파생결합 증권	주식워런트증권(equity-linked warrant)* 상장지수증권(exchange-traded note)*	주가연계증권(equity-linked security)* 기타파생결합증권(derivatives-linked security)*

* 9장에서 논의하는 파생금융상품

해서는 추가적인 매도포지션을 취함으로써, 반대로 매도포지션에 대해서는 추가적인 매수포지션을 취함으로써 이를 상쇄시키는 금융거래를 통해 위험을 헤지할 수 있다.

둘째, 위험을 회피하려는 **위험회피자(hedger)**도 있지만 위험을 선택하고 이에 대한 대가를 받으려는 **투기자(speculator)**도 있다. 따라서 파생금융상품시장은 투기(speculation)의 수단도 제공한다. 투기거래는 위험(시장위험이나 신용위험)에 노출되지 않은 상태에서 단지 이익을 위하여 위험을 선택하는 금융거래를 말한다. 위험회피자와 투기자의 선호에 따라 위험을 적당히 배분하는 기능(위험배분기능)을 수행함으로써 2장에서 본 바와 같이 파생금융상품시장은 경제전체의 후생을 증대시킨다.

셋째, 파생금융상품시장은 시장의 유동성의 증대와 정보비용의 감소를 통해 시장의 효율성증대를 가져온다. 투기자들의 활발한 시장참여는 유동성을 증가시키며 이에 의해 가격에 대한 정보(information)를 증가시키는 등 시장의 효율성을 개선하는 기능을 한다. 이러한 시장효율성의 증가는 파생금융상품시장뿐 아니라 기초자산시장의 효율성증대에도 도움이 된다. 왜냐하면 파생금융상품시장에서의 가격변화는 기초자산의 가치에 대한 정보를 제공하기 때문이다. 파생금융상품시장의 유동성확대를 위해 특히 선물과 옵션계약에서는 표준화된 상품을 개발하여 장내시장에서 거래를 한다. 이러한 표준화(standardization)는 유동성을 증대시키며 거래량을 크게 증대시킨다. 또 파생금융상품시장은 위험회피자와 투기자에 대한 정보비용을 감소시킴으로써 위험의 이전과 분담을 촉진한다. 거래자 간의 개별적인 실명거래 대신에 거래소(exchanges) 또는 청산거래소를 통한 익명거래를 함으로써 거래상대방에 대한 정보비대칭성문제를 줄인다.

이와 같이 파생금융상품시장은 경제에 다양한 순기능을 제공하지만 본질적으로 위험에 취약한 구조를 갖고 있어 잘못 관리되거나 지나친 경우 금융위기를 유발할 수 있다. 이 문제에 대해서는 8절에서 살펴보고, 먼저 이하에서는 파생금융상품시장의 개별시장에 대해 자세히 살펴본다.

2. 선도시장[2]

자금을 빌려주고 차입하는 많은 대출자와 차입자들은 자금의 대출기간이나 차입기간 동안에 자금의 수익률이나 자금의 이자비용이 변동하는 위험(이자율위험)을 꺼리며 그것을 고정시키기를 원한다. 예컨대, 회사의 자금관리자는 미래의 투자사업에 필요한 자금의 이자비용을 미리 고정시키기를 원한다. 그래서 등장한 것이 선도계약이다. **선도계약**(forward contracts)은 미래의 어느 시점에서 금융거래를 가지기로 두 당사자가 합의하는 계약이다. 거래는 지금하되 결제는 미래에 하는 것이다. 이러한 선도거래는 과거 농산물시장에서 농산물의 가격변동위험을 줄이기 위해 등장하였다. 농산물가격변동은 농산물의 생산자에게 매우 큰 위험을 유발할 수 있다. 농산물 판매수입이 소득의 주 원

2 한국은행(2016.1, 2016.12) 참고.

천인데 가격이 폭락하면 소득이 크게 감소하기 때문이다.[3] 여기서는 널리 이용되는 두 가지 금융관련 선도계약에 대해 살펴본다. 하나는 채권과 연관된 선도계약, 즉 **금리선도계약**이고 다른 하나는 외환에 대한 선도계약, 즉 **선물환계약(외화선도계약)**이다.[4]

(1) 금리선도계약

금리선도계약(FRA, forward rate agreement) 또는 **이자율선도계약**(interest rate forward contracts)은 이자율위험을 헤지하기 위해 체결하는 두 당사자 간의 채권의 미래 판매에 관한 계약이기 때문에 다음과 같은 몇 가지 요소가 계약에 포함되어야 한다. ① 미래시점에서 인도될 실제 채권의 구체적 내용, ② 인도될 채권의 규모, ③ 인도될 시점의 채권의 가격(이자율), 그리고 ④ 인도가 실제로 이루어지는 시점.

<예시 9-1> 금리선도계약에 의한 이자율위험의 헤지

A금융회사가 B금융회사에 ① 만기가 2024년 6월말이고 표면이자율이 5%이며 액면이 1억 원인 국채 ② 50주(50억 원어치)를 ③ 오늘의 가격(오늘의 이자율이 표면이자율과 동일하다고 가정하면 오늘의 국채가격은 액면가와 동일한 1억 원)으로 ④ 오늘(2019년 6월 말일)로부터 1년 후에 판매하는 금리선도계약을 체결한다고 하자. A금융회사는 1년 후에 증권을 파는 것이므로(선도계약매도) 매도포지션을 취하는 것이며 B금융회사는 미래시점에서 증권을 사기(선도계약매입) 때문에 매수포지션을 취하는 것이다.

우선 왜 A회사와 B회사가 이러한 선도계약을 체결하는지를 살펴보자. 첫째, A회사는 이자율위험을 헤지할 수 있다. 현재 50억 원어치의 국채를 갖고 있는 A회사로서는 앞으로 이자율이 상승하여 채권가격이 하락할 것을 두려워하는 것이다. 이자율이 상승하는 경우 일 년 후에 그 채권을 판매한다면 채권가격이 하락하여 손실을 입을 수 있지만 선도계약을 체결하면 미래의 채권가격이 고정되기 때문에 이자율이 변화하여도 신경 쓸 일이 없다(이

---

3 예컨대 농부가 봄에 배추농사를 지을 때 배추도매업자와 미리 가을 특정시점에 밭 전체의 배추를 특정가격에 판매하기로 계약(밭떼기계약, 계약재배)을 하는 경우 이것은 농산물선도계약이라고 볼 수 있다.

4 우리나라의 경우 선물환거래는 매우 활성화되어 있으나 금리선도계약은 거래가 크게 활성화되지 않고 있다.

〈그림 9-1〉 ▸ 금리선도계약의 예시

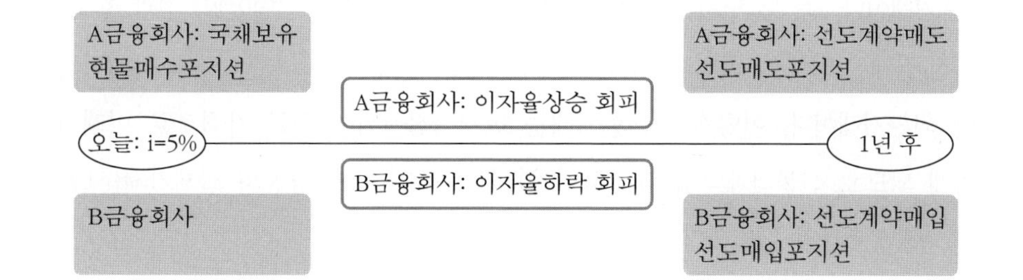

자율위험의 방지). 즉, A회사는 이 채권의 현재의 현물매수포지션을 선도계약에서의 매도포지션으로 상쇄함으로써 이자율위험을 방지할 수 있다. 둘째, B회사는 1년 후에 50억 원의 수입이 있을 예정이며 그 자금으로 1년 뒤에 그 국채에 투자할 계획인데 그 기간 동안에 이자율이 하락할 것을 두려워하는 것이다. 즉, 1년 후에 이자율이 하락하여 채권가격이 상승하면 채권을 구매하는 것이 불리해지므로 B회사는 채권을 현재의 가격(현재의 이자율)으로 사려고 하는 것이다. 이러한 선도계약을 체결함으로써 이 채권에 대한 이자율을 현재의 5%로 고정시킬 수 있는 것이다. 이러한 금리선도계약을 나타낸 것이 〈그림 9-1〉이다.

(2) 선물환계약(외화선도계약)

8장에서 본 바와 같이 1970년대 환율제도가 변동환율제도로 이행됨에 따라 주요국 통화환율의 변동폭이 확대되었고 기업의 대외거래규모의 확대 등 국제화의 진전으로 환차손이나 환차익이 크게 발생하는 등 환위험이 크게 증대하였다. **환위험(foreign exchange risk)**이란 환율변동에 따라 외화자산(또는 외화부채)의 가치가 하락(또는 상승)하여 환차손이 발생할 수 있는 위험인데 이것은 변동환율제하에서 대외거래의 계약시점과 결제시점의 시간적 차이(transaction risk) 또는 재무제표 작성시 환평가(translation risk)에 의해 발생한다. 이러한 환위험의 확대로 모든 기업과 금융기관들은 환위험을 헤지하기 위하여 노력하였다.

환위험의 외부적 관리기법으로는 선물환(외화선도계약), 차액결제선물환, 외환스왑, 통화선물, 통화옵션, 통화스왑 등이 있는데 선물환의 거래도 중요한 환위험 헤지방법의 하나이다. **선물환거래**(forward exchange transaction)는 특정외환을 기초자산으로 하는 선도거래이다. 즉, 두 당사자가 계약일로부터 일정기간(통상 2영업일) 경과 후의 미래 일정시점(결제시점)에서 특정의 외환을 약정환율로 인도 및 인수할 것을 현재시점에서 약정한 외환거래이다. 이렇게 선물환거래는 현재시점에서 약정한 가격으로 미래시점에 결제하게 되므로 선물환계약을 체결하면 결제시점까지 매매 쌍방의 결제가 유보된다는 점에서 현물환거래와 구별된다.

선물환거래는 일방적인 선물환 매입 또는 선물환 매도거래인 **단순선물환거래** (outright forward transaction)와 선물환거래가 스왑거래의 일부분으로서 일어나는 **외환스왑거래**(FX swap, swap forward transaction)로 구분된다. 그리고 단순선물환거래는 다시 만기시점에 실물의 인수나 인도가 일어나는 **일반선물환거래**와 만기시점에 실물의 인수나 인도 없이 차액만을 정산하는 **차액결제선물환거래**로 나누어진다. **차액결제선물환**(NDF, non-deliverable forward)거래는 만기에 계약원금의 교환없이 약정환율과 만기시 현물환율 간의 차이에 해당하는 금액만 지정통화로 결제하는 거래를 말한다. 이것은 차액만 결제하기 때문에 결제위험이 적다. 또 적은 금액으로 거래가 가능하므로 레버리지효과가 커 환위험 헤지수단으로 뿐 아니라 환차익을 얻기 위한 투기적 수단으로도 널리 이용되고 있다. 또한 차액결제선물환거래의 경우 결제통화로 미 달러화가 주로 사용되고 있어 원화와 같이 국제화되지 않은 통화일지라도 비거주자가 해당 통화를 보유하거나 환전할 필요 없이 자유로이 선물환거래를 할 수 있다는 장점이 있다.[5]

외환스왑거래란 거래 쌍방이 현재의 환율에 따라 서로 다른 통화를 교환하고 일정기간 후 계약(선물)환율에 따라 원금을 재교환하기로 하는 거래를 말한다. 즉 외환스왑거래는 동일한 거래상대방과 현물환과 선물환(spot-forward swap) 또는 만기가 상이한 선물환과 선물환(forward-forward swap) 등을 서로 반대 방향으로 동시에 매매하는 거래이다. 외환스왑은 주로 1년 미만의 단기자금조달 및 환위험 헤지수단으로 이용되는데,[6]

---

5 역외 원/달러 NDF시장은 원화환율의 상승압력이 높아진 1996년경부터 외국인의 국내주식투자자금에 대한 환위험 헤지 및 투기목적 등으로 홍콩과 싱가포르에서 처음으로 형성되기 시작하였다. 외환위기 이전에는 아시아 지역에만 형성돼 있었으나 1998년 이후 국내 주식시장에 외국인 참여가 본격화되면서 뉴욕, 런던 등에도 NDF시장이 형성됐다. 그리고 1999년 4월 외환거래 자유화 조치로 국내 외국환은행과 외국인 간의 NDF거래가 허용된 이후에는 NDF거래가 환율변동폭의 확대를 초래하는 형태로 국내 환율에 영향을 미치고 있다.

6 외환스왑거래의 경우 외환의 매매 형식을 취하고 있으나 실질적으로는 금리를 매개로 하여 여유통화를

이러한 단기적 성격 때문에 이자지급에 있어서 외환스왑은 스왑기간 중 해당통화에 대해 이자를 교환하지 않고 만기시점에 양 통화간 금리차이를 반영한 환율(계약시점의 선물환율)로 원금을 재교환한다.

우리나라의 선물환제도는 1968년 7월 외국환은행에 대해 대고객 매입거래를 허용함으로써 시작되었다. 선물환시장도 현물환시장과 마찬가지로 은행간시장과 대고객시장으로 나누어 볼 수 있는데 우리나라의 경우 은행간시장에서는 일반선물환거래는 거의 일어나지 않으며 대신 외은지점과 국내은행 간 자금조달 등을 위한 외환스왑거래가 대부분을 차지하고 있다. 반면 대고객시장에서는 수출입기업과 외국환은행 간 일반선물환거래, 외환스왑거래 그리고 비거주자와 국내외국환은행 간 차액결제선물환(NDF)거래가 활발하게 일어나고 있다.

<예시 9-2> 선물환을 이용한 환위험 헤지

선물환을 이용하여 환위험을 헤지하는 방법을 예로 설명하여 보자. A수출기업이 미국에 상품을 수출하고 1개월 후에 수출대금으로 100만 달러를 받기로 되어 있다. 현재의 환율은 ₩1,100/$인데 이 기업은 환율이 현재수준보다 하락하여(달러가 절하되어 ₩1,100/$ 이하로 하락하여) 수출금액이 11억 원 이하로 감소하는 것을 우려하고 있다. 선물환시장은 은행에 의해 잘 발달되어 있기 때문에 A기업은 은행에 가서 선물환시장을 이용함으로써 그러한 우려를 해소할 수 있다. 즉, 선물환시장(우리나라의 경우 은행을 통해)에 가서 현재의 환율인 ₩1,100/$으로 1개월 후에 원화로 100만 달러를 사고자 하는 상대방을 찾고 그와 계약을 체결하면 된다. A기업은 환율이 하락할 것으로 예상(우려)하고 그 상대방은 1개월 후에 환율이 현재환율 이상으로 상승할 것이라고 예상하기 때문에 계약이 성립된다. 1개월 후에 A기업이 100만 달러를 받으면 선물환계약에 의해 ₩1,100/$의 환율로 원화로 교환하는 것이 보장된다. 앞으로 환율이 어떻게 변동하건 상관없이 A기업은 미국에 판 물품대금으로 11억 원을 보장받는다. 그러나 선물환을 이용한 헤지가 헤지를 하지 않은 경우보다 더 좋을 것이란 보장은 없다.

담보로 필요통화를 차입한다는 점에서 외화대차거래라고 볼 수 있다. 이러한 의미에서 외환스왑시장과 통화스왑시장은 외화자금시장(금리를 매개변수로 하여 대출과 차입 등 외환의 대차거래가 이루어지는 시장)이라고 할 수 있다. 그리고 외화자금시장은 넓은 의미에서 외환시장에 포함된다.

〈그림 9-2〉 ▸ 선물환거래의 예시

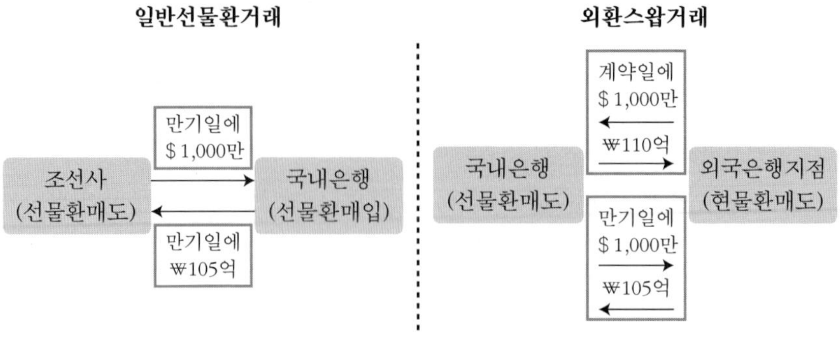

<예시 9-3> 선물환거래의 유형

조선회사 등 우리나라의 수출기업은 미래에 들어올 수출판매대금의 환율하락위험을 회피(환위험 헤지)하기 위해 선물환계약을 이용하는데(현재의 현물환율은 ₩1,100/$이라고 가정) 장래의 특정날짜(결제일)에 받을 수출수주대금(1,000만 달러)을 미리 주어진 환율(선물환율, ₩1,050/$)로 국내은행에 매도(조선회사의 선물환매도, 은행의 선물환매입)하여 환율을 고정시킴으로써 환위험을 회피한다. 〈그림 9-2〉에서 보듯이 두 당사자 간의 이러한 선물환계약에 의해 장래의 특정날짜(결제일)에 조선사는 국내은행에 1,000만 달러를 지급하고 105억 원을 받는다.

선물환을 매입한 은행은 장래에 달러를 받는 시점(결제일)에서 환율이 더 하락하는 경우 손해를 보게 되므로 선물환을 매입한 시점(계약시점)에서 외국은행 국내지점(외은지점)과 외환스왑거래를 하여 환위험을 제거한다. 즉, 국내은행은 외환스왑매도(현물환매입을 하고 선물환매도를 함)를 한다. 현물환율은 ₩1,100/$이고 계약된 선물환율이 ₩1,050/$이라면 계약일에 국내은행은 1,000만 달러의 현물환을 외은지점으로부터 매입하고 외은지점에 110억 원을 제공한다. 그리고 미래의 결제시점(만기일)에 1,000만 달러를 외은지점에 돌려주고 105억 원을 수취함으로써 외환스왑거래가 종결된다. 이 경우 국내은행은 단기적으로 부족한 외화유동성을, 외은지점은 원화유동성(이 원화유동성으로 국채 등 자금시장에서 자금을 운용)을 각각 확보할 수 있게 된다. 이러한 외환스왑거래를 통하여 외환시장과 자금시장이 자연스럽게 연결된다.

〈그림 9-2〉에서 점선의 왼쪽은 수출기업과 국내외국환은행 간의 선물환거래(대고객선물환시장)로 일반선물환거래이며 점선의 오른쪽은 은행간의 외환스왑거래로 은행간 선물환시장이다.

선물환거래는 통상 환위험을 줄이는 것을 목적으로 하나 때로는 투기적 목적으로 이용되기도 한다. 위에서 본 수출기업의 경우 주로 경상거래에 따른 환위험을 헤지하기 위해 선물환계약을 사용한다. 그러나 장래환율에 대한 예측을 바탕으로 환율이 상승할 것으로 예상되는 경우 선물환 매입계약을 체결한 후 결제시점에서 예상대로 환율이 상승하면 환차익을 획득하는 투기적 목적으로 이용되기도 한다. 그러나 예상대로 환율이 상승하지 않고 하락한다면 손실을 입게 된다.

(3) 선도계약의 장점과 단점

선도계약은 어떤 거래내용이든 쌍방이 합의만 한다면 거래가 성립될 수 있기 때문에 매우 신축적이라는 장점이 있다. 그러나 다음과 같은 중대한 단점을 갖고 있다. 첫째 (**유동성부족문제**), 구체적인 특정의 거래대상과 거래조건에 대해 선도계약을 할 거래상대방(counterparty)을 찾는 것이 매우 어려워 유동성이 부족하다는 것이다. 왜냐하면 시장에서 공개적으로 거래되는 것이 아니며 거래를 할 사람들이 많지 않기 때문이다. 선물환(외화선도계약)시장은 그나마 유동성이 높으며 다양하고 전문적인 투자자들이 참여하는 비교적 유동적인 시장이지만 금리선도계약의 경우에는 유동성의 문제가 크다.

둘째(**거래상내방위험의 존재**), 선도계약에서는 거래상대방의 채무불이행위험(default risk)이 있다는 것이다. 만약 거래상대방이 고의로 계약을 이행하지 않거나 파산하는 경우에는 계약이 이행되지 않는다. 이러한 위험을 **거래상대방위험(counterparty risk)**이라고 한다. 이러한 거래상대방위험의 문제 때문에 계약쌍방은 상대방이 금융적으로 건실하며 결제시점까지 파산하지 않을 것인지를 서로 잘 점검하여야 한다. 그러나 이것을 점검하는 것은 어렵고 비용도 들고 완벽하지 않기 때문에 거래상대방위험의 문제는 선도계약의 사용에 가장 큰 장애물이 된다. 이러한 두 가지 문제로 인해 선도계약의 유용성은 크게 감소된다.

3. 선물시장[7]

시장위험을 헤지하는 수단으로서 선도계약시장이 갖고 있는 중대한 문제인 거래상대방위험문제와 유동성부족문제를 해결하는 하나의 방법은 **금융선물시장**(financial futures markets)을 이용하는 것이다. **선물계약**(futures contracts)은 현재시점에서는 매매하고자 하는 대상물의 가격, 수량 등을 정하고 그 대상물의 인도와 대금지불은 장래의 일정시점(만기일 또는 결제일)에 이행하기로 약속하는 계약으로서 매매대상물의 수량, 규격, 품질 등이 표준화되어 있으며 거래는 정형화된 방법으로 일정한 매매장소(거래소)에서만 이루어진다. 선도계약이 장외시장에서 거래당사자 간에 직접 거래되거나 딜러나 브로커를 통해 당사자 간 거래가 이루어지는데 반해 선물계약은 표준화된 상품으로서 정형화된 거래소(장내시장)에서 거래되고 거래소의 일부인 청산거래소와 거래를 한다는 점에서 차이가 난다. 오늘날의 대부분의 선물은 기초자산이 농산물이나 광물인 상품선물보다는 기초자산이 금융자산인 금융선물이다. 이하에서는 금융선물계약의 중요한 형태인 금리선물과 주가지수선물에 대해 살펴본다.

(1) 금리선물계약

금융선물의 대표적 형태인 **금리선물계약**(interest rate futures contracts)은 그 가치가 기초자산인 금리로부터 파생되는 금융상품을 말한다. 즉, 기초자산인 금리를 거래대상으로 현재시점에서 정한 가격으로 미래의 특정시점(만기일 또는 결제일, expiration date)에서 사거나 팔 것을 약정한 계약이다. 금리선물은 미래의 지정된 시점에 인도할 금리부 상품(국채 등)의 가격을 현재시점에서 고정시킨다는 점에서 금리선도계약과 유사하다. 그러나 선도계약이 갖고 있는 유동성문제 및 거래상대방위험의 문제를 제도적으로 보완한 상품이라는 점에서 차이가 난다.

이해를 돕기 위해 한국거래소에 상장되어 있는 금리선물을 예로 들어보자. 한국거래소에 상장되어 있는 금리선물은 기초자산의 종류 및 만기에 따라 3년국채선물, 5년국

7 Mishkin(2004), 한국은행(2016.12, 4장) 참고.

채선물, 10년국채선물로 구분되어 있다.[8] 이중 3년국채선물(1999년 9월 29일 도입)을 위주로 살펴본다. 3년국채선물의 기초자산은 최종결제일 현재 만기 3년, 액면금액 1억 원, 표면금리 5%로 6개월마다 이자를 지급하는 가상의 국고채권이다. 선물가격의 표시방법은 포인트로 매겨진다. 액면금액 1억 원을 100포인트로 환산하므로 1포인트는 100만 원이며 소수점 둘째자리까지 표시한다. 예컨대, 가상 국고채권의 가격이 1억 450만 원이면 104.50으로 표시한다. 가격의 최소변동단위(1 tick)는 0.01(1 basis point)로 가상채권가격의 10,000원에 해당된다.

최종결제방법은 현금결제(cash settlement)방식을 택하고 있다. 만기일에 현물채권을 직접 인도하는 대신에 거래소가 정한 최종결제가격과 선물계약가격과의 차액만을 정산하는 방식이다. 이것은 국채선물 도입 당시 기초자산인 국채의 유동성부족에 따른 실물인도의 어려움과 거래편의성 등을 감안한 것이다. 가상국고채의 최종결제가격 산정에는 실제채권의 수익률이 사용되는데 이 채권을 최종결제기준채권이라고 한다. 그리고 국채선물의 결제월 주기는 3개월 단위로 3월, 6월, 9월, 12월이며 이중 2개의 최근월물만 상장되어 거래되고 있다. 예를 들어 2018년 6월말 현재 2018년 9월물과 2018년 12월물 2개 종목이 상장되어 거래된다. 최종거래일은 해당 결제월의 3번째 화요일이다.

시장참가자들은 금리선물을 이자율위험축소, 무위험재정거래, 투자수익제고, 채권포트폴리오관리 등의 목적으로 활용하고 있는데 금리선물을 이용하는 가장 일반적인 경우는 이자율위험을 헤지하는 것이다. 주어진 자산을 주어진 가격으로 사거나 팔 권리를 가짐으로써 구매자나 판매자는 위험에 대한 노출을 감소시킬 수 있다. 위험회피자의 거래상대방은 투기자이다. 투기자는 가격움직임을 미리 예상함으로써 이윤을 추구한다. 즉, 투기자들은 선물시장에서 가격의 움직임에 배팅을 함으로써 위험회피자와 다른 포지션을 취하고 위험회피자에게 유동성을 제공하는 중요한 역할을 한다. 물론 여기서 말하는 헤지는 가격의 예상되지 않은 움직임에 대한 헤지를 말하는 것이며 예상된 가격의 움직임에 대한 헤지를 말하는 것은 아니다. 예상된 가격의 움직임은 선물가격에 반영되는 것이다.

선도계약에서와 마찬가지로 선물계약의 매입자는 매수포지션을 취하며 선물계약의

8 우리나라 금리선물시장은 1999년 2월 한국(선물)거래소가 설립되면서 출발하였는데 현재 3년, 5년 및 10년 국채선물만이 상장되어 있는데 5년국채선물은 거의 거래가 없다.

매도자는 매도포지션을 취한다고 말한다. 그러면 이제 3년국채선물계약을 사거나 판 경우에 수익이 어떻게 되는지를 살펴보자. 어느 투자자가 2월 1일에 1억 원 6월물(6월 말일에 인도) 1계약을 115의 가격(즉, 1억 1,500만 원)으로 판다고 하자(매도포지션). 이 계약을 판매함으로써 매도자는 액면이 1억 원인 3년 만기 국고채를 1억 1,500만 원의 가격에 6월 말일에 계약의 상대방에게 인도하기로 합의한 것이다. 상대방(선물계약매입자)은 이 가격으로 구매하기로 합의한 것이다(매입포지션). 만약 국채에 대한 이자율이 상승하여 6월말에 계약이 만기가 되었을 때 이 국채의 가격이 110(1억 1,000만 원)으로 하락한다면 계약의 매입자는 500만 원의 손해를 볼 것이며 계약의 매도자는 500만 원의 이익을 볼 것이다.

선물가격(futures price)은 선물계약에 명시되지 않으며 이것은 선물시장에서 결정되며 현물가격(spot price) 또는 결제일에서의 기초자산의 가격에 대한 거래자들의 예상을 반영한다. 현물가격과 선물가격은 각 시장에서의 수요와 공급에 의해 결정된다. 예컨대, 농산물시장의 경우 만약 시장참여자들이 다음 추수기에 대풍작을 예상한다면 농산물가격이 하락할 것이라고 생각할 것이다. 이 경우 농산물의 선물가격은 현재의 가격(현물가격)보다 낮아질 것이다. 결제일(실행일)이 가까워옴에 따라 선물가격은 현물가격에 근접할 것이며 결제일(expiration date)에는 선물가격은 결국 현물가격과 같아질 것이다. 그 이유는 결제일에는 아무도 기초자산에 대해 현물가격(현재의 시장가격)보다 더 지불하거나 덜 지불하려고 하지 않을 것이기 때문이며 만약 가격차이가 발생한다면 선물시장에서 바로 재정거래가 발생하기 때문이다. **재정거래**(arbitrage transaction)는 위험을 추가로 부담하지 않고 2개 또는 그 이상의 시장에 동시에 투자하여 이익을 얻는 거래이며 재정거래를 하는 사람이 재정거래자(arbitrageur)이다. 재정거래가 선물계약의 결제일에서 선물가격이 현물가격(인도될 기초자산의 가격)과 동일하게 되도록 보장한다. 이자율이 상승하고 따라서 6월말의 실행일에 3년 만기 국채의 가격이 110일 때에는 6월물 3년 국채선물계약의 가격도 110이 될 것이다.

<예시 9-4> 금리선물에 의한 이자율위험 헤지

〈예시 9-1〉에서 본 A금융회사는 현재 소지하고 있는 표면이자율이 5%인 2024년 만기의 50억 원어치의 국채(액면가 1억 원 50주)에 대한 이자율위험을 헤지하기 위해 선도계약이

〈그림 9-3〉 ▸ 금리선물거래에 의한 위험헤지

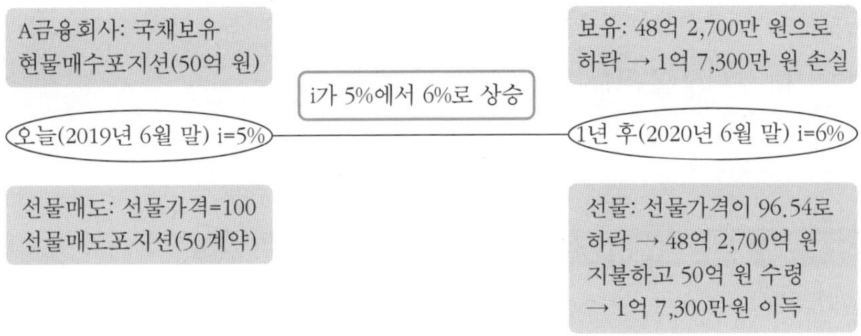

아니라 금리선물계약을 이용할 수 있다. 즉, 이 국채와 동일한 조건의 선물계약을 판매함으로써 이자율위험을 헤지할 수 있다. 예컨대, 앞으로 1년 동안의 이자율상승에 따른 이자율위험을 헤지하려고 한다면 A금융사는 현재(2019년 6월말) 소지하고 있는 국채와 동일한 조건을 가진 5년국채선물 50계약(1계약은 1억 원이므로 이 경우 A회사는 50계약)을 100포인트의 현재가격으로 선물매도(현재 소지하고 있는 채권을 현재와 동일한 가격으로 1년 후에 판매하기로 계약)함으로써 이자율위험을 헤지할 수 있다(미시적 헤지). 어떻게 이자율위험을 헤지하는가? 〈그림 9 3〉을 이용하여 살펴본다.

만약 계약이 만료되는 1년 후(2020년 6월말이라고 하자)에 인플레이션압력의 증가로 이자율(i)이 5%에서 6%로 상승한다면 어떻게 될 것인가? 먼저 A회사가 보유하고 있는 표면이자율 5%의 2024년 만기 국채의 가치는 이자율의 상승으로 인해 2020년 6월말에 48억 2,700만 원으로 하락할 것이다(국채가격은 주당 1억 원에서 9,654만 원으로 하락).[9] 따라서 이 채권의 보유(매수포지션)에 따른 손실은 1억 7,300만 원이 된다. 그런데 만기일인 2020년 6월에 표면이자율이 5%인 2024년 만기의 5년국채를 액면가(100포인트)로 50계약 인도(매도)하기로 한 선물매도포지션에서는 이자율이 6%로 상승하는 경우 선물가격(만기일에서는 선물가격은 현물가격과 동일하게 됨)은 96.54포인트로 하락하며 따라서 50계약의 실제 가치는 48억 2,700만 원이 된다. 즉, 48억 2,700만 원을 주고 50억 원을 받는다. 따라서

9 2020년 6월말 이후 만기(2024년 6월말)까지 발생하는 모든 현금흐름을 6%의 이자율로 할인한 가치가 9,654만 원이다.

선물계약의 매도포지션으로 인해 1억 7,300만 원의 이득을 얻게 된다. 따라서 국채보유에 따른 자본손실은 A회사의 선물계약의 판매에 따른 자본이득에 의해 정확하게 상쇄된다(채권소지에서는 손해, 선물판매에서는 이득이 발생).

<예시 9-5> 통화선물계약에 의한 환위험헤지

앞의 〈예시 9-2〉에서 선물환을 이용한 환위험헤지에 대해 살펴보았는데 환위험을 헤지하기 위해 **통화선물시장**(currency futures market)을 이용할 수도 있다.[10] 수출업체인 A기업은 한 달 후(3월말)에 100만 달러를 수출대금으로 받게 되는데 환율의 하락을 피하기 위해 현재의 환율(₩1,100/$)로 환율을 고정시키려고 한다. 우리나라 한국거래소의 선물시장에는 미달러화선물이 거래되고 있으며 계약단위가 5만 달러이다. A기업은 선물시장에 선물가격이 달러당 1,100원인 달러선물계약이 있다는 것을 알고 있다. A기업은 헤지를 하기 위해서 3월달러선물 100만 달러(계약단위가 5만 달러이므로 20계약)를 달러당 1,100원의 가격으로 매도하면 된다. 달러당 1,100원의 가격으로 매도하였으므로 3월의 최종결제일에 가서 이 계약을 실행하면 20계약 × 5만 달러 × 1,100원 = 11억 원이 된다. 선도시장은 통상 계약단위가 크기 때문에 적은 금액을 헤지하기 어려운데 비해 선물시장은 단위가 5만 달러이므로 적은 금액에 대해서도 헤지가 가능하다는 장점이 있다.

(2) 주가지수선물

주식시장에서의 기관투자가(뮤추얼펀드, 연기금 등)의 중요성이 증가하고 이와 함께 시장지수펀드(index fund)에 대한 관심이 증가하여 전체주식이나 그 일부의 움직임과 연계된 시장에 대한 수요를 증가시켰다. 이러한 요구를 반영하여 금융선물시장에 **주가지수**

10 통화선물은 1972년 5월 시카고상업거래소(CME, Chicago Mercantile Exchange)의 국제통화시장(IMM, International Monetary Market)이라는 부설시장에서 최초로 거래가 시작되었다. 이후 영국(1982년 9월), 호주(1983년 10월), 캐나다(1984년 6월), 싱가포르(1984년 9월), 일본(1989년 6월)에 통화선물시장이 개설되었으며 우리나라는 1999년 4월 23일 한국선물거래소(현 한국거래소)에 미 달러화선물이 처음 상장되었다. 이후 2006년 5월 26일에는 원화표시 엔화선물과 유로화선물이 상장되어 달러 이외 통화에 대한 환율변동 위험도 직접 관리할 수 있게 되었다.

선물(stock index futures)이라는 새로운 혁신적 선물상품이 등장하였다. 주가지수를 대상으로 하여 주가지수선물의 거래가 이루어지는 시장이 **주가지수선물시장**(stock index futures market)이다. 주가지수선물시장은 주가변동에 대한 헤지 또는 투기수단을 제공하기 위하여 1982년 2월 미국 캔사스시티상품거래소(Kansas City Board of Trade)에 최초로 개설되었다. 이후 곧바로 시카고상업거래소(CME)에 S&P 500이 상장되는 등 단기간 내에 급속히 확산되었다. 우리나라의 경우 1996년 5월 KOSPI200선물지수를 거래대상으로 하는 KOSPI200선물시장이, 2015년 11월에는 코스닥150지수를 거래대상으로 하는 코스닥150선물시장(코스닥50선물시장과 스타지수선물시장을 대체)이 개설되었다. 그리고 2008년 5월에는 개별주식을 기초자산으로 하는 **주식선물시장**(stock futures market)이 개설되었다. 이 주가지수선물거래는 1987년 10월의 미국 주가대폭락(Black Monday)에서 시장의 변동성을 크게 증대시켰기 때문에 많은 논란을 불러일으키기도 하였다.

1) 주가지수선물계약

주가지수선물계약(stock index futures contracts)은 일반선물계약과 다른 몇 가지 특징을 갖고 있다. 첫째, 주식시장의 가격수준을 나타내는 특정 주가지수를 대상으로 하는 선물계약이다. 즉, 기초자산이 실물형태가 아닌 주가지수라는 점에서 특징이 있다. 둘째, 다른 선물계약과는 달리 현금결제로만 이루어지는 것이 특징이다. 주가지수선물계약에서는 실물의 양수도가 불가능하므로 거래시 약정한 주가지수와 만기일의 실제주가지수 간의 차이를 현금으로 결제하게 된다. 이와 같이 주가지수선물계약은 주식의 인도가 아니라 현금의 양도로 결제된다는 점에서 다른 대부분의 금융선물계약과 다른데 현금결제는 이 계약을 매우 유동적으로 만들며 한 사람에 의한 시장의 매점가능성을 제거한다.

우리나라의 주가지수선물거래의 대상물은 한국거래소가 개발하여 1994년 6월 15일부터 발표하기 시작한 KOSPI200지수(Koea Stock Price Index 200)로서 1990년 1월 3일을 기준지수 100으로 하고 구성종목(200종목)은 관리종목을 제외한 전체 상장종목 중에서 산업별분류를 기준으로 시가총액, 거래량 순을 원칙으로 하여 구성종목의 시가총액이 전체시가총액의 70% 이상이 되도록 선정하며 심의를 거쳐 정기적으로 종목변경을 실시하고 있다. 거래대상이 실물이 아니므로 계약시 정하는 주가지수와 결제시 주가지수와의 차이에 거래소가 정한 주가지수 1포인트당 금액(우리나라의 경우 50만 원. 이를 **거래**

단위승수라고 함. 미국의 S&P 500지수 선물계약의 경우 500달러)을 곱한 현금으로 결제한다. 예를 들어 KOSPI200선물 80포인트에 2계약을 매수한 경우 약정대금은 80포인트 × 50만 원 × 2계약 = 8,000만 원이다(주가지수선물 및 옵션거래에 있어서 가격은 화폐단위로 부르지 않고 포인트로 부르는 것이 일반적임).

KOSPI200선물시장은 3월, 6월, 9월 및 12월의 두 번째 목요일을 최종거래일로 하는 7개 결제월물을 거래대상으로 한다. 주식시장과 동시에 거래를 개시하고 미결제포지션을 정리할 수 있도록 주식시장 종료 15분후에 거래를 종료한다. 거래는 '계약' 단위로 하며 최소거래단위는 1계약이고 1계약의 거래금액은 선물가격(약정지수)에 50만 원(거래단위승수)을 곱한 금액이다. 호가가격단위는 0.05포인트이며 최소가격변동금액은 거래단위승수 50만 원에 0.05를 곱한 25,000원이 된다.[11] 또 적은 투자자금으로 큰 규모의 거래가 가능한 선물거래의 특성상 손실이 발생한 측의 결제불이행위험을 사전에 막고 계약의 이행보증을 위해 **증거금제도**(margin requirement) 및 **일일정산제도**(marking to market)를 실시하고 있다.[12] 투자자는 계좌 개설시 기본예탁금(최소 500만 원)을 예치하여야 하고 계좌 개설 후 선물계약을 체결하고자 하는 경우 주문위탁금액의 9%에 해당하는 주문증거금이 계좌에 있어야 하며 선물계약을 보유하고 있는 동안에는 미결제포지션의 6% 이상에 해당하는 금액을 유지증거금으로 예치하고 있어야 한다. 결제방법은 중도매매 시에는 중도매매한 선물가격과 전일 선물종가의 차이에 해당하는 손익을 현금결제하고 최종결제일에는 KOSPI200지수종가와 선물 미결제 약정수량의 약정가격 차이에 해당하는 손익을 현금결제한다.

<예시 9-6> 주가지수선물을 이용한 투기거래의 경우

10월 1일에 투자자 A는 장차 주가지수가 상승할 것으로 예상하여 12월 12일에 결제되는 KOSPI200선물(12월물)을 약정지수 80포인트(12월물의 선물가격)에서 10계약 매수하였

11 2015년 7월에는 보다 정밀한 차익-헤지거래를 지원하고 소액투자자도 접근이 용이하도록 하기 위해 1계약당 거래금액이 KOSPI200선물의 1/5로 축소된 미니 KOSPI200선물이 상장되었다.

12 일일정산제도란 매일 매일 선물가격의 변동에 따른 손익을 평가하여 투자자의 유지증거금에 반영하는 것인데 구체적으로는 투자자가 보유하고 있는 선물계약을 매일 선물종가로 평가하여 그 손익을 증거금에서 가감하고 일일정산에 의한 손실누적으로 인해 증거금이 유지증거금 미만으로 감소할 경우에는 투자자에 대하여 증거금의 추가납부를 요구하게 된다.

다. 다음과 같이 행동하는 경우 A는 얼마의 손익을 얻게 되는가?

첫째, 10월 10일에 12월물의 선물가격(주가지수)이 85포인트에 형성된 것을 보고 A는 결제일까지 가지 않고 12월물의 현재 시장가격(85포인트)으로 10계약을 전부 되파는 경우, A는 약정지수(80포인트)와 결제지수(85포인트)의 차이인 5포인트에 해당하는 금액(5포인트 × 50만 원 × 10계약 = 2,500만 원)의 수익을 현금으로 받음으로써 결제가 종결된다.

둘째, 주가지수가 계속 상승할 것으로 예상하여 최종결제일(12월 12일)까지 보유하고 있었으나 주가지수가 하락하여 시장선물가격이 75포인트에 형성될 경우, A는 약정지수(80포인트)와 결제지수(75포인트)의 차이인 5포인트에 해당하는 금액(5포인트 × 50만 원 × 10계약 = 2,500만 원)의 손실을 현금으로 지불함으로써 결제가 종결된다.

<예시 9-7> 주가지수선물을 이용한 헤지거래의 경우

현재 100억 원 상당의 주식을 보유하고 있는 기관투자자 A는 경기가 불투명하여 향후 주가가 하락할 것으로 예상하고 주가하락으로 인한 손실을 보전하기 위하여 10월 1일에 보유주식의 가치에 상당하는 KOSPI200선물을 매도하였다. 10월 1일 A가 매도한 선물가격(12월물)은 80포인트였다. 향후 주가가 변동할 경우 A의 손익은 어떻게 나타날 것인가? 단순화를 위하여 다음과 같이 가정한다. 첫째, 주가가 변동하면 KOSPI200선물가격도 같은 비율로 변동한다. 실제 보유하고 있는 주식과 KOSPI200의 가격은 동일한 움직임을 보이지 않겠지만 같은 폭으로 변한다고 가정한다. 둘째, 선물거래에 따른 수수료, 예치금액은 감안하지 않는다. 먼저 A가 매도한 선물계약의 수량은 다음과 같이 250계약이 된다. 즉, 100억 원 ÷ (80포인트 × 50만 원/계약) = 250계약.

이번에는 헤지거래의 결과를 보자. 첫째, A의 예상대로 12월 12일에 주가(지수)가 10월 1일 대비 20% 하락하였을 경우에 대해 살펴보자. 먼저 주식현물시장에서는 보유주식의 시가총액이 100억 원에서 80억 원으로 줄었으므로 20억 원의 손실이 발생한다. 그러나 주가지수선물시장에서도 선물가격(KOSPI200 주가지수)이 80포인트에서 20% 하락한 64포인트로 되었다. 즉 선물매도거래에 의해 12월 12일에 64포인트에 팔게 될 것을 80포인트에 팔았으므로 16포인트, 즉 20억 원의 이익이 발생한다. 즉, (80포인트 − 64포인트) × 50만 원 × 250계약 = +20억 원이다. 만약 A가 주식만 보유하고 있었더라면 20억 원의 손실을 입었을 것이나 선물에 투자한 결과 손실을 회피하게 되었다.

둘째, A의 예상과는 달리 12월 12일에 주가가 10월 1일 대비 20% 상승한 경우에는 어떻게 되는가? 주식현물시장에서는 보유주식의 시가총액이 120억 원이 되어 20억 원의 이익이 발생한다. 그러나 주가지수선물시장에서는 선물가격이 80포인트에서 96포인트로 상승하였으므로, 즉 12월 12일에 96포인트에 팔아야 할 것을 미리 정해진 80포인트에 팔았으므로 16포인트, 즉 20억 원의 손실이 발생한다. 즉, (80포인트 − 96포인트) × 50만 원 × 250계약 = -20억 원이다. 만약 A가 보유주식을 매각하고 선물에만 투자하였더라면 20억 원의 손실을 보았을 것이나 주식과 선물 양쪽에 투자한 결과 손실을 회피하게 되었다.

이와 같이 주가지수선물은 투기수단 또는 위험헤지수단으로 이용될 수 있다. 다만, 투자자가 선물시장에 투자한 결과 손실을 입을 경우 결제이행보증을 위한 담보로서 거래대금의 6%에 해당하는 금액을 주가지수선물 중개회사(증권회사)에 예치해야 하며 주가지수선물시장에 처음으로 참여하는 자는 거래대금의 9%에 해당하는 금액을 예치하되, 거래대금이 아무리 적더라도 최소증거금(500만 원) 이상을 예치하여야 한다.

2) 주식선물시장

주식선물시장(stock futures market)은 개별주식의 위험을 관리하고 주가연계증권(ELS, equity-linked security), 주식워런트증권(ELW, equity-linked warrant) 등 주가연계 파생결합증권의 발행과 관련된 헤지수단을 제공하기 위해 2008년 5월 개설되었다.[13] 기초자산으로는 시가총액비중이 크고 유동성, 안정성, 재무상태 등이 우량한 상장기업주식(2016년 6월말 현재 총 88개(KOSPI종목 79개, 코스닥 종목 9개)의 주식선물이 상장되어 있음)이 선정되었다. 증거금률은 변동성이 높은 개별주식의 특성을 감안하여 KOSPI200선물보다 높은 수준에서 종목별로 차등적용하고 있다. 가격제한폭제도는 KOSPI200선물과 같이 단계별로 운영되는데, 단계별 가격변동폭 제한비율이 각각 ±10%, ±20%, ±30%로 KOSPI200선물에 비해 높게 설정되어 있다. 기타 대부분의 거래제도는 KOSPI200선물과 동일하다.

13 주가연계 파생결합증권에 대한 자세한 논의는 7절 참고.

(3) 선물시장의 성공요인과 문제점

금융선물시장의 성공은 금리선물거래규모가 2015년 전 세계적으로 26억 계약을 넘고 주가지수선물의 거래규모가 27억 계약을 초과하고 있다는 사실을 보면 알 수 있다. 금융선물시장이 이와 같이 매우 큰 성공을 거둔 데는 선물계약과 선물시장이 선도계약과 선도시장과는 다른 중요한 특징을 갖고 있기 때문이라고 볼 수 있다.

선물계약의 특징: 유동성문제 극복 금융선물계약이 갖는 몇 가지 특징이 선도계약에서 나타나는 유동성문제를 해결할 수 있게 해준다. 첫째(**표준화**), 선도계약과는 달리 선물계약의 경우 거래대상과 인도시점이 표준화되어 있어서 많은 투자자들이 쉽게 계약을 매매할 수 있으며 이에 의해 선물상품의 유동성이 크다는 것이다. 둘째(**결제일 이전에 거래 가능**), 선도계약은 두 당사자 간의 직접계약이기 때문에 결제일(만기일)이전에 재거래될 수 없는데 반해 선물계약은 구매 또는 판매된 후에도 결제일 전에 다시 거래될 수 있으며 이에 의해 유동성이 커진다. 셋째(**현금결제방식**), 우리나라의 금리선물계약에서는 만기일에 현물채권을 직접 인도하는 대신에 거래소가 정한 최종결제가격과 선물계약가격과의 차액만을 정산하는 현금결제방식을 택하고 있다는 것이다. 이는 국채선물의 기초자산인 국채(3년 만기 국고채)의 유동성부족에 따른 실물인도의 어려움을 감안한 것이다.

선물시장의 특징: 거래상대방위험 극복 선물시장이 갖는 몇 가지 특징이 선도시장에서 유발되는 거래상대방위험(채무불이행위험)문제를 극복할 수 있게 해준다. 첫째(**청산거래소와 계약**), 선도계약에서는 매입자와 매도자가 서로 간에 계약을 체결하지만 선물계약에서는 매입자와 매도자가 선물거래소와 관련된 **청산거래소**(clearing house)와 계약을 한다.[14] 이것이 의미하는 것은 선물계약의 매입자는 매도자의 금융적 건전성에 대해 신경을 쓸 필요가 없다는 것이다. 청산거래소(손해배상공동기금)가 금융적으로 건실한 한 선물계약의 매입자와 매도자는 거래상대방위험(채무불이행위험)에 대해 걱정할 필요가 없다.

---

14 2008년 글로벌 금융위기 이후 장외파생상품거래 등의 채무불이행위험을 축소하기 위한 움직임이 본격화되어 2009년 9월 G20 피츠버그 정상회의에서 장외파생상품의 중앙청산기구를 통한 결제제도의 도입을 합의하였다. 이에 따라 우리나라도 2012년 말까지 중앙청산거래소를 도입하기로 하였으나 법제화(자본시장법 개정)가 늦어져 2013년 9월에야 한국거래소가 국내최초로 장외파생상품에 대한 금융투자상품 거래청산회사(청산거래소)로 인가를 받았으며 2014년 6월 30일부터 원화이자율스왑거래에 대한 의무청산이 시작되었다.

둘째(**증거금제도**), 청산거래소가 금융적으로 건전하고 금융적 난관에 빠지지 않도록 보장하기 위하여 선물계약의 구매자 또는 판매자는 거래소 회원사(선물회사, 증권회사)에 있는 자기 증거금계정에 증거금을 예치해야 하는 증거금제도를 운영하고 있다. 이러한 **증거금**(**margin requirement**)에는 위탁증거금과 거래증거금이 있다. 예컨대, 3년국채선물의 경우 위탁증거금으로 위탁금액의 0.75%를 예탁하여야 한다. 그리고 거래유지를 위해 해당거래일의 최종결제기준채권가격의 0.5%를 예탁하여야 하는데 이것이 거래증거금이다. 이때 예탁평가액이 선물가격하락에 따른 정산 등으로 거래증거금을 하회하게 될 경우 마진콜(margin call)이 발생한다. 마진콜은 회원사가 거래고객에게 거래증거금을 유지하도록 추가증거금의 납입을 요청하는 것이다. 추가증거금 미납 시에는 위탁거래를 맡은 회원사가 고객의 미결제약정을 임의로 반대매매하여 처분한다. 증거금제도 때문에 거래자가 선물계약에 대해 채무불이행을 할 가능성은 크게 감소된다.

셋째(**일일정산제도**), 선물계약은 **일일정산제도**(**marking to market**)를 채택하고 있다. 이 제도에 의해 매 거래일종료시점에서 선물계약의 가격의 변화가 증거금계정에 추가되거나 차감된다. 예를 들어 수요일 아침에 110의 가격으로 3년국채선물 1계약을 구매하였고 판매자와 구매자는 모두 각자의 증거금계정에 200만 원을 갖고 있다고 하자. 그런데 그날 종료시점에서 종가(settlement price)가 109로 하락한 경우 판매자는 1포인트(100만 원)의 이익이 발생하며 구매자는 1포인트의 손실이 발생한다. 그날로 판매자의 증거금계정은 300만 원이 되고 구매자의 증거금계정은 100만 원으로 줄어든다. 만약 증거금이 거래증거금 이하로 줄어들면 이것을 보충해야 한다. 일일정산제도 때문에 거래자가 계약에 대해 채무불이행을 할 가능성은 크게 감소된다.

이러한 장점으로 인해 금융선물시장은 활성화되고 위험회피자들이 이자율위험을 감소시킬 수 있으나 금융선물거래로 헤지를 하려고 할 때 **베이시스 리스크**(**basis risk**)의 문제를 가지고 있다. 〈예시 9-4〉에서는 보유하고 있는 국채의 가격과 선물(3년물국채선물)의 가격이 동일한 비율로 변화한다고 가정하였으나 실제로는 현물가격과 선물가격은 정확하게 동일하게 변화하지 않을 수 있으며 이러한 불완전한 변화에 따른 위험을 베이시스 리스크라고 한다. 3년물국채선물계약에서 인도될 국채(기초자산)의 이자율이 금융기관이 헤지하고자 하는 채권의 이자율과 완전히 동일하게 움직이지 않을 수 있기 때문에 완전히 헤지되지 않을 위험을 말한다. 대부분의 채권의 이자율은 거의 비슷하게 움직이기 때문에 베이시스 리스크는 통상 그렇게 크지 않지만 때로는 매우 클 수도 있다.

4. 옵션시장

시장위험을 헤지하는 또 하나의 방법은 금융증권에 대한 옵션을 이용하는 것이다. **옵션**(options) 또는 **옵션계약**(options contracts)은 기초자산을 미래의 특정시점(계약의 만기일 또는 실행일, expiration date) 또는 특정기간 동안 행사가격(exercise price or strike price)으로 매입하거나 매각할 수 있는 권리를 사고파는 계약이며 이러한 옵션이 거래되는 시장이 **옵션시장**(options market)이다. **콜옵션**(call option)은 기초자산을 매입할 수 있는 권리이며 **풋옵션**(put option)은 기초자산을 매도할 수 있는 권리이다. 선물계약에서는 권리와 의무가 대칭적인데 반해 옵션계약에서는 기초자산가격의 변화에 대해 비대칭적 손익구조(asymmetric payoffs)를 갖는다. 옵션의 구매자(buyer or owner)는 본인이 원한다면 계약을 실행할 권리를 가지고 있지만 옵션을 실행할 의무는 없으며 옵션을 사용하지 않고 옵션이 폐기되도록 할 수 있다. 반면 옵션의 판매자(seller or writer)는 선택의 여지가 없다. 구매자가 옵션을 실행한다면 판매자는 기초자산(증권)을 판매하거나 구매하여야 한다.

일정시점에서 금융증권을 사거나 팔 권리는 가치가 있는 것이므로 옵션의 구매자는 그 권리에 대한 대가로 **프리미엄**(premium, **옵션가격**)을 지불한다. 옵션계약은 거래시점에 프리미엄을 지급한다는 점에서 거래시점에서는 단순히 계약만이 이루어지는 선도계약이나 선물계약과 차이가 있다. 옵션계약에는 두 가지가 있다. **미국식 옵션**(American option)은 권리를 계약의 만기일 이전의 어느 때나 실행할 수 있으며 **유럽식 옵션**(European options)은 단지 만기일에서만 권리의 실행이 가능하다.

옵션계약은 여러 가지 금융증권에 대해 적용될 수 있다. 개별주식에 대한 옵션은 **주식옵션**(equity options)이라고 불리며 이러한 옵션은 오랫동안 장외시장이나 거래소시장에서 거래되어 왔다. **주가지수옵션계약**(index options contracts)은 현물시장의 주가지수를 대상으로 미래의 일정시점에서 사전에 약정된 행사가격으로 매입 또는 매도할 수 있는 권리가 부여된 계약이다. 주가지수옵션시장은 주가변동의 헤지 등 다양한 목적을 충족시키기 위해 1983년 3월 미국의 시카고옵션거래소(CBOE, Chicago Board Options Exchange)에 S&P100지수를 대상으로 최초로 개설되었으며 우리나라의 경우 1997년 7월에 KOSPI200옵션시장이, 2001년 11월에 코스닥50옵션시장(거래부진 등으로 2005년 11월에 폐지됨)이, 2002년 1월에는 개별주식을 기초자산으로 하는 주식옵션시장이 개설되었다.[15] 그리고 금융선물에 대한 옵션계약은 **금융선물옵션**(financial futures options) 또는 **선물옵션**(futures options)이라고 불리는데(주가지수선물옵션, 금리선물옵션, 통화선물옵션 등) 통상적으로 널리 거래되는 옵션계약이다.

(1) 옵션계약과 선물계약의 차이

여기서는 먼저 6월물 3년국채선물계약에 대한 옵션을 통해 옵션계약과 선물계약에서의 이윤과 손실이 발생하는 정도를 비교하여 보자. 만약 투자자가 이 선물계약을 115의 가격(1억 1,500만 원)으로 구매한다면 6월말에 그 증권이 투자자에게 인도될 때 1억 원의 액면가를 가진 국채에 대해 투자자는 1억 1,500만 원을 지불하기로 합의한 것이다. 만약 투자자가 이 선물계약을 115의 가격으로 판매한다면 6월말에 1억 1,500만 원을 받고 그 국채를 인도하기로 합의한 것이다. 이제 국채선물에 대한 옵션계약이 다음과 같은 내용을 가지고 있다고 가정한다. ① 이것은 기초선물계약과 동일하게 6월말이 만기일이다. ② 이것은 유럽식 옵션이며 따라서 만기일에만 권리실행이 가능하다. ③ 옵션의 가격(프리미엄)은 선물계약에서와 마찬가지로 포인트(1포인트는 100만 원에 해당)로 공시되는데 프리미엄은 2포인트이며 ④ 행사(실행)가격은 115(계약당 1억 1,500만 원)이다. 만약 투자자가 6월물 국채선물계약에 대한 콜옵션 1계약을 구매한다면 투자자는 이 계약의 만기일인 6월말에 115(계약당 1억 1,500만 원)의 가격으로 6월물 국채선물계약을 구매할 수 있는 권리를 구매한 것이다. 마찬가지로 만약 투자자가 6월물 국채선물계약에 대한 풋옵션 1계약을 구매한다면 투자자는 이 계약의 만기일인 6월말에 115(계약당 1억 1,500만 원)의 가격으로 6월물 국채선물계약을 판매할 수 있는 권리를 구매한 것이다.

이제 위험을 헤지하기 위해 옵션이 어떻게 사용되는지를 보기 위해 6월물 국채선물계약에 대한 콜옵션에 의해 어떻게 이윤과 손실이 발생하는지를 살펴보자. 2월에 투자자가 2포인트(200만 원)의 프리미엄으로 115의 실행가격에서 1억 원짜리 6월물 3년국채선물계약에 대한 콜옵션을 구매한 경우를 생각해보자. 이 투자자는 옵션을 실행한다면 6월말 일에만 실행할 수 있다. 6월말의 실행일자에 선물계약의 기초증권인 3년 만기 국채

15 주식옵션시장은 기초자산인 개별주식의 가격변동에 대한 헤지 및 차익거래 수단을 제공하기 위해 2002년 1월에 개설되었다. 주식선물시장과 마찬가지로 시가총액비중이 크고 유동성, 안정성, 재무상태 등이 우량한 상장기업주식이 기초자산으로 선정되는데 2016년 6월말 현재 총 20개 주식옵션이 상장되어 있다.

〈그림 9-4〉 ▸ 콜옵션계약과 선물계약의 이윤과 손실

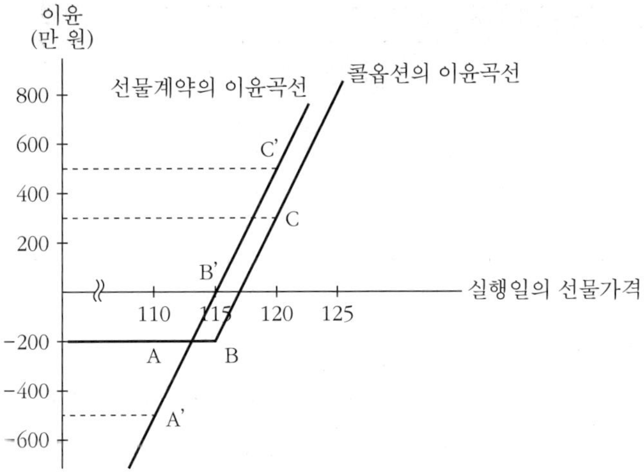

의 가격이 110이라고 하자. 이때 선물계약의 가격도 110이 될 것이다. 만약 투자자가 실행일에 옵션을 실행한다면 손해를 보기 때문에(6월말일 현재 가격은 110인데 실행가격인 115로 구매한다면 당연히 손해가 된다) 옵션을 실행하지 않을 것이며 프리미엄 200만 원만 손해를 보게 된다. 실행일의 선물가격(기초증권의 가격)이 옵션의 실행가격보다 낮은 경우에는 콜옵션은 손해를 보게 된다. 이 상태를 나타낸 것이 〈그림 9-4〉의 점 A이다.

실행일에 만약 선물가격이 115라면 콜옵션은 실행하든 안하든 상관없으며 역시 프리미엄인 200만 원의 손실이 발생한다. 이것은 〈그림 9-4〉의 점B로 나타내고 있다. 만약 선물가격이 실행일에 120이라면 옵션을 실행하는 것이 이익이 된다. 115의 가격에 사서 120의 가격으로 판매할 수 있으므로 5포인트(500만 원)의 이익이 발생하며 프리미엄으로 200만 원을 지불하였으므로 순이윤은 300만 원이다. 이 경우는 그림에서 점C로 표시되어 있다. 실행일의 선물가격이 이 보다 더 높다면 옵션계약의 순이윤은 계속 증가한다. 이러한 점들을 연결하면 〈그림 9-4〉에서 보듯이 콜옵션의 이윤곡선을 구할 수 있다.

이번에는 투자자가 2월에 선물옵션계약을 구매하는 대신 115의 가격으로 1억 원짜리 6월물 3년국채선물계약을 매수하는 경우의 이윤과 손실을 살펴보자. 만약 6월말일의 만기일에 기초자산(채권)의 가격이 110으로 하락(선물가격도 110으로 하락)한다면 투자자는 5포인트(500만 원)의 손실을 보게 된다. 이 점은 〈그림 9-4〉의 점 A'로 표시되어 있

다. 만기일에 선물가격이 115라면 선물계약으로부터 아무런 이윤을 얻지 못하며 이점은 B′로 표시되어 있다. 120의 가격에서는 5포인트(500만 원)의 이윤을 얻으며(점 C′) 125의 가격에서는 이윤이 10포인트(1,000만 원)가 된다. 이러한 점들을 연결하면 〈그림 9-4〉에서와 같이 선물계약의 선형이윤곡선을 얻게 된다.

여기서 선물계약과 옵션계약의 몇 가지 차이점을 볼 수 있다. 첫째, 〈그림 9-4〉에서 보듯이 선물계약은 선형이윤곡선을 가지고 있는 반면 옵션계약의 이윤곡선은 최대손실이 200만 원인 비선형선으로 나타난다. 이렇게 되는 이유는 선물계약에 따른 손실에는 한계가 없지만 콜옵션이 있으면 200만 원(프리미엄) 이상의 손실을 방지해 주기 때문이다. 그러나 일단 기초자산의 가격이 실행가격보다 높다면 투자자의 이윤은 선형적으로 증가한다. 이 경우에는 옵션의 이윤이 항상 프리미엄만큼 선물의 경우보다 작다. 풋옵션의 경우에도 동일하게 생각할 수 있다. 즉, 풋옵션매수자도 손실을 200만 원(프리미엄)으로 제한할 수 있다. 둘째, 각 계약에 대한 초기투자가 다르다. 선물계약을 구매할 때는 투자자는 일정액(증거금)을 증거금계정에 예입하여야 한다. 그러나 옵션계약을 구매할 때의 초기투자액은 계약에 대해 지불해야 하는 프리미엄뿐이다. 셋째, 선물계약은 계약이 시장에서 일일정산될 때마다 매일 돈이 이전되어야 하지만 옵션계약은 그 계약이 실행될 때에만 돈이 이전된다.

통상 투자자는 헤지를 위해 선물보다 옵션을 더 많이 사용하고 있는데 그 이유는 선물계약과는 달리 옵션계약은 이자율이 하락하고 따라서 채권가격이 상승하는 경우 투자자가 이득을 얻을 수 있게 해주기 때문이다. 선물계약을 이용하여 헤지를 하는 경우 투자자는 채권가격의 상승으로부터 이득을 얻을 수 없다. 왜냐하면 소지하고 있는 채권에 대한 이득(가격상승에 기인한)은 선물계약의 판매에 따른 손실에 의해 상쇄되기 때문이다. 그러나 풋옵션으로 헤지가 수행되는 경우에는 사정이 다르다. 채권가격이 실행가격보다 상승하는 경우 투자자는 옵션계약에 대해 프리미엄 외에는 추가적인 손실을 보지 않는다. 그러나 투자자가 소지하고 있는 채권의 가격은 상승하기 때문에 투자자에게 이득을 제공한다. 따라서 헤지를 수행하기 위해 선물계약 대신 옵션계약을 이용하는 경우 이자율상승에 대해서는 투자자를 보호하고 이자율하락에 대해서는 이득(이득은 프리미엄의 크기만큼 감소되지만)을 얻을 수 있도록 해준다. 물론 프리미엄을 지불해야 한다는 단점이 있다.

(2) 옵션가격(프리미엄)에 영향을 미치는 요인들

옵션프리미엄의 크기는 옵션이 실행될 가능성을 반영한다. 옵션도 일종의 보험이므로 보험처리횟수가 많을수록 보험료가 올라가듯이 옵션프리미엄도 옵션이 많이 실행될수록 올라간다. 이러한 관점에서 옵션프리미엄의 크기에 영향을 미치는 요인들은 다음과 같다. 첫째, 실행(행사)가격이 높을수록 콜옵션의 프리미엄은 낮아지고 풋옵션의 프리미엄은 높아진다. 콜옵션은 기초자산을 살 수 있는 권리이므로 실행가격이 높을수록 콜옵션의 이윤은 더 적어지며 따라서 투자자는 더 낮은 프리미엄을 지불하려고 할 것이다. 마찬가지로 풋옵션은 기초자산을 팔 수 있는 권리이므로 실행가격이 높을수록 이윤을 증가시키며 따라서 프리미엄을 증가시킨다. 둘째, 옵션이 실행될 수 있는 기간(만기일까지의 기간)이 길수록 옵션(콜옵션과 풋옵션)의 프리미엄은 증가한다. 예컨대, 3월물보다는 4월물의 프리미엄이 높고 4월물보다는 6월물의 프리미엄이 높다. 만기일까지의 기간이 길어질수록 기초자산의 가격이 매우 높아지거나 매우 낮아질 가능성은 더 크기 때문이다. 셋째, 기초자산의 가격의 변동성이 클 때는 콜옵션과 풋옵션 모두의 프리미엄이 높아진다. 가격의 변동성이 더 크다는 것은 주어진 만기까지의 기간에서 가격이 더 높아지거나 더 낮아질 가능성이 크다는 것을 의미하며 옵션을 통해 더 큰 이윤을 얻을 가능성이 크다는 것을 의미한다. 시장참여자들은 프리미엄에 대한 이러한 영향을 가급적 정확하게 추정하려고 노력하고 있으며 이를 위해 복잡한 수학적 모형을 계속 개발하고 개선하고 있다.

(3) 주가지수옵션계약

주가지수옵션계약(index options contracts)은 현물시장의 주가지수(기초자산)를 대상으로 미래의 일정시점(만기일, 행사일)에 사전에 약정된 가격(행사가격)으로 매입 또는 매도할 수 있는 권리가 부여된 계약을 말하는데 매입권리인 콜옵션과 매도권리인 풋옵션으로 구분된다. 주가지수옵션은 주가지수선물과 마찬가지로 실물이 존재하지 않는 주가지수를 거래 대상으로 하고 있으나 거래의 목적물이 권리라는 점에서 주가지수선물과 다르다. 콜옵션 매수자는 만기일에 기초자산가격(KOSPI200종가 등)이 행사가격을 넘어서면 권리를 행사할 유인이 발생하게 된다. 이 경우 기초자산가격이 행사가격과 지급된 프리미엄의 합과 일치하는 수준에서 손익분기점이 형성된다. 반대로 풋옵션 매수자는 만기일에 기초자산가격이 행사가격보다 낮아야만 권리를 행사할 유인이 발생하며 기초자산가격이 행사가격에서 지급한 프리미엄을 뺀 값을 하회하는 경우에만 이익을 얻을 수 있다.

우리나라에서는 현재 KOSPI200옵션시장이 형성되어 있는데 총 11개 결제월물을 대상으로 거래가 이루어진다. 권리행사유형은 유럽식 옵션(만기일에서만 권리실행이 가능)이며 KOSPI200옵션의 거래단위는 계약이며 1계약의 거래금액은 포인트로 표시되는 옵션가격에 50만 원(거래단위승수)을 곱하여 구해진다. 결제방법은 만기 전 반대 매매시에는 옵션매수자(매도자)가 매수(매도) 미결제 약정을 만기 전에 매도(매수)하여 손익을 확정시킨 후 현금결제하고 만기시(권리행사시 증권회사에 신고)에는 최종결제가격인 KOSPI200지수와 행사가격의 차이에 50만 원을 곱한 금액으로 현금결제한다. 그 밖의 매매거래시간, 거래체결방식 등은 KOSPI200선물시장과 동일하다.

KOSPI200주가지수 옵션거래에 있어서도 KOSPI200주가지수 선물거래와 마찬가지로 결제이행을 위한 담보장치로서 기본예탁금, 위탁증거금제도가 운영되고 있다. 기본예탁금은 파생금융상품시장에 적용되는 기준이 주가지수옵션시장에 그대로 적용된다. 위탁증거금은 옵션매수자의 경우 프리미엄으로 대치되는 반면 옵션매도자에게는 부과되는데 KOSPI200선물과 같이 주문증거금과 유지증거금으로 구분된다. 주문증거금은 신규주문증거금(옵션매수자의 경우 프리미엄이 신규주문증거금이 됨), 옵션가격증거금, 옵션가격변동증거금 및 장중옵션순매수금액으로 구성된다. 유지증거금은 위탁증거금이 결제담보기능을 다할 수 있도록 장이 끝난 후 미결제약정을 대상으로 그날의 종가를 적용하여 산출되며 옵션가격변동증거금 및 옵션가격증거금으로 구성된다. 한편 다음날의 예탁금 추산액이 유지증거금을 밑도는 것으로 나타나면 주가지수선물과 마찬가지로 자금을 추가로 납입하여야 한다.

<예시 9-8> 주가지수 콜옵션계약의 경우

A는 주가지수가 상승할 것으로 예상하여 10월 1일에 행사가격이 80포인트인 주가지수 콜옵션 10계약을 1계약당 3포인트의 프리미엄으로 매수하였다(거래단위승수는 50만 원임). 그의 권리행사일은 12월 12일이다. 권리행사일에 주가지수가 다음과 같이 변했을 경우 A의 손익은 얼마가 될 것인가?

첫째, 주가지수가 89포인트로 상승하였을 경우 3,000만 원의 이익이 발생한다. ① 먼저 매수자 A는 콜옵션 매입시 옵션 매수대금(프리미엄)으로 1,500만 원을 납부한다. 즉, 3포인트(옵션가격) × 50만 원 × 10계약 = 1,500만 원의 프리미엄을 지불한다. ② 권리행사일(12.12)에 시가 89포인트인 주가지수를 80포인트(행사가격)에 살 수 있으므로 권리를 행사하여 4,500만 원을 받는다. 즉, (89포인트 − 80포인트) × 50만 원 × 10계약 = 4,500만 원. 이 4,500만 원에서 옵션매입시 지불한 프리미엄 1,500만 원을 제하면 3,000만 원의 순이익을 얻게 된다.

둘째, 주가지수가 72포인트로 하락하였을 경우 프리미엄(1,500만 원)만큼의 손실이 발생한다. 즉, 권리행사일(12.12)에 시가 72포인트인 주가지수를 80포인트(행사가격)에 사야 하므로 옵션(권리)행사를 포기함으로써 손실은 프리미엄 1,500만 원으로 제한된다. 권리행사를 포기하지 않고 실행할 경우 손실액이 추가로 4,000만 원이 발생하므로 손실을 프리미엄으로 한정시키고 권리행사를 포기한다.

5. 스왑시장[16]

선도, 선물, 옵션에 추가하여 투자자는 위험을 관리하기 위해 스왑이라는 또 하나의 중요한 파생금융상품을 이용할 수 있다. 선물이나 옵션계약은 표준화된 상품이기 때문에 거래가 활발하고 유동성이 큰 장점이 있지만 이들은 시장참여자의 다양한 요구에 잘 맞춰줄 수 없다는 단점이 있다. 이러한 문제로 인해 스왑계약이 발전하게 되었다. **스왑**(swaps) 또는 **스왑계약**(swaps contracts)은 일반적으로 둘 이상의 당사자(counterparties) 간에 2개의 금융자산 또는 금융부채에서 발생되는 미래의 현금흐름을 교환하기로 하는 계약, 즉 한쪽의 지불방식을 다른 한쪽의 지불방식과 교환하는 것을 의무화한 계약이다. 스왑이 거래되는 시장이 **스왑시장**(swap market)이다. 스왑에는 두 가지의 기본적 형태가 있다. 하나는 금리(이자율)스왑(IRS)이고 다른 하나는 통화스왑(CRS)이다.

16 한국은행(2016.12, 4장), Hull(2005) 참고.

(1) 금리스왑계약

1) 금리스왑계약의 의미와 기능

금리(이자율)스왑(IRS, interest rate swaps)은 차입금에 대한 이자율위험(금리변동위험)의 헤징이나 차입비용의 절감을 위해 두 차입자가 각자의 채무에 대한 이자지급의무를 상호 간에 교환하는 계약으로서 일반적으로 변동금리와 고정금리를 서로 교환하는 형식을 취한다. 이자율위험을 감소시키는 금융수단에 대한 수요가 증가하였던 1982년에 미국에서 처음으로 등장하였다.

일반적으로 금리스왑의 가장 중요한 기능은 금리변동위험(이자율위험)을 헤지할 수 있는 수단을 제공하는 것이다. 따라서 금리스왑의 가장 통상적인 형태는 쿠폰스왑(coupon swaps, plain vanilla swaps)이라고 불리는 것으로 이것은 동일한 부채구조(통화, 원금 및 만기)를 가진 두 당사자 간의 거래이며 계약당사자 간에 이자지급의무만 있고 원금상환의무가 없다. 자금의 흐름도 원금의 교환없이 이자차액만 주고받는 것으로 당초의 자금조달과는 관계가 없는 별도의 계약에 의해 거래가 성립된다. 금리스왑은 원금을 교환하지 않기 때문에 채권투자 등에 비해 자금부담과 신용위험이 낮다.

예를 들어 A금융기관은 이자율민감자산을 이자율민감부채보다 더 가지고 있어 만일 이자율이 앞으로 하락하면 이자수입의 하락이 이자비용의 하락보다 더 크게 되어 A금융기관은 큰 손실을 보게 된다. 이러한 위험을 제거하기 위하여 스왑계약을 체결하여 이자율민감자산을 줄이거나(이자율민감자산을 고정이자율자산으로 전환. 자산운용에서 고정금리선호) 이자율민감부채를 늘려(고정이자율부채를 이자율민감부채로 전환. 차입에서 변동금리선호) 이자율민감자산과 이자율민감부채를 일치시켜야 한다. 반대로 이자율민감자산보다 이자율민감부채를 더 가지고 있는 B금융기관은 이자율이 앞으로 상승하면 이자비용이 이자수입보다 더 크게 되어 큰 이자율위험에 노출된다. 그러므로 금리스왑거래를 통해 이자율민감자산을 늘리거나(고정이자율자산을 이자율민감자산으로 전환. 자산운용에서 변동금리선호) 이자율민감부채를 줄여(이자율민감부채를 고정이자율부채로 전환. 차입에서 고정금리선호) 이자율민감자산과 이자율민감부채를 일치시켜야 한다.

때로는 금리스왑은 향후의 금리전망을 바탕으로 투기적인 이익을 목적으로 거래될 수도 있다. 앞으로 금리상승이 예상되는 경우 고정이자율자산을 변동이자율자산으로 전환하여 변동이자율과 고정이자율 간 차익을 획득하는 것이 가능하다. 반대로 금리하락이 예상되는 경우 변동이자율자산을 고정이자율자산으로 전환하여 고정이자율과 변동이자율 간 차익을 얻을 수 있다. 물론 금리전망이 틀릴 경우 손실을 감수하여야 한다.

<예시 9-9> 금리스왑거래에 의한 이득

위에서 말한 A와 B의 두 금융기관 간의 금리스왑거래를 생각해보자. 두 기관의 차입조건과 차입선호를 나타내면 〈표 9-2〉와 같다. A금융기관은 변동금리를 선호하고 B금융기관은 고정금리를 선호한다. 그런데 A는 B보다 두 차입시장에서 모두 절대적 우위를 갖고 있지만 두 기관은 금융시장에서의 신용도가 달라 A(변동금리선호)는 고정금리시장에서 비교우위를 갖고 있고 B(고정금리선호)는 변동금리시장에서 비교우위를 갖고 있다. 따라서 이 경우 각 기관은 비교우위가 있는 시장에서 차입을 하여 차입금리를 서로 간에 교환(스왑)함으로써 서로가 유리해질 수 있다.

〈표 9-2〉 ▸ 두 금융기관의 차입조건과 선호

	A금융기관(변동금리선호)	B금융기관(고정금리선호)
변동금리시장	CD금리 + 1%	CD금리 + 3%
고정금리시장	3%	7%

〈그림 9-5〉에서 보듯이 A는 비교우위가 있는 고정금리시장에서 3%로 차입하고 B는 비교우위가 있는 변동금리시장에서 CD금리 + 3%로 차입하여 금리정산일에 A와 B가 각각 CD금리 + 1%와 4%를 서로 교환하면 서로 자금선호를 충족하면서 낮은 금리로 차입할 수

〈그림 9-5〉 ▸ 고정금리와 변동금리의 금리스왑거래

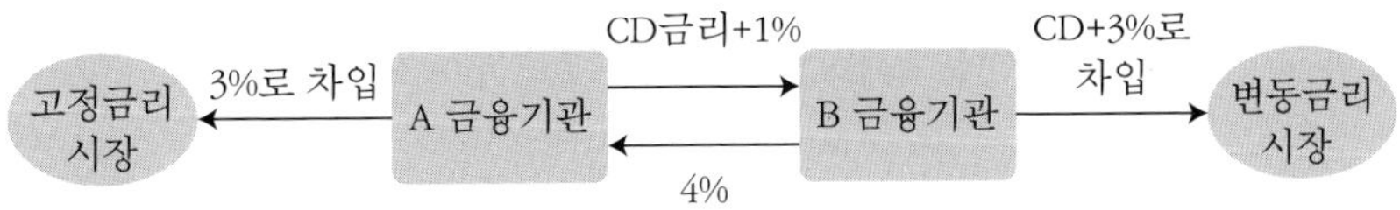

있게 된다. 이 경우 A의 최종차입비용은 CD금리 + 1% + 3% − 4% = CD금리(변동금리)가 되고 B의 차입비용은 CD금리 + 3% + 4% − (CD금리 + 1%) = 6%(고정금리)로 되어 금리스왑거래를 통해 서로 이득(동일하게 1%의 금리이득)을 볼 수 있다.[17]

2) 금리스왑의 장점과 단점

금리스왑은 많은 장점을 갖고 있다. 첫째, 금리스왑의 당사자로서 금융기관들은 이자율위험을 제거하기 위해 금리스왑 대신 이자율고정자산을 이자율민감자산으로 전환하거나 또는 반대로 함으로써 대차대조표를 조정할 수도 있다. 그러나 이러한 조정은 몇 가지 이유로 금융기관에 많은 비용을 유발한다. 우선 대차대조표의 조정에는 거래비용이 많이 든다. 또 금융기관은 대출로부터 고객에 관한 정보를 얻고 있는데 대차대조표의 조정을 위해 대출을 조정하게 되면 고객에 대한 정보를 잃게 된다. 금리스왑은 대차대조표의 조정으로부터 오는 이러한 거래비용과 정보손실이 없이 이자율위험을 헤지할 수 있게 해준다. 둘째, 이자율위험을 헤지하기 위해 선물계약이나 옵션계약과 같은 다른 파생금융상품을 이용할 수도 있으나 금융선물이나 옵션은 주로 1년 미만의 단기간의 위험을 헤지하는 데 주로 사용되는 반면 금리스왑은 장기간의 현금흐름의 위험을 헤지하는 데 주로 사용될 수 있다는 장점이 있다. 셋째, 금리스왑은 원금의 교환 없이 단지 이자의 교환으로만 구성되므로 위험에 노출되는 것은 소액의 이자뿐이다. 따라서 고정금리로 장기채를 발행하는 데 어려움이 있는 기업이 차입에 용이한 변동금리로 자금을 차입하고 스왑을 통해 고정금리로 전환함으로써 기업의 금융시장참여가 용이해질 수 있다.

그러나 금리스왑은 개별당사자 간의 계약이기 때문에 선도계약과 마찬가지로 다음과 같은 중대한 단점을 갖고 있다. 첫째(**유동성부족문제**), 앞의 〈예시 9-9〉에서 A와 B가 서로 연결되어 만나기가 매우 어렵다. 물물교환이 어렵듯이 금리스왑에서는 당사

17 두 거래당사자(금융기관)에 제시된 고정금리 간에는 연 4%의 금리차이(신용도차이)가 있으며 변동금리 간에는 연 2%의 금리차이가 있다. 그러므로 스왑거래를 통해 두 당사자에 돌아갈 총이득은 4% − 2% = 2%이다. 따라서 각 당사자에게 이득을 동일하게 나눈다면 각 당사자의 이득은 연 1%이다. 그러므로 A의 최종차입비용(변동금리)은 CD금리가 되고 B의 최종차입비용(고정금리)은 6%가 된다. 그리고 금리교환에서도 CD금리 + 1%와 4%의 교환 이외에도 CD금리 + 2%와 5%의 교환도 동일한 결과를 가져온다. 어떤 금리교환을 선택할 것인지는 금리스왑계약의 설계에 달려 있다.

자 간에 헤지하고자 하는 금액, 기간, 이자율선호 그리고 이자율배분에서의 쌍방일치가 어렵기 때문에 거래가 쉽게 체결되기 어려운 유동성부족의 문제가 있다. 둘째(**거래상대방위험문제**), 금리스왑계약의 어느 한 당사자가 계약을 불이행(채무불이행위험)하거나 당사자 중 하나가 도산하여 스왑계약의 조건을 이행하지 못하게 될 거래상대방위험(counterparty risk)이 있다.

3) 금리스왑에서의 중개회사

금리스왑이 갖고 있는 유동성문제와 거래상대방위험문제로 인해 스왑계약의 유용성은 크게 제약된다. 그래서 스왑계약에서는 통상 이러한 문제를 해결하기 위해 대형 상업은행이나 투자은행 등이 이들 사이를 연결해주는 중개회사(스왑시장 조성은행 및 중개기관)로 등장하여 스왑계약의 상대방을 주선해주고 상대방의 신뢰성에 관한 정보를 제공해 준다. 이러한 중개회사로 인해 유동성이 높아지고 중개회사를 서로 신뢰함으로써 거래상대방의 계약불이행위험이 줄어들게 된다.

금리스왑시장은 크게 대고객시장과 은행간시장으로 구분된다. **대고객시장**의 경우 우선 자산운용회사, 보험회사, 연기금 및 신용도가 높은 기업 등 고객들(market user)이 스왑시장 조성은행(market maker)과 사전계약을 통해 스왑거래한도를 설정한다.[18] 그리고 고객이 금리변동위험을 헤지하기 위해 스왑시장 조성은행에게 금리스왑 거래계약을 요청하고 시장조성은행이 이를 수용하면서 거래가 성사된다.

금리스왑의 **은행간시장**은 스왑시장 조성은행들 간의 스왑거래를 말한다. 스왑시장 조성은행은 대고객거래에서 발생하는 금리스왑 포지션의 변동의 상쇄 또는 자기보유 자산의 헤지 및 투기 등을 위해 포지션을 조정할 필요성을 갖게 된다. 이를 위해 스왑시장 조성은행은 새로운 고객과의 반대방향거래를 하거나 은행간시장에서 포지션조정을 하게 된다. 그리고 이러한 은행간시장에서는 조성은행 간 직접 거래보다는 상호 간의 탐색비용을 줄이기 위해 중개기관을 통한 중개거래를 주로 하고 있는데 중개기관은 금리변동위험을 부담하지 않기 위해 단순중개거래를 주선하고 있으며 이에 따른 수수료를 받는다.[19]

18 현재 우리나라의 경우 산업은행, KB국민은행, 우리은행, KEB하나은행 등 신용도가 높은 국내은행이나 Deutsche, UBS, HSBC, JP Morgan Chase 등 외국은행 국내지점 등이 스왑시장 조성은행으로 활동하고 있다.

19 현재 금리스왑의 은행간시장에서 활동하는 중개기관으로는 서울외국환중개, 한국자금중개, Tullet Prebon Korea 등 국내중개회사와 Tradition, GFI, ICAP 등 외국계중개회사가 있다.

〈그림 9-6〉 ▸ 스왑시장조성은행과 중개기관을 통한 금리스왑거래의 구조

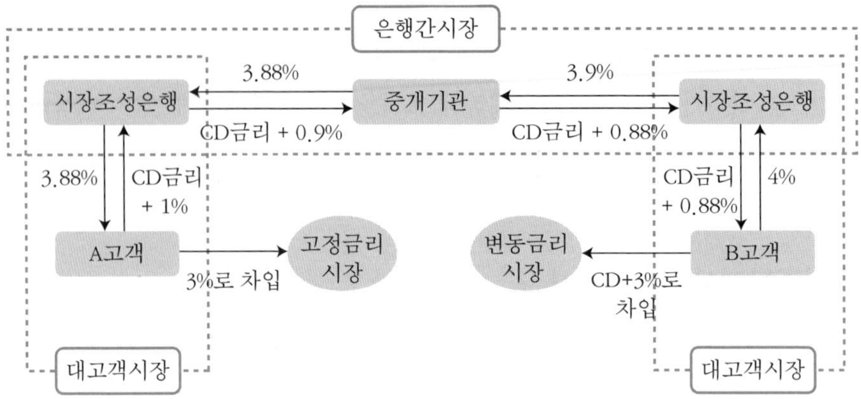

<예시 9-10> 시장조성은행과 중개기관을 통한 금리스왑거래의 구조

〈예시 9-9〉의 경우에서 스왑시장조성은행과 중개기관이 있는 경우의 금리스왑거래의 구조를 보면 〈그림 9-6〉과 같다. 여기서 시장조성은행의 수수료는 각 0.1%이며 중개기관의 중개수수료는 각 0.02%라고 가정한다. 여기서 A고객(금융기관)은 3%의 고정금리로 차입하고 B고객(금융기관)은 CD + 3%의 고정금리로 차입하여 교환하지만 시장조성은행과 중개기관에 대한 수수료를 부담한다. 따라서 이제 A고객의 최종차입비용은 CD금리 + 1% + 3% − 3.88% = CD금리 + 0.12%(변동금리)가 되고 B고객의 최종차입비용은 CD금리 + 3% + 4% − (CD금리 + 0.88%) = 6.12%(고정금리)로 되어 금리스왑거래를 통해 여전히 서로 이득(각각 0.88%)을 볼 수 있다.

이러한 시장조성은행과 중개기관을 이용함으로써 고객들(자산운용회사, 보험회사, 연기금 및 신용도가 높은 기업 등)은 수수료를 부담하지만 이를 통해 금리스왑이 갖고 있는 두 가지 중대한 단점을 해결할 수 있다. 첫째(**유동성문제해결**), 시장조성은행과 중개기관은 거래의 쌍방을 연결시켜줄 수 있기 때문에 유동성부족의 문제를 해결한다. 둘째(**거래상대방위험감소**), 거래의 쌍방은 모두 시장조성은행을 잘 알고 있으며 이들이 채무불이행을 하지 않을 것이라는 것을 신뢰한다. 스왑계약의 두 당사자(예컨대, 〈예시 9-9〉의 A회사와 B회사)는 서로 잘 모른다고 하여도 신뢰할 수 있는 시장조성은행과 거래하

기 때문에 거래상대방위험을 회피할 수 있다. 물론 금리스왑은 시장조성은행의 역할(부외활동)을 하는 은행에게는 손실의 위험을 부과하며 손실이 심한 경우 은행위기를 유발할 수 있다. 수수료가 이러한 위험에 대한 보상이 된다. 그리고 이러한 위험 때문에 스왑시장에서 중개회사로 참여하는 은행에 대해서는 많은 규제가 부과된다.[20]

금리스왑거래의 이러한 거래장치가 구축됨으로써 국내금리스왑시장에서는 1999~2000년부터 본격적으로 거래가 이루어지기 시작하여 2005년 이후 그 규모가 크게 확대되었으며 2010년 중에는 월평균 거래규모가 253.1조 원에 이르렀으나, 이후 다소 위축되어 2016년 상반기 중 109.1조 원을 기록하였다. 참가기관별로 보면 스왑시장 조성은행의 역할을 하고 있는 은행의 거래가 대부분을 차지하고 있다(2016년 상반기 85.9%). 은행 중에서는 외국은행 국내지점이 상대적으로 많은 거래를 하며 국내은행 중에서는 산업은행, 우리은행 및 KEB하나은행의 거래규모가 비교적 큰 편이다. 국내은행들은 주로 대고객거래에서 발생하는 스왑포지션의 변동을 상쇄시키기 위해 또는 보유자산 및 부채의 만기불일치 등에 따른 금리변동위험을 헤지하기 위해 스왑거래를 하고 있다.

(2) 통화스왑계약

통화스왑계약(CRS, currency swaps)은 둘 또는 그 이상의 고객이 사전에 정해진 만기와 환율에 의거하여 상이한 통화로 차입한 자금의 원리금 상환을 상호 교환하기로 하는 계약이다. 통화스왑은 환위험 헤지 및 필요통화의 자금조달수단으로 주로 사용되고 있다. 때로는 금리변동에 대한 헤지 및 특정시장에서의 외환규제나 조세차별 등을 피하기 위한 수단으로 활용되기도 한다.

통화스왑거래의 일반적 구조는 〈그림 9-7〉에서 보는 바와 같다. A는 엔화자금이 필요한데 달러화자금 차입시장에서 비교우위가 있고 반면 B는 달러화자금이 필요한데 엔화자금 차입시장에서 더 유리한 조건으로 차입할 수 있는 경우에 통화스왑으로 서로 유리하게 될 수 있는데 그 과정은 다음과 같다. 첫째, A는 달러화 자금을 차입하고 B는 엔

---

20 미국의 경우 2010년의 Dodd-Frank Act에서 부보예금취급기관(은행 등 예금보험가입기관)의 파생상품업무를 제한하는 규정을 도입하였다. 특히 스왑시장에 정기적으로 참여하거나 스왑시장에서 거래규모상 주요한 위치를 차지하는 금융기관의 경우 예금자 보호와 긴급지원 등 각종 정부지원이 금지된다. 특히 CDS, 합성 CDO, 주식스왑 등은 어떠한 경우에도 부보금융기관이 취급할 수 없다.

〈그림 9-7〉 ▸ 통화스왑거래의 구조

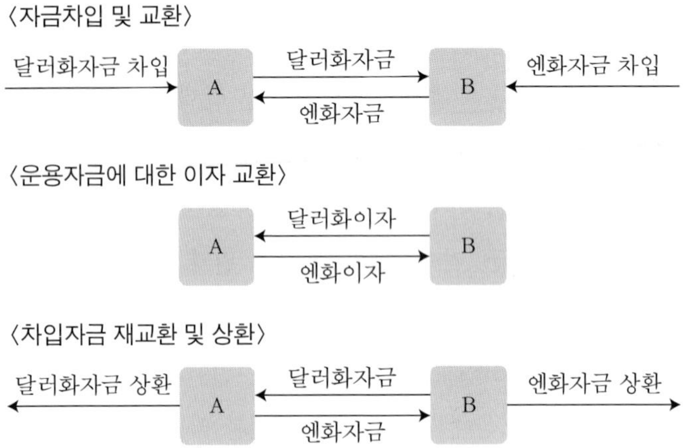

자료: 한국은행(2016.12, p.377)

화자금을 차입하여 차입자금을 서로 교환한다. 이것을 나타낸 것이 〈그림 9-7〉의 맨 위쪽 그림이다. 둘째, 차입자금에 대한 이자는 최초 차입자가 지급하는 것이 아니라 자금이용자(A는 엔화이자, B는 달러이자)가 대신 지급한다. 이것을 나타낸 것이 〈그림 9-7〉의 두 번째 그림이다. 셋째, 만기가 되면 최초 차입자가 차입원금을 상환할 수 있도록 달러화자금과 엔화자금을 재교환함으로써 통화스왑이 종료된다.

통화스왑시장도 금리스왑시장과 마찬가지로 대고객시장과 은행간시장으로 구분된다. 신용카드회사, 생명보험회사, 공기업 등 고객들과 통화스왑시장 조성은행(금리스왑시장의 경우와 유사) 등은 사전계약을 통해 스왑거래한도를 설정하고 고객의 스왑요구를 스왑시장 조성은행이 받아들임으로써 거래가 성사된다. 스왑시장 조성은행은 중개기관을 통해 대고객거래에서 발생한 통화스왑의 포지션변동을 반대방향 거래를 통해 조정하거나 투기목적으로 포지션을 설정하기 위해 통화스왑거래를 한다.

<예시 9-11> 환위험 헤지를 위한 통화스왑거래

환율의 변동심화는 고객(금융기관과 기업 등)이 환위험에 빠지게 만든다. 그러나 금융기관과 기업의 경영자는 여러 가지 파생금융상품을 이용하여 환위험을 헤지할 수 있는데

〈그림 9-8〉 ▸ 생명보험회사의 외화채권투자시 통화스왑거래구조

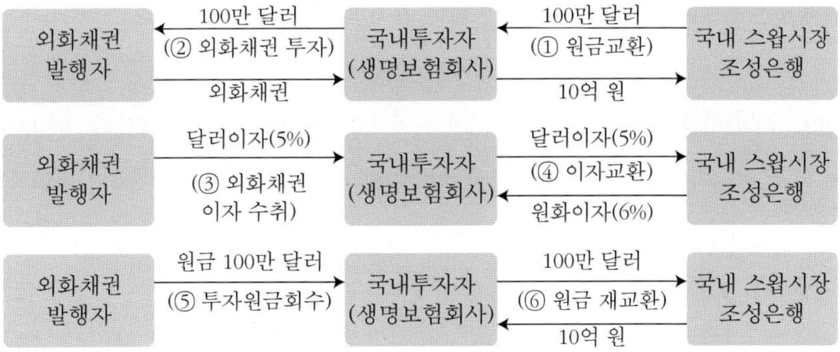

자료: 한국은행(2016.12, p.381)

통화스왑도 널리 사용되는 하나의 방법이다. 예컨대, 생명보험회사의 환위험 및 이자율위험을 헤지하기 위한 스왑거래를 생각해 보자. 장기보험계약을 많이 보유하고 있는 생명보험회사는 장기채권에 대한 투자를 많이 하고자 하는데 국내채권시장에는 장기채권이 적어 적절한 투자대상채권을 찾기 어렵기 때문에 만기 10년 내외의 장기외화채권에 투자를 한다. 그러나 이 경우 이자율위험과 함께 외화채권투자에 따른 환위험이 발생한다. 이러한 환위험 및 이자율위험을 헤지하기 위해 통화스왑거래를 이용하고 있다. 국내생명보험회사들은 다른 국내기관이 해외에서 발행한 변동금리부 달러화표시채권을 많이 매입하고 있는데 통화스왑을 통해 외화 변동금리(외화채권의 금리)를 원화 고정금리로 변경하고 있다. 이러한 통화스왑거래를 이용하는 경우 외화기준 변동금리부 자산이 원화기준 고정금리부 자산으로 전환되어 이자율위험과 환위험을 헤지하는 효과가 발생하게 된다. 이러한 통화스왑거래의 구조를 보면 〈그림 9-8〉과 같다.

첫째, 채권투자시점에서 생명보험회사는 원화투자자금(10억 원)을 스왑시장 조성은행에 지급하고 원화에 상당하는 달러화 투자자금(현재의 환율이 ₩1,000/$이라고 가정하면 이것은 달러화로 100만 달러)을 받아 외화채권에 투자한다(그림 9-8의 맨 위 그림). 환율변동의 위험을 헤지하기 위해 생명보험회사는 투자자금의 상환 시에도 현재의 환율(₩1,000/$)로 스왑시장 조성은행에 상환하기로 계약을 한다. 이렇게 되면 환율변동에 따른 위험을 줄일 수 있다.

둘째, 스왑계약에 의해 생명보험회사는 외화채권투자에 따른 달러화이자(외화채권의 달러이자율은 5%라고 가정. 금리위험은 없고 환위험만을 고려하기 위해 5%의 달러이자율은 고정되어 있다고 가정)를 스왑시장 조성은행과 원화기준 고정금리(원화이자율은 6%라고 가정)로 교환하기로 한다. 이에 따라 이후 이자수취시점에 생명보험회사는 외화채권으로부터 받는 달러화이자(5%의 이자율)를 스왑시장 조성은행에 지급하고 대신 원화기준 고정금리(6%의 이자율)를 스왑시장 조성은행으로부터 받는다(그림 9-8의 가운데 그림). 이에 의해 환율변동에 따른 이자수입의 변동을 줄일 수 있다.

셋째, 투자만기 시점에서 생명보험회사는 상환받은 채권원금(100만 달러)을 스왑시장 조성은행에 지급하고 계약된 환율(₩1,000/$)로 스왑시장 조성은행으로부터 100만 달러에 해당되는 10억 원을 받음으로써 스왑거래가 종료된다(그림 9-8의 아래 그림). 통상 통화스왑계약은 장기간에 걸쳐 연속된 현금흐름을 가진 경우에 주로 적용되므로 생명보험회사와 같이 장기채권에 투자하는 경우 만기 때까지 다년간 계속해서 동일한 이자와 원금이 교환된다. 이러한 스왑계약의 의해 생명보험회사는 환율의 변동에 따른 위험(환위험)을 헤지하면서 안정적으로 장기채권투자를 할 수 있다.

6. 신용파생상품시장[21]

지금까지 금융자산의 시장위험(market risk, 금리, 환율 등 가격변수의 변동에 따른 자산가치 하락 위험)의 헤지를 주목적으로 하는 파생금융상품(선도, 선물, 옵션, 스왑)에 대해 살펴보았는데 1990년대 이후에는 신용위험(credit risk, 차주의 부도, 신용도 하락 등에 따른 자산가치 하락 위험)을 헤지하고 이전하는 것을 주목적으로 하는 신용파생상품이라는 새로운 신용구조화상품이 등장하였다. **신용파생상품(credit derivatives)**은 차입자 또는 발행자의 신용에 따라 가치가 변화하는 기초자산(underlying assets)의 신용위험만을 분리하여 이를 다른 거래상대방에게 이전하고 그 대가로 수수료(프리미엄)를 지급하는 금융상품이다. 신용파생상품은 기초자산의 이전 없이 신용위험만을 분리하여

21 한국은행(2016.12) 참고.

거래하므로 신용위험에 대한 가격을 적정하게 산정하여 이를 다수의 투자자에게 분산시킴으로써 위험을 분담하는 기능을 수행할 수 있다. 선진 금융기관들이 신용파생상품의 이러한 신용위험분담기능과 수수료 수입원으로서의 매력 때문에 이를 크게 활용하여 세계 신용파생금융상품시장이 급속히 성장하였으나 2008년의 글로벌 금융위기에서 주요인의 하나로 인식되면서 이후 거래규모가 크게 위축되었다.

신용파생상품을 거래하기 위해서는 신용위험이 실제 발생하였는지를 나타내는 신용사건의 종류 및 내용을 정하고 발생시점을 정의하는 것이 가장 중요하다. 신용사건의 정의와 종류는 국제스왑 및 파생금융상품협회(ISDA, International Swaps and Derivatives Association)에서 마련한 표준안을 참고하여 거래당사자가 매매계약 시 약정한다. 거래당사자는 보장매입자(protection buyer, 프리미엄을 지불하고 신용위험을 회피하기 위해 넘기는 거래자)와 보장매도자(protection seller, 프리미엄을 수취하고 신용위험을 받는 거래자)로 구성된다.

2장에서 본 바와 같이 자본시장법(2009년 2월 4일 시행)에서는 금융투자상품을 원본(원금) 이외에 추가적인 지급의무의 존재여부에 따라 증권과 파생상품으로 구분하고 있는데 증권 중 신용연계증권(CLN, credit linked note)과 합성담보부증권(synthetic CDO) 또는 이와 유사한 증권을 **신용파생결합증권**으로 보며, 파생상품 중 신용위험을 기초자산으로 하는 파생상품을 신용파생상품으로 보고 있다. 이들을 모두 넓은 의미의 신용파생상품으로 볼 수 있으므로 여기서는 신용파생결합증권과 신용파생상품의 주요형태에 대해 살펴본다. 그런데 신용파생상품 중 중요한 상품인 신용디폴트스왑(CDS, credit default swaps)과 합성담보부증권(합성 CDO)에 대해서는 2장에서 이미 살펴보았으므로 여기서는 총수익스왑(TRS)과 신용연계증권(CLN)에 대해 간략히 살펴본다.

(1) 총수익스왑

총수익스왑(TRS, total return swap)은 기초자산에서 발생하는 총수익과 미리 정한 일정한 약정이자(통상 LIBOR + 스프레드)를 일정시점마다 교환하는 하나의 스왑계약이다.[22] 이때 총수익에는 이자뿐 아니라 스왑종료시점의 자본이득 또는 자본손실 등이

22 LIBOR(London inter-bank offered rates, 런던은행간금리, 리보금리)는 런던의 금융시장에 있는 은행

〈그림 9-9〉 ▸ 총수익스왑(TRS)의 거래구조

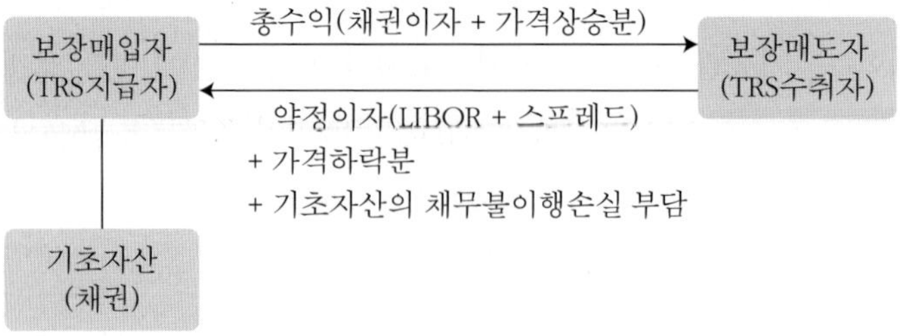

자료: 한국은행(2016.12, p.395)을 참고하여 수정.

포함된다. 즉, 총수익스왑에서는 보장매입자(TRS지급자)는 기초자산(예컨대, 채권)으로부터 발생하는 모든 현금흐름(기초자산의 가격변화를 포함)을 상대방(보장매도자, TRS수취자)에게 이전하고 대신 보장매도자(TRS수취자)는 미리 정한 약정이자를 지급한다. 일반적으로 TRS수취자는 TRS지급자에게 시장상황을 나타내는 지표(예컨대, LIBOR)에 스프레드를 가감한 약정이자를 지불한다. 그리고 스왑의 계약기간 중 기초자산의 가격이 변동하면 스왑종료일에 이에 따른 수익과 손실을 정산하며 따라서 보장매입자(TRS지급자)는 시장위험으로부터 벗어난다. 즉, 만약 기초자산가격이 상승하면 TRS지급자는 가격상승분을 TRS수취자에게 지급한다. 반대로 기초자산가격이 하락하면 가격하락분을 TRS수취자가 TRS지급자에게 지급한다. 그리고 스왑기간 중 기초자산에서 채무불이행(신용위험)이 발생하면 그 손실을 보장매도자(TRS수취자)가 부담한다. 따라서 TRS지급자는 신용위험으로부터도 벗어난다. TRS지급자가 수령하는 스프레드는 TRS수취자가 부담하는 신용위험에 대한 보상이다. 이러한 총수익스왑(TRS)의 거래구조는 〈그림 9-9〉와 같다.

이러한 총수익스왑은 다음과 같은 특징을 갖고 있다. 첫째, TRS지급자(보장매입자)에게는 기초자산의 시장위험(가격변동에 따른 위험)이 없으며 따라서 사실상 기초자산을 매각하여 단기로 자금을 운용하는 것(약정이자율은 대개 단기이자율임)과 동일한 효과를 가진다. 기초자산을 매각하지도 않고 자금을 단기금융시장에서 운용하지도 않으

중에서도 신뢰도가 높은 우량은행들 간의 단기적인 자금거래에 적용하는 대표적인 단기금리이다. 리보금리가 유명해진 것은 런던금융시장이 세계에서 가장 전통이 길고 규모가 큰 금융시장이었기 때문이지만 현재는 뉴욕시장이 가장 크다. 리보금리는 세계 각국의 국제 간 금융거래에 기준금리로 활용되고 있다. 신용도가 낮을 경우 리보금리에 몇 퍼센트의 가산금리가 붙는데 이것을 스프레드(가산금리)라고 한다.

면서 일정기간이 지난 후 총수익과 이자를 서로 교환하게 되면 TRS지급자는 기초자산을 매각하여 단기로 운용한 결과(LIBOR+스프레드)와 동일한 성과를 얻는다. 둘째, 스왑기간 중 기초자산의 채무불이행(신용위험)이 발생하면 그 손실을 보장매도자(TRS수취자)가 부담하므로 총수익스왑은 기초자산의 시장위험뿐 아니라 신용위험도 거래상대방(TRS수취자)에게 이전할 수 있으며 이런 점에서 신용위험만을 이전하는 신용디폴트스왑(CDS)과는 다르다. 셋째, TRS수취자도 기초자산을 매입하지도 않고 투자를 위한 자금조달도 하지 않으면서 자금을 조달하여 기초자산(여기서는 채권)을 매입한 것과 동일한 성과를 얻는다. 이러한 성과 때문에 여러 제약으로 인해 직접 채권에 투자하기 힘든 투자자가 TRS를 통해 채권에 투자할 수 있는 기회가 생긴다.

(2) 신용연계증권

신용연계증권(CLN, credit linked notes)은 기초자산의 신용위험을 이전하기 위하여 기초자산의 신용과 관련되어 발행된 증권을 말한다. 즉, 신용연계증권(CLN)의 매도자(보장매입자)는 기초자산의 신용상태와 연계된 증권(CLN)을 발행하여 매각하고[23] 약정된 방식으로 증권이자를 지급하며 CLN매수자(보장매도자)는 약정이자를 받는 대신 CLN매수대금을 제공하고 신용사건이 발생하는 경우 기초자산의 손실을 부담하게 된다.

신용연계증권거래의 특징은 보장매도자(CLN매수자)가 지급하는 신용연계증권 매수대금이 신용사건 발생 시 보장매도자가 부담하게 되는 손실의 담보역할을 한다는 점이다. 보장매입자(CLN매도자)는 신용연계증권 매도대금을 받아 저위험자산(국채 등)을 매입하며 이후 기초자산에 신용사건이 발생하면 보장매입자는 신용연계증권 매도자금에서 기초자산의 손실분을 차감하고 보장매도자에게 상환하거나 기초자산을 보장매도자에게 인도한다. 이와 같이 신용디폴트스왑(CDS)과는 달리 신용연계증권의 경우 보장매입자(CLN매도자)는 신용연계증권을 발행하고 매도대금의 전액을 받아 담보로 갖고 있기 때문에 보장매도자의 신용도에 신경 쓸 필요가 적다는 점이 특징이다. 신용연계증권의 거래구조는 〈그림 9-10〉과 같다.

---

23 CLN증권의 발행은 기초자산을 보유한 기관에 의해 직접 발행될 수도 있고 특수목적회사(SPC)에 의해 발행될 수도 있다.

〈그림 9-10〉 ▸ 신용연계증권의 거래구조

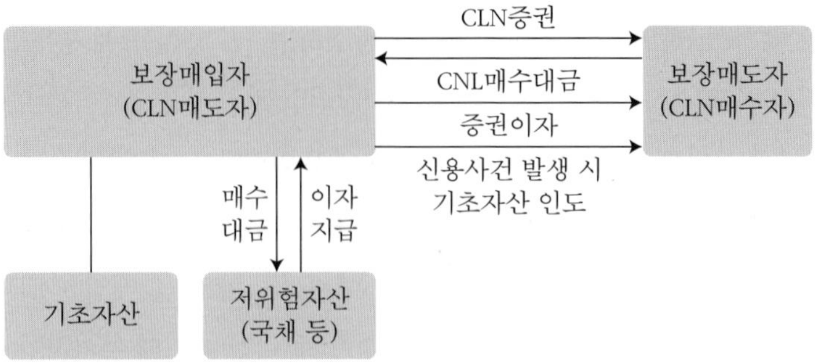

자료: 한국은행(2016.12, p.396)

7. 파생결합증권시장

여기서는 파생금융상품은 아니지만 투자자의 투자손익이 기초자산의 가격변화 등에 연계된다는 점에서는 파생상품의 성격을 갖고 있는 파생결합증권에 대해 살펴본다. 파생결합증권은 기초자산의 가격, 이자율, 지표, 단위 또는 이를 기초로 하는 지수 등의 변동과 연계하여 미리 정해진 방법에 따라 지급금액 또는 회수금액 등이 결정되는 권리가 표시된 증권으로서 주식시장의 중장기 발전 및 증권산업의 규제완화 등 정부의 금융정책차원에서 국내에 도입되었다. 즉, 파생결합증권은 파생상품의 성격을 갖고 있지만 2장의 〈그림 2-4〉에서 보는 바와 같이 자본시장법에 따라 최대 손실가능규모가 투자원금으로 한정된다는 점에서 파생상품이 아니라 증권의 성격을 보유하고 있다.

파생결합증권은 투자자 입장에서는 예금에 비해 기대수익률은 다소 높으면서도 주식 등 개별기초자산에 비해서는 위험성이 다소 낮은 이른바 중위험-중수익 상품으로서 기초자산과 손익구조가 다양해 투자자들의 투자선호에 맞는 투자가 가능하다는 장점이 있다. 그러나 상황에 따라서는 투자원금 전체를 손실볼 수 있고 별도의 담보나 보증이 없기 때문에 발행기관[24]의 신용위험에 노출된다는 단점도 있다. 한편 파생결합증권은 발

24 자본시장법에서는 파생결합증권을 발행할 수 있는 주체를 증권 및 장외파생상품의 투자매매업 인가를 받은 금융투자업자로 한정하고 있다.

행기관 입장에서는 다른 금융상품에 비해 상대적으로 높은 판매수수료와 헤지운용수익 등을 통해 수익성개선을 도모할 수 있다는 이점이 있으나 시장여건 및 자금운용능력에 따라 상환손실이 발생할 수 있고 대량 환매발생 시 유동성 위험에 처하게 되는 등 위험관리 측면에서 부담이 있다.

현재 국내 파생결합증권시장에서는 주식워런트증권(ELW), 주가연계증권(ELS)과 같은 주가연계 파생결합증권과 금리, 환율, 일반상품의 가격 및 신용위험지표 등의 변동과 연계된 기타파생결합증권(DLS), 그리고 상장지수증권(ETN)이 주로 발행되어 거래되고 있다.

(1) 주식워런트증권

주가연계 파생결합증권의 대표적 형태인 **주식워런트증권(ELW, equity-linked warrant)**은 특정 주식의 가격이나 주가지수의 변동과 연계하여 미리 정해진 방법에 따라 그 주식의 매매나 금전을 수수하는 거래를 성립시킬 수 있는 권리(option)가 표시된 파생결합증권이다. 특정 주식을 미리 정해진 가격으로 구입할 수 있는 권리가 부여된 워런트(warrant)의 일종이지만, 발행인이 해당 주식발행인과 다른 제3자(금융투자업자)라는 점에서 신주인수권부증권(BW, bond with warrant) 등 다른 워런트와는 구별된다.

그리고 ELW는 경제적 기능, 위험 및 손익구조 등 경제적 실질 측면에서 파생상품인 주식옵션이나 주가지수옵션(파생금융상품으로 옵션매도자가 발행)과 동일하다. 다만 ELW는 옵션의 매수포지션만을 증권화한 것이므로 최대 손실이 투자원금으로 한정되며 거래소에 상장되는 경우(장내ELW) 장내 옵션거래에 비해 증거금예탁 등의 복잡한 절차에 구애받지 않고(기본예탁금은 있지만 증거금이 없음) 소액투자가 가능하다는 섬, 종목별로 유동성공급자(Liquidity Provider)가 선정되어 있어(유동성이 적은 종목의 거래를 활성화시키고 안정적인 가격형성을 유도하기 위해 2005년 12월에 ELW시장에 도입된 제도) 옵션에 비해 유동성이 높다는 점 등에서 차이가 있다.[25]

---

25 국내 ELW시장은 2005년 12월 한국거래소가 ELW의 유통시장을 개설함에 따라 공모발행 및 상장 거래 중심의 시장으로 빠르게 재편되었고 이후 일반 투자자의 시장참가가 크게 늘어나면서 2010년 중 일평균 거래규모가 1.6조 원에 달하는 세계 제2위의 시장으로 급성장하였다. 그러나 여러 가지 불공정거래가 발생하자 이에 대비해 ELW시장의 건전화 방안을 마련하여 시행하고 주식ELW 발행조건의 표준화 계획을 추진하면서 ELW시장의 과열분위기가 점차 안정되어 2016년 상반기 중에는 전체 거래규모가 일평균 859억 원 수준으로 크게 위축되었다.

(2) 주가연계증권

주가연계 파생결합증권의 또 하나의 형태인 **주가연계증권(ELS, equity-linked security)**은 특정 주식이나 주가지수의 가격변동에 연계하여 사전에 약정된 조건에 따라 투자손익이 결정되는 파생결합증권이다. 국내에서 발행되는 ELS는 주가지수를 기초자산으로 하는 지수형 상품이 대부분을 차지하고 있다. 예컨대, 3개월 뒤 미국 S&P500 지수와 코스피200 지수가 현재보다 높으면 연 8% 이자를 준다는 형태이다. 기초자산의 종류와 수, 조건과 만기는 상품마다 다르다. 지수형 상품의 기초자산으로 KOSPI200이 주로 이용되어 왔으나 최근에는 HSCEI(홍콩항셍중국기업지수, Hang Seng China Enterprises Index),[26] EURO STOXX50(유럽 대표기업 50개 종목으로 구성된 지수)[27] 등 해외지수의 사용도 크게 늘어났으며 여러 개의 지수를 함께 사용하는 경우도 증가하고 있다.

우리나라에서 ELS는 2003년 3월에 처음 발행되었으며, 이후 투자자에게는 중위험-중수익 금융투자상품으로, 발행기관에게는 신규 수익원으로 인식되면서 발행 및 거래규모가 빠르게 성장하였다. 2014년 이후 저금리기조가 지속되면서 시장의 성장속도는 더욱 빨라졌으나 2015년 하반기 이후 홍콩 등 주요국 증시의 급락으로 관련 ELS의 손실발생 우려가 커짐에 따라 신규발행 규모는 크게 위축되었다.[28]

ELS는 투자손익이 주가 변동에 연계되어 결정된다는 점에서 주가연계펀드(ELF, equity-linked fund), 주가연계신탁(ELT, equity-linked trust)[29] 그리고 주가연계예금(ELD,

---

26 중국본토기업이 발행했지만 홍콩거래소에 상장되어 거래되고 있는 주식(H-Shares) 중 시가총액, 거래량 등의 기준에 의해 분류한 40개 종목으로 구성된 지수

27 EURO STOXX50은 유로존 국가들 가운데 12개 국가로부터 50개 기업들을 뽑아서 구성되지만, 국가별 분포를 보면 프랑스 기업들이 35.5%, 독일 기업이 30.2%, 스페인 기업이 12.3%로 이들 3개국 기업이 대다수를 차지하고 있으며 또 EURO STOXX50은 17개 업종으로 구성되어 있는데 이들 업종들 가운데 가장 시가총액 비중이 높은 업종은 전체의 15%가량을 차지하고 있는 은행업이다.

28 2016년 6월말 현재 국내 ELS시장 규모(발행잔액 기준)는 53.4조 원에 달하고 있다. 금융감독원이 2018년 6월말 기준 ELS와 ELT 등 파생결합증권 유사상품을 전수 조사한 결과, 개인투자자 약 75만명이 ELS, ELT 등에 넣어둔 돈이 총 47조 2,000억 원에 이르는 것으로 나타났으며 이 가운데 60대 이상이 투자한 돈이 19조 7,000억 원에 달했다. 60대 이상 투자자 숫자도 전체의 30%인 22만 7,000명이었다. 80대 이상 투자자도 1만 명이나 된다. 이에 따라 고령 투자자들이 노후자금을 너무 위험한 곳에 투자하는 것이 아니냐는 우려가 나오고 있다.

29 ELT는 증권사가 발행한 ELS를 은행이 신탁자산에 편입해서 판매하는 상품이므로 은행에서 판매하는 ELS상품이라고 볼 수 있다.

〈표 9-3〉 ▸ 주가연계상품의 비교

	주가연계증권 (ELS)	주가연계펀드 (ELF)	주가연계신탁 (ELT)	주가연계예금 (ELD)
발행기관	투자매매업자 (증권사)	집합투자업자 (자산운용사)	신탁업자 (증권사, 은행)	은행
근거법률	자본시장법	자본시장법	자본시장법	은행법
법적 형태	파생결합증권	증권집합투자기구	특정금전신탁	예금
예금보호	없음	없음	없음	있음
손익구조	사전에 약정한 수익률	운용성과에 따른 실적배당	운용성과에 따른 실적배당	사전에 약정한 수익률(원금 보장)

자료: 한국은행(2016.12, p.410)

equity-linked deposit) 등과 유사하지만 〈표 9-3〉에서 보듯이 많은 차이가 있다. 특히 ELS와 ELD는 투자자의 손익이 발행기관의 운용성과와는 무관하게 사전에 약정된 방식에 따라 결정되는데 ELD는 예금의 한 형태로 원리금의 예금보호가 되는 반면 ELS는 예금보호대상이 아니라는 점에서 차이가 있다. 그리고 ELF와 ELT는 발행자금의 운용성과에 따라 실적 배당된다는 점에서 ELS와 차이가 있으며 이들은 예금보호가 되지 않는다는 점에서 ELS와 같다.

(3) 기타파생결합증권

기타파생결합증권(DLS, derivatives-linked security)은 특정 주식의 가격이나 주가지수를 제외하고 금리, 환율, 일반상품의 가격 및 신용위험지표 등의 변동과 연계된 파생결합증권으로, 기초자산의 차이를 제외하고는 ELS와 실질적으로 동일한 특성과 구조를 지니고 있다. DLS는 기초자산이 다양하여 분산투자효과는 크지만 상품구조가 다소 복잡하다. 이러한 이유 때문에 기관투자자를 대상으로 한 사모발행이 주를 이루고 있으며, 시장규모도 ELS에 비해 현저히 작은 편이다. 기초자산별로 보면, 금리연계상품이 주를 이루는 DLB(derivatives-linked bond, 기타파생결합사채. 기타파생결합사채는 투자매매업자가 발행하는 채무증권으로 원금이 보장되면서 DLS와 유사한 손익구조를 가짐)와 대조적으로 DLS는 신용연계상품과 혼합 기초자산(기타) 상품이 가장 활발하게 발행되고 있다.

(4) 상장지수증권

상장지수증권(ETN, exchange-traded note)은 투자의 손익이 기초지수의 변동에 연동되도록 구조화된 장내파생결합증권이다. 즉, ETN은 기초지수변동과 수익률이 연동되도록 증권회사가 발행하는 파생결합증권으로 거래소에 상장되어 주식처럼 매매가 가능하다. ELW가 옵션 상품이고 ELS와 DLS가 기초자산의 가치 변화에 따른 손익구조가 사전에 약정된 조건부 확정수익 상품이라면, ETN은 발행당시 목표(target)로 정해진 기초지수의 누적 수익률이 곧바로 투자수익률이 되는 지수연동(인덱스) 상품이라는 점 등에서 다른 파생결합증권과 구별된다.[30]

기초시장별로 보면 국내지수를 기초로 하는 상품이 해외지수를 기초로 하는 상품보다 더 많이 발행되고 있다. 기초자산별로는 주식과 원자재 관련 지수가 많이 활용되고 있는 가운데, 주식파생상품, 혼합자산 및 통화관련 지수도 점차 늘어나고 있다.

한편 ETN은 지수연동상품으로 거래소에 상장되어 별도의 중도상환 절차 없이 실시간매매를 통해 수익확정이 가능하다는 점에서 집합투자업자(자산운용사)가 발행하는 상장지수펀드(ETF, exchange-traded fund)와 매우 유사하다. 그러나 ETF가 보유자산을 신탁재산으로 별도 보관함에 따라 신용위험에 노출되지 않고 별도의 만기도 없는 것과는 달리, ETN은 발행기관의 신용위험에 노출되고 만기도 1~20년 사이에서 정해져 있다는 차이가 있다.

8. 파생금융상품시장의 위험성[31]

1절에서 살펴보았듯이 파생금융상품시장은 위험을 헤지하는(hedge) 수단을 제공하는 등 다양한 순기능을 수행한다. 그러나 파생금융상품거래는 거래상대방의 채무불이행위험

30 국내 ETN시장은 2013년 11월 정부가 자본시장의 중위험-중수익 투자상품의 확충을 통한 금융업의 경쟁력 강화방안의 일환으로 도입을 결정한 이후 준비과정을 거쳐 2014년 11월에 안정적인 분산투자 및 매매편의성이 높은 저비용 상품에 대한 투자자의 수요가 증대되면서 개설되었다. 개장 당시 총 10개 종목, 4,700억 원 규모였으나 이후 상품구성이 다양해지고 투자자들의 인지도가 높아짐에 따라 2016년 6월말 현재 상장 종목 106개, 시가총액 2.6조 원 규모의 시장으로 성장하였다.

31 한국은행(2016.12) 참고.

(counterparty risk)이 높을 뿐 아니라 레버리지효과(leverage effect)가 크고 거래구조가 복잡하다는 특성을 가진다. 특히 파생금융상품은 금융기관의 레버리지(leverage)를 증가시키는 것을 허용한다(투자자 입장에서 소액의 증거금 또는 프리미엄만으로 훨씬 큰 금액의 기초자산에 투자한 것과 동일한 효과를 가질 수 있음). 레버리지의 증가는 통화가치와 이자율의 움직임에 대해 베팅을 키우는 것을 가능하게 한다. 물론 잘못되는 날이면 그 금융기관은 하루아침에 도산할 수 있다. 이와 같이 파생금융상품은 위험을 헤지하는 데 사용될 수 있지만 이들은 또 금융기관이 지나친 위험을 택하는 것이 가능하도록 만들 수 있다. 또 파생금융상품의 상품구조와 거래구조가 금융기관의 경영자들이 쉽게 이해하지 못할 만큼 매우 복잡하고 정교하다는 특징을 가지고 있다. 그러나 파생금융상품시장의 주요 참여자인 국제적 금융기관들이 파생상품의 구조에 대한 이해가 부족하다고 보기는 어렵고 다만 새로운 파생금융상품의 파급력을 제대로 파악하지 못할 우려는 있다.

파생금융상품의 이러한 특징과 특성 때문에 파생금융상품거래에 대한 효과적인 통제가 이루어지지 않을 경우 대형 금융기관이라 하더라도 쉽게 재정적 어려움에 처할 수 있는 위험이 있다. 이와 같이 위험을 피하기 위하여 등장한 파생금융상품시장이 다양화되고 크게 발전하면서 이에 비례하여 금융기관의 위험이 크게 증대될 위험이 있다. 더구나 파생금융상품 거래는 금융시장간 연계성을 심화시켜 개별 금융기관의 위험이 전체 금융제도로 확산될 가능성이 매우 높으며 이에 따라 금융위기를 유발할 가능성을 높이고 있다.

실제로 파생금융상품거래 때문에 많은 금융파탄과 금융위기가 발생하였다. 예컨대, 1994년의 미국 캘리포니아의 오렌지카운티(Orange County)의 파산, 1995년의 Barings Bank의 파산,[32] 그리고 1998년의 LTCM의 파산위기[33] 등은 파생금융상품의 위험에 대

32 1995년 베어링그룹(Barings Group)의 싱가포르 현지법인인 베어링 선물회사(Baring Futures, Singapore) 직원인 Nick Leeson은 1992년에 발생한 손실을 만회하기 위하여 상급자의 승인 없이 투기거래를 1995년까지 지속하다가 손실액 규모가 더욱 커지자 부족해진 증거금을 납입하고자 콜옵션과 풋옵션을 동시에 매각하는 숏스트래들(short straddle. 주가지수 숏스트래들은 합성옵션의 한 예로서 주가가 일정범위 내에서 움직이는 경우 안정적인 수익을 창출할 수 있으나 그 범위를 벗어나면 무제한적으로 손해를 볼 수 있는 파생금융상품임)을 구사하였다. 그러나 1995년 1월 일본 고베지진이 발생함에 따라 안정적인 형태를 보여 온 닛케이주가지수가 폭락하여 결국 230년 전통의 영국의 Barings Bank는 10억 달러 이상의 손실을 보고 파산하였다. 이 사건은 많은 교훈을 준다는 의미에서 Nick Leeson은 Mr. Lesson이라고 불리기도 한다.

33 미국 헤지펀드의 하나인 LTCM(Long Term Capital Management)는 대체로 만기가 다른 채권들의 금리 차이를 예측하는 방식으로 운영되었는데 1998년 러시아의 모라토리엄 선언으로 인해 다량의 러시아 국채를 보유하고 있던 LTCM의 펀드는 붕괴 위기로 치달았으며 LTCM이 전 세계의 은행들과 거래하던 파생금

한 초기의 관심을 고조시켰다. 그러나 이러한 장외파생금융상품시장의 사기, 조작, 그리고 실패에 따른 사건들이 많이 발생하였음에도 불구하고 당시 미국의 어느 규제기관도 LTCM의 파산이나 이 파산이 가져올 잠재적인 체제적 영향을 심각하게 경고하지 않았다. 더 큰 문제는 권한이 있는 규제자와 정책입안자들이 장외파생상품(CDS를 포함)시장을 더 투명하게 만드는 노력들을 오히려 방해하였으며 이들은 2000년에 CDS시장을 포함하는 장외파생상품시장이 어떠한 연방법에 의해서도 규제되지 않는다는 것을 규정하는 상품선물현대화법(Commodity Futures Modernization Act of 2000)이 통과되도록 의회를 설득하는 데 동참하였다.[34]

11장에서 보듯이 파생금융상품, 특히 신용파생상품의 위험이 가장 극명하게 표출된 경우가 2008년 Bear Stearns, Lehman Brothers, AIG 등 대형 금융기관의 부실과 이와 관련한 글로벌 금융위기(Great Recession)의 발생이었다. 파생금융상품시장규모가 엄청나게 확대되고 수많은 다양한 금융기관들이 파생금융상품시장에서 중요 참여자라는 사실로 인해 글로벌 금융위기가 발생하였으므로 파생금융상품시장은 국내외적으로 금융안정당국의 관심을 다시 크게 불러 일으켰다.

그래서 글로벌 금융위기 이후에는 개별국가 차원은 물론 국제적인 차원에서 파생금융상품시장에 대한 모니터링 강화, 청산·결제시스템 확충, 시장의 투명성과 감독의 효율성 제고 등에 대한 광범위한 논의가 진행되었고 이를 바탕으로 각국은 시장의 안정성을 높이기 위한 각종 노력을 강화하고 있다. 즉, 국제적 금융경찰의 역할을 하는 FSB(금융안정위원회)는 G20가 승인한 '장외파생상품 개혁보고서'를 기반으로 네 가지 개혁 방안을 제시하였다. 첫째는 장외파생상품의 표준화 제고, 둘째는 중앙청산소(CCP, central counter party)를 통한 청산 활성화, 셋째는 거래소와 전자거래플랫폼을 통한 거래 확대, 넷째는 모든 장외파생상품 거래내용의 거래정보저장소(TR, trade repository)에 대한 보고이다.[35]

융상품 규모가 워낙 방대해 전 세계적 금융위기의 위험을 유발하였다. 11장 주2 참고.

34 자세한 내용은 11장 3절 참고.

35 이에 따라 우리나라는 2013년 4월 자본시장법의 개정을 통해 장외파생상품 중앙청산소(CCP) 도입을 법제화하였으며 2014년 6월 30일부터 원화이자율스왑(IRS)거래는 중앙청산소인 한국거래소를 통해 청산하고 있다. 한편 거래정보저장소(TR)는 도입을 준비하고 있다.

참고문헌

윤창현, 파생금융상품론, 경문사, 2004, 14장

한국은행, 한국의 외환제도와 외환시장, 2016.1

한국은행, 한국의 금융시장, 2016.12, 제4장

Stephen G. Cecchetti, Money, Banking, and Financial Markets, McGraw-Hill/Irwin 2006. Chapter 9

R. Glenn Hubbard, Money, the Financial System, and the Economy, 6th ed. Pearson International Edition, 2008. Chapter 9

J. C. Hull, Fundamentals of Futures and Options Markets, 5th ed. Prentice Hall, 2005. 김철중 · 윤평식(역), 파생상품의 평가와 헷징전략, 도서출판 탐진, 2005. 제7장

F. S. Mishkin, The Economics of Money, Banking and Financial Markets, Pearson, 2004(7th ed), Chapter 13

연습문제

1. 파생금융상품시장이 등장하고 발전하게 된 배경에 대해 설명하시오.
2. 선물의 매입포지션과 선물의 매도포지션의 의미는 무엇인가?
3. 헤지거래, 투기거래 그리고 재정거래의 차이점은 무엇인가?
4. 어떤 수입기업이 미국에서 원재료를 구입하고 1개월 후에 수입대금으로 100만 달러를 지급할 예정이다. 수입대금을 현재의 환율인 달러당 1,100원(11억 원)에 고정시켜 환율 상승에 따른 환위험을 헤지하려고 하는데 선물환을 이용하는 방법에 대해 설명하시오.
5. 선도시장에 비해 선물시장이 크게 성장한 이유에 대해 설명하시오.
6. 만약 파생금융상품시장에 투기자가 없다면 파생금융상품시장은 더 효율적이 될 것인가, 아니면 덜 효율적이 될 것인가?
7. 당신은 펀드매니저인데 1년 후에 100억 원의 자금유입이 예상된다. 이 자금으로 현재의 이자율인 5%를 확실히 얻을 수 있는 장기국채를 매수하고자 한다. 선물시장을 이용하여 이것을 할 수 있는 방법을 설명하시오.
8. 위의 문제와 동일한 상황에서 옵션시장을 이용한다면 어떻게 하여야 하는가? 선물계약 대신 옵션계약을 이용하는 경우 장점과 단점은 무엇인가?

9. 1994년의 미국 캘리포니아의 오렌지카운티(Orange County)의 파산과정과 파산원인에 대해 살펴보시오.

10. A기업과 B기업은 5년간 20억 원을 차입하려고 한다. 자본시장에서는 다음과 같은 연간 이자율을 제시하고 있다. 그리고 A기업은 변동금리를 선호하고 B기업은 고정금리를 선호한다. 스왑조성은행의 수수료는 각 0.1%이며 중개기관의 수수료는 각 0.02%라고 한다. 두 기업이 동일한 수익을 얻을 수 있도록 스왑을 설계해 보시오. 두 기업의 최종적 차입비용은 얼마인가?

	A기업(변동금리선호)	B기업(고정금리선호)
변동금리시장	LIBOR	LIBOR+2%
고정금리시장	6%	10%

III부 금융위기

10장 금융위기의 이론
11장 금융위기의 사례

III부에서는 금융위기의 발생과정과 구체적 사례에 대해 살펴본다. 2장에서 금융제도는 금융의 효율성을 추구하면서 동시에 금융의 안정성을 추구하여야 한다고 보았다. 그러나 안정성은 흔히 깨지며 금융불안정사태가 발생하게 된다. 이러한 금융불안정사태가 심화되어 금융위기가 발생한다. 1929년에는 미국의 주가폭락을 계기로 전 세계적으로 대공황이 발생하였고 1997년에는 우리나라에서도 환율의 폭등을 계기로 처음으로 금융위기가 발생하였으며 그 이후 작은 금융위기가 여러 차례 발생하였다. 2008년에도 미국의 주택가격폭락을 계기로 글로벌 금융위기가 발생하여 각국에 심각한 경제침체를 유발하였다. 앞의 II부에서 금융시장에 대해 살펴보았는데 금융의 불안정사태는 많은 경우 금융시장의 불안정에서 출발하고 있다. 이자율, 환율, 주가의 급격한 변동에 의해 흔히 발생한다. 물론 이외에도 많은 요인들이 있다. 정부의 정책상의 실패나 은행을 비롯한 금융기관의 잘못된 자산관리나 부채관리로 발생하기도 하며 외국의 요인에 의해 위기가 전염되기도 한다. 그러나 금융기관에 대해 논의하기 전에 III부에서 금융경제의 핫이슈가 되는 금융위기에 대해 먼저 살펴보기로 한다.

10장에서는 금융위기의 발생요인과 발생과정에 대한 여러 견해를 살펴본다. 금융위기가 무엇이며 무엇이 금융위기를 유발하는지에 대해 살펴본다. 11장에서는 금융위기의 몇몇 사례를 자세히 살펴본다. 많은 나라에서 다양한 형태로 금융위기가 발생하였는데 그 중에서 금융선진국인 미국에서의 금융위기, 1997년에 발생한 우리나라를 포함한 동아시아의 금융위기를 살펴보며 특히 2008년 이후의 글로벌 금융위기에 대해 자세히 논의한다.

CHAPTER

10 금융위기의 이론

2007년부터 시작된 미국의 서브프라임 모기지사태가 악화되어 2008년부터는 본격적인 글로벌 금융위기가 발생하였고 이로 인해 전 세계적으로 은행을 비롯한 많은 금융기관들이 파산하고 주가는 폭락하여 많은 투자자들이 손실을 입었으며 특히 우리나라의 경우 외국자금이 한꺼번에 유출되어 환율은 폭등하였고 국가부도사태를 걱정하는 어려움에 처하였다. 또한 전 세계적으로 가계와 기업이 큰 손실을 입었고 엄청난 기업의 파산과 실업이 이어졌다. 이러한 금융위기는 20여 년 전인 1997년에도 우리나라를 비롯한 많은 동아시아국가에서 발생하여 많은 금융기관과 기업이 파산하였다.

10장에서는 금융제도에서의 심각한 불안정과 기능장애를 가져와서 모든 경제주체(가계, 기업, 금융기관, 정부 등)에 심각한 영향을 미치는 금융위기가 통상적으로 무엇을 의미하는지 살펴보고 이러한 금융위기의 발생원인과 발생과정에 대한 다양한 견해들을 살펴본다. 먼저 1절에서는 금융위기의 개념과 금융위기를 보는 견해에 대해 간략히 살펴본다. 2절에서는 통화론자의 견해에 대해 살펴본다. 그리고 3절에서는 Charles Kindleberger와 Hyman Minsky의 견해를 중심으로 포괄적인 금융위기이론에 대해 살펴보고 4절에서는 최근에 와서 널리 받아들여지고 있는 비대칭적 정보이론에 입각한 금융위기이론을 살펴본다.

1. 금융위기의 의미 및 이론

금융위기는 심각한 경기침체를 유발하기 때문에 금융위기를 예방하거나 사후적으로 대처하는 방안이 있어야 한다. 그러나 금융위기의 예방과 대처를 위해서는 금융위기의 발생과정과 유발요인을 잘 파악할 필요가 있다. 일반적으로 **금융위기**(financial crisis)란 자산가격(금융자산가격 및 부동산 가격)의 급격한 하락, 많은 금융회사 및 비금융기업의 도산에 의해 특징지어지는 금융기관의 불안정, 금융제도의 돌발적인 기능중단사태 등의 발생으로 금융의 중개기능이 제대로 작용하지 못하게 되는 상황을 말한다. 자본주의 역사에서 대부분의 나라는 이러한 의미에서 많은 금융위기를 겪었다. 경제대국인 미국도 심각한 금융위기를 1819년, 1837년, 1857년, 1873년, 1884년, 1893년, 1907년, 1929~1934년, 1980년대 후반, 2007~2009년에 겪었으며 우리나라도 1997~1998년에 많은 아시아 국가들과 함께 외환위기 및 금융위기를 겪었고 2008~2009년에는 전 세계와 함께 금융위기를 겪었다. 그런데 우리가 겪고 관찰한 이들이 과연 금융위기인가에 대해 그리고 이러한 금융위기를 유발한 요인이 무엇인가에 대해 다양한 견해가 제시되고 있다. 즉, 무엇이 금융위기인가에 대해 여러 견해가 제시되고 있으며 이러한 견해의 차이 때문에 금융위기의 원인과 처방에 대해서도 차이가 난다. 따라서 금융위기에 대한 견해를 먼저 살펴볼 필요가 있다.

금융위기의 의미, 발생원인 그리고 발생과정에 대한 견해는 관점에 따라 다양하게 나눌 수 있으나 크게 다음의 세 가지로 나누어 볼 수 있다.[1] 첫째, Milton Friedman, Anna Schwartz와 같은 통화론자(monetarists)의 견해로 통화량의 감축을 금융위기의 중요한 원인으로 보는 통화론적 접근방법이다. 이 견해는 통화정책이 경제 및 금융시장 상황에 적절히 대응하지 못할 경우 금융시장에서의 경미한 교란이 금융불안으로 확산된다고 설명한다. 예를 들어 통화정책 운용의 오류에 의한 일시적이고 경미한 교란으로 시중의 통화량이 감소하면 금리가 상승하고 투자가 위축되어 금융불안 및 경기침체현상이 나타난다. 이는 다시 금융기관의 대출축소를 유발하여 금융불안 및 경기침체가 확대재생산된다는 것이다. 따라서 금융불안이 발생하는 경우 적절한 통화정책을 강구하여 통화공급을 안정시킴으로써 금융불안이 경제전체로 확산되는 것을 방지하여야 한다는 것이다.[2]

1 Mishkin(1991) 참고.

2 신호순·박종석(2002) 참고.

둘째, Charles Kindleberger와 Hyman Minsky의 견해로 금융위기의 의미와 원천을 매우 폭넓게 인정하는 견해이다. 이 견해는 금융위기(금융불안정)를 경기팽창의 필연적인 산물이며 경기순환과정의 일부로 보고 있는 경기순환론적 접근방법이다. 경기호황기에는 경제주체들이 금융자산가격의 상승이 지속될 것으로 기대하여 금융자산에 대한 수요를 늘리고 이로 인해 금융자산가격은 더욱 상승하게 된다. 그러나 금리상승 또는 기업의 과잉투자에 따른 수익성 저하 등 경기하락의 충격이 발생하면 가격상승에 대한 기대가 일시에 붕괴되면서 금융자산가격이 폭락하여 투자자 및 금융기관의 재무구조가 악화됨으로써 금융불안이 초래된다는 것이다.

셋째, 비대칭적 정보문제가 금융위기의 주원천이라고 보는 비대칭정보적 접근방법이다. 이 견해는 금융시장 참가자들 간의 정보비대칭성에 의해 나타나는 역선택(adverse selection)과 도덕적 해이(moral hazard)에 의해 금융기관의 위기가 발생하고 이것이 예금인출사태(bank run) 및 전염효과(contagion effect)를 통해 전체 금융제도의 위기(기능중단사태)로 확산된다는 것이다.

2. 통화론자의 견해

금융위기에 관한 통화론자의 견해는 Friedman and Schwartz(1963)에 의해 대표되는 견해로서 금융위기를 은행공황(bank panic)에 따른 통화량의 감축과 연계시키고 있다.[3] 그들은 통화공급에서의 은행의 역할을 중시하고 은행이 자금공급역할을 제대로 하지 못하는 은행공황을 통화공급이 감축되는 주요한 원천으로 보며 이러한 통화공급의 감축이 전체경제활동의 심각한 위축을 유발한다고 보기 때문에 그들은 은행공황의 중요성을 강조한다. 따라서 금융위기에 대한 통화론자의 견해는 매우 좁아 다소 극단적 견해라고 볼 수 있다.

금융위기에 대한 이러한 견해에 따라 통화론자들은 은행공황과 이에 따른 통화불안정을 방지할 수 있도록 하는 중앙은행의 최종대부자기능을 옹호하고 있다. 특히, Schwartz(1986)는 **고성능화폐(본원통화)**에 대해 갑작스럽게 많은 수요가 일시에 발생

3 Schwartz(1986) 참고.

하고 그래서 은행제도에서 고성능화폐가 고갈되고 이에 의해 실물경제가 나쁜 영향을 받는 경우를 **실질적 금융위기**(real financial crisis)라고 부르며 이러한 경우만이 진짜 금융위기라고 말한다. 그리고 이 경우에는 중앙은행이 **최종대부자**(**LLR, lender of last resort**)로서 공개시장운영(공개시장조작, open market operation)을 통해 금융시장에 자금을 충분히 공급하여야 이러한 실질적 금융위기를 해결할 수 있다고 본다. Schwartz(1986)에 의하면 실질적 금융위기는 어떤 비용을 치르더라도 지급수단(화폐)을 얻을 수 없을 것이라는 두려움(예금자들이 자신의 예금을 필요할 때 현금으로 인출하지 못할 것이라는 두려움과 채무자들이 어떠한 이자율을 주더라도 자금을 얻을 수 없을 것이라는 두려움)에 의해 촉발되며 이는 **부분준비제도**에서 고성능화폐(본원통화)에 대한 쟁탈전을 유발한다. 이것은 은행제도의 준비금을 갑자기 찾아가는 민간의 행동(인출사태, bank run)에 의해 나타난다. 이에 따라 줄어든 준비금을 복구하기 위해 은행은 대출의 상환을 요구하거나 기존대출의 갱신을 거부하거나 또는 보유중인 자산을 긴급하게 판매한다. 그리고 은행의 자금사정이 좋지 않으므로 차입자들은 은행으로부터 자금을 차입할 수 없게 되고 이러한 두려움이 확대되어 실물경제가 나쁜 영향을 받게 된다.

그러나 통화량이 감축되는 이러한 사태는 **디스인플레이션**(disinflation, 인플레이션을 억제하는 활동)이나 디플레이션(deflation, 물가가 하락하는 현상) 동안에 일어나는 통화량의 감축사태와는 구분되어야 한다. 디플레이션이나 디스인플레이션은 은행준비금의 증가에 대해 어떤 제약이 있기 때문에 나타나는 것이며 민간의 행동에 의해 촉발되는 것이 아니라 주로 중앙은행의 행동에 의해 촉발된다. 또 디스인플레이션이나 디플레이션은 오래 지속될 수 있다. 이 상황 하에서는 재산의 명목가치가 감소할 수 있고 실질부채가 증가할 수 있으나 이들은 금융위기는 아니다. 금융위기의 본질은 그것이 단기적이며 현금에 대한 민간의 수요가 해결됨으로써 끝이 난다. 따라서 은행제도에서 고성능화폐에 대한 쟁탈전(실질금융위기)이 있을 때 중앙은행이 그러한 수요를 충족시키기 위해 개별 금융기관에 대해서가 아니라 공개시장운영을 통해 시장에 고성능화폐를 공급하여야 하며 그것도 초기에 충분한 양을 공급하거나 공급할 것이라고 공표해야 믿음을 갖게 되고 위기가 해결된다.

Schwartz는 미국에서는 1933년의 대공황이래로 실질금융위기가 발생하지 않았으며 영국에서는 1866년 이후 실질금융위기가 전혀 발생하지 않았다고 주장한다.[4] Schwartz(1986)에 의하면 재산의 급격한 감소가 있더라도 은행공황과 이에 따른 통화공급의 급격한 감소의 가능성이 없는 사건은 실질적 금융위기가 아니며 **유사금융위기 (pseudo financial crises)**로 간주된다. 다시 말하면, 우리가 일반적으로 금융위기라고 생각했던 최근의 모든 현상은 지급(화폐)제도에 대한 침해 없이 경제의 특정부문에 재산상의 손실을 유발하는 사건들로서 유사금융위기이다. 이러한 위기에는 앞에서도 언급한 디플레이션과 디스인플레이션, 대규모 비금융기업, 대규모자치단체, 금융산업 또는 국가의 금융적 난관(financial distress), 특정 재화나 자산가격(주가, 부동산가격, 상품가격 등)의 갑작스러운 하락, 그리고 고정환율체제에 대한 투기적 공격에 따른 위기가 모두 포함된다. 이러한 사태는 모두 경제의 특정부문에 대한 재산상의 손실을 가져오는 것이며 이러한 사태는 어느 것도 실질금융위기의 명백한 특징인 고성능화폐에 대한 쟁탈전을 가져오지 않는다. 따라서 이러한 유사금융위기의 경우에는 중앙은행이 최종대부자기능을 수행하여 통화량의 공급을 증가시켜서는 안 된다. 유사금융위기에 대한 중앙은행의 개입은 불필요하며 오히려 해로울 수가 있다고 보고 있다. 즉, 이러한 개입은 경제의 효율성을 감소시킬 수 있다. 왜냐하면 이러한 개입이 있는 경우 당연히 망해야 할 기업이 구제되거나 인플레이션을 유발하는 과잉통화공급을 야기하기 때문이다.

통화론자의 견해는 금융위기의 원인을 지나치게 좁게 보고 있다는 비판을 받고 있다. 왜냐하면 이 견해는 통화공급에 영향을 미치는 은행의 역할과 통화공급에 대한 은행공황의 영향에만 초점을 맞추고 있기 때문이다. 즉, 갑자기 자금흐름이 막혀 돈을 구하는 것이 어려운 상황만을 금융위기로 보기 때문이다. 그래서 Kindleberger(2000, p.3)는 통화론자의 견해에 대해 특히 비판적이다. 통화론자의 시각은 통화량이 일정수준에서 안정적이거나 또는 증가율이 안정적이라면 금융위기(광기와 패닉)가 발생하지 않는다는 것인데

4 Schwartz가 말하는 것은 2008년의 글로벌 금융위기 이전의 기간에 대해 말하는 것이다. 영국에서의 1866년의 위기는 5월에 유동성위기가 런던시티의 화폐시장을 강타하면서 발생하였다. 유동성위기의 여파로 5월 10일에 당시 최대의 할인회사인 Overend and Gurney사가 영란은행에 40만 파운드의 긴급대출을 청구하였으나 영란은행은 대출을 거절하였으며 Overend and Gurney사는 거래를 중지하였다. 이 파산을 계기로 유동성압력이 강화되었으며 이자율이 기록적인 수준으로 상승하였고 영란은행 은행국의 준비금이 300만 파운드로 하락하였으며 5월 12일에 영란은행은 1,000만 파운드 이상을 대출하였다. 그럼에도 불구하고 해결이 되지 않자 통화(파운드)의 금 태환의무를 면제하기 위해 Peel 조례(영란은행의 구조를 결정한 1844년의 은행법으로 통화발행을 100% 금으로 보장하는 준칙을 규정)를 정지하였다. 수많은 금융기관들이 파산하였으나 은행제도의 전반적 붕괴는 없었다.

Kindleberger는 이러한 견해를 반박하고 있다. 많은 금융위기가 급속한 신용의 확대와 감소에 의해 발생하기는 했지만 그렇지 않았던 경우도 있었다. 통화증가율이 일정하다면 위기의 빈도가 줄어들 수는 있지만 금융위기현상이 완전히 사라지지는 않는다. 1920년대 후반의 미국 주가상승률이나 1990년대 후반의 미국 나스닥시장의 주가상승률은 통화공급의 증가율보다 훨씬 더 높았다. 또 Kindleberger는 Schwartz처럼 실질(진짜)금융위기와 유사(가짜)금융위기를 구분하는 것은 옳지 않다고 비판하고 있다.[5] 통화론자들이 그런 구분에 집착하는 것은 실증적 차이점에 기인한다기보다는 뿌리 깊게 자리 잡고 있는 통화론(monetarism)에 대한 사전적 신념 때문이다. 더 나은 통화정책이 모든 경우에서 금융위기를 완화시켜주고 틀림없이 일부의 경우에는 금융위기를 제거해 줄 수 있겠지만 다양한 차원의 많은 문제들을 해결하지는 못할 것이다. 장기간에 걸쳐 적절한 양의 유동성이 있다고 하더라도 여전히 위기가 있을 것이며 위기 시에는 추가적인 유동성이 필요할 것이다.

Mishkin(1991, p.97)은 비대칭적 정보의 관점에서 통화론적 접근방법에 대해 비판하고 있다. 즉, 금융공황에 대한 통화론자의 해석은 비대칭정보 접근방법만큼 효과적으로 그 사태(events)와 시기(timing)를 설명할 수 없다는 것이다. 왜냐하면 통화론자의 견해는 왜 우량 차입자와 비우량 차입자 간의 이자율스프레드가 공황 이전에 급격하게 상승하고 공황이 진정된 후에 하락하는지를 설명하지 못하기 때문이다. 비대칭정보이론은 은행공황이 유발하는 통화공급의 감소가 전체 경제활동에 미치는 중요한 영향을 배제하지는 않지만 통화공급 이외에도 금융위기의 발생과정에는 더 많은 요인이 있다는 것을 제시한다.

3. Minsky-Kindleberger의 견해

통화론자와 정반대로 실질금융위기의 구성과 요인에 대해 훨씬 더 넓은 정의를 사용하는 포괄적인 금융위기이론이 Hyman Minsky(1919~1996)와 Charles Kindleberger

---

5 물론 위기 진행과정의 초기나 말기에서 통화량이 변동하는 금융위기와 통화공급이 별로 영향을 받지 않는 금융위기를 구분해보는 것은 그럴듯하다. 그러나 통화론자들이 후자의 금융위기에 '유사(가짜)'라는 이름을 붙인 것은 심장병 전문의가 암환자를 보고 진짜 환자가 아니라 유사환자라고 진단하는 것이나 마찬가지라고 반박하고 있다. 그리고 증권시장의 대붕괴로 인한 금융위기에서 엄청난 손실을 입은 사람들에게 그들이 당한 것은 진짜 금융위기가 아니라 가짜였다고 말한다고 그들이 위안을 얻지는 못할 것이다(Kindleberger(2000, p.3)).

(1910~2003)에 의해 제시되었는데 여기서는 이 견해를 **Minsky-Kindleberger의 견해**라고 부르기로 한다.[6]

이 견해는 금융위기와 금융불안을 경기순환과정의 일부로 보고 있다. 경기순환과정에서 금융자산가격이 상승하였다가 경기하락이 발생하면 금융자산가격이 하락하여 금융불안정과 위기가 초래된다는 것이다. 그러나 이들은 통화론자와는 달리 통화량의 변동뿐 아니라 다양한 요인에 의해 금융위기가 발생할 수 있다고 본다. 이들은 위기로 번지도록 만드는 경우들은 거시경제에 대한 다양한 충격요인으로부터 시작한다고 생각한다.[7] 금융의 불안정성은 정상적인 경제체제 하에서 내생적으로 발생하지만 여기에 비합리적 기대나 투기적 도취상태 등을 일으키는 충격요인이 발생할 경우 자산시장과 자금시장에 큰 혼란을 초래하게 된다.

충격요인(변위요인)의 발생과 경제의 호황국면의 등장 이러한 충격요인(변위요인)의 성격은 매우 다양하다. 전쟁의 발발이나 휴전, 풍작이나 흉작, 석유가격의 급등, 통화가치의 예기치 못한 절하, 엄청난 파급력을 가진 발명품(운하, 철도, 자동차, PC, 인터넷 등)의 광범위한 채택, 선거나 정치지도자의 암살과 같은 정치적 사건, 놀랄만한 금융적 성공, 이자율을 무모하게 낮추는 채무전환, 정책의 예상치 않은 전환(policy-switching), 자본자유화와 같은 규제완화 등이 그 예이다. 이러한 충격이 발생하면 경제여건에 변화가 생기면서 특정 기업에게 새로운 이윤창출기회를 제공한다.[8] 충격요인의 원천이 무엇이든 이러한 충격(예컨대, 좋은 충격)의 크기가 충분히 크고 파급적이라면 적어도 하나 이상의 중요한 경제영역에서 예상이윤기회를 향상시켜 경제전망을 변화시킬 것이다. 그리고 개인과 기업은 전망있는 투자영역에서 기대되는 예상수익을 얻기 위해 돈을 빌리게 될 것이다. 그

---

6 Kindleberger(2000), Kindleberger and Aliber(2005) 참고.

7 Kindleberger는 충격요인(shock)이라는 말 대신 변위요인(displacements)이라는 용어를 사용한다. Kindleberger가 말하는 변위요인은 충격과는 좀 다르다. 변위요인은 주로 외생적이지만 반드시 외생적인 것은 아니며 충격이지만 모든 충격이 변위요인은 아니다. 여기서는 편의상 변위요인 대신 충격요인으로 표현한다.

8 각각의 투기적 붐(boom)마다 이를 유발하는 충격요인은 다르다. 예컨대, 1920년대 미국에서의 충격은 전국적인 전력보급과 전화보유가정의 급속한 확산, 자동차 생산의 급증 및 이에 동반한 고속도로의 건설이었다. 1980년대 일본에서의 충격은 금융자유화와 엔화가치의 급등이었다. 1980년대 노르딕 3국(핀란드, 노르웨이, 스웨덴)에서의 충격은 금융자유화였다. 1990년대 아시아 국가들에서의 충격은 일본에서의 자산가격 거품의 붕괴, 엔화가치상승에 따른 일본으로부터의 자금유입증가, 각국의 자본자유화 등이었다. 1990년대 미국에서의 충격요인은 정보통신기술(IT)의 혁명이었다.

충격은 일부 새로운 산업이나 기존의 산업에서 이윤기회를 가져오는 반면 다른 산업에서의 이윤기회를 막을 것이다. 따라서 신용을 가진 기업이나 저축을 가진 개인은 번성하는 산업에 참여하려고 할 것이며 쇠퇴하는 산업으로부터 이탈하려고 할 것이다. 만약 전자와 같은 새로운 기회가 후자와 같은 폐쇄되는 기회를 압도한다면 투자와 생산은 확대될 것이며 경제가 호황국면으로 접어들 것이다.

호황과 신용확대 화폐금융제도의 근본적 취약성(부분준비제도, 자산-부채의 만기불일치 등)과 파멸성향을 강조하고 매우 비관적인 학자로 유명한 H. Minsky는 특히 경기순환의 파동과 함께 변동하는 신용사이클(credit cycle)에 초점을 맞추었다. Minsky는 호황기 때 늘어나고 불황기에 감소하는 신용공급의 확대와 축소가 금융질서의 취약성을 유발하고 금융위기의 가능성을 증폭시킨다고 생각하였다.[9] 특히 Minsky는 I. Fisher와 마찬가지로 금융위기를 유발하는 데 있어서 부채구조의 역할에 매우 큰 중요성을 부여하고 있으며 다음에 다시 팔 목적으로 구매하는 투기적인 자산의 매입자금을 차입하기 위한 채무계약을 매우 강조한다.[10] 사람들이 이러한 차입을 하는 이유는 간단한데 해당 자산가격의 상승률이 매입자금의 차입금리를 능가할 것이라고 예상하기 때문이다. 그러나 경제가 나빠지기 시작하면 이들이 매입한 자산가격의 상승률이 차입금리보다 낮아지게 된다. 그러면 이들 차입자의 일부는 실망하게 되고 이들 중 다수는 투매자로 돌변한다.

이와 같이 Minsky모형에서 호황국면에 연료를 공급하는 것은 통화공급을 증가시키는 은행신용(bank credit)의 확대(차입자의 입장에서는 채무의 확대)이다. 신용확대와 통화공급을 중요한 요인으로 본다는 점에서는 통화론자와 상통하는 면이 있으나 이에 한정되지는 않는다. 은행은 통상적으로 은행권을 발행하거나 또는 은행예금을 확대

---

9 Minsky의 견해가 신용제도의 불안정성을 강조한다는 점에서 John Stuart Mill, Alfred Marshall, Knut Wicksell, Irving Fisher와 같은 일련의 고전학파 경제학자들에 의해 설정된 모형을 다소 수정한 것으로 볼 수 있으며 따라서 이들 고전학파 학자들의 직계후예가 된다고 볼 수 있다.

10 Minsky는 금융시장은 태생적으로 불안정성을 내포하고 있으며 경제주체의 부채에 대한 태도와 의사결정에 따라 자산가격과 경기의 상승 및 하락과정이 반복되는 금융순환사이클(boom-bust cycle)이 발생한다고 보았다. 양호한 경제여건 하에서 부채가 증가하면서 헤지금융(hedge financing, 원리금상환에 문제가 없는 상태)에서 투기금융(speculative financing, 이자지불은 가능하나 원금상환은 어려운 상태)으로 그리고 폰지금융(ponzi financing, 이자지불이 어려운 상태) 단계로 이동하게 되며 과도한 부채수준에 도달할 경우 아주 작은 기폭적 요인(Minsky moment, 예컨대 통화긴축, 금융기관 파산 등)의 발생에도 자산가격과 경기의 붕괴로 귀결될 수 있다고 지적하였다. 한국은행(2015) 참고.

시키는 형태(신용창조)로 통화량을 팽창시킬 수 있는데 Minsky는 이러한 은행신용의 팽창이 매우 불안정한 양상을 띤다고 생각하였다. 은행신용의 불안정성은 악명 높은 것이며 Minsky의 설명은 바로 이 사실에 직접적으로 의존하고 있다. 은행산업이 정착되기 이전인 17세기와 18세기에는 개인신용과 판매자금융이 투기적 광기(mania)에 연료를 공급했다. 은행이 도입되고 설립이 확대되자 은행은 채무의 확대를 통해 신용의 공급을 늘렸다. 기존은행들이 공급하는 신용도 팽창했지만 신설은행들도 생겨났고 새로운 신용수단의 발전과 은행 이외의 개인신용의 팽창에 의해서도 신용은 확대되었다. 신설은행들은 시장점유율을 확대하려 노력하였고 기존은행들이 대응하면서 신용과 통화의 급성장을 초래하였다. 예컨대, 1970년대에 유럽의 은행들은 남미의 여러 나라 정부를 상대로 대출하면서 미국은행들의 텃밭을 잠식하기 시작하였다. 또 은행은 경기가 좋을 때는 제한 없이 자금을 빌려주다가 경기가 조금만 나빠지면 신중함이 극에 달해 대출을 꺼린다(은행대출의 경기동반성). 이에 따라 안정을 바라는 정부의 중요정책현안은 신용팽창의 이러한 모든 통로를 어떻게 통제하느냐 하는 것이다. 그러나 이러한 신용통제는 매우 어렵다. 예컨대, 정부당국은 때때로 특정유형의 여신을 나룰 수 있는 은행의 자격을 엄격히게 통제한다. 그러면 은행들은 자회사를 설립해 금지된 유형의 대출사업을 시행하거나 아니면 은행지주회사가 대출을 제공한다. 또 금융기관들의 신용불안정이 정부의 통제권 안에 들어왔다 하더라도 개인신용의 공급확대가 경기확장기의 자금조달을 수행할 수도 있다. 어느 경우이든 정부의 신용통제는 쉽지 않다.

투기충동의 발생 이제 투기의 충동이 있고 이러한 충동은 재화나 금융자산에 대한 유효수요로 변형된다. 시간이 지나면서 이러한 수요의 증가는 재화의 생산능력이나 기존 금융자산의 공급에 비해 엄청난 초과수요로 나타나고 그래서 시장가격이 상승하고 새로운 이윤기회를 발생시키고 더 많은 투자자와 기업들을 유인한다. 이에 따라 더 많은 투자가 이루어지고 투자의 증가가 성장률을 높이고 성장률상승이 다시 투자를 유발해 국민소득의 성장률이 가속화되는 양의 피드백(positive feedback)현상이 나타난다.

투기는 보통 두 단계로 전개된다. 차분한 첫 번째 단계에서는 투자자들은 충격에 대해 절제되고 합리적인 방식으로 대응한다. 이 단계에서는 투자자들은 상품을 소비하기 위하여, 토지를 이용하여 사업을 하거나 생산을 하기 위하여, 증권이 제공하는 소득(이자와 배당)을 얻기 위하여 구매한다. 그러나 두 번째 단계로 접어들면 자본이득(capital gain)에 대한 예상이 이들의 거래를 좌우하는 핵심적 요소로 등장한다. 이 단계가 되면 투자자들이 상품이나 토지나 증권을 구매하는 목적이 소비나 소득을 얻기 위해서가 아니라 되팔아서 자본이득을 얻기 위하여 매입한다. 이 단계에서 경제는 Minsky가 **경제적 풍요감** 또는 **도취감**(euphoria)이라고 부르는 상태에 들어가게 된다. 가격상승에 대한 투기가 생산과 판매를 위한 투자에 추가된다. 이제 투자자들은 상품과 증권의 가격상승을 예상하고 자본이득을 얻기 위해 상품과 증권을 매입한다.

지나친 낙관과 과잉거래단계 이러한 경제적 풍요감은 낙관론을 확대시킨다. 정책당국은 경제에 무엇인가 이상한 현상이 발생하고 있음을 인식하고 또 이전에 있었던 광기를 충분히 의식하고 있음에도 불구하고 '이번에는 다르다(This time is different)'고 낙관적으로 생각한다. 이와 함께 당국자들은 이번의 경우에 무엇이 다른지 그 차이점에 대한 광범위한 설명요인들을 찾아낸다.[11] 이러한 과정이 누적되면 통상 그 결과는 흔히 19세기 고전학파나 당시의 사람들이 말하는 **과잉거래**(overtrading)로 나타난다. 당시에 사용된 이 개념은 현재의 개념으로 보면 아마도 가격상승을 바라는 순수한 투기(pure speculation), 미래수익률의 과대추정 또는 과도한 차입의존(excessive gearing or excessive leverage)을 포괄하는 의미라고 볼 수 있다. 순수한 투기란 재판매를 목적으로 구매하는 것을 의미한다. 이윤의 과대추정은 풍요감으로부터 오며 생산과 분배과정에 참여하는 기업에 낙관적 영향을 미친다. 과잉차입의존은 현재의 재화나 자산의 가격 그리고 그러한 가격의 가능한 변화에 비해 현재의 거래에 요구되는 현금이 상대적으로 낮기 때문에 발생한다. 예를 들면 증거금에 기초한 구입(buying on margin) 또는 할부구입(buying by installments)을 들 수 있다.

광기와 거품단계 이어서 기업이나 가계가 다른 기업이나 가계가 투기적 구매와 재판매로부터 손쉽게 이득을 취하는 것을 보고 그들도 따라하는 **선행자 따라 하기**(**follow the leader**) 과정이 나타난다. 은행들도 마찬가지로 보다 빠른 속도로 대출을 확대하는 다른 은행들에게 시장점유율을 빼앗기는 것을 싫어한다. 이들은 다양한 차입자 집단에게 대

---

11 예컨대, A. Greenspan 미 FRB 전 의장은 1996년 미국 주식시장의 과열에 대해 처음 우려를 표명한지 약 1년 만에 생산성의 급격한 상승이 주요인이라고 제시하였다. 생산성의 상승은 기업이익이 이전보다 더 빠르게 증가할 것이라는 것을 의미하므로 현재의 기업이윤과 비교해 주가수준이 높아졌다 해도 이것은 결코 불합리한 것이 아니라는 것이다.

출을 늘리게 된다. 또한 투기적 행태에 빠지는 가계나 기업이 점차 늘어남에 따라 평소에는 그러한 모험에 무관심한 사람들을 흔들리게 하며 자본이득을 향한 투기가 사람들로 하여금 정상적이고 합리적인 행동에서 벗어나 광기나 거품과 같은 행동으로 이끈다. **광기**(mania)는 비합리성을 의미하며, **거품**(bubble)은 연약하여 언젠가는 터질 것이라는 의미를 갖고 있다.[12] 상품이나 토지나 증권의 원래의 구매목적과 과정이 뒤바뀌고 마침내 목적은 사라지고 과정만 남는다. 은행과 같은 대출자들은 이 과정에 너무 몰두한 나머지 이러한 게임의 종착점이 어떻게 될 것인지에 대해 아무런 생각도, 해답도 갖지 못한다. 그 종착점은 언제나 붕괴와 파멸이었다.[13]

Minsky는 한 나라 내에서의 신용공급의 불안정성에 주목하였으나 역사적으로 풍요감과 붕괴는 여러 경로를 통해 한 나라에서 다른 나라로 확산되기도 하였다. 1980년대 일본의 거품은 한국, 대만, 하와이에 큰 영향을 미쳤다. 한 나라에서의 충격이 다른 나라에 영향을 미치는 전달경로는 여러 가지가 있다. 첫째, 승수경로(multiplier link, 순수출과 승수효과를 통한 경로)이다. 이것은 다른 지역의 경기순환으로부터 일어나는 파급효과를 말한다. 둘째, 통화경로(monetary link, 금융시장과 이자율경로)이다. 승수경로가 경상수지를 통하여 작용하는 것이라면 통화경로는 금융시장과 자본수지를 통해 작용한다. 변동환율제도하에서 경제규모가 큰 나라들은 그들의 통화정책을 변경시킬 수 있는 자율성을 갖고 있다. 미국의 Fed가 경기부양을 위해 이자율을 낮추면 우리나라의 이자율을 하락시키는 경향이 있다. 셋째, 재정거래경로(arbitrage link)이다. 한 나라에서 발생한 상품가격의 변화는 다른 나라에서 상품가격의 대등한 변화를 유발하는데 그 이유는 재정거래가 발생하기 때문이다. 뉴욕에서 금값이 오르면 런던의 금값도 이와 밀접하게 연동해 변동한다. 마찬가지로 어느 나라의 증권가격이 변동하면 재정거래를 통해 다른 나라의 동일한 증권가격도 거의 똑같은 가격변화를 보인다. 넷째, 심리적 연계경로(psychological link)이

12 자산가격이 본질적 가치(fundamentals)로 설명될 수 없을 정도로 크게 상승하는 경우에 그 괴리를 나타내기 위하여 거품이라는 용어가 사용된다. Kindleberger에 의하면 거품은 15~40개월에 이르는 상당한 기간에 걸쳐 가격의 상승움직임을 보이다가 결국 폭발하는 상승방향의 가격운동을 말하며 집중적인 마이너스의 거품이 붕괴(crashes)이다. 한편 본질적 가치를 중심으로 하는 작은 가격변동을 가리킬 때는 잡음(noise)이라는 용어가 사용된다(Kindleberger(2000, p.16)).

13 20세기 중에 나타났던 대부분의 광기와 거품은 부동산과 주식에 집중되었다. 1980년대 일본에서는 부동산의 투기적 매입이 주식시장의 호황을 유발하였고 이와 유사하게 1990년대 아시아 국가들의 거품은 부동산과 주식 모두에서 발생하였는데 일반적으로 부동산가격의 상승이 주가상승을 견인하였다. 이러한 광기와 거품은 결국 붕괴와 파멸로 결말이 났다.

다. 어느 나라의 투자자들에게 자리 잡은 풍요감이나 비관론은 다른 나라의 투자자들에게 영향을 미친다. 흔히 말하는 **동조화현상**(coupling)은 이러한 경로를 말한다. 1987년 10월 19일의 미국의 주가폭락은 재정거래나 소득변화, 자본흐름, 이자율 변화 등으로 설명할 수 있는 것보다 훨씬 빠른 속도로 모든 나라의 금융중심지에서 거의 순간적으로 일어났다. 이러한 사실은 심리적 연계경로가 아니면 설명하기 어려운 측면이다.

금융불안 단계 투기적 확장국면이 지속될 때는 수익률, 결제속도, 자산가격이 모두 상승한다. 그러나 어느 단계가 되면 일부 내부자들(자산의 소유자들)이 이익을 취하고 매도한다. 시장의 꼭대기에서 투기의 새로운 참여자와 시장에서 이탈하는 내부자들이 균형을 맞추면서 일시 주저하는 상태가 발생하며 그래서 가격상승이 멈추기 시작한다. 매수세력의 의욕이 약해지고 매도세력의 의욕이 강해지면 **금융불안**(financial distress)의 시기가 뒤따른다. 이러한 금융불안시기에는 투기를 하는 집단이 자산을 팔고 현금으로 갈아타는 유동성확보경쟁이 나타날 것이고 상품가격이나 증권가격에 파멸적인 결과가 나타날 것이며 일부 투기적 차입자들이 그들의 차입금을 상환하지 못하는 사태가 나타날 것이라는 것을 느끼기 시작한다. 그러나 많은 투자자들은 여전히 가격하락이 일시적이며 잠시 나타나는 현상이라고 믿고 가격이 하락해도 자산을 계속 보유한다.

급반전(대폭락)과 공황 단계 이러한 금융불안이 지속되면서 투기자들은 점진적으로 또는 갑작스럽게 가격이 더 높아질 수는 없다는 것을 깨닫게 된다. 이제 떠나야 할 때라는 것을 인식한다. 이러한 인식을 촉발하는 구체적인 신호는 다양한데 아주 잘 나가고 과도하게 팽창한 대규모 은행이나 기업의 파산, 부당한 수단을 통해 곤궁에서 벗어나려고 했던 투기자의 사기나 횡령사건, 투기의 일차적 목적이 되었던 자산가격의 가파른 하락, 디플레이션, 외환시장의 붕괴(환율의 급격한 절하) 등이다. 이제 실물자산이나 증권에서 빠져나와 현금으로 전환하려는 투자자들의 경쟁이 대대적인 매각쇄도(rush)로 나타난다. 가격은 하락하고 파산은 증가하며 거품은 꺼진다. 즉, 가격이 갑자기 급격하게 하락하는 **급반전**(revulsion) 상태가 발생한다. 상품이나 증권가격의 급반전으로 인해 은행은 그러한 자산을 담보로 하는 대출을 중단한다. 따라서 역(탈)금융중개(disintermediation) 또는 역신용(discredit)으로 불리는 신용의 감축(자산을 담보로 한 대출의 중단)현상이 나타난다. 가격의 급반전과 신용감축은 육중한 출입문이 닫혀버리기 전에 빠져나가려고 몰려드는 사람들처럼 **공황**(panic) 또는 출입구 폐쇄 공황(doorshut-panic)을 유발할 수 있다. 이러한 공황상태에서는 아무도 자산을 구매하려고 하지 않으며 투매가 일어나 가격이 바닥으로 떨어진다. 공황은 가격이 과도하게 하락하여 사람들이 다시 비유동적인 자산을 구매하려는 유인을 가질 때까지는 지속될 것이다. 그러나 이러한 공황상태에서는 민간부문의 자생적인 회복은 어렵다.

정부개입과 금융안정회복 이제 정부당국의 역할이 요구되는 시기이다. 이 상태에서는 자금을 구하지 못해 가계와 기업이 소비활동이나 생산활동을 하지 못하는 상태에 빠져 있으므로 유동성의 제공이 무엇보다 중요하다. 그러므로 중앙은행(최종대부자)이 유동성 부족(현금수요)의 해소에 필요한 만큼 자금을 충분히 공급할 것이라는 사실을 공표하여 시장을 설득하는 것이 중요하다. 그러나 유동성수요는 사람들이 현금을 구할 수 있다고 믿는 것만으로도 줄어들 수 있기 때문에 중앙은행의 단호한 조치가 있다면 실제로 많은 유동성을 공급하지 않아도 신뢰(confidence)는 회복될 수 있다. 그러나 공황을 방지하고 부동산과 주식가격의 폭락을 막기 위해 최종대부자(LLR, lender of last resort, 중앙은행)가 유동성을 충분히 공급해야 하는가 하는 문제에 대해서는 많은 논쟁이 있었다. 은행의 유동성위기에 대해서는 중앙은행이 공개시장조작을 통해 통화량을 대량 공급하는 최종대부자역할을 수행하여야 하지만 부동산가격이나 주가하락에 대해서 중앙은행이 유동성을 공급하는 것은 도덕적 해이를 유발하므로 곤란하다는 견해(통화론자의 견해)가 있는가 하면 부동산가격이나 주가폭락에 대해서도 포괄적으로 중앙은행이 최종대부자기능을 수행하여야 한다고 주장하는 견해도 있다.[14]

중앙은행뿐 아니라 정부도 역할을 하여야 한다. Minsky-Kindleberger는 금융위기를 유발하는 교란요인은 매우 다양하고 또 어느 것이든 전체경제에 대해 잠재적으로 심각한 나쁜 결과를 가지기 때문에 이들은 금융위기가 발생할 때 정부가 매우 광범위한 역할을 수행해야 한다고 주장한다. 이러한 대응으로 시장이 안정되고 위기의 과정에서 많은 기업과 금융기관이 정리되면 경제가 다시 회복과 상승사이클을 가지게 된다. 국제적인 금융위기가 발생하는 경우에는 세계정부도 없고 세계중앙은행도 없기 때문에 이에 대응하는 것이 훨씬 더 어렵다. IMF가 부분적인 국제적 최종대부자의 역할을 수행하고 있지만 한계가 있다. 따라서 국제적인 협조와 협력이 중요하게 되고 세계경제를 이끌어갈 리더십이 더욱 중요하게 된다.

---

14 최종대부자기능에 대한 자세한 논의는 16장 5절 참고.

요컨대 Minsky의 금융위기이론(금융불안정가설, financial instability hypothesis)은 "안정이 불안정을 낳는다(stability breeds instability)" 또는 "안정은 불안정화한다(stability is destabilizing)"는 Minsky의 유명한 명제로 대변되는데 이것은 금융불안정과 경제적 혼란은 붐(boom)기간 동안에 경제를 휘어잡은 지나치게 낙관적인 분위기와 자신감(시장참가자들의 심리적 요인)으로부터 발생하는 내생적 현상이라고 보는 것이다. 자본주의경제의 구조는 번영의 기간 동안에 취약성을 잉태시키며 내생적인 과정이 금융불안정, 그리고 궁극적으로는 경제불안정을 유발한다는 것으로 내생적 불안정성의 이론에 외생적 충격이론이 더해진 것으로 볼 수 있다. 이러한 Minsky의 금융위기이론은 John Maynard Keynes와 Joseph Schumpeter의 이론에서 많은 영향을 받았다고 볼 수 있다.[15]

금융위기에 대한 Minsky-Kindleberger의 견해에 대해서는 많은 비판이 제기되었다. 각각의 위기는 고유한 특성이 있기 때문에 일반화하는 것은 적합하지 않다는 비판도 제기되었고 기업환경과 경제 환경의 변화로 이 모형은 적합성을 잃었다는 비판도 제기되었으며 시장은 효율적이기 때문에 거품은 존재할 수 없고 자산가격이 급변동하는 것은 정책당국의 정책오류나 정책전환의 결과라는 비판도 제기되었다. Schwartz(1986)는 보다 구체적으로 Kindleberger의 이론을 비판한다. 즉, Kindleberger가 말하는 광기(manias), 공황(panics), 붕괴(crashes)는 재산의 감소를 유발하지만 이러한 것들이 실물자산이나 금융자산으로부터 화폐로의 전환과정에서 은행에 대한 인출사태를 유발하지 않는 한 그들 자체는 금융위기가 아니라고 주장한다. 그리고 이에 덧붙여 Minsky-Kindleberger의 이론은 금융위기를 특성화하는 엄격한 이론을 제공하지 않고 금융위기를 너무 포괄적으로 파악하고 있으며 따라서 중앙은행이나 정부의 개입을 너무 광범위하게 정당화시키고

---

15 H. Minsky는 J. Schumpeter 아래에서 박사과정을 밟았고 저명한 Keynes학파 경제학자로 인정받고 있는데 그의 이론은 특히 Schumpeter의 이론을 추종하고 있다. Schumpeter의 혁신이론은 동태적 과정인데 이것은 정태적 과정과는 전혀 다르다. 정태적 과정이란 내부에서 내생적으로 만들어지는 힘에 의해 변화하는 과정이 아니라 단지 외부의 힘에 의한 반응을 통해서만 변화하는 과정이다. 그러나 동태적 과정은 이와는 다르다. 경제시스템 안에는 균형을 자율적으로 교란하는 에너지의 원천이 존재한다. 그것을 설명하는 이론은 외적요인에 의존해서는 안 된다. 이것은 내부에 깃들어 있는 변화의 에너지를 통해 스스로 발전하는 과정을 구현하여야 한다. 내부 시스템에 의한 자생적인 경제발전(경기순환)이론을 제시하고 있는 것이 Schumpeter의 혁신이론이다. 물론 경기순환이 전쟁이나 천재지변과 같은 외생적인 충격(변위요인)에 의해 영향을 받을 수 있다는 것을 Schumpeter는 부정하지 않는다. 그러나 이러한 외부충격에 의한 변화는 Schumpeter가 설명하려는 대상이 아니다. 왜냐하면 경기순환은 상당히 규칙적으로 반복되는 현상인데 우발적인 외부충격에 의해 초래된다고 생각하면 현실적으로 만족스럽게 설명하기가 어렵기 때문이다. 히로시(2008), 신현호(2009, 5장), Minsky(1992), Brunner and Carr(2007), 하윤숙(2008, pp.271-273) 참고.

있다고 비판하고 있다. 사실 Minsky-Kindleberger의 견해는 너무 포괄적이어서 금융위기의 원인을 적시하고 이에 대한 대응책을 제시하는데 어려움이 있으며 정부와 정책당국의 많은 개입과 관여를 정당화하는 측면이 있다.

4. 비대칭적 정보이론의 견해[16]

위에서 설명한 두 견해에 반해 비대칭정보적 접근방법은 재산의 급격한 감소가 있는 경우에도 정부개입을 자동적으로 정당화하지 않으면서 금융위기의 본질에 대해 보다 넓은 정의를 제공한다. 금융위기는 금융제도가 제 기능을 하지 못하고 파멸상태에 처한 경우를 말하는데 이를 정보의 비대칭성의 관점에서 보면 금융위기는 어떤 요인들이 각 경제주체(가계, 기업, 금융기관, 정부, 해외투자자)의 정보비대칭성문제(역선택의 문제와 도덕적 해이문제)를 급격하게 악화시키고 이로 인해 금융제도가 자금을 효율적으로 전달할 수 없게 되었을 때 일어난다. 그리고 이러한 금융제도의 비효율성의 결과로 경제활동이 급속히 위축되어 경제위기가 발생하게 된다.[17]

비대칭적 정보이론은 금융계약에서 두 당사자(차입자와 대출자)에게 이용 가능한 정보의 차이에 초점을 맞춘다. 이러한 정보의 비대칭성은 먼저 George Akerlof에 의해 처음으로 제시된 **레몬문제**(lemon problem) 또는 **역선택문제**(adverse selection problem)를 유발한다. 역선택문제는 차입자에 대한 정보가 부족하여 대출자가 좋은 차입자와 나쁜 차입자를 구별하지 못하기 때문에(차입자의 특성을 잘 모르기 때문에) 자칫 나쁜 차입자에게 자금을 빌려줄 것을 우려하여 아예 대출을 하지 않는 경향을 말하는데, 이러한 역선택(레몬)문제로 인해 금융붕괴현상이나 금융위기가 일어날 수 있다.

또한 대출자들은 차입자들이 하려는 투자사업의 내용을 식별하는데 어려움을 가지기 때문에 차입자들은 대출을 받은 이후에 위험한 사업으로 전환할 유인(위험선택유인)을 가진다. 이러한 유인을 **도덕적 해이문제**(moral hazard problem)라고 하는데 차입자

16 이하 Mishkin(1991), Mishkin(2007) 참고.

17 Mishkin(1991)의 분석에 의하면 심각한 금융위기는 대체로 심각한 경제위축과 연관이 되었다. 2차대전 이전의 기간에서 발생한 가장 심각한 공황적 에피소드는 1857, 1873, 1893, 1907, 1929~1933년의 위기인데 1857~1858, 1893~1894, 1907~1908 그리고 1930~1933년은 모두 매우 심각한 경제위축기간에 해당된다.

와 대출자 간의 투자사업행동에 대한 정보비대칭성에 기인한 도덕적 해이문제로 인해 대출이 감소하거나 금융흐름이 원활하지 못하게 되어 금융붕괴현상이나 금융위기가 발생할 수 있다. 그러면 어떤 경우에 비대칭적 정보문제가 심화되어 금융위기를 유발하는가?

(1) 경제상황의 악화: 불확실성의 증가와 이자율의 상승

불확실성의 증가 미래에 대한 불확실성의 급작스러운 증가는 역선택문제와 도덕적 해이문제를 심화시킨다. 예컨대, 전망이 있던 금융기관이나 잘 나가던 비금융기업의 급작스러운 도산(예컨대, 1997년 한국에서의 한보, 삼미, 기아, 해태그룹의 도산, 1999년의 대우그룹의 도산), 리세션 또는 증권시장붕괴 등은 미래에 대한 불확실성을 크게 증대시킨다. 잘 나가던 기업이 도산하니 앞으로 어떤 기업이 도산할지 아무도 알 수 없는 불확실한 상태가 된다. 이러한 불확실성의 갑작스러운 증가는 대출자(금융기관)가 좋은 차입자와 나쁜 차입자를 선별하는 것을 더 어렵게 만들며 기존차입자의 위험유인에 대해 우려하게 만든다. 따라서 대출자들은 대출을 억제하거나 회수하려고 한다. 이로 인해 금융제도의 **신용경색**(credit crunch)이 유발되어 투자가 줄고 거시경제활동이 위축된다.

이자율의 상승 이자율의 급격한 상승도 비대칭적 정보문제를 심화시킨다. 위험한 투자사업을 계획하고 있는 기업이나 개인은 통상 높은 이자율을 지불할 용의가 있는 사람들이다. 따라서 자금수요의 증가나 통화공급의 감소, 또는 해외이자율의 상승 등과 같은 이유로 이자율이 높게 상승한다면 신용도가 높은 사람은 차입을 포기하는 반면 신용도가 낮은 사람은 차입을 원할 것이다. 이에 따라 잠재적 차입희망자들의 평균적인 신용위험이 매우 높아지고 신용위험이 낮은 차입자를 선별하기 어렵게 된다. 이러한 역선택(잘못된 선택의 가능성)의 증가 때문에 대출자(금융기관)는 대출을 꺼리며 금융제도는 자금의 흐름이 막히는 신용단절상황에 빠진다.

(2) 기업(가계)의 대차대조표의 악화

기업(가계 포함)의 대차대조표가 악화되면 이제 좋은 기업과 나쁜 기업의 구분이 어려워지고(역선택 심화) 차입기업의 자금운용이 위험해지기(도덕적 해이 심화) 때문에 대출자는 기업에 대한 대출을 꺼리며 이에 따라 신용경색이나 금융위기가 유발될 수 있다. 그런데 기업(가계)의 대차대조표는 자산시장(주식시장, 채권시장, 외환시장, 부동산시장 등)에서의 자산가격(주가, 이자율, 환율, 주택가격 및 지가 등)의 변화나 재화시장에서의 재화가격(물가)의 변화에 의해 영향을 받게 되는데, 구체적으로 기업(가계)의 대차대조표를 악화시키는 요인은 다음과 같다.

첫째(**주가폭락**), 주식시장의 급격한 침체(주가폭락)는 불확실성을 증가시키는 주요인이 되기도 하지만 기업의 대차대조표의 심각한 악화를 유발할 수 있는 중요한 요소가 된다. 둘째(**물가의 예상치 않은 하락**), 물가의 예상치 않은 하락도 기업의 대차대조표를 악화시키는 중요한 요인이 된다. 특히 인플레이션이 완만한 선진경제에서는 차입계약은 통상 만기가 길고 고정이자율을 지불한다. 이러한 상황에서 만약 물가가 예상치 않게 하락한다면 기업의 대차대조표는 악화된다. 왜냐하면 부채는 명목으로 고정되어 있어 예상치 않은 물가의 하락은 기업의 실질부채를 증가시키고 반면 자산의 실질가치를 증가시키지 않기 때문이다. 이것이 Irving Fisher(1933)가 말하는 **부채디플레이션이론**(debt deflation theory)의 주 내용이다.[18] 셋째(**국내통화의 예상치 않은 절하**), 국내통화의 예상치 않은 절하도 중요한 요인이 된다. 발전도상국에서도 많은 기업, 은행, 정부가 외국통화로 채권을 발행하거나 은행에서 외화차입을 하는데 이때 국내통화의 예상치 않은 절하가 있을 경우 국내기업의 부채부담은 크게 증가하게 되어 대차대조표가 악화된다. 넷째(**이자율의 상승**), 이자율의 상승은 기업(가계)의 이자부담을 증가시키고 이에 따른 현금흐름의 감소는 기업(가계)의 유동성을 감소시키므로 대차대조표의 악화를 유발한다. 다섯째(**부동산가격하락**), 부동산시장의 침체로 주택가격이나 지가가 하락하는 경우 기업(가계)의 대차대조표는 악화된다. 여섯째(**재정불균형**), 정부의 재정불균형(fiscal imbalance)도 금융위기를 유발하는 중요한 요인이 될 수 있다. 정부의 재정적자의 심화와 채무의 증대로 정부의 채무불이행에 대한 우려가 발생하면 투자자들이 국외로 자금을 도피시키기 때문에 국내통화가치의 급격한 하락(환율상승)을 가져오는 외환위기를 유발할 수 있으며 이에 따른 대차대조표의 악화는 기업의 비대칭적 정보문제를 심화시키며 따라서 은행은 대출을 감소시키고 경제활동은 위축된다.[19]

---

18 Fisher(1933)의 부채디플레이션이론(debt deflation theory)은 대공황동안의 장기적 경기침체의 주요한 원천으로 물가수준의 하락(1929~1933년 사이에 물가가 25% 하락)과 실질부채의 증가를 지적하고 있다.

19 이러한 비대칭적 정보분석에 의하면 금융위기가 발생하는 경우 대출자의 입장에서 적합한 정보를 얻는

(3) 은행의 대차대조표의 악화

위에서 본 바와 같이 자산가격변화나 물가의 변화로 기업(가계)의 대차대조표가 악화되고 이에 의해 금융시장과 금융중개기관(은행)을 통한 자금제공이 줄어들고 이에 의해 금융위기가 발생하기도 하지만 은행부문자체의 문제도 금융위기의 원인이 될 수 있다. 앞에서 살펴본 논의에서는 은행(대출자)은 자금을 제공할 능력이 있어도 자금의 수요자인 차입자(기업이나 가계)의 역선택과 도덕적 해이에 대한 우려 때문에 은행이 대출을 꺼리게 되는 측면을 강조하였는데 금융위기는 차입자의 문제가 아니라 자금의 주요공급자인 은행의 문제로 인해 대출(자금공급)이 되지 않거나 둔화되어 유발될 수도 있다.

은행의 대차대조표의 악화 은행은 정보생산활동을 통해 금융중개역할(예금을 대출로 전환하는 역할)을 수행하는데 이 대출역할을 잘 수행하려면 은행이 건실하고 또 충분한 자금이 있어야 한다. 그러므로 은행의 대차대조표의 상태는 은행대출에 중요한 영향을 미친다. 그런데 만약 어떤 이유로 은행의 대차대조표가 악화되면 대출할 자원이 줄어들게 되어 은행대출은 감소할 것이다. 이에 따라 투자와 경제활동은 위축될 것이다. 은행의 대차대조표가 악화되는 주요한 요인은 가계부동산담보대출의 부실, 기업대출의 부실, 주가폭락이나 부동산가격의 폭락, 국내통화의 예상치 않은 절하 등이다. 또한 은행의 대차대조표가 악화되면 은행의 도덕적 해이문제가 악화된다. 즉, 은행은 위험한 사업(위험한 기업에 대한 대출 또는 파생상품거래 등)에 대한 투자를 증가시킬 유인이 증가한다. 이에 따라 시장의 변동성이 커지면 은행이 부실화될 가능성이 커지고 대형은행이 파산하는 경우 금융위기를 유발할 가능성이 있다.

은행위기 만약 은행대차대조표의 악화가 매우 심하여 어느 은행이 도산하면 이러한 두려움이 다른 은행으로 번져 건전한 은행들도 도산하거나 타격을 입게 될 것이다. 이렇

데 상당한 어려움이 있는 차입자(중소기업이나 신참기업 등)에 대한 이자율이 크게 상승할 것이며 반면에 정보를 쉽게 얻을 수 있어 비대칭적 정보문제가 거의 없고 신용도가 높은 잘 알려진 차입자(대기업이나 유명기업)에 대한 이자율이나 우량채권의 이자율은 금융위기가 발생하더라도 큰 영향을 받지 않을 것이라는 것을 제시하고 있다. 따라서 신용도가 낮은 기업의 이자율(대출이자율)과 신용도가 높은 기업의 이자율(대출이자율) 간의 스프레드(신용스프레드)의 상승은 비대칭적 정보문제가 금융시장에서 심각해지고 있다는 정보를 제공하고 6장 1절에서 설명한 바와 같이 금융사정과 경기가 나빠지고 있다는 것을 알려주는 중요한 지표가 된다. Mishkin(1991)에 의하면 미국에서 2차대전 이전에 발생한 금융위기 중 1873년의 경우를 예외로 한다면 우량채권이자율과 비우량채권이자율 간의 스프레드가 공황의 시작 전에 상승하였다.

게 하여 많은 은행이 도산하는 현상을 **은행공황**(bank panic) 또는 **은행위기**(banking crisis)라고 하는데 이러한 전염의 주 원인은 비대칭적 정보이다. 즉, 은행의 사정에 대해 정확하게 잘 모르기 때문에 한 은행의 도산을 보고 다른 은행에 대한 예금인출사태가 발생하고 이에 의해 연쇄적인 도산이 발생할 수 있다.[20]

은행위기는 몇 가지 과정을 거쳐 금융위기와 경제위기를 유발할 수 있다. 첫째, 예금자들은 좋은 은행과 나쁜 은행을 구분하지 못하기 때문에(은행의 역선택문제 때문에) 예금을 무차별적으로 인출하며 그래서 대출 가능자금의 감소를 야기한다. 둘째, 은행은 예금인출에 대비해 준비금을 증가시키며(초과지급준비금의 증가) 이것이 또한 대출의 감소를 유발한다. 이와 같이 은행위기는 예금인출과 초과준비금의 증가를 통해 은행이 대출에 사용할 수 있는 자금을 감소시키며 신용경색을 유발하고 이것이 투자의 감소와 전체 경제활동의 감소(경제위기)를 야기한다. 셋째, 은행위기가 발생하면 예금인출과 초과준비금증가로 인해 통화공급이 감소하고 이에 따라 디플레이션이 발생할 가능성이 있다. 이러한 디플레이션은 차입자(기업)의 실질부채를 증가시키기 때문에 기업의 대차대조표를 악화시키며 이로 인해 기업의 정보비대칭성문제(역선택과 도덕적 해이문제)가 더욱 심각해지고 이로 인해 은행은 대출을 꺼리며 자금의 흐름이 경색된다. 그리고 이에 따라 투자는 감소하고 전체경제활동도 위축된다.[21] 넷째, 은행공황은 유동성을 감소시키기 때문

---

20 만약 예금자들이 두 은행이 유사하다고 생각한다면 한 은행의 파산은 다른 은행에 대한 예금인출사태(bank run)를 유발할 것이다. 비록 은행포트폴리오에 다소 차이가 있다고 하더라도 은행들은 비슷한 형태의 사업(상업 부동산대출, 자동차대출 등), 또는 비슷한 지역에 특화할 수 있으며 따라서 비슷한 자산을 가진다. 만약 한 은행의 파산이 비슷한 은행의 예금자의 예금인출을 유발하지만 비슷하지 않은 은행의 예금자는 인출을 하지 않는다면 이 전염은 정보기반적 전염(information-based contagion)이라고 말할 수 있다. 즉, 예금자들은 두 은행의 유사성에 대한 정보에 의거하여 그들의 자금을 은행으로부터 인출하려는 결정을 한다. 그러나 만약 한 은행의 파산이 은행 간의 유사성이나 차별성에 대한 평가와 상관없이 광범위한 인출을 유발한다면 그러한 상황은 순수 공황적 전염(pure panic contagion)이라고 부를 수 있다. 많은 실증적 연구들에 의하면 순수 공황적 전염보다는 정보기반적 전염이 훨씬 더 일반적이라고 본다.

21 통화론자의 견해는 은행공황에서 예금자들의 현금인출(예금에서 현금으로의 전환, 현금통화비율상승)과 은행의 초과준비금의 증가(대출에서 초과준비금으로의 전환, 초과준비비율상승)의 결과로 통화승수가 하락하고 통화공급이 급격하게 감소하며 이러한 통화공급의 감축이 경제활동과 물가수준의 심각한 감소를 유발한다고 본다. 반면 비대칭적 정보접근방법은 예금자의 예금인출과 은행의 초과준비금의 증대가 은행의 대출감소를 유발하는 효과에 초점을 맞추고 있으며 또한 통화공급의 감소에 기인한 디플레이션으로 차입자(기업)의 역선택과 도덕적 해이문제가 심각해지고 이로 인해 대출자들이 대출을 꺼리는 과정을 강조한다. 특히 비대칭적 정보접근방법은 통화공급의 감소가 금융위기에 미치는 영향을 설명하는 데 있어 유일한 요인이 아니며 통화론적 접근방법과는 달리 훨씬 더 포괄적이며 그래서 이 접근방법은 금융위기가 무엇인가 하는 문제에 대해 훨씬 더 넓은 견해를 취하고 있다.

에 이자율의 상승을 유발한다. 이자율의 상승은 직접적으로 신용시장에서의 역선택문제(불량차입자의 증대)를 증가시킨다. 또 이자율의 상승은 이자부담을 증가시켜 기업의 대차대조표를 악화시킬 수 있는데 이것이 또한 기업의 역선택과 도덕적 해이문제를 심화시킨다. 이와 같이 은행위기는 금융시장에서 나타나는 정보비대칭성문제(역선택과 도덕적 해이문제)를 증가시키는 2차적인 영향을 통해 금융위기와 경제위축을 유발한다.

(4) 정부부문의 재정건전성악화 및 정책실패

위에서 본 바와 같이 금융위기는 가계, 기업, 은행이라는 경제의 주요 주체들의 활동과 관련이 되는데 정부라고 예외는 아니다. 정부의 잘못된 재정운영과 잘못된 정책(과도한 규제완화와 금융혁신의 관리실패)에 의해 은행이 손실을 입어 대차대조표가 악화되면 금융위기가 발생할 수 있다.

재정불균형 신흥 발전도상국(에컨대, 아르헨티나, 그리스, 스페인 등)에서의 정부의 지나친 **재정불균형**(fiscal imbalance)은 정부채무가 불이행될 두려움을 불러일으킬 수 있다. 정부가 재정적자를 과도한 국채발행을 통해 조달하는 경우 국채가격이 폭락할 수 있으며 이 경우 국채를 보유한 가계, 기업, 은행의 대차대조표가 악화되며 이에 의해 대출이 위축되고 투자가 감소하고 경제활동이 위축된다.

금융자유화와 금융혁신의 관리실패 정부부문과 관련된 또 하나의 금융위기 유발요인은 정부의 급속하고 과도한 금융자유화(financial liberalization)의 추진과 금융혁신(financial innovation)에 대한 정부의 잘못된 관리이다. 실제로 1980년대 이후 발생한 많은 나라의 금융위기는 급속한 금융자유화(규제완화)와 금융혁신의 과정에서 그 원인을 찾아볼 수 있다. 금융자유화나 실질적인 금융혁신은 장기적 관점에서 보면 매우 바람직한 현상이지만 이것이 무리하게 추진되거나 잘못 관리되는 경우 오히려 금융기관들로 하여금 과도한 위험을 선택하도록 만든다. 실제로 규제완화로 제약이 사라지고 새로운 대출방식과 대출상품이 도입되면서 금융기관들은 과도한 대출에 나서게 되고 그래서 대출붐(lending boom)에 참여하게 되었다.[22] 더구나 이러한 금융기관의 경영진들은 대개 신

---

22 2011년에 우리나라에서 발생한 저축은행의 부실화는 외환위기 이후 부동산부문 규제완화에 의한 부동

규업무와 관련된 위험을 제대로 파악하지 못하거나 적절히 관리하는데 익숙하지 못하고 그래서 위험한 대출에 과도하게 노출된다. 또한 과도한 금융혁신은 너무 복잡하여 위험과 정보비대칭성을 오히려 키우는 결과를 가져올 수 있다.

규제완화와 금융혁신에 따른 위험을 줄이기 위해서는 정부는 건전성 규제를 강화하여 규제완화에 따른 금융기관의 과도한 위험추구를 억제하여야 한다. 그러나 많은 나라의 경우 정부의 금융안전망(예금보험제도 등)이 존재하기 때문에 예금자에 의한 시장규율은 약화될 수밖에 없으며 은행은 안전망이 없는 경우에 비해 더 큰 위험을 취할 도덕적 해이의 유인을 가진다. 그러므로 정부안전망이 있는 경우에는 정부의 규제감독당국은 특히 금융기관의 건전성과 안정성을 위해 감독과 규제를 더 강화할 필요가 있다. 그러나 실제로는 이와는 반대로 감독당국은 규제완화를 이유로 새로운 금융영역을 적절히 관리 감독할 충분한 자원과 인력의 확보에 소홀하게 된다. 경쟁을 억제하는 불필요한 규제는 줄이더라도 안정성을 위한 규제는 강화되어야 하지만 금융자유화의 과정에서 이러한 규제는 약화된다. 이러한 관리감독의 부족으로 위험선택은 폭발적으로 늘어난다.[23] 결국 이러한 위험증가는 현실의 위험으로 실현된다. 금융기관의 과도한 대출 붐과 과도한 위험추구로 대출손실은 쌓이고 대출의 가치는 하락하며 금융기관의 대차대조표는 악화된다. 이에 따라 대출을 줄이며 부채축소(deleveraging)의 과정에 돌입한다. 또한 대출손실에 따른 자본의 감소로 은행은 더 위험하게 되며 예금자들과 채권자들은 자금을 인출한다. 이로 인해 대출 붐은 결국 대출붕괴(lending crash)로 이어진다.

(5) 금융위기의 순환과정

통상 금융위기는 발생하였다가 이것이 해소되고 금융제도가 정상화되는 **금융순환 사이클**(financial cycle)을 겪는다. 먼저 기업의 대차대조표의 악화(기업부실)와 은행의 재무상태(대차대조표)에 대한 불확실성(은행부실우려) 때문에 예금자들이 예금을 인출

산 PF(project financing)시장의 성장에 기인한다. 저축은행에 대한 규제완화가 저축은행의 단기 고수익투자전략과 부합되면서 저축은행이 위험한 부동산관련 투자에 집중하고 그러다가 부동산경기가 침체하면서 저축은행위기가 유발되었다.

23 우리나라의 저축은행들이 고위험투자에 집중할 유인이 구조적으로 발생하였는데도 불구하고 이에 대한 적절한 대응(지배주주 경영진에 대한 경영감시와 내부통제장치확보)과 감독(자체위험관리능력의 감시, 경영감시장치)이 실패하면서 저축은행부실화가 심화되었다고 볼 수 있다.

하고 이로써 은행파산이나 은행위기가 발생한다. 이에 따른 은행의 자금공급의 감소는 이자율을 상승시키고 은행에 의한 금융중개의 양을 감소시킨다. 또 기업의 부실에 따라 역선택과 도덕적 해이의 문제는 더욱 악화되고 경제활동은 더욱 침체된다. 그러나 이러한 침체가 무한히 진행되지는 않는다. 시장에서의 정리과정(파산과정)을 통해 건전한 기업과 부실기업을 선별하는 과정이 있게 되고 이 과정에서 많은 기업이 정리된다. 이에 따라 기업의 역선택과 도덕적 해이문제가 줄어들고 기업에 대한 불확실성이 줄어든다. 은행에 대해서도 동일한 과정이 적용된다. 부실한 은행은 폐쇄되고 살아남을 은행은 남는다. 일단 이러한 정리절차가 완수되면 금융시장의 불확실성은 감소하여 시장은 회복되고 서서히 금융중개업무가 되살아나 자금공급이 늘어나면서 이자율은 하락한다. 이에 따라 기업도 자금사정이 좋아져 서서히 생산활동이 활발해지면서 경제는 회복국면으로 돌아가게 된다. 물론 이 과정에서 정부나 중앙은행이 개입하여 불확실성을 적절히 제거한다면(구조조정을 한다면) 보다 빨리 회복국면으로 돌아갈 것이다.

그러나 만약 경기침체가 물가의 급속한 하락을 유발한다면 회복과정은 쉽게 복구되지 않고 길어진다. 왜냐하면 물가가 하락하는 경우 기업의 실질부채부담이 증가하며 이로 인해 **부채디플레이션**(debt deflation)이 일어나며 이 때문에 기업의 대차대조표의 악화가 지속되기 때문이다. 이 경우 기업의 역선택과 도덕적 해이문제는 지속적으로 증가하며 대출, 투자지출, 경제활동은 장기적으로 침체된다. 그러나 경기침체가 지속되면서 결국 기업과 금융기관의 선별작업이 진행되고 불확실성이 제거되면 경제는 다시 완만하게 정상화된다. 경기침체가 심화될 경우 정책당국(정부와 중앙은행)의 다양하고 과감한 정책적 조치가 필요하다.

참고문헌

신호순 · 박종석, "금융안정과 중앙은행의 역할," 조사통계월보 2002년 6월호, 한국은행

요시카와 히로시, 케인스 vs 슘페터: 현실경제를 바라보는 두 개의 시선, 2008. 신현호(역), 새로운 제안, 2009

한국은행, 한국의 거시건전성 정책, 2015.5

R. F. Brunner and S. D. Carr, The Panic of 1907: Lessons Learned from the Market's Perfect Storm, John Wiley and Sons, Inc., 2007. 하윤숙(역), 패닉: 1907년 금융공황의 통찰, (주)황금부엉이, 2008

Irving Fisher, The Debt-Deflation Theory of Great Depression, Econometrica Vol. 1 No. 4(Oct. 1933) : 337-357

Milton Friedman and Anna Schwartz, A Monetary History of the United States: 1867-1960, Chicago University Press, 1963

C. Kindleberger, Manias, Panics and Crashes: A History of Financial Crisis, 4th ed. 2000

C. Kindleberger and R. Aliber, Manias, Panics and Crashes: A History of Financial Crisis, 5th ed. 2005, 김홍식(역), 광기, 패닉, 붕괴: 금융위기의 역사, 2006, 2장

Hyman Minsky, The Financial Instability Hypothesis, Working Paper #74(May 1992), The Jerome Levy Economics Institute of Bard College

Froderic S. Mishkin, The Economics of Money, Banking and Financial Markets, 8th ed(2007). Pearson, Chapter 8

Frederic S. Mishkin, "Asymmetric information and Financial Crises: A Historical Perspective," Chapter 3(pp.69-108) in R. Glenn Hubbard(ed), Financial Market and Financial Crises, University of Chicago Press, 1991

A. Schwartz, "Real and Pseudo Financial Crises," Chapter 1 in F. H. Capie and Geoffrey E. Wood(eds), Financial Crises and the World Banking System, London; Macmillan, 1986

연습문제

1. Schwartz가 미국에서 1933년이래로 2008년의 글로벌 금융위기가 발생할 때까지 실질적 금융위기가 발생하지 않았다고 주장하는 이유는 무엇인가?
2. 인플레이션과 디플레이션 중 경제가 어떤 상태에 있을 때 금융위기가 더 잘 발생할 수 있는가?
3. 금융위기는 경제가 높은 성장을 하고 물가가 매우 안정적인 상태에서 발생하는 경우가 흔히 있다. 왜 이러한 상태에서 위기가 발생하는지 설명하시오.

4. 금융위기에 대한 통화론적 접근방법과 경기순환적 접근방법이 갖는 문제점은 무엇인가?
5. 한 나라의 금융불안정이 다른 나라로 전이되는 경로에 대해 설명하시오.
6. 이자율의 급격한 상승이 어떻게 금융위기를 불러일으킬 수 있는지 정보비대칭성의 관점에서 설명하시오.
7. 기업의 대차대조표의 악화를 유발하는 중요한 요인에 대해 살펴보시오.
8. 은행위기가 금융위기를 유발하는 이유는 무엇인가?
9. 정부부문의 문제로 금융위기가 발생할 수 있는 요인에 대해 설명하시오.
10. 금융순환사이클에서 디플레이션이 금융위기를 심화시키는 이유를 설명하시오.

CHAPTER

11 금융위기의 사례

1. 미국의 금융위기
2. 동아시아 국가의 금융위기(1997~1998년)
3. 2008년 이후의 글로벌 금융위기

금융위기는 10장에서 보았듯이 다양한 요인에 의해, 다양한 과정을 거쳐 발생하는데 자본주의 경제에서 이러한 금융위기는 오랜 역사를 갖고 있다. 많은 나라에서 오래전부터 금융위기가 발생하여 경제에 많은 어려움을 제공하였고 많은 사람들이 고통을 입었다. 11장에서는 이러한 금융위기의 몇 가지 사례들에 대해 살펴보고자 한다. 먼저 1절에서는 미국에서 발생한 주요한 금융위기인 1907년의 공황, 1929년의 대공황에 대해 살펴본다. 2절에서는 1997년에 발생한 우리나라를 비롯한 동아시아의 금융위기에 대해 살펴본다. 그리고 3절에서는 최근에 전 세계에 엄청난 충격을 가져온 2008년 이후의 글로벌 금융위기의 발생원인과 발생과정에 대해 자세히 살펴본다.

1. 미국의 금융위기

미국의 경우 은행 및 금융위기의 역사는 긴데 19세기와 20세기 초에는 약 20년마다 한 번씩, 1819년,[1] 1837년, 1857년, 1873년, 1884년, 1893년, 1907년, 1929년에 발생하였다.

1 1819년의 금융위기는 미국 역사상 최초의 금융위기였다. 당시 미국의 중앙은행격이었던 제2미국은행

특히 1907년과 1929년에는 심각한 금융위기가 발생하였다. 또한 1980년대에는 저축은행 위기가 발생하였고 1998년에는 LTCM(Long Term Capital Management)위기가 발생하였으며,[2] 2007년에는 서브프라임 모기지사태가, 2008년에는 심각한 글로벌 금융위기가 발생하였다. 여기서는 미국의 금융위기 중 가장 심각하였던 1907년의 위기와 1929년 이후의 대공황(Great depression)에 대해 살펴보고자 한다. 미국의 금융위기 중 2007년의 서브프라임 모기지사태와 2008년 이후의 글로벌 금융위기(대침체, Great Recession)에 대해서는 3절에서 살펴본다.

(1) 미국의 1907년의 금융공황[3]

1907년의 금융위기(금융공황)는 주식시장이 최고가를 기록한 1906년 9월부터 1907년 11월 최저점을 통과하기까지 15개월 동안 지속되었고 이 기간 동안 미국 상장주식의 가치는 37% 하락했는데 이 금융위기는 미국에서 중앙은행(Federal Reserve System)이 설립(1914년 설립)되기 이전에 발생한 위기 중 가장 심각한 경우로 꼽힌다. 이러한 심각한 위기는 초특급 폭풍을 몰고 오는 여러 가지의 요인이 하나로 수렴된 결과로 일어나기 때문에 다양한 요인이 등장한다. 여기서는 Minsky-Kindleberger의 견해에 입각하여 1907년의 금융위기를 유발한 요인들에 대해 간략히 살펴본다.

(the Second Bank of the United States: 1816~1836)의 영업개시 직후 미국의 경제상황은 나폴레옹전쟁을 치르는 유럽으로의 농산물 수출이 호조를 보임에 따라 급속히 좋아졌고 제2미국은행의 대출도 급격히 늘어났다. 그러나 1818년부터 수출이 감소세로 돌아서면서 부동산가격이 하락하는 조짐을 보이자 이 은행은 대출을 급격히 회수하였다. 그 결과 대출이 가장 많았던 Baltimore를 중심으로 Maryland주 전체가 심각한 경기침체를 겪었다. 이 금융위기는 중앙은행의 미숙한 통화관리가 경기변동을 심화시킨 대표적인 경우라고 볼 수 있다(차현진(2007. p.498)).

2 LTCM은 1994년 John Meriwether에 의해 설립된 미국의 헤지펀드이다. LTCM의 트레이더와 파트너는 MIT, 하버드, 런던대 등 유명 대학의 석박사 출신의 유능한 학자들로 구성되어 화제가 되었으며 펀드의 전성기에는 두 명의 노벨경제학상 수상자(Robert Merton, Myron Scholes)가 파트너로 참여하였다. 이 펀드는 1997년 동아시아 외환위기 때에도 큰 수익을 내서 주목받았던 적이 있었으며 출범 당시부터 1997년까지는 연 28~59%의 고수익을 기록하였다. 그러나 1998년 러시아 디폴트사태로 펀드는 붕괴 위기로 치달았다. LTCM이 전 세계의 은행들과 거래하던 파생상품 규모는 1998년 9월의 추산에 따르면 1조 2,500억 달러 이상에 이르렀다. LTCM의 파산이 전 세계적 금융위기로 이어질 것을 우려한 연방준비제도의 주도하에 LTCM은 여러 대형은행과 투자기관으로부터 대규모 구제금융을 받았다.

3 Brunner and Carr(2007), 하윤숙(2008), 차현진(2007) 참고.

1907년의 금융공황은 Frederick A. Heinze와 Charles W. Morse라는 두 사업가가 회사공금을 유용하여 주가(United Copper의 주가)를 조작하려다가 실패한 사건으로부터 출발하였다. Frederick Heinze는 1906년 몬태나주에서 고향인 뉴욕으로 돌아오면서 Knickerbocker Trust Company(니커보커 신탁회사)를 인수하였다. 그리고 이 회사를 남에게 맡기고 자신은 유력은행인 Mercantile National Bank의 은행장으로 취임하였다. 또 Heinze는 동생인 Otto Heinze의 몫으로 뉴욕증권거래소의 회원자격을 사들이고 Otto C. Heinze & Company(Heinze 증권회사)라는 증권회사를 세워 월스트리트(Wall Street)에 직접 참여하였다. 그리고 해운업과 얼음업을 운영하던 Charles W. Morse도 은행업에 진출하여 National Bank of North America(북미은행)의 은행장을 맡았으며 New Amsterdam National Bank를 지배하는 등 많은 금융기관들을 지배하였다.[4] 이들은 의기투합하여 Heinze 증권회사를 대리인으로 활용하여 대형 광산업체인 United Copper Company의 주가를 조작하여 이익을 남기는 계획을 세웠다. 이들의 지시를 받은 Heinze 증권회사는 Gross & Kleeberg 증권회사와 합동으로 자금을 동원하여 이 회사의 주식을 매집하기 시작하였다. 그러나 당시 경기가 좋지 않아 광업종목의 주가가 하락추세에 있었기 때문에 이들은 단기적인 주가조작을 시도하였다. 그러나 1907년 10월 중순에 들면서 구리가격이 폭락하면서 Heinze와 Moss의 계획은 실패로 돌아갔다. 10월 14일 아침 39달러 이상하던 United Copper의 주가는 10월 16일 10달러 이하로 하락하였으며 이에 의해 Gross & Kleeberg 증권회사가 파산하였다. 10월 17일 1시 증권거래소는 Heinze 증권회사의 매매정지를 공표하였다.

이 사건으로 10월 17일 니커보커 신탁회사에서 예금인출사태가 발생하였다. 그리고 10월 21일 니커보커 신탁회사가 발행한 수표의 교환결제를 중단한다고 대리은행인 National Bank of Commerce가 발표하자 뉴욕 내 모든 신탁회사에서 예금인출사태가 발생하였고[5] 니커보커 신탁회사가 도산하였는데 이 날을 1907년의 금융공황의 발생일

---

4 Morse와 Heinze는 은행망을 장악하여 힘을 키우고자 하였는데 당시에는 지점을 설립하지 못하도록 하는 포괄적인 금지규정(1864년의 국법은행법 등)이 있었기 때문에 이들은 체인은행(chain bank)이라는 전략(우리나라의 순환출자와 비슷한 전략)을 사용하였다. 먼저 한 은행의 경영지배권을 사들인 뒤 이 회사의 주식을 담보로 해서 금융기관에서 융자를 받고 이 자금으로 다른 금융기관의 주식을 매입하여 인수하였다. 이러한 전략으로 이들은 상호 연결된 은행관계망을 만들었다(차현진(2007, p.256)).

5 부유층을 대상으로 하는 저축은행이라고 할 수 있는 신탁회사는 장기투자를 주로 하며 일반은행이나 저축은행보다 더 높은 이자를 지급하였다. 1906년 미국에는 약 1,000개의 신탁회사가 있었다.

로 볼 수 있다. 당시 미국에는 중앙은행이 없던 시절이라 뉴욕금융계의 실력자인 John P. Morgan이 나서 사태의 진정을 시도하였으며 간신히 신탁회사에 대한 지원은 시작되었으나 금융공황은 이미 신탁회사의 예금인출을 넘어 주식시장으로 확대되고 있었다. 이어 다른 지역(뉴욕 이외의 지역)의 금융기관으로 확대되었다.

1907년의 금융위기에서 가장 급격한 주가폭락현상을 보인 때는 1907년 10월과 11월 주가패닉이 일어났던 시기이다. 이 패닉으로 최소한 25개의 은행과 17개의 신탁회사가 파산하였으며, 이로 인해 경기침체가 야기되었고 1908년의 혹독한 불황으로 이어졌다. 중요한 것은 금융위기는 예금자와 투자자에게 충격적인 반응을 안겨줄 몇 가지 특이한 사건들이 하나로 수렴된 결과로 일어난다는 점이다. 1907년의 경우를 보면 다음과 같은 몇 가지 요인들이 모여 위기가 발생한 것으로 볼 수 있다.[6] 첫째, 금융제도가 갖는 복잡성과 연계성(금융제도의 본질적 불안정성)이 문제였다. 금융제도는 너무 복잡해서 무엇이 잘못될 우려가 있는지 제대로 파악하기 어려웠고 금융제도는 하나의 시스템으로서 서로 연계되어 있어 한 금융기관이나 한 지역에서 발생한 문제가 순식간에 쉽게 다른 곳으로 전파되었다. 둘째, 활발한 성장 속에 위험성향이 자라났다.[7] 원래 금융제도는 성장 속에서 더 많은 취약성을 드러낸다. 그 이유는 자본수요가 증가하기 때문이기도 하지만 신중한 태도보다는 모험을 강행하는 경향이 두드러지기 때문이다. 셋째, 역행적인 지도력과 정부대응이 있었다. 급속한 성장뿐 아니라 지도자의 실책도 충격에 취약한 환경을 만드는 데 일조하였다.[8] 넷째, 이러한 상태에서 금융위기의 촉발요인이 강타하였다. 1907년의 위기에서는 니커보커 신탁회사에 대한 수표의 교환결제중단이 위기의 촉발요인이었다고 볼 수 있다. 다섯째, 위기의 발생과 심각성에 심리적 요인이 크게 작용하였다. 시장의 분위기는 순식간에 낙관론에서 비관론으로 바뀌고 탐욕은 과도한 공포로 바뀌고

---

6 Brunner and Carr(2007), 하윤숙(2008, pp.257-300) 참고.

7 1890년 중반부터 1906년 말까지 미국의 경제성장률은 연 7.3%를 기록하였는데 오늘날의 중국, 인도 등 신흥시장의 경제성장률수준이었다.

8 1906년 말경부터 정부정책에 급격한 변화가 나타났다. 예컨대, 1907년 Theodore Roosevelt 대통령(1901~1909년 동안 재임, 미국 제26대 대통령)은 반경쟁적인 기업활동에 대해 계속 공격적인 태도를 취하였다. 셔먼 반독점법(Sherman Antitrust Act) 등을 적용하여 거의 40개나 되는 기업을 고소하였고 독점기업과 금융자본에 비난을 퍼부었다. 주정부도 진보적 행동주의에 따라 철도요금을 제한하는 법안을 새로 제정하였다. 금융시장은 요란한 정치공세에는 꽤 잘 견디지만 Roosevelt 대통령의 실질적인 반기업적 연설과 정책은 시장에서의 위기의 증폭에 큰 영향을 미쳤다. 왜냐하면 시장은 본질적 가치와 관련된 정부정책(금리규제, 조세, 반독점강화 등)에 매우 민감하게 반응하기 때문이다.

비이성적 행동이 나타났다. 이로 인해 자생적인 하강소용돌이가 형성되었다. 여섯째, 금융권의 협력적 집단행동의 실패가 있었다. 뉴욕시 금융권과 이곳의 지도자집단이 일정한 역할을 한 것은 사실이지만 공황은 미국의 모든 상업중심지로 확대되었고 따라서 협력적 행동이 성공적이었다고 보기는 어렵다. 그럼에도 불구하고 J. P. Morgan을 위시한 사적 집단의 집단행동이 없었다면 1907년의 공황은 훨씬 더 악화되었을 것이라고 볼 수 있다. 19세기의 대부분의 위기는 대개 아무런 제어장치도 없는 고삐 풀린 공황이었으나 1907년의 공황은 집단적인 노력을 이끈 Morgan의 지도력 덕분에 파괴력이 좀 덜하였다.

중앙은행이 없었던 미국에서 1907년의 금융위기는 자발적인 집단행동체제가 잘 작동하는지를 검증하는 실험무대였다. 중앙은행이 없는 상태에서 지방별, 지역별 은행연합집단이 형성되어 이러한 기능을 대신하였다. 그러나 1907년에 개별은행이 보여준 분열적인 행동 때문에 은행연합집단은 공황에 맞서 적절한 기능을 수행하지 못하였다. 이들 연합집단은 자발적이었고 의사소통과 정보가 제한적이었으며 보상이 생각만큼 많이 주어지지 않았기 때문에 실패하였다. 이러한 실패를 교훈으로 미국은 중앙은행제도의 필요성을 절감하고 1914년에 중앙은행(연방준비제도, Federal Reserve System)을 설립하였다.

(2) 대공황: 1929~1933년의 미국의 경험

1929년에 시작된 **대공황(Great Depression)**은 자본주의 역사상 최초의 가장 심각하고 전 세계적인 금융위기이자 경제위기였다. 이러한 대공황을 설명하기 위하여 많은 이론과 많은 유발요인들이 제시되었다. 여기서는 통화론자들의 견해를 중심으로 살펴보고 케인지안의 견해를 추가하여 살펴본다.

1920년대 미국 주식시장의 과열은 19세기말 발명된 전기, 자동차 등 신제품의 실용화를 위한 대규모 투자의 필요성과 이에 따른 주식발행의 활성화 등 산업과 금융부문의 커다란 변화에 기인하였다.[9] 또한 1차대전이 끝난 후 유럽복구를 위해 국제적인 협력이 필요하다고 생각한 Benjamin Strong 당시 뉴욕연방준비은행장은 영국이 금본위제도로 복귀하는 것을 돕기 위해 저금리정책을 주장하였고 이 정책이 1920년대 주식시장을 활황세로 이끌었다.

9 한국은행(2003) 참고.

그러나 연방준비제도(Fed, 연준) 당국자들은 역대 최고의 주식시장활황을 초래한 주식신용거래의 급격한 증가를 효율적으로 통제하지 않았으며 1928년 중반까지도 주식시장의 과열에 대해 본격적인 조치를 취하지 않았다. 그 이유는 1928~1929년의 증권시장 붐(이 기간 동안에 증권가격은 2배로 상승)이 연준(Fed)에 새로운 딜레마를 제기하였기 때문이다. 즉, Fed는 할인율을 인상하여 붐(boom)을 진정시킬 수 있었으나 이것은 기업이나 개인에게는 금융비용의 상승을 의미하기 때문에 주저하고 있었다.[10] 결국 1929년 8월에 Fed는 할인율을 인상하였는데 그때는 이미 주식시장과열이 6년 넘게 진행된 상태였다. 이에 의해 주식시장은 9월초부터 하락하기 시작하였고(1929년 9월 3일 다우지수는 381.17의 신기록 수립) 10월 들어 주식시장은 붕괴되기 시작하였다.[11] 미국증시의 붕괴는 통상 10월 24일인 검은 목요일(Black Thursday)부터 시작한 것으로 본다. 10월 28일 검은 월요일(Black Monday)에도 주가가 13%나 하락하였고 그 다음날에도 12% 추락하였으며 이후 은행공황, 경기침체(생산량감소와 대규모 실업증가) 등 예상되지 않은 엄청난 결과가 나타났다.[12]

1930년 중반이후의 주가의 계속적인 하락과 경기침체에 의해 유발된 불안한 기업환경은 비대칭적 정보이론에서 제시하듯이 불확실성의 증가를 유발하여 신용시장에서의 기업의 역선택과 도덕적 해이문제를 더욱 악화시켰다. 또한 경제의 취약성은 Friedman and Schwartz(1963)가 말하는 공포의 전염(contagion of fear)을 유발하여 은행으로부터

10 당시 연준의 리더였던 Strong 뉴욕연준 은행장은 과열된 주식시장을 냉각시키기 위한 금리(할인율) 인상에 주저하였는데 그 이유는 금리인상효과가 주식시장에만 국한되지 않기 때문이었다.

11 1929년 10월 16일 미국 예일대 경제학 교수였던 Irving Fisher(1867.2.27~1947.4.29)는 미국의 주식가격이 항구적인 최상의 수준에 안착했다고 선언하였다. 그러나 그 직후 주가는 폭락하기 시작하여 1932년 7월에 최저점(7월 8일에 다우지수는 41.22였음)에 도달하였는데 약 3년 동안 미국주식가격은 최고시세의 89%나 하락하였고 주가지수는 1954년 11월까지 1929년 당시 최고치를 회복하지 못하였다.

12 주식시장의 과열과 침체는 1800년 이후 현대 경제사에서 되풀이된 현상인데 지난 2세기 동안 영국과 미국의 역사적 경험에서 다음과 같은 특징을 도출해낼 수 있다. 첫째, 주식시장의 침체(정점에서 저점까지의 가격하락률이 20%를 넘는 경우로 정의)는 평균 13년 주기로 발생하였으며(1800~1940년 중 영국 10회, 미국 13회 발생) 대체로 2년 반 동안 지속되었고 GDP의 약 4%에 해당하는 손실을 초래하였다. 둘째, 미국과 영국의 경우 주식시장침체 중 반 이상이 경기침체를 동반하였다. 셋째, 주식시장침체 중 1/3 정도는 주식시장의 과열에 의해 촉발되었는데 이중 기술혁신에 의해 주식시장이 과열된 경우는 일부에 불과하였다. 넷째, 경기침체를 동반한 주식시장침체는 대부분 긴축적인 통화정책에 의해 촉발되었으며 은행공황(banking panics)을 야기하였다. 또한 기업파산과 같은 금융불안(financial distress)을 수반하기도 하였다(한국은행(2003)).

대규모 인출을 촉발하였으며 1930년 11월과 1931년 1월 사이에 전면적인 은행공황(bank panic)이 시작되었다. 은행의 도산이 역선택과 도덕적 해이문제를 더욱 악화시켰으며 이로 인해 금융시장의 자금중개능력은 거의 고갈되었다. 다음 2년간 Fed는 은행들이 하나씩 도산하는 것을 바라만 볼 뿐이었다. 은행공황사태는 1933년 3월에 극에 달하였다. 1930~1933년 동안의 은행의 연쇄적 파산은 미국 역사상 가장 심각한 것이었으며 이 때 새 대통령으로 취임한 Franklin D. Roosevelt(1933.3.4~1945.4.12까지 재임)는 **은행영업정지**(**bank holiday**, 1933.3.6~3.9)를 선언하였다.[13] 1933년 3월에 은행공황이 끝났을 때 미국 상업은행의 1/3 이상이 파산하였다. 예상되는 바와 같이 은행대출은 1929년에서 1933년까지 약 반이 감소하였으며 투자지출은 1929년 수준에서 약 90%가 감소하였다. 미국의 생산량은 기존의 1/3 수준으로 하락했고 실업률은 25%로 상승하였다. 또 각 나라가 관세장벽과 수입할당제를 확대하면서 세계무역은 2/3수준으로 줄어들었다. 대공황이 발생한 것이다.

그런데 Friedman and Schwartz(1963), David Romer 등은 1929년 말의 주가폭락이 경기후퇴의 초기 단계에 주요한 영향을 미친 것은 사실이나 대공황의 주요인은 아니라고 주장한다. 이들은 오히려 주가폭락 이후 연준의 수동적 내지 잘못된 정책대응, 은행예금의 대규모 인출로 이어진 일련의 은행공황을 막지 못한 정치적 갈등과 경험부족, 통화공급체제의 붕괴와 이에 따른 심각한 디플레이션이 1930년 말의 통상적인 경기후퇴가 대공황으로 이어진 원인이 되었다고 지적하고 있다. 통화공급체제의 붕괴가 있었기 때문에 Schwartz는 대공황을 실질적 금융위기라고 정의한다. 먼저 은행공황동안에 연준은 전적으로 수동적이었으며 이를 방지하기 위한 적극적 역할을 수행하지 못하였다. 심지어는 몇 가지 측면에서 심각한 실수를 저질렀다.[14] 연준당국자(연준이사회)가 수동적이고 잘

---

13 새로 들어서는 Roosevelt 행정부가 달러를 평가절하한다는 소문이 돌면서 국내외 투자자들이 달러에서 금으로 이탈해 가자 연준은 또 할인율을 올렸다. 이로 인해 은행파산이 더욱 확대되자 Roosevelt 대통령은 취임 이틀 후인 1933년 3월 6일 전국적인 은행영업정지를 선언하게 되었는데 이후 다시는 영업을 재개하지 못한 은행이 2,000개에 이르렀다(Friedman and Schwartz(1963, p.328)).

14 당시 연준이사회는 몇 가지 심각한 실수를 하였다. 우선 은행파산이 야기한 신용수축을 완화하기 위한 조치를 전혀 취하지 않았다. 이 문제는 주식시장붕괴가 있기 수개월 전 당시 8천만 달러 이상의 예금을 보유하고 있던 은행들이 예금지급을 중단했을 때 이미 수면위로 올라온 문제였다. 결정적 순간은 1930년 11월과 12월이었는데 당시 608개의 은행이 파산하면서 총예금손실액이 5억 5천만 달러에 이르렀다. 은행구제를 위한 합병논의가 실패로 돌아간 것도 대공황 역사에서 결정적 사건이었다(Friedman and Schwartz(1963, p.309)). 또 연준은 1930년 12월부터 1931년 4월까지 은행에 대한 신용제공을 오히려 줄임으로써 사태를 악화시켰다.

못된 결정을 한 1차적인 이유는 연준당국자들이 은행파산이 통화공급과 경제활동에 미칠 수 있는 부정적 영향을 이해하지 못하고 있었기 때문이었다. 연준당국자들은 초기에는 은행파산을 은행의 잘못된 관리 또는 은행의 나쁜 관행의 당연한 결과로, 또는 이전의 과도한 투기에 대한 불가피한 반응으로, 또는 적어도 금융적 파멸이나 경제적 파멸을 유발하는 상황은 아닌 것으로 간주하였다. 그래서 Friedman and Schwartz는 대공황이 그토록 심각하게 된 이유에 대해 연준 내의 권력변동과 권력다툼, 그리고 새로 권력을 쥔 개인들의 이해력 및 경험 부족 때문이라고 주장하였다.[15] 또 은행공황의 초기단계에서의 은행파산은 소규모은행에 집중되었는데 은행제도에서 큰 영향력을 행사해 온 대도시은행들은 평소의 감정대로 이들이 도산하는 것을 당연하다고 생각하고 방관하였다.

특히 대부분의 경기침체에서와는 달리 대공황의 시기에 경제가 빨리 회복하지 못하게 만든 것은 무엇보다도 1930~1933년 기간에 물가가 약 25% 하락하였다는 사실이다.

이 조치로 은행들이 허둥지둥 상환자금마련을 위해 자산을 매각하자 자산가격이 하락하였고 상황은 전반적으로 악화되었다(Friedman and Schwartz(1963, p.315)). 또 영국이 1931년 9월 금본위제를 포기하자 미국의 금본위제 이탈에 대한 우려로 금이 급격히 해외로 유출되었을 때 사실 연준의 금이 바닥날 위험이 전혀 없었음에도 불구하고 연준은 이를 억제하기 위해 할인율을 두 차례에 걸쳐 3.5%로 올렸다. 그들은 금유출에 너무 예민하게 대응을 하였다. 이 조치로 금유출은 막았지만 미국의 은행들은 또 한번 위기에 빠졌다. 1931년 8월부터 1932년 1월까지 1,860개의 은행이 파산하였다(Friedman and Schwartz(1963, p.396)). 이러한 면에서 대공황의 심화원인이 미국의 금본위제의 유지에 있었다는 주장도 유력하다. 실제로는 금리를 내렸어야 함에도 불구하고 금본위제하에서 준비용 금의 확보를 위해 연준이 금리를 올렸다는 것이다.

15 1920년대 후반 당시 워싱턴의 연준이사회는 Adolph Miller 이사가 주도하고 있었는데 Miller 이사와 뉴욕연준의 Benjamin Strong 은행장은 서로 반목하는 사이였다. Strong 은행장이 1928년 10월 사망하자 Strong의 뒤를 이어 뉴욕연준 은행장이 된 George Harrison이 1929년 초 주식시장이 과열양상을 보이자 금리(할인율)인상을 추진하였다. 그러나 연준이사회는 뉴욕연준의 요구를 승인하지 않았다. 대신 연준이사회는 통화정책의 주도권 확보에 더 주력하였다. 그래서 1930년 이전까지 Strong 총재의 주도로 운영되고 있던 공개시장투자위원회(open market investment committee)를 해체하고 공개시장정책위원회(open market policy committee)를 구성하였다. 이 위원회는 1929년 주식시장의 버블붕괴와 통화량감소현상은 그 이전 뉴욕연준의 방만한 공개시장운영에 따른 부작용이 수습되는 과정이라고 판단해 1930년 내내 확장적 통화정책을 펴지 않았다. Miller 이사를 중심으로 한 연준이사회는 극도의 심리적 위축 속에 통화량이 줄어드는데도 수동적인 자금환수를 계속하였다. 이에 더해 1931년 10월에는 영국의 금본위제 복귀에 따른 유럽으로의 금유출을 막기 위해 할인율을 연 1.5%에서 연 3.5%로 인상하였다. 연준의 할인율인상으로 은행들의 도산은 더 확산되었다. 불행이도 연준이사회는 상황을 잘못 판단하고 3년 동안 통화긴축정책을 추구하였고 결국 파국을 가져왔다. 정책당국자의 이러한 이해부족과 경험부족이 대공황을 확대시킨 중요한 요인의 하나였다. 1932년 4월 당시 재무장관인 Ogden Mills는 연준의 정책실패를 비난하고 연준의 정책전환을 요구하였고 의회도 연준의 정책전환을 촉구하여 이후 연준은 5억 달러의 국채매입을 통해 유동성을 늘려나갔다(차현진(2007, pp.330-331)).

물론 물가의 하락(deflation)을 유발한 것은 연준이 통화공급을 충분히 증가시키지 못하고 오히려 감소시킨 데 기인한다. 이러한 이유로 통화론자들은 금융위기의 핵심적 요인이 통화량의 관리잘못에 있다고 보는 것이다. 연준이 무능하여 1만 개에 이르는 은행파산을 막지 못한 것은 결정적 실수인데 이는 예금을 잃은 소비자에게 뿐 아니라 통화공급에도 큰 영향을 미쳤기 때문이다. 1929년에서 1933년까지 가계의 현금보유액은 31%나 증가하여 현금통화비율(currency ratio)이 크게 상승하였고 은행도 예금인출에 대비하여 초과준비금을 많이 보유하면서 은행의 지급준비비율(reserve ratio)이 크게 상승하였고 이로 인해 통화승수가 하락하였다. 본원통화가 전체적으로 약간 상승하였으나 통화승수의 하락이 너무 커 통화공급이 크게 감소하였다. 통화공급의 감소에 기인한 이러한 물가의 큰 하락이 **부채디플레이션(debt deflation)**을 유발하였다. 이로 인해 기업의 대차대조표가 악화되고 이에 따른 기업의 역선택과 도덕적 해이의 증가가 대출의 감소를 가져와 경기침체의 장기화를 유발하였다. 대공황은 미국 역사상 가장 심각한 금융위기였으며 또 가장 심각한 경기침체였다. 물론 미국 내에서의 정책실패와 은행파산에 대한 잘못된 판단과 방관적인 태도도 중요한 요인이었지만 이외에도 세계 각국이 정책 공조를 하지 못하고 오히려 금융긴축 및 재정긴축정책을 취한 것도 중요한 요인이 되었다.

한편 George Akerlof와 Robert Shiller 교수는 1920년대의 증시활황과 이에 뒤이은 대공황을 이러한 요인(통화공급감소와 디플레이션, 정치적 갈등, 통화정책미숙과 안일한 대응)만으로 설명하기에는 부족하다고 말한다. 이들은 반사회적 한계까지 이익을 추구하려는 과욕, 화폐착각, 경제적 공정성에 대한 인식변화, 경제에 대한 자신감 상실과 같은 **야성적 충동(animal spirits)**, 즉 측정하기 힘든 인간의 비이성적 심리가 불황과 밀접하게 관련되어 있다고 본다.[16]

위에서 살펴본 재앙에 가까우리만큼 잘못됐던 연준(Fed)의 조치 이외에도 미국의 두 가지 정책 실수가 대공황을 더 악화시키고 더 오래 지속되도록 했다는 게 경제학자들의 중론인데 그 하나는 1930년의 **스무트-홀리 관세법(Smoot-Hawley Tariff Act)**의 제정이다. 이 법은 2만여 수입 상품에 관세(평균 59%)를 매겼고 무역전쟁을 촉발시켜 세계무역을 1/3 수준으로 감소시켰다.[17] 스무트-홀리 관세법의 터무니없음은 널리 논의되어

16 Akerlof and Shiller(2009). 김태훈(2009) 참고.

17 Hoover 대통령이 관세법에 서명한 후 2년 동안 20여 개 국가가 미국에 보복관세를 부과하였으며 세계무역액이 360억 달러(1929년)에서 120억 달러(1932년)로 격감하였다.

왔지만 이에 못지않게 중요한 정책실수로 **전국산업부흥법**(NIRA, National Industrial Recovery Act)과 **전국노동관계법**(NLRA, National Labor Relations Act, **와그너법**) 제정에 따른 노동조합화와 카르텔화의 급격한 확산을 들고 있다.[18] 높은 명목임금이 번영으로 가는(경기를 살릴 수 있는) 길이라는 생각은 1920년대에 이미 통념으로 자리 잡았고 대공황기에는 더욱 두드러졌다. 그리고 당시 실질임금을 인상해서 구매력을 확보해야 한다는 논리는 폭넓게 받아들여졌다. 물론 실질임금이 오르면 고용주들은 직원을 줄이려고 할 것이기 때문에 실업률은 높아질 수밖에 없었다. 그러나 당시에는 이 논리가 타당성 있는 주장으로 인식되어 노조의 임금인상투쟁에 대한 정치적 지원을 정당화하는 근거가 되었다. 이러한 정서는 1935년에 노조에 매우 우호적인 내용을 담은 전국노동관계법(NLRA)을 통과시키고 1930년대의 나머지 기간 동안 실질임금을 급등시키는 정치적 분위기를 조성했다. 그 결과로 지속적인 실업문제가 발생했다. 또 공정성에 대한 대중적 인식에 반응하여 미국 정부가 취한 다른 조치도 대공황을 장기화시켰다. 즉, Franklin D. Roosevelt 대통령은 1933년 물가하락이 경제문제의 원인이라는 시각에 따라 전국산업부흥법(NIRA)을 통과시켰다. 이 법은 실업자의 희생을 대가로 물가와 임금을 상승시키는 효과를 갖는 '공정한 경쟁규칙'을 정한 것이었다. 이 법에 의해 경제의 카르텔화(가격인상 유발)가 급속히 확산되었고 기업들로 하여금 독점적 힘의 우위를 지키고 공모하게 하여 대공황을 악화시켰다.[19]

그러나 실질임금의 측면만 가지고 대공황을 완전히 설명할 수는 없다. 이와 함께 자본주의의 미래에 대한 실질적 공포를 야기한 자신감의 상실도 또한 대공황을 설명하는 중요한 요소이다. 기업이 자신감을 상실한 결과 기업투자는 극히 낮은 수준으로 줄어들었고 기업의 확장계획은 중지될 수밖에 없었다. 그러나 대공황을 장기화하고 심화시킨 데에는 기업계의 자신감결여보다 사회심리적인 영향(사회 전반적 불안심리, 불확실성의 증대)이 더 중요하였다. 기업들을 낙담의 수렁에서 건져내려면 더 많은 대중의 자신감회복이 필요하며 대중의 자신감은 기업들이 새로운 자신감을 얻도록 힘을 불어 넣어주는 중요한 요소인데 그러지 못하였다.

---

18 Akerlof and Shiller(2009). 김태훈(2009, pp.119-120) 참고.

19 UCLA 경제학자인 Lee Ohanian 등의 연구에 의하면 대공황 당시 실제 생산량이 장기추세생산량보다 훨씬 낮아진 이유의 60%는 NIRA와 NLRA 탓으로 분석된다. 카르텔화, 즉 산업별로 이뤄진 조직적인 가격올리기가 대공황을 심각하게 만들었지만 아마도 더 심각한 요소는 노조의 빠른 확산으로 볼 수 있다.

2. 동아시아 국가의 금융위기(1997~1998년)[20]

1990년대 이후 많은 발전도상국들이 금융위기를 겪었다. 대표적인 경우가 1994~1995년의 멕시코, 1997~1998년의 동아시아, 2001~2002년의 아르헨티나의 금융위기이다. 여기서는 우리나라를 비롯한 동아시아국가들의 금융위기의 원인에 대해 비대칭적 정보이론의 견해를 중심으로 살펴보고자 한다.

은행대차대조표의 악화 1997년에 갑자기 동아시아국가(태국, 한국, 인도네시아 등)를 금융위기로 몰아넣은 데는 많은 요인이 영향을 미쳤지만 가장 중요한 요인은 은행의 대출손실증가로 은행의 대차대조표가 악화되었다는 것이다. 1990년대 초에 동아시아의 은행들이 신용시장의 규제철폐(금융자유화)와 금융글로벌화로 대출 붐(lending boom)을 일으켜 기업에 대한 은행대출의 비중이 크게 늘어났다. 특히 우리나라에서 은행이 기업대출을 크게 확대한 것은 한국의 금융구조가 영미식의 자본시장중심체제보다는 정부는 은행을 이용하여 기업을 규율하고 기업은 정부와 은행의 지원으로 규모위주의 성장을 추구하는 은행중심체제였기 때문이다. 이와 같은 정경유착에 따른 외형성장 중심의 대기업(재벌기업)에 대한 정치적 대출(역선택)과 은행의 위험불감증(도덕적 해이)이 은행의 방만한 대출에 크게 기여하였다. 또한 당시 은행은 감독자원의 부족으로 과소규제(under-regulated)되는 반면 정부가 은행을 암묵적으로 과잉보호(over-guaranteed)하고 있었기 때문에 은행의 위험불감증(은행불사인식)이 팽배하였다.[21] 이러한 상태에서 기업(주로 재벌기업)이 부실화하자 은행의 대차대조표가 악화되었다.[22] 이러한 은행대차대조표의 악화로 대출여력이 줄었으며 이로 인해 경제활동이 위축되었다.

불확실성증가와 증시 및 부동산시장침체 불확실성의 증가와 증권시장과 부동산시장

20 Mishkin(2007, chapter 8), 곽태운(2010, 24장) 참고.

21 은행의 위험관리능력은 제대로 없고 당국의 은행감독능력도 없는 상태에서 정부가 은행의 단기외자의 차입을 허용하고 은행이 단기외자를 많이 도입한 것은 은행과 감독당국의 위험불감증을 단적으로 보여준다. 이제민(2017) 참고.

22 우리나라에서 기업이 부실화하게 된 배경에는 당시의 과감한 자본시장개방정책과 그러한 정책에 대한 과신 그리고 대기업의 규모위주의 경영이 있었다. 이에 따라 기업들은 문어발식 지배구조 하에서 내실경영에 의한 수익성 강화보다는 국내외시장에서의 위상강화라는 명목경쟁력을 키우기에 골몰하여 무리한 투자, 과잉중복투자를 하였기 때문이라고 볼 수 있다.

의 붕괴는 태국, 한국 등 동남아에서 금융위기를 유발하는 직접적 배경이 되었다. 한국에서는 1997년 1월에 갑자기 한보철강이 파산하는 등 많은 대기업이 파산하였다. 태국에서는 대규모 부동산개발업체인 Samprosong Land가 1997년 2월초에 해외채무불이행을 선언하였으며 6월에는 태국의 중요금융회사인 Finance One이 파산하여 국내외 대출자에 엄청난 손실을 끼쳤다. 이러한 사건들이 태국과 한국의 금융시장에서 불확실성을 증대시켰으며 이들 두 나라는 주가의 엄청난 하락을 경험하게 되었다. 또한 부동산시장의 침체를 가져와 주택가격과 지가의 큰 하락이 있었다. 그리고 이러한 불확실성의 증가와 증시와 부동산시장의 붕괴에 따른 기업대차대조표의 악화는 기업의 비대칭적 정보문제를 심화시켰다. 즉, 기업대차대조표의 악화는 좋은 기업과 나쁜 기업의 구분을 더 어렵게 만들었으며(역선택의 심화) 기업의 담보가치를 떨어뜨려 더 위험한 투자를 감행하게 하는 유인을 증가시켰다(도덕적 해이의 심화). 이들은 또한 은행대차대조표의 악화를 가져와 금융위기의 발생을 유발하였다.

통화에 대한 투기적 공격과 외환위기 발전도상국가의 금융위기에서 공통적인 특징은 고평가된 통화에 대한 투기적 공격(speculative attack)으로 외환위기(foreign exchange crisis)가 함께 발생한다는 것이다. 우리나라를 비롯한 동아시아국가들의 경우에도 예외가 아니었다.[23] 금융자유화가 빠르게 진행된 상태에서 불확실성이 증대하고 실물경제가 악화되자 외환시장에서의 투기적 공격이 발생하여 동아시아국가들을 대규모 외환위기로 몰아넣었다. 태국의 경우 대규모 경상적자에 대한 우려와 Finance One의 파산에 따른 태국금융제도의 취약성으로 제일 먼저 투기적 공격(고평가된 바트화로 달러를 사서 해외로 유출)이 유발되었고 태국중앙은행은 결국 바트(baht)를 절하하였다. 그 직후 투기적 공격은 유사한 구조의 다른 나라로 전염되어 여러 나라에서 외환위기를 발생시켰다. 한국의 경우 자본시장개방에서 은행을 통한 단기자본시장개방을 우선적으로 추진했고(1993년) 또 1990년대 중반 자본자유화와 더불어 금융기관의 해외영업규제를 대폭 완화(해외투자를 확대)하였으며 높은 투자율을 유지하는 과정에서 경상수지의 적자가 확대되었는데 이를 금융기관(은행)의 단기외채로 메우면서 단기외채가 누적되었다. 이와 동시에 정부는 원화가치를 유지하려고 노력하였으며 그 과정에서 외화보유고가 급속히 소

23 한국의 경우 국내금융위기가 발생하고 미처 이에 대처하기도 전에 외환위기가 동시에 일어나게 되어 금융위기가 더욱 심화되었다.

모되어 대외적 유동성 위기가 발생하였는데 이것이 한국의 외환위기를 촉발한 결정적 요인이었다. 결국 원화를 절하하고 환율제도를 완전자유변동환율제도로 바꿔갔다. 그리고 금융불안 와중에서 외환위기(통화위기)의 여파로 금융위기가 심화되어 기업과 금융기관의 도산이 이어지고 증시와 부동산시장은 또 한 번 붕괴되었다. 태국, 필리핀, 말레이시아, 인도네시아, 한국의 주가는 50~80% 정도 하락하였고 주가하락은 기업의 역선택과 도덕적 해이문제를 더욱 악화시켰다.

통화가치의 급락으로 외화표시채무 부담증가 다른 발전도상국과 마찬가지로 동아시아국가도 경제성장을 위한 많은 자금을 외국에 의존하였고 그래서 외화(달러 및 엔화) 표시의 단기채무가 매우 많았다. 이러한 상황에서 갑자기 통화가 급속히 절하(외환위기가 발생)하자 은행과 기업의 국내통화표시 채무가 크게 증가하여 경제가 완전한 금융위기로 빠져들게 되었다. 이에 따라 은행과 기업의 대차대조표는 크게 악화되었고 은행과 기업의 역선택과 도덕적 해이문제는 심각하게 증가하였으며 대출은 크게 줄어들었다.

통화가치하락으로 인플레이션 급속상승 외환위기에 따른 통화가치의 하락은 또한 이들 나라에서 인플레이션(수입물가상승에 기인)을 급격히 유발하였으며 이에 따라 시장명목이자율을 엄청나게 상승시켰다. 이에 따른 이자시불의 증가는 가계와 기업의 현금흐름을 감소시켰으며 이들의 대차대조표를 더욱 악화시켰다. 이러한 대차대조표의 악화는 가계와 기업의 역선택문제와 도덕적 해이문제를 증가시켰으며 이로 인해 대출자들(은행 등)은 대출을 더욱 더 꺼리게 되었다. 이러한 역선택문제와 도덕적 해이문제는 특히 외국대출자(외국의 은행)에게 더욱 심각하였다. 왜냐하면 그들은 기업의 상태에 대한 정보를 얻기가 더욱 어려워졌기 때문이다. 그래서 외국대출사들은 자금을 해외로 급속하게 유출하였다. 국내외적 대출자금의 급격한 감소는 경제활동의 침체로 이어졌다.

기업과 가계의 대차대조표악화로 은행위기 발생 경제활동의 침체와 기업과 가계의 대차대조표의 악화로 은행의 상황은 더욱 악화되고 이로 인해 경제상황은 더욱 더 악화되었으며 이로 인해 많은 은행이 파산에 이르게 되었다. 이러한 은행위기(banking crisis)는 은행의 대출능력을 크게 훼손하여 은행이 더 이상 본연의 금융중개기능을 수행할 수 없게 하였다.

이러한 원인으로 전면적 금융위기가 발생하자 태국은 금융시장안정화조치(파산은행의 합병, 부실채권정리기금 조성, 외국인의 투자촉진조치 등)를 취하였으나 태국정부의 초기대응조치들이 매우 임기응변적인 것이어서 시장의 신뢰회복은커녕 오히려 경제를 악화시켰다. 그것은 당시 정권의 정치기반이 취약하여 강력한 구조조정정책을 추진할 힘을 갖추지 못한데 기인한 것으로 생각할 수 있다. 또 환율제도를 관리변동환율제로 변경하였다(바트화는 하루에 16%나 하락하였다). 이러한 일련의 조치에도 위기가 악화되자 태국정부는 1997년 10월 보다 강력한 금융시장안정화대책(부실금융기관처리, 외국인의 금융기관 소유제한 철폐, 금융기관의 건전성 규제강화 등)을 발표하였다. 금융위기 이후 태국경제는 극심한 불황에 직면하였다.[24]

외환위기가 심화되자 우리나라는 1997년 11월 21일 IMF에 구제금융을 신청하고 583.5억 달러의 사상 최대 IMF구제금융(IMF, 세계은행 등 국제기구의 구제금융이 350억 달러이고 일본 100억 달러, 미국 50억 달러 등 13개국의 개별국가지원 233.5억 달러)을 받게 되었다. 지원의 대가는 우리나라에 엄격한 경제조정프로그램을 이행조건(conditionality)으로 부과하는 것이었다.[25] 이행조건의 핵심내용은 거시경제의 초긴축적 운용(고금리 정책, 개정긴축 등), 금융산업의 개혁(부실금융기관 정리, 금융감독체계의 강화), 자본시장의 개방(외국인 주식투자한도의 확대, 채권시장완전개방, 외국인에 의한 국내기업의 인수허용 등), 노동시장구조조정(정리해고, 파견근로제 도입 등), 기업구조조정(재벌구조개혁, 기업투명성 제고, 소유지배구조 개혁 등) 등이었다. 금융위기에 대한 우리정부의 초기대응은 매우 미흡하였으나 IMF 구제금융 이후 정부의 대응은 이러한 이행조건에 따라 광범위하게 추진되었다. 이러한 정부의 강력한 경제개혁추진으로 시장은 빠른 속도로 회복되는 추이를 보였다. 경제성장은 1998년에 −6.7%를 기록하여 크게 침체되었으나 1999년에는 10%가 넘는 고성장을 보여 회복의 기미를 보이기 시작하였고 이후 우리나라는 IMF 구제금융을 조기에 상환하여(2001년 8월 23일 마지막 잔액을 상환) 국제적인 신뢰를 보다 일찍이 회복하는 데 성공하였다.[26]

---

24 1997년에는 −0.4% 성장을 한 데 이어 1998년에는 −10.2%의 마이너스 성장을 기록하였다. 그러나 1999년에는 3.3%의 성장을 기록하여 회복의 기미를 보이기 시작하였다. 곽태운(2010, pp.608-610) 참고.

25 국제적 금융치안 유지기관인 IMF의 유일한 무기는 이행조건의 부과라고 볼 수 있다. 개혁 없이는 자금지원도 없다는 것인데 이러한 이행조건은 통상 워싱턴 컨센서스(Washington Consensus)라고 불렸다.

26 곽태운(2010, pp.614-620) 참고.

위에서 본 바와 같이 동아시아국가에서 외환위기와 금융위기가 발생하자 국제기관과 많은 개별국가의 지원 그리고 정부의 노력으로 위기를 비교적 빠른 시간 안에 극복하였지만 위기에 의해 촉발된 경제적 시련은 엄청난 것이었다. 실업과 빈곤과 양극화는 크게 증가하였으며 사회적 연대가 크게 약화되었고 많은 범죄와 사회적 갈등이 발생하였다.

3. 2008년 이후의 글로벌 금융위기

2008년 이후의 **글로벌(세계적) 금융위기**(global financial crisis, Great Recession)는 2007년의 미국의 금융위기(서브프라임 모기지사태)에서 시작되었다고 볼 수 있다.[27] 미국 금융위기는 ① 미국 정부와 의회의 빈부격차해소를 위한 주택소유 확대정책과 이를 뒷받침하는 Fed의 저금리정책, ② 금융제도에서의 다양한 변화와 혁신, ③ 글로벌 불균형(global imbalance), ④ 미국정책당국의 정책실수 등과 같은 몇 가지 사태를 배경으로 하여 발생하였다고 볼 수 있으며 미국 금융위기가 여러 과정을 통해 전 세계로 전염되고 파급되어 글로벌 금융위기가 유발되었다. 먼저 미국 금융위기의 배경과 원인에 대해 살펴보고 이어서 글로벌 금융위기의 발생구조와 정책대응, 그리고 경제위기(실물경제위기)로의 전환과정에 대해 살펴본다.

(1) 미국 금융위기의 배경과 원인

1) 미국 정부와 의회의 주택소유 확대정책

미국에서 2007년에 발생한 **서브프라임 모기지사태**(subprime mortgage crisis)는 주택시장과 금융시장에서의 문제보다 훨씬 더 근본적인 원천을 갖고 있다. 대공황 시절의 Roosevelt 정부 이후[28] 어느 정부나 마찬가지로 Bush 정부(2001.1.20~2009.1.19)

---

27 2007년의 미국의 서브프라임 모기지사태에서 글로벌 금융위기가 시작되었는데 미국(NBER)은 공식적으로 글로벌 금융위기가 2007년 12월 시작하여 2009년 6월에 종료되었다고 선언하였다.

28 2007년의 주택시장위기가 오기 전 미국이 마지막으로 주택위기를 겪은 것은 1925~1933년 사이였다. 그 기간에 주택가격은 30% 하락하였고 당시의 위기는 금융제도의 문제점을 여실히 드러냈다. 당시 사람들은 대부분 5년 미만의 단기주택담보대출을 받았고 만기직전에 대출을 연장하여야 하였다. 그러나 위기가 닥치자 차입자들은 대출을 연장할 수 없었고 집을 차압당하였다. 당시에는 이런 문제를 막을 수 있는 제도적

도 국민들의 주택소유 확대정책을 추진하였고 가장 중점사업으로 소수인종의 주택문제에 초점을 맞추었다. 미국 주택도시개발청(HUD, Department of Housing and Urban Development)에 따르면 소수인종 중 주택소유가구의 수가 2002년부터 2007년 사이에 310만이 늘어 **주택소유민주화(democratization of home-ownership)**의 정점을 이루었다.[29] 그러나 불행하게도 단기간의 주택소유증가는 기록적으로 높은 담보주택포기(주택압류)사태로 이어졌으며 주택소유의 민주화과정의 종말은 대공황이후 최악의 금융위기였다.

주택소유의 확대를 통해 불평등을 해소하고자 하는 정책은 많은 문제점을 갖고 있었다. 우리가 보고 경험한 바와 같이 불평등해소에 대한 금융적 접근방법(주택구매를 위한 다양하고 용이한 금융의 제공)은 심각한 문제를 유발하였으며 이것은 지속 가능한 방법이 아니었다. 대신 불평등해소를 위해서는 금융적 접근방법이 아니라 실물적 접근방법, 즉 일자리 창출을 통한 소득의 증대와 안정이 중요하다는 것을 보여주고 있다. 이러한 잘못된 불평등해소정책은 정부와 의회가 큰 역할을 수행하여 만들어낸 주택시장 붐, 30여 년에 걸친 주택금융규제완화와 금융혁신, 연준의 장기간에 걸친 저금리정책, 신용평가회사의 무책임한 평가활동, 수수료와 커미션만을 추구하는 모기지전문대출회사들과 은행들의 공격적인 대출 행태, 그리고 모기지대출을 증권화와 시장화를 통해 월 스트리트에서 처분하는 것을 가능케 한 일련의 금융혁신 등과 같은 많은 요인들의 결합에 의해서 가능하게 되었다. 이하에서는 미국 주택시장위기(서브프라임 모기지사태)를 유발한 배경과 원인에 대해 살펴본다.

① 주택소유의 확대를 위한 미 정부와 의회의 역할[30]

미국에서의 주택소유의 확대과정은 하루 이틀에 진행된 것이 아니었다. 국민들에 안정적인 거주공간을 충분히 제공하는 것은 어느 나라에서나 중요한 정책목표였으며 미

장치가 없었다. Roosevelt 정부가 들어서면서 많은 제도적 장치가 마련되었다(Shiller(2009), 정준희(2009, p.47)).

29 주택소유의 확대는 주택소유의 민주화라고도 불린다. 주택소유의 민주화는 결국 소수인종 등 저소득층의 자금조달의 문제이므로 이를 신용의 민주화(democratization of credit)라고 부르기도 한다. 주택소유민주주의(home-ownership democracy)라는 개념은 미국인의 내 집 마련 기회를 근본적으로 확장한 Roosevelt 대통령에 의해 개척되었다고 볼 수 있다(Fernandez et al.(2008)).

30 Fernandez et al.(2008), 최혁(2009), Ferguson(2008), 김선영(2010) 참고.

국의 경우도 예외가 아니었다. 이러한 주택소유의 확대정책은 대공황시기의 Roosevelt 정부로부터 출발한다고 볼 수 있다. 이 과정에서 정부가 중요한 역할을 하였지만 의회도 상당한 역할을 하였다. 먼저 정부는 공공주택의 공급확대를 위해 공공사업국(Public Works Administration)을 설립하여 예산의 15%를 저가주택공급과 빈민구역철거에 사용하였다. 더욱 중요한 것은 Roosevelt 정부가 거의 죽어가던 주택담보대출시장에 생명수를 제공하였다는 것이다. 그리고 의회는 1933년에 먼저 모기지에 정부보조금을 제공하는 주택소유자대부공사(HOLC, Home Owners' Loan Corporation)를 설립하여 주택담보대출시장을 지원하였다. 특히 HOLC는 단순히 보조금을 제공하는 것 이상의 역할을 하였다. 즉, HOLC는 모기지 산업의 표준을 변화시켜 최대 15년의 장기대출, 고정금리 그리고 원리금분할상환이라는 새로운 개념의 모기지를 도입하였다.

그러나 미국의 주택구입자에게 실제 변화를 준 주체는 1934년에 설립된 **연방주택관리국(FHA, Federal Housing Administration)**이었다. 모기지업체들에게 연방보증보험을 제공하는 FHA는 주택구입가격의 최대 80%까지, 대출기한은 최장 20년까지로 하여 전액할부상환이 가능한 고정의 저금리대출을 활성화하기 위해 노력하였다. 이것은 모기지시장을 단순히 되살린 정도가 아니라 새롭게 탄생시킨 것으로 볼 수 있다. FHA가 장기모기지를 표준화하고 전국적으로 공식적인 감시 및 평가체계를 만든 덕분에 전국적인 모기지 유통시장의 초석이 마련되었다. 이에서 나아가 주택모기지시장은 1938년에 더욱 활기를 띠게 되었는데 그 이유는 은행들의 모기지 사업(주택을 담보로 은행들이 가계에 돈을 빌려주는 사업)의 활성화를 위해 Roosevelt 정부가 **연방모기지협회(FNMA, Federal National Mortgage Association, Fannie Mae**라고 부름)라는 정부기구를 만들었기 때문이다. Fannie Mae의 주요 기능은 정부보증을 받은 모기지대출자산을 은행들로부터 매입함으로써 은행들에게 주택대출자금을 공급하여 은행들이 새로운 모기지대출을 할 수 있게 하는 것이었다. 이로 인해 당시 많은 미국인이 주택소유의 꿈을 이룰 수 있게 되었고 미국은 이 당시에 매력적인 교외지구를 갖추면서 근대적으로 탈바꿈했다고 볼 수 있다. 그 결과 2차대전 이후 주택소유비율은 1930년대 이전의 40%에서 크게 높아졌다.

그런데 정부기구(Fannie Mae)가 직접 사업활동을 함에 따른 비효율성문제와 월남전 개입에 따른 재정압박을 해소하기 위해 1968년 미 의회는 Fannie Mae를 주식회사로 민영화하였다. 이제 Fannie Mae는 더 이상 정부기구가 아니기 때문에 정부보

중 모기지뿐 아니라 일반모기지의 매입도 허용되었다. 그러나 독점적 사기업(Fannie Mae)의 피해를 줄이기 위해 1970년에는 또 하나의 **정부지원기업(GSE, government-sponsored enterprise, 공기업)**인 **연방주택대출모기지회사(FHLMC, Federal Home Loan Mortgage Corporation, Freddie Mac**이라고 부름)를 설립하였다. 의회와 행정부는 Fannie Mae와 Freddie Mac이 저소득층의 주택소유를 증가시키는데 기여하도록 요구하였는데 이것은 적어도 단기적으로는 예산을 들이지 않고 저소득층의 주택구매에 보조금을 제공하는 좋은 방안이었다. 또 은행이나 저축은행뿐 아니라 모기지대출을 전문으로 하는 회사들(모기지전문대출회사)도 등장하였다. 이에 따라 적어도 높은 신용도와 소득을 가진 사람들은 모기지대출을 쉽게 얻을 수 있는 길이 생겼다.

1968년 Fannie Mae가 민영화되면서[31] 정부보증이 없어져 은행이 모기지대출을 꺼리자 의회는 모기지대출을 보증하는 **정부모기지협회(GNMA, Government National Mortgage Association, Ginnie Mae**라고 부름)를 설립하였다. Ginnie Mae의 뒤에는 정부가 있기 때문에 Ginnie Mae의 보증은 정부의 보증과 같다고 볼 수 있다. 또 1970년 Ginnie Mae는 증권화 상품인 **MBS(mortgage backed security, 주택저당증권)**에 대해 최초의 보증을 제공하였으며 이에 의해 Ginnie Mae는 초기에 MBS가 등장하는 과정에서 중요한 역할을 하였다.[32] 그리고 Fannie Mae와 Freddie Mac은 은행이나 모기지전문대출회사로부터 모기지를 직접 매입하는 것 외에도 주택저당증권(MBS)을 매입하기도 하였다. 이들의 모기지 직접매입과 MBS의 매입 모두 주택시장을 활성화하는 데 중요한 역할을 하였다.

1993년부터 2001년까지 집권한 Clinton 정부도 주택보유비율을 끌어올리는 것을 임기 내 중요한 목표로 삼았다. 그리고 그 중심에 바로 Fannie Mae와 Freddie Mac이 있었다. 먼저 의회가 1992년의 GSE법에서 이들 정부지원기업(GSE, Fannie Mae와 Freddie Mac)에 저소득층주택공급의무(affordable housing mission)를 추가하였다. 즉, 1992년부터 시작하여 의회는 GSE가 저소득층 및 중산층차입자(low-income and moderate-

---

31 Freddie Mac은 1989년에 주주소유형태의 기업으로 민영화되었다.

32 Ginnie Mae는 정부가 보증하는 모기지대출을 담보로 만들어진 MBS를 보증하는 기관이므로 여타의 모기지대출을 담보로 만들어진 MBS에 대한 보증을 제공하지 않는다. 여타기관이 발행하는 MBS는 **모노라인**(monoline)이라고 불리는 민간채권보증업체(채권 등 금융시장 관련분야만 보증하면 모노라인, 부동산과 각종 재해관련 위험까지 보증하면 멀티플라인(multiple line)이라고 함)에 의해 보증된다.

income borrowers, LMI 차입자)의 모기지 구매를 증대시키도록 요구하기 시작하였다.[33] 나아가 1995년에 **지역재투자법(CRA, Community Reinvestment Act of 1977)**을 개정하여[34] LMI 차입자에게 더 많은 대출이 이루어지도록 유인하기 위해 GSE에 양적 가이드라인을 사용하기 시작하였다. 이에 따라 1996년에 HUD(주택도시개발청, Department of Housing and Urban Development; 1992년부터 Fannie Mae와 Freddie Mac을 감독)는 GSE에게 명시적인 자금지원목표를 제시하기 시작하였다.[35] 또 HUD는 LMI 차입자에 대한 신용을 증대시키기 위하여 GSE의 자금제공기준을 조정하도록 압력을 넣었으며 GSE가 서브프라임 모기지(subprime mortgage)에 자금을 제공하도록 촉구하였고[36] 지역재투자법(CRA)과 같은 규제가 저소득층에 대한 대출심사를 완화하도록 요구하였다.

그러나 사기업인 Fannie Mae와 Freddie Mac은 서브프라임 모기지를 매입하는데 그리 적극적이지 않았다. 왜냐하면 당시에는 우량모기지대출시장(prime mortgage market)만 해도 시장이 충분한데 위험을 감수할 유인이 별로 없었기 때문이었다.[37] 이때

---

33 미국에서는 지역중위소득(AMI, area median income)을 기준으로 중산층(moderate income households)은 AMI의 80~120%인 가계, 저소득층(low income households)은 AMI의 50~80%인 가계를 말한다.

34 1977년에 제정된 CRA(지역재투자법)는 대출자가 자금조달액의 일정부분을 반드시 그 지역에 대출하여야 한다고 규정하여 그 지역의 저소득층의 대출 요구를 거절하는 것을 방지하기 위하여 도입되었다.

35 즉, Fannie Mae와 Freddie Mac의 모기지자금조달액의 42%가 지역중위소득(AMI)보다 낮은 소득을 가진 차입자에게 제공되어야 한다는 것이다. 그 목표치가 2000년에는 50%, 2005년에는 52%로 상승하였다. 또 1996년에 HUD는 GSE에 의해 구매된 모든 모기지 구매의 12%는 '특별히 저소득층을 위한(special affordable)' 대출이어야 하며 이것은 그 지역의 AMI의 60% 이하인 소득을 가진 차입자에게 제공되어야 한다고 요구하였다. 그 숫자는 2000년에는 20%로, 2005년에는 22%로 상승하였다. 2008년의 목표치는 28%로 예정되었다. 2000년에서 2005년까지 Fannie Mae와 Freddie Mac은 매년 그 목표치를 달성하였으며 대출자금의 상당부분이 10% 이하의 선불금(down payment)으로 주택을 구매하는 저소득 차입자에 제공되었다.

36 1995년 HUD는 저소득층에 대한 주택공급을 확대하는 정책의 일환으로 서브프라임 모기지를 GSE가 매입할 수 있도록 하였으며 또한 서브프라임 모기지 주택저당증권(MBS)도 매입할 수 있도록 하였다. 이렇게 함으로써 대출자격이 낮은 사람들까지도 주택담보대출을 받을 수 있도록 한다는 의도였다. GSE가 서브프라임 모기지를 받아들이도록 하는 압박은 이들이 위험한 투자를 증가시키도록 기름을 부었다. 실제로 하원은행위원회(House Banking Subcommittee)와 GSE의 규제자(HUD의 내부 기구인 연방주택기업감독국, OFHEO, Office of Federal Housing Enterprise Oversight. 2008년에 OFHEO와 FHFB(Federal Housing Finance Board. 1989년 설립된 FHLBs의 감독기관)를 통합하여 FHFA(Federal Housing Finance Agency. GSE의 규제감독기관)가 설립됨)가 2000, 2003, 2004년에 GSE의 심각한 회계부정에 대해 지적하고 심지어 그들의 금융적 취약성에 대한 증거를 제시하였음에도 불구하고 의회는 GSE의 감독을 강화하고 GSE가 MBS를 구매하고 보유하는 것을 금지하는 법안을 통과시키지 않았다. 그러한 정책변경이 있었다면 GSE의 서브프라임 모기지에 대한 노출이 제한되었을 것이다.

37 미국의 모기지대출시장은 크게 우량모기지대출시장(신용점수 660점 이상으로 신용등급이 높고 수입이

은행이나 저축은행 대신에 모기지대출을 전문으로 하는 모기지전문대출회사들이 공격적인 마켓팅으로 서브프라임 모기지대출을 늘리기 시작하였다. 이러한 마켓팅의 결과로 저소득층들도 서브프라임 모기지대출에 눈을 돌리기 시작하였다. 특히 1990년대 중반부터 주택가격이 완만한 상승세여서 서브프라임 모기지의 높은 이자에도 불구하고 저소득층도 내집 마련에 관심을 갖기 시작하였다. 그러나 서브프라임 모기지대출의 위험은 매우 크고 또 모기지전문대출회사들은 은행처럼 예금을 받을 수 없어 자금조달에 한계가 있었기 때문에 서브프라임대출이 증가하기 어려운 상황이었다. 그런데 여기서 MBS가 월스트리트 투자자들의 자금을 주택시장으로 끌어오는 결정적 역할을 하게 되었다. 사실상 서브프라임 모기지대출이 크게 증가할 수 있었던 것은 바로 월스트리트의 투자자들이 서브프라임 모기지 MBS를 매입해 주었기 때문이었다. 만약 이러한 MBS의 매입이 없었다면 모기지전문대출회사들은 적극적으로 서브프라임 모기지대출을 하기 어려웠을 것이다.

규제당국의 요구에 따라 Fannie Mae와 Freddie Mac은 수익도 얻고 또 HUD가 저소득층 주택제공목표(affordable housing goals)를 충족시키는 것을 돕기 위해 수천억 달러의 서브프라임 모기지를 구매하였을 뿐 아니라 이제 서브프라임 모기지 MBS도 매입하여 서브프라임관련 채권시장의 큰 손으로 활약하게 되었다. 2000년대에 들어오면서 MBS의 유통시장이 본격적으로 형성되면서 서브프라임 모기지 MBS도 크게 늘어나게 되어 2004년에는 1,750억 달러어치를 매입하였고 2005년도에는 1,690억 달러어치를 매입하였다. 이 금액은 전체 서브프라임 MBS채권의 40%에 해당되는 것이었다.

또 2003년 12월 16일 Bush 대통령은 10년 내에 소수인종 550만 명을 새로운 주택소유자로 만들기 위한 **아메리칸드림착수금지원법(American Dream Downpayment Assistance Act)**에 서명하였다. 이 법은 저소득 계층 중 첫 주택 구입자를 보조하는 법이었는데 이 법에 의해 정부는 모기지전문대출회사들이 서브프라임 차입자에게 완벽한 서류제출을 요구하지 않도록 조치하였다. 그러나 2003년 무렵부터 Fannie Mae와 Freddie Mac이 제대로 위험관리를 하고 있는지에 대한 의구심이 나타나기 시작하였다.

안정적이며 채무부담이 합리적인 우량고객 대상 대출), 서브프라임 모기지대출시장(신용점수 620점 이하로 수입증명이 어렵고 부채가 많은 고객 대상), 그리고 알트 A 모기지대출시장(신용점수 620~660점인 고객과 660점 이상의 신용등급이 높은 고객 중 고정수입, 자산, 저축 등에 대한 합법적 증명서류가 미비한 상당부분 대상)으로 구분된다.

그러나 당국자들은 형식적인 조치만 취하였고 오히려 HUD는 아메리칸드림착수금지원법에 따라 2004년 Fannie Mae와 Freddie Mac이 민간회사들에 비해 모기지 매입실적이 낮다면서 향후 4년간의 목표치를 상향조정하기까지 하였다. 이와 같이 주택소유의 확대를 위한 미 정부와 의회의 조치가 민간의 과대채무를 유발하고 이것이 주택시장위기와 나아가서는 2008년 이후의 글로벌 금융위기의 씨앗을 뿌리게 되었다.

② 1980년대 이후의 주택금융 관련 규제완화

주택금융시장의 발전을 통한 미국의 주택보급 확대정책은 1980년대 이후의 몇 가지 규제완화에 힘입었다. 첫째, 1980년 이전에는 은행, 저축은행 등의 예금이자율에는 상한제한이 있었고(미국 연방은행의 규정Q(Regulation Q)) 모기지대출이자율에도 상한을 두고 있었다. 이러한 대출이자율제한으로 인해 대출이자율이 높아질 수 없었기 때문에 신용도가 낮은 저소득층은 모기지대출을 받을 수가 없었고 소득이 높은 사람들만 모기지대출을 받을 수 있었다. 그러나 1980년에 **예금기관규제완화 및 통화통제법(DIDMCA)**을 제정하여 모기지이자율에 대한 규제를 철폐하여 모기지이자율을 높일 수 있게 되었고 은행은 저소득층에도 모기지대출을 할 수 있게 되었다. 또 이 법은 주택을 구입할 목적이든 아니든 주택을 담보로 하기만 하면 은행이 모기지대출을 할 수 있도록 허용하였다.

둘째, 1982년 **모기지 대체거래동등법(Alternative Mortgage Transaction Parity Act)**을 제정하여 금융기관이 주택을 담보로 다양한 종류의 대출을 할 수 있도록 허용하였다. 즉, 이전에는 고정이자율(최장 30년 만기의 고정이자율)로만 주택담보대출을 할 수 있었지만 이제는 변동이자율모기지(ARM, adjustable rate mortgage)나 무원금모기지(interest only mortgage)도 가능하게 되었다.

셋째, 1986년에 조세개혁법(Tax Reform Act of 1986)을 제정하였는데 이 법의 목적은 세제를 단순화하는 것이었으며 그래서 이 법은 소비자들이 대출금이자에 대해 소득공제를 받을 수 없도록 하고 있는데 모기지대출금에 대한 이자만은 예외로 소득공제가 가능하도록 허용하였다. 이 역시 서민들의 주택마련에 유인을 주기 위한 것이었다.

넷째, 1997년에는 자산의 양도차익에 대한 세율을 대폭 낮추고 기혼자들의 주택양도차익에 대해서는 50만 달러(미혼자는 25만 달러)까지 면세혜택을 주게 되었다. 주택가격이 오르는 상황이라 개인들 입장에서는 투자목적으로 주택을 구입할 인센티브가 생기게 되었다. 이것을 계기로 모기지전문대출회사들은 적극적인 마케팅으로 큰 이익을 보게 되고 은행들도 서브프라임 모기지대출에 눈을 돌리기 시작하였고 본격적인 서브프라임 모기지 붐이 시작되었다.

다섯째, 금융전반과 관련된 중요한 규제완화는 1999년의 **금융서비스현대화법(Financial Services Modernization Act of 1999, Gramm-Leach-Bliley Act)**이었다. 이 법은 1933년의 은행법(Glass-Steagall Act)을 사실상 무효화하는 법인데 은행이 상당한 정도의 규제완화 하에서 금융지주회사 형태로 다양한 영역의 금융활동에 참여하는 것을 허용하며 이로 인해 은행이 자회사의 형태로 부동산금융업 등에 참여할 수 있도록 하였다.

여섯째, 2000년에는 **상품선물현대화법(Commodity Futures Modernization Act)**이 제정되었는데 이 법은 CDS(credit default swaps)시장을 포함하는 장외파생금융상품시장이 어떠한 연방법에 의해서도 규제되지 않는다는 것을 규정하였다.[38] 1998년의 LTCM사태 이후 파생금융상품이 심각한 불안을 유발할 우려가 있기 때문에 이를 규제하고자 하였으나 당시 당국은 이러한 규제에 반대하였으며 나중에라도 규제당국자들이 파생상품규제를 못하게 못 박기 위해 만든 법이 바로 이 법이다.

일곱째, 2004년 4월에는 미국 증권거래위원회(SEC)는 미국의 5대 투자은행(Bear Stearns, Goldman Sachs, Lehman Brothers, Merrill Lynch, Morgan Stanley)에 순자본규칙(net capital rule)의 적용을 면제하여 대형 투자은행의 자회사인 증권회사들의 자본에 대한 규제를 풀었고 이에 의해 대형 투자은행들이 서브프라임 모기지시장에 적극적으로 참여할 수 있는 자금이 마련되었다. 당시까지 투자자보호를 위해 증권회사가 충분한 자본을 쌓도록 강제하고 있었는데 이 규제가 풀리게 되면서 그동안 묶여 있던 증권회사의 자금 수십억 달러를 모기업이 사용할 수 있게 되었다. 이 조치에 의해 투자은행들은 이 자금을 당시 급성장하고 있던 MBS나 CDO 등의 파생금융상품에 투자할 수 있게 되었다.

③ 주택금융관련 금융혁신

금융혁신은 이미 1970년대부터 활발히 진행되었지만 주택금융과 관련해서도 다양한 금융혁신이 1980년대 이후 진행되었다. 특히 앞에서 본 바와 같이 1982년 미국은 모기지 대체거래동등법(Alternative Mortgage Transaction Parity Act)을 제정하여 금융

38 이 법은 특히 스왑은 선물이나 유가증권이 아니며 따라서 CFTC(상품선물거래위원회)나 SEC(증권거래위원회) 또는 어떤 기관으로부터도 통제를 받을 수 없다고 규정하였다. Boz and Mendoza(2010) 참고.

기관이 주택을 담보로 이제는 변동이자율로 대출할 수 있게 되었다. 이러한 금융혁신은 2000년대 이후 더욱 과감하게 추진되었다. 2000년 이후 당국의 정책에 힘입어 점점 더 신용이 낮고 소득이 낮은 차입자에게로 대출시장이 확대되었다. 이에 따라 서브프라임 모기지시장의 대출은행들은 매우 혁신적인 대출상품을 제시하였는데 이들은 대개 **변동이자율모기지**(ARM, adjustable rate mortgage)들이었다. 예를 들면 **무원금모기지**(interest only mortgage), **3년 이자율조정가능모기지**(3-year adjustable rate mortgage), 5년 이자율조정가능모기지, 7년 이자율조정가능모기지, **옵션 이자율조정가능모기지**(option ARM) 등이다.[39] 이러한 모기지대출의 공통적인 특징은 대출상환의 처음 몇 년 동안에는 매우 낮은 고정금리를 지급하고 일정기간이 지나면 그 부담이 점점 커지는 것이다. 이러한 신종 고위험 모기지상품이 적극적으로 개발되었다. 과거의 금융위기에 비해 2008년의 금융위기를 훨씬 더 드라마틱하고 다이나믹하게 만든 것이 바로 이러한 혁신이다. 초기에 원금 및 이자부담이 낮은 혁신적 상품이 등장함으로써 지급능력이 낮은 차입자들이 증가하였던 것이다.

또한 컴퓨터기술의 발전으로 거래비용이 감소하면서 증권화(securitization)가 가능하게 되었으며 MBS 등 ABS(자산유동화증권, asset backed securities)를 만드는 기법이 2000년 이후 크게 발전하면서 모기지대출의 자금조달을 위한 새로운 원천을 제공하였다. 또 금융공학전문가들은 **CDO(부채담보부증권, collateralized debt obligation)**와 같은 우선순위가 다른 새로운 구조화 증권(structured credit products)을 만들어내는 금융혁신과 증권화의 심화(deepening)를 이루어냈다.

④ 신용평가기관 및 보증회사의 도덕적 타락

전 세계 투자자들이 서브프라임 모기지 MBS를 매입하기 시작한 이유는 이 채권이

39 무원금모기지는 정해진 기간 동안 차입자는 원금에 대해 단지 이자만 지불하는 모기지이다. 통상 첫해에는 1~3%의 초저금리를 부담하지만 2년째부터는 시장상황에 따라 이자율이 변동한다. 미국에서 이자만 있는 모기지에서는 이자만 지불하는 기간이 5년 또는 10년인 것이 전형적인 형태이다. 이 기간이 지나면 나머지 기간(주로 20년)에 대해 이자와 원금이 분할 상환된다. 3년 이자율조정가능모기지(3-year adjustable rate mortgage)는 매 3년마다 이자율이 변경되는 30년 만기 모기지대출이다. 옵션 이자율조정가능대출(option ARM)은 변동이자율모기지의 일종으로서 대출상환을 최소한으로 할 수 있는 옵션이 부여된 모기지를 말하는데 실제이자율보다 훨씬 낮은 인위적으로 정한 이자율을 기준으로 모기지상환을 할 수 있다. 즉, 차입자가 원하는 경우 매월 정해진 이자보다도 더 낮은 이자를 지급할 수 있으나 이자차액은 자동으로 원금에 포함되기 때문에 이것을 **네거티브 상환대출**(negative amortization loan)이라고도 한다.

매우 매력적인 금융상품이었기 때문인데 이들을 매력적인 상품으로 만든 이유는 증권화상품시장의 발달, 채권보증회사의 보증, 그리고 신용평가기관의 높은 신용등급부여로 위험에 대한 별 우려 없이 매입할 수 있었기 때문이었다.

2000년대 들어오면서 증권화상품시장이 크게 발전하였는데 MBS나 CDO 등 심층증권화상품은 복잡한 구조를 가져 투자자는 물론이고 금융기관들도 그 구체적 내용과 위험을 파악하기 어려운 형태로 발전하였다. 또 이들에 대해 우량(AAA등급) 민간채권보증회사들(모노라인, 예컨대, MBIA, Ambac 등)이 보증을 하지만 모든 채권이 모노라인의 보증을 받아야 하는 것도 아니고 모노라인의 보증을 받는다 하더라도 보증한 모노라인이 갚을 능력이 없다면 보증은 아무런 도움도 되지 않는다. 실제로 모노라인의 자본금은 모노라인의 보증금액의 1% 미만이었다.

그래서 또 하나의 안전판으로 독립적인 입장에서 채권과 채권발행자의 도산위험을 공정하고 객관적으로 평가해줄 신용평가기관(credit rating agency)이 필요하게 되었다. 이들이 부여하는 신용평가등급에 따라 증권화상품(MBS, CDO 등)의 가격이 결정되고 이에 따라 투자자들이 구매결정을 하게 된다. 전 세계의 투자자들은 신용평가기관의 판단을 믿고 잘 알지도 못하는 복잡한 구조의 증권들을 거래하였다. 그래서 신용평가기관이 미국의 주택시장과 세계금융시장을 연결하는 중요한 연결고리역할을 하였다. 이러한 구조화증권의 활발한 거래로 신용평가기관들도 크게 성장하였다. 그런데 문제는 신용평가기관이 증권의 구매자(수요자)로부터 증권의 평가수수료를 받는 것이 아니라 증권의 발행자(공급자)로부터 수수료를 받기 때문에 이해상충(conflict of interests)의 문제가 생기고 신용평가기관과 증권(MBS, CDO 등)의 발행회사들 사이에 유착관계가 발생하였다는 것이다. 즉, 신용평가기관도 이윤을 추구하는 사기업이기 때문에 수수료를 제공하는 고객(증권발행회사)에게 유리하게 높은 신용등급을 부여하는 편향이 생겼다. 또 신용평가기관은 증권발행자에게 증권발행과 관련된 자문도 제공하기 때문에 자문활동과 신용평가활동 간의 이해상충의 문제가 있었다.[40] 신용평가기관의 이러한 이해상충적 행동으

40 금융(관련)기관이 정보생산과 정보활용에서 범위의 경제(economies of scope)를 갖고 있다는 것이 금융기관에게 매우 유리한 측면이지만 반면에 이로 인해 이해상충이라는 잠재적인 비용도 유발할 수 있다. **이해상충**은 어떤 사람이나 기관이 다수의 목표 또는 다수의 이해관계를 가지고 있고 이로 인해 이러한 목표(이해) 간에 상충관계를 가질 때 발생하는 일종의 도덕적 해이문제이다. 따라서 이해상충의 문제는 특히 금융기관이 다수의 서비스를 제공할 때 발생할 가능성이 있다. 우리가 이해상충에 대해 관심을 갖고 신경을 쓰는 이유는 다양한 서비스들 간의 잠재적인 이해의 차이로 인해 개인이나 기관은 정보를 감추거나 잘못

로 위험도 불분명한 수많은 MBS, CDO들이 높은 신용등급을 받아 안전한 것으로 오인되었고 투자자들은 신용평가기관의 명성만 믿고 투자를 결정하였던 것이다. 이러한 요인들로 미국의 서브프라임 모기지 MBS는 매우 매력적인 상품으로 둔갑되어 전 세계로 팔려나갔고 엄청난 기세로 확대되었다.

⑤ 모기지전문대출회사의 나쁜 고객유치관행

미국부동산시장의 문제가 글로벌 금융위기의 직접적인 도화선이라고 볼 수 있는데 인수기준을 충족하는 우량모기지는 별문제가 없었으나 비우량의 서브프라임 모기지가 문제였다. 이들은 신용점수가 낮거나 **담보인정비율**(LTV, loan to value)이 높은 상태였으며 대부분은 모기지전문대출회사에 의해 발행되었다. GSE(Fannie Mae와 Freddie Mac)에 의해 지배되어온 전통적인 모기지시장에 비해 서브프라임 모기지시장이 확대되면서 이러한 모기지전문대출회사들이 크게 성장하였다.

그런데 이들의 모기지대출과정은 매우 허술하였다. 모기지대출이 크게 늘어나면서 부실이 된 데는 모기지대출을 늘리는데 혈안이 된 모기지전문대출회사의 느슨한 신용기준, 불충분한 대출평가, 규제 받지 않는 모기지대출 브로커의 개입과 이들의 약탈적 대출관행(대출조건에 대한 불충분한 정보제공, 수수료 수입을 위한 반복적 차환유도, 상환능력무시대출, 과도한 수수료부과 등)에 의해 발생하였다.[41] 개인들도 자기 소득을 속이는 일이 많았다. 물론 여기에는 2003년의 아메리칸드림착수금지원법에 의해 정부가 대출업체들에게 서브프라임 차입자에게 완벽한 서류제출을 요구하지 않도록 조치한 것이 크게 영향을 미쳤다.[42]

된 정보를 제공할 유인을 갖게 되며 이로 인해 금융시장에서의 정보의 질(quality)이 크게 감소하여 비대칭적 정보의 문제를 악화시키고 이에 따라 금융시장이 자금을 효율적으로 전달하는 것을 방해하기 때문이다. 금융(관련)기관에서 이해상충이 발생하는 대표적인 경우로는 투자은행(investment bank)의 인수활동(underwriting)과 증권중개활동(brokerage), 회계법인(accounting firm)의 감사활동과 자문활동, 신용평가기관(credit rating agency)의 신용평가활동과 자문활동, 모기지 대출회사의 모기지 판매활동과 부동산평가활동, 겸업은행제도에서 은행의 상업은행활동과 투자은행활동 등이 있다.

41 1994년에 제정된 주택소유 및 자산보호법(HOEPA, Home Ownership and Equity Protection Act)은 약탈적 대출행위를 규제하기 위해 만들어진 법이다. 이 법에도 불구하고 규제당국은 제 역할을 수행하지 못하였다.

42 모기지대출이 크게 증가하고 부실화한데는 정보처리기술의 발달도 한몫을 하였다. 모기지전문대출회사들이 자동대출시스템을 만듦으로써 대출을 쉽게 할 수 있는 기반이 조성되었다. 그러나 이러한 자동대출

⑥ 연준의 저금리정책과 주택시장 붐

주택소유의 확대과정에서 또 하나 중요한 역할을 한 것은 미 연준의 저금리정책과 이에 따른 신용팽창(대출증대)이었다. 2000년대 초반 미국경제에는 중대한 사건들이 잇따라 발생하였다. 1990년대 중반부터 시작된 닷컴버블(dot-com bubble)의 붕괴(2000년 3월 10일을 정점으로 폭락시작), 9.11 테러(2001년 9월 11일) 그리고 엔론사 등 기업회계부정사건(2001년 말)이 발생하여 미국경제에 대한 불안감과 심리적 위축, 미국기업에 대한 불신이 커지게 되었고 이러한 사태들이 겹치면서 미국의 경제는 불황에 접어들고 유럽도 불경기에 접어들고 있었다. 2001~2002년 경기가 급속하게 하강국면으로 들어서려는 조짐이 있자 연준은 저금리정책을 채택하기 시작하였다. 2001년 이래로 연방은행의 정책기조는 경제 상황에 따라가는 **적응적(수용적) 정책**(accommodative policy)이었으며 2000년 말에 6.5%에 달하던 정책금리(연방기금금리)가 2001년 12월에 1.75%, 2003년 6월에는 45년 만에 가장 낮은 1%로 인하되었다. 2% 이하의 낮은 정책금리시대는 2004년 6월까지 약 3년 동안 지속되었다. 이러한 저금리로 대출수요가 급증하였으며 이에 따라 주택시장 붐(boom)이 발생하였다.[43] 2001~2002년의 리세션이 끝난 이후에 시작된 주택시장 붐은 서브프라임 모기지시장의 성장을 촉진하였다. 기록적인 저금리로 시중에 유동성이 넘쳐나면서 모기지대출수요가 급증하였고 주택가격이 더욱 상승하게 되었다. 다른 많은 다양한 요인에도 불구하고 이번 위기도 저금리를 기반으로 신용이 지나치게 팽창했다는 점에서 과거에 일어났던 많은 위기와 매우 비슷하다.[44]

시스템은 모기지대출을 원하는 사람들의 개인적 신용상태까지 구체적으로 분석할 수는 없었다. 그러다가 모기지전문대출회사들이 이러한 단순한 시스템으로 대량으로 모기지대출을 시작한 것은 모기지대출의 증권화가 이들의 도덕적 해이를 부추겼기 때문이다. 즉, 모기지전문대출회사들은 모기지대출을 하고 곧장 이 대출을 MBS를 만드는 유동화기관으로 이전하므로 이들은 모기지차입자와 장기적 관계를 가지지 않게 되었기 때문이다. 특히 모기지대출브로커들은 차입자의 신용상태에 대해서는 별 관심이 없었으며 다만 커미션에만 관심이 있었다.

43 2000년대 초의 Fed의 저금리기조가 주택시장 붐(주택버블)을 유발한 중요한 요인이 아니라는 주장과 근거에 대해서는 Bernanke(2013, pp. 97-100) 참고.

44 연방은행의 이자율정책은 현실의 상황을 보고 이에 대응하는 적응적(수용적) 정책이었으므로 긴축으로 돌아서는 데도 매우 느리게 적응하였다. 2004년 6월말이 되어서야 정책금리를 올리고 긴축을 시작하였다. 이때부터 2년 동안 기준금리가 0.25%p 씩 17차례 상승하여 2006년 6월말에 5.25%로 올라간 후 인상을 종료하였다. 이 고금리기조로 인해 부동산시장은 역사상 가장 심각한 거품의 붕괴를 경험하게 되었다.

2) 금융제도에서의 다양한 변화와 혁신[45]

2000년대에 들어오면서 금융시장에 큰 구조적 변화가 발생하기 시작하였다. 그러한 구조적 변화의 가장 큰 특징은 금융시장에 새로운 영업모델(new business models)이 등장하여 그 비중이 크게 증가하였다는 것이다. 2007년에 문제가 되었던 서브프라임 모기지시장은 기본적으로 금융시장에 등장한 새로운 영업모델에 의존하고 있다. 과거에는 은행들이 대출을 시행하고 나면 그러한 대출채권을 대차대조표에 그대로 유지(보유)하였다. 그러나 오늘날 대부분의 대형은행들은 전통적 업무방식인 **'발행 후 보유방식(originate and hold model)'**에서 대출채권을 외부에 매각하는 **'발행 후 매각방식(originate and distribute model)'**으로 전환하였다. 또한 이에 따라 그림자금융부문이 매우 광범위하고 심도있게 확장하였으며 은행중심 금융제도(bank-based financial system)와 시장중심 금융제도(market-based financial system)의 구분이 더욱 모호해졌다.

그런데 불행히도 '발행 후 매각방식'은 도덕적 해이의 일종인 주인·대리인문제(principal-agent problem)에 직면하게 한다. 왜냐하면 은행의 주인(예금자와 주주)의 대리인인 모기지발행자(은행경영자)들은 그 차입자가 대출금을 잘 상환할 것인지에 대해 따져볼 유인이 거의 없기 때문이다. 이 문제를 더욱 복잡하게 만드는 것은 모기지발행자에 대한 느슨한 규제인데 발행자는 차입자에 대한 정보를 잘 몰라도 되기 때문에 역선택문제도 심각하게 된다. 즉, 차입으로 주택을 구매하는 사람이 신용이 괜찮은 사람인지 아닌지를 구분할 필요가 없게 되므로 역선택의 문제가 심각해진다. 이와 같이 발행 후 매각방식은 은행으로 하여금 자신의 위험을 감시할 의도와 능력을 상실하게 만들었다. 그런데 이러한 새로운 영업모델인 '발행 후 매각방식'은 혁신적이고 복잡한 새로운 금융상품의 등장, CP시장과 RP시장과 같은 단기자금시장의 성장, 새로운 시장참여자의 등장, 증권화와 같은 금융제도에서의 다양한 변화 및 혁신과 밀접한 관계를 가지고 있으므로 이들에 대해 간략히 살펴본다.

첫째, 혁신적이고 복잡한 새로운 금융상품이 등장하였다. 이러한 상품들 중에서 특히 신용위험이전(credit risk transfer) 금융상품이 중요한 역할을 수행하였다. 가장 잘 알려진 신용위험이전 금융상품은 **CDO(부채담보부증권)**와 **CDS(신용디폴트스왑, credit default swaps)**인데 이들은 차입자의 채무불이행위험을 다른 곳으로 이동시킬 수 있는 상

---

45 Remsperger(2007) 참고.

품이다.[46] 신용위험이전은 원리적으로는 위험을 더 효율적으로 배분하는 것이지만 그렇다고 신용위험이 그 과정에서 사라지는 것은 아니며 다른 사람에게로 이전될 뿐이다. 이러한 신용위험이전시장은 엄청난 성장을 기록하였다.[47] 금융공학(financial engineering)은 투자자들의 위험선호에 맞춘 새로운 금융상품을 만들어내는 장점이 있지만 문제점도 있다. 즉, 구조화상품의 기초증권의 현금흐름을 평가하는 것이 매우 어려우며 또 그러한 자산을 실제로 누가 소지하고 있는지를 판단하는 것도 매우 어려운 투명성(transparency)의 문제(금융기관이 위험을 감시, 측정, 관리하는 능력부재의 문제)가 제기된다.

둘째, CP(기업어음)시장과 RP(Repo, 환매조건부매매)시장과 같은 도매금융시장이 크게 성장하였으며,[48] 이에 따라 많은 비은행금융중개기관들이 단기자금(단기유동부채)에 너무 과도하게 의존하게 되었다. 단기자금에 크게 의존하게 되었다는 점에서 많은 비은행금융중개기관들은 예금에 의존하여 대출을 하던 전통적인 은행들과 크게 다를 바 없게 되었다. 문제는 과거의 전통적 은행들이 뱅크런(bank run, 예금인출사태)에 취약했던 것과 마찬가지로 은행 이외의 많은 비은행금융중개기관들(그림자 금융기관들)도 역시 **펀드런(fund run, 펀드환매사태)**이라는 자금인출사태에 취약해졌다는 것이다.

펀드런의 발생구조는 〈그림 11-1〉에서 살펴볼 수 있다. 펀드투자자(연기금 등의 기관투자자나 일반투자자)는 대규모의 자금을 수시로 운용하기 때문에 주로 MMF(money market mutual fund, 자금시장펀드)를 통해 자금을 운용한다.[49] 그리고 MMF는 단기금융시장(자금시장)에서 자금을 운용하므로 CP(RP) 등에 투자(CP나 RP매입)를 하여 자금을 운용한다. 한편 신용도가 높은 대기업, 투자은행을 비롯한 금융기관, SIV 등 구조화투자회사들은 CP(ABCP 포함)를 발행하여 단기자금을 조달하여 영리사업을 수행한다. 평

46 CDO는 1987년에 처음으로 발행되었고 CDS는 1997년에 J. P. Morgan에서 처음으로 발행되었다. 우리나라 금융기관들은 이러한 신용파생상품의 내재위험을 충분히 인식하지 못하여 1997년의 금융위기에서는 총수익스왑(TRS, total return swap)에 의해, 2008년의 글로벌 금융위기에서는 CDO와 CDS에 의해 막대한 손실을 입었다.

47 예컨대, 2001년과 2006년 사이에 CDS의 명목잔액규모는 6,320억 달러에서 34조 달러 이상으로 증가하였다. 2007년 말에는 CDS시장만으로도 약 45조 달러정도(미국 GDP의 3배)였다.

48 연기금, MMF(자금시장펀드), 기업, 보험회사들은 대규모의 자금을 운용하기 때문에 예금보험이 10만 달러로 제한되어 있는 은행예금의 대안을 필요로 하는데 CP나 RP는 보험혜택이 없는 은행예금보다 훨씬 더 수익성이 좋고 편리하고 안전한 것으로 간주되어 대규모자금의 운용에 많이 이용된다. 글로벌 금융위기 이전인 2006년 말 현재 미국금융기관들의 도매금융 자금조달규모는 RP 3조 8000억 달러, CP 1조 8000억 달러 수준으로 매우 컸다. Bernanke(2013, 2015) 참고.

49 MMF에 대한 자세한 내용은 14장 2절 참고.

〈그림 11-1〉 ▸ 펀드런의 발생구조

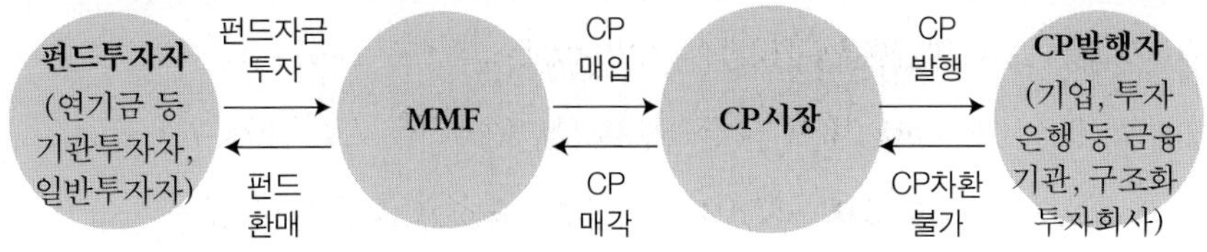

주: →는 자금의 이동방향을 나타내며 위의 →는 평상시의 자금이동상태를 나타내고 아래의 ←는 위기시의 자금흐름을 나타냄

상시에는 이러한 자금순환구조가 원활하게 이루어져 시장이 활성화된다. 그러다가 금융시장에 소란이 발생하거나 위기가 발생하면 펀드투자자들이 MMF에 환매요청을 하게 되고 (펀드런 발생) 그러면 MMF관리자들은 CP시장에서 CP를 긴급히 매각하여(CP투매) 펀드환불에 대응하게 된다. 그러면 CP시장에서는 CP금리가 크게 상승하게 되고 CP시장이 크게 위축되며(CP수요 감소) 이에 따라 CP를 발행하여 자금을 조달하던 CP발행자들은 더 이상 CP발행으로 자금조달이 불가능하게 되거나(CP차환 불가능) 높은 CP금리를 부담해야 한다. 이에 따라 투자은행, SIV 등 CP에 의존하던 많은 금융기관들은 자금조달이 갑자기 어려워져 유동성위기에 직면하거나 파산위기에 처하게 된다.

셋째, **증권화**(securitization)가 폭발적으로 증가하였다. 초기의 MBS(수익증권형 MBS)와 같이 단순한 증권화가 아니라 증권화가 몇 단계를 거쳐 발생하기도 하고 CDS와 같은 신용파생상품(credit derivatives)을 기초자산으로 하여 만들어진 합성 CDO(synthetic CDO)도 등장하였다. 더구나 이러한 증권화상품의 수취자는 대개 규제를 거의 받지 않는 투자자들로서 위험이 누구에게 가 있는지에 대한 공개된 정보가 없으며 이에 따라 증권의 투명성이 크게 훼손되었다. 또한 증권화와 발행 후 매각방식으로 인해 은행과 차입자 간의 관계도 크게 변화하였다. 12장 3절에서 보듯이 전통적으로 은행은 차입자의 상환능력(신용위험)에 대해 많은 관심을 갖고 신중하였으나 이제 차입자의 상환능력과 대출의 상환은 은행에게 더 이상 중요한 관심사가 아니다. 왜냐하면 은행의 이윤원천이 이자(대출이자와 예금이자의 차이)에서 수수료(증권화에 따른 수수료)로 대체되었기 때문이다. 증권화는 중요한 금융혁신으로 도입되었으나 거시적 수준에서 이것은 글로벌경제에서 위험관리를 더욱 어렵게 만들었다. 증권화를 한 단계 더 심화하는 것은 위험을 더욱 널리 펼치고 위험에 대한 성향에 따라 투자자들이 상품을 선택하는 것을 허용하는 훌륭한 위험분담 메커니즘(risk sharing mechanism)이라고 생각하였으나 그 결과는 모든 투자자들이 동일한 위험노출을 갖게 되고 그래서 금융불안정을 전 경제, 전 세계로 전파시키는 것이었다.

넷째, 규제를 거의 받지 않는 새로운 대규모 시장참여자의 중요성이 크게 증대되었다. 이들의 특징은 규제를 거의 받지 않거나 규제가 일부에 국한된다는 것이다. 이로 인해 투명성이 감소하게 되었다. 거의 규제받지 않는 대표적인 시장참여자로는 우선 **헤지펀드(hedge funds)**가 있다. 헤지펀드가 등장한 것은 오래전이지만 이들은 최근에 엄청난 규모로 성장하였다. 이들은 높은 부채비율을 가지는 것이 특징인데 이들은 유동성의 증대라는 이점을 금융시장에 제공하지만 규제를 받지 않고 또 비교적 자유로운 자금운용이 가능하다는 점에서 금융불안정을 유발할 가능성이 매우 크다는 지적을 늘 받아 왔다. 헤지펀드와 유사한 **사모투자전문회사(PEF, private equity fund)**도 지난 2000~2006년의 기간에 연평균 14%의 성장을 달성할 만큼 크게 성장하였다. 또 **SIV(구조화 투자회사, structured investment vehicle)**, **Conduits(유동화 전문회사)**[50] 등도 새로운 시장참여자로 중요한 역할을 하였다. SIV는 은행이 대차대조표의 위험을 감소시키기 위해 주로 자회사로 설립한 투자회사인데 SIV의 경우 높은 레버리지로 인해 시장불안정문제가 발생하면 유동성부족에 쉽게 노출되며 따라서 자산의 긴급매각이 불가피한데 이 경우 대개 모은행이 신용을 제공하게 된다. 따라서 SIV에 문제가 생기면 유동성문제가 모은행으로 이전되어 모은행의 부실을 초래하게 된다. 그리고 정부가 외화잉여자금 등을 재원으로 조정해 수익성 위주로 운영하는 **국부펀드(SWF, sovereign wealth funds)**와 같은 공적 투자기구도 최근에 국제금융시장에서 중요한 역할을 하는 참여자이다.[51]

---

50 Conduits는 모기지대출, 신용카드대출, 자동차대출 등 다양한 신용대출을 유치하고 구조화신용상품(ABCP를 주로 발행)을 판매하기 위하여 비은행금융중개기관(주로 투자은행)이 설립한 투자기구로서 일종의 그림자금융기관이다.

51 전 세계 국부펀드의 운영규모는 2004년 1.5조 달러에서 2014년 7.3조 달러로 연평균 16%의 성장세를 보이다 2015~2016년에는 저유가, 글로벌 경상수지 불균형 축소, 자산가격 상승세 둔화 등으로 정체되었다가 2017년 이후 유가회복 등에 힘입어 다시 성장하고 있다. 2018년 2월 현재 전세계 국부펀드 운용규모는 7.65조 달러이다. 펀드별 운용규모는 노르웨이의 GPFG가 1.03조 달러(2018년 2월 현재)로 세계 최대이며 다음으로 중국 CIC(0.90조 달러), 아부다비 ADIA(0.82조 달러), 쿠웨이트 KIA(0.52조 달러) 순이며 국가별로는 중국이 1.64조 달러로 가장 많은 자산을 운용하고 있으며(CIC 0.90조 달러, SAFE 0.44조 달러, NSSF 0.30조 달러, China-Africa Development Fund 50억 달러), UAE(1.32조 달러), 노르웨이(1.03조 달러), 사우디아라비아(0.72조 달러) 순이며 한국은 0.12조 달러(KIC, 2005년 설립)로 11위이다. 국부펀드의 재원별로는

다섯째, 최근의 금융시장에서 나타난 또 하나의 중요한 변화는 **금융의 세계화**(financial globalization)가 매우 급속하게 진전되었다는 점이다. 국제적 금융통합의 속도는 실물경제의 통합을 훨씬 초과하고 있다. 예컨대, 금융개방도(국제 간 직접 및 간접투자/GDP)가 선진국의 경우 1970년의 15%에서 1990년에는 32%로, 2006년에는 150%로 빠르게 진행되었다. 이러한 금융통합은 한편으로는 효율성의 증대와 후생의 증대를 가져오는 큰 이점이 있지만 다른 한편으로 금융교란이 발생하면 빠르게 전 세계로 전염되는 문제점이 있다.

3) 글로벌 불균형[52]

2008년 이후의 금융위기에서 기본적인 사실은 자산시장버블과 경제주체들의 과도한 위험선택이 저이자율과 유동성의 홍수 속에서 유발되었다는 것이다. 특히 전 세계적으로 이자율이 매우 낮았는데 이것은 글로벌 이자율의 하락이 1985년 이후 지난 25년 동안 지속된 결과였다. 글로벌 이자율이 지속적으로 하락한 이유는 무엇인가? 과도한 유동성(excess liquidity)의 공급에 기인하는 것인가, 아니면 과잉저축(excess global saving)에 기인하는 것인가?

많은 학자들은 세계가 겪고 있는 글로벌 금융위기와 경제위기의 책임이 어디에 있는가를 놓고 글로벌 저이자율과 관련하여 두 가지 해석을 내놓고 있다. 하나는 미국의 느슨한 규제, 팽창적 통화정책 그리고 부족한 저축에 책임을 돌리는 것이다. 예컨대, John Taylor 교수는 과도한 유동성을 제공한 미국의 통화정책에 그 책임이 있다는 입장을 갖고 있다. 다른 하나는 동아시아와 중동국가의 높은 저축률로 생겨난 막대한 유동성에 책임을 묻는 것으로서 Alan Greenspan과 Ben Bernanke 같은 당국자들이 주로 취하고 있는 입장이다. 이들은 신흥시장국의 과잉저축은 어디엔가 투자되어야 하는데 금융시장이 가장 잘 발달한 미국이 적합한 투자처였으며 결과적으로 그 과잉저축이 미국으로 들어가 미국의 자산가격을 지속할 수 없는 수준까지 끌어올렸고 연준은 이로 인해 더 이상 미국의 금리를 통제할 수 없었다고 설명한다.

양쪽 진영이 모두 동의하는 하나의 요인은 **글로벌 불균형**(global imbalance)이 존재하고 그 규모가 너무 크다는 것이다. 미국은 너무 적게 저축하고 동아시아 등의 신흥

원자재 기반이 전체의 56%, 경상수지 흑자 등 비원자재 기반이 46%이다. 국제금융센터(2018) 참고.

52 Bosworth and Flaaen(2009), 김태준(2009) 참고.

국은 너무 많이 저축하여 불균형이 발생하고 있다는 것이다. 사실 미국의 저축부족(경상수지적자)을 상쇄시키는 것은 거의 동아시아와 중동의 저축(경상수지흑자)이었다. 특히 2000년대 이후 지속된 미국의 저축부진과 과잉소비, 중국 등 아시아 신흥국가의 수출위주정책 그리고 유가상승으로 인한 중동국가의 저축증가로 글로벌 불균형은 크게 심화되었다. 1990년대 중반에 글로벌 불균형은 전 세계 GDP의 1% 수준으로 비교적 안정적이었으나 2007년에는 3%까지 높아졌다.

그런데 신흥시장국가들은 경상수지흑자로 늘어난 달러보유고를 주로 미국의 국채와 MBS 등을 구매하는 데 사용하였다.[53] 이렇게 미국으로 역류한 자금은 궁극적으로 미국의 금리를 낮추도록 유도하였고 이것이 미국인의 과잉소비를 유발하고 자본시장을 통해 주택시장으로 흘러들어가 주택버블을 유발함으로써 이번 위기에서 핵심적 역할을 하였다는 것이다. 또한 금융기관과 금융투자가들로 하여금 낮아진 투자수익률을 극복하기 위해 더욱 투기적인 경쟁을 하도록 조장하였다는 것이다. 이런 글로벌 불균형의 역할을 감안하지 않고서는 미국에서의 버블의 형성과 붕괴를 이해하기 어렵다는 데 일치된 견해를 보이고 있다.

만약 글로벌 불균형이 핵심적 문제라면 글로벌 대응정책은 글로벌 불균형의 근본적 원인에 접근해야 한다. 중국, 일본, 한국 및 많은 신흥국가는 수출주도형 경제 모델을 추구하고 있다. 과연 미국인들이 글로벌 최종소비자(global consumer of last resort)라는 역할을 더 이상 하지 못하게 될 때에도 이런 모델이 작동 가능할지는 의문이다. 왜냐하면 모든 국가가 소비하지 않고 저축만 한다면 세계경제가 축소지향적이 되고 심지어는 붕괴될 가능성이 있기 때문이다. 따라서 만약 글로벌 불균형이 문제의 본질이라고 받아들인다면 어떤 나라가 GDP의 10%에 육박하는 경상수지흑자를 내는 것은 글로벌 안정에 도움이 안 되므로 용인되어서는 안 될 것이다.

그러나 글로벌 불균형과 과잉유동성이 위기에 크게 영향을 미친 점은 분명하지만 보다 더 중요한 요인은 미국금융시장에서의 잘못된 금융혁신(flawed innovation), 빈약한 위험평가(과도한 위험선택과 건전성감시의 부재) 그리고 Fed의 과도한 유동성공급(지나친 저금리)이라고 보는 견해도 강하다. 왜냐하면 낮은 이자율은 전 세계적인 현상이었지만 금융과잉(financial excess)은 미국, 영국, 그리고 유럽에 집중되었기 때문이다. 위기

53 1990년대 말에 우리나라를 비롯한 많은 신흥국에서 발생한 외환위기로 인해 신흥국들이 대규모로 외환보유고를 확충하면서 미국의 국채와 MBS 등에 대한 수요가 급증하였다.

의 원인을 **글로벌 저축과잉**(global saving glut)으로 보는 것은 비난의 화살을 다른 곳으로 돌리려는 미국식의 편리한 논법이다.[54] 그런 점에서 글로벌 불균형을 악화시키고 문제를 확대시킨 더 중요한 핵심적인 요인은 잘못된 금융혁신, 그 중에서도 과도한 증권화라고 볼 수 있다. 특히 영미식의 금융제도가 신용위험의 이전을 위한 금융시장(신용위험이전시장)을 만들어냈다는 것이 문제였다고 볼 수 있다. 사실 글로벌 불균형과 증권화는 상호 밀접하게 연관되어 있는데,[55] 이러한 위험이전시장이 글로벌 불균형을 악화시키는 데 큰 영향을 미쳤다. 글로벌 불균형과 자본흐름이 급증한 것은 과거 체제에서는 가능하지 않았다. 왜냐하면 경상수지흑자를 내는 수출국이 투자할 만한 적절한 유형의 증권이나 적절한 투자 물량이 공급되지 않았기 때문이다. 하지만 위험을 분산하고 이전하고 만기를 조절하는 증권화의 기법 덕분에 그것이 가능해졌다. 이는 결국 중국 등 경상수지흑자국들로 하여금 미국채권과 증권화 상품(MBS 등)에 막대한 돈을 투자하는 것을 가능케 해주었다.[56] 따라서 정책결정자들은 글로벌 불균형(저축과잉)과 함께 증권화와 같은 금융과잉을 동시에 신경써야 할 것이다. 이런 점에서 전문가들은 현 금융위기는 최초로 증권화로 인해 초래되었다는 점에서 지금까지의 금융위기와 다르다고 주장하며 증권화의 과도한 진전에 근원적인 원인이 있다고 보고 있다.[57]

4) 미국 정책당국의 정책상의 실수

1930년대의 대공황과 마찬가지로 미국에서 시작된 2007년의 주택시장위기도 미국 정책당국이 저지른 잘못된 정책결정의 누적된 결과로 나타난 측면도 있다. 첫째, 잘못된 정책결정으로 가장 우선적으로 들 수 있는 것은 미연준의 장기간에 걸친 저금리정책과 감독소홀 등이다. 금융위기이후 연준에 대해 많은 비판이 가해졌는데 그 초점은 장기

54 Bosworth and Flaaen(2009), Stiglitz(2010). 장경덕(2010, pp.43-44) 참고.

55 예컨대, 미국의 서브프라임 모기지는 위험이 클 뿐 아니라 대출기간도 길다. 하지만 투자은행들은 이런 장기모기지대출(장기증권)을 증권화를 통해 단기증권으로 바꾸어 놓는다. 막대한 경상수지흑자를 내는 중국 같은 나라는 상대적으로 만기가 짧은 증권에 투자하는 것을 선호하므로 특히 단기화를 중시한다. 그러므로 글로벌 불균형이 존재한다는 것은 경상수지흑자를 내는 나라들에서 만기가 짧으면서 투자에 적합한 안전한 증권에 대한 수요가 그만큼 크다는 것을 의미한다. 이러한 수요를 미국의 위험이전상품이 충족시켜준 것이다.

56 2008년에 중국은 7,000억 달러가 넘는 Fannie Mae와 Freddie Mac이 발생한 MBS를 보유하였는데, 이것은 중국이 보유한 미국국채보다 더 많은 금액이었다.

57 Shin(2009) 참고.

간에 걸친 저금리기조의 지속에 있었다. 연준은 정책금리를 1%대에서 장기간(2002년 1월~2004년 11월) 유지함으로써 주택가격버블을 조장하였다. 또한 연준과 규제당국은 거품이 꺼질 때까지는 거품이 있는지 알 수 없으며 설령 알 수 있다고 하더라도 할 수 있는 것이 아무 것도 없다고 내버려 두었다. 특히 연준은 모기지시장에 대한 감독이나 규제에 적극적이지 않았으며 증권화 상품의 위험성도 과소평가하는 등 감독정책상의 미숙을 드러내었다. 2006년에 접어들었을 때 경제에 거품이 있을 가능성이 매우 컸다. 그러므로 거시적 정책을 수행하지는 않을지라도 미시적 정책을 수행했어야 했다.[58] 그럼에도 불구하고 방치한 이유는 연준은 문제가 생기면 쉽게 처리할 수 있다는 안이한 생각을 갖고 있었기 때문이라고 볼 수 있다.[59]

둘째, 2006년 이전에 미국 금융당국들(Fed, SEC, 정부 등)이 결정한 잘못된 금융정책들이 이번의 금융위기에 크게 나쁜 영향을 미쳤다. 특히 다음의 세 가지의 중요한 금융정책적 결정이 중요한 역할을 하였다.[60]

① SEC의 1975년 국가공인 통계평가기관(NRSRO)지정제도 도입결정

금융위기 이전에 수많은 증권화상품이 발행되었으나 전 세계의 은행, 연기금과 같은 많은 금융기관들과 투자자들이 이들을 아무런 거리낌 없이 구매하였다. 금융기관과 투자자들이 이들을 구매한 것은 앞에서도 지적한 바와 같이 신용평가기관이 이들이 안전하다고 인정해 주었기 때문이다. 이러한 과정을 통해 신용평가기관은 많은 금융기관과 투자자들이 잘못된 투자를 하도록 유인하였다. 왜 이들은 신용평가기관의 평가를 의심없이 받아들이고 그것에 의존하였는가?

1970년대 초반까지만 하더라도 신용평가기관들은 기업의 신용위험에 대한 평가를 평가잡지의 구독자(투자자)에게 판매하는 정도의 그렇게 중요하지도 않고 특별히 주목받

---

58 예컨대, **주식투자증거금비율**(margin requirement)을 올리거나 **담보인정비율**(LTV, loan to value)을 낮추거나 **총부채상환비율**(DTI, debt to income)을 낮추는 등의 조치를 취했어야 했다. 또 변동금리모기지를 제한해야 했으나 Greenspan은 오히려 변동금리모기지를 장려하였다. 또 연준은 네거티브 상환대출(negative amortization loan)이나 무자료대출을 제한할 수도 있었다. 할 수 있는 조치들이 많이 있었음에도 불구하고 하지 않았다. 연준은 2007년 12월에 와서야 약탈적 대출 규제와 크게 강화된 소비자보호조치를 마련하였으나 뒤늦은 대책이라는 평가이다.

59 2008년 9월 15일의 Lehman Brothers 투자은행의 파산결정이 중대한 정책적 실수였다는 지적도 많다.

60 Levine(2010) 참고.

지도 못한 상태였다. 또한 신용평가기관의 미약한 예측능력 때문에 신용평가에 대한 수요는 20세기 내내 매우 제한적이었다. 그러다가 신용평가기관은 1975년에 중대한 변화를 경험하게 되었다. 미국 증권거래위원회(SEC)가 **국가공인 통계적 신용평가기관(NRSRO, Nationally Recognized Statistical Rating Organization)**을 지정하는 제도를 도입하였는데 SEC는 3대 신용평가기관인 Moody's Investors Service Inc(무디스), Standard & Poor's Financial Services LLC(S&P, 스탠다드 앤드 푸어스) 그리고 Fitch Ratings Ltd(피치)에만 NRSRO지위를 독점적으로 부여하였다. 이후 SEC는 SEC가 규제하는 금융기관에 대한 자본요구량을 평가하는데 NRSRO의 신용위험평가를 이용하였다.

SEC가 NRSRO를 지정하고 이에 의존하기 시작함으로써 대형 신용평가기관의 신용평가에 대한 수요를 증가시키는 수많은 규제정책이 홍수를 이루었다. 전 세계의 은행규제자, 보험규제자, 연방기구, 주기구, 지방기구, 재단, 기금, 기타 수많은 단체들이 모두 자본적정성과 포트폴리오 가이드라인을 확립하기 위해 NRSRO평가를 사용하기 시작하였다. 게다가 중요한 규제기구들이 NRSRO에 의존함에 따라 민간재단, 기금, 뮤추얼펀드 등도 투자매니저들의 자산배분 가이드라인을 설정하는데 신용평가기관의 신용평가를 사용하기 시작하였다. 이에 따라 NRSRO평가는 투자기회, 자본요구량, 그리고 수많은 금융기관의 이윤에 영향을 미쳤다.

NRSRO지정제도에 의해 이제 대형 신용평가기관들은 신용평가결과를 증권의 수요자인 평가잡지 구독자에게 판매하는 것에서 나아가 증권의 발행자에게 신용평가를 판매하는 방향으로 주 활동영역을 변경시켰다. 전 세계의 규제자, 공공기구, 민간기구들이 NRSRO평가에 의존하였기 때문에 사실상 모든 증권의 발행자들은 NRSRO평가를 받지 않을 수 없게 되었다. NRSRO평가를 받지 않고 증권을 발행하는 기업은 그 발행증권을 판매하기 어렵게 되었다. 이러한 규제 때문에 어떤 증권을 우량증권이라고 판단하는 것은 이제 절대적으로 NRSRO평가에 의해 결정되었다. NRSRO서비스에 대한 수요는 엄청나게 증대하였으며 무디스, S&P, 피치는 엄청난 영향력과 수익을 얻게 되었다. 또한 1990년대 들어 NRSRO로 지정을 받은 3대 신용평가기관의 영향력은 글로벌화하였다. 미국 투자은행들이 세계 기업들의 주식과 채권을 인수해 미국 뮤추얼펀드 등에 팔면서 3대 신용평가기관의 신용등급은 세계 기업들이 이수해야 할 필수요건이 되었다. 각국 정부도 마찬가지여서 어느 나라든 3대 신용평가기관의 평가표를 첨부해야 국채를 글로벌 시장에 내놓을 수 있었다.

또 3대 신용평가기관이 평가를 잘못하더라도 이에 대한 책임을 면제한 미국 사법부의 판결 또한 잘못된 결정으로 볼 수 있다. NRSRO의 신용평가가 좋다고 해서 평가 대상기업의 신용이 과연 좋은가 하는 것도 매우 불투명한데 더구나 신용평가를 이용하는 기관이나 투자자가 NRSRO를 상대로 신용평가의 잘못에 대한 소송을 할 수 없기 때문에 더욱 더 평가의 질에 대해 의문이 제기되었다.[61] 그러다가 2001년 말 엔론사(Enron corporation)의 파산 직후 신용평가기관의 이해상충문제가 제기되는 등 문제가 제기되자 2002년 미의회는 법 개정을 추진했다. 5년 동안 지루한 공방 끝에 그들은 NRSRO를 3곳에서 10곳으로 늘리는 결정으로 끝냈다. 하지만 3대 신용평가기관이 1975년 이후 30년에 걸쳐 이미 기반을 구축해 놓았기에 새로 NRSRO에 지정된 회사들은 맥을 추지 못하였다. 이렇게 볼 때 NRSRO 지정제도를 도입한 규제당국의 잘못된 결정이 미국의 금융위기에 큰 역할을 하였다고 볼 수 있다.[62]

② CDS를 통해 필요 자본준비금의 감소를 허용한 1996년의 연방은행의 결정

금융위기에 대한 표준적인 설명은 CDS(credit default swaps)를 포함하는 복잡한 신용위험이전 파생상품의 역할을 강조하고 있다. CDS는 1990년대 후반부터 2007년 금융위기가 시작될 때까지 엄청나게 증가하였는데 CDS의 이러한 폭발적인 증가는 은행이 자본준비금을 감소시키기 위하여 CDS를 사용하는 것을 허용한 미국 Fed의 1996년의 결정에 의해 촉발되었다. 즉, 규제자들은 CDS의 판매자(보장매도자, AIG와 같은 보험회사 등)에 의해 보장된 증권은 CDS판매자의 신용등급을 가지는 것으로 처리하였다.[63] 은행이 신용

---

61 신용평가기관은 그들의 신용평가는 하나의 견해이며 이것은 자유로운 의사표현의 권리(right of free speech)에 의해 보호된다고 주장하고 있으며 미 법원이 이를 인정하였다. 즉, 미국 사법부는 언론출판의 자유를 보장한 수정헌법 1조를 들어 3대 신용평가기관에 면죄부를 발급했다. 신용평가를 의견표현으로 분류해 자유를 최대한 인정했으며 신용평가결과에 대한 판단을 투자자의 몫으로 돌려놓았다. 이후 3대 신용평가기관은 잘못된 신용평가결과가 드러나도 소송에 시달리지 않았다.

62 미국의 경우 2010년 **금융개혁법(Dodd-Frank Wall Street Reform and Consumer Protection Act of 2010)**의 제정을 통해 지나치게 낙관적인 신용평가를 방지하고자 SEC 내에 신용평가국(office of credit ratings)을 신설하고 모든 신용평가기관들을 최소 1년 1회 검사하여 결과를 공시하도록 하였다. 또한 기업이 채권을 발행하는 경우 SEC가 신용평가기관을 무작위로 지정함으로써 신용등급의 쇼핑을 방지하였다. 또 기존에 신용등급 사용을 의무화한 규정들을 삭제함으로써 신용등급에 대한 의존도를 낮추고 신용평가기관의 부주의로 인한 피해에 대하여 투자자가 소송을 제기할 수 있도록 하였다.

63 예컨대, 서브프라임대출에 연계된 CDO를 구매하고 이에 대해 AIG로부터 100% CDS보장을 구매한 은행은 필요자본금계산을 할 때 그러한 CDO를 AIG(당시 AIG의 신용평가등급은 AAA임)와 동일한 신용등급인 AAA등급의 증권으로 취급하였다.

등급이 높은 기관으로부터 CDS를 구매함으로써 요구자본을 덜 가지도록 허용한 1996년 8월의 Fed의 이 결정은 매우 단순한 경제논리에 기초한 것이었다. 그 논리란 은행의 차입자들이 대출을 상환하지 않더라도 신용도가 높은 CDS의 판매자가 은행에 보상을 할 것이기 때문에 은행이 적은 자본을 갖더라도 은행의 안전성을 유지할 수 있다는 것이다.

그러나 CDS를 통해 은행이 필요자본을 감소시키는 것을 허용한 결정은 심각한 문제가 있었다. 왜냐하면 CDS에 의해 보장된 증권이 디폴트가 되었을 때 은행에 보상을 해주어야 할 법적 책임이 있는 실제의 상대방을 구분해내기 매우 어려운 경우가 발생하였기 때문이다. 게다가 일부 은행의 거래상대방(CDS 판매자)은 CDS위험에 엄청나게 노출이 되었다.[64] AIG 등 CDS의 발행자들의 노출이 증가하면서 경제위축이 올 때 그들이 보장을 제대로 해줄 수 있을지에 대해 의문을 제기하게 되었다.

③ 장외파생금융상품의 투명성에 대한 SEC, Fed 그리고 재무부의 정책

장외(OTC) 파생금융상품시장의 사기, 조작, 그리고 실패에 따른 많은 사건들이 1990년대에 발생하였다. 1994년에 미 캘리포니아 Orange County가 파산하였고 1995년에는 영국의 Barings은행의 파산이 있었다. 또 장외파생상품시장은 1998년 여름 LTCM(Long Term Capital Management)의 극적 파산에서도 중대한 역할을 하였다. 그러나 어느 규제기관도 LTCM의 파산이나 이 파산이 가져올 잠재적인 체제적 영향을 경고하지 않았다. 그 이유는 LTCM은 장외파생상품시장에서 주로 거래를 하였기 때문이다. 그런데 문제는 권한이 있는 규제자와 정책입안자들이 장외파생상품(CDS를 포함)시장을 더 투명하게 만드는 노력들을 오히려 방해하였으며 Fed, 재무부 그리고 SEC는 장외파생상품시장을 투명하게 하려는 **상품선물거래위원회(CFTC, Commodity Futures Trading Commission)**의 시도를 계속 거부했다.

1998년에 CFTC는 장외파생상품시장의 투명성을 증대시킬 것을 요구하는 보고서를 발행하였다. CFTC는 더 많은 정보공개, 기록유지의 개선 그리고 사기(부정행위)의 억제를 추구하였으나 이것은 파생상품시장에 대한 가혹한 통제가 결코 아니었으며 다만 좀

---

64 예컨대, AIG는 2007년에 CDS(그리고 관련된 파생상품)에 약 5,000억 달러의 명목적 노출을 갖고 있었는데 반해 그들은 파생금융상품사업뿐 아니라 전통적인 보험활동 모두를 커버하기 위하여 약 1,000억 달러의 자본만을 가지고 있었다. 이와 같이 CDS의 발행자가 파산할 가능성이 있는데 이러한 위험을 거래상대방위험(counterparty risk)이라고 한다.

더 많은 투명성을 요구하였다. 그럼에도 Fed, 재무부, SEC는 신속하게 CFTC의 행동을 중단시켰다. 오히려 이들은 2000년에 CDS시장을 포함하는 장외파생상품시장이 어떠한 연방법에 의해서도 규제되지 않는다는 것을 규정하는 **상품선물현대화법(Commodity Futures Modernization Act of 2000)**이 통과되도록 의회를 설득하는 데 동참하였다. 이러한 조치들은 고위규제자와 정책입안자들이 CDS와 기타 파생금융상품을 불투명한 상태로 그대로 유지하기 위해 심한 로비를 받았다는 것을 의미하는 것이다.

5) 미국 금융위기의 핵심적 요인

위에서 미국주택시장위기의 요인으로 많은 요인들을 지적하였다. 이번의 위기는 대공황이후 최악의 금융위기였기 때문에 가깝고 먼 다양한 요인들이 있을 수밖에 없을 것이다. 그러나 중요한 것은 어느 요인이 가장 핵심적이고 결정적인 원인이었나 하는 것을 밝혀내는 것이다. 그래야 처방이 보다 정확하고 미래에 대한 대비가 가능할 것이기 때문이다.

미국 금융위기와 이후의 금융위기의 원인에 대한 가장 통상적인 견해는 규제완화와 저금리를 통해 민간부문이 과도하게 위험을 추구하여 주택시장거품이 발생하였고 이에 대해 정부규제자들이 규제를 제대로 하지 못하였다는 것이다. 이러한 견해를 대표하는 것이 미 의회의 **금융위기조사위원회(Financial Crisis Inquiry Commission**, 이 위원회는 의회에서 지명한 10인으로 구성된 조사위원회임)가 2011년 초에 발간한 보고서이다. Joseph Stiglitz(2010)와 Paul Volcker 전 FRB이사회의장의 견해는 이러한 입장이다. 이 위원회의 결론에 입각하여 미국은 **Dodd-Frank Act(2010년의 금융개혁법)**를 2010년에 제정하여 시행에 들어갔다.

일부의 학자들은 엄밀한 분석도 없이 추진된 이러한 성급한 입법이 미래 미국의 경제성장에 아주 나쁜 영향을 미칠 것이라고 우려하고 있다. 예컨대, Peter Wallison (2011.1, 2011.5)은 민간부문이 너무 많은 위험을 선택하였고 정부규제자들이 그 과정에서 제대로 감독을 하지 못한 것이 원인이 아니라 정부의 주택정책이 엄청난 서브프라임 모기지와 기타 위험한 대출이 창출되도록 허용하였기 때문이라고 본다. 만약 Wallison의 분석대로 정부의 주택정책이 핵심적 요인이라면 민간금융부문을 규제하고 규제를 강화하는 것이 오히려 미래의 경제활동에 나쁜 영향을 줄 것이다.

또 Allen(2010)은 동아시아 국가들이 1997년 이후에 외환보유고를 많이 축적한 덕분에 한편으로는 글로벌 금융위기를 잘 극복할 수 있었으나 다른 한편으로는 글로벌 불균형(global imbalance)을 초래하였다는 것을 지적하고 있다. Allen 교수는 동아시아 국가들이 막대한 외환을 보유하고 있는 것은 자원배분측면에서 비효율적임을 강조하면서 동아시아 국가들이 막대한 외환보유고를 줄이는 것(글로벌 불균형을 줄이는 것)이 앞으로 세계 금융계에 필요한 변화라고 보고 있다.

(2) 2008년 이후의 글로벌 금융위기의 발생구조와 대응정책

1) 미국 금융위기의 발생구조와 경과

먼저 서브프라임 모기지사태의 발생구조에 대해 살펴본다. 서브프라임 모기지사태의 발생과 관련된 상품 및 기관 그리고 이들의 역할을 살펴보면 〈그림 11-2〉와 같다.[65] 먼저 주택을 담보로 무주택차입자에게 모기지대출을 제공하는 주택담보대출기관으로 은행과 저축은행(S&L, 상호저축은행 등) 그리고 모기지전문대출회사(New Century 등)가 있는데 이들은 모기지증서를 발행한다. 모기지를 발행할 때는 **모기지 보험기관(mortgage insurers**, FHA, MGIC, AIG 등)이 모기지대출자에게 보험을 제공한다. 무주택자(차입자)가 은행 등으로부터 주택을 담보로 대출을 많이 받게 되면 그 돈은 주택개발회사로 흘러가며 주택시장이 활성화된다. 그리고 은행은 부분준비제도 하에서 대출과 동시에 화폐(신용)를 통화승수 배만큼 창조한다. 모기지대출이 활발한 경우 이러한 신용창조는 경제성장속도를 앞지르며 이것이 바로 유동성과잉의 근원이 된다. 이러한 유동성 공급과잉이 주택시장의 버블(거품)을 부추기고 물가상승을 유발한다.

이러한 모기지대출증서는 금액, 조건, 기한, 신용도가 각기 달라 거래하기에 부적합하다. 그래서 조건이 비슷한 모기지대출증서를 묶어 이를 표준화하고 거래하기에 편하게 만들었는데 이것이 1970년에 처음 등장한 MBS(주택저당증권)이다. MBS는 중요한 발명이었다. 화폐의 출현이 교환을 크게 촉진하였던 것처럼 MBS는 모기지증서의 거래를 촉진하는데 크게 기여하였다. 처음에는 GSE(Fannie Mae와 Freddie Mac)가 주로 MBS를 발행하였으나 이후 투자은행 등이 이를 많이 발행하였다(모기지증서의 재가공과 판매 수행). 이들은 이에서 나아가 ABS(자산유동화증권)도 만들었다. 이러한 MBS와 ABS를 발

65 Song(2007), 차혜정(2008, 부록), 이토(2009) 참고.

〈그림 11-2〉 ▸ 서브프라임 모기지사태의 발생구조

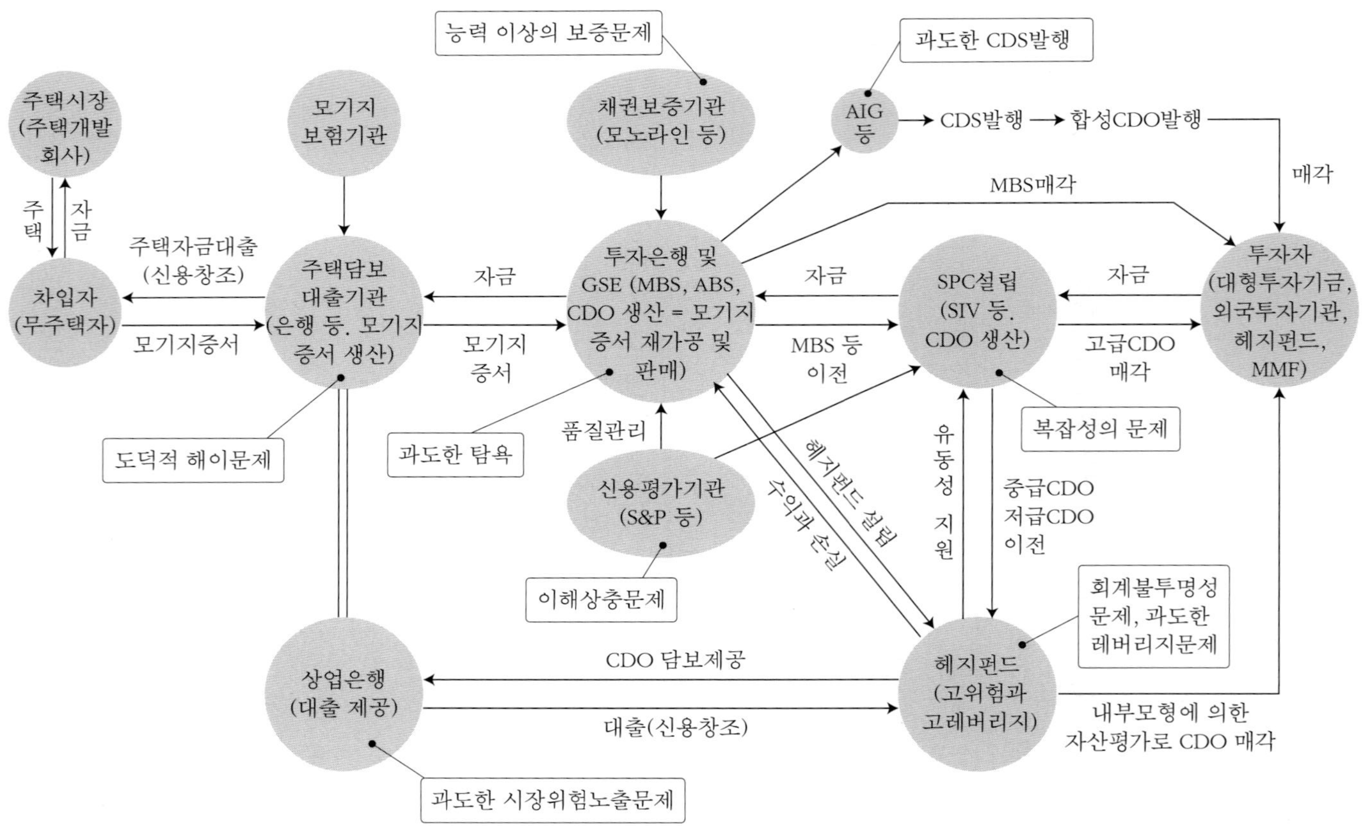

행할 때 신용평가기관의 평가(품질관리수행)를 받는다. 그러나 신용평가기관은 **이해상충**(conflict of interests)의 문제를 안고 있으며 과도한 등급평가를 제공하여 많은 투자자들을 오도하였다. 또 일반 MBS나 ABS의 경우 **모노라인**(monoline) 등 **채권보증기관**(bond insurers)의 보증을 받는다. 그런데 모노라인의 보증을 받아 MBS 등을 발행할 때는 모노라인의 신용등급이 매우 중요한데 대형 모노라인들(예컨대, MBIA, Ambac 등)은 신용평가기관의 호의적인 평가덕분에 최상위 신용등급(AAA)을 유지하고 있었다.

또 투자은행들(Lehman Brothers, Goldman Sachs, Bear Sterns, Merrill Lynch, Morgan Stanley Dean Witter 등)은 이러한 MBS채권을 신용도에 따라 몇 가지 등급으로 나누어 **부채담보부증권(CDO)**을 만들기 시작하였다. 통상 신용도가 가장 높은 고급CDO(senior tranche), 신용도가 중간정도인 중급CDO(mezzanine tranche), 신용도가 가장 낮은 저급CDO(equity tranche)로 나누었다. 이러한 CDO의 발행에는 역시 신용평가기관의 신용평가가 뒷받침된다. 신용평가기관이 CDO의 품질(신용도)을 평가하고 고급CDO에 AAA라는 최고등급을 매겨주고 중급CDO에는 BBB 등급을 매겨준다. 또 투자은행들은 CDO를 직접 생산(발행)하기도 하나 주로 역외지역(offshore)에 자회사로 **SIV(structured investment vehicle)**와 같은 특수목적회사(SPC, special purpose company)를 설립하고 신용등급을 받은 MBS들을 SPC에 넘기고 SPC가 CDO를 발행한다(모기지증서의 재재가공과 판매수행). 이렇게 함으로써 투자은행들은 법적으로 SPC의 리스크를 피해간다. 투자은행들은 SPC가 만든 고급CDO를 대형 투자기금(퇴직기금, 보험기금, 교육기금, 정부의 각종기금 등)이나 외국투자기관에 판매한다.[66]

그리고 중급CDO와 저급CDO는 투자은행이 자금을 투자해서 만든 독립적인 헤지펀드에 고가로 매각되는데 이로써 투자은행은 법적으로 중저급CDO와 경계선을 긋는다. 그러나 신뢰할만한 가격정보를 얻기가 어려웠기 때문에 중저급의 CDO를 판매하기가 어려웠다. 그런데 2004년에 감독당국(SEC)은 투자은행 자회사인 헤지펀드가 자체의 수학적 모형으로 계산한 결과로 자산평가를 하는 것을 허용하였다. 이에 따라 이들은 자신들의 독자적인 방식으로 수익률을 계산하여 발표하기 시작하였다. 그 결과 수익률이 엄청나게 높은 펀드들이 난무하였다. 위험이 커야 수익도 큰 것이 당연하지만 중저급CDO의 위험이 구체적으로 확인되지 않은 상태에서는 높은 수익은 투자자에게 큰 매력이었

66 이들 투자기금들은 투자할 때 반드시 일정한 투자조건, 예컨대 신용평가등급 AAA등급을 만족시켜야 하는데 고급CDO는 이러한 기준을 충족시켜준다.

다. 엄청난 고수익에 현혹된 투자자들이 헤시펀드에 몰려들었다. 헤지펀드의 주요운영전략은 외부차입방식이므로 수익을 더 높이기 위하여 레버리지를 크게 증가시켰다. 즉, 헤지펀드는 CDO를 담보로 은행에 담보대출을 요구하였다. CDO의 위험성을 크게 우려하지 않은 은행들은 대출을 해주었다. 헤지펀드는 은행에서 자금을 차입하여 모기업인 투자은행에서 더 많은 CDO를 구매하였고 투자은행들은 더 많은 MBS(서브프라임 모기지가 많이 포함된)를 이용하여 CDO를 만들었다. 이로 인해 주택담보대출기관(은행 등)은 더 많은 자금을 서브프라임 차입자(무주택자)에게 제공하고 이들을 끌어들였다.

한편 투자은행들도 일부 CDO를 보유하고 있었다. 그러나 이들은 자칫 잘못되면 큰 손실을 볼 위험이 있다는 것을 잘 알고 있었다. 투자은행들은 이러한 위험에 대비하기 위하여 이러한 위험을 프리미엄을 받고 넘기는 **CDS(credit default swaps)**를 이용하였다. 특히 1997년 말 JP Morgan은행은 CDS에 기반한 **합성CDO(synthetic CDO)**라는 신용파생상품을 개발하였는데, 합성CDO의 인기는 2000년대 중반에 엄청났다. CDO에 투자할 때는 소득을 얻기 위해 실제 자금을 투입해야 하고 투자위험을 감수해야 하지만 합성CDO에 투자하는 경우 자신의 자금을 주식시장 등에서 계속 운용하면서 큰 자금 들이지 않고 단지 리스크만 감수하면 안정된 소득(CDS 프리미엄, CDS premium)을 얻을 수 있다. 이에 따라 대형 투자자들(정부의 기금, 연기금, 대규모의 외국기금 등)이 합성CDO를 매입하였다. 만약 기초자산에 디폴트만 발생하지 않는다면 이것은 엄청난 수익을 제공하는 황금 거위였다. 그러나 문제는 디폴트가 현실화되는 경우이다. 이러한 과정이 과도하게 추진되면서 서브프라임 모기지시장에 버블이 발생하였고,[67] 이 버블이 터지면서 디폴트가 현실화되었고 그 충격은 전 금융기관, 전 세계로 파급되었다.

여기서 보면 관련되는 모든 기관이 금융불안정을 유발할 문제들을 안고 있었다. 주택담보대출기관(은행, 모기지전문대출회사)은 대출을 하고 나면 바로 모기지대출증서를 판매(발행 후 매각방식)하기 때문에 엄격한 대출심사를 할 유인이 없는 도덕적 해이문제가 크게 발생하였다. 투자은행들은 CDO, CDS, 합성CDO의 개발 등 지나친 금융혁신과 위험이전상품의 개발로 과도한 탐욕만을 추구하고 금융제도전체의 위험의 크기와 지속가능성을 무시하는 행동을 보여주었다. 또한 단기실적위주의 유인체계로 인해 이러한 위험한 상품을 과도하게 단기적으로 거래하도록 한 책임이 있다. 또한 이러한 상품들은 매

67 서브프라임모기지와 알트 A 모기지 MBS 및 이에 기반한 CDS, CDO, 합성 CDO의 총규모는 최소 3조 달러 이상으로 추정된다.

우 복잡하여 위험이 구체적으로 어디에 얼마만큼 존재하는지를 알 수 없는 투명성부족(복잡성)의 문제를 갖고 있었다. 그리고 신용평가기관은 이해상충의 문제를 안고 있었으며 사적 이익을 위해 지나치게 높은 신용등급을 남발한 책임이 있다. 그리고 채권보증기관(모노라인)은 능력에 비해 과도하게 많은 보증을 한 문제를 갖고 있다. 한편 투자은행의 자회사인 헤지펀드들은 회계의 불투명성문제를 갖고 있었다. 헤지펀드들이 좋은 성과를 보이는 경우에는 문제가 없지만 이들이 손실을 보는 경우 모기업인 투자은행들이 이에 대해 책임을 가지므로 모기업이 어려움을 당할 가능성이 크다. 또한 이들은 이익을 확대하기 위하여 과도한 레버리지증대를 가져왔으며 손실이 발생하자 엄청난 손실확대를 유발하였다. 은행은 CDO의 안전성을 과신하여 지나치게 많은 자금을 헤지펀드 등 금융권에 대출하는 문제를 가졌고 전통적인 은행업무인 예금과 대출에서 벗어나 시장성자산에 과도하게 노출되는 문제(시장위험 확대문제)를 야기하였다. 또 투자은행과 AIG와 같은 보험기관은 과도하게 CDS와 합성CDO를 발행하는 문제를 야기하였다.[68]

미국의 서브프라임 보기시의 확대재생산과정에서의 이러한 문제가 심화되면서 결국 버블이 붕괴하기 시작하였다. 2007년 3월 모기지전문대출회사(New Century Finance 등)가 파산하는 것을 시작으로 투자은행의 헤지펀드(BNP Pariba와 Bear Sterns의 헤지펀드 HGSC 등), 구조화 투자회사(SIV)와 유동화전문회사(Conduit), 채권보증회사(2008년 1월 19일 Fitch사가 Ambac의 신용등급하향조정 등), 투자은행(2008년 3월 16일 Bear Sterns파산), GSE(2008년 7월 Fannie Mae와 Freddie Mac의 위기), 은행(2008년 9월 Washington Mutual, Wachovia 등) 순으로 차례로 파탄을 맞았다.

이러한 주택관련 금융기관의 파탄이 2008년 9월 이후 금융위기로 확산되었다. 즉, 2008년 9월 15일 Lehman Brothers의 파산은 최악의 공포를 몰아 왔고 이후 글로벌 금융시장은 아무도 믿지 않는 불신의 시대로 돌입하게 되었다.[69] 이선까지는 부동산 문제가 사

68 1987년에 설립된 AIG Financial Products(AIG FP)라는 자회사를 통해 CDS를 발행하였다. 문제가 된 CDS의 대부분은 2003~2005년 사이에 발행되었다.

69 Lehman Brothers는 주로 기업어음(CP, 특히 ABCP)을 발행하여 MMF(자금시장펀드)에 매각하여 단기자금을 빌렸는데 이 MMF는 은행예금과 거의 유사한 기능을 수행하면서(수표도 발행 가능) 수익도 주기 때문에 많은 대규모자금운용자들은 MMF에 투자한다. 바로 이 때문에 MMF와 투자은행들이 관련된 금융제도의 일부는 흔히 그림자은행제도라고 불린다. Lehman의 파산은 그림자은행제도의 자금인출사태를 폭발시켰다. 진짜은행제도에 예금보험이 도입되기 전에 일어났던 예금인출사태(bank run)가 이번에는 그림자은행제도에서 펀드인출사태(펀드런, fund run)의 형태로 나타났다. 서서히 진행되던 펀드런이 Lehman의 파산을 계

태의 핵심이었다면 이때부터는 금융의 신뢰문제가 최대의 관건으로 등장하는 금융위기로 발전하였다. 미국 정책당국의 예상과는 달리 Lehman Brothers의 파산은 미국뿐 아니라 전 세계적으로 금융위기가 확산되는 계기가 되었다. Lehman Brothers와 거래관계를 맺고 있던 미국 및 주요국 대형금융기관들이 유동성부족에 직면하여 세계각지로부터 유동성을 흡수하는 단계로 진입하면서 미국뿐만 아니라 전 세계 금융시장이 요동치기 시작하였고, 글로벌 금융위기(대침체)로 발전하였다. 또한 이 상황에서 지금까지 금융위기수습에 직접 관여하지 않던 미국 정부가 직접 개입(공적자금 투입)하기 시작하였다. 그러나 정부의 위기수습책이 방향을 잡지 못하여 금융시장의 혼란이 가중되었고 유동성 부족사태가 유통업체, 제조기업 등으로 확산되고 실물경제가 급격히 위축되었다. 그리고 실물부문에서의 부실확산이 금융부문부실로 이어지는 악순환 고리가 형성되었다. 이에 따라 중앙은행과 정부는 금융제도의 붕괴를 막기 위하여 특단의 조치를 시행하기 시작하였다.

2) 금융위기 대응정책

이러한 금융위기의 과정에서 이를 극복하고 금융제도의 원활한 작동을 회복하기 위하여 각국의 중앙은행과 정부가 나서 다양한 조치들을 취하였다. 금융위기에 대한 정책당국의 대응방안을 개관하면 〈표 11-1〉과 같다. 금융위기가 발생하면 먼저 중앙은행이 신속하고 과감하게 대응을 한다. 초기에는 주로 금융위기를 유동성위기로 보고 중앙은행이 할인율을 인하하거나 정책금리를 인하하는 방식을 통해 유동성을 빠른 시간 내에 충분히 제공하여 유동성위기를 완화하려는 조치를 취한다. 그러나 위기가 지속되는 경우에는 이에 추가하여 다양한 방식으로 유동성을 지원한다. 즉, 지급준비율을 인하하여 시장전체의 유동성압박을 완화시키기도 하고 **최종대부자(LLR, lender of last resort)**로서 중앙은행은 경우에 따라서는 자금제공기간의 확대, LLR대출의 적격기관의 확대(상업은행에서 증권회사, 단기금융시장기구, 기업, 개별 금융회사, 심지어 소비자까지 확대), 적격담보 인정범위의 확대 그리고 담보규칙의 완화와 같은 수단을 통해 유동성을 제공한다. 신용경색이 심화되는 경우에는 **양적완화정책(quantitative easing)**과 같은 비통상적인(비전통적

기로 금융기관에 자금을 빌려주는 도매금융시장(단기금융시장)에서 무차별 자금회수가 발생함으로써 미국내 초대형 금융기관들 상당수(Bear Sterns, Fennie Mae, Freddie Mac, Lehman Brothers, AIG, Washington Mutuals, Wachovia 등)가 극심한 자금압박에 노출되고 이러한 펀드런 사태가 걷잡을 수 없이 발생하자 불신사태로 돌입하였다(Stiglitz(2010), 장경덕(2010, pp.199-200)).

〈표 11-1〉 ▸ 정책당국(정부와 중앙은행)의 금융부문 안정화를 위한 대응정책

1. 중앙은행: 이자율정책과 유동성지원	
이자율변경	이자율의 인하(정책금리인하, 할인율인하)
유동성지원	지급준비율인하 자금제공기간의 장기화 채권경매의 확대와 신용라인의 확장 국내기관 LLR: 적격기관의 확대, 적격담보의 확대, 담보규칙의 완화 비통상적인 유동성지원(양적완화 등) 외환 LLR: 다른 나라 중앙은행과의 외환스왑과 외환RP거래
2. 정부: 금융부문 안정화조치	
자본확충	자본투입(보통주/우선주, 후순위채)
채무보증	예금자보호의 확대 금융기관 채무보증(모든 채무 또는 신규채무) 개별기관에 대한 정부대출
자산매입	자산매입(은행별 개별자산매입) 자산매입(개별 '배드뱅크') 부실자산매입/제거를 위한 유동성제공 은행에 악성자산을 유지하면서 대차대조표운영 제한 악성자산을 배드뱅크로 이동하면서 부외활동 제한 자산보증

자료: IMF(2009, p.4)를 참고하여 작성.

인) 정책수단을 사용하기도 한다. 또 외화유동성의 확보를 위해 필요한 경우에는 중앙은행은 외환 LLR로서 다른 나라 중앙은행과의 외환스왑협약과 외환RP거래를 이용한다.

중앙은행의 조치로 해결이 되지 않는 경우 정부도 금융부문의 안정을 위해 개입한다. 2008년의 글로벌 금융위기의 경우 Lehman Brothers 사태 이후 그때까지 금융위기 수습에 직접 관여하지 않던 미국 정부가 직접 개입하기 시작하였다. 금융위기에 대해 최종적으로 모든 책임을 가지기 때문에 정부는 금융부문의 안정화를 위해 보다 적극적으로 개입을 하는데 정부의 금융안정화를 위한 조치는 크게 금융기관에 대한 **자본확충**(recapitalization), **금융부문의 채무보증**(liability guarantee) 그리고 **금융기관자산(부실자산 등)의 매입**(asset purchases)으로 나누어 볼 수 있다.

여기서는 2007년 8월 서브프라임 모기지사태가 본격화하면서부터 미국의 중앙은행(Fed)과 정부가 시행한 정책수단들을 간략히 살펴보기로 한다. 이것을 살펴보는 이유는 2008년의 글로벌 금융위기(대침체)가 미국에서 출발하였고 미국이 가장 심각하여 가장 다양하게 정책을 수행하였기 때문이다.

① Fed의 통화정책 조치

첫째, 2007년 서브프라임사태로 유동성위기가 발생하자 연준은 8월 9일 일시적 공개시장운영(RP매입)을 통해 240억 달러의 유동성을 공급하였고 이후 16일까지 추가로 640억 달러의 유동성을 공급하였다.

둘째, 연준은 정책금리와 할인율을 인하하였다. 2007년 9월 18일 정책금리(연방기금금리) 목표수준을 0.5%p 인하하고 이후 2008년 4월 30일까지 6차례에 걸쳐 정책금리를 2%(5.25 → 2.00%로 인하)로 낮추었고 이후 2008년 12월 16일 정책금리를 0~0.25%로 운용함으로써 제로금리시대로 진입하였다(이후 2015년 12월 16일의 FOMC회의에서 정책금리를 0.25~0.50%로 인상할 때까지 7년간 유지). 또 2007년 8월 17일 1차신용(primary credit) 할인율을 0.50%p 인하(6.25% → 5.75%)하였고 할인(대출)기간을 30일까지로 확대하고 차입자에 의해 갱신이 가능하도록 관행을 변경하였다. 또 할인에 대해 폭 넓은 담보를 인정하였다. 이후 11차례에 걸쳐 할인율을 인하하여 2008년 12월 16일 FOMC는 1차신용 할인율을 0.5%로 인하하였다. 또 2008년 3월 10일 투자은행인 Bear Stearns에 유동성위기설이 대두되자 2008년 3월 17일 1차신용의 대출기간을 90일까지로 확대하였다.

셋째, 상기의 조치에도 불구하고 기간부자금시장(term funding markets)의 경색은 지속되었고 특히 연말의 자금압박으로 자금경색이 심화되자 연준은 비통상적인 신용공급수단을 신규로 도입하기 시작하였다. 우선 2007년 12월 12일에 Fed는 자금대출기간을 확대하고자 **기간입찰대출제도(TAF, term auction facility)**를 도입하였다. 이것은 할인창구를 대체하는 성격이 큰데 이에 의해 연준은 미리 공시된 규모의 신용을 상당히 긴 기간(term) 동안(지금까지 각 입찰은 28일의 기간을 가졌음)에 자격 있는 차입자(지준예치대상 예금기관)에게 입찰을 통해 자금을 제공하였다. 이것은 통상적인 할인창구대출의 문제점을 극복하는 데 성공적이었다.[70] 그리고 2008년 3월 11일에는 비은행기관인 국

---

70 TAF는 중앙은행에서 할인대출을 받는 경우에 따르는 불명예를 불식시키는 데 목적이 있었다.

채권딜러(primary dealer, 당시 20개 투자은행 및 증권회사)에게 담보범위의 확대(3월 20일에는 담보대상증권을 상업용 MBS 등으로 확대)를 통해 장기간(28일물) 국채를 대여하는 **기간증권대출제도(TSLF, term securities lending facility)**를 도입하였다.[71] 또 3월 16일에는 국채전문딜러(주로 증권회사)에게도 재할인창구의 이용을 허용하여 이들에게 직접 자금을 지원하는 새로운 1일물 자금지원제도인 **국채딜러신용제도(PDCF, primary dealer credit facility)**를 도입하였다.

넷째, 2008년 들어 사태가 더욱 악화되자 연준은 보다 적극적인 시장안정화 조치로 투자은행, GSE 그리고 보험회사 등에 대한 지원조치를 발동하였다. 우선 3월 24일 투자은행인 Bear Stearns사 인수와 관련하여 JP Morgan Chase에 290억 달러의 자금을 지원하였다.[72] 이것은 1930년대 대공황 이후 처음으로 시행된 투자은행 인수를 위한 구제금융의 지원으로 중앙은행의 최종대부자 기능을 비은행금융기관에까지 확대한 것으로 볼 수 있다. 또 7월 13일에는 Fannie Mae 및 Freddie Mac에 대해 재할인대출창구의 사용을 일시적으로 허용하였다. 그리고 9월 19일에는 투자은행의 은행지주회사로의 전환을 승인하였다.[73] 심지어 Lehman Brothers의 파산 직후인 9월 16일, 연준은 보험회사인 AIG의 지분 79.9%를 담보로 850억 달러를 대출해주기로 하였다. 또 연준은 2008년 11월 25일 자동차할부대출, 학자금대출, 신용카드대출 등 소비자들의 실생활에 직결된 소비자신용대출을 촉진하는 ABS의 발행을 지원하기 위해 우량ABS를 매입하는 투자자에게 최대 5년간 자금을 대출해 주는 **기간물ABS대출제도(TALF, term asset backed securities loan facility)**를 도입하였다.

다섯째, 연준은 은행을 통한 자금지원에 한계가 있다는 것을 인식하고 자금수요자에게 직접 자금을 제공하여 단기금융시장을 안정화시키는 대책을 발표하였다. 우선 2008년 9월 19일 재할인창구를 통한 **자산담보부 기업어음 매입제도(AMLF, ABCP**

---

71 한국은행도 2011년 8월 31일 '한국은행법' 제8차 개정(제68조 공개시장운영)으로 미국의 TSLF와 같이 증권을 대여 또는 차입할 수 있게 되었으며 이에 따라 유동성 조절의 효율성 제고는 물론 채권시장 경색 등 금융시장 불안 시 효과적인 대응이 가능하게 되었다.

72 Bernanke(2015, ch.10)는 Bear Sterns의 구제는 대마불사(too big to fail)가 아니라 난마불사(too interconnected to fail)에 기인한다고 주장하고 있다.

73 9월 15일 Lehman Brothers가 파산신청을 하고 Merrill Lynch가 BOA에 매각되기로 결정되면서 여타 투자은행의 위기감이 고조되는 가운데 Fed는 Goldman Sachs와 Morgan Stanley의 은행지주회사로의 전환 신청을 승인하였다.

money market mutual fund liquidity facility)를 도입하였다. 이 제도는 미국 예금수취기관과 은행지주회사가 MMF에서 ABCP(asset backed commercial paper)[74]를 매입하는 형태로 단기금융시장에 유동성을 제공하기 위한 것이다. 10월 7일에는 **기업어음 직매입제도(CPFF, commercial paper funding facility)**를 도입하였다. 이 제도는 대출을 기피하고 있는 은행을 경유하지 않고 기업들로부터 직접 무담보 기업어음(CP)을 매입하는 방식으로 자금을 지원하는 제도이다. 급속한 경기침체에 따라 대공황 이후 처음으로 비금융기관(기업 등)에 직접 자금을 지원하는 비통상적인 수단을 동원하기로 한 것이다.[75] 또 10월 21일 연준은 환매사태를 겪고 있는 뮤추얼펀드 업계에 자금을 지원하기로 결정하고 단기금융시장펀드(MMF)의 CD, 은행채, CP를 매입하는 **단기금융시장 유동성공급제도(MMIFF, money market investor funding facility)**를 도입하였다.

여섯째, 연준은 주요국 중앙은행과의 통화스왑을 통해 달러유동성공급을 확대하는 외환의 국제적 LLR로서의 역할을 하였다. 예컨대, 2007년 12월 12일 ECB와 스위스중앙은행은 미 연준과의 통화스왑을 통해 조달한 달러화자금을 TAF방식으로 공급하는 계획을 발표하였고 이들은 이후 미 연준과의 통화스왑 규모를 확대하고 이를 통해 TAF의 입찰규모를 확대하였다. 우리나라도 2008년 10월 29일에 한미 간에 원-달러 통화스왑 300억 달러를 체결하였다.[76]

일곱째, 연준은 통화정책을 비통상적인 양적완화(대규모 자산매입)정책으로 전환하였다. 통화정책 결정기구인 연방공개시장위원회(FOMC)는 2008년 12월 16일 사상 처

74 대출채권, 채권(bond), ABS, MBS 등을 기초자산(담보)으로 발행한 CP(기업어음)가 ABCP이다. 기초자산의 만기에 비해 ABCP는 단기이기 때문에 계속 CP형태로 차환발행해야 한다.

75 1930년대 대공황기간 중 의회는 연준이 '비정상적이고 절박한(unusual and exigent)' 상황판단을 전제로 누구에게나 자금을 제공할 수 있도록 권한을 부여하였는데(연방준비법 제13조 제3항) 1930년대와 1940년대 2차례에 걸쳐 비금융기관에 대해 소액신용지원이 이루어진 이래 동 권한이 행사된 것은 이번이 처음이었다. 비금융기관에 대한 연준의 직접대출은 많은 위험을 안고 있음에도 불구하고 방치할 경우 실물경기위축이 불가피하다고 판단한 데 따른 것이다. Fed가 수행한 이러한 최종대부자기능을 보면 최종대부자대출의 과거 원칙이 크게 훼손되고 있다는 것을 볼 수 있다. 한편 Bear Sterns와 같은 투자은행과 AIG와 같은 보험회사 등 비은행금융기관에 대한 연준의 대출도 연방준비법 제13조 제3항에 의거한 것이고, Fannie Mae와 Freddie Mac에 대한 대출은 연방준비법 제13조 제13항의 발동에 의한 것이다.

76 Fed는 선진국외에 2008년 10월 29일에 우리나라를 포함한 멕시코, 브라질, 싱가포르의 신흥 4개국과 통화스왑협정을 체결하는 등 총 14개국과 통화스왑협정을 체결하였는데 달러스왑의 총규모는 최대 약 6,000억 달러에 이르렀다.

음으로 목표연방기금금리를 제로금리 수준(0~0.25%)으로 낮추고 또 통화정책방향을 국채와 모기지 채권의 대규모 매입 등을 통해 통화공급을 늘리는 **양적완화정책(QE, quantitative easing)**으로 전환키로 공식선언하였는데 실제로 이 정책은 연준이 2008년 11월 25일 정부기관MBS(5천억 달러), 정부기관채(GSE 발행채권. 1천억 달러) 매입계획을 발표하면서 이미 시작되었다. 이어서 2009년 3월 18일 FOMC는 1.15조 달러의 자산추가 매입(3천억 달러의 장기국채 포함)을 결정하였다(QE1. 2008.11.25~2010.3.31. 총 1.75조 달러 매입).[77] 이후 QE2(2010.11.3~2011.6.30. 정부기관 MBS와 정부기관채 만기도래분 6천억 달러를 장기국채에 재투자)와 QE3(2012.9.13~2013.12.31. 매월 400억 달러의 MBS 매입과 450억 달러의 국채추가매입)를 시행하였다.[78]

② 미 정부의 금융부문 안정화 조치

첫째, 서브프라임 모기지사태가 발생하자 정부(재무부)는 주택시장의 안정을 위해 노력하였다. Bush 정부는 우선 주택압류위기로부터 모기지 차입자를 보호하기 위한 다양한 지원방안을 마련하여 추진할 것임을 발표(2007년 8월 31일)하였고 주택압류사태 해결을 위해 향후 5년간 서브프라임 모기지 금리의 동결을 주요 내용으로 하는 종합대책을 발표(2007년 12월 6일)하였다. 또 Bear Stearns 등에서 유동성 위기가 발생(2008년 2월말~5월 중순)하자 GSE(Fannie Mae와 Freddie Mac) 등의 투자여력 확대 등 모기지시장의 자금이용 가능성 증대조치를 실시하였다. 또 2008년 7월 13일에 재무부는 신용시장 및 모기지시장안정을 위해 GSE에 대한 긴급지원대책을 발표하였다. 나아가 2009년 10월 Fed, FDIC, 통화감독청은 공동으로 건실한 상업용부동산대출의 워크아웃에 대한 정책을 바꾸어 담보물건의 가격이 대출잔고를 하회해도 건실하다고 판단되면 재융자를 해도 좋다는 결정을 내렸다.[79]

---

77 발권력을 보유한 중앙은행이 채권시장(특히 장기채권시장)에 직접 뛰어들면 채권가격은 중앙은행의 매입 시점과 물량에 따라 변동하게 되고 이는 채권수익률곡선이 완전히 달라지고 과거의 가격흐름에 기초해 향후의 시장을 예측해 온 시장 참가자들의 판단력이 무력화됨을 의미한다. 이처럼 채권시장의 왜곡을 초래하기 때문에 중앙은행이 채권시장에 직접 개입하지 않는 것이 전통이다. 그럼에도 불구하고 이러한 조치를 취한 것은 당시의 미국 금융시장의 신용경색상황이 매우 심각하다는 것을 보여주는 증거이다.

78 Koo(2013)에 의하면 미국의 서브프라임 모기지 사태와 같은 대차대조표불황(balance sheet recession) 하에서는 통화정책의 효과에는 한계가 있고 재정정책만이 효과적이라고 주장하고 있다.

79 이 결정으로 미국의 상업용부동산가격은 폭락을 멈추어 또 하나의 위기를 피할 수 있었으며 이후 회복

둘째, Lehman Brothers 사태 이후 금융위기수습에 미국 정부가 직접 개입하기 시작하였다. 우여곡절 끝에 2008년 10월 3일 Bush 정부가 제안한 **긴급경제안정화법(EESA, Emergency Economic Stability Act of 2008, TARP법)**이 확정되어 2008년 10월 14일 Bush 대통령은 금융시장안정화 종합대책을 발표하였는데 주 내용은 대형은행에 대한 자본투입, 은행채무의 정부보증, 예금자보호의 확충이었다.[80] 먼저 우선주의 매입을 통해 우선적으로 9개 대형은행에 대해 1,250억 달러의 자본투입을 실시하여(자본매입 프로그램, Capital Purchase Program) 기업과 개인에 대한 대출촉진을 유도하고 또 보험회사인 AIG에 대해서도 2008년 11월에 우선주 인수를 통해 자본확충(400억 달러)을 지원하였다. 또 연방예금보험공사는 2009년 말까지 예금보험한도를 10만 달러에서 25만 달러로 한시적으로(이후 항구적으로) 확대시행하기로 하였고 은행간거래의 지급보증도 함께 실시하기로 하였으며 2009년 6월말까지 발생하는 은행과 저축은행들의 신규채무에 대해 2012년 6월까지 3년간 지급을 보증하기로 하였다(임시대출보증 프로그램, Temporary Loan Guarantee Program).

셋째, Bush 정부의 계획이 은행의 신뢰회복에 실패하자 2009년 1월 출범한 Obama 정부는 이 계획 대신 금융기관의 부실자산을 처리하기로 하였다. 2009년 2월 10일 Obama 행정부의 **금융안정계획(FSP, financial stability plan)**에서 제시한 방법은 **민관투자펀드(PPIF, Public-Private Investment Fund)**의 설립을 통한 부실자산 인수방안이었다. 그리고 3월 23일에 미 재무부는 정부와 민간투자자가 합동으로 금융기관으로부터 부실자산을 매입하는 구체적인 방안을 공표하였다.

3) 2008년 이후의 경제위기: 실물경제위기로의 전환

미국의 서브프라임 모기지사태로 미국경제가 누려온 2002~2007년의 팽창기가 사실상 종말을 고하였다. 미국경제는 2007년 4/4분기와 2008년 1/4분기에 침체에 빠졌으며

기조가 이어지고 있다.

80 2008년 9월 말 사태가 심각해지자 재무장관(Henry Paulson)은 부실자산구제프로그램(TARP, troubled asset relief plan)을 만들어 의회에 요청하였고 이것을 바탕으로 만들어진 법안이 EESA이다. 재무부가 주도한 TARP에 따르면 7,000억 달러규모의 공적자금으로 시장가격에 따라 금융기관의 부실자산을 매입한다는 것이었다. 그러나 발표이후 사정의 변화로 2008년 10월 재무장관은 당초계획을 취소하고 새로운 방향으로 운용하였다. 즉, TARP는 부실자산매입에서 금융기관의 자본확충으로 용도가 변경되었다. 하지만 2009년 1월까지 7,000억 달러 중 약 3,000억 달러만 사용되었고 나머지 금액은 Obama 정부가 취임 이후 발표한 2009년 2월 10일의 금융안정계획(FSP, financial stability plan)으로 이관되었다.

2008년 2/4분기에 2.8% 성장으로 다소 회복조짐을 보였으나 2008년 하반기에 다시 뚜렷하게 리세션으로 빠져 들었다.[81] 이와 같이 2008년 하반기 이후로는 금융위기가 실물경제위기로 확대되었고 전 세계적인 경기침체(대침체, Great Recession)를 유발하였다.[82] 또 금융위기 발생 1년 만에 연간 무역규모는 심각하게 감소하였으며 물가는 하락하였다. 이와 같이 금융제도가 제 기능을 하지 못하면서 실물경제가 침체를 겪게 되었는데 금융위기가 경제위기(경제활동의 심각한 위축)를 야기하는 메커니즘은 무엇인가?

금융제도의 문제가 실물경제에 영향을 미치는 경로는 다양하지만 다음과 같은 경로가 금융부문과 실물경제의 주요한 연결고리로 볼 수 있다.[83] 첫째, **이자율경로**(interest rate channel) 또는 **자금조달비용경로**(funding costs channel)이다. 이자율이나 이자율스프레드가 상승하고 또 주가가 하락한다면 이것은 자금조달비용을 증가시키며 이에 따라 기업의 투자가 둔화될 수 있다. 글로벌 금융위기 동안에 정책금리는 하락하고 있었지만 민간신용의 차입비용은 증가하고 있었다.[84] 또 시장이자율의 상승이 기존채무에 대한 이자비용을 증가시켜 현금흐름을 감소시키므로 신규투자를 위해 필요한 자금을 감소시킨다. 또 단기이자율의 상승은 모기지 지불액의 상승을 통해 직접적으로 가계지출에 영향을 미친다.

둘째, 금융위기는 **은행대출경로**(bank lending channel) 또는 **신용가용성경로**(credit availability channel)에 의해 실물경제로 파급된다. 금융위기는 은행의 불안정을 유발하므로 은행도 안전자산을 선호하고 이에 따라 가급적 많은 유동성을 보유하려고 하며 따라서 은행의 신용가용성(대출능력과 대출의지)을 감소시키기 때문에 은행대출에 의존하던 중소기업이나 가계가 대출을 받지 못하게 되어 지출(투자와 소비)이 감소하게 된다. 또 금융위기는 증권화를 위축시켜 은행의 자금조달을 어렵게 만들기 때문에 신용의 가용성을 감소시키게 된다. 통화정책의 전달경로 중에서 은행대출경로가 존재하는가에 대한 증거는 정상적인 시기에는 다소 불투명하지만 금융제도의 붕괴가 은행의 대출의

---

81 연율기준으로 2008년 3분기에 −2.0%, 4분기에 −8.2%, 2009년 1분기에 −5.4%의 성장을 기록하였다.

82 대침체(Great Recession)는 1930년대의 대공황(Great Depression)보다 경기침체의 정도가 덜 심한데 거기에는 미국의 Fed와 정부가 적극적이고 발 빠르게 대응 조치를 하였다는 점과 중국이 과감하고 긴급하게 확장적 재정정책을 폈다는 사실이 영향을 미쳤다고 볼 수 있다.

83 Cecchetti, Kohler and Upper(2009) 참고.

84 예컨대, 미국에서 2007년 8월 이후로 2년 동안 정책금리(연방자금금리)는 4%p 하락하였음에도 불구하고 30년 만기 모기지와 AAA등급 장기채권의 이자율은 1% 이상 상승하였다. 전 세계적인 주가하락도 주식시장을 통한 자금조달비용을 급격하게 상승시켰다.

지를 줄이고(대출기준강화) 신용공급을 직접적으로 줄인다는 것은 널리 인정되고 있다.

셋째, **위험회피경로(risk aversion channel)**이다. 자금조달비용의 상승과 신용가용성의 감소에 모두 작용하는 것이 금융위기과정에서의 모든 금융주체의 위험회피성향의 급격한 상승이다. 위험회피성향의 증대는 위험프리미엄을 상승시키며 이것은 자금조달비용을 상승시킨다. 또 위험회피성향의 증대는 경제주체의 **안전자산선호성향(flight to quality)**을 유발하는데 은행 등 금융기관도 예외는 아니다. 은행도 확실한 자산을 보유하려하고 대출과 같은 위험자산을 줄이려하므로 신용가용성이 감소하게 된다. 이에 의해 대출이 감소하여 투자와 소비가 감소하고 실물경제가 위축된다.

넷째, 기업의 **대차대조표경로(balance sheet channel)** 또는 순자산경로(net worth channel)이다. 주가 등 자산가격의 하락은 기업의 순자산을 직접적으로 감소시키며 이로 인해 기업의 담보의 크기가 감소하게 된다. 이것은 10장에서 본 바와 같이 기업의 역선택과 도덕적 해이 문제를 악화시키므로 은행은 대출을 꺼리게 되고 대출은 감소한다. 또 주가하락은 Tobin의 q(Tobin's q)이론에 의해 투자를 감소시키게 된다.[85]

다섯째, 가계의 **대차대조표경로(balance sheet channel)** 또는 **순자산경로(household net worth channel)**이다. 전 세계적인 주가의 하락이나 일부 국가에서의 부동산가격의 급격한 하락은 가계의 대차대조표에 나쁜 영향을 미치며 가계 대차대조표의 악화는 가계의 신용도를 떨어뜨리며 따라서 차입을 어렵게 만들어 소비지출에 나쁜 영향을 미친다. 또 주가나 부동산가격의 하락은 흔히 말하는 **재산효과(wealth effect)**를 통해서도 소비에 영향을 미친다. 주가하락은 금융적 재산(financial wealth)의 가치를 감소시키고 주택가격과 토지가격의 하락은 실물자산의 가치를 감소시켜 소비자의 평생자원을 감소시키며 이에 따라 소비가 감소한다. 이러한 표준적인 영향 이외에 또 위기로 인해 주식가격이 하락하는 경우 사람들은 금융적 난관에 빠질 가능성이 증가하기 때문에 비유동적인 자산의 구매를 꺼리고 이로 인해 내구소비재나 주택에 대한 지출을 감소시킨다.

여섯째, **환율경로(exchange rate channel)**가 있다. 우리나라와 같은 소국개방경제의 경우 위기가 발생하면 안전자산으로의 자본유출(capital flight)이 이어지고 이에 의해 통화

---

85 Tobin은 q를 (기업의 시장가치)/(기업의 실물자본 대체비용)으로 정의한다. 만약 주가가 높다면 기업의 시장가치가 증가하여 자본의 대체비용에 비해 상대적으로 높으며 새로운 공장설비자본은 기업의 시장가치에 비해 상대적으로 싸게 된다. 그러므로 주가가 높아지면 투자지출은 증가한다. 반대로 주가가 하락하면 투자는 감소한다.

절하가 유발된다. 2008년의 글로벌 금융위기에서 자본이 미국 달러나 스위스 프랑과 같은 안전자산으로 몰리는 것을 볼 수 있었다. 이로 인해 위기와 무관한 일부 국가도 엄청난 통화가치절하를 감수하게 되고[86] 미국과 같은 금융위기의 중심에 있는 나라의 통화는 오히려 가치가 크게 상승하는 것을 경험하였다. 이러한 통화가치의 움직임은 무역에 영향을 미치는데 통상 통화절하는 수출을 활발하게 하고 통화절상은 수출을 둔화시킨다. 그러나 통화가치의 하락이 교역효과를 통해 유리한 영향을 미치지만 항상 유리한 것은 아니다. 만약 기업의 대차대조표에서 외화표시부채가 많이 있다면 통화가치의 하락은 오히려 기업과 경제에 나쁜 영향을 미치게 된다. 또 환율의 변동은 소비와 투자에도 영향을 미친다.

일곱째, **신뢰성경로**(confidence channel)에 의해 발생한다. 금융위기가 발생하면 미래에 대한 불확실성이 크게 증가하여 소비자, 기업, 투자자는 모두 현재와 미래의 경제에 대한 신뢰성(자신감)을 감소시키게 된다. 미래에 대한 불확실성이 증대되면 경제주체들은 의사결정을 미래가 확실해질 때까지 미루며 모두 확실한 것을 추구하게 되고 이에 따라 지출보다는 미래에 대한 대비를 하며 불확실한 자산보다는 확실한 자산을 보유하려고 한다. 그러므로 신뢰성(자신감)의 감소는 모든 경제주체들의 경제활동(소비 및 투자)을 둔화시키는 영향을 미치며 이에 따라 실물경제에 나쁜 영향을 미치게 된다. 2008년에 시작된 글로벌 금융위기의 경우 이러한 신뢰성의 하락은 놀라울 정도였다. 모든 나라의 소비자 및 기업 신뢰지수가 사상 최저로 하락하였다.

위에서는 금융제도상의 문제가 실물경제에 영향을 미치는 여러 경로를 구분하였지만 사실 이러한 것을 굳이 구분할 필요성은 별로 없다. 왜냐하면 일부국가에서의 환율의 영향을 제외하고는 이러한 영향은 모두 동일한 방향, 즉 경제를 침체시키는 방향으로 작용하기 때문이다. 금융위기가 발생한 많은 나라에서 가계는 내구재지출을 크게 감소시켰으며 기업은 자본재주문을 크게 감소시켰다. 금융위기가 심할수록 이러한 영향은 더 클 것이며 앞에서 본 바와 같이 2008년의 심각한 금융위기로 인해 금융위기의 영향을 받은 많은 나라의 GDP가 심각한 마이너스의 성장을 보인 것은 결코 놀라운 일이 아니다.

86 우리나라의 경우2008년 10월~2009년 4월 사이에 통화가치가 25% 이상 하락하고 통화절하율이 전년보다 크게 상회하여 외환위기가 발생하였다고 볼 수 있다. 이제민(2017, p.285) 참고.

참고문헌

곽태운, 현대국제금융론, 박영사, 2010.8

국제금융센터, 국부펀드 주요 특징 및 전망, 2018.4.6

김태준, 취약한 외환관리시스템 어떻게 할 것인가?, 2009.5.28, 한국금융연구원

이제민, 외환위기와 그후의 한국경제, 한울, 2017

차현진, 에고니스트의 중앙은행론, 율곡출판사, 2007

최혁, 2008 글로벌 금융위기: 현대인을 위한 금융특강, 도서출판 K-books, 2009

한국은행, 주식시장과열과 침체 및 리세션에 대한 역사적 조망, 해외경제포커스 제2003-19호(2003.5.4-5.10)

이토 다카하시(Takahashi Ito), 금융규제와 감독에 대한 평가와 바람직한 방향, 금융연구원, 글로벌 금융위기이후 금융환경변화, 2009.4

G. Akerlof and R. Shiller, Animal Spirits, 2009. 김태훈(역), 야성적 충동, 랜덤하우스, 2009

Franklin Allen, "Why are there global imbalances: the case of South Korea," 서울대학교 금융경제연구원 발표자료, 2010.2.3

B. S. Bernanke, The Federal Reserve and The Financial Crisis, Princeton Univ. Press, 2013. 김홍범 · 나원준(역), 벤 버냉키, 연방준비제도와 금융위기를 말하다, 미지북스, 2013

B. S. Bernanke, The Courage to Act: A memoir of a crisis and its aftermath, 2015. 안세민(역), 행동하는 용기, 까치글방, 2015

Barry Bosworth and Aaron Flaaen, America's Financial Crisis: End of an Era? Working Pager #142(July 2009), ADB Institute

E. Boz and E. G. Mendoza, Financial Innovation, the Discovery of Risk, and the U.S. Credit Crisis, NBER Working Paper #16020, May 2010

R. F. Brunner and S. D. Carr, The Panic of 1907: Lessons Learned from the Market's Perfect Storm, John Wiley and Sons, Inc., 2007. 하윤숙(역), 패닉: 1907년 금융공황의 통찰, (주)황금부엉이, 2008

S. Cecchetti, M. Kohler and C. Upper, Financial Crises and Economic Activity, BIS, 2009.8.24

Niall Ferguson, The Ascent of Money: A Financial History of the World. 2008. 김선영(역), 금융의 지배: 세계금융사이야기, 민음사, 2010

Luisa Fernandez, Fadhel Kaboub, Zdravka Todorova, On democratizing financial turmoil: A Minskian Analysis of the Subprime Crisis, Working paper NO.548(Nov.2008), The Levy Economics Institute of Bard College

Milton Friedman and Anna Schwartz, A Monetary History of the United States: 1867-1960, Chicago University Press, 1963

IMF, Global Financial Stability Report, Chap.3 Market Interventions during the financial crisis: how effective and how to disengage? Oct. 2009

Richard D. Koo, The World in Balance Sheet Recession, 2013. 정성우 · 이창민(역), 밸런스 시트 불황으로 본 세계 경제, 어문학사, 2014

Ross Levine, An Autopsy of the U.S. Financial System, NBER Working Paper # 15956(April 2010)

Frederic S. Mishkin, The Economics of Money, Banking and Financial Markets, 7th ed(2004), 8th ed(2007). Pearson

Hermann Remsperger, "Financial stability issues-a view from the Bundesbank," China Society for Finance & Banking, Beijing, November 2007

R. J. Shiller, Subprime Solution: How today's global financial crisis happened, and what to do about it, 정준희(역), 버블경제학, 랜덤하우스, 2009

Hyun Song Shin, "Financial Intermediation and the Post-Crisis Financial System, with Implications for Korea," KDI 세미나, 2009.8.7

Hongbin Song, Currency Wars, China CITIC Press, 2007. 차혜정(역), 화폐전쟁, 랜덤하우스코리아, 2008

Joseph E. Stiglitz, Freefall, 2010. 장경덕(역), 끝나지 않은 추락, 21세기북스, 2010

Peter J. Wallison, "Dissent from the Majority Report of the Financial Crisis Inquiry Commission," American Enterprise Institute, January 14, 2011

Peter J. Wallison, "The true story of the financial crisis," American Enterprise Institute, May 13, 2011

연습문제

1. 1907년의 미국 금융위기에서 중앙은행이 없었기 때문에 발생한 문제는 무엇인가?
2. 1907년의 위기를 유발한 정치적 실책에 대해 논의해 보시오.
3. 미국의 대공황의 원인에 대한 통화론자(monetarists)와 케인지안(Keynesian)의 견해를 비교 설명해 보시오.
4. 대공황 때 정책당국의 잘못된 대응이 문제를 더 키웠다는 비판을 받고 있는데 통화당국이 어떤 잘못을 하였는지 설명하시오.
5. 미국의 1980년대의 저축은행위기에 대해 살펴보고 우리나라의 2011년의 저축은행사태와의 공통점에 대해 살펴보시오.

6. 미국에서의 주택소유 확대정책의 성과에 대해 논의하시오.

7. 미국의 서브프라임 모기지사태로 2008년에 글로벌 금융위기가 발생하여 전 세계가 어려움에 빠졌다. 모기지대출이란 주택을 구입하고 장기간에 걸쳐 원리금을 상환하는 제도이다. 최근에는 역모기지론(reverse mortgage loan, 주택연금)이라는 것이 개발되었는데 역모기지론의 의미와 유효성에 대해 설명하시오.

8. 미 정책당국은 2008년의 글로벌 금융위기 시에 다른 금융기관은 구제하면서 2008년 9월 15일 미국의 투자은행인 Lehman Brothers를 파산시킴으로써 금융위기를 확대시켰다는 비판을 받고 있다. 이러한 비판에 대해 정책일관성(policy consistency)의 측면에서 논평하시오.

9. 2008년의 글로벌 금융위기에서 가장 핵심적인 요인은 무엇이라고 생각하는지 논의해 보시오.

10. 2008년 이후의 글로벌 금융위기에서 한국은행이 위기에 대응하여 수행한 정책에 대해 살펴보시오.

IV부 금융기관

12장 은행의 활동과 경영관리
13장 은행산업의 변화와 발전
14장 비은행금융기관

IV부에서는 금융제도의 중요한 구성요소인 금융기관에 대해 다룬다. 과거에는 은행을 비롯한 금융기관들이 매우 안정적이었으나 1997년의 외환위기 이후 금융불안과 금융위기가 자주 발생하고 금융산업에서의 구조조정이 일상화되어 이제 금융기관들이 매우 불안정하게 되었다. 2008년에도 글로벌 금융위기가 발생하면서 은행을 비롯한 많은 금융기관들이 어려움에 처하였고 2011년에는 저축은행들이 줄줄이 도산하면서 많은 피해를 주었다. 금융기관들은 경제활동에 필요한 자금을 제공하고 여유자금을 운용하는 중요한 기관인데 이들이 불안정하게 되면서 경제전체가 어렵게 되고 큰 타격을 입었다. 따라서 금융기관들이 왜 이렇게 불안정하고 수시로 어려움에 처하는지 보다 자세히 살펴볼 필요가 있다. 이를 위해서 은행을 중심으로 금융기관이 어떤 일을 하며 어떻게 운영되고 어떻게 발전하여 왔으며 어떻게 발전해 나갈 것인가 하는 문제를 살펴볼 필요가 있다.

먼저 12장에서는 금융중개기관 중에서 가장 중요한 형태인 은행을 중심으로 은행의 경영문제에 대해 살펴본다. 13장에서는 은행산업이 어떻게 발전하여 왔으며 그 과정에서 효율성과 안정성을 어떻게 달성하여 왔는지에 대해 살펴본다. 그리고 14장에서는 은행이외의 중요한 금융중개기관인 보험회사, 투자회사(뮤추얼펀드) 등과 직접금융시장의 금융기관인 증권회사, 투자은행 등에 대해 살펴본다.

CHAPTER

12

은행의 활동과 경영관리

12장에서는 은행이 이윤의 극대화를 위하여 어떠한 활동을 하며 그 활동을 어떻게 관리하는지를 살펴본다. 기본적으로는 은행에 초점을 맞추고 있지만 비슷한 활동과 관리원칙이 저축은행과 같은 다른 예금취급기관과 보험회사 등 비은행금융중개기관에도 널리 적용된다. 은행의 경영관리문제에 대해 살펴보기 전에 먼저 1절에서는 우리나라 은행의 전반적인 현황에 대해 간략히 살펴본다. 2절에서는 은행의 모든 활동을 일목요연하게 보여주는 은행의 대차대조표를 통해 은행의 자금조달방식과 자금운용방식에 대해 살펴본다. 은행의 중요한 경제적 기능인 신용창조(credit creation)에 대해서도 간략히 살펴본다. 은행은 저축자로부터 예금을 받고 차입자에게 대출하는 것을 기본업무로 하므로 3절에서는 은행과 저축자 간의 관계에서 은행의 역선택과 도덕적 해이를 줄이기 위해 은행에는 어떠한 관리문제가 있는지를 살펴본다. 그리고 4절에서는 은행과 차입자 간의 관계에서 제기되는 중요한 관리문제를 다룬다. 그리고 1980년대 이후의 규제완화추세에 따라 은행들은 전통적인 은행업무보다는 훨씬 다양한 업무를 수행하며 이를 통해 많은 수수료수입을 얻고 있는데 5절에서는 이러한 활동을 나타내는 부외활동에 대해 살펴본다.

1. 우리나라 은행의 현황

간접금융을 담당하는 가장 중요한 금융기관은 은행(bank)이다. 우리나라에서 은행은 예금을 취급하여 예금화폐를 창조하는 **예금은행**(deposit bank)을 말하며 예금은행에는 일반은행과 특수은행이 포함된다. 일반은행은 은행법에 의해 설립된 은행이고 특수은행은 각 은행의 설립을 정한 개별 설립근거법에 의해 설립된 은행을 말한다. **일반은행**(commercial bank)은 예금과 상업대출 및 지급결제업무를 고유업무로 하고 있다. 전국적 지점망을 갖고 있는 **시중은행**(nationwide commercial bank), 영업지역이 한정되어 있는 **지방은행**(local bank), 그리고 외국은행의 국내지점이 일반은행에 포함된다.

우리나라에는 2019년 2월말 현재 6개 시중은행, 6개 지방은행, 2개 인터넷 전문은행, 38개 외국은행 국내지점 등 총 52개의 일반은행이 영업 중이다. 우리나라의 일반은행(시중은행과 지방은행)과 특수은행의 구체적 현황과 변천과정은 〈표 12-1〉과 같은데 여기서 보면 시중은행으로는 우리은행(한빛은행에서 개명, 평화은행 합병), 한국스탠다드차타드(Standard Chartered) 은행(제일은행+SC서울지점), 신한은행(조흥은행 합병), 한국씨티은행(한미은행+씨티은행서울지점), KEB하나은행(서울은행과 외환은행 합병) 그리고 KB국민은행(주택은행 합병)이 있으며 지방은행으로는 대구, 부산, 광주, 제주, 전북, 경남은행이 있다. 그리고 인터넷 전문은행으로 케이뱅크은행과 한국카카오은행이 있으며, 여기에 외국은행국내지점이 포함되면 일반은행이 된다. 1997년의 외환위기를 겪으면서 은행은 대거 인수 합병되었다.

은행금융지주회사의 탄생도 외환위기 이후 우리 은행산업에서 나타난 또 하나의 변화된 모습이다. 우리은행은 경남은행과 광주은행 등 두 지방은행을 편입하여 우리금융지주회사로 탄생하였다(2001년 4월). 우리금융지주회사와 비슷한 시기에 신한은행도 제주은행을 편입하여 신한금융지주회사로 재탄생하였고(2001년 9월) 그 후 하나은행과 국민은행도 각각 하나금융지주회사(2005년 12월)와 KB금융지주회사(2008년 9월)로 거듭나게 되었다. 또 2009년 6월에는 첫 외국계 금융지주회사로 한국SC금융지주회사가 설립되었고 2009년 10월에 산업은행금융지주회사가 설립되었다. 그리고 2010년 6월에 한국씨티금융지주회사, 2011년 3월에는 BS(부산은행)금융지주회사(경남은행을 인수하여 2015년 3월 1일에 BNK금융지주회사로 개명), 2011년 5월에는 DGB(대구은행)금융지주회사가 설립되었고 2012년 3월 농협금융지주회사가 출범하였다. 또 2013년 7월에는 JB(전북은행)금

〈표 12-1〉 ▸ 우리나라 예금은행의 변천추이(기말기준)

	1960	1970	1980	1990	1997	2000	2010	2019.2
시중은행	조흥(43), 상업(50), 제일(58), 한일(60)	조흥, 상업, 제일, 한일, 서울(62), 신탁(68)	조흥, 상업, 제일, 한일, 서울신탁(76)	조흥, 상업, 제일, 한일, 서울신탁, 신한(82), 한미(83), 동화(89), 동남(89), 대동(89), 외환(89)	조흥, 상업, 제일, 한일, 서울(95), 신한, 한미, 동화, 동남, 대동, 외환, 하나(91), 보람(91), 평화(92), 국민(95), 주택(97)	조흥, 한빛(99), 제일, 서울, 신한, 한미, 외환, 하나, 평화, 국민, 주택	우리(02.5), 한국SC(05.6), 신한, 한국씨티(04.9), 외환, 하나, 국민	우리, 한국SC, 신한, 한국씨티, KB국민, KEB하나(15.9)
지방은행	서울(59)	대구(67), 부산(67), 충청(68), 광주(68), 제주(69), 경기(69), 전북(69), 강원(70), 경남(70)	대구, 부산, 충청, 광주, 제주, 경기, 전북, 강원, 경남, 충북(71)	좌동	좌동	대구, 부산, 광주, 제주, 전북, 경남	좌동	좌동
인터넷 전문은행								케이뱅크(17.4), 한국카카오(17.7)
특수은행	산은(54)	산은, 농협(61), 수협(62), 국민(63), 주택(69), 중소기업(61), 외환(67)	좌동	산은, 농협, 수협, 국민, 주택, 중소기업, 축협(81)	산은, 농협, 수협, 중소기업, 축협	산은, 농협(축협 합병), 수협, 중소기업	좌동	산은, NH농협은행(12.3), 수협은행(16.12), 중소기업
은행금융 지주회사							우리지주(01.4), 신한지주(01.9), 하나지주(05.12), KB지주(08.9), 한국SC지주(09.6), 산은지주(09.10), 한국씨티지주(10.6)	신한지주, 하나지주, KB지주, BNK지주(11.3), DGB지주(11.5), NH농협지주(12.3), JB지주(13.6), 한국투자지주(17.7), 우리지주(19.1)

주: 밑줄 친 은행은 1960년대 이후 신설 또는 전환된 은행
( )속은 설립 시기

자료: 한국은행(2011, 2018)

융지주회사가 출범하였다. 그리고 2003년 5월에 설립된 한국투자금융지주회사는 2017년 한국카카오은행을 자회사로 두게되어 은행금융지주회사가 되었다. 그러나 2014년 들어 주력은행과의 합병을 통해 우리금융지주회사(2014년 11월 1일), 한국씨티금융지주회사(2014년 10월 31일), 산은금융지주회사(2014년 12월 31일)가 해체되었고, 2015년 12월에 한국SC금융지주회사가 해체되었으나, 2019년 1월 우리금융지주회사가 다시 출범하여 2019년 2월 말 현재 9개 은행금융지주회사가 운영되고 있다.

특수은행은 일반은행이 재원, 채산성 또는 전문성 등의 제약으로 인해 필요한 자금을 충분히 공급하지 못하는 특정 부문에 대하여 자금을 원활히 공급함으로써 일반상업금융의 취약성을 보완하기 위하여 설립된 정책금융기관으로서 각자의 설립근거법을 갖고 있다. 따라서 특수은행은 상업은행(일반은행)의 취약점을 보완하는 보완금융기관의 기능과 특정 부문에 대한 전문금융기관의 기능을 담당하도록 되어 있다. 그러나 특수은행은 각자의 설립법을 갖고 있으나 은행법이 원칙적으로 적용되기 때문에 일반은행의 성격도 갖고 있다. 현재 영업 중인 예금은행 중 특수은행으로는 농협중앙회의 신용사업부(NH농협은행, 농업금융을 목적으로 하며 농업협동조합법에 의해 설립), 수협중앙회의 신용사업부(수협은행, 수산업금융을 목적으로 하며 수산업협동조합법에 의해 설립), 중소기업은행(중소기업금융을 목적으로 하며 중소기업은행법에 의해 설립), 한국산업은행(개발금융을 목적으로 하며 한국산업은행법에 의해 설립)이 있다.

그러나 일부의 특수은행은 특정부문에 대한 정책금융기관으로서의 역할이 약화되면서 일반은행의 기능을 주로 수행하여 일반은행과의 마찰이 발생하였다. 특히 산업은행은 개발과정에서의 정책자금지원을 목적으로 설립되었으나 정책금융의 역할이 축소되면서 일반은행과 유사한 업무를 수행하여 왔다. 이에 따라 정부는 산업은행이 업무를 수행하는 과정에서 꾸준히 제기되어 온 민간금융기관과의 시장마찰문제를 근본적으로 해소하고 정책금융업무의 효율적 수행을 위하여 산업은행의 민영화 및 정책금융공사 설립을 추진하여 왔다. 2009년 4월 29일 산업은행민영화를 골자로 하는 '산업은행법개정안'이 국회를 통과하였으며, 이에 따라 산업은행은 민영화대상인 산은금융지주회사와 정책금융을 하는 한국정책금융공사(Korea Finance Corporation)로 분할되었다. 그러다가 2014년 5월 산업은행법을 재개정하여 정책금융공사를 다시 산업은행과 통합하기로 하여 산업은행이 다시 정책금융 담당기관으로 복귀하였다.

2. 은행의 대차대조표와 전통적 업무[1]

우리나라의 일반은행의 업무범위는 은행법 및 은행법 시행령에 규정되어 있는데, 은행의 업무는 고유업무, 부수업무 그리고 겸영업무로 구성된다. 고유업무(은행법 제27조)는 예금·적금의 수입 또는 유가증권이나 그 밖의 채무증서의 발행 등으로 조달한 자금을 대출하는 업무와 내·외국환업무로 구성된다.[2] 이와 같이 은행의 고유업무(전통적 업무)는 예금을 받고 대출을 하는 업무와 환업무를 통해 자금을 지급하고 결제하는 업무이고 여기에 여러 가지 부수업무와 겸영업무가 추가되어 온 것이다. 그러나 은행이 초기부터 이러한 많은 다양한 업무를 한꺼번에 수행해 온 것은 아니다. W. Bagehot는 은행의 기능발전과정을 다음과 같이 설명하고 있다. 첫째로 수행한 기능이 송금기능, 즉 지급결제업무이다. 그러나 이러한 기능은 사업을 하는 소수의 사람에 한정되는 기능이다. 두 번째의 기능이 은행권발행업무이다. 이 기능은 현재의 관점에서 보면 수표의 발행을 통한 신용화폐(예금화폐)의 발행기능을 의미하는데, 이러한 기능은 일반대중을 상대로 수행하는 기능이다. 그런데 은행권발행기능은 대출기능을 포함하고 있다. 왜냐하면 대출과정에서 금속화폐 대신 은행의 약속어음인 은행권을 발행하여 지급하기 때문이다. 어떤 사회에서든 은행업이 전파되는 가장 좋은 방법은 은행으로 하여금 금속화폐를 대체할 수 있는 소액단위의 은행권을 발행하도록 허용하는 것이다. 세 번째로 등장한 기능이 예금업무이다. 일반적으로 은행권의 사용이 은행에 예금을 예치하는 관습보다 먼저 생기게 되었는데 그 이유는 은행권의 사용이 훨씬 더 정착되기 쉬운 관행이었기 때문이다.[3]

---

1 한국은행(2011, 2018) 참고.

2 부수업무(은행법 제27조의 2 및 시행령 18조)는 고유업무의 수행에 수반되는 업무로서 감독당국의 별도 인허가 없이 영위할 수 있는 업무이며 현행 은행법은 이를 포괄적으로 허용하고 있는데 지급보증, 어음인수, 상호부금, 팩도링, 보호예수, 수납 및 지급대행 등이 해당된다. 이외에 겸영업무(은행법 제28조 및 시행령 18조의 2)는 타법령에 따른 인허가 등이 필요한 업무와 필요로 하지 않는 기타 업무로 구분된다. 전자의 겸영업무로는 유가증권의 인수·매출 및 모집·매출 주선, 환매조건부채권매매, 집합투자업, 투자자문업, 투자매매업, 투자중개업, 신탁업, 방카슈랑스, 신용카드업 등이 있다. 후자의 겸영업무에는 타 법령에서 은행이 운용할 수 있도록 한 업무와 기업 인수·합병의 중개·주선 또는 대리업무, 증권의 투자 및 대차거래업무, 상업어음 및 무역어음의 매출업무 등이 있다.

3 예컨대, 프랑스의 경우 프랑스중앙은행이 은행권을 독점적으로 발행하였기 때문에 은행을 이용하는 관행이 쉽게 정착되지 않았으며 그래서 예금업무(예금은행제도)가 더디게 발전하였다. 유럽대륙의 국가들도 마찬가지로 외침과 혁명이 빈발하였으며 이로 인해 은행권발행에 어려움이 발생하였고 이로 인해 예금은행

이러한 과정을 거쳐 지금도 은행이 예금을 받고 대출을 하며 그 과정에서 은행권(수표)이 발행되거나 전자지급수단을 통해 지급결제가 이루어지고 있다. 따라서 은행의 전통적 고유업무는 예금을 받고 대출을 하는 것이다. 이러한 전통적 업무를 중심으로 은행이 어떤 일을 하고 어떻게 운영되는지를 알기 위해서는 은행의 대차대조표를 검토해볼 필요가 있다. 왜냐하면 은행이 하는 모든 업무와 활동이 은행의 대차대조표에 모두 반영되기 때문이다. **대차대조표(B/S, balance sheet)**는 총자산 = 총부채 + 자본이라는 구조를 가지고 있으며 이것은 은행자금의 원천(source)과 용도(uses)를 잘 보여주고 있다. 즉, 총부채는 자금의 원천을 나타내며 총자산은 자금의 사용·용도를 나타낸다. 대차대조표를 이용하여 은행이 어떻게 자금을 조달하고 이 자금을 어떻게 운용하는지 살펴본다.

(1) 부채(자금의 원천)

은행은 기본적으로 채무증서를 발행하여 자금을 조달(차입)하는데 부채에서는 예금, 차입금, 채권발행(은행채), 그리고 자기자본이 중요한 항목이다.

1) 예금

은행은 자금조달을 위해 다양한 예금을 개발하여 왔다. 우리나라의 경우 예금은 지급결제 편의 또는 일시적 보관을 목적으로 하는 **요구불예금**(demand deposit)과 저축 또는 이자수입을 주목적으로 하는 **저축성예금**(savings deposit)으로 대별된다. 요구불예금과 저축성예금의 구분은 편의상 거치기간의 설정여부가 기준이 되었으나 결제와 저축기능이 혼합된 새로운 예금제도의 도입으로 구분기준이 불분명해졌다. 요구불예금은 은행자금 중 가장 비용이 적게 드는 자금원천인데 이에는 당좌예금, 가계당좌예금, 보통예금, 별단예금, 공공예금 등이 포함된다. 저축성예금은 예금자가 이자수취를 목적으로 예치기간을 사전에 약정하여 일정금액을 예입하는 기한부예금으로서 이에는 정기예금, 정기적금, 저축예금, 기업자유예금, 근로자우대저축, 장기주택마련저축, 상호부금 등이 있

제도가 발전하는 데 제약이 되었다. 반면 영국은 이러한 불안정이 없어 은행들의 은행권발행이 순조로웠으며 이에 따라 예금업무가 쉽게 정착하게 되었고 예금은행제도가 빨리 정착되게 되었다. Bagehot(1873), 유종권·한동근(2001, pp.89-98) 참고.

다. **양도성예금증서**(CD, negotiable certificates of deposit)도 일종의 정기예금인데 이것은 정기예금에 양도성을 부여한 금융상품(최저발행단위가 1천만 원 이상인 거액예금 수단임)으로서 은행의 수신경쟁력을 제고하고 금리자유화의 기반을 조성하는 동시에 시중 여유자금을 흡수하기 위하여 1984년 6월에 재도입되었다.

은행은 자금조달에 있어서 예금을 받아(예금증서를 발행하여) 조달하는 비중이 가장 높아 일반은행의 경우 2017년 말 기준으로 예금이 60.0%, CD가 1.2% 그리고 외화예금이 4.5%로 예금관련자금이 전체부채의 65.7%를 차지한다. 이것은 모든 나라의 은행에서 공통적인 현상으로 예금을 통해 자금조달을 하는 것은 은행의 전통적이고 전형적인 방법이라고 볼 수 있다. 그리고 예금(요구불예금+저축성예금+CD) 중에서 요구불예금이 차지하는 비중이 2017년 말 현재 12.0%이고 저축성예금이 85.9%를 차지하며 양도성예금증서(CD)가 2.1%를 차지한다. 그러므로 저축성예금이 은행자금의 가장 중요한 원천이라고 볼 수 있다.

2) 차입금

은행은 중앙은행, 타 은행, 기업으로부터의 차입을 통해 자금을 조달한다. 중앙은행 차입을 **할인차입**(discount loans, advances)이라고 한다. 타 은행이나 타 금융기관으로부터 콜시장(미국의 연방자금시장)에서 차입(콜머니)을 하며 또 모기업으로부터 차입하거나 RP거래를 통해 기업으로부터 차입하며 유로달러차입(외화차입)도 있다. 전체적으로 차입의 비중이 늘어나고 있는데 이중 콜머니 등의 차입이 크게 증가하고 있는 반면 과거 주요 자금조달원이었던 중앙은행 차입금 비중은 크게 줄어들고 있다.

3) 채권(은행채)발행 및 자산유동화

1997년 2월 은행법 시행령 개정에 의해 은행의 채권발행 관련 규정이 신설됨으로써 일반은행의 원화금융채(은행채) 발행이 허용되어 채권(은행채)발행이 은행의 새로운 주요 자금조달원으로 등장하였다. 특히 은행채 발행은 예금수신보다 안정적인 자금조달원이어서 은행들은 계속하여 은행채발행을 주요한 자금조달수단으로 사용하고 있다. 또 은행은 은행채발행 이외에도 대출자산(특히 주택담보대출)의 유동화(MBS의 발행)를 통해 원화유동성을 확보하고 있다.

4) 자기자본

자기자본은 일반적으로 주식발행(신주공모)이나 유보이익(사내유보)을 통해 증가된 자금을 나타낸다. 이러한 자본은 손실이 발생하는 경우 운영손실을 흡수하기에 충분하여야 한다. 그래야 은행의 안전성에 대한 신뢰가 증가할 수 있기 때문이다. 그러나 은행이 과도하게 자기자본을 보유하는 경우 주주들에 대한 수익에 부정적인 영향을 미치므로 가급적 적은 자본을 보유하려는 경향이 있다. 그래서 은행규제자들은 은행이 자기자본을 충분히 보유하도록 적정자기자본요구량을 부과한다. 예컨대, 1988년부터 대부분의 나라의 은행규제자들은 **바젤은행감독위원회(BCBS, Basel Committee on Banking Supervision)**에서 정한 위험가중자본요구량(risk-based capital requirement)이라는 규제(BIS 자기자본비율규제)를 부과하고 있다.

(2) 자산(자금의 용도)

은행은 본질적으로 이윤을 추구하는 영리기업이다. 수익성이 높은 자산을 보유하여야 수익이 커지므로 수익이 많이 발생하는 자산을 보유하려고 한다. 은행이 보유하는 자산 중에서는 대출이 가장 중요한 수익자산이다. 그러므로 은행은 기본적으로 예금을 받아 대출을 하는 금융회사라고 볼 수 있다. 그러나 대출이 수익성이 높기는 하지만 위험도 크므로 대출 이외에도 여러 가지 자산을 보유한다.

1) 준비금

은행은 지급결제업무를 수행하므로 현금과 예치금과 같은 준비금을 예금인출에 대비하여 보유하고 있다. 은행은 예금으로 조달한 자금의 일부를 **시재금**(vault cash)으로 직접 보유하거나 중앙은행에 대한 예금(**중앙은행예치금**)으로 보유한다. 이들의 합이 **준비금**(reserve)인데 준비금은 법정지급준비금과 초과지급준비금으로 구성된다. 준비금은 과거에는 상당한 비중을 차지하였으나 최근에는 법정지급준비율의 인하추세에 따라 그 비중이 매우 작아져서 5% 이내이다.

2) 대출금

대출은 다른 자산보다 유동성이 작고 채무불이행의 위험도 높은 반면에 수익성은 높은 자산이기 때문에 은행은 주로 대출을 통해 수익을 획득한다. 그래서 전통적인 은행의 경우 수입의 반 이상을 대출에서 획득한다. 우리나라의 경우에도 2017년 말 기준으로 일반은행의 대출금(외화대출금 포함)은 자산의 58.7%를 차지하고 있다.[4]

3) 유가증권

또 하나 중요한 수익자산항목이 유가증권인데 이것의 비중은 2000년에는 25.7%였으나 최근에는 비중이 점차 줄어들어 15% 정도(2017년 말 기준으로 자산의 15.2%)에 머무르고 있다. 미국의 경우 은행의 주식소유가 허용되지 않기 때문에 유가증권은 전적으로 채무증서(국채, 지방채 등)만으로 구성되지만 우리나라의 경우 은행은 거주자가 발행한 원화 및 외화표시유가증권, 국채, 통화안정증권, 주식(타 기업을 지배하지 못할 정도) 및 사채 등 각종 유가증권을 보유한다. 이중 정부의 단기국채는 유동성이 매우 높기 때문에 은행의 단기국채보유는 **제2선 (지급)준비금**(secondary reserve)이라고 불린다. 제2선 준비금에 포함되지 않는 유가증권은 은행의 포트폴리오로서 이자소득 및 자본소득을 목적으로 보유된다.

이 외에도 많은 자산을 보유하는데 고정자산이 가장 중요하며 부동산, 시설들이 포함된다. 은행의 부동산소유는 업무상 필요한 부동산으로 한정되며 자기자본을 초과하여 소유할 수 없다.

(3) 은행의 전통적 업무

1) 은행의 전통적 업무와 기능

위에서 간략히 살펴본 은행의 대차대조표에 따르면 기본적으로 은행은 예금을 받아 대출을 한다. 물론 예금 이외에도 차입과 채권발행을 통해 자금조달을 하며 또 대출

4 대출은 일반은행의 주된 신용공여수단이다. 일반은행은 상업어음할인, 무역금융 등 단기운전자금대출과 장기시설자금대출을 취급하고 있다. 또 대출은 대출형식에 따라 어음할인과 대출로 구분되며 대출은 다시 어음대출, 증서대출 및 당좌대출로 구분되는데 이중 어음대출이 은행에서 가장 많이 활용되고 있다.

이외에도 유가증권투자 등을 통해 수익을 얻으며 예금인출에 대비하여 준비금을 보유하고 손실발생에 대비하여 자기자본을 상당수준 보유하지만 은행은 기본적으로는 예금을 받아 대출을 하는 업무를 수행한나. 은행은 금융제도의 중요한 한 부분으로서 이러한 전통적 업무를 수행함으로써 다음과 같은 중요한 경제적 기능을 수행한다.

첫째, 은행은 중요한 금융중개기관으로서 고객의 예금을 차입자에게 대출해주는 **자금(금융)중개기능**을 수행한다. 은행이 예금을 대출로 연결하는 자금중개기능에는 만기, 금액 그리고 위험의 중개기능이 포함된다. 즉, 저축자와 차입자에게 모두 적합한 만기, 금액 그리고 위험수준을 제공함으로써 자금을 중개하는 기능을 수행한다.

둘째, 은행은 자금중개기능을 잘 수행하기 위해 차입자(대출을 받는 주체)에 대한 정보를 적극적으로 파악하는 **정보생산기능**을 수행한다. 대출을 잘하기 위해서는 이러한 기능이 꼭 필요하며 이는 사전적 심사기능(잘못된 대출을 줄이는 기능 = 역선택 감소)과 사후적 감시기능(대출된 자금이 잘못 사용되는 것을 줄이는 기능 = 도덕적 해이 감소)을 포괄한다. 자금중개기능을 얼마나 잘 수행하느냐 하는 것은 이러한 정보생산기능에 달려있다.

셋째, 은행은 자금중개기능을 잘 수행하기 위해 은행을 이용하는 사람들(저축자와 차입자)에게 **지급결제 및 회계서비스기능**을 제공한다. 자본주의 시장경제에서 경제활동은 모두 화폐를 이용한 거래이기 때문에 이러한 거래가 원활하게 이루어지고 결제가 안전하고 확실하게 이루어지도록 은행은 다양한 지급수단(수표 및 전자 지급수단 등)을 제공하고 경제주체 간의 거래기록을 관리하고 유지하는 서비스를 제공한다.

넷째, 은행은 예금을 이용하여 대출을 하고 다양한 지급수단을 제공하고 결제를 수행하는 과정에서 예금을 창조(신용창조)하는 **통화창출기능**을 수행한다. 이 기능은 은행의 본질적 기능은 아니지만 거시 경제적으로 매우 중요한 기능이다.

2) 금융위기와 은행의 전통적 업무

2008년 이후의 글로벌 금융위기는 11장에서 본 바와 같이 은행의 업무가 이러한 전통적 업무에서 크게 벗어났기 때문에 발생하였다는 것을 보여주고 있다. 선진금융의 대명사로 일컬어지던 미국과 영국의 은행들은 금융의 전통적인 자금중개기능을 도외시한 채 자회사를 통한 금융상품 직접투자와 기업이 아닌 금융기관(헤지펀드 등)에의 대출에 집중하였을 뿐 아니라 자금조달도 예금유치가 아니라 다른 금융기관차입이나 채권발행을 통해 빌리는 데 주로 의존하였다. 이러한 결과로 다른 나라보다도 더 심각한 은행위기를 경험하였다.

이러한 경험 때문에 글로벌 금융위기 이후에 은행의 업무영역에 대한 재검토 논의가 활발하게 이루어지고 있다. 은행의 사업영역을 기준으로 보면 은행을 대략 세 가지 정도의 유형으로 분류할 수 있다.[5] 첫째, 은행의 전통적 기능이며 중요한 공익기능(utility)인 금융중개기능과 지급결제기능을 수행하는 **공익기능은행**(utility bank)을 들 수 있다. 이러한 은행은 주로 예금이나 적금을 통해 자금을 조달하고 주로 대출을 통해 자산을 운용하며 불안정성과 위험성이 큰 자본시장으로부터 분리되어있는 전통적인 형태이다. 둘째, 은행의 자본시장참여정도가 공익기능은행보다는 다소 많은 유형으로 현재의 일반은행과 같은 유형이다. 앞에서 본 바와 같이 현재의 은행들은 예금 외에 은행채 등 각종 채권을 발행하여 자금을 조달하고 주식, 채권거래 등 유가증권시장에 대한 투자도 비교적 많이 하는 형태이다. 셋째, 자산시장과의 연관성이 매우 큰 현대의 **겸업형은행**을 들 수 있다. 직접 증권업무를 수행하는 유럽의 겸업은행(universal bank), 증권회사를 자회사로 두는 금융지주회사 형태의 겸업은행들은 적극적으로 주식, 채권뿐 아니라 원자재, 파생금융상품 등 거의 모든 자산시장에서 자산운용을 함으로써 고수익을 추구한다고 볼 수 있다.

2008년의 글로벌 금융위기이후 위기의 주요 원인의 하나로 은행이 자본시장 등 자산시장에 과도하게 참여하였다는 점을 지적하고 이에 대한 여러 해결책이 제시되고 있다. 그 중 하나는 은행과 자본시장을 완전분리하자는 견해인데 이 극단적인 견해는 은행의 공익기능은행으로의 환원을 제시하는 것이며 미국의 1933년의 은행법(Glass-Steagall Act)이 적용되는 시기로 되돌아가자는 견해이다.[6] 그러나 은행과 자본시장의 관계는 이미 뗄 수 없는 상태에 있으며 은행은 이미 자본시장의 가장 큰 시장참여자가 되었기 때문에 은행과 자본시장의 완전분리는 돌이킬 수 없는 상황이라고 볼 수 있다.[7]

---

5 진석용(2009. pp.4-5) 참고.

6 은행은 수신과 대출만을 영위하여야 한다는 것으로 예컨대 2009년 8월에 영국보수당이 발표한 Osborne Plan이 이에 해당한다(박연우(2009)).

7 우리나라에서도 은행은 자본시장의 가장 큰 시장참여자가 되었는데 우선 은행은 채권발행시장에서 가장 큰 시장참여자이다. 은행채의 발행비율이 전체의 30% 수준이다. 또 은행은 전통적으로 단기금융시장에서 지배적인 지위를 유지해 왔다. 장외파생상품시장에서도 은행은 절대적인 우위에 있으며 자산유동화시장의 업무수탁부문에서 은행은 절대적 우위에 있고 발행, 자산관리부문에서도 경쟁력이 높다(박연우(2009)).

그러나 2008년 이후의 금융위기의 확산과 증폭이 겸업형은행들의 적극적인 자산시장 참여에 의해 유발되었다는 점 또한 부인할 수 없다. 이에 따라 각 나라들은 위기 이후 금융개혁을 통해 금융지주회사의 틀 안에서 은행업무와 자본시장업무를 합리적으로 분리시키고 계열사 간 내부통제시스템을 엄격히 적용하여 자본시장의 건전성과 투자자 보호를 강화하거나 또는 은행의 사업영역조정 대신 자본요건강화, 손실완충장치의 마련 등의 규제강화를 통해 문제를 해결해 나가고 있다.

(4) 은행의 경제적 기능: 신용창조

은행(예금은행)은 예금을 이용하여 대출을 하는 전통적 업무를 하는 과정에서 신용(예금)을 창조하는 통화창출기능을 수행한다. 이 기능은 통화공급과 관련하여 거시 경제적으로 매우 중요한 기능이다.

1) 신용(예금)창조의 단순모형

갑이 친구에게 1,000만 원을 빌려주고 차용증서를 받는 경우에는 갑이 갖고 있던 현금 1,000만 원이 친구에게 이전되므로 통화량은 변화가 없고 다만 금융증권(차용증서)만 1,000만 원 증가한다. 그러나 갑이 1,000만 원을 은행에 예금하는(빌려주는) 경우에는 사정이 달라진다. 갑은 은행에 1,000만 원의 예금을 갖고 있다는 예금증서(예금통장)를 갖게 되고 은행은 1,000만 원의 예금(본원예금, primary deposit, 은행제도 밖으로부터 들어온 예금)을 받게 된다. 이제 예금을 받은 은행은 부분준비제도 하에서 예금의 일부(예컨대, 법정지급준비율이 10%인 경우 100만 원)를 법정지급준비금으로 보유하고 나머지 900만 원을 대출할 수 있다. 대출을 할 때 은행은 통장에 예금형태로 주기 때문에 예금이 900만 원만큼 증가한다. 이에 따라 총예금은 1,900만 원(갑의 본원예금 1,000만 원과 대출을 통해 증가한 파생예금 900만 원의 합)이 되고 따라서 이제 통화량은 1,900만 원으로 증가한다. 이와 같이 은행을 통해 예금이 증가하고 이에 따라 통화량이 증가하는 것을 **신용창조**(credit creation) 또는 **예금창조**(deposit creation)라고 한다.

개인 간의 자금거래와는 달리 은행을 통한 자금거래(예금을 대출로 연결)의 경우에는 신용이 창조된다. 그러나 신용창조는 신기한 현상이 아니라 다음의 몇 가지 특별한 제도 때문에 가능한 것이다. 첫째, 갑에게서 돈을 빌린 친구는 그 돈을 직접 지출하기 위하여 빌리는 반면 은행은 돈을 빌려주기(대출하기) 위해 돈을 빌린다(예금을 받는다). 예금을 받아 대출을 하는 은행제도가 있기 때문에 신용창조가 가능한 것이다. 둘째, 예금이 통화량에 포함된다는 통화제도의 특성에 의해 신용창조가 가능하다. 개인 간의 자금거래에서 발생한 금융증권(차용증)은 통화에 포함되지 않지만 은행의 예금(예금통화)은 통화량(M1, M2, Lf, L 등)의 측정치에 포함된다. 셋째, **부분준비제도(fractional reserve system)**라는 은행제도의 특성에 의해 신용창조가 가능하다. 은행이 예금(본원예금)을 이용하여 대출이 가능한 것은 부분준비제도가 정착되어 있기 때문이다.

신용창조의 구체적 과정과 규모를 살펴보기 위해 우선 몇 가지 단순화 가정을 한다. 첫째, 예금의 일정부분을 의무적으로 준비금으로 보유해야 하는 법정지급준비율(r, 10%로 가정)이 적용된다. 둘째, 은행은 초과지급준비금을 전혀 가지지 않는다. 셋째, 현금인출이 없다. 예금자와 대출자들은 모두 수표로만 거래하며 현금을 인출하여 사용하지 않는다. 이러한 단순한 가정(단순모형) 하에서 은행 외부에서 본원예금(△R, 초기준비금; 예컨대, 1,000만 원)이 들어온다고 할 때,[8] 어떤 과정을 거쳐 얼마만큼의 신용이 창조되는지를 살펴보자.

이 과정을 보여주는 것이 〈표 12-2〉이다. 먼저 본원예금(1,000만 원)을 받은 A은행은 법정준비금(legal reserve)으로 100만 원을 남겨두고 초과준비금(excess reserve) 900만 원을 대출한다. 이 대출금(900만 원)이 수표결제를 통해 B은행으로 들어가고 B은행은 법정준비금으로 90만 원을 보유하고 나머지(초과준비금) 810만 원을 대출한다. 이 대출금(810만 원)은 다시 C은행에 예치되고 역시 10%인 81만 원을 법정준비금으로 남겨두고 초과준비금(729만 원)을 모두 대출한다. 이런 방식으로 은행제도 내에서 예금을 받고 대출을 하는 과정에서 결국 예금증가액(신용창조액)은 본원예금(초기준비금)을 포함하여 모두 1억 원(초기준비금 1,000만 원의 10배)이 되며 대출의 증가액은 9,000만 원이고 은행제도에 남아 있는 법정준비금의 총액은 초기의 본원예금인 1,000만 원과 동일하게 된다.[9]

---

8 민간이 갖고 있는 현금이 은행으로 들어와 본원예금이 증가하지만 본원예금의 주요한 원천은 중앙은행의 공개시장운영(공개시장매입)을 통한 준비금 증가이다.

9 이러한 대출이 기업에 제공된다면 생산이 확대되므로 통화(신용)의 신규창조가 있더라도 화폐의 가치가 안정되겠지만 만약 대출이 부동산이나 주식의 구매에 활용된다면 채무확대에 의한 거품경제(자산 인플레이션)를 유발할 수 있다.

〈표 12-2〉 ▸ 은행제도를 통하여 창조된 예금 및 대출

(단위: 만 원)

은행	예금의 증가	대출의 증가	법정준비금의 증가
A은행	1,000.0	900.0	100.0
B은행	900.0	810.0	90.0
C은행	810.0	729.0	81.0
D은행	729.0	656.1	72.9
E은행	656.1	590.5	65.6
⋮	⋮	⋮	⋮
은행제도 전체의 합계	10,000.0	9,000.0	1,000.0

이러한 신용창조의 결과에 대해 다시 한 번 살펴보자. 첫째, 은행제도에 본원예금(△R)이 들어오면 이 예금이 모두 법정준비금이 되어 더 이상 대출을 할 수 없을 때까지 계속 예금창조가 가능하게 된다. 따라서 예금의 총액(△D)을 구하는 또 하나의 방법은 본원예금이 모두 법정준비금이 될 때까지 신용창조가 된다는 것을 이용하는 것이다. 즉, 본원예금(은행제도의 초기준비금)의 증가가 모두 법정준비금이 되어야 더 이상 신용창조가 없고 은행제도가 균형상태가 되는데 이 균형조건(초기준비금의 증가 = 법정준비금의 증가)을 이용하면 다음과 같이 나타낼 수 있다.

(12-1) $\triangle R$(초기준비금의 증가) = $\triangle D$(예금의 총증가) × r(법정지급준비율)

이 식을 정리하면 다음과 같이 된다.

(12-2) $$\triangle D = (1/r) \times \triangle R$$

여기서 (1/r)은 **신용승수**(credit multiplier) 또는 **단순예금승수**(simple deposit multiplier)이다. 위의 예의 경우 총예금의 증가는 10,000 = (1/0.1) × 1,000이 된다. 이 경우 신용승수는 10이다.

둘째, 위의 예에서는 은행이 초과준비금을 모두 대출에 사용한다고 가정하였으나 은행이 대출을 하지 않고 증권을 구매하여도 결과는 동일하다. 은행이 초과준비금으로

모두 증권을 구매하고 증권판매대금을 수표를 발행하여 지불하는 경우 다시 이것이 은행에 유입되므로 아무런 차이가 없다. 셋째, 신용수축과정은 신용창조과정과 반대방향으로 나타난다. 준비금이 은행제도 밖으로 빠져 나가면 (준비금감소액) × (신용승수)만큼 신용(예금)이 감소한다.

2) 신용창조의 확장모형

위에서 은행은 초과준비금을 전혀 가지지 않으며 예금자는 현금인출을 하지 않는다고 가정하였다. 그러나 현실의 은행제도에서는 민간의 현금인출이 있고 은행은 초과준비금을 가진다. 이런 경우에는 신용창조의 크기가 어떻게 되는가? 첫째, 현금인출이 있는 경우에는 (현금인출액(준비금감소)) × (신용승수)만큼 신용(예금화폐)이 감소한다. 예컨대, 앞의 예에서 현금으로 50만 원이 인출되고 950만 원만 준비금으로 남아 있다면 950 × (1/0.1) = 9,500만 원의 예금이 창조된다. 둘째, 은행이 여러 사정에 대비하여 어느 정도의 초과준비금을 보유하는 경우에는 신용승수의 크기가 감소할 것이다. 왜냐하면 법정준비금에 추가해 은행의 초과준비금만큼 준비금이 신용창조에 이용되지 않기 때문이다.

현금인출과 초과준비금이 있는 경우의 신용창조의 크기를 알아보기 위하여 이를 정형화하여 보자. 첫째, 예금(△D)의 일정비율(k, 현금통화비율)을 현금(△C)으로 인출한다고 가정한다. 즉, △C/△D = k라고 하자. 현금통화비율(k)이 5%라면 k=0.05가 된다. 둘째, 은행은 예금의 일정비율(e, 초과준비비율)을 초과준비금(△ER)으로 보유한다고 가정한다. 즉, △ER/△D = e라고 하자. 초과준비비율(e)이 1%라면 e=0.01이 된다. 여기서는 식(12-1)의 관계를 확장하여 살펴본다. 이 경우에는 초기준비금(본원예금)이 법정준비금과 초과준비금 그리고 현금인출의 증가로 모두 사용되어야 균형이 된다. 따라서 이 경우 균형조건은 '초기준비금의 증가(△R) = 법정준비금 증가 + 초과준비금 증가 + 현금인출 증가'가 된다. 이 균형조건을 수식으로 표시하면 다음과 같다.

$$\triangle R = \triangle D \times r + \triangle D \times e + \triangle D \times k \tag{12-3}$$

식(12-3)을 정리하면 신용창조는 다음과 같이 된다.

$$\triangle D = \frac{1}{r + e + k} \times \triangle R \tag{12-4}$$

여기서 1/(r + e + k)이 **신용승수**(credit multiplier) 또는 **예금승수**(deposit multiplier)이다. 여기서 보면 법정지급준비율(r), 현금통화비율(k), 초과준비비율(e)이 클수록 신용창조는 적게 되며 따라서 예금증가는 감소한다. 단순모형의 경우와 비교하면 신용승수가 작아진다. 만약 k = 0.05이고 e = 0.01이라면 (r = 0.1이라고 가정) 이 경우 신용승수는 1/(0.1 + 0.01 + 0.05) = 6.25가 된다. 위의 예의 경우 총예금의 증가는 1,000 × 6.25 = 6,250만 원이 된다.

이렇게 보면 신용창조는 기계적인 것이 아니며 많은 요인에 의해 결정된다는 것을 알 수 있다. 즉, 법정준비금을 어느 정도 부여할 것인가 하는 중앙은행의 결정, 초과준비금을 얼마나 보유할 것인가 하는 은행의 결정, 현금을 얼마나 보유할 것인가 하는 예금자의 결정, 그리고 은행으로부터 얼마나 차입(대출)할 것인가 하는 차입자(기업)의 결정이 모두 신용창조, 나아가서는 통화공급에 영향을 미친다.

3. 은행과 저축자의 관계: 자본적정성관리, 운영위험관리, 유동성위험관리

은행이 지속적으로 운영되기 위해서는 비용이 적은 자금을 유치하고 그 자금을 신중하게 대출하거나 투자를 하여 충분한 이자수입을 받고 그래서 운영비용을 제하고도 높은 이윤을 벌 수 있어야 한다. 이러한 비결은 매우 단순한 것으로 보이지만 최근에 경험하였듯이 은행의 부실대출과 부실투자로 인해 많은 은행들이 파산하고 금융위기를 유발하여 온 것을 보면 은행의 성공적 운영이 결코 쉬운 일이 아니라는 것을 알 수 있다. 우선 은행의 예금유치가 쉽지 않다. 예금자들은 위험이 적으면서 더 높은 이자를 제공하는 다른 금융기관들의 유혹을 받기 때문에 예금유치를 위한 경쟁이 치열하다. 또 좋은 차입자를 물색하고 좋은 투자처를 찾는 것도 쉽지 않다. 따라서 모든 기업이 경영관리를 하듯이 은행도 은행사업을 잘하기 위해서는 은행에 맞는 경영관리(management)를 잘하여야 한다. 그러면 은행에는 어떠한 경영관리가 필요한가? 은행(금융중개기관)이 저축자(예금자) 그리고 차입자(주로 기업)와 갖는 관계를 중심으로 이러한 관리방식에 대해 살펴보기로 한다. 은행과 저축자, 그리고 은행과 차입자(금융시장 포함)의 관계를 그림으로 나타내면 〈그림 12-1〉과 같다.

〈그림 12-1〉 ▸ 은행경영관리의 제 측면

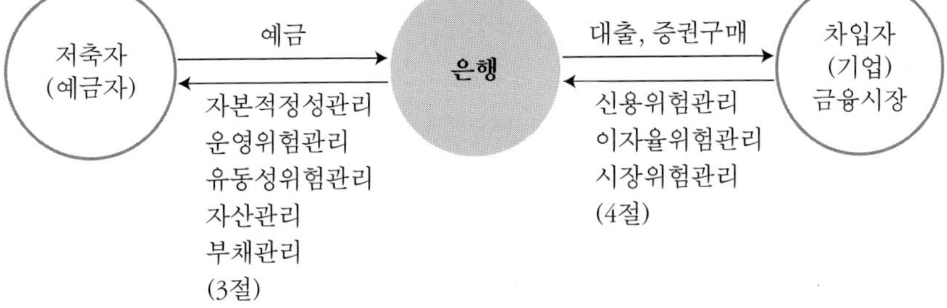

먼저 3절에서는 은행과 저축자의 관계에서 발생하는 경영관리문제에 대해 살펴본다. 은행은 전통적으로 자금조달을 예금에 크게 의존하여 왔다. 그러므로 은행은 예금을 유치하기 위해 다양한 노력을 하며 치열한 경쟁을 한다. 따라서 은행도 예금자들이 자기은행을 선택하도록 유인하기 위해 자기은행이 다른 은행보다 좋은 은행이라고 포장도 하고 부풀리기도 한다. 그러므로 예금자의 입장에서 좋은 은행과 나쁜 은행을 구분하는 것이 쉽지 않다. 이것이 **은행의 역선택문제**이다. 또 은행은 수익을 높이기 위해 예치된 자금을 위험한 사업(위험한 사업을 하는 기업에 대출을 하거나 수익은 높으나 위험도 큰 파생상품에 투자하는 등)에 투자할 유인을 가지므로 파산의 위험을 갖는다. 이것이 **은행의 도덕적 해이문제**이다. 이러한 문제 때문에 예금자들은 은행에 예치하는 것을 꺼리게 된다. 또한 은행은 예금자가 예금을 언제든지 찾을 수 있다는 믿음을 주어야 한다. 그러므로 예금자들이 은행에 예금하는 것을 꺼리지 않도록 하기 위해 은행은 다음의 두 가지 문제를 해결하여야 한다. 하나는 은행의 역선택문제와 도덕적 해이문제를 줄이는 것이며 또 하나는 유동성을 잘 관리하는 것이다.

(1) 역선택과 도덕적 해이문제의 관리

2장에서 간략히 본 바와 같이 저축자(예금자)가 금융시장에서 직접 차입자(기업 등)에 자금을 빌려주는 것보다는 은행에 자금을 빌려주는 것이 저축자의 정보비용을 감소시켜준다. 그러나 저축자들은 은행도 사적인 정보(저축자는 모르고 은행만이 알고 있는 정보)를 이용하여 저축자의 예금을 위험에 빠뜨릴 가능성이 있다고 생각한다. 이와 같이 예금자들이 은행의 속성, 사정, 행태에 대해 은행보다 정보를 덜 가지고 있는 이러한 정보의 비대칭성이 은행의 역선택과 도덕적 해이를 유발할 수 있다. 과연 내가 거래하는 은행은 안전하고 믿을만한 은행인가? 은행은 이러한 저축자의 불안을 줄여야 예금을 유치할 수 있다. 어떻게 하여야 하는가?

1) 저축자에게 단기채무계약을 제공하여 도덕적 해이문제 해결

도덕적 해이문제를 해결하기 위해서는 단기채무계약을 발행하는 것이 하나의 방법이다. 단기채무계약(요구불예금과 같은 단기적, 수시입출금이 가능한 예금)을 제공하는 것은 예금자의 유동성 요구를 충족시키기 위해서 뿐 아니라 은행의 시장규율(market discipline)의 강화를 위해서도 필요한 방식이다. 수표발행이 가능하고 언제든지 인출할 수 있는 요구불예금은 은행부채의 중요한 부분이기 때문에 은행이 조금이라도 잘못을 하면 저축자들이 즉각적으로 그들의 예금을 모두 인출할 것이라는 은연중의 협박으로 인해 은행은 자기들만이 알고 있는 사적인 정보를 은행에게 유리한 쪽으로 사용하지 못하게 될 것이다(도덕적 해이 감소). 많은 경제학자들은 예금인출이라는 위협이 가능하기 때문에 은행의 자금조달에서 요구불예금이 그렇게 오랫동안 중요한 역할을 한 이유라고 생각하고 있다.

2) 자본적정성관리로 역선택과 도덕적 해이문제 해결

은행의 역선택과 도덕적 해이를 방지하는 또 하나의 방법은 은행이 대출을 할 때 저축자의 예금 외에 은행의 자기자본이나 재산도 포함시켜 위험을 분담하도록 만드는 것이다. 그들의 자기자본도 위험에 직면할 때 은행은 더 신중하게 행동할 것이기 때문이다. 또한 은행은 자기자본이 많아야 손실을 흡수할 수 있어 도산을 피할 수 있다. 이와 같이 은행은 적정한 수준의 자본을 유지하여야 예금자에게 안전하다는 믿음을 줄 수 있기 때문에 은행은 **자본적정성관리**(capital adequacy management)를 하여야 한다. 즉, 은행자본은 은행의 도덕적 해이와 역선택의 문제를 완화하는데 도움이 된다. 이것은 은행이 역선택과 도덕적 해이의 문제를 줄이고 은행도산(bank failure)을 방지하는 데 필요한 만큼 자기자본을 보유하여야 한다는 것을 의미한다.

그런데 은행경영자는 저축자도 고려하여야 하지만 주주들도 고려해야 한다. 즉, 자본의 양은 은행의 소유자인 주주의 수익에 영향을 미치므로 주주의 수익을 적절히 보장할 만큼 보유하여야 한다.[10] 은행의 주주들은 은행의 소유자로서 은행의 수익성에 대해 관심을 갖는다. 주주들이 은행의 수익성을 측정하기 위해서 기본적으로 두 가지 측정치를 이용한다. 하나는 **자산수익률(ROA, return on assets)**인데 이것은 은행이 전체적으로 얼마나 효율적으로 운영되고 있는지를 나타내며 식(12-5)와 같이 정의된다.

(12-5) 자산수익률(ROA) = 세후순이윤/자산

또 하나의 측정치는 **자기자본수익률(ROE, return on equity)**인데 이것은 은행주주들의 지분투자로 은행이 얼마나 버느냐를 측정하는 것으로 식(12-6)과 같이 정의된다.

(12-6) 자기자본수익률(ROE) = 세후순이윤/자기자본

자산수익률과 자기자본수익률 간에는 밀접한 관계가 있다. 위의 식(12-6)을 변형하면 다음의 식(12-7)과 같이 된다. 여기서 AE=(자산/자기자본)이다.

(12-7) $ROE = ROA \times AE$

식(12-7)은 주어진 자산에 대해 은행이 자기자본을 덜 가질 때 ROE가 어떻게 되는지를 보여준다. 예컨대, 자기자본이 자산의 10%인 고자본 은행의 경우 AE = 10(= 100/10)이고 자기자본이 자산의 5%인 저자본 은행의 경우 AE = 20(= 100/5)이다. 두 은행이 똑같이 운영되어 다같이 1%의 ROA를 가지는 경우 고자본 은행의 ROE = 1 × 10 = 10%이고 저자본 은행의 ROE = 1 × 20 = 20%이다. 저자본 은행의 주주들이 고자본 은행의 주주보다 훨씬 더 높은 수익을 얻는다. 따라서 은행주주들의 입장에서는 은행이 많은 자기자본을 보유하는 것을 원하지 않는다는 것을 알 수 있다.

이렇게 보면 많은 은행자본은 은행소유자와 은행이해관계자(예금자 등)에게 은행의 역선택과 도덕적 해이의 감소(안전성의 증대)라는 이득을 제공하는 반면에 은행소유자에게는 수익성의 저하라는 부담을 유발한다. 따라서 은행자본의 크기를 결정할 때는 이러한 부담과 이득 간의 트레이드오프를 고려하여야 한다. 그러나 통상 대출에 따르는 손

---

10 은행은 저축자를 고려한다고는 하지만 이윤추구과정에서 자기자본을 가급적 적게 보유하려는 경향을 보이므로 도산을 방지하기 위해 규제당국은 자본에 대해 규제를 하며 따라서 은행은 규제당국에 의해 제시되는 은행자기자본의 최소요구수준을 유지하여야 한다. 이 문제에 대해서는 15장 2절에서 자세히 살펴본다.

실의 가능성이 크게 증가하는 불안정하고 불확실한 상황에서는 은행경영자들은 은행주주와 은행이해관계자들을 보호하기 위하여 더 많은 자기자본을 보유하기를 원하며 반면 대출손실이 거의 일어나지 않을 것이라고 자신한다면 자기자본의 양을 감소시켜(또는 자산의 크기를 증대시켜) ROE를 증가시키려고 할 것이다.

3) 운영위험관리

또한 은행은 저축자에게 신뢰를 주기 위해 운영위험의 관리가 필요하다. **운영위험**(operational risk)은 은행의 일반적 영업활동에서 발생하는 위험으로서 업무를 수행함에 있어 부적절하거나 잘못된 내부운영절차, 운영인력의 비리나 실수, 기술적 장애(시스템 장애), 외부사건(자연재해, 화재, 외부인의 사취행위 등)으로부터 발생하는 위험을 말한다. 실제로 은행이 업무를 수행하는 과정에서 전산망해킹, 임직원의 비리 및 감독부실, 정전이나 화재 등에 따른 운영사고가 자주 발생하고 있다. 이러한 운영위험은 금융적 위험과 밀접한 관계가 있는 것이 아니고 그래서 수익과 직결되는 부분이 적고 표준화가 어렵고 측정 및 계량화가 쉽지 않다고 생각하기 때문에 대부분의 금융기관들은 운영위험의 관리에 소극적이다. 그리고 과거 운영위험은 주로 그 피해가 해당 금융기관에 국한되는 것으로 인식되어 왔기 때문에 그 관리방안도 개별금융기관에 초점이 맞추어져 왔다. 그래서 운영위험관리에 대한 대비 또한 개별금융기관의 자기자본확충이 주된 대비책으로 사용되고 있다. 그러나 IT기술의 발전과 금융상품의 고도화로 금융산업의 연계성이 높아져 운영위험이 전염될 가능성이 커지고 있으며 은행의 가치에 큰 영향을 미칠 수 있기 때문에 이제는 단순히 개별금융기관의 차원이 아니라 금융제도 전체의 차원에서 운영위험을 살펴볼 필요가 있다.[11]

(2) 유동성위험의 관리

저축자와의 관계에서 은행은 **유동성위험**(liquidity risk), 즉 은행이 현재 갖고 있는 현금(시재금)보다도 더 많은 자금을 예금자들이 집단적으로 인출할 가능성에 항상 직면하고 있다. 유동성위험을 관리하는 데 있어서 은행이 직면하는 문제는 수익성의 큰 희

11 최순영(2011) 참고.

생 없이 유동성위험노출을 감소시키는 것이다. 따라서 은행은 예금인출이나 기타 지급요구가 있을 때 지급이 즉시 가능하도록 충분한 준비금(현금 + 예치금)을 보유하고 있어야 한다. 그러나 충분한 준비금을 가진다면 은행은 유동성위험노출을 최소화할 수 있지만 준비금은 수익자산이 아니거나 수익률이 낮기 때문에 과도한 준비금보유는 은행의 이윤을 감소시킨다. 따라서 은행은 유동성위험을 감소시키기 위해 단순히 준비금을 많이 보유하는 대신 다른 전략을 사용한다. 이러한 전략을 자산관리와 부채관리로 나누어 살펴본다.

1) 자산관리

은행은 기본적으로 유동성을 충분히 확보하고 있어야 하지만 수익과 이윤도 고려하여야 하므로 이윤을 극대화하기 위해 은행은 우선 **자산관리**(asset management)를 잘 하여야 하는데 이 때 자산의 세 가지 측면(수익성, 위험, 유동성)을 잘 고려하여 자산을 구성하여야 한다. 은행은 이러한 세 가지 측면을 다음과 같은 다양한 방식으로 조정하려고 한다.

첫째, 은행은 높은 이자를 지불하면서 채무불이행을 하지 않을 좋은 차입사를 발견하기 위하여 노력한다. 이를 위해서는 대출심사(screening)능력이 매우 중요하다. 전형적으로 은행은 매우 보수적이기 때문에 위험이 있는 사람에게는 대출을 꺼리며 그래서 채무불이행비율은 통상 1% 이하로 매우 낮은 편이다. 둘째, 수익은 높고 위험은 낮은 증권을 구매하려고 노력한다. 그러므로 증권에 대한 엄정한 평가능력도 매우 중요하다. 셋째, 자산관리에 있어서 다변화를 통해 위험을 감소시키려고 노력한다. 이를 위해 다양한 증권을 구매하고 다양한 대출자에게 다양한 대출을 제공한다. 많은 나라에서 에너지, 부동산, 주택, 농업관련 분야에 지나치게 많이 대출을 하여 엄청난 손실을 본 경험이 있다. 넷째, 은행은 인출요구에 대응할 수 있도록 자산의 유동성을 높이려고 노력한다. 이것이 의미하는 것은 긴급한 인출사태에 대비할 수 있도록 비록 수익성은 낮더라도 유동적인 자산을 보유한다는 것이다. 이자소득을 얻으면서 유동성위험을 관리하는 하나의 방법은 콜시장(call market, 미국의 연방자금시장)이나 환매조건부매매증권(RP매매)시장을 이용하여 매우 단기(통상 1일)로 기업이나 타 은행에 자금을 대출하는 것이다. 또 하나의 방법은 매우 유동적인 정부의 단기국채를 보유하는 것이다. 이러한 단기국채는 매우 유동적이므로 즉시 현금화가 가능한 **제2선 준비금**의 역할을 할 수 있다. 다섯째, 은행은 유동성을 높이기 위해 **증권화**(securitization)를 이용한다. 자동차대출이나 주택담보대출과 같은 자산을 유동화전문기관에 매각하거나 직접 증권화함으로써 은행의 유동성포지션을 높일 수 있다.

2) 부채관리

은행이 유동성을 확보하면서 수익을 올리기 위해서는 자산을 잘 관리하는 것도 중요하지만 필요한 자금을 필요할 때 즉각적으로 낮은 비용으로 조달하는 **부채관리**(liability management)도 중요하다. 특히 대규모 은행들은 유치되는 예금보다 더 많은 대출수요를 갖고 있는 경우가 일반적이기 때문에 이들 은행은 대출을 더 하기 위해 추가적인 자금을 어떻게 조달할 것인지를 결정하여야 한다.[12]

과거 은행이 자금을 요구불예금에 주로 의존하던 시기에는 부채는 주어진 것으로 보고 부채관리를 크게 중요시하지 않았으며 자산관리에만 관심이 집중되었다. 그러다가 은행간시장(콜시장)이 발달하고 CD(양도성예금증서)와 같은 새로운 자금조달수단을 개발하는 등 자금조달방식이 다양화되었다. 이에 따라 은행은 예금유치 이외에 CD발행, 유로달러(eurodollar) 차입, 콜자금(연방기금), RP매매, 은행채발행 등 다양한 자금조달수단들을 이용할 수 있게 되었다. 이제 요구불예금은 그 중요성이 크게 감소한 반면 차입이 중요한 자금원천이 되었다.[13]

3) 유동성위험과 자산 및 부채관리

은행의 준비금은 은행에게 기회비용을 유발하므로 은행은 준비금을 가급적 적게 가지려고 한다. 하지만 은행이 준비금을 적게 가진 상태에서 대규모 예금인출이 있게 되면

12 은행의 **예대율**은 총예수금에 대한 총대출금의 비율을 말하는데 이 예대율이 100%보다 높다는 것은 은행이 예금 이외의 다른 방법으로 대출재원을 조달했다는 것을 의미한다. 예금 이외의 다른 시장성수신은 은행입장에서는 위험도가 더 높고 건전성을 해칠 수 있다. 우리나라의 경우 1998년 11월에 예대율 규제가 철폐되어 이후 예대율이 크게 높아졌으며, 글로벌 금융위기 이후 2014년 1월부터 다시 예대율 규제(예대율을 100% 이하로 제한)를 도입하였다.

13 그러나 2008년의 글로벌 금융위기 이후 글로벌 주요 은행들의 자금조달(부채관리) 측면을 살펴보면 위기 이전에 비해 시장성조달(도매조달)비중은 감소하고 예수금(소매조달)의 비중은 확대된 것으로 나타나고 있다.

유동성위기(liquidity crisis)가 발생한다. 즉, 아직 은행의 자본금이 마이너스는 아니지만 유동성이 부족하여 예금인출에 대응하지 못하는 사태가 발생한다. 또한 심한 경우 예금인출에 대응하는 과정에서 자산가치가 하락하면 은행자본금이 마이너스가 되어 **지급불능위기**(insolvency crisis)를 맞게 되고 파산상태가 될 수 있다. 이러한 유동성위기를 해결하기 위하여 은행이 할 수 있는 방안은 자산관리와 부채관리이다.

첫째, 자산관리(자산의 감소)를 통해 유동성위험을 해결하는 방안으로는 유가증권의 매각과 대출의 감소(또는 회수)가 있다. 은행이 유가증권(정부국채나 기타채권)을 매각하는 경우 증권의 판매와 관련된 수수료와 거래비용을 부담하여야 한다. 단기국채 등의 제2선 준비금은 이런 목적으로 보유하고 있고 매우 유동적이므로 문제가 없지만 다른 증권을 긴급하게 매각하는 경우에는 거래비용뿐 아니라 증권가격하락의 부담을 갖게 된다. 대출을 감소시키는 방안은 준비금조달에서 가장 비용이 많이 드는 방법이다. 만약 단기대출의 갱신이 많이 있다면 대출의 갱신을 허용하지 않음으로써 대출을 감소시킬 수 있을 것이다. 대출을 감소시키는 또 하나의 방법은 대출을 다른 은행에 판매하는 것이다(대출매각(loan sale)). 이것도 비용이 매우 많이 든다. 왜냐하면 다른 은행은 그 대출에 대해 잘 모르므로 그 대출을 제값을 주고 사려고 하지 않을 것이기 때문이다.

둘째, 부채관리(부채의 증가)를 통해 유동성 위험을 해결하는 방안으로는 타 은행, 기업, 중앙은행으로부터의 차입이 있다. 은행간시장(콜시장, 연방자금시장)에서 타 은행으로부터 차입하는 경우의 비용은 콜금리(미국의 연방자금금리)이다. 그러나 콜시장 차입은 매우 단기간(통상 1일)이므로 예금인출사태가 장기화되는 경우에는 이를 이용할 수 없게 된다. 은행이 타 은행이나 기업으로부터 빌릴 수 있는 또 하나의 방법은 RP나 CD(양도성예금증서)를 판매하는 것이다. 중앙은행으로부터의 차입(할인차입)도 가능하지만 이에는 할인율부담과 신용도의 하락이라는 비용이 발생한다.

이상의 논의를 보면 왜 은행이 법정지급준비금을 초과하는 준비금(초과지급준비금)을 보유하는지를 이해할 수 있다. 초과지급준비금의 보유는 예금인출에 대한 일종의 보험이라고 볼 수 있다. 그러나 보험과 마찬가지로 초과지급준비금에는 기회비용이 들기 때문에 은행은 가급적 이 비용을 줄이기 위하여 위에서 본 다양한 조치들을 취하고 있는 것이다.

4. 은행과 차입자의 관계: 신용위험관리, 이자율위험관리, 시장위험관리

이번에는 〈그림 12-1〉에서의 은행과 차입자 간의 관계에 대해 살펴보자. 은행은 기본적으로 대출을 통해 수익을 창출하므로 은행의 핵심적인 과제는 자금조달비용을 초과하는 이자수입을 얻을 수 있는 좋은 대출을 하는 것이다. 따라서 좋은 대출고객을 발굴하기 위해 잠재고객의 신용위험(채무불이행위험)을 잘 분석하는 것이 장기적으로 가장 중요한 일이다. 그러나 은행은 예금으로 받은 자금으로 대출을 할 뿐 아니라 증권도 구매한다. 따라서 시장에서 증권의 가격이 변화하면 위험(이자율위험)에 처하게 된다. 이러한 이자율위험(interest rate risk)을 관리하는 것도 은행의 수익을 위해 매우 중요하다. 또 은행은 금리스왑(interest rate swaps)의 보증인 또는 기타 파생금융상품계약의 중개인으로서의 역할도 하므로 시장위험(market risk)에 노출되기도 한다. 따라서 시장위험을 관리하는 것도 매우 중요하다.

(1) 신용위험관리

신용위험과 기대수익의 상충관계　은행은 대출에 따른 신용위험(credit risk), 즉 채무불이행위험(default risk)에 대해 많은 신경을 쓴다. 은행은 또 대출 대신 증권도 구매한다. 그런데 만약 은행이 신용위험의 최소화만을 원한다면 그 자금으로 모두 신용위험이 전혀 없는 국채를 구매하면 된다. 그러나 국채투자는 은행의 자금조달비용(예금이자 등)을 초과하는 수익을 제공하지 못한다. 반면 은행이 수익의 극대화를 원한다면 그 자금을 모두 이자율이 높은 소비자대출이나 중소기업대출에 사용하면 된다. 그러나 이러한 대출은 신용위험이 매우 높으며 만약 경제상황이 나빠진다면 많은 대출이 채무불이행에 빠질 위험이 있다.[14] 가장 이상적으로는 수익을 극대화하면서 동시에 신용위험을 최소화하

14 최근에 많은 은행들이 신용카드 사업에 참여하였다. 은행은 다른 대출보다 신용카드대출에 더 높은 이자율을 부과할 수 있기 때문에 신용카드 사업을 확대함으로써 기대수익을 높일 수 있었다. 이것이 수익을 증대시키기 위하여 신용위험을 증가시킨 전형적인 예이다. 많은 은행들은 신용카드 사업을 확대하기 위해 느슨한 신용기준을 적용하였으며 이로 인해 신용불량자들이 크게 증가하였고 높은 수익이 높은 부실채권으로 상쇄되었다.

는 것이다. 그러나 이러한 두 목표는 서로 상충되는 것이다. 자산의 수익은 그 자산의 위험에 비례한다. 수익을 높이려면 신용위험의 증가를 감수하여야 한다. 따라서 은행은 수익과 위험을 적절하게 타협하여야 한다. 은행은 전체자산의 포트폴리오로부터 합리적인(reasonable) 수준의 수익을 얻고 수용 가능한(tolerable) 수준의 신용위험을 감수하여야 한다. 이러한 합리적인 수익과 수용 가능한 신용위험의 수준에 대한 일치된 견해는 없으며 그 선택은 은행의 주주와 경영자의 위험과 수익에 대한 선호에 달려 있다.

신용위험관리의 원칙 여기서는 먼저 은행의 대출활동에 초점을 맞추어 은행이 신용위험을 감소시키기 위한 **신용위험관리**(**credit risk management**)의 원칙에 대해 살펴본다. 이 원칙은 차입자(기업 등)의 역선택과 도덕적 해이를 줄이는 것과 관련된 것이다.[15]

첫째(**심사활동**), 비대칭적 정보문제 중 기업의 역선택문제를 해결하기 위하여 은행이 하는 가장 중요한 활동은 **심사**(**screening**)라는 정보생산활동이다. 즉, 대출은 은행의 가장 핵심적인 활동이고 수익의 원천이기 때문에 은행은 잘못된 대출을 하지 않기 위해(기업의 역선택을 줄이기 위해) 잠재적 차입자의 신용상태에 대한 엄격한 사전적 심사를 수행한다. 유효한 심사를 하기 위해 은행은 잠재적 차입자에 대한 적합하고 정확한 정보를 수집(서류정보, 현장실사, 차입자와의 면담)하며 수집된 정보를 이용하여 신용분석(통계적 분석, 신용평점계산 등)을 한다. 이러한 신용분석을 기초로 전문가의 판단이 가미된다.

둘째(**대출다변화**), 3장에서 살펴본 바와 같이 자산선택이론의 핵심적 원칙은 다변화이므로 투자자들이 다변화를 통해 위험을 줄이듯이 은행의 경우에도 대출의 **다변화**(**diversification**)를 통해 기업의 역선택문제를 줄일 수 있다. 대출의 다변화에서는 기업 간 다변화는 물론이고 산업 간 다변화, 지역 간 다변화도 중요하며 때로는 나라 간 다변화도 중요하다. 왜냐하면 한 기업, 한 산업, 한 지역, 또는 한 나라에 집중된 대출의 경우 해당부문의 경제상황이 악화되면 채무불이행이 집중적으로 발생할 가능성이 매우 크기 때문이다. 그러나 때때로 은행은 특정지역이나 특정산업에 대한 대출에 특화(전문화)하기도 한다. 이것은 다변화에 위배되고 따라서 대출의 원칙에 어긋나는 것으로 보이지만 이것은 전문화의 관점에서 보면 합리적인 측면이 있다. 왜냐하면 특정지역이나 특정산업군에 속하는 기업에 대한 대출을 전문화함으로써 정보수집이 쉬워 심사를 훨씬 잘 할

---

15 보험회사, 연기금 등의 타 금융중개기관도 대출을 제공하며 이들에게도 여기서 제시하는 신용위험 관리원칙이 적용될 수 있다.

수 있으며 따라서 역선택의 가능성을 줄일 수 있기 때문이다.

셋째(**제약적 약관부과와 감시**), 은행이 대출을 하고 난 뒤에 기업이 대출자금을 잘 사용하고 있는지를 알아보기 위해, 즉 기업의 도덕적 해이를 감소시키기 위해 은행은 제약적 약관을 부과하고 그것을 **감시**(monitoring)하고 만약 이행하지 않으면 강제집행을 한다. 이러한 감시라는 정보생산활동이 신용위험을 감소시킬 수 있는 또 하나의 중요한 원칙이 된다.

넷째(**장기고객관계유지**), 기업과의 **장기고객관계**(long-term customer relationships)의 유지도 신용위험관리의 또 하나의 중요한 원칙이 된다. 왜냐하면 은행이 차입자에 대한 정보를 얻는 하나의 중요한 방법은 장기고객관계를 유지하는 것이기 때문이다. ① 은행은 기업과 장기고객관계를 유지하면 평소 그 기업의 사정을 잘 파악할 수 있으므로 정보수집비용을 감소시키고 따라서 역선택을 감소시킨다. ② 이미 기존의 감시절차가 확립되어 있으므로 신규차입자보다 감시비용이 적게 들며 또 기업도 장기관계를 유지해야 하므로 도덕적 해이를 할 가능성이 감소한다. ③ 장기고객관계는 고객(기업과 가계 등)에게도 이득이 되는데 장기고객관계가 있으므로 심사와 감시비용이 적게 들며 따라서 기업은 낮은 이자율로 대출을 받을 수 있다.[16] 장기고객관계를 유지하는 하나의 방법이 대출약정을 체결하는 것이다. **대출약정**(loan commitments)은 시장이자율과 연계된 일정한 이자율로 정해진 한도까지 기업에 대출을 제공하겠다는 은행의 약속이다. 대부분의 상업 및 산업대출은 대출약정제도에 의해 행해진다.

다섯째(**담보요구**), 기업이 순자산을 많이 보유하도록 하는 것은 기업의 역선택을 줄이는 중요한 수단이다. 왜냐하면 순자산을 많이 갖고 있는 기업은 건실한 기업이며 대출을 받더라도 안정적으로 자금을 운용할 것이기 때문이다. 이러한 관점에서 보다 직접적으로 기업에 대해 대출의 **담보**(collateral)를 요구하는 것도 신용위험관리의 주요수단이다. 왜냐하면 담보는 기업의 역선택과 도덕적 해이문제를 직접적으로 경감시키기 때문이다. 은행이 대출을 할 때 요구하는 **보상적 예금**(compensating balances)도 담보의 한 형태이다.[17] 이것은 대출을 받는 기업이 그 은행에 요구불예금으로 일정액수를 예치하도록 하는 제도로서 역선택을 줄이는 역할을 한다. 또 보상적 예금계정을 통해 그 기업의 영

16 은행과 기업 간의 이러한 관계지향적 금융관행 때문에 금융위기로 만약 은행이 파산된다면 그 관계가 붕괴되기 때문에 기업(특히 중소기업)은 조금조달에서 큰 어려움을 겪게 된다.

17 우리나라에서는 이를 양건예금 또는 꺾기라고도 한다.

업상황을 어느 정도 파악할 수 있기 때문에 차입자의 감시에 도움이 되며 이에 따라 도덕적 해이를 줄일 수 있다.

여섯째(**신용할당**), 신용할당도 신용위험을 감소시키는 중요한 원칙인데 **신용할당(credit rationing)**은 차입자가 아무리 높은 이자율을 지불하려고 하더라도 은행이 대출을 전면적으로 또는 부분적으로 거절하는 행위를 말한다. 따라서 신용할당은 두 가지 형태를 가진다. 하나는 차입자가 아무리 높은 이자율을 지불하려고 하더라도 은행이 차입자에게 일체의 대출을 거절하는 것이고(역선택 완화) 또 하나는 대출은 하되 차입자가 원하는 대출규모를 일부로 제한하는 것이다(도덕적 해이 방지). 첫 번째 형태의 신용할당을 하는 이유는 높은 이자율을 부담하고도 대출을 받으려는 사람은 현재 자금사정이 좋지 않거나 매우 위험한 사업에 투자를 하려는 사람들이기 때문이다. 두 번째 형태의 신용할당을 하는 이유는 일부만 대출하고 나머지는 자기의 자금으로 사업을 하도록 하면 차입자금을 위험하게 사용하지 않을 것이며 따라서 기업의 도덕적 해이를 방지할 수 있기 때문이다.

증권화와 신용위험관리 앞에서 유동성관리를 위해 증권화가 사용될 수 있다는 것을 보았는데 이러한 증권화(securitization)에 의해 은행과 차입자의 관계가 변화하고 있으며(발행 후 보유방식에서 발행 후 매각방식으로의 전환) 이러한 상황에서는 차입자에 대한 신용위험관리는 은행에게 더 이상 중요한 관심사가 아닐 수 있다. 따라서 증권화는 유동성을 증대시켜주는 기능을 하지만 동시에 은행의 신용위험관리를 소홀하게 만드는 기능을 하고 있다. 이제 은행은 발행 후 매각방식(originate and distribute model)으로 인해 대출의 상환에 관심이 없고 대신에 시장을 확대하고 새로운 대출을 유발하고 매각함으로써 더 많은 수수료수입을 생성하는 데 관심이 집중되고 있다.[18]

(2) 이자율위험관리

1970년대 중반부터 이자율의 변동성이 증가하면서 은행 등 금융기관은 **이자율위**

18 이러한 심각한 문제점을 해결하기 위해 미국은 2010년 금융개혁법(Dodd-Frank Act)의 제정으로 금융기관이 증권화를 통해 신용위험을 이전하는 경우 발행 금융기관도 동 신용위험을 공유하도록 의무화하였다. 즉, 금융기관이 주택저당증권(MBS) 등 증권화상품을 발행하는 경우 원칙적으로 해당증권을 5% 이상 보유할 의무가 있으며(ABS발행자는 기초자산의 일정부분을 보유하도록 의무화) 동 증권과 반대방향의 포지션을 취하는 행위가 금지된다.

험(interest rate risk)에 대한 노출에 관심을 가지게 되었다. 은행의 경영성과는 자산(주로 대출)으로부터 얻는 이자수입과 부채(주로 예금)에 대한 이자지급에 의해 영향을 받는다. 이러한 차이를 **순이자마진(NIM, net interest margin)**이라고 하는데 이것은 통상 (이자수입 − 이자비용)/자산으로 측정된다. 이자율이 변화할 때 부채측면에서의 비용변화와 자산측면에서의 수익변화가 완전히 일치하지 않기 때문에 은행의 순이자마진은 계속 변화한다. 이러한 순이자마진의 변화는 은행자산과 은행부채의 이자율에 대한 민감도의 차이와 이자율의 변화의 방향에 달려있다.

이자율은 상승도 하고 하락도 하므로 이자율위험(이자율변화와 관련된 수익의 변동성)을 관리하기 위하여 은행은 이자율위험을 측정하며 미래의 이자율이 어떻게 움직일 것인지를 예측한다. 먼저 이자율위험을 측정하는 방법에 대해 살펴본다.

1) 이자율위험의 측정

이자율위험을 측정(평가)하는 방법의 어느 것도 완벽한 것이 아니기 때문에 은행들은 다양한 측정방법을 사용하여 이자율의 변화에 따른 노출을 평가하고 있다. 통상 사용되는 이자율위험의 측정방법으로는 갭 분석, 듀레이션분석 그리고 회귀분석이 있다.

① 갭 분석

이자율변화에 대한 은행이윤의 민감성은 **갭 분석**(gap analysis)을 통해 직접적으로 측정될 수 있다. **갭**(gap)은 다음의 식(12-8)과 같이 정의된다. 즉,

(12-8) 갭 = 이자율민감자산 − 이자율민감부채

따라서 기본적인 갭 분석에 의하면 은행이윤의 변화 = 갭(gap) × 이자율의 변화이다. 또 하나의 측정방법은 **갭 비율**(gap ratio)이다. 갭 비율은 다음의 식(12-9)와 같이 측정된다.

(12-9) 갭 비율 = (이자율민감자산)/(이자율민감부채)

갭이 0이거나 갭 비율이 1.0인 경우 이자율민감자산(변동이자율자산)과 이자율민감부채(변동이자율부채)가 동일하며 따라서 이자율의 변동에 의해 순이자마진(NIM)이 영

향을 받지 않는다. 마이너스의 갭이나 1.0 이하의 갭 비율은 이자율민감부채가 이자율민감자산을 초과하는 상태이며 이 경우 이자율이 상승할 때 순이자마진이 감소하기 때문에 이자율이 상승하는 추세에 있는 경우 신경을 써야 한다.

<예시 12-1> 갭 분석

서울은행은 지난 해 80억 원의 이자수입과 45억 원의 이자지급이 있었으며 이 은행의 B/S는 다음과 같다고 하자.

서울은행의 B/S

자산(억 원)		부채(억 원)	
변동이자율자산	200	변동이자율부채	500
가변이자율대출		변동이자율CD	
단기증권		변동이자율예금	
콜론		고정이자율부채	400
고정이자율자산	800	수표발행예금	
준비금		저축성예금	
장기대출		장기CD	
장기증권		자기자본	100

서울은행의 순이자마진(NIM) = (80 − 45)/1,000 = 0.035 = 3.5%

서울은행의 갭 = 200 − 500 = −300

서울은행의 갭 비율 = 200/500 = 0.4

서울은행의 갭 분석에 의하면 시장이자율이 상승하면 순이자마진(NIM)이 최근의 수준인 3.5% 수준에서 하락할 것이며 시장이자율이 하락하면 NIM은 3.5% 수준 이상으로 상승할 것이다. 구체적으로 이자율의 변화가 은행의 이윤(NIM)에 미치는 영향을 알아보기 위해서는 갭에다 이자율의 변화를 곱하면 알 수 있다. 예컨대, 이자율이 평균적으로 3%에서 4%로 1%p상승하면 이윤의 변화는 1% × (−300) = −3억 원이다. 즉, 자산에 대한 수익은 2억 원(= 200 × 0.01)이 증가하고 부채에 대한 지급은 5억 원(= 500 × 0.01)이 증가하므로 이 은행의 이윤은 3억 원(= 5 − 2)만큼 감소한다. 반대로 이자율이 1%p 하락한다면 은행의 이윤은 3억 원 증가한다.

갭 분석은 은행의 이자율위험을 측정하는 아주 쉬운 방법이기는 하지만 한계를 지니고 있다. 우선 은행은 자산과 부채를 이자율 민감부분과 이자율 비민감부분으로 구분하는 방법을 결정하여야 하는데 이것은 다소 모호하다. 갭의 완전한 측정방법은 없기 때문에 각 은행마다 자체의 분류기준을 갖고 있을 것이나 어느 방법을 사용하든 측정이 잘못 해석될 가능성은 있다.

② 듀레이션 분석

이자율위험을 측정하는 또 하나의 방법은 **듀레이션 분석**(duration analysis)을 이용하는 것이다. 어떤 자산(또는 부채)은 비록 외형적 만기가 동일하더라도 다른 자산(부채)보다 더 이자율에 민감하다. 예컨대, 10년 만기 무이표채(zero-coupon bond)는 10년 만기 이표채(coupon bond)보다 이자율의 변동에 더 민감하며 따라서 무이표채에 투자된 은행자산의 시장가치가 이자율의 움직임에 훨씬 민감하다. 듀레이션은 이자율의 변화에 대한 은행의 총자산과 총부채의 시장가치의 민감도를 측정하기 위해 제시된 개념이다. **듀레이션**(D, duration)은 증권(채권)의 현금지불흐름의 평균기간을 측정하는 것인데 이것을 엄밀하게 정의하면 증권(자산이나 부채)의 현금흐름의 현재가치를 가중치로 하여 산출한 만기까지의 가중평균기간(증권에 투자된 원금의 평균회수기간)이다. 4장에서 본 바와 같이 증권(채권)의 시장가격(P_b)은 현금흐름(C)의 현재가치(PV)와 같으므로 $P_b = \sum_{t=1}^{n} PV_t$가 된다. 그리고 현금흐름의 현재가치는 $PV_t = C_t/(1 + i)^t$이다. 따라서 듀레이션(D)을 구체적으로 나타내면 다음의 식(12-10)과 같다.

(12-10)
$$D = \sum_{t=1}^{n} \frac{tC_t}{(1+i)^t} \Big/ \sum_{t=1}^{n} \frac{C_t}{(1+i)^t} = \sum_{t=1}^{n} tPV_t/P_b$$

여기서 t는 현금흐름이 발생하는 시기, C_t는 t기에서의 현금흐름(이자 및 원금), i는 이자율, n은 만기까지의 기간이다. n기(만기)에서의 C는 이자(C_n) + 원금(F)이 된다. 식(12-10)에 의해 은행의 각 자산(부채)의 듀레이션이 계산되고 전체자산(전체부채)의 듀레이션은 개별자산(부채)의 듀레이션의 가중평균으로 계산된다.

<예시 12-2> 듀레이션의 계산

다음과 같은 자산(대출)의 듀레이션을 계산하여 보자. 100만 원을 1년 만기로 대출하였고 대출이자율은 연 10%이다. 그런데 대출금의 반은 6개월 후에 상환하고 나머지 반은 1년 후에 상환한다고 한다. 이 경우 이 대출의 듀레이션은 얼마가 되는가? 몇 단계로 나누어 계산할 수 있다.

첫째, 현금흐름(C)을 계산한다. 반년 후와 1년 후의 현금흐름(이자와 원금)을 각각 C(1/2), C(1)이라고 하자. 원금의 반을 반년 후에 상환하고 이때 반년치 이자도 지급하며 나머지 반을 1년 후에 상환하고 나머지 원금에 대한 이자를 지급한다. 따라서

C(1/2) = 50 + 100 × (0.10/2) = 55.0만 원

C(1) = 50 + 50 × (0.10/2) = 52.5만 원

따라서 C(1/2) + C(1) = 107.5만 원

둘째, 현금흐름의 현재가치(PV)를 계산한다. 반년 후와 1년 후의 현금흐름의 현재가치를 각각 PV(1/2), PV(1)이라고 하자. C(1/2)과 C(1)을 이자율로 할인하면 현재가치가 되는데 반년간의 이자율은 10%/2 = 5%이므로

PV(1/2) = 55.0 × (1/1.05) = 52.38만 원

PV(1) = 52.5 × (1/ 1.05^2) = 47.62만 원

따라서 PV(1/2) + PV(1) = 100만 원이 되어 4장에서 본 바와 같이 대출원금과 동일한 현재가치를 갖는다.

셋째, 식(12-10)에 따라 현금흐름의 발생시기(t, 1/2년과 1년)를 각각의 가중치(PV)로 가중평균하면 듀레이션을 구할 수 있다. 즉,

대출의 듀레이션(D) = (1/2) × (52.38/100) + (1) × (47.62/100) = 0.7402년

여기서 보면 현금흐름이 반년 후(중간상환)에 발생하기 때문에 듀레이션이 대출의 외형적 만기인 1년보다 짧아졌다. 만약 중간에 원금과 이자를 상환하지 않고 현금흐름이 만기(1년 후)에만 발생하는 경우 듀레이션=만기가 된다. 따라서 듀레이션은 현금흐름의 발생을 고려한 만기라고 볼 수 있다. 다른 사정이 주어져 있는 경우 만기가 짧은 자산은 듀레이션도 짧다. 또한 더 자주 이자를 지급하는 자산은 그렇지 않은 자산보다 짧은 듀레이션을 갖는다.

듀레이션은 이자율의 변화에 대한 증권(자산 또는 부채)의 시장가치(가격)의 변화에 대한 좋은 개략치가 되기 때문에 매우 유용한 개념이다. 듀레이션을 이용하여 증권의 시장가치와 은행의 순가치의 변화를 측정하는 방법은 아래와 같다.

(12-11) 증권의 시장가치의 %변화(연율) = −이자율의 %p변화 × 듀레이션(년)

위의 식(12-11)을 정형화하여 보면 다음의 식(12-12) 및 (12-13)과 같으며 이를 전체자산과 부채에 적용하면 은행의 가치변화는 식(12-14)와 같다.

(12-12) $$\frac{\triangle P_b}{P_b} = -D \times \frac{\triangle i}{1+i} \approx -D \times \triangle i$$

(12-13) $$D = -\frac{\triangle P_b}{\triangle i} \times \frac{1+i}{P_b}$$

(12-14) $$\triangle NW = -(D_A A - D_L L) \times \triangle i$$

여기서 P_b는 증권의 가격, $\triangle P_b$는 증권가격의 변동, D는 듀레이션, i는 이자율, $\triangle i$는 이자율의 변동, $\triangle NW$는 은행의 순가치(net worth)의 변화, D_A는 자산의 듀레이션, D_L은 부채의 듀레이션, A는 자산규모, L은 부채규모이다. 이 식에서 보면 첫째, D가 클수록 증권(자산 또는 부채)의 가격은 이자율변동에 더욱 민감하다는 것을 알 수 있다. D/(1 + i)를 **수정된 듀레이션**(modified duration)이라고도 하는데 식(12-11)의 경우는 D/(1 + i) 대신에 D를 사용하여 개략화한 것이다. 이자율(i)은 매우 적은 값이므로 1 + i와 1이 큰 차이를 보이지 않는다고 가정한 것이다. 예를 들어 수익률이 연 8%인 유로본드의 D = 4라고 하자. 만약 수익률이 8%에서 8.5%로 0.5%p 상승한다면 유로본드의 가치는 개략적으로 계산하면 −4 × (0.005) = −0.02가 되어 2% 하락하게 된다.

둘째, 듀레이션(D)은 일종의 탄력성개념으로 볼 수 있다. 즉, 이자율의 %변화에 따른 증권가격의 %변화정도를 나타낸다고 볼 수 있다. 식(12-13)에서 보면 우변에서 1 + i 대신에 i가 사용된다면 D는 정확하게 증권가격의 이자율탄력성이 된다. 그러므로 D는 탄력성을 크게 확대한 개념이 된다.[19]

---

19 $D = -(\triangle P_b/\triangle i) \times (1+i)/P_b = -(\triangle P_b/\triangle i) \times (i/P_b) \times (1+i)/i$ = 증권가격의 이자율탄력성 × (1 + i)/i가

<예시 12-3> 듀레이션 분석

듀레이션 분석은 금융기관의 순가치가 이자율의 변화에 어떻게 반응하는지를 보기 위하여 금융기관의 자산과 부채의 평균(가중)듀레이션을 이용하는 것이다. 〈예시 12-1〉에서 본 서울은행의 대차대조표에서 자산의 듀레이션은 3(년)이고 부채의 듀레이션은 2(년)이라고 가정하자. 서울은행의 자산은 1,000억 원이고 부채는 900억 원이다. 만약 이자율이 1%p 상승한다면 서울은행의 자산과 부채의 시장가치는 얼마나 변화하는지를 살펴보자. 식(12-11)과 식(12-14)에 의하면

자산의 시장가치의 변화율 = −1%p × 3 = −3%(연율) = 3% 감소

자산가치의 변화 = 1,000억 원 × (−3%) = 30억 원 감소

부채의 시장가치의 변화율 = −1%p × 2 = −2%(연율) = 2% 감소

부채가치의 변화 = 900억 원 × (−2%) = 18억 원 감소

따라서 은행의 순가치의 변화(△NW) = −(3 × 1,000 − 2 × 900) × 1%p

= (−30) − (−18) = −12억 원 = 12억 원 감소

위에서 가정한 바와 같이 대부분의 은행의 경우 자산의 평균듀레이션이 부채의 듀레이션보다 크다. 이것은 은행자산의 시장가치가 부채가치보다 이자율의 변동에 더 민감하다는 것을 의미한다. 따라서 이자율이 상승하면 통상 은행들은 나쁜 영향을 받는다.

③ 회귀분석

갭 분석과 듀레이션 분석은 은행의 대차대조표의 구성에 의거하고 있다. 이러한 방법 외에 은행은 과거에 이자율의 변동에 의해 은행의 성과가 어떠하였는지를 살펴보는 **회귀분석**(regression analysis)에 의해 이자율위험을 평가할 수 있다. 이러한 분석을 하기 위해서는 은행의 성과를 나타내는 지표와 이자율의 지표를 선택하여야 하며 또 이들 사이의 관계를 추정할 수 있는 모형이 선택되어야 한다. 은행의 성과를 나타내는 지표로 흔히 사용되는 것은 ROA(return on assets), ROE(return on equity) 또는 주식수익률 등이다. 예컨대, 이자율을 i라고 하고 KOSPI200의 수익률을 시장수익률(R_m)로 하고 그 은

된다. 그러므로 D는 이자율탄력성을 (1 + i)/i 만큼 크게 만든다. 예컨대, 본문의 유로본드의 경우를 예로 든다면 D(4)는 탄력성을 1.08/0.08 = 13.5배 만큼 확대한 것이므로 실제의 탄력성은 4/13.5 = 0.3이 될 것이다.

행의 주식수익률(R)을 은행의 성과지표로 하는 경우 다음과 같은 회귀모형이 이용될 수 있다. 즉,

(12-15) $$R = b_0 + b_1R_m + b_2i + u$$

여기서 b는 회귀계수들이고 u는 교란항이다. 이 모형에서 b_2가 이자율계수이다. 이것이 이자율의 움직임에 대한 은행성과의 민감도를 측정한다. b_2가 음(−)의 값을 가지고 유의하다면 은행의 성과가 이자율의 상승에 의해 나쁜 영향을 받는다는 것을 의미한다. 만약 이자율계수가 유의하지 않다면 은행의 성과는 이자율의 변동과는 무관하다는 것을 의미한다.

많은 연구결과에 의하면 은행의 주식수익률은 이자율의 움직임과 마이너스의 관계를 가진다(b_2가 마이너스이고 유의하다)는 것이 밝혀졌다.[20] 앞에서 본 바와 같이 은행들은 통상 마이너스의 갭을 가지고 자산의 듀레이션이 부채의 듀레이션보다 큰 경향이 있기 때문에 이자율의 상승은 은행의 성과를 감소시킨다. 물론 이러한 결과는 은행산업전체의 경우에 해당되는 일반적인 현상이며 모든 개별 은행에 적용되는 것은 아니다. 그리고 은행의 자산과 부채는 지속적으로 대체되기 때문에 이자율위험에 대한 노출은 계속적으로 평가되어야 한다.

2) 이자율위험의 관리전략

은행의 경영자로서 이자율위험을 관리하기 위하여 어떤 전략을 가져야 하는가? 1970년대 중반이후로 이자율은 매우 가변적이 되었으며 그래서 은행들은 계속 이자율위험에 대해 관심을 가지고 대처하여 왔다. 만약 갭이 마이너스이거나 듀레이션 갭(자산듀레이션 − 부채듀레이션)이 플러스이거나 회귀분석에서 이자율계수가 마이너스인 경우 이자율이 하락할 것으로 예상된다면 은행은 특별한 조치를 취할 필요가 없다. 그러나 만약 이자율이 계속 상승할 것으로 예상된다면 은행은 이자율위험을 헤지하는 방안을 강구하여야 한다.

이자율위험을 감소시키는 가장 단순하고도 명백한 방법은 부채와 자산의 만기를 일치시키는 것이다. 그러나 은행의 부채인 예금은 통상 만기가 매우 짧고 자산인 대출이나

---

20 Madura(2003, p.539) 참고.

증권은 비교적 만기가 길기 때문에 이들을 완전히 일치시키는 것은 사실상 불가능하다. 따라서 갭을 줄이고 듀레이션 갭을 줄이는 전략이 필요하다. 예컨대, 통상 이자율은 상승하기 때문에 이자율민감 부채를 줄이고 이자율민감 자산을 증가시키거나 또는 이자율민감도를 감소시키기 위하여 은행자산의 듀레이션을 짧게 만들거나(현금수입을 빠르게 수취) 부채의 듀레이션을 증가시키는 것(현금지불을 지연시키는 등 수신구조의 장기화)이다. 이러한 조정을 통해 은행은 이자율변화에 의해 덜 영향을 받을 것이다.

그러나 은행은 통상 특정 듀레이션에 묶여 있기 때문에 대차대조표를 변화시킴으로써 이자율위험을 감소시키려는 방법은 단기적으로 매우 비용이 많이 든다는 문제점을 가진다. 그러나 9장에서 살펴본 파생금융상품(이자율선물계약, 이자율스왑 등)은 대차대조표를 조정하지 않고도 이자율위험에 대한 노출을 감소시킬 수 있는 방법을 제공하고 있다.

(3) 시장위험관리

시장위험(market risk)은 이자율의 변동, 환율의 변동, 그리고 주가의 변동과 같은 금융시장 조건의 변화에 기인하는 증권가치의 변동을 말한다. 따라서 시장위험은 이자율위험보다 더 넓은 개념이다. 1990년대 이후 은행들은 단순히 대출만 하는 것이 아니라 증권거래활동이나 이와 관련된 활동을 하기 때문에 은행들은 시장위험에 훨씬 더 민감하게 되었다. 예컨대, 일부 은행은 헤지펀드(hedge funds)에도 대출을 제공하는데 이들 헤지펀드는 차입자금을 주식이나 파생금융상품에 투자한다. 따라서 만약 헤지펀드가 보유하고 있는 주식이나 파생상품의 가격이 크게 하락한다면 대출의 상환이 불가능할 수도 있다.

시장위험에 대한 은행의 노출증가는 또 파생금융상품의 거래에 대한 은행의 직접적 참여의 증가에도 기인한다. 또 많은 은행은 파생금융상품거래에서 중개기관으로 활동하고 있으며 거래의 한 당사자의 보증인으로 활동하기도 한다. 이러한 경우 만약 파생금융상품의 가격이 급격히 변동하고 이로 인해 거래당사자들이 채무불이행을 한다면 거래의 보증인으로서 은행은 큰 손실을 입게 된다. 또 은행이 신흥시장에서 발행된 채권을 구매한 경우 그 나라의 경제 사정이나 환율이 크게 변동함에 따라 역시 큰 손실을 입을 수 있다. 따라서 은행(금융기관)은 시장위험을 측정하고 이에 의거하여 **시장위험관리**(market risk management)를 할 필요가 있다.

1) 시장위험의 측정

은행은 통상 **VaR(value at risk, 위험평가가치)**방법을 통해 시장위험에 대한 노출을 측정헌다. VaR방법은 특정 신뢰수준(confidence level, 예컨대, 99% 또는 95% 수준)에서 시장가격의 변화의 결과로 발생할 수 있는 가능한 최대의 손실을 계산하는 것이다. 이 손실을 측정하기 위해 은행은 먼저 1%의 확률로 시장가격이 변화할 수 있는 최악의 나쁜 시나리오(예컨대, 주가의 10% 하락 또는 파생상품가격의 30% 하락 등)를 설정한다. 그리고 이 시나리오가 은행의 포지션(position)에 미치는 영향을 추정한다. 현재의 포지션으로부터 발생하는 모든 손실을 합산하여 이 시나리오 하에서 은행에 발생하는 총손실을 추정한다. 이 추정치는 99%의 신뢰수준에서 발생 가능한 최대의 손실을 나타낸다. 시장위험에 대한 노출을 추정함으로써 은행은 그 정도로 나쁜 사태가 발생하더라도 이에 대응할만한 충분한 자본을 가지고 있는지를 판단할 수 있다. 물론 시장가격은 계속 변화하고 있으므로 은행은 투자 및 신용포지션의 변화, 시장상황의 변화에 대응하여 시장위험의 추정치를 지속적으로 수정하여야 한다.

은행의 시장위험은 부분적으로 이자율위험에 대한 노출과 관련이 있다. 그러나 은행은 통상 이자율위험에 특별히 관심을 가진다. 왜냐하면 이자율위험이 시장위험의 가장 중요한 구성부분이기 때문이다. 게다가 많은 은행은 장기포지션을 평가할 때는 주로 이자율위험만을 평가한다. 예컨대, 은행은 내년의 은행포지션을 평가할 때는 앞에서 살펴본 방식으로 이자율위험을 평가하여 사용한다. 이 경우 은행은 부채나 자산의 만기를 변경시키기 위해 이러한 평가를 사용할 수 있을 것이다. 반면 은행은 단기(예컨대, 다음 달)에서의 포지션(단기포지션)을 평가할 때는 시장위험의 평가에 초점을 맞추는 경향이 있다.

2) 시장위험을 감소시키는 방법

만약 은행이 시장위험에 대한 노출이 지나치다고 판단한다면 높은 노출을 유발하는 활동에 대한 참여를 감소시킬 수 있다. 예컨대, 시장위험이 크다고 판단하는 경우 은행이 보증활동을 감소시키거나 외국채권시장에 대한 참여를 줄일 수 있다. 또는 시장위험에 대한 노출의 일부를 상쇄시키기 위해 다른 거래포지션을 취할 수도 있고 시장위험에 과도하게 노출된 증권의 일부를 매각할 수도 있다.

5. 부외활동

은행은 전통적으로 자산과 부채관리가 주관심사였지만 최근에는 자금의 투입을 요구하지 않고 따라서 대차대조표의 변동을 유발하지 않으면서 수수료소득(fee income)을 발생시키는 부외활동에 적극적으로 참여하고 있다. 이러한 **부외활동(off-balance sheet activity)**은 주로 고객의 거래비용을 감소시키거나 차입자의 정보비용을 감소시키는 은행의 능력을 이용하는 것인데 대차대조표에 나타나지 않지만 은행이윤에 영향을 미치는 활동을 말한다. 1980년 이후 은행은 이러한 부외활동을 크게 확대하였고 이에 따라 이자소득이 아닌 수수료소득이 크게 증대되었다. 특히 이러한 부외활동은 1980년대 이후의 규제완화추세에 따라 더욱 확대되고 이에 따라 은행이 거래활동에 참여하는 비중이 높아졌는데 이러한 활동은 상황에 따라서는 은행에 엄청난 우발적 위험을 유발할 수 있다.

(1) 고객의 거래비용 경감능력 활용

은행은 고객이 부담해야 하는 거래비용을 줄여주고 그 대가로 수수료수입을 얻기 위하여 고객에게 다양한 맞춤서비스를 제공한다. 이러한 서비스의 제공은 대출이나 증권의 보유와는 달리 자본의 추가적인 보유를 요구하지 않는다는 의미에서 부외활동이라고 볼 수 있다. 주요한 서비스활동으로는 다음과 같은 것들이 있다. 첫째, 은행은 모기지증권의 관리서비스(MBS관련서비스)를 제공한다. 예컨대, 모기지를 담보로 차입한 사람으로부터 이자와 원금을 수령하여 MBS보유자에게 지급하고 수수료를 받는다. 둘째, 고객을 위해 외환거래와 관련된 대행업무를 한다. 셋째, 은행은 부자들에게 맞춤 재산관리서비스(private banking service)를 제공하여 수수료 수입을 얻는다. 넷째, 은행은 파생금융상품시장에서의 거래활동(trading activity)에 대한 지원을 통해 수수료를 얻는다. 파생상품시장에서의 대부분의 은행거래는 은행의 다른 업무와 관련되어 제공하는 서비스이지만 때때로 은행은 이러한 시장에서 직접 또는 자회사를 통해 투기적 활동을 한다. 투기는 손실을 볼 위험을 동반한다. 이러한 시장거래활동은 매우 위험하므로 보다 자세히 살펴보자.

은행은 이자율위험관리의 일환으로 금융선물(futures), 옵션(options), 금리스왑

(interest rate swaps)과 같은 파생금융상품거래에 참여하기도 하고 국제금융과 관련되는 은행은 외환시장거래에 참여한다. 은행의 이러한 거래활동은 위험을 감소시키기 위하여 또는 은행의 다른 활동과 관련하여 행해지고 이에 따른 수수료를 받게 된다. 그러나 은행은 때때로 직접 투기적 거래활동에도 참여한다. 이러한 투기적 거래활동은 성공적인 경우 매우 큰 이윤을 제공해 주지만, 반면에 이러한 거래활동은 매우 위험하며 때로는 은행의 파산을 유발하기도 한다. 예컨대, 1995년에 영국 Barings Bank의 싱가포르 자회사인 Barings증권의 Nick Leeson에 의한 환투기의 실패로 약 13억 달러의 손실을 입고 230년 전통의 Barings Bank(1762~1995년)는 하루아침에 파산하였고 단돈 1파운드에 ING에 흡수되었다. 이러한 거래활동의 관리와 관련된 특별한 문제는 **주인·대리인문제(principal-agent problem)**가 심하다는 것이다. 주인(주주)은 안전한 투자를 원하지만 단기성과에 따른 인센티브를 갖는 대리인(관리인)은 크게 베팅을 하려는 속성이 있다. 따라서 주인·대리인문제를 감소시켜 참사를 막기 위하여 금융기관의 경영자들은 내부통제를 철저히 하여야 한다. 예를 들면 직접 거래를 하는 사람과 자금을 관리하는 사람이 분리되어 있어야 하며 거래자의 직위에 따라 거래규모에 대한 총액한도를 설정하여야 하고 최신의 기법을 이용하여 위험을 철저히 평가하여야 한다. 그러한 방법의 하나가 앞의 시장위험관리에서 살펴본 VaR(value at risk)기법이다. 또 하나의 접근방법은 스트레스테스트(stress testing)를 해보는 것인데 이것은 만약 최악의 시나리오가 일어나면 어떻게 될 것인가를 모형을 통해 살펴보는 것이다.

(2) 부외대출: 차입자의 정보비용 경감능력 활용

부외대출(off-balance sheet lending)은 대출에 참여하기는 하지만 직접 참여하는 것이 아니기 때문에 은행은 부외대출에 참여할 때 그들이 하는 대출을 자산으로 보유하지 않는다. 이와 같이 부외대출은 은행의 대차대조표에 기록되지는 않지만 은행이 부담하는 신용위험을 증대시킨다. 그러므로 은행은 자본적정성관리와 신용위험관리를 통해 관심을 가져야 한다. 이러한 부외대출활동에는 다음과 같은 형태의 활동, 즉 대출매각(loan sales), 대출약정(loan commitment), 제2선 신용공여(backup lines of credit) 등이 포함된다. 대출약정은 수수료수입을 목적으로 하는 것 외에 앞에서 본 바와 같이 신용위험을 감소시키는 은행의 경영원칙으로도 널리 이용되고 있으므로 여기서는 생략한다.

1) 대출매각

2장에서 보았듯이 1980년대에 자본시장에서 증권화가 크게 번성하였다. 증권화를 통해 금융중개기관은 대출(모기지대출, 신용카드대출, 기업대출 등)을 보유(발행 후 보유방식)하는 대신 시장을 통해 투자자에게 직접판매(발행 후 매각방식)할 수 있게 되었다. 1980년대 이후의 이러한 증권화추세의 일환으로 미국에서는 은행대출매매시장(대출유통시장, market for bank loan sales)이 상당한 규모로 성장하였다. **대출매각(loan sales)**은 은행이 특정 은행대출로부터 예상되는 미래의 수익의 전부 또는 일부를 제3자에게 판매하기로 합의한 금융계약으로서 대출매각은 **2차적 대출참여(secondary loan participation)**라고도 불린다. 이러한 대출매각을 통해 수수료를 얻을 수 있으며 또한 위험을 다변화하고 분담할 수 있는 이점을 갖는다. 이러한 대출매각에 의한 소득생성활동은 최근에 등장한 중요한 부외활동형태이다.

1990년대 초중반에 대출매각의 규모는 감소하였으나 은행에 대한 자본요구량증가로 인해 은행들이 대출을 보유하기보다는 매각할 유인을 갖기 때문에 1990년대 후반과 2000년대에 다시 크게 증가하였다. 그러나 이러한 대출유통시장이 매우 번성하게 되면 저축자와 차입자 간의 금융중개기관으로서의 은행의 역할은 크게 변화된다. 예컨대, 활발한 대출유통시장의 존재는 은행의 활동을 예금수령활동과 대출활동으로 분리시킬 수 있으며 따라서 대출유통시장의 성장은 결국 전통적 은행이 사라지는 것을 의미하는 것은 아닌가 하는 근본적인 문제를 제기한다.[21] 그러나 그럴 가능성은 크지 않다고 볼 수 있다. 왜냐하면 대출매각은 금융중개서비스의 개선을 나타낸다고 볼 수 있기 때문이다. 증권화가 대출자(은행)들이 위험을 다변화하고 분담하는 것을 도와주는 것과 마찬가지로 대출매각으로 인해 은행은 다른 기관에 대출을 매각하고 다른 기관으로부터 대출을 매입함으로써 금융상품의 다변화(부동산대출을 기업대출로 전환 등)와 지역적 다변화를 더 잘 달성할 수 있게 된다. 이러한 다변화는 개별대출에서의 신용위험에 대한 은행의 노출을 낮추게 된다. 따라서 은행은 정상적인 정보생산활동(심사 및 감시)을 계속 수행할 수 있으며 이와 동시에 신용위험과 이자율위험에 대한 노출을 감소시킬 수 있다.

대출을 매각함에 있어 은행은 그들의 자본 대신에 명성(reputation)을 건다. 매각한

21 예금을 받고 대출을 하는 것이 전통적 은행의 개념인데 예금수령활동과 대출활동을 분리하여 예금을 받아 대출을 하지 않고 국공채와 같이 매우 안전한 자산에만 투자하는 등 한정된 안정적인 업무만을 수행하는 은행 활동을 'narrow banking' 또는 'safe banking'이라고 한다.

대출이 제대로 실행되지 않는 은행은 대출유통시장에서 우량한 참여자로서의 명성을 유지하기 어려울 것이므로 대출매각의 큰 손인 대규모은행들은 그들의 명성에 대해 매우 신경을 쓸 것이다. 매각된 대출의 가격은 원대출의 차입자의 신용(채무불이행)위험과 매각은행의 암묵적인 약속에 대한 신용위험을 나타내는 위험프리미엄을 포함한다. 그러므로 은행이 대출의 우량성을 보증하는 하나의 방법은 원래의 차입자의 행동을 계속 감시한다는 약속을 대출매입자에게 보여주기 위해 대출의 일부를 보유하고 일부만 매각하는 것이다.

2) 제2선 신용공여

경쟁이 심화되면서 은행은 그들이 갖고 있는 정보생산(심사 및 감시)능력을 활용하는 방안을 강구하게 되었다. 대표적인 것이 차입자(기업 등)에게 대출과 관련된 서비스, 즉 **제2선 신용공여**(backup line of credit)나 **보증**(guarantee) 등을 제공하는 것이다. 이러한 노력에 의해 1970년대에 금융혁신의 과정에서 단기금융시장에 잃었던 은행의 대출활동의 일부를 되찾게 되었다. 차입자(기업)들이 단기금융시장에서 자금을 차입하는 경우(예컨대, CP를 발행하여 자금을 차입하는 경우) 계속 신용확인 및 재발행을 통해 자금을 차입해야 하는 불편이 있으므로 안정적으로 차입하기를 원하게 된다. 그래서 은행은 채권(CP 등)발행에 대한 보증을 제공하거나 대출에 따르는 다양한 신용갱신방식을 제공함으로써 대출을 늘릴 수 있고 수수료 수입도 얻게 되었다.

제2선 신용공여에는 여러 가지 형태가 있다. 가장 중요한 것은 앞에서 언급한 대출약정(loan commitments)이며 당좌대월(overdraft privileges)도 있다. 다른 형태로는 CP 등의 발행을 위한 신용보증인 **대기성신용**(standby letters of credit) 등이 있다. 그러나 증권의 보증과 제2선 신용공여와 같은 부외활동은 차입자의 신용이 낮아지거나 은행의 유동성사정이 좋지 않는 경우에도 신용을 제공하여야 하기 때문에 은행의 채무불이행위험을 증가시킨다.

이와 같이 부외활동은 은행의 활동을 확대시켜주고 수입을 다변화시켜주지만 이에 따른 위험도 크게 증가시키고 있다. 특히 2008년의 글로벌 금융위기과정에서 은행 등 금융기관의 대규모 시장거래활동이 중요한 위험요소라는 것이 다시 한 번 부각되었다. 부외활동에서 나타나는 위험의 증가 때문에 은행규제자들은 이에 대해 관심을 높이고 있으며 은행으로 하여금 위험관리에 더 신경을 쓰도록 하고 있다.

참고문헌

박연우, 금융위기 이후 은행과 자본시장과의 관계설정에 관한 소고, 자본시장 weekly 2009-43호 (2009.10.27-11.02), 자본시장연구원

진석용, 글로벌대형은행, 실적개선은 아직 잠재적 불안정성은 여전, LG Business Insight, LG경제연구소, 2009.12.16

최순영, 운영리스크(operating risk)관리에 대한 재조명, 자본시장 Weekly 2011-18호(2011.5.3-5.9), 자본시장연구원

한국은행, 한국의 금융제도, 2011.12, 2018.12

Walter Bagehot, Lombard Street: A Description of the Money Market, 1873. Reprint: John Wiley and Sons, Inc. 1999. 유종권 · 한동근(역), 『롬바드 스트리트』, 대우학술총서 #504, 아카넷, 2001

Stephen G. Cecchetti, Money, Banking, and Financial Markets, McGraw-Hill/Irwin 2006. Chapter 12

R. Glenn Hubbard, Money, the Financial System, and the Economy, 6th ed(2008), Pearson International Edition, Chapter 13

Jeff Madura, Financial Markets and Institutions, 6th ed(2003), Thomson, Chapter 19

Frederic S. Mishkin, The Economics of Money, Banking and Financial Markets, 7th ed(2004), Pearson, Chapter 9

연습문제

1. 은행은 기본적으로 '예금을 받아 대출을 하는' 기능을 수행하며 이러한 금융중개기능을 통해 이윤을 얻는다. 그렇다면 이웃에게 바로 돈을 빌려주지 않고 은행에 저축예금을 하고 은행이 이웃에게 부동산담보대출을 하는 경우 어떠한 금융중개가 발생하는가?
2. 2008년의 글로벌 금융위기의 주요 원인의 하나로 은행이 자본시장 등 자산시장에 과도하게 참여하였다는 점을 지적하고 있다. 이에 대해 논평하시오.
3. 자본이 많은 은행의 경우와 같이 은행자본이 너무 많아서 ROE가 너무 낮다고 판단하는 경우 ROE를 증가시키기 위하여 자산/자기자본비율(AE)을 증가시킬 필요가 있다. 은행경영자는 어떻게 하여야 하는가?
4. 자기자본이 지나치게 적어 은행파산의 가능성이 있다고 하자. 은행경영자는 자산/자기자본비율(AE)을 감소시키기 위해 어떻게 하여야 하는가?

5. 미국에서는 1990~1991년에 리세션이 있었고 또 BIS 자기자본규제가 1992년부터 전면적으로 도입되었다. 그런데 1992년에 2차대전 후 처음으로 신용증가율이 감소하는 신용경색(credit crunch)이 발생하였다. 이러한 신용경색이 발생한 원인은 무엇인가?

6. 금융위기가 발생하면 은행들은 대출 대신 국채와 같은 안전자산을 구매한다. 왜 경제사정이 나빠지거나 금융불안정이 발생하면 은행에서 안전자산선호경향이 어김없이 나타나는가?

7. 식(4-7)을 이용하여 식(12-12)를 유도하여 보시오.

8. 만기가 2년인 채권의 현금흐름이 1년 후와 2년 후에 각각 C(1)=200, C(2)=1,250이고 현금흐름의 현재가치가 각각 P(1)=180, P(2)=1,100이다. 이 채권의 듀레이션은 얼마인가?

9. 액면가가 500만 원, 만기수익률이 10%이고 만기가 3년 남은 무이표채권(할인채)의 듀레이션은 얼마인가?

10. 다음에 주어진 은행의 대차대조표를 보고 물음에 답하시오.

자산		부채 및 자본	
지급준비금	200	예금	1,800
유가증권	200	차입금	100
대출금	1,600	자본금	100
자산 계	2,000	부채 및 자본 계	2,000

1) 이 은행의 자기자본비율은 얼마인가? 한 해 동안 벌어들인 이윤을 기초로 총자산수익률(ROA)을 구해보니 1%였다. 이 은행의 자기자본수익률(ROE)은 얼마인가? (세금은 없다고 가정한다)

2) 위의 은행의 경우 자산은 2,000억 원이고 부채는 1,900억 원이며 자산의 듀레이션은 4이고 부채의 듀레이션은 3이다. 이자율이 2%포인트 상승하는 경우 은행의 순가치는 얼마나 변화하는가?

CHAPTER

13 은행산업의 변화와 발전

1. 금융혁신의 발생과 영향
2. 은행산업에서의 합병과 대형화
3. 은행산업과 여타 금융서비스산업의 분리와 통합
4. 금융통합
5. 은행의 국제화

최근의 은행은 40여 년 전의 은행과 크게 다르다. 규모도, 업무도, 업무방식도, 활동범위도, 구조도, 안전성도, 심지어 이름도 다 변화하였다. 이 장에서는 은행산업의 이러한 변화와 발전과정에 대해 살펴본다. 1970년대 이후의 은행신업의 발전과 변화에 가장 큰 영향을 미친 것은 금융산업에서 나타난 금융혁신현상이다. 따라서 먼저 1절에서는 1970년대 이후 은행산업의 근본적 변화를 유발한 금융혁신의 동인과 과정에 대해 살펴본다. 1990년대 이후 미국뿐 아니라 전 세계적으로 은행산업에서 또 한번 중요한 구조적 변화가 발생하였는데 그것은 규제완화에 따른 은행의 합병과 대형화이었다. 그래서 2절에서는 은행의 합병과 대형화과정에 대해 살펴본다. 3절에서는 은행산업과 여타 금융서비스산업(증권산업, 보험산업 등)의 분리와 통합의 과정에 대해 살펴본다. 1930년대의 대공황 이후 은행업무와 비은행업무의 분리와 통합이 반복되고 있는데 이에 대해 살펴본다. 그리고 4절에서는 금융지주회사를 중심으로 금융통합의 문제에 대해 살펴보고 마지막으로 5절에서는 은행의 국제화 현상에 대해 살펴본다.

1. 금융혁신의 발생과 영향

은행산업의 변화에 가장 큰 영향을 미친 것은 1970년대 이후의 **금융혁신**(financial innovation)이었다. 1970년대 이후로 은행을 중심으로 금융산업에서는 수많은 금융혁신이 발생하였고 그 과정에서 은행은 지속적으로 엄청난 변화를 겪어왔다. 그리고 이러한 금융혁신의 누적이 2008년의 금융위기의 발생에 크게 작용하기도 하였다. 여기서는 금융혁신의 과정에서 은행이 어떻게 변화되어 왔는지를 살펴본다.

은행과 같은 금융기관도 하나의 영리기업으로서 이윤을 추구하며 이 과정에서 혁신이 일어난다. 그런데 금융산업에서의 혁신과정을 보면 다른 산업에서와 마찬가지로 결국 금융기관을 둘러싼 환경의 변화가 중요한 역할을 하였다는 것을 볼 수 있다. 이러한 환경변화 속에서 금융의 측면에서 소비자의 욕구에 맞는 새로운 금융상품과 서비스를 개발하고 발전시키는 다양한 혁신이 발생하였다. 금융혁신의 발생을 금융환경의 변화를 중심으로 살펴보면 세 가지 측면이 중요하다. 첫째, 인플레이션, 이자율, 환율의 변동과 같은 거시경제적 환경의 변화가 심해지면서 금융시장에서의 사람들의 금융수요가 변화하기 시작하였고 이러한 수요의 변화에 대응하여 금융혁신이 나타났다. 둘째, 이러한 금융수요의 변화를 충족시켜줄 수 있는 기술적 환경의 변화로 인해 공급능력이 확산되면서 금융혁신이 나타났다. 셋째, 1970년대까지는 대공황 당시의 규제체제가 그대로 유지되거나 규제가 강화되어 온 반면 1980년대 이후로는 규제가 완화되는 추세가 진행되었는데 규제의 변화와 같은 제도적 환경변화에 대한 대응으로 금융혁신이 나타났다. 이러한 세 가지 측면에서 금융혁신의 양상에 대해 살펴본다.

(1) 거시경제적 환경의 변화에 따른 금융혁신: 위험의 증대

경제적 환경의 변화 중에서 금융상품에 대한 수요를 변화시킨 가장 중요한 변화는 인플레이션의 지속적 상승과 이에 따른 이자율의 상승과 변동성(위험)의 증대였다. 1960년대 말의 미국의 월남전 확전에 따른 재정적자확대와 1970년대 초의 오일쇼크(oil shocks)와 자원파동으로 전 세계적으로 급속한 인플레이션이 유발되었고 이에 따라 이자율도 크게 상승하였고 변동성도 크게 증가하였으며 이에 따라 주가도 큰 변동성을 보였다. 또 1971년 8월 미국 Nixon 대통령이 달러의 금태환정지를 선언함으로써 변동환율제로 진입하게 되었고 그때까지 없었던 환율의 변동성(위험)이 증가하기 시작하였다.

변동금리상품의 등장 이러한 사태를 계기로 금융시장의 모든 가격은 크게 변동하기 시작하였고 불확실성과 위험은 크게 증가하기 시작하였다. 이에 따른 이자율위험(interest rate risk), 시장위험(market risk) 그리고 환위험(exchange rate risk)의 증대는 위험을 감소시키는 금융상품과 금융서비스에 대한 수요를 증가시켰으며 1970년대에 나타난 은행산업에서의 금융혁신은 주로 이러한 위험감소욕구의 증가에 기인한 것이었다. 1970년대에 등장한 대표적 혁신의 하나는 이자율의 변동에 대응할 수 있는 **변동이자율모기지(ARM, adjustable rate mortgage)**인데 시장금리에 따라 모기지이자율을 조정하는 변동금리상품의 등장이다. 이러한 변동이자율모기지는 미국에서는 1982년의 **모기지 대체거래동등법(Alternative Mortgage Transaction Parity Act)**을 근거로 2000년대 이후 더욱 과감하게 추진되었다.[1] 예를 들면 무원금모기지(interest only mortgage), 3년 이자율조정가능모기지(3-year adjustable rate mortgage), 5년 이자율조정가능모기지, 7년 이자율조정가능모기지, 옵션 이자율조정가능모기지(option ARM) 등이 등장하였는데 이러한 변동이자율모기지대출의 공통적인 특징은 대출상환의 처음 몇 년 동안에는 매우 낮은 고정금리를 지급하고 일정기간이 지나면 이자율이 상승하여 그 부담이 점점 커지는 것이다. 이러한 신종 고위험 모기지상품이 적극적으로 개발되었다. 우리나라에서도 고정금리 주택담보대출 외에 변동금리 주택담보대출이 등장하여 변동금리 주택담보대출의 비중이 지배적이 되었으나 최근 위험을 줄이려는 금융감독당국의 방침으로 다시 고정금리대출의 비중이 크게 상승하고 있다.

파생금융상품의 등장 1970년대 이후에 나타난 또 하나의 대표적 혁신은 **파생금융상품(financial derivatives)**이다. 이자율, 환율 그리고 주가의 변동성이 확대되면서 1970년대 이후로 세계는 점점 더 위험한 장소가 되었다. 이에 따라 다른 투자자와 마찬가지로 은행경영자들도 은행이 직면하는 위험(이자율위험과 시장위험)을 감소시키는데 큰 관

---

1 1975년에 미국 캘리포니아의 저축은행들이 시장이자율에 따라 모기지이자율이 변화하는 변동이자율모기지를 발행하기 시작하였다. 그리고 1982년 미국은 모기지 대체거래동등법을 제정하여 모든 금융기관이 주거용 부동산을 담보로 다양한 종류의 대출을 할 수 있도록 허용하였다. 이런 혁신은 부담능력을 크게 초과하는 대출을 간단히 은폐해버렸고 위험을 잘 드러나지 않게 만들었다. 변동이자율모기지에 대해서는 11장 3절에서 일부 논의하였다.

심을 가지게 되었다. 이러한 관심에 따라 금융혁신은 위험을 더 잘 관리할 수 있는 새로운 금융상품을 만들어냈는데 이들이 바로 9장에서 살펴본 파생금융상품이다. 선물(futures), 선도(forward), 옵션(options), 스왑(swaps) 계약과 같은 다양한 형태의 파생금융상품이 등장하였고 이들은 위험헤지와 투기적 거래를 통해 점차 은행, 특히 대형은행의 매우 중요한 부외활동이 되었고 중요한 수익원천이 되었다.

특히 1990년대에는 금융자유화 속에서 대출 붐(lending boom)이 일자 은행은 이에 따른 신용위험의 증가에 직면하였다. 그러면서 은행을 중심으로 신용위험(credit risk)을 이전시키는 **신용파생상품(credit derivatives)**이라는 새로운 혁신상품이 등장하였다. 대표적인 신용파생상품이 2장에서 살펴본 **CDS(credit default swaps, 신용디폴트스왑)**이다. CDS는 은행의 요구(수요)에 맞춰 등장한 것으로 이것은 차입자의 채무불이행위험(default risk)에 대한 노출을 없앨 수 있는 놀라운 혁신이었기 때문에 대출시장을 활성화시킬 수 있었고 이에 따라 자산유동화증권(ABS)시장도 크게 성장하였다. 또 CDS는 은행의 BIS비율의 하락을 방지하는 수단으로 인기가 높았기 때문에 CDS시장은 엄청나게 성장하였다.[2] 그러나 CDS의 등장은 은행의 운영형태를 완전히 바꾸어 놓았고(발행 후 보유방식에서 발행 후 매각방식으로) 은행의 본연의 핵심적 임무인 정보생산활동(심사 및 감시)을 소홀하게 만들었으며 은행을 오히려 취약하게 만들었다. 또 2장에서 지적한 바와 같이 일반보험(예컨대, 자동차보험)을 들려면 보험대상물(자동차)을 갖고 있어야 하지만 채권(대출)에 대한 일종의 보험인 CDS의 경우에는 매입자가 해당채권을 보유하고 있지 않아도 발행이 가능하다. 즉, 두 당사자가 아무 채권이나 정해서 CDS계약을 이중삼중으로 맺을 수 있기 때문에 특정채권에 대한 CDS의 기초자산(준거자산)의 금액을 모두 합하면 실제채권의 액면가보다 훨씬 커질 수 있다. 그러므로 CDS는 신용위험을 오히려 크게 확대시킬 수 있는 폭발력을 가지고 있었다. 실제로 이러한 혁신은 심각한 글로벌 금융위기를 유발하였다. 이러한 혁신은 탐욕의 산물로 경제에 오히려 독이 된 경우이다.[3]

---

2 제조업 분야에서는 특허법에 의해 새로운 제품을 보호해주지만 금융업에서는 전통적으로 특허라는 개념이 없었다. 금융혁신의 이러한 한계로 인해 새로운 금융상품은 많은 금융기관들의 베끼기 진입으로 인해 시장은 폭발적으로 되고 마진폭에 대한 압박으로 인해 더 과감한 신상품을 개발하게 되었다.

3 이러한 폭발력과 위험이 있는데도 불구하고 CDS시장이 크게 성장한 데는 CDS가 규제의 사각지대에 있었으며 또한 CDS매도자가 많은 CDS계약을 맺음으로써 신용위험을 분담하고 분산시킬 수 있다고 생각하였기 때문이다. 즉, 소수의 도산사태가 발생하는 경우 이를 분담할 수 있다고 보았다. 그러나 기초자산(MBS와 CDO 등)에 동시다발적으로 손실이 발생하는 경우에는 그러한 위험의 분담은 수용능력을 넘어선다. 실제로 이러한 사태

파생금융상품에 대해서는 9장에서 자세히 논의하였으므로 여기서는 논의를 생략한다.

(2) 기술적 환경의 변화에 따른 금융혁신: 정보통신기술의 발전

금융수요를 충족시켜주기 위해 등장한 금융혁신은 다른 한편으로는 기술적 환경의 변화에 의해 가능하게 되었다. 금융서비스의 생산 및 공급능력을 확대시켜준 가장 큰 기술적 요인은 컴퓨터의 발전(PC의 등장)과 정보통신기술(인터넷, 모바일기기)의 발전이었다. 이러한 정보통신기술(ICT)은 은행산업에 세 가지 중요한 영향을 미쳤다. 첫째, 빠르게 대규모의 자료처리가 가능하게 되어 금융거래비용을 크게 낮추었다. 이에 따라 1970년대 이후 은행이 카드(신용카드, 직불카드 및 체크카드)사업에 진출하기 시작하는 등 **전자지급수단**(**EMOP, electronic means of payment**)이 크게 발전하고 인터넷뱅킹, 스마트뱅킹 등 다양한 **전자금융**(**electronic banking**)이 가능하게 되었다. 전자지급수단(EMOP)과 전자금융의 발전과 영향에 대해서는 16장 4절에서 살펴보기로 한다.

둘째, ICT기술의 발전으로 투자자들이 기업에 관한 정보를 쉽게 획득할 수 있게 되었고 이에 의해 기업의 역선택의 가능성이 크게 감소하여 기업이 증권(정크본드나 CP 등)의 발행을 통해 자금을 조달하는 것이 더욱 용이해졌다. 이에 따라 **정크본드**(**junk bond, 투기등급채권, 고수익채권**)나 **기업어음**(**CP, commercial paper**)의 발행을 통해 기업이 자금을 직접 조달할 수 있게 되어 은행산업에 자금운용상의 큰 어려움을 유발하였다. 특히 컴퓨터의 정보처리기술과 정보통신기술의 발전으로부터 촉발된 금융혁신 중에서 무엇보다 중요한 것은 2008~2009년의 글로벌 금융위기의 주요 원인 중의 하나가 된 증권화라고 볼 수 있다. **증권화**(**securitization**)는 2장에서 본 바와 같이 은행 등 금융기관이 비유동적인 자산(주택용모기지, 신용카드매출채권 등)을 자본시장증권인 자산유동화증권(ABS)으로 변환시키는 과정인데 금융기관은 이를 통해 자금을 조달하는 새로운 방법을 갖게 되었고 이자수입 대신 높은 수수료수입을 얻을 수 있게 되었다. 이러한 증권화는 컴퓨터기술의 발전으로 시장이 바람직하다고 생각하는 형태로 금융기관이 증권을 다양하게 재단하는 것이 가능하게 되었기 때문에 등장하였다.[4] 그러나 증권화는 은행

가 발생함으로써 엄청난 CDS계약을 발행했던 CDS매도자(AIG 등)는 큰 손실을 입게 되었으며 이러한 무분별하고 탐욕적인 혁신적 파생상품 때문에 은행은 큰 변화를 겪었으며 글로벌 금융위기가 확산되었다고 볼 수 있다.

4 증권화에 있어서는 컴퓨터기술과 통신기술의 발전과 더불어 정부도 중요한 역할을 하였다. 증권화의 발

의 영업모형을 바꾸어 놓아('대출의 발행 후 보유방식'에서 '발행 후 매각방식'으로 대체) 신용위험을 확대시킴으로써 은행산업의 위기를 촉발하는 등 은행산업에 엄청난 영향을 미쳤다. 이 역시 과도한 금융혁신이 독이 된 것이다. 또한 은행이 아닌 금융기관(그림자금융기관)들도 대출과 같은 활동을 할 수 있게 만들어 은행의 대출활동을 둔화시켰다.

셋째, 디지털 기술의 혁명적 발전으로 핀테크(Fintech) 현상이 금융산업 전반에 나타나 금융산업에 엄청난 변화를 유발하고 있다. 이러한 디지털 기술의 발전은 지급결제서비스, 암호화폐, 송금, 대출, 클라우드 펀딩, 증권거래, 자산관리 등 다양한 영역에서 핀테크를 활용한 혁신적인 금융서비스가 제공 가능하도록 만들고 있으며 이러한 현상들이 은행산업에도 많은 영향을 미치고 있다. 이러한 현상은 한편으로 은행의 경쟁자들을 대거 등장시켜 은행에 불리한 여건을 만들고 있다. 송금, 예금, 대출, 지급결제 등 은행의 고유영역에 경쟁자들이 새롭고 다양한 방식으로 침투하고 있으며 인터넷 전문은행과 같이 무형의 은행도 등장하고 있다. 다른 한편으로 은행은 핀테크 현상을 새로운 개척영역으로 삼기 위하여 노력하고 있다. 이렇게 시작된 핀테크 현상은 앞으로 은행의 업무형태, 존립형태, 역할 등에서 많은 새로운 변화를 유도하고 있다.

(3) 제도적 환경의 변화에 따른 금융혁신: 규제강화와 완화에 대한 대응

금융부문은 경제에서 가장 규제가 심한 부문이기 때문에 정부의 규제와 같은 제도적 환경도 금융혁신을 유발하는 매우 중요한 동인이 되었다. 금융부문에 대한 규제는 강화되기도 하고 완화되기도 하는데 이러한 규제의 변화에 대한 대응으로 금융혁신이 유발된다. 여기서는 은행을 중심으로 규제의 변화에 따른 금융혁신현상을 살펴본다.

이자율규제와 금융혁신 은행에 대한 규제 중 가장 강력하고 대표적인 것이 지급준비율규제(지급준비율제도)와 이자율규제이다.[5] 이러한 규제는 은행의 이윤추구에 심각한 제약을 가하였기 때문에 이러한 규제를 피하기 위하여 은행들은 다양한 혁신적 사고와

전에는 MBS(주택저당증권)라는 새로운 상품에 대한 정부(미국의 경우 Ginnie Mae)의 보증과 시장개척을 위한 세법상의 지원 등 정부의 역할도 컸다.

5 그러나 최근에 많은 나라의 중앙은행은 지급준비율을 감소시키거나 폐지하여 왔고 이에 따라 미국예금기관의 대부분(대규모은행은 그렇지 않음)에게는 지급준비율이 거의 제약이 되지 않게 되었고 우리나라도 지급준비율을 매우 낮은 수준에 유지하고 있다.

노력을 하였다. 예컨대, 미국의 은행들은 이러한 규제를 받지 않는 두 가지 자금원천을 발굴하였다. 하나는 유로달러(eurodollar) 차입이고 다른 하나는 은행의 CP발행이다. 그러나 은행산업의 초기의 금융혁신에 영향을 미친 가장 중요한 규제는 **이자율규제**(미국의 경우 1980년 이전의 Fed의 규정Q에 의한 요구불예금에 대한 이자지급금지와 저축성예금에 대한 이자율상한규제)이다. 이 이자율규제가 은행의 금융혁신을 유발한 가장 초기의 동력이다.[6] 시장이자율이 낮은 상황에서는 이러한 이자율규제가 아무런 문제를 일으키지 않았다. 그러나 1970년대 초부터 인플레이션이 상승하고 이에 따라 시장이자율이 상승하기 시작하자 이 규제로 인해 금리가 낮은 은행과 저축은행은 예금유치에 어려움을 겪을 뿐 아니라 오히려 역금융중개(탈금융중개, 예금이탈사태, dis-intermediation)가 발생하기 시작하였고 이 규제를 피하면서 자금을 유치하기 위해 경쟁관계에 있는 저축은행, 은행 그리고 증권회사는 각각 다양한 혁신적 상품들을 개발하기 시작하였다.

먼저 저축은행(S&L 등)은 1972년에 대표적인 혁신상품인 **NOW계정(NOW account)**을 만들어 은행으로의 자금이탈에 대응하였다.[7] NOW계정으로 타격을 입은 은행도 수표발행예금에 이자를 지불하기 위하여 은행의 중요한 혁신상품인 ATS 계정(automatic transfer from savings account)과 ATS의 한 변형인 **스윕계정(sweep accounts)**을 도입하였다.[8] 저축은행의 NOW계정과 은행의 스윕계정과 같은 것이 개발됨에 따라 이들과 경쟁관계에 있는 증권회사들은 이에 대응하여 **CMA(cash management account, 현금관리계정)**[9]와 **MMF(money market mutual fund, 자금시장펀드, 단기금융시장펀드)**를 만들어 은행과 예금경쟁을 하게 되었다.[10]

---

6 초기의 미국은행의 금융혁신의 주원천이었던 이자율규제는 1980년의 예금기관규제완화 및 통화통제법(Depository Institutions Deregulation and Monetary Control Act of 1980)에 의해 폐지되었다.

7 수표(check)라고 부르지 않고 NOW(negotiable order of withdrawal, 인출 가능한 예금증서)라고 부름으로써 NOW계정은 법적으로는 수표발행예금이 아니므로 이자를 지급할 수 있었고 은행으로부터 자금을 끌어올 수 있었다.

8 ATS는 수표발행예금의 잔고에서 일정한 금액 이상을 자동적으로 저축성예금으로 이동되게 하여 이자를 지불할 수 있게 하는 계정이고 스윕계정은 영업일이 끝난 직후에 수표발행계정에 있는 일정한 금액 이상의 잔고를 자동적으로 이자를 지불하는 익일물 환매조건부채권매매(RP)에 투자함으로써 예금자에게 이자를 지급할 수 있게 하는 계정이다.

9 CMA는 여러 금융서비스를 패키지로 제공하는 계정으로 신용카드, 대출, 수표발행권리, 증권판매자금의 MMF로의 자동적인 투자, 통합적인 기록유지 등을 하는데 1997년에 Merrill Lynch에 의해 개발되었다.

10 MMF는 1971년에 Bruce Bent와 Henry Brown에 의해 개발되었으나 시장이자율이 낮은 1977년까지는

규제완화와 그림자금융제도 이자율규제와 같은 강한 규제를 회피하려는 과정에서 금융혁신이 발생하지만 다른 한편으로 1980년대 이후로 규제가 지속적으로 완화되면서 이러한 규제완화추세에 의해 은행과 유사한 기능을 수행하지만 은행과는 다른 혁신적인 **그림자금융제도**(shadow banking system or shadow financial system)가 대거 등장하게 되었다. 이러한 그림자금융제도의 발전에는 무엇보다 1990년대 이후의 규제완화가 큰 역할을 하였고 특히 미국에서 **1999년의 금융서비스현대화법**(Gramm-Leach-Bliley Act)이 제정된 이후 많은 그림자금융기관들이 출현하였으나 그림자금융제도의 등장에는 컴퓨터기술과 정보기술의 발전도 크게 기여하였다. 이들이 세계금융시장에서 신용을 제공하는 데 중요한 역할을 하면서 전통적인 은행제도의 활동을 상당히 대체하였다. 더구나 이들은 은행과 유사한 업무를 하지만 은행과 동일한 안전성 규제와 건전성 규제를 받지 않는다. 예컨대 그들은 매우 높은 레버리지수준을 갖고 유동자산 대비 부채비율이 매우 높다. 이러한 높은 레버리지는 경기가 좋을 때는 이윤을 확대하지만 경기가 나쁠 때는 손실을 확대한다. 따라서 이러한 혁신적인 그림자금융제도의 발전이 은행의 역할을 대체하는 과정에서 은행의 성장과 안정성을 저해하는 역할을 하였을 뿐 아니라 금융제도 전반의 체제위험(systemic risk)을 심화시켰다.

(4) 금융혁신이 은행산업에 미친 영향과 은행의 대응

은행산업에의 영향 금융산업에서의 혁신은 놀라운 속도로 진행되었고 이러한 혁신이 진행되면서 은행은 점점 더 경쟁적인 환경에 빠지게 되었다. 1970년대 이전에는 은행이 가장 중요한 금융기관이었으나 이제 규제완화와 경쟁적 환경 하에서 은행은 규제를 덜 받는 다양한 금융기관과 경쟁하지 않으면 안 되게 되었다. 금융시장에서 경쟁이 치열해진다는 것은 금융서비스이용자에 대한 혜택이 증가하는 바람직한 결과를 가져오기도 하지만 금융제도의 안정성측면에서는 부정적인 영향을 가져온다.

금융산업의 특징은 시장참가자들 간의 높은 상호의존성, 낮은 거래비용에 따른 정보의 신속한 확산 등이므로 금융산업에서의 경쟁격화에 따른 창조적 파괴의 정도는 자

특별히 은행예금보다 유리하지 못하였다. 그러나 1978년에 시장이자율이 상승하면서 크게 성행하였다. 뮤추얼펀드(mutual fund)에 대한 자세한 내용은 14장 2절을 참고.

동차나 전자산업 등 제조업의 경우보다 클 수밖에 없다. 이로 인해 은행은 자금조달(예금유치)측면에서 저축은행 및 각종 금융시장기구(증권회사, 뮤추얼펀드)와 경쟁하면서 자금조달비용이 상승하여 점차 불리하게 되었다. 또한 자금운용(대출활동)측면에서도 과거 은행에 의존하던 기업들이 CP나 채권의 발행으로 대체하고 증권화와 그림자금융제도의 출현으로 다른 기관들의 대출에 의존하게 되어 은행의 대출활동은 크게 줄어들었다. 이로 인해 전통적 은행업(단기로 예금을 받아 장기로 대출하는 업무)은 위축되고 침체되었다. 이러한 전통적 은행업의 쇠퇴는 미국을 비롯한 많은 선진국에서 나타났으며 이제 은행이 예금과 대출을 독점할 수 없게 되었다.[11]

나아가 금융혁신과 규제완화가 전 세계적으로 일어났으며 예금자와 차입자 모두가 은행 이외의 기관(그림자은행제도)에 자금을 예치하고 자금을 조달하는 다양한 많은 기회를 가지게 되었다. 또한 대출시장이나 증권시장이 잘 발달되지 않은 신흥시장국의 기업들도 외국자본시장이나 역외자본시장에 참여할 수 있는 기회가 증가함에 따라 국내은행은 대출기회를 잃고 있다. 그리고 금융혁신의 과정에서 은행은 전통적 활동의 위축을 경험하였을 뿐 아니라 이래에서 보듯이 이에 대처하는 과정에서 위험을 경시하고 위험을 확대하는 성향을 드러냄으로써 은행의 안정성이 크게 훼손되었다.

은행의 대응 금융혁신으로 인해 경쟁이 심해지면서 은행산업에는 몇 가지 결과가 나타났다. 첫째, 은행의 안정성이 크게 훼손되면서 은행의 도산과 합병이 증가하였다. 경쟁에서 탈락한 은행이 파산하거나 위기에 빠지면서 다른 은행에 합병되었다. 때로는 과도한 경쟁이 많은 은행을 위기에 처하게 하여 금융위기를 불러오기도 하였다.

둘째, 파산을 모면한 은행이나 합병한 은행은 새로운 이익창출방식을 찾기 시작하였다. 대개 두 가지 방향으로 대응하였다. 하나는 은행의 대출영역을 확대하는 대응이었다.

---

11 우리나라의 은행의 상황은 다소 다르다. 우리나라의 예금은행과 비은행금융기관의 총여신에서 은행부문(예금은행)이 차지하는 비중은 1993년에 40% 수준이었으나 1997년 말 외환위기가 발생하기까지 하락하여 1997년에는 34.7%로 감소하였다. 이 기간 동안에 은행의 비중은 꾸준히 감소하였다. 그러나 1997년의 외환위기 이후 비은행금융기관이 대폭 퇴출되고 파산함으로써 은행의 비중은 증가하기 시작하였다. 즉, 1998년에 그 비중이 37.9%로 상승하였고 1999년에는 46.9%로 대폭 상승하였다. 그리고 2000년대 초반에 2000년의 대우증권사태, 2003년의 신용카드사태를 겪으면서 비은행금융기관의 비중이 크게 감소하여 상대적으로 은행의 비중은 확대되어 2000년 말 55.7%, 2004년 말에는 70.1%로 증가하였다. 그러나 이후 감소추세로 다시 돌아섰으며 2010년 말에는 68%로 낮아졌다. 앞으로도 비은행금융기관의 성장이 꾸준히 이어져 은행의 비중이 낮아질 것으로 보인다. 김기호·윤성훈(2009) 참고.

기존의 상업대출과 산업대출 위주에서 보다 위험하지만 수익성이 높은 영역(부동산대출, LBO대출 등)으로 확대하면서 전통적인 대출활동을 유지하려고 노력하는 것이었다. 그러나 이러한 위험대출을 확대함으로써 은행의 안정성은 매우 낮아졌고 은행위기의 가능성이 증가하였다. 다른 하나는 은행이 이자수입 대신 비이자(수수료 등)수입을 증대시키기 위해 비이자수입이 큰 **부외활동**(off-balance sheet activity)을 추구하는 방향으로 대응하였다. 특히 1980년대 초반이후 이러한 활동이 강화되었는데 이로 인해 부외의 비이자소득의 비중이 크게 증가하였다.

그러나 이러한 변화는 은행의 진정한 기능이 무엇인지, 그리고 비전통적 활동이 얼마나 위험한지에 대해 새로운 관심을 불러일으켰다. 즉, 금융혁신에 따라 금융수단, 금융시장 및 금융기관의 조직구조에서의 투명성(transparency)이 저하되었으며 이는 금융산업의 안정성을 크게 저해하였다. 파생금융상품과 부외거래수단의 사용증가로 예금자, 채권자, 투자자 등 시장참가자의 자산상태가 불투명하게 되어 이들과 금융중개기관의 직접적 위험에 대한 평가가 더욱 어렵게 되었다. 이러한 투명성저하는 시장경제의 주요한 장점 중의 하나인 자원의 적절한 배분을 가져오는데 장애가 될 뿐만 아니라 시장참가자들로 하여금 제도적 문제에서 파생되는 위험을 미리 방지하는 것을 어렵게 한다. 실제로 은행들은 큰 규제 없이 다양한 부외활동에 참여하였고 이로 인해 엄청난 수익과 함께 엄청난 위험에 직면하였으며 우려한대로 2008~2009년의 금융위기에서 보았듯이 결국 엄청난 손실을 유발하였고 도산하였다. 이에 따라 각국에서는 은행의 부외활동에 대해 다양한 규제를 도입하였으며, 이것은 규제자에게 지속적으로 새로운 과제를 제기하고 있다.[12]

셋째, 금융혁신으로 은행이 많은 새로운 도전을 받고 있는데 글로벌 은행금융그룹들은 디지털금융 및 융복합산업이 확산되는 시대를 맞이하여 핀테크기업에 대한 투자를 확대하는 등 디지털전략의 방향성을 구체화하고 있다.[13] 예컨대 개인간 자금이체시장에서 은행과 PayPal 사이에 경쟁이 치열해지자 미국의 3대 은행(BOA, JP Morgan Chase, Wells Fargo)은 2011년 공동으로 P2P(peer to peer) 이체시스템을 만들어 성공적으로 대

---

12 미국의 경우 2010년의 Dodd-Frank Act(금융개혁법)에서 볼커 룰(Volcker rule)을 도입하여 부외활동에 대한 규제를 하고 있다.

13 최근 미국의 주요 은행들이 기술혁신을 위한 투자를 늘리고(핀테크기업 인수증가, 비IT기업들의 IT투자증가, 은행점포축소) IT인력(특히 AI 및 머신러닝 전문가)의 확보에 집중하는 전략을 취하고 있는데 이러한 전략을 디지털 시프트(Digital Shift)전략이라고 말한다. 즉, 미국의 대형은행들은 은행 내 IT부문의 대대적 강화 및 디지털 혁신에 적극적으로 나서고 있다.

응하고 있다. 또한 플랫폼 비즈니스가 미래금융의 핵심사업으로 자리매김할 가능성이 높은 상황에서 타 산업대비 유리한 위치(많은 고객 확보 및 다양한 영업채널상의 경쟁력 확보 등)를 점하고 있는 은행산업의 경우 인프라 구축과 국내외 핀테크기업의 M&A 등 선제적 대응방안의 마련에 적극적이다. 예컨대, 은행들은 빅데이터, AI 등을 활용하여 실시간으로 고객의 질문을 분석하고 가장 업데이트된 설명을 제공할 수 있는 가상의 환경을 조성하는 등 고객의 수요에 즉각적으로 대응할 수 있는 시스템을 구축하고 있다. 이를 위해 선진국들은 법과 제도의 개선을 통해 은행금융그룹들이 적극적으로 대응할 수 있도록 지원하고 있다.[14]

2. 은행산업에서의 합병과 대형화[15]

은행산업의 변화와 발전을 유발하는 동인은 금융혁신과 규제완화이다. 이러한 금융혁신과 규제완화의 결과로 은행산업은 다양한 변화를 겪었는데 그것은 합병과 대형화, 은행산업의 업무영역의 변동, 금융통합 그리고 국제화 등의 형태로 나타났다. 여기서는 먼저 합병과 대형화 현상을 다루고 3절에서 업무영역의 문제, 4절에서 금융통합의 문제 그리고 5절에서 국제화의 문제를 살펴본다.

은행의 합병과 대형화는 전반적인 추세이다. 예컨대, 12장에서 보았듯이 우리나라 은행은 1997년 외환위기 이후 많은 은행이 합병되고[16] 대형화되었으며,[17] 미국의 은

---

14 국내 은행금융그룹들도 4차 산업혁명 관련 기업과의 융복합을 선도할 필요성을 제기하고 있는데 이를 위해서는 많은 법과 제도의 개선이 이루어져야 한다. 예컨대, 국내외 핀테크기업을 M&A할 경우 현재의 제도에는 많은 제약이 있으며 금융지주회사의 투자기준도 개선할 필요가 있다. 금융연구원(2018) 참고.

15 이병윤(2010), Demirguc-Kunt and Huizinga(2011) 참고.

16 우리나라의 경우 1997년의 외환위기 이후 1998년에 동화은행, 충청은행, 대동은행, 동남은행, 경기은행이 파산하여 다른 은행에 합병되었으며 1999년에도 상업은행과 한일은행이 합병(한빛은행, 이후 2002년에 우리은행으로 개명)을 하였고 충북은행, 보람은행, 장기신용은행, 강원은행이 다른 은행에 합병되었다. 이후에도 평화은행, 서울은행, 주택은행, 조흥은행, 외환은행이 다른 은행에 합병되어 현재 8개 시중은행(2개의 인터넷 전문은행 포함)과 6개 지방은행이 있다. 12장 1절 참고.

17 합병을 통해 대형화되는 과정에서 어느 정도 영세성을 면하였다. 우리나라 일반은행의 평균 자산규모는 2000년 30.4조 원에서 2009년 말 86.6조 원, 2015년 말 131.4조 원 그리고 2017년 말 146.8조 원으로 크게 증가하였고 일반은행 평균자산의 경상GDP 대비 비중도 2000년 5%에서 2009년 말 8.1%, 2015년 말

행(FDIC가입 은행)의 수는 2000년 말에 8,315개, 2005년 말에 7,523개였으나 2010년 말 6,519개, 2017년 말에 4,918개인데 이러한 은행수의 감소는 거의 합병에 따른 것이며 이러한 합병으로 인해 은행은 대형화되고 있다.[18]

이와 같이 각 나라에서 은행이 합병되고 대형화되고 있는데 이러한 은행의 합병과 대형화는 통상 은행시장에서의 경쟁이 약화되는 것을 의미한다. 그러므로 이러한 합병과 대형화 현상이 왜 발생하고 있으며 과연 경쟁을 통한 효율성의 증대와 대형화를 통한 효율성의 증대 중 어느 것이 바람직한 것인지 합병과 대형화의 장단점을 살펴보고자 한다.

(1) 은행합병의 요인

은행합병이 가장 왕성하게 일어난 곳이 미국이므로 미국의 합병과정을 중심으로 은행합병의 요인에 대해 살펴본다. 은행의 합병에 가장 크게 영향을 미치는 것은 첫째, 무엇보다도 규제의 완화이다. 둘째, 정보통신기술과 컴퓨터기술의 발전도 중요한 요인이다. 셋째, 금융위기와 같은 금융불안정사태의 발생이다. 위기가 발생하는 경우에 도산된 은행이 흡수 합병되는 사례가 많기 때문이다.

1) 규제의 완화

규제가 은행구조에 영향을 미친 대표적인 사례는 미국에서 찾아볼 수 있다. 과거 미국에 수만 개의 은행이 존재하였고 지금도 수천 개의 은행이 존재하고 있는 것은 지점설치에 대한 과거의 규제를 반영하는 것이다. 1927년의 McFadden Act와 1956년의 Douglas 수정안이 은행이 다른 주에 지점을 설치하여 은행활동을 하는 주간(洲間)은행활동(interstate banking)을 금지하였으며 모든 국법은행이 그 주의 지점규제를 따르도록 강제하였다. 이 법과 각 주 내에서의 지점설치(state branch banking)를 금지한 주법

8.4%, 2017년 말 8.5%로 증가하여 실물부문에 비해서도 은행의 평균자산규모가 커짐에 따라 대형화가 많이 진전되었다.

18 미국의 경우 2011년부터 2017년 사이에 감소된 은행의 수는 1,601개인데 이중 합병된 은행의 수는 1,459개이다. 또 은행당 자산규모는 2000년 말에 7.5억 달러, 2005년 말에 12.0억 달러, 2010년 말에 18.5억 달러, 2015년 말에 27.9억 달러, 2017년 말에 33.0억 달러인데 이러한 규모는 세계적 기준으로는 결코 대규모 은행이 아니지만 미국의 관점에서 보면 규모가 상당히 커졌다고 볼 수 있다.

때문에 많은 소규모은행들이 존립하는 **단일은행제도(unit banking system)**가 정착되게 되었다.[19]

지점규제를 빠져나갈 허점이 있었지만 단일은행제도는 잘 유지되고 있었다. 그러나 1980년대 중반이후 미국의 은행수가 감소하기 시작하였고 1990년대 들어 은행수가 빠르게 감소하였다. 이러한 은행의 감소에는 도산도 일부 기여하였지만 더 중요한 요인은 은행합병이었다. 1985~1992년 사이에 은행수는 약 3,000개, 1992~2002년 사이에 4,100개 이상(이중 도산된 것은 5% 미만임)이 감소하였는데 이는 주로 합병 때문이었다. 1980년대 이후에 은행합병이 심하게 나타난 이유로는 다음과 같은 규제의 완화를 들 수 있다.

첫째, 1975년 메인(Maine)주를 시작으로 많은 주에서 주간은행활동(interstate banking)을 허용하는 조치를 취하였다. 은행의 주간업무규제를 푼 것은 지역규제가 실효성이 없을 뿐 아니라 오히려 지역제한 없이 은행소유권을 인정하는 것이 더 이득(예컨대, 지역적 다변화와 규모의 경제의 이득)이 된다는 것을 깨달았기 때문이다. 둘째, 미국에서 은행합병이 본격화된 것은 1994년의 **주간은행활동 및 주간지점 효율화법(Interstate Banking and Branching Efficiency Act of 1994, Riegle-Neal Act)**의 통과에 기인하였다. 이제 Riegle-Neal Act에 의해 주간지점설치(interstate branching)가 가능하게 되었기 때문에 이 법은 미국에서 실질적인 전국은행제도(nationwide banking)의 기초를 확립하였다. 이제 은행이 많은 지점을 설치할 수 있게 됨으로써 규모의 경제와 다변화를 충분히 이용할 수 있게 되었다. 이 법에 의해 전국은행이 출현하기 시작하였고 은행합병에 의해 은행이 더욱 대형화되었다.[20]

---

19 국법은행법(National Banking Act)은 1863년과 1864년에 제정되었는데 특히 1864년의 국법은행법은 각 은행을 하나의 장소에 한정하는 것으로 해석되었다. 따라서 미국에서의 단일은행제도(unit banking system)가 처음 도입된 것은 1864년 이후라고 볼 수 있다(Allen and Gale(2001, p.33)). 이처럼 미국에서 주 경계를 넘어 은행영업을 할 수 없게 하고(interstate banking 금지) 주 내에서도 지점설치를 금지(state branching 금지)한 중요한 이유는 미국인들이 역사적으로 금융재벌, 금융권한의 강화, 대규모은행에 대해 매우 적대적이었고 미국에서 다른 분야와는 달리 특히 은행 등 금융분야에서 경쟁을 요구하는 세력이 매우 강하였기 때문이다.

20 이 법에 의해 미국의 50개의 모든 주에서 영업을 하는 은행조직이 등장하게 되었고 지점은 크게 늘어났다. 예컨대, 2008년 말 현재 자산규모로 미국의 3대은행의 지점개수는 J. P. Morgan Chase은행(국내지점 3,519개+해외지점 45개), Bank Of America(6,192개+해외지점 35개), CitiBank(국내지점 1,041개+해외지점 357개)였다. 그러나 최근 모바일뱅킹의 대중화에 의해 은행들의 지점 수 감소가 전국적으로 이어지고 있다. 2009년 말 99,550개였던 은행 지점 수가 2016년 6월 현재 93,283개로 6.3% 감소하였고, 이 추세는 이어질 전망이다.

2) 정보통신기술과 컴퓨터기술의 발전

정보통신기술(ICT)과 컴퓨터기술의 발전도 은행합병을 촉진한 중요한 요인이다. 금융기관이 많은 ICT관련 설비를 설치하기 위해서는 대규모 선행투자가 필요하기 때문에 규모의 경제(economies of scale)가 중요하다. 따라서 규모의 경제를 취하기 위해 은행은 규모를 키울 필요가 있었으며 이런 기술발전이 추가적인 통합을 초래하였다. ICT기술은 또 범위의 경제(economies of scope)를 가능하게 해주기 때문에 또 하나의 합병의 유인을 준다.

3) 금융불안정사태의 발생

금융위기와 같은 금융불안정사태의 발생도 은행의 합병과 대규모화에 기여하였다. 금융불안정사태의 발생으로 많은 은행이 파산하거나 부실화되면서 그 처리과정에서 다른 은행에 인수되어(부실처리 목적의 합병) 은행의 합병과 대규모화가 진행되었다. 예컨대, 2008년의 글로벌 금융위기에서도 많은 은행이 도산되고 인수되었다. 우리나라의 경우에도 1997년의 외환위기로 많은 은행이 부실화되면서 금융구조조정과정에서 정부주도로 다른 은행에 합병되었다. 그러므로 경제의 불확실성과 위험이 증대되어 위기가 발생하면 은행의 구조조정과 합병도 크게 증가한다.

(2) 은행합병과 대형화의 장점과 단점

다양한 이유로 은행의 합병과 대형화가 이루어졌는데 개별은행의 입장에서건, 국가경제전체의 입장에서건 이것은 결국 합병과 대형화의 이득이 비용보다 더 크다고 판단했기 때문이라고 볼 수 있다. 그러나 이득보다 비용이 더 크다고 판단되면 대형화의 추세는 전환되어야 할 것이다. 그러므로 은행합병과 이에 따른 대형화에는 어떤 이득과 비용이 있는지 살펴볼 필요가 있다.

먼저 합병과 대형화의 장점을 살펴보자. 첫째, 은행의 합병과 대형화는 **규모의 경제**(economies of scale)와 **범위의 경제**(economies of scope)에 의한 효율성의 증가를 가져온다. 이러한 규모와 범위의 효율성은 규모가 클수록 중복투자의 가능성이 줄거나 업무범위가 증가하여 자금조달 및 운용상 효율을 기할 수 있는 경우에 발생한다. 은행은 통상 자금중개, 정보화투자 그리고 신상품개발 등에 있어서 규모의 경제를 가진다. 은행이 자금중개업무를 하기 위해서는 지점을 설치해야 하고 적정규모의 인력을 유지해야 하고 최신의 전산시스템을 마련해야 하는데 이에는 상당한 고정비용이 들어가게 된다. 또 신상품개발에도 막대한 개발비용이 들어가므로 이러한 개발비용을 감당하기 위해서는 은행의 대형화가 필요하다. 둘째, 은행의 합병은 지역적 다변화와 자산 및 부채의 다변화로 경쟁을 증가시켜 은행산업의 효율성을 높이고(경쟁의 확대를 통한 효율성의 증가) 비효율적인 은행의 도산을 유도하여 은행위기의 발생확률을 감소시킨다. 특히 은행의 규모가 작은 경우 은행의 국제화가 어려운데 규모의 확대를 통해 은행업무의 국제적인 다변화를 가져올 수 있다.[21]

그러나 은행의 합병과 대형화에는 다음과 같은 단점이 있다. 첫째, 은행의 대형화로 가장 우려되는 점은 금융에서의 체제위험(systemic risk)의 증대 가능성과 재정위험(public finance risk)의 발생 가능성이다. 대형은행의 부실화는 바로 체제위험을 야기할 수 있기 때문에 **대마불사(too big to fail)**의 관용을 베풀 가능성이 커진다. 이로 인해 부실은행의 처리가 지체되면 심각한 재정부담을 유발할 수 있어 재정위험이 발생할 수 있다. 2008년의 글로벌 금융위기동안에 대규모은행의 파산이 한 나라의 재정에 큰 위험이 된다는 것을 보였다. 예컨대, 2008년에 아이슬랜드에서 대규모은행의 파산이 국가부도를 촉발하였으며 2010년에 아일랜드는 대규모은행의 난관으로 EU와 IMF의 금융지원을 요청하였다.[22] 둘째, **시장규율(market discipline)**의 약화를 가져온다. 합병에 따른 대형화로 대형복합은행기구(LCBO, large complex banking organization)가 등장하고 이러한 대형은행조직은 자산, 부채, 영업행태 등 모든 측면이 복잡하여 정보의 불투명성이 높기 때문에 시장규율이 약화될 수 있다. 이로 인해 대형은행은 레버리지를 높이고 고위험

21 은행의 규모에 대해 Demirguc-Kunt and Huizinga(2011)는 총자산의 크기로 측정한 절대적 규모(absolute size)와 GDP에 대한 은행부채의 비율로 측정한 체제적 규모(systemic size)로 구분하고 있다. 우리나라의 은행산업은 전체적으로 체제적 규모가 영세하여 주로 국내영업에만 집중하고 있기 때문에 이러한 영세성을 극복하기 위하여 대형화가 상당부분 필요하다는 인식이 있다(이병윤(2010)). 그러나 우리나라 은행부문의 체제적 규모가 작지 않다는 견해도 있다(이창선·김건우(2011)).

22 은행대형화의 장점에도 불구하고 2008년 이후의 글로벌 금융위기로 은행의 대형화가 심각한 체제위기를 유발하자 국제적으로 금융기관의 대형화를 오히려 억제하려는 움직임이 나타났다. 예컨대, 미국에서는 뒤에서 보듯이 2010년 7월 금융개혁법(Dodd-Frank Act)을 통과시켜 과도한 규모의 은행이 출현하지 못하도록 규제하고 있다. 또 아일랜드는 국민경제의 규모에 맞게 은행의 규모를 줄이라는 요구를 받고 있다. 또 2008년의 금융위기이후 국제적인 금융규제체제를 정비하고 있는 바젤은행감독위원회(BCBS, Basel Committee on Banking Supervision) 및 금융안정위원회(FSB, Financial Stability Board)를 중심으로 시스템적으로 중요한 금융기관(SIFI, Systemically Important Financial Institution)에 대한 규제강화(예컨대, 바젤III 자기자본규제에 따라 SIFI는 추가로 자기자본을 보유해야 함)가 실행되고 있다.

을 추구하는 등 도덕적 해이에 빠질 가능성이 높아지고 결국 대형은행의 부실화와 체제위험을 유발할 가능성이 증대된다. 셋째, 소규모은행이 줄어들어 중소기업대출을 감소시킬 가능성이 있다. 모든 나라에서 중소기업은 경제에서 매우 중요한 위치를 점하고 있는데 중소기업은 정보의 비대칭성으로 인해 금융시장(주식이나 채권 발행)보다는 주로 은행을 통해 차입을 하고 있다. 그런데 은행의 대형화는 중소기업에 대한 대출을 감소시키는 경향이 있다. 왜냐하면 대형은행은 일반적으로 대출심사를 본부에서 일괄적으로 통제하기 위해 표준화된 대출심사기준을 주로 사용하고 있기 때문이다. 즉, 기업의 내부정보에 바탕을 둔 관계인대출에 크게 의존하는 중소기업대출의 특성을 감안할 때 은행이 대형화될수록 중소기업대출은 줄어들 수밖에 없다고 볼 수 있기 때문이다. 넷째, 합병과 대형화는 소수의 은행이 시장을 지배하게 만들어 독과점화를 유발할 가능성이 있다. 이러한 시장지배력 증대는 시장점유율과 시장집중도 강화에 의해 이루어질 수 있기 때문에 동종 업종에 전문화한 은행들 간의 합병이 있는 경우 금리 등에 대한 통제력을 증대시킬 가능성이 크다. 특히 우리나라 은행들은 주로 국내영업에만 집중하고 있어 시장집중도가 매우 높은 편인데 더 대형화되면서 해외진출에 소극적이고 국내시장에 안주하는 경우 독과점의 문제가 나타날 가능성이 있다.

3. 은행산업과 여타 금융서비스산업의 분리와 통합[23]

우리나라와 일본을 비롯한 대부분의 비유럽권 국가의 은행산업의 모델이 되어 왔던 미국 은행산업의 중요한 구조적 특징의 하나는 1990년대 중반까지 은행산업과 기타 금융서비스산업(증권, 보험, 부동산업) 간의 엄격한 분리였다. 이러한 분리는 대공황 이후에 제정된 1933년의 **Glass-Steagall Act**에 의해 도입되었다. 1933년 이전에는 상업은행은 전통적 은행활동뿐 아니라 투자은행활동(회사채의 인수활동과 증권거래활동)에도 참여하였다.[24] 그러나 투자은행활동은 본질적으로 위험한 활동이기 때문에 은행에 이러한 활

23 예금보험공사(2000) 참고.

24 미국의 국법은행법은 1863년과 1864년에 제정되었는데 이 법들은 은행의 권한을 제한하였다. 이후 은행이 주식을 보유할 수 있는지의 문제가 제기되었을 때 대법원은 1864년의 법이 이러한 권한을 구체적으로 허용하지 않았기 때문에 은행은 주식을 보유할 수 없다고 판결하였다(Allen and Gale(2001, p.33)). 따라서

동을 허용하면 위험선택의 유인(도덕적 해이)이 증가하는데 실제로 이것이 대공황의 주요요인으로 지적되면서 Glass-Steagall Act에 의해 금지되었다. 또 이 법은 은행이 보험과 부동산 금융활동에 참여하는 것도 금지하였다. 이와 같이 은행의 안정성을 위해 은행은 위험한 금융활동을 하지 못하게 규제되었다. 마찬가지로 투자은행과 보험회사도 상업은행활동을 못하도록 금지되었으며 은행산업과 증권산업은 완전히 분리되었다. 이에 따라 은행은 기타의 금융기관(투자은행, 보험회사 등)으로부터의 경쟁에서 벗어나게 되었다.[25]

(1) 은행업과 증권업의 겸영의 찬반논거

1933년의 Glass-Steagall Act에 의해 은행업무와 증권업무의 겸영이 엄격히 금지되었으나 1970년대 후반부터 은행업과 증권업의 겸영을 허용해야 한다는 주장이 계속 제기되었는데 겸영을 허용해야 한다는 주장은 은행부문에서 주로 제기되었다. 이들이 겸영을 주장하는 이유로는 두 가지가 제시되고 있다. 첫째(**불공정문제**), 은행이 투자은행활동을 못하게 하는 것은 투자은행이나 증권회사와의 경쟁에서 불공정하다는 것이다. 증권회사는 MMF(단기금융시장펀드)와 CMA(현금관리계정)의 개발을 통해 전통적인 상업은행활동(예금유치활동)을 실질적으로 하고 있는데 은행이 증권인수나 뮤추얼펀드(mutual fund)의 판매와 같은 증권시장업무에 참여하지 못하도록 금지하는 것은 불공정하다는 것이다. 둘째(**경쟁의 효과**), 겸영을 통해 경쟁이 증가할 수 있다는 것이다. 은행에 증권업을 허용하게 되면 증권의 발행업무에서 경쟁이 더욱 확대되며 이것은 증권의 발행자(기업)와 구매자의 쌍방에 유리하게 된다는 것이다.

반면 은행업과 증권업의 겸영을 반대하는 주장은 주로 증권업부문에서 제기되었는

1864년의 국법은행법(National Banking Act of 1864)에 의해 처음으로 은행업무와 증권업무가 분리되었다고 볼 수 있으며, 이 법이 미국의 금융전업주의의 근거가 되었다고 볼 수 있다. 이후 1927년의 McFadden Act에 의해 은행은 상업은행업무와 증권업무를 모두 할 수 있게 되었다가 대공황 이후 1933년의 Glass-Steagall Act에 의해 다시 분리되었다. 그리고 1999년의 Gramm-Leach-Bliley Act에 의해 다시 자회사를 통해 둘 다 할 수 있게 되었다가 2010년 Dodd-Frank Act에 의해 다시 분리되었다.

25 Glass-Steagall Act는 미국의 은행산업에 또 하나의 중요한 개혁적 제도를 도입하였는데 그것은 예금보험제도의 도입이었다. 1930~1933년의 대공황동안에 약 1만 개의 은행이 도산했으며 이들 은행에 예금한 많은 예금자들이 피해를 입었다. 이러한 피해를 피하기 위해 Glass-Steagall Act는 연방예금보험공사(FDIC, Federal Deposit Insurance Corporation)를 설립하여 대부분의 예금이 보장될 수 있도록 하는 예금보험제도(deposit insurance system)를 도입하였다.

데 다음과 같은 몇 가지 논거가 제시되었다. 첫째(**은행의 상대적 이점**), 은행이 자금조달에서 이미 증권회사보다 훨씬 유리한 이점을 가지고 있는데[26] 은행이 증권업에 진출하면 증권회사가 훨씬 너 불리해진다는 것이다. 둘째(**증권업무는 위험**), 증권업무, 특히 투자은행업무(증권인수와 증권거래)는 전통적인 은행업무(예금수취 및 대출)보다 더 큰 손실위험을 가지므로 이미 대공황의 경험이 보여주듯이 은행이 증권업무를 하게 되면 은행을 포함한 금융제도전체가 더 불안정해질 수 있다는 것이다. 셋째(**이해상충의 발생**), 은행이 증권의 인수업무에 참여한다면 잠재적인 이해상충[27]에 직면하게 된다는 것이다. 예컨대, 은행이 인수한 신규증권의 매각에 실패할 경우 은행이 직접 증권을 매입하여 보유할 수도 있는데 이로 인해 은행이 부실화되는 경우 예금자들에게 손실을 유발할 수 있다는 것이다.

(2) 1999년 금융서비스현대화법의 제정: Glass-Steagall Act의 폐기

Glass-Steagall Act의 우회적 회피 Glass-Steagall Act(GS법)의 금지에도 불구하고 이윤동기에 기인한 금융혁신으로 은행과 기타 금융기관은 GS법을 우회하여 서로의 전통적인 영역에 침범하기 시작하였다. 예컨대, 증권회사들은 MMF(money market fund)와 CMA(cash management account)의 개발로 자금을 예치받음으로써 예금이라는 전통적인 은행업무에 참여하였다. 은행도 GS법의 회피수단으로 은행지주회사제도를 이용하기 시작하였으나 이에 대해 미국 연방은행은 1956년의 은행지주회사법(Bank Holding Company Act)과 1970년의 동법의 개정을 통해 은행지주회사의 자회사 취급업무를 은행업무와 밀접히 관련된 주변업무와 부수업무로 제한하였다. 그러나 겸영허용 요구가 강화됨에 따라 연방은행은 1970년대 후반부터 은행 및 은행지주회사의 자회사 업무범위에 대한 제한을 완화하기 시작하였다. 특히 1987년에 연방은행이 몇몇 영역의 증권인수업무를 은행지주회사에 허용한 후로 은행은 인수업무와 보험업무에 진입하기 시작하였다.

---

26 예금은 예금보험기구(우리나라의 경우 예금보험공사)에 의해 보험이 되기 때문에 은행의 예금은 증권회사의 자금조달보다 더 유리하며 따라서 낮은 자금조달비용을 제공한다. 반면 증권회사는 통상 은행으로부터의 차입에 의존하기 때문에 그들의 자금조달비용이 더 높다.

27 이해상충이란 금융기관이 여러 고객과 거래하면서 한 고객의 이익을 위해 다른 고객을 희생시키거나 고객의 이익보다 금융기관 스스로의 이익을 위해 거래하는 것을 의미하는데 겸업주의에서 나타나는 부작용으로 널리 거론되고 있다. 이해상충의 구체적 형태는 14장 주34 참고.

Glass-Steagall Act의 폐기노력 이와 같이 미국은행들은 GS법과 은행지주회사법의 규정에도 불구하고 증권과 보험업을 우회적인 방법으로 취급해 왔다. 그러나 이러한 우회전략은 시간 및 비용부담이 과다하여 사회적 비용을 야기하였으며 무엇보다도 유럽의 은행들은 이미 은행과 보험이 결합된 방카슈랑스(bancassurance) 또는 은행과 증권이 결합한 유니버설 뱅킹(universal banking)으로 세계시장에서 강력한 경쟁력을 발휘하고 있어 미국은행은 경쟁력 면에서 매우 불리한 상태에 있었다. 이에 따라 1990년대에 미국의회는 거의 매회기마다 GS법을 폐기하려는 노력이 있었고 마침내 1999년 11월에 1999년의 **금융서비스현대화법(Financial Services Modernization Act of 1999, Gramm-Leach-Bliley Act)**을 통과시킴으로써 Glass-Steagall Act의 부분적 폐지를 확정하였다.

GLB 법의 주요내용 Gramm-Leach-Bliley Act(GLB법)의 가장 중요한 내용은 GS법의 제20조 및 제32조를 폐지한 것이다. 이에 의해 은행이 증권회사와 계열관계를 가질 수 있도록 하였다. GS법에서 은행의 증권업무행위와 증권회사의 은행업무행위를 금지할 목적으로 제정된 규정은 4개 조항이다. 동법 제16조(은행의 증권업무 금지(국채 등을 제외)), 제20조(은행이 증권의 인수 등을 주 업무로 하는 회사와 계열관계를 유지하는 것을 금지), 제21조(증권회사의 예금수취금지), 제32조(은행과 증권의 인수 등을 주 업무로 하는 회사 간에 이사 등을 겸임하는 것을 금지)이다. 그런데 GLB법에 의해 폐지된 것은 위의 제20조와 제32조이고 제16조와 제21조의 금지규정은 계속 효력을 갖는다. 이것은 금융지주회사(FHC, financial holding company) 방식으로 모든 업종의 금융기관을 자회사로 둘 수 있고 따라서 금융지주회사의 설립을 통해 겸업화를 완전 허용하는 것이다. 그러나 은행이 주식인수 등 본질적인 증권업무를 직접 수행하는 것, 그리고 증권회사가 본질적인 은행업무(예금수취업무)를 직접 수행하는 것은 여전히 금지된다. 즉, 은행업과 증권업의 단일회사 내(in-house) 겸업금지조항은 유지하면서 은행 임직원의 증권사 임직원 겸임과 증권사 임직원의 은행 임직원의 겸임은 인정된다.

이 법에 의해 금융지주회사의 자회사형태로 은행이 증권, 보험업에 참여하는 것이 가능하게 되었다. 이 법에 의해 미국의 은행 등 금융기관들은 다양한 업무를 수행할 수 있게 됨으로써 미국의 금융산업은 은행, 증권, 보험 등 종합금융서비스를 제공하는 소수의 대규모은행과 다수의 중소전문은행으로 재편되었고 은행과 비은행금융기관의 구분이 모호하게 되었다. 또한 이 법이 시행되면서 대표적인 금융전업주의 국가인 미국이 겸업주의로 선회함으로써 겸업주의가 보편적인 세계기준으로 정착하게 되었다.

(3) 월스트리트 개혁 및 소비자보호법(Dodd-Frank Act)[28]

Gramm-Leach-Bliley Act 이후 은행들은 수수료 등 수익성이 높은 증권업무에의 진출을 가속화하고 대형 증권사들도 은행업에 적극 진출하였다. 이로써 국제금융시장에서는 날로 그 경쟁이 심화되어 대형화, 종합그룹화(겸업화)한 미국은행의 적극적인 해외진출이 확대되었다. 이에 따라 각국의 은행들도 미국의 시장지배에 대응하여 동업종 간 또는 이업종 간 합병을 통한 대형화를 모색하고 보험, 증권, 예금 등 서로 성격이 다른 금융상품을 결합한 새로운 금융상품의 개발에 적극적이었다. 그러나 2008년 이후의 글로벌 금융위기로 은행업과 증권업의 겸영을 허용한 Gramm-Leach-Bliley Act의 폐해가 심각하게 발생하자 미국 Obama 대통령은 2010년 1월 21일 Glass-Steagall Act의 정신을 되살리는 **볼커 룰(Volcker rule)**을 발표하였고[29] 이를 바탕으로 2010년의 **월스트리트 개혁 및 소비자보호법(Wall Street Reform and Consumer Protection Act, Dodd-Frank Act)**이 2010년 7월 22일 제정되었다. 이 법에 의해 은행, 은행지주회사, 저축은행 및 관련사에 대하여 대고객업무와 무관한 트레이딩계정거래(proprietary trading)를 원칙적으로 금지하였다.[30] 즉, 은행, 은행지주회사, 저축은행 및 관련사가 단기수익을 목적으로 고유자산을 금융상품이나 상품 등에 투자하는 것이 금지되며 시장조성이나 리스크 헤지 등 고객을 위한 거래나 미국 정부와 관련된 거래(국공채매매 및 인수)만 예외적으로 허용된다. 또한 은행, 은행지주회사, 저축은행 및 관련사에 의한 헤지펀드와 사모펀드(PEF, private equity fund)의 운용을 금지하며 헤지펀드와 사모펀드에 대한 투자규모도 엄격히 제한(이들은 기본자본의 3% 이상 이들 펀드에 투자하는 것을 금지)하였다.[31]

---

28 서병호(2010), 김인규·조성민·최준환(2010), 금융연구원(2010.9) 참고.

29 볼커 룰은 FRB의 전 의장인 Paul Volcker(1979.8.6~1987.8.11의 기간 동안 미국 FRB 의장)가 제시한 아이디어를 의미하는데 이것은 은행지주회사나 금융지주회사 산하 계열사 형태의 겸업구조는 여전히 허용하면서도 Glass-Steagall Act에서 규정하고 있다가 1999년의 Gramm-Leach-Bliley Act의 제정을 계기로 완화된 산하 계열사 상업은행과 투자은행 간의 철저한 업무분리조항을 다시 확립하여 위험투자를 억제하는 데 초점이 맞추어져 있다. 그래서 볼커 룰은 부보예금취급기관인 은행의 트레이딩계정거래를 금지하고 또 금융기관의 대형화를 억제함으로써 대형 금융기관의 도덕적 해이를 차단하고 체제위험을 완화하려는 의도를 갖고 있다.

30 트레이딩계정거래(proprietary trading)는 금융기관이 보유한 고유자금(자기자금)을 주식, 채권, 외환, 원자재, 파생상품 등에 단기차익을 목적으로 직접 투자하는 업무이다. 이는 고객이 위탁한 돈을 운용하는 것이 아니라는 점에서 신탁이나 자산운용과는 다르며 단기거래라는 점에서 장기투자의 개념인 자기자본투자(principal investment)와도 구별된다(서병호(2010) 참고).

31 헤지펀드와 사모펀드에의 투자 및 운용이 금지된 것은 은행 및 은행지주회사의 자기자본투자(principal

또 금융기관(부보예금 취급기관, 은행지주회사, 저축은행지주회사, 부보예금취급기관의 지배회사, 연준의 감독을 받는 비은행금융회사, 은행지주회사로 해석되는 외국 금융회사 등)의 대형화를 제한하기 위해 M&A 승인 시 예금점유율(Riegle-Neal Act of 1994에 의해 M&A 이후 예금점유율이 전국 10%(주내 30%) 이내인 경우에만 M&A를 허용함) 외에 자산 및 부채 등을 고려할 수 있는 근거를 신설하였다. 이에 따라 금융기관의 M&A 시 M&A 이후의 부채기준 시장점유율이 10%를 상회할 경우 해당 금융기관의 인수 및 합병을 금지하는 것은 물론 지배지분 인수가 금지된다. 또 금융지주회사가 총자산 100억 달러를 초과하는 회사를 인수하는 경우 Fed의 사전승인을 의무화하였다. 다만, 부도위기에 처한 은행을 인수하거나 FDIC의 지원을 받는 경우에는 예외적으로 허용된다.[32]

그리고 Dodd-Frank Act에서는 부보예금취급기관(은행 등 예금보험가입기관)의 파생상품업무를 제한하는 규정도 도입되었다. 스왑시장에 정기적으로 참여하거나 스왑시장에서 거래규모상 주요한 위치를 차지하는 금융기관의 경우 예금자 보호와 긴급지원 등 각종 정부지원이 금지된다. 이는 실질적으로 은행과 저축은행 등 예금자보호를 받는 금융기관의 경우 스왑시장 참여가 원칙적으로 금지된다는 것을 의미한다. 특히 CDS, 합성 CDO, 주식스왑 등은 어떠한 경우에도 부보금융기관이 취급할 수 없다.[33]

(4) 우리나라에서의 은행업과 여타 금융업의 분리와 겸영[34]

1970년대에 전업주의 확립 1950년 은행법 제정 당시에는 은행 이외에는 별다른 금융기관이 없었기 때문에 은행의 타 금융업 겸영에 대해 엄격한 제한을 부과하지 않았다. 즉,

investment, 자기자본을 이용한 장기투자)활동을 견제하기 위한 것이다.

32 2018년 3월과 5월에 금융규제완화법안인 Dodd-Frank Act 개정법안(경제성장, 규제완화 및 소비자보호법, Economic Growth, Regulatory Relief and Consumer Protection Act)이 상원과 하원을 통과하였고 5월 24일 Trump 대통령이 서명하였는데 대부분 중소형 금융기관의 금융규제완화와 관련된다. 즉, 대형금융기관에 대한 규제는 대부분 유지되지만 강력한 금융규제를 적용받는 대형금융기관(SIFI)을 자산 500억 달러 이상에서 2,500억 달러 이상으로 완화하였고 중소형 금융기관(자산 100억 달러 미만)에 대한 규제가 대폭 완화(볼커 룰의 적용대상에서 제외되고 대출과 자본금요건과 관련된 규제도 완화)되게 되었다.

33 그러나 금리스왑(interest rate swap), 외환스왑(foreign exchange swap), 금은스왑(gold-silver swap), 리스크를 헤지하기 위한 스왑거래 등은 예외적으로 허용된다. 다만 볼커 룰과 달리 파생상품업무규제의 경우 부보금융기관의 자회사 등에 대한 제한은 없다.

34 한국은행(2004.12, 2011.12) 참고.

은행에 대해 신탁업무 및 장기금융업무를 겸영할 수 있도록 하고 금융통화위원회의 인가를 받아 은행업이 아닌 업무를 겸영할 수 있도록 하였다. 그러나 1960~1970년대에 국내자금의 동원을 극대화하기 위하여 특수은행과 증권회사, 보험회사, 종합금융회사, 투자금융회사, 상호신용금고, 투자신탁회사 등 다수의 비은행금융기관이 신설되는 과정에서 금융업 간 업무영역을 엄격하게 구분하는 전업주의체제가 자리 잡게 되었다. 지금까지 우리나라는 금융기관이 당해 금융업법에 규정된 고유업무 이외의 업무를 겸영하고자 할 경우 금융위원회의 인가를 받아야 하는 전업주의를 택하고 있다.

1980년대 이후 겸영허용 은행의 업무범위는 1950년 은행법 제정 당시부터 매우 광범위하고 포괄적으로 규정되어 있었으나 1970년대까지는 은행업무가 예금 및 대출업무 위주로 운용되어 왔다. 그러다가 1980년대 들어 금융수요가 다양화되고 상대적으로 규제를 덜 받는 비은행금융기관의 급성장으로 은행의 자금중개기능이 위축됨에 따라 은행의 업무범위가 확대되기 시작하였고 은행 등 금융기관이 타 금융업을 일부 직접 겸영하는 것을 허용하기 시작하였다. 은행의 겸영의 대표적인 사례로 국공채 및 회사채 인수업무(1977년), 환매조건부 국공채매도업무(1982년), 신용카드업무(1982년), 환매조건부 회사채매도업무(1990년), 사모사채 인수업무(1990년), 국공채 창구판매업무(1995년) 등을 들 수 있다. 1997년의 외환위기 이후로는 금융의 겸업화가 진전되면서 투자신탁상품의 창구판매가 허용되었으며 골드뱅킹 및 방카슈랑스(2003년), 자산운용회사의 업무 및 판매회사업무(2004년) 등도 추가되었다.

1993년 이후 자회사를 통한 겸업허용 은행은 또한 1993년 이후에는 금융위원회의 인가에 의해 자회사를 설립하거나 인수하여 타 금융업에 진출해 왔다. 은행은 증권회사, 투자신탁운용회사, 상호저축은행, 리스회사, 창업투자회사 등을, 증권회사는 투자신탁운용회사, 선물중개회사 등을, 보험회사는 증권회사, 투자신탁운용회사, 상호저축은행 등을 자회사로 두었다.

2000년 이후 금융지주회사를 통한 겸영허용 2000년 10월 금융지주회사법과 2000년 12월 동법 시행령의 발효로 금융의 겸업화 작업을 가속화시킬 수 있는 금융지주회사제도가 도입되었으며 이제 은행은 금융지주회사의 자회사를 통해 타 업무의 겸영이 허용되고 있다. 2019년 2월 현재 9개의 은행금융지주회사가 많은 자회사를 통해 타 금융업무를 겸영하고 있다.

4. 금융통합

금융통합과정 1990년대 이후 각국의 금융기관들 사이에 경쟁력 강화와 부실금융기관 처리를 목적으로 하는 금융통합이 급속히 진행되었다. 이러한 **금융통합**(financial consolidation)은 부실처리목적의 합병 → 동업종 간 합병 → 이업종 간 합병 → 국제적 합병 등 4단계의 전개과정을 보였는데 1990년대 초까지는 동일업무를 영위하는 금융기관(은행) 간 합병(대형화)이 많았으나 1990년대 종반 이후에는 금융그룹 간 또는 이종 금융기관 간 합병(겸업화)이 주류였다.

1994년의 Riegle-Neal Act와 1999년의 Gramm-Leach-Bliley Act의 영향 이러한 금융통합에는 앞에서 본 바와 같이 규제완화의 영향이 매우 큰데 특히 미국의 경우 1994년에 제정된 Riegle-Neal Act(주간은행활동 및 주간지점 효율화법)가 은행산업의 통합(동종업종 간 합병)을 촉진하였다. 그리고 1999년의 Gramm-Leach-Bliley Act에 의해 이제는 단순히 은행 간의 통합뿐 아니라 여러 금융서비스활동 간의 통합, 즉 이종업종 간의 합병도 가능해짐으로써 금융통합과정은 더욱 더 촉진되었다. ICT(정보통신기술)가 범위의 경제를 증가시키기 때문에 은행과 다른 금융서비스기업의 합병이 점점 더 일반화되었고 거대금융기관(mega merger)들이 등장하였다. 이제 서로 다른 유형의 금융기관이 상대방의 영역을 통합함으로써 업무영역의 구분이 모호해졌고 이제 은행은 더 대형화될 뿐 아니라 더 복잡한 조직이 되어 **대형복합은행기구**(LCBO, large complex banking organization)나 **대형복합금융기구**(LCFO, large complex financial organization)와 같이 거의 모든 금융서비스를 제공하는 기관이 되고 있다.

(1) 금융통합이 금융위험에 미치는 영향[35]

은행 등 금융기관이 대형화, 겸업화 및 국제화의 방향으로 통합됨에 따라 업무다각화, 지역다변화, 자원의 효율적 이용, 조직의 통합적 운영, 시장지배력 확장 등의 측면에서 유리한 면이 있지만 이러한 변화는 또한 개별 금융기관의 위험뿐만 아니라 체제위험을 유발하는 등 금융제도 전반에 걸쳐 다양한 위험요인을 제공하고 있다. 실제로 2008년의

35 예금보험공사(2002) 참고.

금융위기 당시에 금융기관의 대형화, 겸업화로 인해 위기가 심화되었다. 따라서 좀 더 구체적으로 금융기관의 통합이 금융위험에 미치는 영향에 대해 살펴본다.

1) 금융기관의 통합이 개별 금융기관의 위험에 미치는 영향

먼저 다변화를 통한 위험분산효과를 가져올 수 있다. 금융기관의 통합은 새로운 지역으로 진출할 수 있는 기회를 제공하기 때문에 지역다변화(geographic diversification)를 통해 위험분산이 가능하다. 특히 국가마다 거시적 경기 사이클과 통화 및 재정정책이 매우 다르기 때문에 일반적으로 국가 내에서의 통합보다는 국경을 초월한 금융기관 간 통합이 위험분산의 효과가 더 크다. 또 서로 다른 업종 간 금융기관의 통합은 업무다변화로 시너지효과가 유발될 뿐만 아니라 다양한 금융상품을 취급함에 따른 위험분산효과도 나타난다. 서로 상이한 금융업종에서 제공하는 금융상품들의 수익성의 상관관계는 단일 업종에서 제공하는 상품들의 수익성의 상관관계보다 낮기 때문에 위험분산효과가 발생한다. 그러나 통합 대상이 되는 금융기관의 수익의 변동성이 크거나 자기자본비율이 낮을 경우 통합 금융기관의 위험이 오히려 증가할 수도 있다.

또 금융기관의 통합은 고정자산과 정보통신기술의 효율적 이용, 대규모의 증권발행 등으로 규모의 경제를 가져올 수 있으며, 정보시스템, 데이터베이스 등을 공유함으로써 범위의 경제를 창출할 수 있다. 반면에 금융기관의 대형화, 겸업화로 조직이 복잡하게 확장되어 조직경영의 비효율과 운영상의 어려움 등으로 규모의 비경제를 초래하여 운영위험이 오히려 증가할 가능성도 있다.[36]

2) 금융기관의 통합이 체제위험에 미치는 영향

대마불사의 가능성과 체제위험의 확대 앞에서 본 바와 같이 금융통합으로 금융기관의 특성이 사라지고 금융기관 간의 동질화가 촉진되는 가운데 국제적인 대형복합은행기

---

36 운영위험은 관리자가 종업원을 완벽하게 감시, 통제하지 못하기 때문에 발생되는 위험, 영업상의 실수, 사기, 범죄 등으로부터 발생할 수 있는 손실위험 등을 의미하는데 통상적으로 운영상의 실패는 금융기관의 재무상태에 빠르게 영향을 미치기 때문에 금융기관의 통합이 금융기관의 운영위험에 미치는 영향은 매우 중요하다. 그리고 금융기관의 통합으로 업무가 복합적으로 다각화되어 위험이 큰 업무의 영위 가능성이 높아지는 것도 운영위험의 증가요인이 될 수 있다.

구(LCBO) 또는 대형복합금융기구(LCFO)가 많이 증가하고 있는데 이러한 다국적 LCBO는 결과적으로 부실기관의 원활한 퇴출을 가로막는 대마불사의 가능성을 확대시킬 수 있다. 이에 따라 금융통합은 은행규제자에게 여러 가지 어려운 문제를 제기하고 있다. 첫째, 금융통합의 결과로 금융기관이 대형화함에 따라 **대마불사**(too big to fail)의 문제를 심화시킨다. 이제는 대형기관들이 더 많아지고 대형은행들의 도덕적 해이의 유인은 더욱 커져 금융제도의 체제위험(systemic risk)이 증대될 수 있다. 둘째, 은행이 겸업화 함에 따라 정부의 금융안전망(예금보험제도, 최종대부자기능 등)이 증권, 보험 또는 부동산업무와 같은 다른 영역으로 확대될 수 있으며 따라서 이러한 영역에서 더 큰 위험을 택할 유인이 증가하며 금융제도의 구조를 취약하게 만들 가능성이 있다. 셋째, 다국적 대형 금융기관은 국내외 금융시장에서 다각화된 업무를 수행하기 때문에 업무상 위험노출 정도가 큰데다 국내외 감독기관의 사각지대에 있을 뿐만 아니라 대규모 지급결제제도에 참여하는 등의 특징을 지니고 있기 때문에 체제위험의 가능성이 매우 높다. 특히 다양한 금융상품의 취급과 국경을 초월한 금융기관 간 통합으로 LCBO의 위험관리 체계와 조직구조가 더 복잡해지기 때문에 부실해진 LCBO의 정리가 어려운 과제로 등장하고 있다. 규제완화로 인해 유발된 이러한 대형화되고 복잡해진 국제적 금융기관들의 도덕적 해이를 제한하는 것이 은행규제자들이 직면하게 되는 핵심적인 문제이다. 이러한 문제가 실제로 노출되자 미국에서는 2010년 Dodd-Frank Act에서 금융기관의 대형화를 제한하고 있으며 대마불사정책의 종식을 사실상 신언하였다.

금융위기의 전염효과 증가 특정 금융사고가 금융제도에 미치는 충격과 **전염효과**(**contagion effects**)는 개별 금융기관들 간의 상호관련성이 높을수록 커지는 경향이 있다. 따라서 금융기관의 통합이 진행될수록 금융기관 간의 상호관련성이 증가한다면 금융기관의 통합이 체제위험을 증가시킬 수 있다. 금융기관 간의 상호관련성은 콜시장(연방자금시장)을 통한 은행간대출(interbank lending), 지급결제제도, 파생상품거래 등에 대한 금융기관의 노출정도 등을 통해 평가할 수 있는데 그간 은행간대출, 지급결제규모 그리고 파생상품거래가 크게 증가하고 있어 금융기관 간의 상호관련성이 증대하여 왔다.

도덕적 해이 방지를 위한 시장규율의 중요성 증대와 한계 새로운 금융기법의 개발과 새롭고 복잡한 금융상품의 등장으로 인해 기존의 공시수준으로는 LCBO의 재무상태에 대한 정확한 판단이 어려워져 시장참여자에 의한 금융기관위험의 통제효과(시장규율효과)는 불분명하며 따라서 도덕적 해이(과도한 위험추구행위)의 가능성이 커지고 있다. 이에 따라 LCBO의 경영상태에 대한 투명한 공개가 더욱 요구되면서 공시수준이 강화되었으며 많은 금융기관들이 규모가 커지고 업무의 복잡화와 국제화가 진전되면서 투명성에 대한 요구가 더욱 확대되고 있는 등 각국은 많은 정보를 공개하도록 공시제도를 개선하고 있다. 그럼에도 불구하고 시장규율에는 무임승차문제가 있는 등 한계가 있으므로 규제당국의 강하고 직접적인 규제가 절실히 요구되고 있다.

이상에서 본 바와 같이 금융기관의 통합이 체제위험에 미치는 영향을 고려할 때 이러한 대형 금융기관들, 특히 시스템적으로 중요한 금융기관(SIFI, Systemically Important Financial Institution)의 규제와 감독에 지속적으로 주의를 기울일 필요가 있으며[37] LCBO(SIFI)에 대한 다각적인 감독정책 수립[38] 및 금융당국 간의 상호 긴밀한 의견교환과 협조가 매우 중요하다. 또 전통적인 신용위험(credit risk)이 여전히 중요하지만 통합과정에서 그 중요성이 더욱 커지고 있는 시장위험(market risk)과 운영위험(operational risk)을 통제하기 위한 감독의 중요성도 강조되고 있다. 또한 정부에 의한 감독 및 규제의 보완수단으로 시장규율(market discipline)의 중요성이 더욱 중시되고 있다.

(2) 금융지주회사

1) 금융그룹의 개요[39]

금융통합은 금융그룹의 형태로 나타난다. **금융그룹(financial group)**이란 넓은 의미에서 2개 이상의 금융기관을 포함하는 그룹으로서 소속 개별기관 모두가 공동 지배하

---

37 SIFI규제의 핵심은 대형금융기관에 대하여 일반금융기관보다 강화된 규제를 적용하는 것이다. 구체적으로는 SIFI에 대하여 추가 자본을 부과하여 손실흡수력 제고를 통한 도산가능성을 낮추고 주주의 책임을 늘리는 한편, SIFI가 생존가능성이 없는 경우 질서있게 정리할 수 있도록 하여 정부 및 일반국민의 부담을 경감시키는 것이다.

38 한국의 금융감독원은 금융그룹의 통합감독을 정착시키기 위해 금융그룹 통합감독 모범규준을 만들어 2018년 7월부터 시행하고 있다. 금융그룹 통합감독은 기존의 금융업법, 공정거래법 등에서 규율하기 어려운 금융그룹 차원의 추가적인 금융위험(그룹리스크)을 관리·감독하는 것이다. 그간 업종별 감독의 사각지대에 있었던 그룹리스크의 주요 유형으로는 그룹자본의 적정성(그룹 간 교차출자, 차입자본으로 자본확충, 자본의 이전 가능성), 위험관리의 적정성(내부거래 의존도 과다, 부외계정투자 등) 그리고 지배구조(금융계열사를 동원한 계열사 지원) 등이다. 그룹리스크관리를 위해 그룹별 위험관리협의회를 설치토록 하고 있다.

39 남재현(2005) 참고.

에 있는 형태를 의미하며 좁은 의미로는 이 중에서 금융업무를 주도적으로 영위하는 형태를 의미한다. BIS는 두 가지 이상의 이업종을 영위하는 금융기관들이 동일 지배주주에 의해 소유되고 통제되는 경우 금융(복합)그룹이라고 정의하고 있다.[40]

이러한 금융그룹은 지배구조의 유형에 따라 **겸업형**(universal banking model, 한 금융기관이 은행, 증권 등 이종 금융서비스를 동시에 제공함으로써 시너지와 다각화 효과를 극대화시킬 수 있는 형태), **모·자회사형**(parent·subsidiary model, 동일 금융기관 내 겸업이 금지되어 있는 경우 자회사를 설립하여 다른 권역에 진출하는 형태), **금융지주회사형**(financial holding company model, 금융지주회사가 은행, 증권 등 자회사를 지배하는 형태), **수평적 기업집단형**(horizontal group model, 금융기관 간 자본이 직간접적으로 연결되어 있지는 않으나 계약, MOU, 동일한 경영진 구성 등을 통해 하나의 금융그룹처럼 경영되는 형태)으로 나뉜다. 국가별로 보면 프랑스 등 유럽은 겸업형의 금융그룹을 선호하고 있으며 미국, 영국, 일본, 우리나라는 금융지주회사형을 선호하고 있다.

금융그룹화는 은행의 합병에서와 마찬가지로 규제환경 및 금융위기와 밀접한 관련을 가진다. 즉, 규제의 완화에 따른 금융기관의 성장전략과 금융위기에 대한 대응으로 금융그룹화가 주로 추진되었다. 예컨대, 미국의 경우 앞에서 본 바와 같이 1994년의 Riegle-Neal Act, 1999년의 Gramm-Leach-Bliley Act의 제정으로 금융지주회사형의 금융그룹화가 급속히 진전되어 왔으며 또 2008년의 금융위기과정에서 금융지주회사가 확대되었다. 일본은 2차대전 이후 금융에서의 전업주의(분업주의)를 고수해 왔으나 1993년 점진적인 이업종 간 상호참여 허용조치에 따라 모·자회사형에 의한 은행·신탁은행·증권회사 간, 생명보험·손해보험 간의 겸업화가 진전되었다. 그리고 일본은 1947년에 제정된 '사적 독점의 금지 및 공정거래의 확보에 관한 법률(독점금지법)'에서 지주회사 설립을 금지하여 왔으나(재벌의 부활에 따른 경제력집중의 폐해를 미연에 방지할 목적) 1997년의 독점금지법 개정을 근거로 1997년 12월 '지주회사 설립지원에 대한 금융관련법 정비에 관한 법률'을 제정하여 금융지주회사의 설립을 허용하였다.[41] 한편 유럽대륙에서는 일찍부터 겸업주의

40 BIS는 금융그룹을 순수금융그룹(financial conglomerate)과 혼합금융그룹(mixed conglomerate)으로 구분하고 순수금융그룹은 은행, 증권 및 보험서비스를 제공하는 금융기관이 2개 이상 결합된 기업집단을 말하고 혼합금융그룹은 산업자본이 1개 이상의 은행, 증권 및 보험사를 소유하고 있는 기업집단을 말한다(한국은행(2004.7)).

41 이러한 제도변경에 따라 기존 4대 금융그룹(미즈호, 미츠이스미토모, 미츠비시도쿄, UFJ(United Financial of Japan))을 중심으로 금융기관의 통합 움직임이 가속화되었다. 즉, 2000년 최초의 금융지주회사인 미즈호

(universal banking)가 허용되었기 때문에 겸업형 금융그룹화가 일찍부터 진행되어 왔다.

2) 우리나라의 금융지주회사제도[42]

① 우리나라의 금융그룹화형태

우리나라의 경우 동일기관 내 겸업형(universal banking model)이 금지되어 있으므로 금융그룹은 모·자회사형(금융기관 및 이와 지배-종속관계에 있는 국내외 금융기관, 관련법령 등에 의한 자회사로 구성. 과거 국민은행그룹이 대표적), 금융지주회사형(금융지주회사 및 그 자회사 등으로 구성), **금융·비금융 기업집단형**(공정거래법상 기업집단에 속한 국내외 금융기관으로 구성되며 예컨대 삼성생명관련 그룹 등) 등 세 가지로 구분될 수 있다.

그러나 우리나라에서는 2000년 금융지주회사제도가 도입된 이후 다른 형태의 금융그룹화 대신에 금융지주회사형을 주로 이용하고 있는데 그 이유는 상대적으로 여러 가지 장점을 갖고 있기 때문이다.[43] 금융지주회사체제의 장점은 첫째, 높은 경영효율성을 달성할 수 있다는 것이다. 금융기관들이 하나의 지주회사 밑에 계열화되면 경영상태와 자금흐름의 파악이 쉬워 그룹전체 경영자원의 효율적 배분이 가능하여 효율성을 높일 수 있다는 것이다. 둘째, 시너지효과를 제고할 수 있고 업무재편 및 구조조정이 용이하다는 점을 들 수 있다. 지주회사의 강력한 통제 및 역할조정이 가능하며 지주회사의 신용도를 이용하여 그룹전체의 자금조달비용을 감소시킬 수 있다. 또 신규사업의 추진이나 경쟁력이 없는 사업으로부터 신속한 철수가 용이하다. 셋째, 건전성과 투명성의 관점에서 타 조직형태보다 지주회사제도가 훨씬 유리하다는 것이다. LCFO(대형복합금융기구)의 경우 시장지배력남용과 대마불사문제를 해소하기 위해서는 당국의 감독과 감시가 용이하여야 하며 이종업종 간 위험전이차단, 이해상충방지가 매우 중요하다. 그런데 금융지주회사체제는 이러한 문제를 완화하는데 여타 조직체제에 비해 우월하다는 것이다. 즉, 지주회사체제는 소유/지배관계의 단순명료함, 투명성, 위험전이차단, 이해상충완화 등에서 우월한 장점이 있다. 또 다양한 업종 영위에 따른 위험분산 등의 효과가 있다.

(Mizuho)금융그룹이 탄생하고 2001년 미츠비시도쿄금융그룹, 2002년 미츠이스미토모FG(SMBC)가 출범하였으며, 2005년 미츠비시도쿄금융그룹이 UFJ그룹을 통합하여 MUFG가 되었다. 한국은행(2007) 참고.

42 금융위원회(2008a, b), 남재현(2005), 한국은행(2018) 참고.

43 신보성(2008) 참고.

② 우리나라에서의 금융지주회사제도의 변화

금융지주회사는 1999년 4월 시행된 공정거래법에 의해 설립근거가 마련되었으나 은행법상 소유제한 등의 이유로 은행을 자회사로 하는 금융지주회사의 설립은 어려웠다. 그러나 2000년 1월 '금융회사의 업무위탁 등에 관한 규정'의 제정을 통해 금융권간 업무제휴를 확대하고 2000년 10월에 '금융지주회사법'과 12월에 동법 시행령을 제정함으로써 금융겸업화 작업을 가속화하는 금융지주회사제도를 마련하였다. 이러한 금융지주회사제도는 금융의 겸업화(은행업, 증권업, 보험업 등 전통적 업무 칸막이의 붕괴), 대형화(금융기관 간 M&A, 전략적 제휴), 그리고 국제화(해외 금융기관의 국내진출과 국내금융기관의 해외진출)와 같은 금융환경변화로 국내금융산업의 경쟁력을 강화하기 위해 도입되었다.

우리나라의 **금융지주회사**(FHC, financial holding company)는 주식 소유를 통하여 금융 자회사의 사업내용을 지배하는 것을 주된 사업으로 하는 회사(자회사들의 주식가액의 합계액이 지주회사 자산총액의 50% 이상인 경우)를 말한다.[44] 금융지주회사에는 금융지주회사가 금융사업을 직접 영위하는 사업금융지주회사와 금융사업을 직접 영위하지 않는 순수금융지주회사가 있는데 우리나라의 경우 금융사업을 직접 영위하지 않는 순수금융지주회사만을 인정하고 있다. 그리고 금융지주회사는 비금융회사를 자회사로 지배할 수 없고 일반지주회사는 금융회사를 자회사로 둘 수 없는 금산분리 원칙이 적용되고 있다. 또한 지주회사의 자회사는 다른 자회사 또는 지주회사의 주식을 소유할 수 없도록 되어 있다. 이는 순환출자, 상호출자 등을 통해 자회사간 위험이 전이되는 등의 부작용을 방지하기 위한 것이다. 또한 금융지주회사의 경우, 동일 지주회사 내의 자회사간 위험전이를 방지하기 위해 자회사 간 신용공여 등의 거래가 제한된다. 자회사간 신용공여는 자기자본의 10% 이내에서 허용되며 이 경우에도 국채 등 적정담보를 확보해야 한다. 또 자회사의 지주회사에 대한 신용공여와 자회사 상호간 또는 자회사와 지주회사간 불량자산거래는 금지된다. 손자회사는 자회사의 업무와 관련성이 있는 경우에만 예외적으로 허용되며 증손자회사는 둘 수 없다.

우리나라의 금융지주회사는 많은 규제를 받는 반면 혜택도 누리고 있다. 우선 금융

44 지주회사가 지배하는 자회사의 업종(비금융/금융)에 따라 일반지주회사(비금융자회사를 두는 지주회사로 대기업집단에 의한 경제력 집중을 억제하기 위한 '공정거래법' 적용)와 금융지주회사(금융자회사를 두는 지주회사로 '공정거래법'도 일부 적용되나 금융규제로서의 특성을 반영하여 '금융지주회사법'이 추가로 적용)로 구분하여 규제하고 있다.

지주회사 소속 금융회사 간에는 고객의 금융거래정보와 신용정보를 공유(내부경영관리의 목적)할 수 있다. 또한 지주회사와 자회사간, 자회사간 임원 겸직이 폭넓게 인정된다. 개별업권 규율법률에 따른 겸직금지의 예외를 상당폭 두고 있는 것이다. 금융지주회사의 임직원은 자회사 임원 겸직이 가능하고, 자회사임원은 같은 업종의 다른 자회사의 임원을 겸직할 수 있다. 아울러 주식양도차익에 대한 과세 이연 등의 세제 혜택도 적용된다.

2019년 2월말 현재 우리나라의 금융지주회사의 현황을 보면 〈표 13-1〉과 같은데 제도가 도입된 2001년 이후 2013년까지 13개의 금융지주회사가 설립되었으나 2014년에 우리금융지주, 산은금융지주, 한국씨티금융지주가 해체되고 2015년에 한국스탠다드차타드금융지주가 한국SC은행에 합병되어 해체되었다. 그러다 우리금융그룹이 은행만으로는 다른 금융그룹과의 경쟁에서 뒤쳐진다는 인식하에 2019년 1월에 우리금융지주회사로 재출범하여 현재 10개의 금융지주회사가 운영 중이다.

금융지주회사제도가 도입된 이후 기존의 권역별 전업주의의 유지라는 우리나라 금융법체계와 일부 상충되는 점이 발견되는 등 법적 미비점과 규제해석상의 모호성을 바로잡고 금융국제화 추세에 따른 금융지주회사제도의 보완을 위해 몇 차례에 걸쳐 법이 개정되었다. 첫째, 2007년 8월 금융지주회사법이 개정(2007년 11월 4일 시행)되었는데 주요 변화내용은 지주회사의 설립 및 인가와 관련하여 법적 미비점이 보완되고 불필요한 규제가 개선되었다. 우선 삼성에버랜드의 금융지주회사법 위반과 관련하여 문제가 제기되었던 미인가 금융지주회사의 위법상태 해소절차 및 시정조치권이 신설되었다. 또 지주회사인가대상회사를 자산총액규모 1,000억 원 이상으로 규정하여 소규모 지주회사에 대한 규제를 완화하였다. 또 경영능력, 규모, 건전성 등의 요건을 갖춘 외국금융회사의 국내금융지주회사의 설립도 허용되었다(이에 의해 한국스탠다드 차타드(SC)금융지주가 2009년 6월에 설립됨). 또 금융지주회사의 해외진출관련 규제가 대폭 완화되었다.[45]

둘째, 복잡한 출자관계로 얽혀있는 우리나라의 금융·비금융 기업집단형 국내 금융그룹을 출자관계가 보다 간명한 금융지주회사로 전환할 필요성이 있었다. 이에 따라 2008년 10월 14일 정부는 비은행금융지주회사(은행을 자회사로 두지 않은 금융지주회사) 제도개선방안을 제시하였고 2009년 7월 22일 금융지주회사법 개정안이 통과되었다.

---

45 금융지주회사의 자회사로 외국금융회사를 포함할 수 있도록 하였고 외국자회사 주식소유 의무기준이 완화되었으며 외국 손자회사의 업종제한을 폐지하여 외국 손자회사의 영위업종이 자회사와 동일업종이 아니어도 편입할 수 있도록 하였다.

〈표 13-1〉 ▸ 우리나라의 금융지주회사현황(2019년 2월말 현재)

명칭	설립시기	주요 자회사
우리금융지주	2001.4(2014.11 해체) 2019.1 재출범	우리은행, 우리FIS, 우리신용정보 우리PE자산운용
신한금융지주	2001.9	신한은행, 제주은행, 신한카드, 신한금융투자, 신한생명
한국투자금융지주	2003.5	한국투자증권, 한국투자파트너스, 한국투자저축은행, 한국카카오은행
하나금융지주	2005.12	KEB하나은행, 하나금융투자, 하나카드, 하나캐피탈
KB금융지주	2008.9	KB국민은행, KB국민카드, KB증권, KB생명보험, KB손해보험
한국 스탠다드 차타드금융지주	2009.6(2015.12 해체)	한국SC은행, SC저축은행(일본 J트러스트에 매각), SC캐피탈(일본 J트러스트에 매각)
산은금융지주	2009.10(2014.12 해체)	산업은행, 산은캐피탈, KDB생명
한국씨티금융지주	2010.6(2014.10 해체)	한국씨티은행, 한국씨티그룹캐피탈
BNK금융지주	2011.3	부산은행, BNK투자증권, 경남은행, BNK캐피탈
메리츠금융지주	2011.3	메리츠종금증권, 메리츠캐피탈, 메리츠화재
DGB금융지주	2011.5	대구은행, DGB생명보험, DGB캐피탈
NH농협금융지주	2012.3	NH농협은행, NH농협캐피탈, NH농협생명보험, NH농협손해보험, NH투자증권, NH저축은행
JB금융지주	2013.6	전북은행, 광주은행, JB우리캐피탈
10개		

자료: 금융감독원, 금융통계정보

비은행금융지주회사규제의 합리화와 금융지주회사 시너지 활성화와 관련된 내용은 아래와 같다. ① 비은행지주회사의 비금융회사에 대한 지배가 허용되었다. 증권, 보험 등 비은행자회사를 핵심회사로 두고 있는 비은행금융지주회사가 제조업체 등 비금융계열사를 보유할 수 있다는 내용이다.[46] ② 금융지주회사의 시너지 제고를 위한 제도가 마련되었

46 이 문제는 '삼성그룹이 지주회사로 전환할 수 있는 길을 열어주어 삼성의 승계구도가 완성된다'는 비판을 받는 부분이다. 즉, 삼성그룹이 보험지주회사를 만들어 삼성전자와 삼성생명을 동시에 자회사로 지배하는 구도가 가능하다는 것이다.

다. 우선 금융자회사 간 임직원 겸직이 가능해지고 업무위탁 등 허용범위가 확대되었다. 이에 따라 은행, 증권, 캐피탈 등 지주회사 소속 자회사마다 따로 있는 인사, 전산담당 임직원의 통합이 가능하게 되어 겸업화를 통한 시너지효과창출이라는 지주회사 본연의 기능수행이 가능해지고 인력활용의 유연성이 높아져 연계영업이 강화될 수 있게 하였다. 또 금융지주회사가 자회사에 출자할 경우 자기자본의 100% 한도 내에서만 출자가 가능하였던 것을 폐지하여 차입을 통한 자회사출자가 가능하게 되었다.

셋째, 금산분리완화에 따른 경제적 불균형과 금산결합에 따른 위험전이로 인한 전체 금융그룹의 건전성 악화를 우려하여 2014년 5월 28일의 금융지주회사법 개정(2014년 11월 29일 시행)을 통해 금산분리는 다시 강화되었다. 즉, 2009년 7월 22일의 개정내용 중 비은행금융지주회사의 비금융회사에 대한 지배를 허용한 것을 다시 금지시켰다. 또한 금융지주회사 내 자회사 등이 고객의 사전 동의 없이 이루어질 수 있는 정보제공의 범위를 내부경영관리상의 목적으로만 한정하였고 영업목적의 고객정보공유를 금지하였다.

5. 은행의 국제화

1960년 이래로 국제교역과 다국적 기업의 급격한 성장에 대한 지원, 외국증권의 인수와 같은 은행의 국제투자은행활동에의 적극적 참여, 그리고 규제회피를 위하여 각국에서 **은행의 국제화**(international banking)가 활발히 전개되었다. 이에 따라 국내은행이 외국으로 진출하고 외국은행이 국내로 진입하면서 은행업무의 국제화, 금융시장의 국제적 통합은 이제 보편화되었다. 특히 금융시장의 통합은 국제적인 은행통합을 촉진하였으며 이제 국제금융에서의 외국은행의 중요성이 크게 증가하였다. 그 결과로 은행규제의 국제적인 협력과 조정의 필요성이 크게 증가하였다. 대표적인 예가 은행의 최소자본요구수준을 표준화한 1988년 바젤협약(Basel Accord)이다. 은행의 국제화현상을 이해하기 위해 먼저 국제금융의 성장의 주요원천인 유로달러시장부터 살펴본다.

(1) 유로달러시장

유로달러(eurodollar)는 미국 밖의 은행에 달러의 형태로 보유되고 있는 예금을 말한다. 유로달러예금의 대부분은 정기예금(time deposit)이고 이것의 반 이상은 만기가 30일 이상인 CD(예금증서)형태이다. 미국 밖의 달러예금을 유로달러라고 하듯이 자국통화 이외의 통화로 표시된 예금을 통틀어 **유로커런시(eurocurrency)**라고 한다. 예를 들어 한국에서 일본 엔화로 표시된 예금은 유로엔(euroyen)인데 이것도 유로커런시에 포함된다. 물론 유로달러도 유로커런시에 포함되므로 유로커런시는 유로달러보다 더 넓은 개념이다. 유로달러의 총규모는 엄청나게 커져 유로달러시장은 세계에서 가장 중요한 금융시장의 하나가 되었다.

유로달러가 보편화된 이유는 다음과 같은 장점이 있기 때문이다. 첫째, 달러는 국제교역에서 가장 널리 사용되는 국제통화(international currency)이기 때문이다. 따라서 국제교역상의 필요로 달러예금을 보유하는 것이다. 둘째, 유로달러는 **역외예금(offshore deposit)**이기 때문이다. 거래발생지국의 규제가 적용되지 않는 거래를 역외거래라고 하며 그 시장을 역외시장(offshore market)이라고 하는데 이와 마찬가지로 역외예금은 거래발생지국의 규제(지급준비율이나 자본통제 등)를 받지 않는 지역에 보유된 예금을 말한다. 유로달러나 유로커런시는 거의 거래발생지국의 규제를 받지 않는 역외(오프쇼)예금이기 때문에 자금의 운용에 매우 유리한 측면이 있다.

유로달러시장의 주요중심지는 런던이며 유로달러예금에 대해 역외(오프쇼)지위를 제공하는 유럽 이외의 지역(싱가포르, 카리브의 바하마, 케이먼 군도 등)에서도 널리 소지된다. 유로달러예금의 상당부분은 은행에 의해 소지되는데 이들은 1절에서 언급한 바와 같이 많은 은행, 특히 미국의 은행에 지준규제와 이자율규제를 피하기 위한 중요한 자금원이 되었다. 미국은행은 주로 이러한 목적으로 해외에 지점을 개설하였으며 이로 인해 유로달러시장은 미국은행의 해외진출에 대한 중요한 촉매제가 되었다.

(2) 국내은행의 해외진출

우리나라 은행은 전 세계에서 은행업무를 수행하기 위해 현지법인(진출국 내 자회사은행), 지점(branch), 사무소(agency office)를 운영한다. 사무소는 대출과 자금이체는 가능하나 예금을 받을 수 없으며 대신 규제를 많이 받지 않는다. 현지법인인 자은행은 진출국의 은행과 동일하며 소유만 우리나라일 뿐 다른 모든 규제를 받는다. 지점은 우리나라 은행의 이름을 이용하며 모든 서비스를 제공한다.

국내은행의 해외진출은 세계화, 금융자유화에 힘입어 크게 확대되었으나 1997년의 외환위기 이후 크게 위축되었고 2000년대 중반에 들어 해외펀드 확대, 은행의 세계화 전략 등에 힘입어 다시 확대를 시도하였으나 2008년의 글로벌 금융위기로 다시 위축되었다. 그러나 우리나라의 경우 대기업 대출수요의 감소, 부동산대출 규제, 금융기관 간 경쟁심화 등으로 인해 금융기관의 국내성장에 한계가 있으며 경제규모에 맞는 글로벌 금융기관으로 도약하기 위한 새로운 성장동력을 마련할 필요가 있다. 또 전 세계에 진출한 국내기업에 금융지원을 하고 외환위기 이후 국내시장에 안주했던 모습을 탈피하여 급성장하는 아시아 신흥개발국(베트남, 인도 등) 시장을 선점하기 위해 해외시장을 적극적으로 개척해 나갈 필요가 분명히 있다.

그러나 2008년의 글로벌 금융위기로 전 세계적으로 은행산업이 위축되고 각국에서 규제가 심해지고 있으며 또 우리가 갖고 있는 많은 문제점과 약점들로 인해 신중하게 접근하여야 할 것이다. 무엇보다도 국내은행은 해외영업보다는 국내영업을 주로 하여 세계적 금융기관에 비해 규모, 전문성, 그리고 해외진출 경험 측면에서 크게 뒤져있으며 체계화된 진출전략이 없고 현지화 경영이 아직 부족하며 특정지역에 편중되어 있다는 약점이 있으며 해외진출에 장애가 되는 국내 및 현지국의 규제도 해결과제이다. 그러나 앞의 금융지주회사논의에서 언급하였듯이 금융지주회사가 지배 가능한 자회사에 외국 금융기관도 포함됨을 명시적으로 규정하였고 금융지주회사의 해외 진출시 자회사 사이의 공동출자를 허용하였으며 자회사의 해외 손자회사의 지배를 허용하는 등 국내의 규제를 상당히 해소하여 해외진출의 기반을 마련하였다.

(3) 국내에서의 외국은행[47]

외국은행 국내지점 경제발전의 과정에서 국제교역의 증가 등으로 한국 내에 외국은행 지점들이 크게 확대되어 왔으며 외국은행 국내지점은 국내의 예금보다 주로 본국의 본점으로부터 들여온 자금으로 영업을 하였는데 특히 1970년대 초 석유파동 등으로 우리나라가 외화자금이 부족하여 어려움을 겪을 때 외국자본을 도입하는 데 많은 기여를 하였다. 우리나라의 외국은행 국내지점은 1967년 미국의 체이스 맨해턴은행(Chase

47 강종구·김현의(2005), 현대경제연구원(2005) 참고.

Manhattan Bank, 2000년 12월 J. P. Morgan과 합병하여 J. P. Morgan Chase가 됨)이 서울지점을 처음 설치한 이래 그 숫자가 꾸준히 증가하여 2019년 2월 현재 38개 은행의 45개 외국은행지점이 영업 중이다. 초기에 외국은행 국내지점은 업무범위가 제한된 반면 여러 우대조치가 있었으나 차별적인 업무규제와 우대조치가 점차 완화 내지 폐지되어 현재에는 국내은행과 거의 동일한 조건에서 영업활동을 하고 있다.[48]

외국 은행진입의 기대효과 1997년의 외환위기 이후에는 외국 금융기관(외국은행)을 국내로 유치하고 이에 따라 국내 진입이 활발하게 이루어졌다. 즉, 외환위기 이후 외국사모투자펀드 및 외국금융기관들이 국내은행을 잇따라 인수하여 당시 7개 시중은행 중 3개(한국SC은행, 한국씨티은행, 외환은행)가 외국(계) 은행으로 되었다.[49] 이들처럼 완전히 인수된 경우는 아니지만 우리금융을 제외한 국민, 신한지주, 하나 등 비외국계 시중은행의 경우에도 외국인 지분율이 빠르게 상승하였다.

우리가 외국자금에 금융기관을 인수시키고 외국은행을 국내로 유치한 것은 이것이 국내 은행산업에 다음과 같은 좋은 영향을 미칠 것으로 기대하였기 때문이다. 첫째, 국내 금융산업의 효율성 향상(금융제도와 국가경제의 성장에 대한 기여)을 기대할 수 있는데 외국(계) 은행의 진입에 따른 경쟁 심화, 선진 금융기법 확산 등이 국내 은행산업의 효율성을 제고할 것으로 기대된다. 즉, 은행 간 경쟁격화로 인한 국내은행의 비용절감노력 강화로 비용효율성이 높아지고 예대금리차 축소, 예금 및 대출 규모확대 등으로 신용배분도 효율화될 수 있으며 또 선진 금융기법 및 금융상품의 도입이 국내 금융시장에 확산되면서 금융서비스의 질이 개선되고 금융중개기능이 강화될 수 있다. 둘째, 외국 금융기관의 국내 진입으로 금융제도의 안정성 강화를 기대할 수 있다. 글로벌 은행의 선진 위험관리기법 도입, 부실자산에 대한 충분한 대손상각, 엄격한 신용평가에 의한 대출관행 등의 영향으로 국내은행의 건전성 및 안정성도 개선될 것으로 기대된다. 그러나 외국(계) 은행이 우량고객만을 선호하여 신용을 공여할 경우 국내은행들은 중소기업 등 상대적으

48 한국은행(2018) 참고. 미국의 경우 1978년 이전에는 외국은행은 미국 국내은행에 적용되던 많은 규제의 적용을 받지 않았다. 그러나 1978년의 국제은행법(International Banking Act of 1978)의 제정 이후로 외국은행과 미국은행의 입장은 동일하게 되었다.

49 제일은행이 외국사모투자펀드인 뉴브리지캐피탈에 인수되었다가 영국계은행인 스탠다드 차타드(SC)은행으로 인수되어 한국SC은행이 되었고 칼라일펀드에 인수된 한미은행은 씨티은행에 흡수되어 한국씨티은행으로 되었으며 외환은행은 론스타 펀드에 인수되었다가 2012년 1월 하나금융지주의 자회사로 편입(이후 2015년 9월 하나은행과 통합하여 KEB하나은행이 됨)되어 국내은행으로 전환되었다.

로 신용도가 낮은 고객의 비중이 확대되면서 건전성이 악화될 가능성도 있다. 셋째, 그러나 반면 외국 금융기관의 국내 진입으로 효율적인 금융감독을 제약(금융제도의 불안정 유발)할 우려가 있다. 예컨대, 외국(계) 은행이 국내 증권거래소 상장을 폐지하면 경영 관련 정보가 시장참여자에게 제대로 제공되지 못하기 때문에 시장규율이 약화되고 감독권 행사에도 어려움이 발생할 가능성이 있으며 글로벌은행이 도입하는 혁신적 금융상품 및 기법이 효과적인 감독을 제약할 우려도 있다.

그러나 외국(계) 은행들이 실제적으로 선진금융기법(마케팅, 리스크관리, 상품개발 등)의 도입에 의한 금융제도의 선진화, 금융기관의 경영투명화, 금융감독기법의 선진화, 관련 금융법규 및 인프라 선진화 등의 긍정적 효과(투자확대를 통한 국가경제의 성장에 대한 기여)를 제공할 것이라는 기대에 못 미쳤다. 오히려 외국(계) 은행들은 국내소매금융시장을 점령하여 안전성과 수익성을 겸비한 주택담보대출 등 가계대출을 확대시키고 수익성 극대화를 위하여 부유층 시장을 전략적으로 집중하는 안전자산선호성향을 강화하여 왔다. 이에 따라 외환위기 이후 국내은행의 해외매각, 공적자금투입, 금융구조조정 등에 힘 입어 국내금융제도는 빠르게 안정되었으나 외국자본의 국내은행업진출은 국내금융산업 발전에 큰 기여를 하지 못한 것으로 판단된다. 또 외국계은행(한국SC은행과 한국씨티은행)은 인수 후 실제로 상장폐지를 하여 시장에 대한 정보제공을 소홀히 하였다.

특히 2000년 이후 외국 사모펀드의 국내 은행산업 진입이 국내은행에 미친 영향을 살펴보면 은행의 안정성을 높이는 데는 다소 기여한 반면 비용효율성을 개선시키지는 못한 것으로 보인다. 이것은 외국계 사모펀드가 은행의 가치를 높여 매매차익을 극대화할 목적으로 안정성 제고에 주력함에 따라 국내은행도 외국(계) 은행과의 경쟁을 위해 자기자본비율 제고 등을 통해 안정성을 개선한 때문으로 보이며 비용효율성에는 별 영향을 주지 못한 것으로 보인다. 이러한 점에서 보면 외국의 금융기관을 유치하는 경우 적어도 외국계 사모펀드보다는 유수의 전통있는 은행을 유치하는 것이 바람직하다고 볼 수 있다. 왜냐하면 비용효율성이 높고 장기적 시계에서 안정적인 경영을 추구하는 외국의 유력은행이 진입할 경우 국내은행도 경쟁력 강화를 위해 효율성을 제고할 것으로 기대되기 때문이다.[50]

50 그러나 적어도 지금까지는 외국계펀드가 아니라 외국계은행이 은행산업에 진입하더라도 행태가 크게 달라지지는 않을 것으로 보인다. 구자현(2014) 참조.

참고문헌

강종구・김현의, 외국 금융기관의 진입이 국내 은행산업에 미친 영향, 한국은행 금융경제연구원, 2005.5.11

구자현, 은행의 보수적 금융행태가 기업성과에 미치는 영향, KDI Policy Study, 2014-06(2014), pp. 1-82

금융연구원, 국내은행 금융그룹의 디지털 네트워크 확대방안, 주간금융 브리프 27권 12호(2018.6.2.)

금융연구원, 미국의 MMF 개혁방안 논의, 주간금융브리프 20권 44호(2011.11.12)

금융연구원, 미국금융개혁법의 주요 내용 및 시사점, 2010.9

금융위원회, 은행주식 보유규제 및 금융지주회사 제도 합리화 방안, 보도자료, 2008년 10월 14일a

금융위원회, 금융지주회사 제도개선 방안, 보도참고자료, 2008년 10월 14일b

김기호・윤성훈, 은행의 비이자영업 확대와 시스템 위험, 금융경제연구(제386호), 한국은행, 2009.6

김인규・조성민・최준환, 미국금융개혁법의 주요내용, 한은조사연구 2010-7(2010.8)

남재현, 금융그룹의 건전성 감독, 금융연구원, 주간금융브리프 14권 18호(2005.4.30)

서병호, 볼커룰의 주요내용과 국내파급효과, 금융연구원, 주간금융브리프 19권 16호(2010.4.10)

신보성, 금융지주회사법 개편을 위한 정책세미나, 한국증권연구원, 2008.7.8

예금보험공사, 미국의 금융제도개혁법의 개요: Financial Service Modernization Act of 1999를 중심으로, 금융분석자료, 2000-9호 (2000.5)

예금보험공사, 금융기관의 통합이 금융 리스크에 미치는 영향, 금융분석정보, 2002-35호 (2002.9.4)

이병윤, 은행 대형화의 장단점비교, 금융연구원, 주간금융브리프 19권 24호(2010.6.5)

이창선・김건우, 한국금융의 바람직한 발전방향: 실물경제 지원 및 성장-안정의 균형추 역할, LG Business Insight, 2011.11.19. LG경제연구원

한국은행, 일본의 금융지주회사 현황과 과제, 해외경제포커스(제2007-52호 /2007.12.23-12.29)

한국은행, 한국의 금융제도, 2004.12, 2011.12, 2018.12

한국은행, GE의 금융업 현황과 시사점, 2004.7

현대경제연구원, 윔블던 효과가 나타나는 국내은행산업, 한국경제주평 05-44 (2005.11.22)

Franklin Allen and Douglas Gale, Comparing Financial Systems, The MIT Press, 2001

Stephen G. Cecchetti, Money, Banking, and Financial Markets, McGraw-Hill/Irwin 2006. Chapter 13

Asli Demirguc-Kunt and Harry Huizinga, "Do We Need Big Banks? Evidence on Performance, Strategy and Market Discipline," Policy Research Working Paper #5576, World Bank, February 2011

R. Glenn Hubbard, Money, the Financial System, and the Economy, 6th ed(2008), Pearson International Edition, Chapter 14

F. S. Mishkin, The Economics of Money, Banking and Financial Markets, 7th ed(2004), Pearson, Chapter 10

연습문제

1. 미국의 은행제도의 발전과정에서 중요한 의미를 갖는 법인 1933년의 은행법(Banking Act of 1933, Glass-Steagall Act), 1999년의 금융서비스현대화법(Financial Service Modernization Act of 1999, Gramm-Leach-Bliley Act) 그리고 2010년의 금융개혁법(Dodd-Frank Wall Street Reform and Consumer Protection Act)의 주요한 내용을 살펴보시오.
2. 미국의 Glass-Steagall Act, Gramm-Leach-Bliley Act, 그리고 Dodd-Frank Act가 은행의 업무범위에 대해 가지는 입장과 그 배경을 설명하시오.
3. 최근에 은행이 자금조달측면에서 불리해지고 있는 이유는 무엇인가?
4. 최근에 은행이 자산운용측면에서 불리해지고 있는 이유는 무엇인가?
5. 2008년의 글로벌 금융위기에서 가장 크게 영향을 미친 금융혁신은 무엇이라고 생각하는가?
6. 1970년대의 인플레이션과 환율의 변동성 증대가 금융혁신을 유발하고 이것이 은행제도를 불안하게 만들었다. 그렇다면 인플레이션과 환율의 안정이 있었다면 은행산업은 안정적이었을 것이라고 생각하는가?
7. 은행이 대형화하면 중소기업대출은 왜 어떤 영향을 받는가?
8. 은행의 대형화와 금융통합은 바람직한가, 아니면 바람직하지 않은가?
9. 금융그룹화형태 중에서 금융지주회사형태가 갖는 장점은 무엇인가?
10. 국내에 외국금융기관이 많이 진입하는 것은 바람직한가?

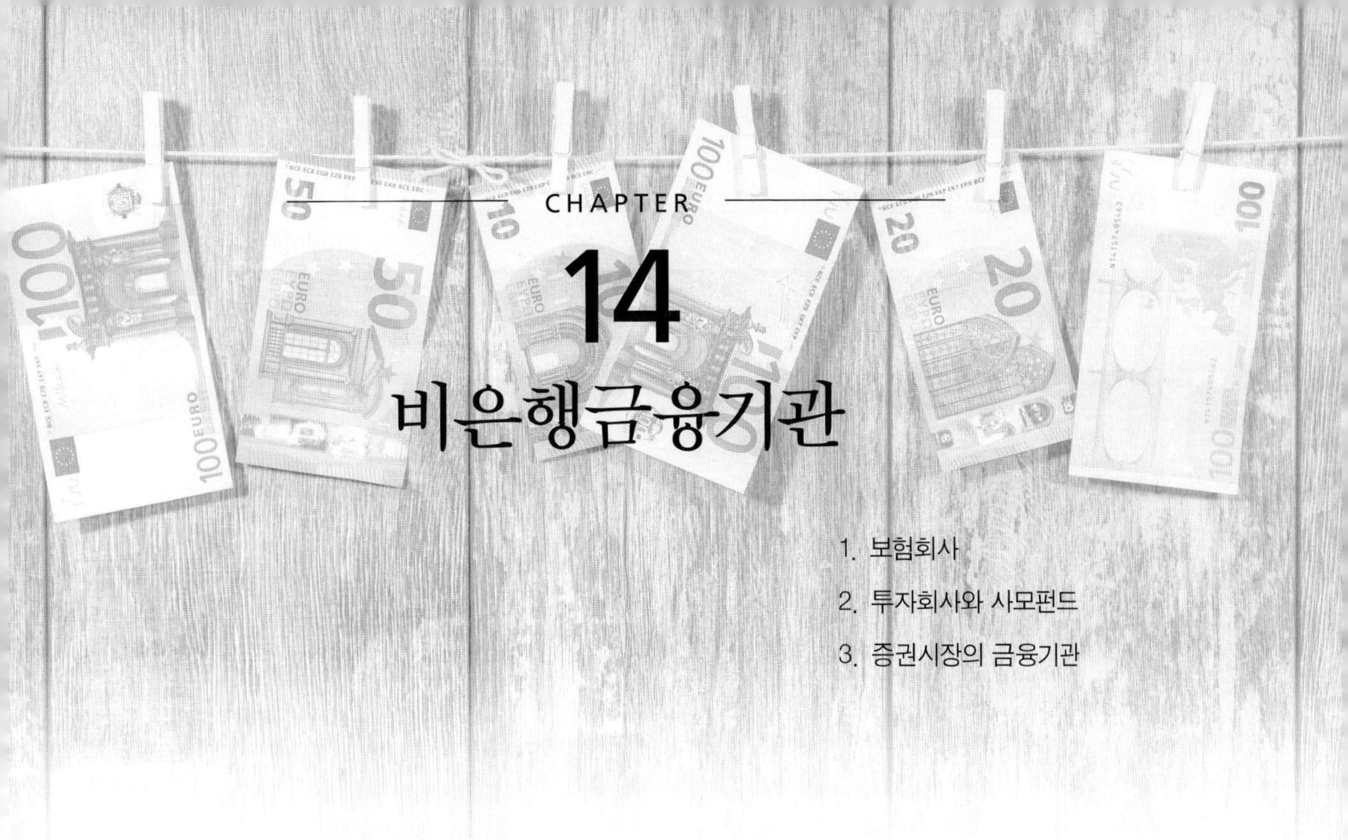

CHAPTER

14 비은행금융기관

이제까지 금융중개기관에서 가장 중요한 은행을 중심으로 살펴보았지만 은행 이외의 비은행금융기관도 자금의 전달과정에서 매우 중요한 역할을 한다. 특히 금융혁신을 통해 비은행금융기관은 이제 은행과 유사한 서비스를 고객에게 제공함으로써 은행과 더 직접적으로 경쟁을 하기도 하고 은행과 협조(차입 및 대출)를 하기도 한다. 이러한 비은행금융기관의 자금중개기능이 매우 활발하고 은행을 대체하거나 은행을 보완하기 때문에 이들은 그림자금융제도(shadow banking system)의 중요한 부분을 차지하고 있다. 11장에서 본 바와 같이 2008년 이후의 글로벌 금융위기 과정에서 주택시장의 거품형성, 주택담보대출의 부실, 금융기관의 과도한 차입금 의존, CDO, CDS 등 증권화와 신용파생상품을 이용한 위험이전의 실패 등 금융시장의 환경적 요인들이 금융위기를 유발한 주요한 요인들로 제시되고 있다. 그러나 그 이면에는 그림자금융제도를 구성하는 투자은행, 증권회사, 보험회사, 관리펀드(헤지펀드, MMF, 연기금 등 금융전문가가 투자자들을 대신하여 운용하는 펀드)가 자리 잡고 있다.

우리나라에서도 비은행금융기관의 규모는 그 동안 꾸준히 확대되어 〈표 14-1〉에서 보듯이 지금은 거의 은행과 맞먹는 규모로 성장하였으며 앞으로 더욱 확대될 가능성이 크다. 따라서 이 장에서는 최근에 와서 역할과 중요성이 크게 증대된 몇몇 중요한 비은행금융기관들의 구조와 기능 등에 대해 살펴보고자 한다. 먼저 1절에서는 보험회사에 대해

〈표 14-1〉 ▸ 금융산업현황(2018년 6월말 현재)

(단위: 개, 명, 조 원, %)

금융권[1]	은행	보험업		금융투자업			저축 은행	여신 전문 회사	상호 금융	비은 행의 비중
		생명보험 회사	손해보험 회사	증권 사	선물 회사	자산 운용사				
기관수	57	24	31	55	6	86	79	100	2,246	97.9
임직원수[2]	130,102	25,483	32,965	36,401	393	7,773	9,036	25,653	124,282	66.8
자산규모	3,124.7	841.2	284.1	447.5	3.9	7.5	63.9	255.0	488.8	43.4
자기자본	206.4	70.8	34.7	54.9	0.4	5.8	7.2	46.4	36.1	55.4
점포수[3]	6,995	3,375	2,948	1,176	—	—	314	842	—	—

주: 1) 지주회사, 투자자문사, 종합금융회사, 새마을금고, 대부업체 등은 미포함

2) 직원 외 인력 제외

3) 해외지점, 해외현지법인, 해외사무소 포함

자료: 금융감독원 금융통계정보시스템

살펴보고 2절에서는 뮤추얼펀드로 알려진 투자회사와 다양한 사모펀드에 대해 살펴본다. 3절에서는 증권시장의 운영과 관련된 금융기관(직접금융시장의 금융기관=시장중개기관)인 투자은행과 증권회사에 대해 살펴본다.

1. 보험회사

미래는 예측하기 어렵고 우리가 사는 세상은 안전하지 않기 때문에 미래에 대해 항상 대비할 필요가 있다. 또 우연과 무작위성이 어디에나 존재하지만 총제적으로는 예측 가능하기 때문에 미래에 대한 대비가 대체로 가능하다. 언제 어떤 사고가 발생할지 알 수 없고 특히 최근에는 자연재해의 빈도와 심도가 갈수록 증가하고 있으며 우리가 상상하지 못하는 재난들이 발생할 가능성이 점점 더 커지고 있다. 이러한 사태 중에는 미리 대비하여도 해결되기 어려운 일들도 있지만 미리 대비하여 해결될 일도 많이 있다. 미리 대비하여 미래의 위험과 불확실성으로부터 재산과 인명을 보호하는 하나의 방법이 바로 **보험**(insurance)이다.

보험의 기본원리는 미래의 불확실한 재난에 대비해 평소에 약간의 저축(보험료를 제공)을 하는 것이다. 생명보험이든, 재난보험이든 그 방식은 동일하다. D. Kahneman과 A. Tversky의 실험에 의하면 사람들은 확률이 아주 낮을 때 이익에 대해서는 위험을 추구하고 반면 손실에 대해서는 위험회피적으로 나타났다.[1] 예컨대, 당첨확률이 매우 낮은데도 불구하고 많은 사람들이 로또를 구입하는 것은 당첨금이라는 이익에 대해 당첨확률을 높게 과대평가하여 위험을 추구하는 성향을 보여주는 것이다. 반면에 광우병에 걸릴 확률이 실제로는 매우 낮은데도 불구하고 쇠고기를 기피하는 것은 감염확률을 실제보다 높게 과대평가하여 광우병감염(손실)을 피하기 위한 위험회피성향을 보여주는 것이다. 따라서 사람들은 발생확률이 매우 낮은 미래의 막대한 손실에 대해 위험을 회피하려는 성향을 보이며 이에 따라 보험에 가입하게 된다. 다시 말하면 사람들은 발생할 확률이 매우 낮은 미래의 막대한 이득(재난 후 지급받는 보험금)에 대해서는 위험을 추구하는 성향을 보이며 이에 따라 약간의 확실한 손실(보험료의 지급)을 감수한다.[2] 이러한 이유로 많은 사람들은 미래를 대비해 보험에 가입(저축)을 하는 것이며 미국의 가수 머라이어 캐리는 10억 달러짜리 다리 보험에 가입을 하였고 세계 최고 권위의 와인 평론가인 로버트 파커는 코에 100만 달러의 보험을 들었다.

(1) 보험의 발생에 대한 경제학적 설명

여기서는 3장에서 설명한 불확실성 하에서의 선택에 관한 전통적 이론인 **기대효용이론**(expected utility theory)에 기초하여 보험현상에 대해 간략히 살펴본다. 보험가입자들은 일반적으로 위험회피자이다.[3] 이제 이러한 전제 하에 사람들이 미래에 발생할 위험에 대비하여 보험에 드는 현상을 <그림 14-1>로 설명해 보자. 위험회피자이기 때문에

1 이에 대한 보다 자세한 논의는 7장 5절 참고.

2 유사한 논의를 Kenneth Arrow 교수도 제시하였는데 그에 따르면 사람들은 대개 약간의 이득(보험료를 내지 않음)을 보면서 확률적으로 낮은 막대한 손실(재난 후 아무런 지급도 받지 못함)을 입기보다 약간의 손실(보험료를 지급)을 보면서 확률적으로 낮은 큰 이득(재난 후 지급받는 보험금)을 보길 원한다(Ferguson(2008), 김선영(2010, p.199)).

3 이필상(1985) 참고. 기대효용이론에서는 사람들이 위험선호적 행동인 로또에 참여하면서 동시에 위험회피적 행동인 보험에 가입하는 이중적 행동을 설명하기 어렵다. 그래서 보험을 설명하기 위하여 사람들은 위험회피자라고 가정한다.

〈그림 14-1〉 ▸ 위험회피자와 보험가입

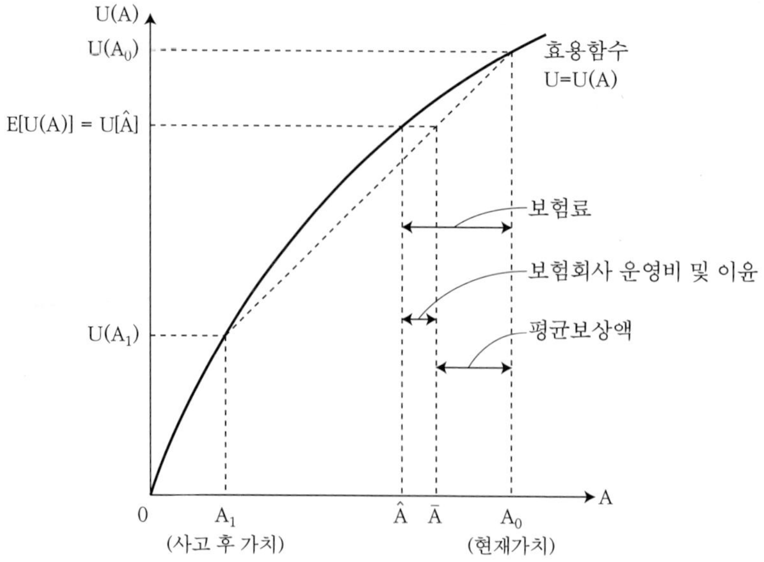

이 사람의 효용함수는 위로 볼록한(concave) 형태로 나타내고 있다. 어떤 사람이 자동차를 보유하고 있는데 그 가치가 A_0이다. 그런데 만약 자동차사고가 난다면 그 가치는 A_1으로 줄어들게 된다. 이러한 손실위험을 회피하기 위하여 통상의 위험회피자들은 보험에 가입하게 된다. 그런데 사고가 일어날 수도 있고 일어나지 않을 수도 있기 때문에 사고확률(p)을 고려할 때 그 자동차의 기대(평균)가치는 $\bar{A}(= pA_1 + (1 - p)A_0)$이다. 그런데 자동차보험에 가입하려고 하는 사람은 미래의 불확실한 기대가치($\bar{A}$)보다는 일정의 확실한 가치가 더 낫다고 생각할 수 있다. 즉, 자동차 소유자는 자동차 보유의 기대효용인 $E[U(A)] = pU(A_1) + (1 - p)U(A_0)$만 확실하게 보장된다면 그것을 선택할 수도 있다고 생각한다. 즉, 자동차소유자는 $\hat{A}$만 확실하게 보장된다면 보험에 가입한다. 왜냐하면 $\hat{A}$에서의 효용이 자동차보유의 기대효용과 동일하면서 확실하기 때문이다. 그 확실한 가치($\hat{A}$)는 3장에서 **확실성등가**(certainty equivalence)라고 표현한 것에 해당된다. 위험회피자는 불확실한 가치보다는 확실한 가치를 더 선호하며 따라서 $\hat{A} < \bar{A}$ 이며 $\bar{A} - \hat{A}$ 이 **위험보상**(risk premium)이 된다.

그렇다면 이 경우 보험가입자는 보험료(insurance premium)를 얼마나 지불하여야 할 것인가? 보험가입자는 $A_0 - \hat{A}$만큼의 가치감소는 감수할 수 있다. 왜냐하면 이 만큼의 가치감소를 희생하는 경우 사고가 나더라도 자동차의 현재가치(A_0)를 유지할 수 있기 때문이다. 즉, $U(\hat{A}) = E[U(A)] = pU(A_1) + (1 - p)U(A_0)$이기 때문이다. 따라서 이 가치감소분인 $A_0 - \hat{A}$이 보험가입자가 내고자 하는 보험료가 된다. 이 사람은 보험료가 이 이하인 한 보험에 가입하게 된다. 그러나 보험회사의 입장에서 보면 이 사람과 유사한 수많은 보험가입자와 거래를 하게 되면 장기적으로 사고확률에 의해 자동차의 평균가치는 $\bar{A}$가 되고 보상(보험금)은 A_0만큼 하게 된다. 따라서 보험회사는 $A_0 - \bar{A}$만큼을 평균적으로 보상하게 된다. 그러므로 보험료와 평균보상액의 차이($\bar{A} - \hat{A}$ = 위험보상)는 보험회사의 운영비 및 이윤이 된다. 즉, 위험보상이 바로 보험회사의 수익이 되는 것이다. 보험회사는 기본적으로 위험을 부담하고 위험을 판매하는 역할을 함으로써 수입을 얻는 금융회사이다. 위험보상은 결국 보험회사가 수많은 자동차보유자를 보험에 가입시킴으로써 위험을 분산시키고 그 대가로 받는 것이다. 물론 보험회사가 많아져서 서로 경쟁을 하게 되면 $\bar{A} - \hat{A}$이 계속 줄어들 것이다. 자동차사고 발생확률이 줄어들지 않는다면 $\bar{A}$는 그대로 머물러 있을 것이지만 경쟁의 강화로 인해 보험가입자들은 더 적은 보험료를 지불하고 위험을 회피할 수 있을 것이다.

(2) 생명보험회사[4]

보험회사는 보험의 인수, 보험료 수수 및 보험금 지급 등을 영위하는 금융회사를 말한다. 보험업법은 생명보험업, 손해보험업, 제3보험업을 영업대상으로 규정하고 있는데 각각의 보험업은 보장해주는 위험의 종류에 차이가 있다. 즉 생명보험업은 사람의 생존 또는 사망과 관련된 보험금을, 손해보험업은 우연한 사건으로 발생하는 손해에 관한 보험금을, 제3보험업은 질병, 상해 및 간병에 관한 보험금을 지급한다. 우리나라의 경우 생명보험업과 손해보험업의 상호 겸영을 원칙적으로 금지하고 있으나 제3보험업은 겸영이 가능하며 그 밖에 연금저축, 퇴직보험 등도 겸영이 가능하다.

보험회사에는 생명보험회사와 손해보험회사가 있다.[5] 먼저 생명보험회사에 대해 살

4 한국은행(2018) 참고.

5 이외에 국가기관(과학기술정보통신부)이 취급하는 국영보험인 우체국보험이 있다. 우체국보험의 목적은 보험의 보편화를 통하여 재해의 위험에 공동으로 대처할 수 있게 함으로써 국민의 경제생활 안정과 공공복리의 증진에 기여하는 데 있다. 그 밖에 보험기능을 하는 기관으로 공제기관이 있는데 일반인을 대상으로

펴본다. **생명보험회사**(life insurance company)는 사망, 질병, 노후 등에 대비한 보험의 인수, 운영을 주된 업무로 하는 금융회사이다.

1) 생명보험회사의 발전

보험이 처음으로 등장한 곳은 스코틀랜드(Scotland)라고 알려져 있다. 최초의 보험기금은 1744년 스코틀랜드 교회의 목사들에 의해 만들어진 스코틀랜드 교회목사의 유가족을 위한 보험기금이었다.[6] 이후 각국에는 많은 생명보험회사(생보사)가 설립되었는데 생보사에는 두 가지 형태의 조직이 있다. 하나는 주주들의 소유인 주식회사(stock company) 형태이고 다른 하나는 보험가입자(policyholder)의 소유인 상호회사(mutual company) 형태이다. 현재 생명보험회사의 대부분은 주식회사형태이다. 그러나 비록 숫자는 적지만 오래된 대규모 보험회사는 대개 상호회사형태를 취하고 있다.

생명보험의 발전에는 정부의 지원이 중요한 역할을 하였다. 1960년대와 1970년대 초에는 생명보험의 낮은 투자수익 때문에 생명보험산업의 발전은 매우 더뎠으며 그래서 생명보험산업은 타 금융산업에 비해 비중이 감소하였다. 그러나 1970년대 중반부터 생보사들은 서서히 성장하기 시작하였는데 이것이 가능하였던 것은 정부의 지원이 있었기 때문이었다. 예컨대, 미국의 경우 1974년에 통과된 **근로자은퇴소득보장법(ERISA, Employee Retirement Income Security Act)**에 의해 연기금(pension fund)이 기금관리를 생보사에 맡기는 것을 장려하였기 때문이다. 이에 따라 이제는 생보사에 의해 관리되는 자산의 상당부분이 생명보험을 위한 것이 아니라 연기금을 위한 것이 되었다. 이와 더불어 생보사는 연금과 같은 퇴직투자수단을 판매하기 시작하였다. 이러한 정부지원과 새로운 영역

공제업무를 영위하고 있는 기관은 수산업협동조합공제, 신용협동조합공제 및 새마을금고공제 등 총3개 기관이 있다. 농업협동조합공제의 경우 2012년 3월 보험회사(NH농협손해보험)로 전환되었다.

6 1660년경 지적혁신이 일어나면서 확률이론, 평균수명이론, 정규분포이론 등 보험의 이론적 기반이 갖추어지게 되었으므로 현대보험의 진정한 선구자는 수학자였으나 이러한 이론을 현실에 처음 적용한 사람들은 성직자(목사)였다. 스코틀랜드의 에딘버러(Edinburgh)에 있는 Greyfriars 교회의 목사였던 Robert Wallace와 Alexander Webster가 1744년에 만든 '스코틀랜드 교회목사의 유가족을 위한 보험기금'이 최초의 보험기금이었다(Ferguson(2008), 김선영(2010, pp.186-196)). 이 보험기금은 점차 일반보험 및 연기금을 취급하다가 Scottish Widows보험회사로 발전하였고 1999년 로이즈은행그룹(Lloyds Banking Group)의 일원이 되었다. 미국에서 만들어진 첫 번째 생명보험회사(보험기금)도 1759년에 설립된 필라델피아 장로교목사기금(Presbyterian Ministers' Fund in Philadelphia)이다.

의 개척으로 생보사의 시장비중은 1980년 이래로 전반적으로 증가하기 시작하였다.

한편 생명보험회사는 은행이나 다른 예금기관과 같은 광범위한 파산을 경험하지 않았다. 왜냐하면 생명보험회사는 사망률을 비교적 정확하게 예측할 수 있어 미래의 지불상황을 잘 알 수 있었고 그래서 유동성이 적지만 수익성이 좋은 장기자산을 보유할 수 있었기 때문이다. 그래서 정부의 규제가 비교적 적은데 예컨대, 미국의 연방정부는 보험산업을 규제할 필요성을 느끼지 않아 연방정부차원의 감독기구가 없는 대신 주정부에 규제를 맡기고 있다.[7]

2) 우리나라의 생명보험회사

우리나라의 보험업은 19세기말 국내에 진출한 구미계와 일본계 금융기관 및 상사들이 자국 보험회사의 대리점 역할을 겸하는 형태로 시작되었다. 한국계 회사로는 1921년에 조선생명보험주식회사가 처음 설립되었으며 1946~1959년 중 8개 생보사가 차례로 설립되었으나 정치적, 경제적 불안정으로 제대로 발전하지 못하였다. 1962년 정부는 경제개발계획의 추진에 필요한 내자동원방안의 일환으로 보험산업 정비에 착수하여 보험관계 3대 법률(보험업법, 보험모집단속법 및 외국보험사업자에 관한 법률)을 제정하였다. 이에 따라 생명보험업의 제도적 기반이 마련되었으나 보험에 대한 일반의 인식부족과 보험회사 공신력의 취약 등 구조적 제약요인으로 1970년대 중반까지 생명보험업은 부진을 면치 못하였다. 그러다가 1977년 보험관계법률을 보험업법으로 통합하는 한편 정부가 보험금 지급절차의 개선, 보험약관의 간소화, 생명보험료에 대한 소득공제제도의 도입 등 획기적으로 제도를 개편함으로써 보험산업 발전의 새로운 계기가 마련되었다.

1980년대 들어 소득수준의 향상 및 인구의 고령화 등으로 보험에 대한 수요가 증대되고 보험서비스에 대한 인식이 다소 높아지면서 보험회사의 신설 필요성이 점증하는 한편 외국으로부터의 보험업 개방요구도 증대되었다. 이에 따라 정부는 1986년 12월 외국생명보험회사 설립기준을 제정하는 등 시장개방을 추진하였다. 그리고 외국생명보험회사

7 미국의 경우 2010년의 금융개혁법(Dodd-Frank Act)에서도 보험감독은 현행대로 주정부가 담당하도록 하였다. 대신 재무부 내에 **연방보험국(FIO, Federal Insurance Office)**을 신설하였는데 이 기구는 보험산업의 모니터링 및 특정 보험회사의 SIFI(시스템적으로 중요한 금융회사, Systemically Important Financial Institution)지정을 위한 금융안정감시위원회(FSOC, Financial Stability Oversight Council)와의 협의 등 보완적 기능만을 수행한다.

의 국내지점 설치와 합작회사(1989년 7월 최초설립) 및 현지법인(1990년 12월 최초설립) 설립을 허용함과 아울러 국내생명보험회사의 신설(1988~1994년 중 15개 생보사가 신설됨)을 대거 인가함으로써 대내외 시장개방이 동시에 이루어지게 되었다. 그러나 1997년 외환위기가 발생하면서 이후 부실보험사 구조조정과 대형 생보사의 중소형 생보사 인수 합병으로 생보사의 수는 크게 조정되었다.

2000년대 들어서는 금융의 자유화 및 겸업화 진전과 더불어 소비자의 권익이 중요시됨에 따라 보험업법의 전반적인 개정논의가 진행되었다. 그 결과 2003년 5월 보험업법 개정을 통해 보험사 신규진입제도개선, 운용가능자산에 대한 열거주의 폐지, 공시제도 개선, 제3보험(생명보험과 손해보험의 성격을 모두 갖는 보험으로 상해보험, 질병보험, 간병보험 등이 이에 해당됨) 및 **방카슈랑스**(bancassurance) 도입 등이 이루어졌다. 또한 2010년 7월 개정된 보험업법에서는 보험산업의 경쟁력 강화와 소비자보호를 위해 자산운용규제 완화, 보험상품개발 절차간소화, 보험상품 설명의무 부과 등이 반영되었다. 한편, 2010년대에 들어서면서 그간 부실방지 및 소비자보호를 목적으로 도입된 규제들이 보험업 발전의 걸림돌로 작용할 수 있다는 지적이 잇따랐으며 이에 따라 2016년 보험업법의 일부개정 등이 이루어지면서 보험사의 보험상품개발 및 자산운용에 대한 사전적 규제가 대폭 완화되고 대신 사후 감독이 강화되었다.

(3) 손해보험회사

1) 손해보험회사의 발전

손해보험회사(property and casualty insurance company)는 화재, 자동차사고, 해상사고 등에 대비한 보험의 인수와 운영을 고유업무로 하는 금융회사이다.[8] 손해보험회사(손보사)도 주식회사(stock company) 형태와 상호회사(mutual company) 형태로 조직되며 미국에서는 생보사와 마찬가지로 주 정부에 의해 규제되고 있다. 1970년대 이자율

8 1666년에 런던에서 발생한 대화재로 인해 화재보험의 형태가 등장하였다. 1680년에 Nicholas Barbon이 최초로 화재보험회사를 차렸다. 뒷북치는 인간의 성향은 화재보험의 역사에서 잘 드러난다. 미국의 각 주들은 1835년 뉴욕화재이후 보험회사에 적정보험준비금을 유지할 것을 요구하기 시작했고 1842년 함부르크 화재가 발생하고 나서야 보험회사들은 대형재난의 위험을 공동부담하기 위한 방편으로 재보험을 개발하였다(Ferguson(2008), 김선영(2010, p.187) 참고).

이 높을 때는 보험회사는 높은 투자소득을 얻어 보험료를 낮게 유지할 수 있었으나 그 이후로 이자율이 하락하여 투자소득이 감소하고 법정소송의 증가에 따른 배상이 증가하여 상당한 손실을 유발하였다. 이에 따라 수익을 유지하기 위해 보험료를 크게 올렸으며 보험금지불도 매우 엄격하게 통제하였고 이에 따라 손보산업의 발전은 지체되었다. 이를 극복하기 위해 타 지역으로 지점을 내어 영역을 확대하기 시작하였으며 이에 따라 지나친 위험을 추구하고 있다는 우려가 많이 생겼고 그래서 각국의 규제당국은 은행과 마찬가지로 위험수준에 따라 자본요구량을 변화시키는 규정을 도입하기 시작하였다.

손보사는 생보사와 비교할 때 사망률보다 재산손실이 훨씬 더 불확실하므로 미래의 지불이 훨씬 더 불확실하다는 특성을 갖는다. 예컨대, 자연재해가 발행하면 엄청난 손실이 한꺼번에 발생한다. 이에 따라 손보사는 안전하면서도 유동성이 크고 수익성도 높은 자산(지방채, 국채, 주식, 회사채)을 주로 보유하는데, 특히 지방채(미국의 경우 세금이 감면되는 지방채)를 많이 보유한다.

손보사는 모든 형태의 손실에 대해 보험을 제공하고 있으며 생보사보다 훨씬 다양한 서비스를 제공하기 때문에 보험의 슈퍼마켓이라고 불린다. 또 손보사는 손실부담이 매우 큰 경우에는 몇 개의 보험회사가 연합하여 보험을 제공하기도 하며 위험을 줄이기 위하여 재보험(reinsurance)을 들기도 한다. 재보험은 보험회사를 위한 보험이라고 볼 수 있는데 재보험은 위험의 일부를 다른 보험회사에 넘기는 것이므로 소규모 보험회사에는 매우 유용한 것이다.

2) 우리나라의 손해보험회사[9]

우리나라의 손해보험회사는 1922년 10월에 설립된 조선화재보험을 효시로 하여 1940년대에 5개 회사, 1950년대 4개 회사가 각각 설립되어 종합적인 손해보험업무를 영위해 왔다. 1960년대에는 재보험만을 전문적으로 취급하는 대한재보험, 자동차보험 전문회사인 한국자동차보험(자동차보험은 1982년부터 모든 손해보험회사로 확대됨) 그리고 대한보증보험이 설립되었으며,[10] AHA(American Home Assurance) 및 AFLA(American

---

9 한국은행(2018) 참고.

10 1998년 11월 적자누적으로 심각한 부실에 직면하였던 한국보증보험과 대한보증보험이 서울보증보험으로 합병하였다.

Foreign Insurance Association)의 2개 미국계 손해보험회사가 국내에 지점을 설치하였다. 그 후 1980년대 말까지는 손해보험회사의 신규 설립이 이루어지지 않다가 1989년 11월 한국보증보험이 설립되고 1992년 7월에는 미국계의 VIGILANT사가 국내에 지점을 설치하였다. 2000년대 들어서는 손보사에 대한 자동차보험사업 규제가 철폐됨에 따라 국내 자동차보험사 2개사가 신설되었으며 재보험사를 중심으로 8개 외국계보험회사가 국내지점을 개설하였으며 2000년대 중반 이후에는 국내 보험사 2개가 추가 설립되었다. 2015년 6월 해운업 등 경기민감업종에 대한 자금변동성을 줄이고 불황시 경쟁력 유지를 지원하기 위해 한국해양보증보험이 새로이 보험업 허가를 받았으며 이후 아시아캐피털리, 퍼시픽라이프리 등 외국계 재보험사들이 국내지점을 개설하였다.

손해보험은 각종 사고발생에 따른 재산상의 손실위험에 공동 대처하기 위한 상호보장적 성격의 사회제도로서 장기저축기능과 상호보장적 기능이 혼합된 생명보험과는 그 성격을 달리하고 있다. 손해보험회사가 취급하고 있는 보험종목은 부보위험의 대상에 따라 화재, 해상(적하보험, 선박보험, 운송보험 등), 자동차(자동차종합보험과 운전자보험), 보증(신원보증, 계약이행보증, 할부판매보증 및 납세보증 등), 특종(상해보험, 도난보험, 배상책임보험 및 원자력보험 등), 연금(개인연금보험 및 퇴직보험), 장기저축성(보험기간 중 보험사고가 없더라도 만기 시 보험금을 지급하는 보험으로 장기화재, 장기상해, 장기종합보험 등), 그리고 해외원보험(해외에 진출한 국내손해보험회사가 외국인과 체결한 각종 보험)의 8가지로 대별된다.[11]

(4) 보험산업의 변화

1) 보험산업과 은행산업의 경쟁[12]

1990년대 이후 전 세계적으로 금융소비자의 편익증진 및 자국 금융산업의 효율성과 경쟁력 제고를 위해 금융겸업화를 확대해 왔고 이러한 금융겸업화는 은행을 중심으로 주로 이루어졌는데 특히 은행이 보험회사의 대리점자격으로 보험상품을 판매하

11 우리나라의 보험산업은 모든 상품을 취급하는 대형·종합보험사 위주의 산업구조를 갖고 있다. 이에 따라 정부는 특화보험사(예컨대, 소액단기보험사, 온라인전문보험사, 재보험이나 연금특화보험사 등)의 진입이 용이하도록 제도 개선을 추진하고 있다.

12 이석호(2009) 참고.

는 **방카슈랑스**(bancassurance)를 도입하였다. 예컨대, 미국의 경우 1990년에 개인연금 보험의 판매가 은행활동에 부수적인 투자의 일종이라고 인정되었고 이후 연금시장에서의 은행의 비중은 급속히 증가하였고 현재로는 많은 은행이 보험상품을 판매하고 있다. 그런데 방카슈랑스를 통한 은행의 보험시장진출 활성화 및 시장점유율 상승 등에 위기감이 고조된 유럽의 보험회사들이 이를 타개해 나갈 대응책을 마련하는 과정에서 보험회사가 은행업무를 수행(이것은 단순히 보험회사가 은행상품을 판매대행하는 소극적인 영업전략 외에 은행자회사 설립 등과 같은 적극적인 전략까지도 포함함)하는 **어슈어뱅킹**(assurbanking)이 출현하였다.[13] 1980년대 후반에 최초의 어슈어뱅킹이 시도된 이후 1990년대 후반과 2000년대 초반에 걸쳐 다수의 어슈어뱅킹 사례가 유럽국가들을 중심으로 이루어졌다.

우리나라에서도 보험회사의 은행업 겸영허용문제가 제기되고 있다. 2003년 8월부터 방카슈랑스제도가 도입되었는데 방카슈랑스와의 형평성차원에서 최근 보험회사들이 은행업겸업을 지속적으로 요구하고 있다. 즉, 보험회사의 어슈어뱅킹이 정책당국의 보험업 규제완화 방침 및 자본시장법 제정(2009년 2월 4일 시행)을 계기로 지속적으로 제기되어 왔다. 특히 자본시장법에 의해 금융투자회사(증권회사)의 지급결제업무겸영이 허용됨으로써 보험회사의 은행업 핵심업무에 대한 겸영허용 요구가 규제의 형평성차원에서 제기되고 있다.

2) 인슈테크의 등장

최근에는 보험업에 첨단의 혁신기술(생체인식, 빅데이터, 인공지능, 블록체인, 클라우드 컴퓨팅, 사물인터넷 등)을 결합한 **인슈테크**(Insurtech = insurance + technology)가 보험산업을 변화시키고 있다. 인슈테크는 핀테크(Fintech)의 한 형대로 볼 수 있는데, 일본과 중국이 주도하고 있다. 인슈테크로 인한 보험산업의 변화는 보험신상품의 개발뿐 아니라 소비자를 중심으로 하는 서비스 플랫폼의 혁신적 변화를 가져오고 있다. 이로 인해 보험산업이 공급자주도에서 소비자 중심으로 발전할 것으로 전망되며 사물인터넷 서비스(웨어러블 디바이스, 스마트홈, 스마트카 등)를 통해 보험가입자의 라이프스타일 패

---

13 방카슈랑스는 은행을 의미하는 banque와 보험을 의미하는 assurance의 합성어이며 어슈어뱅킹은 assurance(보험)와 banking(은행)의 합성어로 assurfinance 또는 assurbanque와 혼용되어 사용되고 있다.

〈그림 14-2〉 ▸ 보험회사의 금융중개

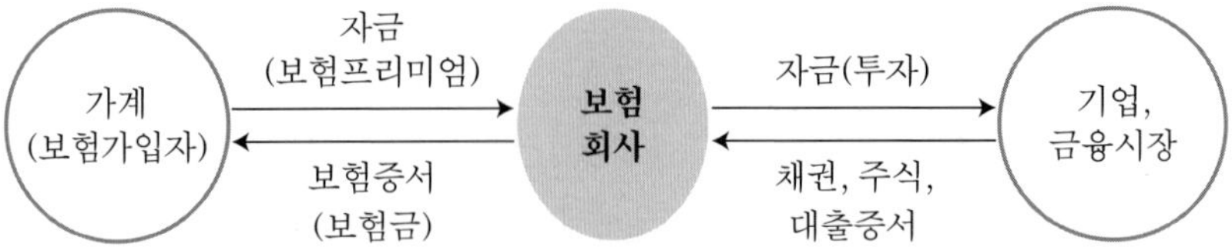

턴에 대한 데이터 수집이 가능해지고 이를 분석함으로써 소비자별로 차등화된 위험평가와 보험료 산정이 이루어질 수 있다.

(5) 보험회사의 관리원칙

보험회사도 은행과 마찬가지로 금융중개업무를 하는 중요한 금융중개기관이다. 〈그림 14-2〉에서 보듯이 보험회사는 보험가입자가 지불한 보험프리미엄(보험료)을 이용하여 채권, 주식, 대출 등에 투자를 하고 이러한 자산운용의 수익으로 보험계약에 의해 고객에게 지급해야 할 상황이 발생하면 보험금을 지급한다.

역선택과 도덕적 해이의 감소가 보험관리의 기본 12장에서 역선택과 도덕적 해이의 개념을 이용하여 신용위험의 관리에 관한 은행의 경영원칙을 살펴보았는데 보험회사의 경우에도 자산관리(대출관리, 차입자의 관리)에서는 이러한 경영원칙들이 역시 적용된다. 그러나 보험회사의 경우 보험대상자(보험가입자)를 선별하고 감시하는 활동이 더욱 중요하며 이러한 활동에도 많은 원칙들이 있다. 보험의 경우 보험금지급을 받을 가능성이 매우 큰 사람이 매우 적극적으로 보험에 가입하려는 경향이 있기 때문에 **역선택**(adverse selection)이 발생한다. 또 일단 보험에 가입한 사람들은 보험금의 지급가능성을 증가시키는 위험을 택할 유인을 가지므로 **도덕적 해이**(moral hazard)가 일어난다. 이러한 역선택과 도덕적 해이는 모두 보험회사에 큰 손실을 유발할 수 있다. 그러므로 보험가입자의 역선택과 도덕적 해이를 감소시키는 것이 보험회사에게는 가장 중요한 관리목표이며 이러한 목표를 달성하기 위해 많은 보험관리원칙들이 사용되고 있다.

1) 보험가입자의 역선택 감소를 위한 관리원칙

첫째(**잠재적 보험가입자에 대한 심사**), 보험회사는 보험가입자의 역선택을 감소시키기 위하여 좋은 보험가입자를 확보하려고 노력한다. 이를 위해서는 미리 잠재적인 보험가입자들을 엄격하게 심사(screening)하여 사고위험의 가능성이 적은 사람들을 주로 가입시키려고 한다.

둘째(**위험에 의거한 보험료의 부과**), 보험가입자가 보험회사에 대해 얼마나 많은 위험을 제공할 것인가에 의거하여 보험료를 부과(risk-based premium)하는 것, 즉 위험이 큰 사람은 보험료를 많이 지불하고 위험이 적은 사람은 보험료를 적게 지불하게 하는 것이 역선택을 감소시키기 위한 보험경영의 역사 깊은 중요한 원칙이다. 만약 보험회사가 보험료를 위험분류(예컨대, 20대 남성과 40대 여성)에 의거하지 않고 평균적 위험에 의거하여 보험료를 부과한다면 위험이 평균보다 큰 사람(20대 남성)은 이 회사의 보험에 가입하고 위험이 평균보다 적은 사람(40대 여성)은 이 회사의 보험에 가입하지 않게 되어 위험이 큰 사람들만 남게 되며 결국 이 보험회사는 손실을 보게 된다.

2) 보험가입자의 도덕적 해이 감소를 위한 관리원칙

보험회사는 보험가입자의 도덕적 해이를 감소시키기 위하여 다양한 원칙과 방법들을 강구하고 있다. 첫째(**제약적 약관부과**), 보험증서에는 많은 제약적 약관이 규정되어 있는데 이러한 제약적 약관의 부과는 도덕적 해이를 감소시키기 위한 하나의 중요한 보험관리원칙이다. 왜냐하면 그러한 약관은 보험가입자가 위험한 행동에 개입하는 것을 억제하기 때문이다. 둘째(**사고의 사후적 조사**), 보험회사는 보험가입자가 사고가 난 것처럼 위장할 유인을 가지기 때문에 도덕적 해이에 직면한다. 따라서 보험회사는 단지 합법적인 청구권을 가진 사람만이 보상을 받을 수 있도록 사고나 사건에 대해 사후적 조사를 수행한다. 셋째(**보험의 취소**), 경우에 따라서는 보험을 취소할 수 있다는 것을 보여주는 것도 보험경영의 중요한 수단이다. 보험가입자가 지나치게 많이 사고를 유발하는 경우에는 보험을 취소할 것이라고 경고함으로써 신중한 행동을 유도(도덕적 해이를 감소)할 수 있다. 넷째(**위험에 의거한 보험료의 부과**), 보험가입자의 위험정도에 따라 보험료를 부과하는 것은 역선택을 줄일 뿐 아니라 도덕적 해이를 감소시키는 데 도움이 된다. 왜냐하면 위험이 커지면 보험료가 증가하기 때문에 위험을 선택할 유인이 줄어들기 때문이다.

다섯째(**본인부담금제도와 공동보험제도**), 본인부담금제도(deductibles, 보험금을 지급할 때 보험가입자에게 고정된 금액을 부과하는 제도)와 공동보험제도(coinsurance, 보험가입자가 보험회사와 함께 손실의 일정비율을 부담하는 제도)는 보험가입자가 조심할 유인을 부과하므로 이것은 도덕적 해이를 감소시킬 수 있는 중요한 수단이 된다. 여섯째(**보상한도의 제한**), 보험의 보상규모에 대해 한도를 설정하는 것도 도덕적 해이를 감소시키는 수단이 된다. 보상규모가 클수록 보험가입자가 위험한 활동으로부터 얻을 수 있는 이득은 더 커지며 따라서 도덕적 해이도 더 커지기 때문이다.

2. 투자회사와 사모펀드

(1) 투자회사: 주식회사형 집합투자기구

1) 집합투자기구(펀드)의 유형

자본시장과 금융투자업에 관한 법률(약칭 자본시장법, 2007년 8월 3일 제정. 2009년 2월 4일 시행)에 의하면 **집합투자**란 "2인 이상의 투자자로부터 모은 금전 등을 투자자(그리고 국가재정법 제8조 제1항에 따른 기금관리주체 등)로부터 일상적인 운용지시를 받지 아니하면서 재산적 가치가 있는 투자대상자산을 취득·처분, 그 밖의 방법으로 운용하고 그 결과를 투자자에게 배분하여 귀속시키는 것"을 말하며(법 제6조 5항) 집합투자기구(펀드를 의미하는 법적 용어)란 집합투자를 수행하기 위한 기구를 말한다. 그리고 자본시장법의 제9조 18항과 제5편 집합투자기구에 의하면 〈그림 14-3〉에서 보는 바와 같이 집합투자기구는 신탁형 집합투자기구(투자신탁), 회사형 집합투자기구(투자회사(주식회사형), 투자유한회사, 투자합자회사, 투자유한책임회사), 조합형 집합투자기구(투자합자조합, 투자익명조합) 그리고 사모집합투자기구(사모펀드)로 분류된다.

통상적으로 말하는 **뮤추얼펀드**(mutual fund)는 우리나라의 주식회사형 집합투자기구인 **투자회사**에 해당되며 일본에서는 투자법인, 미국에서는 투자회사(investment company)라고 한다. 그리고 자본시장법에서 집합투자기구는 공모형 집합투자기구(공모펀드)를 기본골격으로 하지만 사모집합투자기구(사모펀드)를 설정할 수도 있다. 사모펀드에는 두 가지 형태가 있는데 경영권 참여, 사업구조 또는 지배구조의 개선 등을 위하여

〈그림 14-3〉 ▸ 우리나라의 집합투자기구

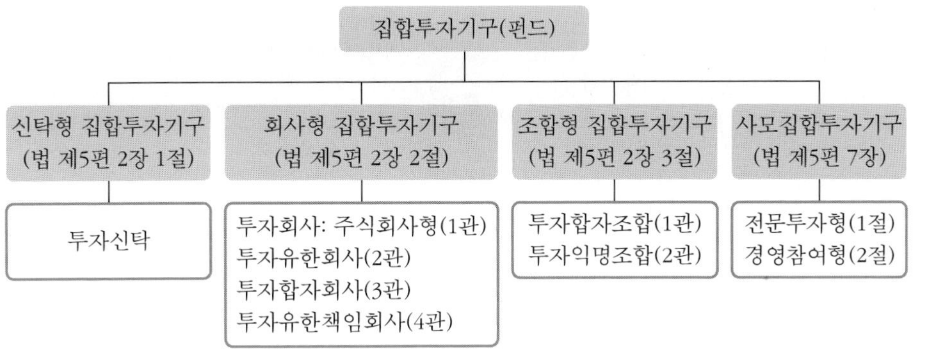

지분증권 등에 투자·운용하는 투자합자회사인 **경영참여형 사모집합투자기구**와 그 외의 모든 일반적인 형태의 사모펀드인 **전문투자형 사모집합투자기구**가 있다.

일반투자자들이 투자할 수 있는 펀드로는 크게 투자신탁(신탁형펀드)과 투사회사(주식회사형 펀드)가 대표적이다. 먼저 투자회사(뮤추얼펀드)는 회사형 집합투자기구의 대표적인 형태로서 자산을 증권 등에 투자하여 그 수익을 주주에게 배분하는 업무를 영위한다. 그리고 투자회사는 상법상의 주식회사이나 본점 이외의 영업점을 설치하거나 직원의 고용 또는 상근임원을 둘 수 없는 서류상의 회사이다. 반면 투자신탁은 집합투자업자인 위탁자(수익증권발생으로 자금모집)가 신탁업자에게 재산을 신탁하고 신탁업자로 하여금 그 집합투자업자의 지시에 따라 투자·운용하게 하는 신탁형태의 집합투자기구를 말한다. 우리나라에는 투자신탁제도의 도입 이래 신탁형펀드만이 있다가 1998년 증권투자회사법 제정으로 투자회사가 도입되었다.

2) 투자회사의 기능과 종류

투자회사(뮤추얼펀드)는 지분(share)을 판매하여 많은 투자자들로부터 소액의 자금을 모아서 증권투자를 하는 금융중개기관이다. 투자회사의 운영을 그림으로 나타내면 〈그림 14-4〉와 같다. 소액단위의 지분을 발행하여 자금을 모으고 이 자금으로 다양한 형태의 증권을 구매하는 금융중개과정을 통해 투자회사는 거래비용감소와 다변화를 통한 위험감소라는 이득을 얻을 수 있다. 투자회사는 주로 자산운용회사(집합투자업자)에 의해 운영된다.

〈그림 14-4〉 ▸ 투자회사의 운영

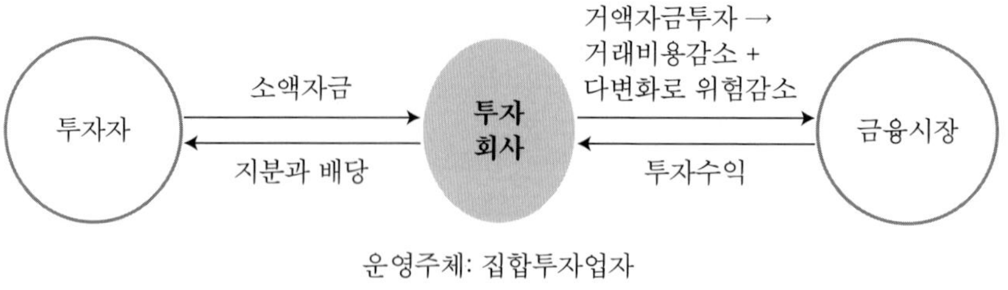

1822년에 설립된 Societe Generale de Belgique가 최초의 투자회사(뮤추얼펀드)인데 이러한 투자회사는 대개 주식시장에서 자금을 운용하므로 주식시장의 붐(boom)과 함께 1980년이래로 전 세계적으로 시장규모가 크게 증가하였다. 또 투자회사는 가계의 중요한 저축수단으로 인식되면서 주로 가계에 의해 보유되고 있다. 또 투자회사의 확대로 투자회사와 연기금(국민연금, 공무원연금 등) 등 소위 말하는 기관투자가들(institutional investors)의 중요성이 크게 증가하여 증권의 상당부분을 이들이 통제하기에 이르렀다. 이제 기관투자가들은 증권시장의 주도적인 참여자가 되었으며 이에 따라 기관투자가들은 기업에 대해 더 많은 영향력을 행사할 수 있게 되었다.

투자회사에는 개방형 펀드와 폐쇄형 펀드의 두 가지 형태가 있다. **개방형 펀드(open-end fund)**는 규칙적으로 지분을 발행(매도)하고 환매(재매입)하는 의무를 지닌다. 이러한 정기적인 발행과 환매는 신규 투자자들이 펀드에 투자를 하고 또 기존 투자자들이 펀드를 떠나기 때문에 매일 펀드의 자본이 변화한다는 것을 의미한다. 지분이 항상 환매될 수 있기 때문에 지분의 유동성이 크며 그래서 더 일반적이다. **폐쇄형 펀드(closed-end fund)**에서는 처음에 고정된 수의 환매 불가능한 지분이 판매되므로 펀드의 자본규모가 주어진다.[14] 폐쇄형 펀드는 이와 같이 중도에 환매가 없으므로 펀드를 안정적으로 운영할 수 있는 장점이 있다. 그리고 환매불가라는 단점을 보완하여 투자자가 만기 전에 현금화할 수 있도록 비상장 주식과 마찬가지로 OTC시장(장외시장)에서 지분이 거래되며 지분의 가격은 펀드가 소유하고 있는 자산가치에 따라 변화한다.

14 우리나라에서는 폐쇄형 펀드가 먼저 도입되면서 뮤추얼펀드라고 부르기 시작하였고 나중에 개방형 뮤추얼펀드가 도입되면서(2001년 2월 이후 개방형 펀드 허용) 이 둘을 모두 뮤추얼펀드라고 불러 왔다. 그러나 외국에서는 통상 뮤추얼펀드라고 하면 개방형 뮤추얼펀드를 말한다(최혁(2009, p.170)).

투자회사를 포함하는 집합투자기구(펀드)는 펀드의 주요 투자대상자산을 기준으로 증권집합투자기구, 부동산집합투자기구, 특별자산집합투자기구(이상 펀드자산의 50%를 초과하여 증권, 부동산, 특별자산에 투자), 혼합자산집합투자기구(자산운용에 제한 없음) 및 단기금융 집합투자기구(자산의 100%를 단기금융상품에 투자)로 구분된다(자본시장법 229조). 이러한 펀드에서 특별히 중요한 하나의 형태는 금융혁신과정에서 등장한 **MMF(자금시장펀드, 단기금융시장펀드, money market mutual fund)**이다. 이들은 주로 단기의 우량금융상품(단기국채, CP, CD, RP 등)에 투자하는데 이들 상품은 시장가치의 변화가 매우 작기 때문에 MMF의 주식은 사실상 이자를 받는 예금이라고 볼 수 있다.

(2) 사모펀드

사모펀드(사모집합투자기구, private investment pool)는 넓게는 펀드의 투자대상이나 전략과는 무관하게 사모방식으로 자금을 모집하고 낮은 수준의 금융규제를 받는 집합투자기구라고 볼 수 있을 것이다. 그러나 통상적으로 정의하면 **사모펀드**란 "집합투자증권(집합투자기구에 대한 출자지분이 표시된 증권)을 소수(우리나라의 경우 49인 이하)의 투자자로부터 공모가 아닌 사모방식[15]으로 자금을 모집하여 운용자와 투자자 간 사적 회사의 형태로 설립되어 금융규제의 틀을 피해 자유롭고 창의적인 대체투자를 추구하는 투자기구"라고 할 수 있다. 여기에는 미국의 헤지펀드(hedge fund) 등이 모두 포함되며 한국의 경우에도 다양한 사모펀드가 있다.

1) 미국의 헤지펀드

미국은 그 법적 형태를 묻지 않고 모든 펀드를 투자회사로 정의하고 투자회사에 대해서는 SEC(증권거래위원회)에 등록하도록 하였다(등록투자회사(registered investment company)). 그러나 투자자보호의 필요성이 적거나 규제의 필요성이 많지 않은 사모펀드는 투자회사의 정의에서 제외하고 있는데 이중 **헤지펀드(hedge fund)**는 투자회사법상

15 사모(private placement)의 의미는 자본시장법(제9조 제8항)에서 정의하고 있는데 "사모란 새로 발행되는 증권의 취득의 청약을 권유하는 것으로서 모집에 해당하지 아니하는 것"을 의미한다. 여기서 모집이란 공모의 개념에 해당되는 자본시장법상 용어로 미국의 경우 100인 이상의 투자자에게 새로 발행되는 증권의 취득의 청약을 권유하는 것을 말하고 우리나라의 경우 50인 이상에게 청약을 권유하는 행위를 의미한다.

투자회사의 정의에서 제외되는 다음 두 가지 형태의 펀드 중 투자자문업자법 제203조 (m)에서 말하는 사모투자전문회사(PEF, private equity fund) 이외의 펀드를 지칭하는 용어이다.

첫째, **소수투자자펀드(private fund)**인데 이것은 100인 미만의 실질적 투자자로부터 사모방식으로만 자금을 모집하는 펀드이다. 미국에서 소수투자자펀드를 투자회사의 정의에서 제외하는 이유는 일반인들을 대상으로 공모를 하지 않으므로 투자회사법에 의한 투자자보호가 필요하지 않다고 보기 때문이다.

둘째, **적격투자자펀드(qualified purchaser fund)**인데 이것은 투자자의 수에 제한이 없으나 사모방식으로만 투자자를 모으되 모든 투자자는 투자원금의 손실을 감수할 수 있는 위험부담능력자(accredited investor)나 적격투자자(qualified purchaser)로만 구성되는 펀드이다. 이것을 투자회사의 정의에서 제외하는 이유는 이들은 스스로 자신을 보호할 능력이 있기 때문에 투자자보호가 불필요하다고 보기 때문이다.

1949년 Alfred Winslow Jones에 의해 헤지펀드가 최초로 국제금융시장에 등장한 이후 빠른 성장을 하고 있다.[16] 1990년에 약 500여 개 펀드가 400~500억 달러의 자산을 운용하였는데 2011년 초 현재 8,000개 이상의 펀드가 약 1조 7,300억 달러의 자산을 운용하고 있다. 특히 아시아 신흥시장국과 유럽 국가들의 경제성장세가 두드러지면서 동 지역으로의 헤지펀드 유입이 크게 증가하였다. 헤지펀드는 한때 가장 중요한 헤지펀드의 하나였던 LTCM(Long Term Capital Management)가 1998년에 파산에 몰리면서 금융제도에 큰 충격을 주었기 때문에 많은 관심을 끌었다.

헤지펀드는 뮤추얼펀드(등록투자회사)와 마찬가지의 기능을 하지만 몇 가지 면에서 차이가 있다. 첫째, 뮤추얼펀드는 투자자 모집방식이 공모이며 최소투자금액이 소액이고 투자기간이 중장기인 반면 헤지펀드는 사모이며 최소투자요구규모가 매우 크고 투자기간에 제한이 없으나 통상 단기이다. 둘째, 뮤추얼펀드는 많은 소액, 비전문투자자를 대상으로 하는 주식회사 형태로서 설립이나 운영 시 많은 규제를 받는다. 그러나 헤지펀드는 이러한 규제를 피하기 위하여 대개 소수(미국의 경우 99명 이하)의 투자자로 구성된 합자회사형태를 취하거나 역외금융지역(offshore)에 위치하고 있다. 셋째, 뮤추얼펀드의 경우

16 헤지펀드라는 명칭은 1966년 Carol Loomis가 Fortune지에 Alfred Winslow Jones의 펀드를 가리켜 헤지펀드라고 명시한 이후 유사한 유형의 운용방식을 추구하는 펀드를 통칭하게 되었다.

펀드의 손익을 불문하고 운용자산의 일정비율을 운용보수로 징수하고 순자산가치가 오르면 그 만큼 더 성과보수를 받게 된다. 반면 헤지펀드의 경우 투자자는 이익을 보는 경우에 한해서 운용보수와 성과보수를 지불한다. 넷째, 뮤추얼펀드는 성과측정이 상대수익률에 의거하는 반면 1949년 등장 이후 헤지펀드는 절대수익접근방식의 새로운 투자전략을 구사하여 시장초과수익률을 달성하려고 한다. 헤지펀드가 초과수익률을 달성하는 방법으로 주로 **공매도**(short sale, 주식이나 채권을 가지고 있지 않은 상태에서 매도주문을 내는 것)와 외부차입(leverage, 융자나 신용을 통해 타인의 자본을 지렛대로 삼아 자기자본의 수익률을 높이는 기법)의 방법을 널리 사용한다.[17]

1998년 LTCM의 파산위기에 따라 많은 정치인들은 헤지펀드에 대한 규제를 요구하였다. 그러나 이들 펀드는 주로 역외금융지역에서 운영되고 있으므로 규제하기가 매우 어려웠다. 그래서 대신 미국의 은행이나 투자은행이 이들 펀드에 자금을 대출하는 경우 그 규모에 대해 투명한 가이드라인을 제시하고 자료공개 등을 요구하고 있었다. 그러다가 2008~2009년의 글로벌 금융위기에서 헤지펀드들의 불투명한 금융거래가 금융위기의 중요한 하나의 원인이 되었다는 인식하에 헤지펀드에 대한 투명한 금융거래를 위한 규제가 요구되었으며 이에 따라 2010년 금융개혁법(Dodd-Frank Act)이 제정되었다. 이 법은 먼저 이전의 법체계와는 달리 직접 헤지펀드에 대한 정의규정을 두고 있다.[18] 이에 따르면 미국의 사모펀드는 투자회사법 제3조(c)(1)(소수투자자펀드) 및 (7)(적격투자자펀드)에 따르는 투자회사로서의 등록이 면제된 회사 등을 말하며 이러한 사모펀드 중 헤지펀드는 투자자문업자법 제203조(m)에서 말하는 사모투자전문회사(PEF) 이외의 펀드를 말한다. 또 금융개혁법(Dodd-Frank Act)에 의해 특정규모 이상의 사모펀드는 SEC의 감독을 받도록 하였다. 즉, 이들은 SEC에 투자자문사로 등록하여야 하며 운용자산 규모, 레버리지비율(부외자산 포함), 거래상대방 노출규모, 보유자산의 종류, 가치평가방식 등 주요정보를 보고할 의무가 있다. SEC는 사모펀드가 보고한 정보를 토대로 투자자보호 여부를 감독하며 매년 사모펀드에 대한 감독사항을 의회에 보고할 의무가 있다.

17 헤지펀드는 이러한 투자기법을 이용하기 때문에 투자회사에 비해 공격적이고 위험추구적이라고 인식되고 있으나 공격적 투기만을 하는 것은 아니다. 많은 헤지펀드들은 보수적으로 투자하고 있다. 헤지펀드가 투기성이 강하다고 인식되는 것은 일부의 헤지펀드가 과감하게 투자를 하기 때문이다.

18 오성근(2011) 참고.

2) 우리나라의 사모펀드제도[19]

우리나라에 사모펀드가 처음 도입된 것은 외환위기 직후인 1998년 9월 이후이나 자본시장법(2009년 2월 4일 시행)이 도입되면서 본격적으로 발전하기 시작하였다. 우리나라에서는 자본시장법에서 사모펀드(사모집합투자기구)를 정의하고 도입하고 있는데(자본시장법 제9조 제19항) 다양한 형태로 사모펀드가 운용되다가 2015년 7월 6일 자본시장법이 개정됨(시행 2015년 10월 25일)에 따라 우리나라의 사모펀드제도는 크게 단순화되고 규제가 많이 완화되었다. 자본시장법에 따라 사모펀드를 살펴보면 전문투자형 사모펀드와 경영참여형 사모펀드의 두 가지 형태로 나누어 볼 수 있으며 금융감독원에서 사모펀드에 대한 감독업무를 수행하고 있다.

공모펀드는 많은 사람들을 대상으로 자금을 모아 운영하기 때문에 각종 다양한 운용행위규제가 부과되지만 사모펀드에는 이러한 규제가 크게 완화된다. 특히 집합투자업 인가를 받은 자만이 공모펀드를 설립할 수 있으며(자본시장법 제11조) 공모펀드가 설정·설립된 경우 그 펀드를 금융위원회에 등록하여야 하지만(자본시장법 182조) 사모펀드의 경우 인가 없이 등록만으로 진입이 가능하다.

① 전문투자형 사모집합투자기구

경영권 참여, 사업구조 또는 지배구조의 개선 등을 위하여 지분증권 등에 투자·운용하는 경영참여형 사모집합투자기구를 제외한 모든 사모집합투자기구를 **전문투자형 사모집합투자기구(전문투자형 사모펀드)**라 하는데,[20] 자본시장법의 제5편 제7장(사모집합투자기구 등에 대한 특례) 제1절 전문투자형 사모집합투자기구(제249조에서 제249조의 9까지)에서 규정하고 있다.

먼저 전문투자형 사모펀드를 운영하는 집합투자업자를 "전문사모집합투자업자"로 명명하고 전문사모집합투자업을 영위하려는 자는 금융위원회에 전문사모집합투자업을 등록하여야 한다. 과거와는 달리 인가가 아닌 등록(심사요건 중 사업계획 타당성 심사가 없어, 요건만 갖추면 누구든 진입 가능)만으로 진입을 허용하고 있다. 그리고 전문투자형

---

19 금융위원회(2015) 참고.

20 전문투자형 사모펀드는 과거의 일반사모펀드, 적격투자자사모펀드 그리고 한국형 헤지펀드를 모두 포괄하는 사모펀드이다.

사모펀드의 적격투자자는 모든 전문투자자(국가, 한국은행, 모든 금융회사(외국포함), 금융공공기관, 주권상장법인 등)와 일정요건을 갖춘 일반투자자(1억 원 이상으로서 대통령령으로 정하는 금액 이상을 투자하는 개인 또는 법인, 그 밖의 단체)[21]이다.

사모펀드의 자율성과 혁신성을 높이기 위해 모든 사모펀드에 대해 펀드설립 후 2주 내에 금융위원회에 사후 보고하도록 하였다. 그리고 전문투자형 사모펀드의 집합투자증권을 판매하는 금융투자업자는 투자자가 적격투자자인지를 확인하여야 한다. 또 소수 전문가에게만 판매되는 사모펀드 특성을 감안하여 사모펀드 판매시 적합성·적정성 원칙[22]을 면제하고 투자광고를 허용하는 한편, 사모펀드 운용사에 대해 운용상품 직접판매를 허용하고 있다. 그리고 사모펀드의 운용방식을 과거의 투자대상별 펀드 설정에서 한 펀드 내에서 부동산·증권 등 다양한 자산에 대해 투자할 수 있도록 허용하고 있다.

또 증권회사의 사모펀드 운용·투자를 보다 활성화하여 사모펀드시장의 발전여건을 조성하고 모험자본의 공급기능을 강화하기 위해 증권회사에 대해 전문투자형 사모펀드운용업을 허용하고 있다. 이와 관련하여서는 증권회사의 증권업과 자산운용업 겸영에 따른 이해상충 방지장치에 대한 세부 등록요건을 마련할 필요가 있다. 이에 따라 증권회사의 사모펀드 투자와 관련된 규제도 완화되었다. 그리고 전담중개업무(PBS, Prime Broker Service) 부서가 초기 전문투자형 사모펀드의 설정·설립부터 성장까지 인큐베이팅할 수 있는 여건을 마련하기 위해 고유재산운용부서뿐만 아니라 PBS사업부서에서도 사모펀드에 대한 Seeding투자(초기 씨앗투자)를 수행할 수 있도록 허용하고 있다.

전문투자형 사모펀드의 집합투자재산 운용방법에 대해서는 다음과 같은 규제가 적용되고 있다. 즉, 전문사모집합투자업자가 전문투자형 사모펀드의 집합투자재산을 운용하는 경우 파생상품위험평가액과 채무보증액 그리고 차입액을 합산한 금액이 전문투자형 사모펀드의 자산총액에서 부채총액을 뺀 가액의 100분의 400 이내에서 대통령령으로

21 현재 레버리지가 200% 이하인 펀드의 경우 1억 원 이상 투자자, 레버리지가 200%를 초과하는 펀드의 경우 3억 원 이상 투자자를 일반투자자로 하고 있다.

22 적합성의 원칙이란 해당 고객이 투자권유 대상에 적합한지 아닌지를 구분하는 것을 말한다. 즉 일반투자자인지 혹은 전문투자자인지를 우선 구분하고 면담질문 등을 통하여 해당고객의 투자목적, 재산상황 및 투자경험 등의 정보를 파악 후 투자권유가 적합한지를 확인하는 것이다. 적정성의 원칙이란 투자권유가 적합한 대상자라는 전제하에 그에 맞는 금융투자상품을 파악 후 추천하는 것을 말한다. 만약 고객이 해당 상품에 적정하지 않은 대상자라면 고객에게 이러한 사실을 통보하고 고객으로부터 서명, 녹취, 전자우편 등의 방법으로 확인을 받아야 한다. 자본시장법 제46조와 제46조의2에서 규정하고 있다.

정하는 비율을 초과해서는 아니 된다.

② 경영참여형 사모집합투자기구

경영참여형 집합투자기구라 함은 회사의 재산을 주식 또는 지분 등에 투자하여 경영권 참여, 사업구조 또는 지배구조의 개선 등의 방법으로 기업의 가치를 높여 그 수익을 사원에게 배분하는 것을 목적(바이아웃성격의 펀드[23])으로 설립된 상법에 의한 투자합자회사(Limited Partnership)를 말하며 사모로 운영되는 경영참여형 펀드를 **경영참여형 사모집합투자기구**라고 한다.[24] 이것은 미국의 사모투자전문회사(PEF, private equity fund)를 지향하여 출범한 제도로 우리나라에서 경영참여형 사모집합투자기구는 자본시장법의 제5편 제7장(사모집합투자기구 등에 대한 특례) 제2절 경영참여형 사모집합투자기구(제249조의 10에서 제249조의 22까지)에서 규정하고 있다.

우선 경영참여형 집합투자기구의 경우에는 운용자(무한책임사원)에 제한이 없으므로 전문사모집합투자업으로 등록하지 않은 자도 운용자가 될 수 있다. 그리고 사모펀드의 경우 자율성과 혁신성을 높이기 위해 모든 사모펀드에 대해 설립 후 2주내에 금융위원회에 사후 보고하도록 하였다.

경영참여형 사모집합투자기구의 사원은 1인 이상의 무한책임사원(GP, General Partner)[25]과 1인 이상의 유한책임사원(LP, limited partner)[26]으로 하되, 사원의 총수는 49명 이하로 한다. 경영참여형 사모펀드의 유한책임사원(적격투자자)은 모든 전문투자자(국가, 한국은행, 모든 금융회사(외국포함), 금융공공기관, 주권상장법인 등)와 일정요건을

---

23 바이아웃(buy-out)투자는 특정기업에 지분을 투자한 뒤 경영지원활동을 통해 기업가치를 높인 후 지분을 되팔아 투자자금을 회수하는 투자방법을 말하는데 이러한 투자를 주로 하는 펀드를 말한다.

24 경영참여형 사모집합투자기구는 한국형 PEF라고 할 수 있는데 PEF의 투자단계는 자금모집 → 투자대상기업에 대한 투자 → 기업가치제고 → 매각의 단계를 거친다.

25 무한책임사원(GP)은 출자액을 초과하는 책임을 부담하며 업무집행사원으로서 펀드운영의 의사결정에 참여하며 투자도 한다. 이에 따라 투자수익과 운용에 따른 관리보수와 성과보수를 받는다. 도입 초기(2004-2011년) 풍부한 투자경험, 우수인력보유 등을 통해 금융회사 GP가 국내 PEF시장을 주도하였다면 이후(2012년 이후의 성장기) 높은 실적, 운용인력의 연속성 등의 장점을 기반으로 전업 GP가 급격히 증가하면서 국내 PEF업계의 경쟁구도가 변화되고 있다. 2017년 말 현재 GP의 유형별 비중은 전업(66.0%), 금융회사(16.8%) 그리고 창투계회사(17.2%)이다.

26 유한책임사원은 출자액에 대해서만 책임부담을 하며 펀드운영의 의사결정에 참여할 수 없다. 이들은 단지 투자를 하고 투자수익을 받는다.

갖춘 일반투자자(대통령령으로 정하는 금액 이상을 투자하는 개인, 법인 및 그 밖의 단체. 현재 3억 원 이상 투자자. GP임원과 운용인력은 1억 원)가 될 수 있다. 그리고 현행 경영참여형 사모집합투자기구는 경영참여를 통해 지분가치를 높여 투자금을 회수하는 것이 목적이므로 원칙적으로 반드시 투자대상기업이 발행한 의결권있는 발행주식총수 또는 출자총액의 10% 이상을 취득하거나 사실상 지배력 행사가 가능하도록 투자(출자금 50% 이상 2년 내 주식투자, 취득주식 6개월 이상 보유)해야 한다.

경영참여형 사모펀드(PEF)의 활성화를 지원하기 위하여 2015년 10월의 자본시장법 개정을 통해 몇 가지 제도개선이 있었다. 첫째, 금융전업그룹 등에 대한 PEF 운용규제를 완화하였다. 즉, 금융전업그룹이 PEF를 통해 투자하는 경우 공정거래법상 상호출자제한 기업집단으로 지정됨에 따라 발생하는 PEF 운영과 관련된 불합리한 일부 규제를 완화하였는데 PEF 투자대상 회사에 대한 의결권 행사를 허용하기로 하였으며 공정거래법상 기업집단 현황 공시 등에서 PEF의 LP에 대해서는 면제하기로 하였다. 둘째, PEF가 설립한 SPC(특수목적회사. PEF 자체는 차입이 제한되므로 대부분의 PEF는 차입을 위하여 SPC를 설립함)의 주주로 전략적 투자자(기업경영참여)의 참여를 허용하여 M&A 또는 기업가치제고 등의 효과를 극대화하기로 하였다. 즉, M&A 활성화를 위해 투자대상기업의 경영에 직접 참여할 전략적 투자자에 대해서는 SPC를 통한 투자를 허용하고 있다. 셋째, M&A를 통한 해외진출 활성화를 위해 상호출자제한 기업집단(상호출자제한 기업집단 규제의 목적은 국내 경제력집중 방지인 점을 감안)의 PEF라도 해외투자를 목적으로 설립·운용하는 경우에는 소속 금융회사의 출자한도 규제를 면제하고 있다. 넷째, 경영참여형 사모펀드의 운용규제를 완화하였다. 바이아웃(Buy-out)투자라는 주목적 투자 규제는 유지하되, 여타 운용규제는 주목적 투자를 원활하게 할 수 있도록 합리적으로 개선하였다. 즉, 위험헤지를 위한 목적이면 파생상품을 활용한 헤지방법을 제한 없이 허용하며 구조조정 여부와 관계 없이 투자대상기업의 부동산·금전채권 투자를 허용하며 경영참여형 사모펀드의 6개월 이내 투자개시의무도 폐지하였다. 다섯째, 경영참여형 사모펀드가 복층, 다중의 SPC를 설립할 수 있도록 허용하였다. 은행은 통상 SPC의 자기자본의 50% 정도로 인수금융을 제공하는데 다중 SPC는 SPC별 차입이 가능해 인수금융의 규모를 확대할 수 있다(단, 총 차입한도 300%는 동일하게 유지). 또한 다중 SPC를 사용할 경우 SPC와 투자대상기업 간 합병이 용이하고 잔존 SPC를 통해 추가자금조달 등이 가능하게 된다. 여섯째, 자금운용면에서 순자산(자산총액에서 부채총액을 뺀 가액)의 30% 내에서 증권투자가 허용된다. 일곱 번째, 기업금융부서가 PEF의 운용자(GP)로서 고유재산 투자업무를 수행하는 것이 허용됨에도, 유한책임사원(LP)으로서 투자하는 행위는 정보교류 차단장치로 인해 금지되어 왔으나 이제는 기업금융부서에서도 LP로서 PEF에 투자하는 업무를 허용하여 증권회사의 모험자본 공급기능을 활성화하고 있다.[27]

자본시장법에서는 두 형태의 경영참여형 사모펀드에 대한 특례를 추가로 인정하고 있다. 하나는 기업재무안정 경영참여형 사모펀드이고 다른 하나는 창업·벤처전문 경영참여형 사모펀드이다. **기업재무안정 경영참여형 사모펀드**란 재무구조개선기업[28]의 경영정상화 및 재무안정 등을 위하여 출자한 금액의 100분의 50 이상을 재무구조개선기업이 발행한 증권의 매매, 재무구조개선기업이 채무자인 대출채권 등 채권 및 이에 수반되는 담보권 그리고 그 밖의 권리의 매매, 재무구조개선기업이 보유하고 있는 부동산, 영업권 등 경제적 가치가 있는 자산의 매매 등에 투자·운용하여 그 수익을 투자자에게 배분하는 것을 목적으로 하는 사모펀드이다. 기업재무안정 경영참여형 사모펀드는 금전을 차입하거나 재무구조개선기업 또는 재무구조개선기업과 관련된 타인을 위하여 채무보증을 할 수 있는데 이 경우 차입금액 및 채무보증액의 합계는 기업재무안정 경영참여형 사모펀드의 자산총액에서 부채총액을 뺀 가액의 100분의 200을 초과하지 못한다.

창업·벤처전문 경영참여형 사모펀드란 창업·벤처기업 등[29]의 성장기반조성 및 건

---

27 국내 PEF시장의 전체 약정액 규모 및 PEF 수는 2018년 6월말 기준 각각 66.4조 원, 501개사로 2017년 대비 각각 6.1%, 12.8% 증가하였다. 또 최근 PEF시장은 전체 약정액 증가 속도보다 신설 PEF의 수가 더 가파르게 증가하고 있으며, 평균약정액 규모도 감소세를 보여 소형화 양상을 나타내고 있다. 소형 PEF의 증가세 및 신설 PEF수의 확대는 정책당국의 PEF 진입규제 완화정책이 PEF 시장변화에 유효한 것으로 보인다. 자본시장연구원(2018) 참고.

28 자본시장법 제249조의22의 제1항에서 규정하고 있는 재무구조개선기업은 '기업구조조정 촉진법' 제2조제7호에 따른 부실징후기업, '채무자 회생 및 파산에 관한 법률' 제34조 또는 제35조에 따라 법원에 회생절차개시를 신청한 기업, '채무자 회생 및 파산에 관한 법률' 제294조 또는 제295조에 따라 법원에 파산을 신청한 기업, 채권금융기관(대통령령으로 정하는 금융기관을 말함)과 대통령령으로 정하는 재무구조개선을 위한 약정을 체결한 기업, 법인(그 계열회사를 포함)의 합병·전환·정리 등 대통령령으로 정하는 바에 따라 구조조정 또는 재무구조개선 등을 하려는 기업, 그 밖에 기업의 재무구조개선 또는 경영정상화의 추진이 필요한 기업으로서 대통령령으로 정하는 요건에 해당하는 기업을 말한다.

29 자본시장법 제249조의23의 제1항에서 규정하고 있는 창업·벤처기업은 '중소기업창업 지원법' 제2조제2호에 따른 창업자, '벤처기업육성에 관한 특별조치법' 제2조제1항에 따른 벤처기업, '중소기업 기술혁신 촉진법' 제15조에 따른 기술혁신형 중소기업 또는 같은 법 제15조의3에 따른 경영혁신형 중소기업, '기술보증기금법' 제2조제1호에 따른 신기술사업자, '소재·부품전문기업 등의 육성에 관한 특별조치법' 제2조제2호에 따른 소재·부품전문기업으로서 '중소기업기본법' 제2조에 따른 중소기업, 그 밖에 성장기반조성 및 건전한 발전이 필요한 '중소기업기본법' 제2조에 따른 중소기업으로서 대통령령으로 정하는 기업 등을 말한다.

전한 발전을 위하여 출자한 금액의 100분의 50 이상을 창업·벤처기업 등이 발행한 증권에 대한 투자, 그 밖에 창업·벤처기업 등에 대한 자금지원을 위하여 필요한 방법으로서 대통령령으로 정하는 방법으로 투자·운용하여 그 수익을 투자자에게 배분하는 것을 목적으로 하는 사모펀드이다.[30]

3. 증권시장의 금융기관[31]

채권과 주식이 거래되는 증권시장(직접금융시장)의 원활한 기능은 몇 개의 기관(증권회사, 투자은행, 증권거래소)이 있어야만 가능하다. 이들 기관들은 금융중개기관(financial intermediary)은 아니며 이들은 자금이 저축자에서 투자자에게 직접 연결되는 과정에서 금융촉진자의 중요한 역할을 수행하는 **시장중개기관**(market intermediary)이다. 시장중개기관으로 대표적인 것이 투자은행과 증권회사(증권브로커와 딜러)이나. 또한 증권의 매매를 직접 수행하는 증권거래소(stock exchanges)가 필요하다.

(1) 투자은행

1) 투자은행의 주요업무

투자은행(IB, investment bank)은 명칭은 은행이지만 금융중개를 담당하지 않으며 따

30 금융당국은 2015년에 두 가지 형태로 단순화하여 도입한 사모펀드제도를 다시 일원화하는 방향으로 제도개편을 시도하고 있다. 2018년 말 현재 새로이 추진되고 있는 사모펀드규제체계 일원화방안의 주요내용은 칸막이규제 일소(당사자 간 자유계약 아래 다양한 운용전략이 결합될 수 있도록 펀드칸막이를 없애고 또 업자 간 칸막이도 없앰. 헤지펀드과 바이아웃이 하나의 업자 내에서 가능하기 때문에 헤지펀드, 성장자본, 부동산, 바이아웃이 하나의 사모펀드운용그룹 내에서 별도의 라이센스 없이 가능해짐), 운용규제 완전자율화(전문투자형은 10%이상 보유지분에 대한 의결권 행사제한이 폐지되고 경영참여형의 경우 10% 이상 지분보유, 취득 주식 6개월 이상 보유, 대출금지 등의 운용규제가 폐지되며 차입과 관련한 제한도 완화), 투자자의 수와 범위 조정(투자자 수는 모든 사모펀드에 대해 100인으로 제한하되, 투자자 범위는 사모펀드가 개인까지 가능한 일반사모펀드와 기관투자자만 가능한 기관전용 사모펀드에 따라 달라지도록 하여 개인에 대한 보호의무를 견지함), 펀드관리자에 대한 체제위험 감독강화(이것은 금융위기 이후의 금융안정을 위한 글로벌 규제흐름인 관리자에 대한 규제강화흐름에 부합) 등으로 요약된다. 송홍선(2018.10) 참고.

31 금융위원회(2011.7.27), 자본시장연구원(2011) 참고.

라시 금융중개기관이 아니다. 투자은행은 기업을 주 고객으로 하여 주식, 채권 등 유가증권의 발행 및 매매, 자산운용, 인수 및 합병, 벤처투자, 파생상품거래 등 다양한 업무를 취급하는 금융회사들을 통칭한다.[32] 더 구체적으로 투자은행의 업무를 살펴보면 다음과 같다.

기업금융업무 투자은행은 기업고객을 대상으로 기업의 생성, 성장, 변경 그리고 구조조정 등 모든 과정에서의 일체의 중개업무를 포괄적으로 수행한다. 기업의 생성과 관련하여 모험자본(risk capital; PEF, 벤처캐피탈 등)을 주선한다. 그리고 기업의 성장과 관련하여 **기업공개(IPO, initial public offering)**를 지원하거나 유상증자, 회사채 인수 등 인수업무(underwriting)를 한다. 즉, 증권의 발행시장에서 기업에 자금을 공급하고 중개하는 시장조성자 역할(일시적 위험부담)을 수행한다. 이것은 기업의 자금조달상품(주식 또는 채권)의 설계, 인수와 같은 발행업무를 주로 말한다. 기업이 처음으로 주식을 공개(IPO)하는 경우 정확한 발행가격을 설정하는 것은 매우 어렵기 때문에 투자은행의 지원과 자문이 필요하다. 모험자본의 주선과 IPO는 새로운 모험기업의 자금조달에서 매우 중요한 역할을 한다. 또 기업의 조직변경과 관련하여 M&A 중개(주선, 자문, 대리)와 같은 역할을 수행하며 기업구조조정과정에서 기업구조조정의 중개, LBO(leveraged buyout)펀드의 주선과 자문 등의 기능을 수행한다. 그리고 M&A 중개, 인수 등 과정에서 인수자금(bridge loan)을 제공하는 등 기업에 대한 신용공여 업무를 수행한다.

투자자 고객업무 투자은행은 투자자 고객을 위한 업무를 수행한다. 투자자의 위험선호 및 요구에 부합하는 투자상품(ABS 등)을 설계하고 제공하며 증권분석을 통해 위탁매매(broker) 서비스를 제공하는 **증권서비스업무(securities services)**를 수행하며, **자산관리서비스(wealth management service**, 펀드판매, 투자자문, 신탁 등)도 제공한다. 또한 투자은행은 투자은행 내에서 비상장 주식에 대한 다수고객의 주문을 집행하는 **내부주문집행업무(Internalization)**를 수행한다. 그리고 투자은행은 펀드(헤지펀드, 전문투자형 사모펀드) 등을 대상으로 증권대여, 신용공여(financing), 펀드재산의 보관 및 관리(custody), 매매체결·청산·결제(clearing), 펀드투자자에 대한 보고(reporting) 등 종합금

---

32 미국에는 잘 알려진 투자은행들이 많이 있었다. 예컨대, Morgan Stanley Dean Witter, Merrill Lynch, Bear Sterns, Goldman Sachs, Lehman Brothers 등이다. 이러한 대형 투자은행들은 2008년의 금융위기시에 모두 파산하거나 은행지주회사로 전환하였다. 이에 따라 대형 독립 투자은행의 시대는 일단 끝이 났다. 이제 은행지주회사의 한 파트로 순수한 투자은행업무에서 탈피하여 사업의 다각화에 주력하고 있다.

〈표 14-2〉 ▸ 투자은행(IB)의 업무 범위

좁은 범위의 IB업무	넓은 범위의 IB업무	가장 넓은 범위의 IB업무
• 증권의 인수 업무 증권의 발행시장에서 기업에 자금을 공급하고 중개하는 금융업무	• 전통적인 투자은행 업무 기업의 생성/성장/변경/구조조정 등 제 과정에서의 일체의 중개 업무(모험자본주선, IPO 지원 및 인수, M&A 중개, PEF 운용 등)	• 투자은행이 수행하는 모든 업무 이를 통한 자기자본 확충으로 증권인수 등 전통 IB업무 기능 제고(자본투자(PI), 내부주문집행업무, 프라임브로커업무 등)

자료: 금융위원회(2011.7.27), 자본시장연구원(2011)

융서비스를 연계 제공하는 **프라임브로커(prime broker)**업무(전담중개업무)를 수행한다.

시장참여자역할 수행 투자은행의 또 하나의 업무는 시장참여자(dealer)와 시장조성자(market maker)로서의 역할을 하는 것인데 이것은 위험을 직접 부담하거나 위험상품의 거래활동(trading activities)을 통해 **자본투자(PI, proprietary investment)**를 하고 때로는 이를 통해 시장의 일시적인 수급불균형을 조정하는 것을 말한다. 즉, 단기적 자기매매(트레이딩계정거래, proprietary trading) 또는 장기적 자기자본투자(principal investment)를 하는 업무를 말한다. 자기매매(트레이딩계정거래)는 투자은행이 보유한 고유자금을 주식, 채권, 외환, 원자재, 파생상품 등에 단기로 직접 투자하는 업무이다. 그리고 자기자본투자는 주식거래 중개와는 별도로 투자은행들이 보유한 고유자금을 직접 주식이나 채권은 물론 부동산이나 인수, 합병 금융 등에 장기적으로 투자하여(헤지펀드의 매입 또는 설립을 통해) 수익을 얻는 것을 의미한다.[33]

이러한 투자은행의 업무는 〈표 14-2〉에서 보듯이 초기에는 증권의 인수업무(underwriting)를 중심으로 발전하다가 경제의 성장과 변화의 과정에서 점점 더 포괄적으로 발전하였다. 그리고 투자은행은 광범위한 업무를 수행하고 특히 위험한 업무(증권인수업무, 자본투자업무 등)를 수행하므로 당국의 많은 규제를 받고 있다. 미국의 경우 투

33 지난 10여 년 간 투자은행 등 비은행금융업에서는 자본투자(PI)가 선진금융의 모델로 등장하였으나 2008년의 금융위기의 과정에서 자본투자는 대규모의 투자손실을 입고 금융위기의 원인이 되었다. 이에 따라 Goldman Sachs와 같은 투자은행은 자기자본을 투입하는 헤지펀드 사업모델에서 독립 헤지펀드 운용자들에게 투자고객의 종자돈(start-up money)을 중개하는 사업모델로 전환하고 있다. 자기자본의 이러한 사용패턴의 변화는 2012년 7월부터 시행되는 볼커룰(Volcker rule)에 대한 대응차원에서 진행되고 있다(금융연구원(2011)).

자은행의 활동과 발행시장의 운영은 증권거래위원회(SEC, Securities and Exchanges Commission)에 의해 매우 많은 규제를 받고 있다.

2) 투자은행의 이해상충문제

금융기관들이 다양한 금융서비스를 제공하고 하나의 서비스를 위해 생산된 정보를 여러 서비스에 공동으로 사용함(범위의 경제)에 따라 금융기관에서의 **이해상충**(**conflict of interests**)의 문제가 심각하게 제기되어 왔다.[34] 투자은행의 경우에도 다수의 금융서비스를 제공함으로써 심각한 이해상충문제가 발생하여 왔다. 투자은행(증권회사를 포함)은 증권과 기업에 대한 정보수집과 분석(정보생산)을 통해 투자자고객에게 증권정보를 제공하는 증권중개업무(brokerage)를 수행하며 또 기업을 대신하여 증권을 시장에서 발생하여 매각해 주는 증권인수업무(underwriting)라는 두 가지 중요한 업무를 수행한다. 그런데 종종 투자은행은 정보활용에서 범위의 경제를 갖기 때문에, 즉 하나의 업무를 위해 생산된 정보가 다른 업무에서도 유용하게 사용될 수 있기 때문에 서로 뚜렷이 구분되는 두 가지 금융서비스활동을 결합하고 있다. 그러나 투자은행이 동일한 정보를 이용하여 동시에 두 그룹의 고객(증권을 발행하려는 기업과 증권을 구매하려는 투자자)에 서비스를 제공하려고 하는 경우 증권의 중개업무와 증권의 인수업무 사이에 이해상충의 문제가 발생하게 된다.

---

34 금융(관련)기관이 여러 서비스를 제공함에 따라 이해상충의 문제가 발생하는 경우는 흔히 있는데 투자은행의 증권인수활동과 증권중개활동 간의 이해상충문제가 대표적이다. 이외에도 회계법인의 감사활동과 자문활동(회계감사자들은 동일한 고객으로부터 수익이 높은 경영자문서비스를 얻기 위하여 엄격해야 할 그들의 감사의견을 좋게 왜곡할 가능성이 있으며 또한 감사자들은 동일회계법인의 자문부서에서 자문하여 만들어진 정보시스템이나 세무 및 금융계획을 감사하는 경우 부정적인 감사의견을 제시하는 것을 꺼리는 경향이 있음), 신용평가기관의 신용평가활동과 자문활동(투자자와 규제당국은 객관적이고 편향되지 않은 신용평가를 원하지만 신용평가기관은 지속적으로 신용평가사업을 유지하기 위해 수수료를 지급하는 기업에게 가급적 높은 평가등급을 제공할 편향을 가지고 있으며 또 자문을 제공하여 만든 상품을 스스로 평가하는 이해상충문제발생), 모기지회사의 모기지 대출활동과 부동산평가활동(모기지 대출은 장기간의 대출이므로 정확하고 엄격한 주택가치평가에 따라 대출이 이루어져야 하지만, 모기지회사는 집값에 따라 수수료를 받기 때문에 주택의 평가를 과장할 유인이 있으며 따라서 모기지회사가 직접(또는 계열사를 통해) 부동산 감정평가업무를 하는 경우 이해상충이 발생), 겸업은행의 상업은행활동, 투자은행활동 그리고 보험활동 간에도 심각한 이해상충문제가 제기되고 있다. 이해상충문제의 심각한 노출을 계기로 미국의 경우 몇 가지의 중요한 조치가 취해졌다. 2001년의 엔론사사태 등 기업회계부정사건에 대한 대책으로 제시된 **Sarbanes-Oxley Act of 2002**, 투자은행의 이해상충문제에 대한 대책으로 제시된 **Global Legal Settlement of 2002**, 그리고 신용평가회사의 이해상충문제에 대한 대비책으로 제시된 **Dodd-Frank Act of 2010**이 대표적이다.

즉, 이들 고객그룹(증권발행기업과 투자자)의 정보에 대한 요구는 서로 다르다. 증권발행기업은 증권의 원활한 발행과 인수를 위해 투자은행이 발행기업에 대해 호의적인 낙관적 분석을 해주기를 원하지만 투자자들은 불편부당한 분석을 요구한다. 그러나 범위의 경제의 이점을 살리기 위해 동일한 정보가 양 그룹에 제공되기 위해 생산된다. 만약 인수업무로부터의 잠재적 이득(발행수수료)이 증권중개업무로부터의 이득(중개수수료)보다 훨씬 더 크다면 투자은행은 발행기업을 위해 투자자에게 제공되는 정보를 바꿀 유인을 갖게 된다. 이 경우 정보를 왜곡할 가능성이 매우 높은데 왜냐하면 그렇게 하지 않는다면 다른 투자은행에 이러한 인수서비스를 빼앗길 위험을 감수해야 하기 때문이다. 이러한 행동은 투자자들이 매매결정을 할 때 사용할 정보의 신뢰성을 손상시키는 것이며 따라서 증권시장의 효율성을 감소시키는 결과를 가져온다.

(2) 증권회사

투자은행업무 중 두 번째인 투자자 고객업무인 유통시장(secondary market)에서의 위탁매매업무(브로커업무)와 세 번째의 시장참여자 역할의 자기매매업무(딜러업무)를 주로 하는 금융투자회사를 **증권회사(securities brokers and dealers)**라고 한다. 그러나 증권회사는 통상 IB업무인 증권의 인수, 주선업무도 수행하고 있다. 따라서 증권회사는 통상 세 가지 증권시장업무, 즉 브로커업무, 딜러업무, 증권인수업무에 참여한다. 브로커업무(위탁매매업무)는 수수료(brokerage commission)를 받고 증권의 구매자와 판매자를 연결시키는 기능을 하는 순수한 중개활동이다. 딜러업무(자기매매업무)는 자기의 계산으로 행하는 거래업무로서 증권의 구매가격과 판매가격(asked price and bid price)의 차이인 스프레드에 의해 수입을 얻는 증권매매활동이다. 연혁적으로 자기매매업무는 증권시장의 성장단계에서 매도자와 매수자의 호가 부족현상을 해소하기 위하여 증권사가 호가주문을 계속적으로 제시하는 데에서 유래되었다. 그리고 증권회사는 또한 통상 증권인수업무를 수행한다. 그런데 이러한 자기매매업무와 증권인수업무는 매우 위험이 큰 업무이다. 왜냐하면 딜러는 증권을 보유하고 있어야 하는데 증권가격은 변화하기 때문이다. 미국의 경우 SEC(증권거래위원회)가 증권회사에 대한 규제를 담당하고 있는데 이들은 투자은행활동(증권인수업무)을 규제할 뿐 아니라 브로커와 딜러가 증권을 잘못 알리고 내부정보에 의한 거래를 못하도록 규제하고 있다.

지난 30여 년간 정보통신기술(ICT)의 발전과 경쟁적 환경요소들로 인해 증권회사를 둘러싸고 큰 변화가 유발되었다. 첫째, 증권회사들이 전통적으로 은행에 의해 수행되던 수신활동에 참여하기 시작하였다. 예컨대, 1977년에 Merrill Lynch는 CMA(cash management account, 현금관리계정)를 개발하였으며 1970년대 말에는 MMF(단기금융시장펀드)가 크게 성행하였다. 이에 의해 은행의 활동과 증권회사의 활동 사이의 차이를 많이 줄였다. 둘째, 증권시장에서 인터넷의 중요성이 크게 증가하였다. 이제 기업공개(IPO)가 인터넷상에서 수행되고 있으며 많은 증권회사들이 온라인이나 이메일, 스마트폰으로 주식거래를 허용하고 있으며 온라인 전용 증권회사가 등장하고 있다. 증권회사들은 온라인주식거래가 수수료인하를 초래하여 그들의 소득을 감소시킬 것으로 보기 때문에 이러한 변화에 대해 매우 우려하고 있으며 증권회사는 수익원을 다양화하기 위해 노력하고 있다.

(3) 증권거래소[35]

증권의 유통시장은 장외시장(OTC시장, over the counter market, free board) 또는 경매시장(auction markets)으로 조직된다. 가장 통상적인 경매시장은 증권의 구매자와 판매자가 집중화된 **조직화된 증권거래소(on-board market, organized stock exchange)**이다. 한국거래소(KRX), 뉴욕증권거래소(NYSE, New York Stock Exchange), AMEX(American Stock Exchanges), 동경증권거래소 등이 대표적인 증권거래소이다.

우리나라 유통시장의 중심인 한국거래소는 증권 및 장내파생상품의 공정한 가격형성과 매매 등 거래의 안정성 및 효율성을 도모하기 위해 유가증권시장(유가증권시장으로는 주식시장, 채권시장, 증권상품시장(ETN, ETF, 구조화증권)을 개설), 코스닥(KOSDAQ)시장, 코넥스(KONEX)시장 및 파생상품시장의 개설·운영에 관한 업무, 상품매매, 거래에 따른 청산 및 결제에 관한 업무 등을 담당하고 있다.[36] 그리고 한국거래소는 각 시장에서의 불공정거래행위를 예방·규제하고 회원 및 투자자, 회원 상호간의 분쟁을 조정하기

---

35 한국은행(2018) 참고.

36 한국거래소는 2005년 1월 한국증권선물거래소법(2004년 1월 제정)에 따라 기존의 한국증권거래소, 한국선물거래소, 코스닥 위원회, ㈜코스닥증권시장이 통합되어 설립되었다. 설립 당시에는 상호를 한국증권선물거래소로 했다가 2009년 2월 (주)한국거래소로 변경하였다.

위해 자율규제 전문기구인 '시장감시위원회'를 두고 있다. 이 위원회는 시장감시, 이상거래 심리 및 회원에 대한 감리, 시장 간의 연계감시, 거래관련 분쟁의 자율조정 및 회원 또는 관련 임직원에 대한 징계결정, 그리고 관련 규정의 제·개정 업무 등을 수행한다.

NYSE는 세계에서 가장 큰 조직화된 거래소이다. 조직화된 증권거래소도 당국의 규제를 받는데 미국의 경우 거래소는 SEC의 규제를 받는다. SEC는 거래소에 관여하는 증권회사의 행태에 대해 규제할 권한은 물론 거래소가 정한 규정을 변경할 권한도 갖는다. 그리고 미국에서는 장외시장의 자동화를 통한 거래시장의 통합을 이루고자 1971년에 나스닥 증권거래소가 설립되었다. 그리고 1975년의 증권수정법은 **나스닥(NASDAQ, National Association of Securities Dealers' Automated Quotation System)**을 이용해 장외시장(OTC)에서 거래되는 증권뿐 아니라 전국 및 지역거래소에 상장된 모든 증권의 거래를 통합하는 전국적인 시장시스템을 추진할 것을 SEC에 명하였다. 이와 같이 법과 컴퓨터기술로 인해 보다 경쟁적인 증권산업으로 발전할 수 있게 되었다. 이를 따라 우리나라에서도 1996년 7월 1일 상대매매방식으로 이루어지던 낙후된 거래방식에서 선자주문체결시스템을 이용한 경쟁매매방식으로 체계화된 **코스닥시장(KOSDAQ, Korea Securities Dealers' Automated Quotation)**을 개설하였다.[37]

자본시장의 국제화의 증가는 증권거래에서의 하나의 추세를 보이고 있는데, 이것은 서서히 외국기업들이 각국의 증권거래소에 등록을 하고 있으며 증권시장은 국제적으로 24시간 거래를 하는 체제로 나아가고 있다는 것이다. 또 한편 해외 주요거래소는 M&A와 IPO를 통한 대형화와 글로벌화를 추구하면서 매매체결 관련 IT투자를 대폭 확대하는 등 국가간, 시장간 경쟁이 심화되는 추세에 있다. 예컨대, 2011년 1월 싱가포르의 SGX는 아시아 4번째 규모의 증권거래소인 호주의 ASX를 78억 달러에 인수하려고 시도하였으며 2011년 5월에는 런던 증권거래소(LSE)와 캐나다 증권거래소인 TMX그룹의 합병이 시도되었다. 또 2011년 7월에는 뉴욕증권거래소(NYSE)의 모기업인 NYSE 유로넥스트(NYSE 유

37 코스닥을 만든 것은 중소기업 및 벤처기업들이 증시에서 사업자금을 보다 원활히 조달할 수 있도록 하게 하기 위함이었다. 중소기업이나 신생 벤처기업에겐 유가증권시장(거래소시장)의 문턱이 너무 높고 기업공개(IPO) 과정에서 탈락할 소지가 많다는 이유로 이들 기업만을 위한 시장을 하나 더 만들어 증시에서 자금조달할 수 있는 길을 열어준 것이다. 그런데 금융위원회는 2013년 7월 1일 코스닥시장과 장외시장(프리보드) 사이에 중소기업전용 주식시장인 코넥스(KONEX, Korea New Exchange)시장을 개장하였다. 이는 코스닥 시장의 경우 진입 문턱이 높고 프리보드는 부실기업 시장으로 인식되어 거래가 적어 잠재력이 있는 중소기업이 자금을 조달하기가 어렵기 때문이었다.

로넥스트는 2006년 NYSE와 파리, 암스테르담, 브뤼셀의 증권거래소 운영업체가 합병해 탄생했음)와 독일증권거래소 운영업체인 도이체 뵈르제와의 합병이 추진되었으나 EU집행위원회의 승인을 받지 못해 무산되기도 하였다. 또한 미국, EU, 일본 등 해외 주요 자본시장에서는 정규거래소와 경쟁하는 **대체거래제도**(ATS, MTF)[38]를 도입함으로써 유통시장의 경쟁 촉진과 더불어 효율성을 제고하고 있다.[39]

(4) 우리나라의 금융투자업자[40]

우리나라의 자본시장법(2009년 2월 4일 발효) 제6조에서는 금융투자업을 "이익을 얻을 목적으로 계속적이거나 반복적인 방법으로 행하는 행위로서 투자매매업, 투자중개업, 집합투자업, 투자자문업, 투자일임업, 신탁업에 해당하는 업"이라고 정의하고 있으며 이러한 업무를 수행하는 자를 금융투자업자(금융투자회사)라고 한다.

투자매매업은 누구의 명의로 하든지 자기의 계산으로 금융투자상품의 매도·매수(자기매매업무), 증권의 발행·인수 또는 그 청약의 권유, 청약, 청약의 승낙(증권의 인수, 주선업무)을 영업으로 하는 것을 말하며 투자중개업은 누구의 명의로 하든지 타인의 계산으로 금융투자상품의 매도·매수(위탁매매업무), 그 청약의 권유, 청약, 청약의 승낙 또는 증권의 발행·인수에 대한 청약의 권유, 청약, 청약의 승낙을 영업으로 하는 것을 말한다. 그리고 집합투자업은 2인 이상의 투자자로부터 모은 금전 등을 투자자의 일상적인 운용지시 없이 투자대상자산에 운용하고 그 결과를 투자자에게 배분 및 귀속시키는 집합투자를 영업으로 한다. 투자자문업은 금융투자상품의 가치 또는 금융투자상품에 대한

38 대체거래제도란 정규거래소와는 달리 상장 및 등록, 회원감리기능 등이 없을 뿐 실질적인 증권거래에 있어서는 거래소와 같은 기능을 하는 대안적인 다양한 대체거래소를 일컫는 말이며 미국에서는 ATS(alternative trading system), EU에서는 MTF(multilateral trading facility), 그리고 일본에서는 **금융상품 다각적 거래제도**라고 불린다.

39 우리나라에서도 이에 대응하여 거래소 법정설립주의 대신에 대체거래제도 및 거래소허가제를 도입할 준비를 하여 왔으며, 2013년 자본시장법(제8조의 2) 개정에서 기존의 거래소법정설립주의를 금융위 허가로 설립이 가능한 거래소허가제로 대체함으로써 다자간매매체결회사(ATS)의 도입근거가 마련되었다. 다자간매매체결회사(ATS)는 금융투자업자가 금융위원회로부터 인가를 받아 경쟁매매 등의 방식에 따라 다수의 투자자에 대한 매매체결 기능을 거래소처럼 수행하면서 일정규모 이상 거래 시에는 상장, 시장 감시 등의 자율규제기능까지 수행하는 거래소로 전환하게 된다.

40 한국은행(2018) 참고.

투자판단(종류, 종목, 취득·처분, 취득·처분의 방법·수량·가격 및 시기 등에 대한 판단)에 관한 자문에 응하는 것을 영업으로 하는 것이며 투자일임업은 투자자로부터 금융투자상품에 대한 투자판단의 전부 또는 일부를 일임 받아 투자자별로 구분하여 금융투자상품을 취득·처분, 그 밖의 방법으로 운용하는 것을 영업으로 하는 것이며 신탁업은 신탁을 영업으로 하는 것을 말한다. 그리고 이러한 업무를 수행하는 금융투자업자(금융투자회사)는 이러한 업무를 모두 수행할 수도 있고 그중 일부만을 수행할 수도 있다. 즉, 금융투자업 간의 겸영을 허용하고 있으며 6개 금융투자업을 모두 영위할 수 있는 금융투자업자(금융투자회사)의 설립도 가능하다. 이와 같이 진입완화를 허용하고 취급하려는 인가업무가 늘어나면 그에 해당하는 자기자본금액을 추가로 보유하도록 함으로써 금융투자업자의 대형화, 겸업화, 전문화를 유도하고 있다.[41] 물론 겸영에 따른 투자자 보호를 위해 이해상충 방지체계(chinese wall)를 마련하고 있다.

이와 같이 금융기관(금융투자회사)이 금융투자업을 영위하기 위해서는 인가업무단위의 전부나 일부를 선택하여 금융위원회로부터 인가를 받거나 등록을 하여야 한다. 자본시장법은 금융기능별로 투자자가 부담하는 위험의 크기에 따라 인가제와 등록제로 구분하고 있는데 고객과 직접 채무관계를 갖거나 고객의 자산을 수탁하는 투자매매업, 투자중개업, 집합투자업, 신탁업은 인가대상으로 하고 고객의 자산을 수탁하지 않는 투자자문업과 투자일임업은 등록만으로 영위할 수 있도록 하고 있다. 그런데 이러한 금융투자업자에 대한 분류와 관련하여 종래의 증권회사, 선물회사, 종합금융회사는 투자매매업자 및 투자중개업자로, 자산운용회사는 집합투자업자로, 투자자문회사 및 투자일임회사는 투자자문업자 및 투자일임업자로, 그리고 신탁회사는 신탁업자로 단순히 명칭만 변경된 것으로 오해될 수도 있다. 이는 자본시장법 시행 이후에도 대다수 금융투자업자는 증권회사, 선물회사, 자산운용회사 등 종래 명칭을 그대로 유지하고 있으며 영위하는 업무도 기존과 거의 유사하기 때문이다. 하지만 금융투자업자로의 명칭변경은 실제로 종래와는 다른 큰 차이를 반영하고 있다. 왜냐하면 자본시장법은 금융투자업자의 진입규제와 관련하여 금융기능별로 진입요건을 정해 놓고 그 요건의 부합여부를 심사하는 기능

41 자본시장법이 시행되기 전에는 금융투자업에 대한 겸업이 제한되어 있었다. 그래서 증권회사, 선물회사, 자산운용사, 신탁회사가 모두 각각 규제되고 운용되고 있었으며 이러한 겸업제한으로 인해 업무의 효율성과 범위의 경제가 발현되기 어려웠다. 그러나 지금은 다양한 금융투자업의 겸영이 허용되어 효율성과 범위의 경제를 추구할 수 있게 되었다.

추가방식을 취함(자본시장법은 금융업종이 서로 다르더라도 동일한 금융기능을 수행할 경우 원칙적으로 동일하게 분류하여 동일한 진입·건전성·영업행위 규제 등을 적용하고 있음)에 따라 금융투자업자가 복수의 업무단위를 자유롭게 선택하여 영위할 수 있기 때문이다. 예컨대, 종래의 증권회사는 유가증권의 매매, 위탁매매, 인수·주선 등 투자매매 및 투자중개 업무를 주로 영위하였으나 현재의 증권회사는 원칙적으로 인가취득에 따라 집합투자업 등 모든 금융투자관련 업무를 영위할 수 있다. 여타 선물회사, 자산운용회사 등도 동일하다.

1) 증권회사

증권회사는 직접금융시장에서 기업이 발행한 증권을 매개로 투자자(흑자주체)의 자금을 기업에 이전시켜주는 업무를 수행한다. 우리나라에서 최초로 설립된 증권회사는 1949년 11월 영업을 개시한 대한증권(주)이었다. 1962년 1월 증권거래법의 제정으로 증권시장의 제도적 기반이 갖추어지면서 증권회사의 설립이 급증하여 1962년 8월에는 회사수가 60개까지 늘어나기도 하였다. 1968년 12월에는 증권거래법이 개정되어 증권회사의 설립이 등록제에서 허가제로 전환되었다. 이후 1980년대까지는 증권회사가 신설되지 않다가 1990년대에 들어 증권업의 대외개방과 함께 국내증권회사의 신규설립도 허용되었다. 1991년 중 한국산업증권과 투자금융회사에서 업종을 전환한 5개 회사가 설립되었으며 1992~1996년 중에 3개 합작회사가 신설되었다. 또한 1991년 이후 외국증권회사 국내지점이 설치되기 시작하였다.

우리나라 증권산업의 구조는 1997년의 외환위기를 계기로 크게 바뀌었다. 먼저 기존 투자신탁회사의 운용·판매조직을 분리하고 본체를 증권회사로 전환하는 증권산업 개편방안에 따라 1998~2000년 중에 7개 투자신탁회사가 증권회사로 전환하였고 같은 기간 중에 6개 증권회사가 구조조정의 결과 퇴출되었고 이후에도 부실 누적 등으로 2개사가 퇴출되었고 6개사가 여타 증권사에 합병되었다. 한편으로 온라인증권회사(이트레이드증권(2000년 11월), 키움닷컴증권(2000년 3월))와 중개전문증권회사[42]를 중심으로 1998~2003년 중 총 19개의 증권회사가 신설되었다. 이후 2008년에 자본시장법의 시행을

42 유가증권 인수업무는 수행하지 않으면서 유가증권의 위탁매매업무 또는 유가증권의 매매업무와 위탁매매업무를 같이 영위하는 증권회사를 의미한다.

앞두고 다수증권회사가 신설, 합병됨에 따라 2018년 6월말 현재 55개 증권회사(11개 외국증권회사 지점포함)가 영업 중이며 이들의 총자산규모는 448조 원이다.

우리나라의 증권회사는 증권 및 채권과 관련된 위탁매매업무(투자중개업무), 자기매매업무(투자매매업무) 그리고 증권인수업무(투자매매업무) 등을 영위하며 이외에도 펀드 및 신종증권 판매업무(증권회사가 투자중개업자로서 펀드에서 발행하는 수익증권 등을 투자자에게 판매하는 업무), CMA 등 자산관리업무(투자일임업자로서 투자자에게 랩어카운트 및 CMA 서비스 등을 제공하는 업무), 신용공여업무(증권거래와 관련하여 고객에게 금전을 융자하거나 유가증권을 대부하는 업무)를 제공하고 있다. 이러한 증권회사의 업무범위는 인가받은 업무단위에 따라 달라지고 업무단위별로 최저자본금 요건이 정해져 있다.

금융투자업자인 증권회사는 초기에는 증권의 위탁매매업무(투자중개업무)와 자기매매업무(투자매매업무)를 주로 하다가 점점 증권의 인수업무, 기업공개(IPO)지원업무와 같은 투자은행업(IB부문)으로 발전하고 있다. 2017년 기준으로 우리나라 증권회사의 영업부문별 수익구조를 보면 전체 순영업수익(11.6조 원) 중 위탁매매와 자기매매의 수익 비중이 각각 37.9%와 32.8%로 상당부분을 차지하고 있다. 상품판매 및 자산관리업무가 11.2%이며 인수 및 주선업무 등 IB업무의 수익은 18.1%이다. 이와 같이 국내 증권회사는 아직도 위탁매매와 자기매매영업에 치중하고 있으나 IB부문의 수익이 과거에 비해 상당한 수준으로 높아졌는데 IB내 세부부문별로 보면 M&A중개 등의 기업금융부문보다는 위험인수나 위험중개관련 IB부문에서 상당한 성장을 보였다. 그럼에도 불구하고 증권회사들은 현재 높은 ROE(자기자본수익률)를 구현하지 못하고 있는데 이것은 증권사들이 고수익구조의 기업금융서비스(IB업무), 자산관리, 기관투자자 대상 맞춤형 중개서비스 등 성장잠재력이 크지만 전문성이 필요한 부문에서 충분한 수익을 만들어내지 못한 것이 그 원인으로 보인다.[43]

2) 투자은행제도의 도입

우리나라에서는 증권회사가 투자은행업무(증권인수업무)와 증권위탁매매업무 및 자기매매업무를 모두 수행하고 있으나 위에서 지적한 바와 같이 투자은행업무가 아직 취

43 이석훈(2018) 참고.

약하고 증권의 위탁매매와 자기매매업무위주로 되어 있다. 이에 따라 투자은행업무를 강화하기 위한 노력이 진행되어 왔다.

국내 투자은행 활성화는 금융산업의 발전을 위해 필요한 과제라고 볼 수 있다. 왜냐하면 투자은행을 통해 유망한 신성장 동력기업을 발굴하고 기업의 직접금융시장을 한 단계 업그레이드할 필요가 있기 때문이다. 한국경제의 지속적 성장과 발전을 위해서는 끊임없이 새로운 성장동력을 발굴하고 육성해 나가야 하는데 신성장동력과 같은 혁신산업은 고수익·고위험의 특성을 가지며 따라서 장기위험자본(long-term risk capital)의 원활한 공급을 필요로 한다. 그런데 이러한 장기위험자본의 공급은 은행보다는 자본시장의 투자은행이 핵심적으로 담당할 수 있는 기능이다. 왜냐하면 은행은 금융제도의 안정성을 책임지는 금융기관으로서 과도한 위험부담에는 한계가 있기 때문이다. 즉, 경제의 성장을 위해서는 다양한 고위험이 발생하게 되는데 이러한 다양한 위험에 대한 효과적인 헤지메커니즘이 필요하다. 그런데 위험을 전가하려는 주체에 비해 위험을 부담하려는 주체가 훨씬 적을 경우 이러한 위험을 부담하고 상품화하여 주는 투자은행의 업무가 매우 중요하게 된다.[44] 또한 국내 투자은행 활성화가 필요한 것은 우리나라 기업의 대형 해외프로젝트 수행을 지원할 수 있는 자본시장의 주도적 기관(key player)의 등장이 요구되기 때문이다. 2008년의 금융위기로 타격을 입은 선진외국과는 달리 우리나라의 경우 적절한 리스크 관리와 금융감독 하에 투자은행업무의 활성화가 여전히 중요하다고 볼 수 있다.

정부의 대형 투자은행육성 및 활성화정책은 크게 2008년 자본시장법 제정시기와 2013년과 2016년의 두 차례에 걸친 종합금융투자사업자제도 도입시기의 두 시기로 구분할 수 있다. 기본적으로 정부의 초대형 투자은행육성정책은 대형화와 기업금융활성화에 초점이 맞추어져 있는데 전자의 시기는 금융투자업의 겸영을 허용하여 경쟁에 의해 자연스럽게 대형화를 유도하는 시기였다. 반면 2013년의 정책(2013년의 자본시장법 개정)은 자기자본 3조 원 이상의 대형 증권회사를 투자은행 비즈니스를 적극적으로 영위할 수 있는 종합금융투자사업자로 지정하고 이들에게 투자은행 업무영역을 과감하게 신규허용(기관투자자 대상의 수수료업무인 프라임브로커업무와 기업을 대상으로 이자수익을 창출하는 신용공여업무를 허용)한 것이었으며 2016년의 정책(2016년의 자본시장법 개정)은 2013년에서 더 나아가 자기자본 4조 원 이상의 증권회사를 초대형 종합금융투자사

44 물론 2008년의 금융위기에서 본 바와 같이 투자은행이 과도하게 위험을 부담하거나 상품화하는 경우에는 체제위험을 유발하기 때문에 적절하게 본연의 업무에 충실할 필요가 있다.

업자로 하되 4조 원 이상 및 8조 원 이상으로 구분하여 지정하고, 투자은행 업무영역을 보다 획기적이며 차별적으로 확대한 정책(4조 원 이상 투자은행에게 발행어음업무를 인가. 8조 원 이상 투자은행에 대해서는 발행어음허용 외에 종합투자계좌라는 추가적인 조달수단허용 그리고 레버리지규제와 공모규제의 적용을 배제. 기업금융활성화를 위해 발행어음 조달액의 50%, 종합투자계좌 조달액의 70%를 기업금융으로 운용하는 의무비율제도를 도입)이었다. 이것은 자본시장법 제정시기의 비교적 자유로운 경쟁방식에서 규모에 따라 차별화된 울타리를 쳐주는 제한된 경쟁정책으로 변화된 것이라고 볼 수 있다.[45] 2018년 6월말 현재 국내 7개 증권사가 종합금융투자사업자로 지정되어 있으며 한국투자증권(2017년 11월), NH투자증권(2018년 5월)이 단기금융업무 인가를 받은 상태이다.

참고문헌

금융연구원, 골드만삭스의 헤지펀드 사업모델전환, 주간금융브리프 20권 49호(2011.12.17)

금융위원회, 사모펀드 활성화를 위한 자본시장법 및 하위법령 개정안 일괄 시행에 따른 주요변경사항 안내, 보도자료, 2015.10.23

금융위원회, 자본시장과 금융투자업에 관한 법률 개정안 입법예고, 보도자료, 2011.7.27

송홍선, 초대형 투자은행 육성정책과 금융발전 그리고 금융안정, 예금보험공사, 금융리스크리뷰 2018년 봄.

송홍선, 사모펀드 일원화 이후의 사모펀드시장소고, 자본시장포커스 2018-23호(2018.10.30)

오성근, 도드-프랭크법 제정 전후의 헤지펀드 관련 규제의 변화, 증권법연구 제12권 2호(2011)

이석호, 보험사의 은행업 겸업에 따른 문제점과 해외사례연구, 금융연구원, 2009.5

이석훈, 최근 10년간 국내증권업의 수익성결정요인의 변화분석, 자본시장연구원, 자본시장포커스 2018-12호(2018.5.29)

이필상, 금융론, 박영사, 1985

자본시장연구원, 최근 국내PEF시장 현황, 자본시장포커스 2018-20호(2018.9.18)

---

45 송홍선(2018 봄) 참고. 정부의 투자은행 육성정책에 대해 우려하는 목소리도 존재한다. 우선 투자은행의 여수신 확대는 전업주의 금융체제의 근간을 흔든다는 견해부터 대출심사능력이 검증되지 않은 증권사에게 여수신을 확대하면 기업금융의 부실화와 금융안정을 해칠 수 있다는 견해까지 다양하게 제기되고 있다. 또 자본규제를 비롯한 건전성 규제 완화에 대한 비판적인 시각도 존재한다.

자본시장연구원, 국내 투자은행 활성화방안, 2011.6.1

최혁, 2008 글로벌 금융위기: 현대인을 위한 금융특강, 도서출판 K-books, 2009

한국은행, 한국의 금융제도, 2018.12

Stephen G. Cecchetti, Money, Banking, and Financial Markets, McGraw-Hill/Irwin 2006. Chapter 13

Niall Ferguson, The Ascent of Money: A Financial History of the World. 2008. 김선영(역), 금융의 지배: 세계금융사이야기, 민음사, 2010

R. Glenn Hubbard, Money, the Financial System, and the Economy, 6th ed(2008), Pearson International Edition, Chapter 12

F. S. Mishkin, The Economics of Money, Banking and Financial Markets, 7th ed(2004), Pearson, Chapter 12

연습문제

1. 우리나라에서는 2010년 5월 12일에야 삼성생명주식이 상장되는 등 생명보험회사의 증권시장 상장이 지연되었는데 그 이유는 무엇인가?
2. 보험회사가 은행의 지급결제업무를 수행할 경우 어떤 장점과 단점이 있으며 이것이 타당하다고 생각하는가?
3. 보험회사는 왜 위험의 크기에 비례하여 보험료를 부과하는가?
4. 과거에 헤지펀드에 대한 규제가 적었던 이유는 무엇인가?
5. 투자회사(뮤추얼펀드)의 기능과 발전요인은 무엇인가?
6. 투자은행업무가 위험한 이유는 무엇인가?
7. 신용평가기관에서 수행하는 신용평가활동과 자문활동에서 발생하는 이해상충문제에 대해 설명하시오.
8. 우리나라의 사모펀드제도의 문제점은 무엇인가?
9. 우리나라에서 대형투자은행제도를 도입할 필요성이 있는가? 대형투자은행제도를 정책적으로 도입하는 경우의 문제점은 무엇인가?
10. 해외의 주요 증권거래소가 M&A를 통한 대형화·글로벌화를 추구하고 있고 다른 한편으로 대체거래제도(ATS)과 같은 소규모거래소가 각국 내에서 도입되고 있다. 이러한 상반된 추세가 발생하는 이유는 무엇인가?

V부 금융하부구조

15장 은행규제제도

16장 주요 금융안전망의 형태와 기능

금융시장과 금융기관은 2장에서 본 바와 같이 매우 취약한 구조를 갖고 있다. 따라서 언제든지 금융시장과 금융기관은 위기에 빠지거나 도산할 위험을 갖고 있다. 이러한 위기사태가 발생하면 금융제도가 제 기능을 할 수 없게 되고 거시경제는 위축될 수 있다. 그러므로 이러한 사태가 발생하지 않도록 사전에, 평상시에 다양한 방식으로 금융제도가 안정적으로 운영되게끔 예방조치를 하거나 위기사태가 발생하면 사후적으로 빠른 조치를 취하여 전염에 의한 금융제도의 붕괴를 막아야 한다. 이러한 역할을 하는 것이 금융하부구조(financial infrastructure)이다. 실제로 많은 나라의 정부와 중앙은행은 금융위기를 예방하기 위해 많은 제도를 확립하고 있으며 2007년 이후에 각국에서 금융위기가 발생하였을 때 우선적으로 중앙은행이 대응을 하고 그럼에도 불구하고 위기가 지속되면 정부가 나서 금융위기를 극복하기 위한 조치를 취하였으며, 국내외적으로 당국은 새로운 위험의 관리에 필요한 금융하부구조의 개선을 위해 노력하였다.

V부에서는 금융시장과 금융기관의 안정을 위하여 구축되어 있는 금융하부구조 중 금융안전망을 중심으로 살펴본다. 15장에서는 은행규제를 중심으로 금융규제감독제도에 대해 살펴본다. 금융산업, 특히 은행산업은 경제적 중요성이 매우 크고 실물경제에 대한 영향력이 매우 크기 때문에 규제를 통하여 안정적으로 유지할 필요가 있는데 이러한 규제의 방식과 내용에 대해 살펴본다. 16장에서는 예금보험제도, 부실금융기관의 정리제도, 그리고 중앙은행이 담당하고 있는 최종대부자제도, 거시건정성감시제도, 지급결제제도와 같은 금융안정장치에 대해 살펴본다.

CHAPTER

15 은행규제제도

1. 은행규제의 목적, 수단 및 규제체계
2. 자본충실도규제
3. 자산보유(운용)규제
4. 인허가규제와 검사규제
5. 공시제도: 시장규율기능강화
6. 금융소비자보호규제
7. 경쟁규제: 금산분리규제
8. 국제적 금융규제

금융부문은 경제에서 가장 심하게 규제를 받고 있는 부문이며 그 중에서도 특히 은행은 가장 심하게 규제를 받고 있는 금융기관이다. 이 장에서는 은행의 규제를 중심으로 현재 어떠한 규제가 시행되고 있으며 왜 현재와 같은 규제체계가 성립되었으며 2008~2009년의 글로벌 금융위기를 계기로 규제체계가 어떤 변화를 겪고 있는지에 대해 살펴본다. 먼저 1절에서는 은행규제의 목적과 그 수단에 대해 살펴본다. 2절 이하에서는 다양한 은행규제수단에 대해 살펴보는데 2절에서는 은행의 자기자본에 대한 규제, 3절에서는 은행의 자산보유(운용)에 대한 규제, 4절에서는 인가, 퇴출 및 검사규제, 5절에서는 시장규율기능강화를 위한 은행의 공시제도, 6절에서는 최근에 크게 중요시되고 있는 금융소비자보호에 관한 규제, 7절에서는 금산분리규제와 같은 경쟁규제에 대해 살펴보고, 마지막으로 8절에서는 국제적 금융규제가 전개되어 온 과정에 대해 살펴본다.

1. 은행규제의 목적, 수단 및 규제체계[1]

은행과 비은행에 대한 규제에는 차이가 있지만 여기서는 규제를 가장 많이 받는 은행을 중심으로 규제에 대해 살펴본다.[2] 은행에 대해 규제를 하는 목적은 무엇이며 규제를 하는 경우 어떤 규제수단들이 있는가? 먼저 은행규제의 목적을 살펴보고 이어서 은행규제수단에 대해 살펴본다.

(1) 은행규제의 목적

정부당국이 금융제도, 특히 은행제도에 대해 규제를 하는 목적은 2장에서 살펴본 금융제도의 발전목표인 금융제도의 안정성(체제위험의 회피)과 효율성을 강화하고 이에 더하여 금융소비자를 보호하기 위한 것이다. 금융소비자(금융제도의 참여자로서 특히 소액의 비전문적인 저축자와 차입자가 중요)의 보호란 시장참여자들이 쉽게 정보에 접근할 수 있도록 하고 저축자(또는 금융투자자)와 차입자에게 정확하고 시의적절한 정보를 제공함으로써 왜곡된 판단이나 부당한 손실을 받지 않도록 하는 것이다.

1) 금융제도의 안정성확보: 체제위험으로부터의 보호

은행(금융)규제의 첫 번째 목적은 체제위험(systemic risk)으로부터 금융제도를 보호하여 금융제도의 안정성을 확보하기 위한 것이다. 이것은 은행제도를 보호하여 은행제도의 핵심적인 기능(저축과 투자의 중개기능 및 위험관리기능)을 잘 수행할 수 있도록 유지

---

1 김규영 등(2002), Goodhart 등(1998) 참고.

2 금융규제의 이유와 형태는 은행과 비은행에 따라 크게 다르며 따라서 은행의 특수성이 인정되는데 특히 은행규제에서는 체제적 이유가 중심이지만 비은행금융기관의 규제에서는 소비자보호가 더 중요한 이유가 된다. 은행은 많은 차입자(중소기업과 가계 등)에게는 유일한 자금원천이 되고 또 은행은 지급결제제도를 관리하고 있기 때문에 은행은 경제에서 중심적인 역할을 담당하고 있다. 또 은행의 예금계약(절대적 신뢰를 기초로 이루어져 있으므로 은행의 계약불이행은 신용의 파괴를 의미)이 갖는 성격(불확실한 자산가치를 기초로 전액보상의 확실성을 보장하는 특성과 선착순지급)때문에 은행은 예금인출사태에 직면하는 경향이 있으며 상호연관성(비슷한 업무, 지급결제제도로 연결, 은행간시장으로 연결)이 커서 잠재적 전염효과가 발생하기 때문에 은행의 위기는 다른 금융기관의 위기에 비해 훨씬 더 큰 경제적 충격을 준다. 또 은행에게 적용되는 중앙은행의 최종대부자 및 기타 금융안전망과 관련되어 은행의 역선택과 도덕적 해이의 문제가 존재하기 때문에 은행의 지급불능 확률을 줄이기 위해 보다 강한 규제가 은행에 적용되어야 한다는 견해가 지배적이다(Goodhart 등(1998)).

하기 위한 것이다. 체제위험은 은행과 같은 금융기관의 부실(금융기관의 불안정), 은행이 주로 관련되는 지급결제제도의 고장과 같은 충격(금융하부구조의 불안정), 그리고 금융시장에서의 버블의 붕괴(금융시장의 불안정) 등으로부터 발생할 수 있다. 은행규제당국은 이러한 금융기관의 불안정, 금융시장의 불안정, 금융하부구조의 불안정으로부터 은행을 보호하기 위하여 규제를 한다.

규제가 정당화되는 것은 금융시장에서 시장실패(market failure)가 있기 때문이다. 금융시장에서는 흔히 두 가지의 시장실패가 거론되는데 그중 하나는 **외부효과**(externality)에 기인한 시장실패이다. 이것은 어떤 거래행위가 그 거래와 직접적으로 관련 없는 다른 사람에게 영향을 미치게 되는 경우를 말한다. 금융기관, 특히 은행은 영업의 동질성과 지급결제제도를 통한 연관성 때문에 어떤 한 은행이 도산하면 전염효과(contagion effects)가 발생하여 연쇄적인 인출사태와 은행공황(bank panic)이 발생할 수 있다. 또 금융시장에서 자산(주식 등)가격의 과도한 하락으로 금융공황(financial panic)이 발생할 수 있으며 이 경우에도 여러 은행들이 연쇄적인 도산상태에 빠질 수 있다. 이와 같이 자금의 중개, 지급결제제도의 운용 그리고 신용창조과정에서 은행이 중요한 역할을 하기 때문에 외부효과로 인해 은행이 연쇄도산하면 실물경제에 심각한 경제적 피해(체제위험)를 유발할 수 있는데 은행규제는 바로 이러한 체제위험을 미리 방지하기 위한 것이다.

2) 금융소비자보호: 정보의 비대칭성으로부터 고객의 보호

은행(금융)규제의 두 번째 목적은 금융과정에서 나타나는 또 하나의 시장실패의 원인인 정보의 비대칭성(informational asymmetry)으로부터 금융소비자(고객)를 보호하려는 것이다. 정보비대칭성이 있는 경우 역선택과 도덕적 해이의 문제가 발생하게 되는데 이로 인해 정보가 적은 쪽은 거래를 기피하게 되고 결국 시장이 형성되지 않거나 시장이 불완전해지는 시장실패가 발생하는 것이다. 정보의 비대칭성문제는 금융시장에서 매우 심하지만 은행과 같은 금융중개기관에서도 많이 발생한다. 자칫 나쁜 은행을 잘못 선택할까(은행의 역선택문제) 두려워(예컨대, 부당하게 낮은 예금이자율이나 과도한 차입이자율을 부담할까 우려)하기 때문에 저축자(차입자)는 아예 예금시장(차입시장)에 접근하지 않을 수도 있다. 또 저축자는 은행이 위험한 사업을 하여 손실을 유발하지 않을까(은행의 도덕적 해이문제) 우려하기 때문에 은행을 이용하지 않을 수도 있는데 이를 방지하여 원활한 금융중개를 하기 위해서는 이들을 안심시키고 보호하여야 한다. 이러한 금융소비자 보호가 잘되지 않는 경우 저축자는 조금이라도 의심스러우면 예금을 인출하게 되고 이러한 의심이 확대되면 건전성여부와는 상관없이 모든 은행으로부터 자금을 인출하게 되어 은행공황이 발생할 수 있다. 이런 관점에서 고객보호를 위한 은행(금융중개기관)에 대한 규제는 금융제도의 안정성을 위한 것이기도 하다. 또 운영상의 나쁜 관행이나 잘못된 관습, 전산시스템의 잘못된 관리 등으로 은행이 부실하게 되지 않을까 우려를 할 수도 있다. 이러한 정보의 비대칭성 때문에 발생하는 금융소비자의 우려와 손실을 줄이기 위하여 은행에 대한 공시를 강화하고 은행의 운영방식과 재산상태에 대해 규제를 하는 것이다.

3) 금융제도의 효율성 강화

은행(금융)규제를 하는 또 하나의 목적은 은행(금융)제도의 효율성을 강화하기 위한 것이다. 금융제도의 효율성을 강화한다는 것은 자원의 시간적, 공간적 이전을 저해하는 마찰적 요인을 제거하고 경쟁을 촉진시키는 것을 의미한다. 경쟁을 촉진시키기 위해서는 우선 금융중개기관이 공정하고 투명하며 고객을 존중하는 규칙과 절차에 따른다는 신뢰가 전제되어야 하며 정확한 정보를 충분히 제공함으로써 분권화된 경제적 의사결정을 강화할 필요가 있다. 경제주체들이 양질의 정보를 적기에 이용할 수 있을 때 자원은 더 효율적으로 배분될 수 있고 금융제도도 더 효율적으로 될 수 있다. 또 금융제도의 효율성강화를 위해서는 경쟁을 제약하는 비경쟁적 요소를 제거하고 독과점적 구조를 줄여야 한다. 그러나 부분적으로 금융제도의 안정성확보(체제위험 방지)나 금융소비자보호는 금융제도의 효율성 강화라는 목적과 상치될 수 있다. 2장에서도 언급하였듯이 금융제도의 효율성 강화와 금융제도의 안정성 강화는 서로 충돌될 수 있으며 금융소비자보호와 효율성 강화는 서로 보완적인 측면이 많이 있지만 충돌될 가능성도 매우 높다.

(2) 은행규제의 수단

금융기관, 특히 은행에 대한 규제의 목적을 달성하기 위해 다양한 수단들이 동원되고 있는데 이러한 수단들을 규제목적(금융제도의 안정성 확보, 금융소비자 보호, 금융제도의 효율성 증대)에 따라 나누어 살펴본다.

1) 금융제도의 안정성확보를 위한 규제수단: 금융안전망, 거시건전성 규제

금융제도의 안정성을 위한 규제수단은 금융제도가 흔들리지 않도록 금융하부구조(금융인프라)를 튼튼히 구축하고 이를 통해 하나의 금융기관의 부실이나 위기가 다른 금융기관으로 전염되고 확산되는 것을 막기 위한 사전적 및 사후적 조치를 말한다. 우선 은행제도의 안정(은행위기의 방지 및 처리)이 가장 중요하므로 이를 위해 금융당국은 금융하부구조로서 다양한 은행 관련 **금융안전망**(financial safety net)을 제공하고 있다. 즉, 정보비대칭성 때문에 예금자들이 은행을 불신하게 되는데 **예금보험제도**(deposit insurance system)를 통해 은행을 믿게 만들고 은행이 유동성위기(liquidity crisis)에 처하는 경우에 충분한 자금을 신속하게 지원하는 중앙은행의 **최종대부자기능**(LLR, lender of last resort)을 통해 은행을 보호하며 또 부실은행이 발생하면 신속하게 **부실금융기관의 정리**를 통해 은행제도의 안정성을 확보한다. 또 거시적(금융제도적) 관점에서 불안정을 유발할 위험성을 미리 점검하는 거시건전성감시도 수행하고 있다. 이러한 금융안전망에 대해서는 16장에서 살펴본다.

이러한 금융안전망 이외에 당국은 금융제도의 안정을 위해 사전적으로 거시적 관점(금융제도의 관점)에서 **거시건전성 규제감독**(macroprudential regulation and supervision)을 수행한다. 은행이 잘못 운영되어 다른 은행에 나쁜 영향을 미치지 않도록 미리미리 규제하고 감독할 필요가 있다. 체제위험을 방지하기 위한 대표적인 거시건전성 규제수단으로는 자본충실도규제(자본적합성 기준의 적용), 이자율규제(예금 및 대출 금리 상한선의 설정 등), 자산보유규제(은행의 기업주식 보유규제, 파생금융상품보유규제 등), 업무영역규제(취급하는 금융서비스 및 금융상품의 제한) 등을 들 수 있다. 물론 이 규제수단 모두가 체제위험의 방어에 유효한 것은 아니다. 예를 들어 취급상품의 제한은 금융기관이 고객의 욕구를 수용하지 못하도록 하고 예금금리의 제한은 고객의 이탈을 조장하기 때문에 이런 규제가 너무 강하게 적용되면 은행이 오히려 위기에 직면할 수도 있다. 이자율규제는 크게 완화되거나 거의 폐지되었고 업무영역규제는 13장에서 살펴보았으므로 아래에서는 자본충실도규제와 자산보유규제에 대해 살펴본다.

2) 금융소비자보호를 위한 규제수단: 미시건전성 규제

금융기관이 부실하게 된다고 반드시 체제위험을 유발하지는 않지만 금융소비자가 손실을 입게 될 가능성이 있으므로 은행이 건전하게 설립되고 운영되어 금융소비자를 부당하게 대우하지 않도록 규제하고 감시할 필요가 있다. 이러한 규제를 **미시건전성 규제감독**(microprudential regulation and supervision)이라고 한다. 여기에는 **영업행위규제**(conduct of business regulation)도 포함된다.[3] 이러한 규제는 기본적으로 금융소비자의 불완전한 정보와 금융기관활동의 대리인문제 때문에 필요하며 이는 고객(특히 소매고객)이 금융기관의 건전성과 성실성을 판단할 수 있는 위치에 있지 않다는 전제로부터 출발한다.

이러한 미시건전성 규제의 주요수단으로는 은행의 인가규제, 검사규제(평상시의 경영실태평가)와 이를 바탕으로 한 적기시정조치(prompt corrective action), 위험관리과정의 평가와 규제, 금융기관의 보상체계규제, 정보공시, 자산보유규제, 그리고 구체적인 소비자보호규제 등이 있다. 물론 금융소비자보호를 위한 이러한 미시건전성 규제도 개별은행의 건전성과 안전성을 보장하기 위한 것이므로 당연히 금융제도의 안정에 도움이 된다.

3) 금융제도의 효율성 증대를 위한 규제수단: 업무영역규제, 금산분리, 공시

금융제도의 효율성을 위해서는 경쟁이 필요하므로 경쟁을 제한하는 장애물들을 제거하는 것이 중요하다. 이러한 경쟁제한을 제거하거나 경쟁을 강화시키기 위한 수단과 관련해서는 두 가지 문제가 제기되는데 하나는 은행/증권/보험업 간의 업무영역의 제한과 관련된 문제이다. 또 하나는 **금산분리문제**로 산업자본과 금융자본의 상호진출을 허용하느냐의 문제이다. 그런데 이들은 효율성과 관련된 규제이기는 하지만 동시에 안정성과도 밀접한 관계를 가지는 규제이다. 업무영역문제는 13장 3절에서 논의하였으므로 여기서는 금산분리문제에 대해 살펴본다.

또한 경제주체들이 양질의 정보를 적기에 이용할 수 있을 때 자원은 더 효율적으로 배분될 수 있고 금융제도도 더 효율적이 될 수 있다. 이러한 정보의 적기제공을 위해서는 기업과 은행에 관한 정확하고 많은 정보를 자진 공시하도록 의무를 부과하는 것이 필요하다. 따라서 **공시제도**의 도입과 강화는 금융소비자보호의 차원에서뿐만 아니라 효율성 강화의 차원에서도 매우 중요하다.

---

3 영업행위규제는 금융기관들이 그들의 고객에 대해 어떻게 업무를 수행하는지에 초점을 맞춘다. 여기에는 정보공시, 금융기관과 종사원의 정직과 성실성, 금융기관의 능력수준, 공정한 영업관행, 금융서비스나 금융상품의 판매방법 등이 포함된다.

이와 같이 은행을 규제하는 다양한 수단들이 있지만 은행규제자와 감독자들이 그들의 업무를 잘 수행하는 것은 다음과 같은 이유로 결코 쉽지 않다. 첫째, 은행들은 기존의 규제를 피하려는 강력한 유인을 가지고 있기 때문이다. 따라서 규제는 움직이는 목표물을 맞추는 것에 비유되듯이 결코 쉽지 않다. 둘째, 규제와 규제회피의 게임에서는 세부항목에서의 세세한 차이(디테일)가 중요한데 규제자들이 앞으로 발생할 가능성이 있는 모든 상황에 대해 구체적으로 명시하는 것은 거의 불가능하기 때문이다. 셋째, 규제당국은 정치적 압력에 직면할 수 있기 때문이다. 이러한 이유로 규제와 감독이 건전한 금융제도를 유지하는데 성공할 것이라는 보장이 없으므로 규제감독당국은 선제적으로, 섬세하게, 지속적으로, 신축성 있게, 독립적으로 대응하여야 한다.

(3) 금융규제감독체계

금융규제감독체계는 나라마다 다양하지만 몇 가지 형태로 나누어 볼 수 있다. 첫째, **기관 중심적 감독모형**(institutional regulation model)으로 감독기구가 금융업권(은행, 증권, 보험)별로 별도로 설치되어 있는 형태를 말한다. 예컨대, 미국은 금융기관의 건전성과 영업행위를 감독하는 감독기구가 업종별로 따로 설치되어 있다. 우리나라도 1998년 이전에는 기관 중심적 감독체계(은행감독, 증권감독, 보험감독이 분리)를 가지고 있었다.[4]

둘째, **기능 중심적 감독모형**(functional regulation model)으로 금융기관의 법적 지위에 관계 없이 실제로 영위되는 업무에 따라 규제기관이 결정되는 방식이다. 예컨대, 생명보험은 그 업무가 은행에서 행해지든, 전문생명보험회사에서 행해지든 관계 없이 동일한 방식으로 규제된다. 브라질, 프랑스, 이탈리아, 스페인 등이 이에 해당된다.

셋째, **목적 중심적 감독모형**(objective based regulation model)으로 이는 추구하고자 하는 목적에 따라 규제가 이루어지는 방식이다. 예컨대, 호주는 금융업권별로 따로 감독기구를 설치하는 것이 아니라 목적에 따라 거시건전성감독기구(중앙은행), 재무건전성감독기구, 영업행위감독기구가 각기 감독기능을 수행하는 3개 기구 감독모형(three

---

4 2018년 일본금융청은 핀테크의 발전으로 비금융사업회사가 금융업계와의 제휴 및 출자를 통해 금융서비스를 제공하는 사례가 늘어나면서 현재의 금융업권별 규제감독체계로는 새로운 금융비지니스 영역에 대한 규제가 불가능하다고 판단하고 수평적, 기능적 규제감독체계로의 전환을 시도하고 있다. 금융연구원(2018b) 참고.

agencies model)을 갖고 있다. 또 네덜란드처럼 체제위험감독기구(금융제도의 안정유지에 필요한 금융기관의 건전성과 주요 지급결제제도의 감시를 담당하는 중앙은행)와 영업행위감독기구(모든 금융기관의 영업행태에 대한 감독을 담당)로 이원화되어 되어 있는 복수감독기구모형(twin-peaks model)도 있다. 그런데 금융규제기관의 구조를 설계하는 데 있어 궁극적인 기준은 규제기관이 기본적 목적을 달성하는 데 있어서의 효율성과 효과성이다. 따라서 규제구조를 조직화하는 데 있어 가장 적절한 근거는 규제의 목적에 직접적으로 초점을 맞추어야 한다는 것이다.

넷째, **통합감독기구모형**(single integrated regulator model)으로 2008년 글로벌 금융위기이전의 영국(FSA), 노르웨이 등과 같이 통합감독기구가 금융감독을 모두 담당하는 형태이다. 이 모형은 중앙은행은 통화정책 외에 최종대부자기능 및 지급결제제도의 감시 등을 통해 금융안정기능을 간접적으로 수행하고 통합감독기구는 은행을 포함한 금융업 전반에 대해 건전성감독기능을 수행하는 방식이다.[5] 단일의 통합된 초거대 규제기관을 선호하고 반대하는 논거는 〈표 15-1〉과 같다. 이러한 통합감독기구모형은 1990년대 이후 2008년의 글로벌 금융위기 발생 전까지 금융감독체계의 대세를 이루었으며 우리나라도 1998년에 통합감독방식(금융감독원에서 통합감독)으로 변경하였다.[6]

많은 나라의 경험을 보면 금융규제에 대해 다양한 제도적 구조가 존재하고 있다는 것을 알 수 있다. 이러한 제도적 구조의 차이는 역사적 진화과정, 금융제도의 구조, 정치구조와 전통, 국가 및 금융부문의 규모와 같은 여러 요인들의 결과로서 생긴 것이다. 이것은 모든 상황에 보편적으로 적용될 수 있는 금융규제감독의 이상적 모형이 없다는 것을 말해주고 있다.

5 중국은 2018년 3월 기존의 은행업관리감독위원회와 보험업관리감독위원회를 통합한 은행보험관리감독위원회를 출범하여 통합감독모형을 채택하였으며 관리감독의 효율성증대를 기대하고 있다. 다만 증권업관리감독위원회는 당분간 기존의 체계를 유지하기로 하였다. 그런데 P2P대출과 모바일 결제업체 등 핀테크기업은 금융업으로 분류되지 않아 관리감독위원회의 통제를 받지 않아서 급속한 발전의 기회로 삼고 있다.

6 우리나라는 최근(2018년) 현재의 통합형(one peak) 금융감독체계를 쌍봉형(twin peaks: 건전성감독과 영업행위감독으로 분리)으로 개편하려는 움직임이 있다. 쌍봉형 금융감독체계에는 두 형태가 있는데 하나는 현재의 통합형 감독체계를 유지하면서 내부적으로 쌍봉형으로 분리(내부적 쌍봉형)하는 형태이고, 다른 하나는 담당기관을 완전히 분리하는 형태(완전분리 쌍봉형)이다. 어떤 형태로 금융감독체계를 개편할지는 논의 중이다. 현재의 통합형 감독체계는 소비자보호보다 건전성감독에 많이 치우쳐 있다는 평가 때문에 쌍봉형 감독체계로의 전환은 영업행위감독(소비자보호)의 강화를 강조한다고 볼 수 있을 것이다.

〈표 15-1〉 ▸ 통합감독기구모형의 찬반논거

통합감독기구모형의 찬성논거	통합감독기구모형의 반대논거
① 규제기관 내부에 규모의 경제성이 존재하여 제도적 비용이 낮아진다. ② 규제의 다양한 기능적 영역사이에 범위의 경제(시너지효과)를 얻을 수 있다. ③ 규제기관이 단순한 구조를 가짐으로써 피규제기관(금융기관)과 소비자들이 그 구조를 이해하고 인식하기 쉽다. ④ 피규제기관의 영업활동이 다각화되고 변화하더라도 효과적으로 감시할 수 있고 다양한 영업활동에서 발생하는 잠재적 위험을 잘 탐지할 수 있다. ⑤ 복수규제기관이 가져올 수 있는 규제차익(regulatory arbitrage, 유리한 규제기관을 선택하는 행위)의 가능성, 규제불일치, 규제중복과 누락, 규제기관 간 조정의 결여, 관료적 내분, 규제규정의 모방 등의 문제들을 회피할 수 있으며 피규제기관들에게 부과되는 감시비용이 감소한다. ⑥ 규제전문가들을 단일기관에 집중시킴으로써 보다 효율적으로 활용할 수 있다. ⑦ 단순한 구조일수록 규제의 책임성(accountability)이 더욱 분명해진다.	① 금융기관들이 다각화되고 겸업화된다고 하더라도 핵심사업은 변하지 않으며 위험의 성격도 차별적인 접근방법이 필요할 정도로 충분한 차이를 보인다. ② 단일규제기관은 규제의 목적과 근거에 대해 뚜렷한 초점을 맞추지 못할 수 있다. ③ 조직내부의 문화적 갈등이 심각하게 나타날 가능성이 있다. ④ 초거대규제기관은 극도로 강한 기관으로서 때때로 그 힘이 지나칠 수 있다. ⑤ 다른 금융기관(예컨대 보험회사)도 은행과 동일하게 단일규제기관에 의해 규제되기 때문에 은행처럼 중앙은행의 구제를 요청할 수 있다고 생각하게 만들어 도덕적 해이를 유발할 수 있다. ⑥ 규제절차의 이행에 있어 과도하게 관료적으로 될 위험이 있다. ⑦ 규제기관 간의 규제경쟁이 가져올 가치있는 정보를 얻지 못할 수 있다. ⑧ 단일의 초거대 규제기관이 명확하게 정의된 목표를 갖는 전문적 규제기관들보다 실제로 더 효율적인지는 분명하지 않다.

자료: Goodhart 등(1998), 김규영 · 양채열 · 이창호 · 조담(2002, pp.194-198)

2. 자본충실도규제

최근에는 많은 나라에서 금융당국의 금융안전망이 비교적 잘 갖춰져 있으며 이러한 금융안전망이 은행의 도덕적 해이(은행의 위험선택유인)를 더욱 증가시킬 수 있지만 12장에서 본 바와 같이 금융안전망이 없다고 하더라도 필연적으로 은행은 도덕적 해이문제(자산운용 등에서 과도한 위험추구행위)를 가지고 있다. 이러한 은행의 도덕적 해이를 감소시키기 위해서 우선 필요한 가장 중요한 조치는 은행이 충분히 많은 자본을 보유하고 있어서 혹시 은행이 손실을 입더라도 은행도 함께 손실을 입도록 하는 것이다. 따라서 은행의 자본충실도를 높게 요구하는 은행규제는 은행의 도덕적 해이를 최소화하는 가장 기본적인 규제이다.

(1) 은행의 자본충실도규제의 변화

1980년대 이후 금융혁신과 국제화에 따른 은행 간 경쟁심화로 수익성이 악화되자 은행은 이를 보전하기 위해 고위험, 고수익 위주의 자산운용전략을 추구(도덕적 해이의 심화)하여 은행자산의 질이 저하되었고 은행위기가 각국에서 발생하기 시작하였다. 이에 따라 각국에서는 각 국가차원에서 은행의 자본요구량을 규제하기 시작하였다. 그러나 은행의 국제화의 확대에 따라 국제적인 공조의 필요성이 제기되었고 **BIS(국제결제은행, Bank for International Settlements)**를 중심으로 이에 대처하기 시작하였다.

1) 바젤 I 협약: 신용위험에 의거한 자기자본규제

금융규제완화 및 국제화와 같은 이유로 은행위기가 흔히 발생하면서 미국뿐 아니라 전 세계의 규제당국은 은행의 위험자산소지와 은행의 부외활동증가(거래활동, 수수료수입 창출)에 대해 우려하기 시작하였고 국제적인 공통적 기준을 마련할 필요성을 게기하였다. 이에 따라 BIS의 **바젤은행감독위원회(BCBS, Basel Committee on Banking Supervision)**를 중심으로 은행의 자본에 대해 하나의 협약이 체결되었는데 이것이 1988년 7월의 **바젤협약(Basel Accord)**이다.[7] **바젤 I(Basel I)협약**이라 불리는 이 협약에 의해 국제업무를 수행하는 상업은행으로 하여금 자기자본비율을 1990년 말부터 7.25% 이상, 1992년 말부터 8% 이상 유지하도록 의무화하는 **자기자본비율규제**가 도입되었다. 이 자기자본비율규제는 위험을 고려한 자본요구량(risk-based capital requirement)을 충족시키는 것을 의미하는데 구체적으로는 신용위험만을 고려한 위험가중자산(risk weighted assets)에 대한 자기자본의 비율을 1992년 말부터 최소 8% 이상 유지하도록 규정하였다(표 15-2 참고). 이 바젤협약은 미국을 포함한 전 세계 100여 개국에서 채택되었다.

그러나 바젤 I 협약의 경우 신용위험가중치가 채무자(기업 등)의 신용등급이 아니라 OECD의 소속여부로 국가 단위로 결정되어 같은 국가 내에서는 기업의 신용도에 상관없이 동일한 위험가중치가 적용되었으며 자산유동화를 통한 규제회피거래에 적절하게 대

---

7 1974년 출범한 BCBS의 회원국은 과거에는 G-10(벨기에, 캐나다, 프랑스, 독일, 이탈리아, 일본, 네덜란드, 스웨덴, 영국, 미국, 스위스(1983년 참여))+룩셈부르크+스페인의 13개국이었다. 그런데 2009년 4월 G-20 정상들은 BCBS와 기타 바젤관련위원회의 회원국구성을 모든 G-20국가로 확대하여 현재 27개국이 회원국이다. 이에 따라 우리나라는 1997년에 BIS의 정식회원으로 가입하였으나 2009년부터 BCBS의 회원국이 되었다.

〈표 15-2〉 ▸ 은행의 자기자본비율규제제도의 변화

구분 (기준확정 시기)	자기자본비율 산출방식	주요내용	문제점
바젤 I (1988.7)	자기자본 / 위험(신용)가중자산	• 신용위험만을 반영	• 국가별 위험가중치 부과 → 위험증가유발
바젤 I 수정기준 (1996.1)	자기자본 / 위험(신용+시장)가중자산	• 시장위험 추가	• 국가별 위험가중치 부과 → 위험증가유발
바젤 II (2004.6)	자기자본 / 위험(신용+시장+운영)가중자산	• 자기자본규제강화 (신용위험산출방식 수정, 운영위험 추가) • 감독기능강화 • 공시강화	• 복잡성증대 • 신용평가에 대한 불신 • 경기동반적 자기자본비율과 경기동반적 대출유발
바젤 III (2010.9)	자기자본 / 위험(신용+시장+운영)가중자산	• 자기자본규제강화 (신용 및 시장위험 인식범위 확대, 자본의 질과 양의 강화, 완충자본제도 도입) • 레버리지비율규제도입 • 유동성 규제 강화	• 자본규제의 경우 바젤II와 동일한 문제점 보유 • 유동성 자산의 수급 불균형 유발

응할 수 없다는 문제점이 지적되었다.

2) 바젤 I 수정기준(1996년 1월의 수정 자기자본규제): 시장위험 감안

BIS 자기자본비율규제는 은행의 다양한 경영위험 중 신용위험만을 감안하여 제정되었으나 금리, 환율 및 주가 등의 변동이 대규모은행의 거래활동에서 발생하는 위험(시장위험)을 증대시키고 이로 인해 은행경영의 건전성이 크게 영향을 받음에 따라 BIS는 1996년 1월에 시장위험을 감안한 자기자본보유기준(**바젤 I 수정기준**)을 발표하였다. 이에 따라 1998년 1월부터 시장위험에 대해서도 일정수준 이상 자기자본(트레이딩 목적의 채권, 주식 등의 가격변동위험을 소요자기자본산정 시 반영)을 보유토록 하였다.

그러나 시간이 지나면서 앞에서 지적한 바와 같이 은행위험의 척도(기업이 아니라 국가별 위험평가)가 은행이 직면한 실제위험과 상당히 달랐기 때문에 바젤협약의 한계가 명백히 드러났다. 즉, 동일한 국가 내에서는 모든 자산(예컨대, 대출)의 위험가중치가 동일하므로 은행은 수익을 높이기 위해 신용도가 높은 기업(낮은 대출이자율)에 대한 대출을 줄이고 신용도가 낮은 기업(높은 대출이자율)에 대한 대출을 더 보유함으로써 바젤협약은 의도와는 반대로 오히려 위험의 증가를 초래하였다. 이러한 한계를 인식하고 BIS는 새로운 자기자본협약에 대한 제안서(바젤 II)를 발표하였다.

3) 바젤 II(1999년 6월에 제시된 BIS의 자기자본규제)

BIS는 바젤 I의 기준을 대폭 수정하여 새로운 협약안(바젤 II)을 1999년 6월에 발표하였고 최종안을 2004년 6월에 공표하였으며 2008년 초부터 유럽은행들에 적용하기 시작하였다. **바젤 II(Basel II)**는 최저자기자본규제 확대, 감독기능 강화, 그리고 공시 강화라는 3개의 축으로 구성되어 있다.

첫째, 자기자본을 위험가중자산의 8% 이상 유지하되 새 협약에서는 관리대상위험으로 기존의 신용위험, 시장위험에 더하여 운영위험(operational risk)을 추가하였으며 신용위험의 평가방식을 변경하였다. 바젤 I은 위험가중자산을 계산할 때 개별 대출마다 위험도를 달리 측정하지 않았지만 바젤 II는 모든 대출건마다 차입자의 채무불이행위험(신용도)을 측정해 대출금액의 0%에서 1,250%까지 위험가중자산을 달리 계상하도록 하였다. 둘째, 감독당국이 개별은행의 자기자본상태를 세부적으로 감시하도록 권유하고 금융기관의 자기자본이 불충분하다고 판단될 경우 조기에 개입하도록 하였다. 셋째, 시장규율이 원활하게 작동하도록 하기 위해서는 효과적인 감독체계와 충분한 공시가 필수적이다. 충분한 공시는 시장전체로 위험이 퍼지는 전염효과를 최소화한다. 이에 따라 감독당국은 시장규율을 강화하기 위해 공시에 관한 보다 포괄적인 지침을 개발할 것을 권유받았다.

그러나 바젤 II에 대해서도 몇 가지 심각한 비판이 제기되었다. 첫째, 너무 복잡하여 시행에 어려움이 있다는 것이다. 둘째, 바젤 II에서의 자산의 위험가중치는 신용평가기관의 신용평가에 많이 의존하고 있는데 최근의 금융위기과정에서 신용평가기관의 신용평가가 매우 부실한 것으로 드러났기 때문에 신용평가를 이용하는 방식이 신뢰할만한지에 대해 중대한 의문이 제기되고 있다. 셋째, 바젤 II는 경기동반(순응)적인(procyclical) 자기자본비율을 유발한다. 즉, 바젤 II의 자기자본규제는 자산의 위험도에 따라 자기자본비율을 계산하게 되어 있어 경기침체로 신용위험이 상승할 경우 위험가중치가 상승하여 자기자본비율이 하락하게 되고 경기가 좋아 신용위험이 하락할 경우 자기자본비율이 상승한다. 따라서 경기가 나쁠 때 은행이 더 많은 자본을 보유하도록 요구하고, 경기가 좋을 때 은행이 자본을 덜 보유하는 것을 요구한다. 이에 따라 호황기에는 차입자의 신용등급 상승과 은행의 자기자본보유부담의 감소로 대출이 증가하고, 불황기에는 차입자의 신용등급의 하락과 은행의 자기자본보유부담의 증가로 대출이 감소한다(**대출의 경기동반성**). 이에 따라 **신용사이클**(credit cycle)을 심화(악화)시킬 가능성(호황기에 대출증가, 불황기에 대출감소)이 있다. 이러한 현상은 2008년의 글로벌 금융위기 이후에 특히 많은 관심을 가졌다. 왜냐하면 이 위기의 결과로 은행의 자본은 감소하였으며 이로 인해 대출이 크게 감소하였고 이로 인해 경제가 더욱 크게 나빠졌기 때문이다.

4) 바젤 III(2010년 9월에 확정된 자기자본규제)[8]

2008~2009년의 글로벌 금융위기는 위에서 지적한 바젤 II의 자기자본규제체제의 문제점을 잘 보여주었으며 이런 점에서 바젤 II는 금융위기가 확산되는데 일조하였다. 이에 따라 바젤은행감독위원회(BCBS)는 바젤 II의 개선이 긴요하다고 보고 은행부문의 손실흡수능력(복원력) 강화를 위한 자본 및 유동성 규제개혁방안을 담은 바젤 III 기준서를 2010년 9월 12일 확정 발표하였다. 그러면서 BCBS는 규제의 원활한 이행과 실물경제지원을 고려하여 2013년 1월부터 단계적으로 도입하여 2019년 1월부터 전면적인 이행에 들어가도록 하였다.[9]

바젤 III(Basel III)의 주요내용은 다음과 같다. 첫째, 자기자본규제의 강화이다. 자기자본이 충분히 확보되어 있다면 자산건전성 악화로 인한 손실을 흡수할 수 있으나 그렇지 못할 경우 거래상대방 위험이 상승하고 이는 자금조달통로 및 시장유동성 경색으

---

8 금융연구원(2010.9.25), 금융위원회(2010.11), 한국은행(2017) 참고.

9 글로벌 금융위기 이후 각국의 규제당국은 은행의 과도한 위험추구행태를 규제하기 위해 한편으로는 Volcker rule과 같이 대형복합금융기관의 트레이딩 업무에 제한을 가하기도 하고(시스템적으로 중요한 금융기관인 SIFI규제), 다른 한편으로는 금융기관에 직접 제한을 부과하기보다는 위험추구행태를 변경시켜서 체제위험을 완화시키고 있는데 바젤 III는 여기에 해당된다. 바젤 III는 2010년 9월부터 시행방안이 확정되어 시행중이며 2018년 12월 7일 바젤 III 추가개혁안(일명 바젤 IV)이 완결되었는데 추가개혁내용은 2022년부터 5년에 걸쳐 단계적으로 시행될 예정이다.

〈표 15-3〉 ▸ 바젤 III의 자기자본규제체계

(단위: %)

	보통주자본	기본자기자본	총자기자본
최저비율(A)	4.5	6.0	8.0
자본보전 완충자본비율(B)		2.5	
A+B비율	7.0	8.5	10.5
경기대응 완충자본비율		0~2.5	

주: 기본자기자본은 보통주자본 + 기타기본자기자본(additional tier 1, 신종자본증권, 우선주 등)으로 구성되고 총자기자본은 기본자기자본 + 보완자기자본(tier 2, 후순위채 등)으로 구성됨. 보통주자본은 핵심기본자기자본(core equity tier 1 capital)이라고도 함.

자료: 금융연구원(2010.9.25)

로 연결되어 개별금융기관의 건전성 위기가 금융제도전체로 전이될 수 있기 때문이다. 이에 따라 〈표 15-3〉에서 보듯이 이전의 **보통주자본비율**(보통주와 유보이익으로 구성)과 **기본자기자본비율**(tier 1 capital ratio, 우선주와 신종자본증권[10] 포함)을 상향조정하고 위기 발생시 손실흡수능력(복원력)의 제고와 경기순응성완화를 위해 **자본보전완충자본**(capital conservation buffer) 및 **경기대응완충자본**(counter-cyclical buffer) 규제를 신규로 도입하였다. 즉, 보통주자본비율을 현행 2%에서 4.5%로, 기본자기자본비율을 4%에서 6%로 상향조정하였으며 자본보전완충자본(보통주자본)으로 2.5%를 추가로 쌓도록 하여 실질적으로 7.0% 이상의 보통주자본비율을 적립하도록 의무화하고 있다. 또한 거시건전성확보차원에서 각국별로 감독당국이 신용팽창정도를 감안하여 경기대응완충자본(보통주 또는 기타 형태의 자본)으로 0~2.5%의 범위 내에서 적립을 요구할 수 있도록 하고 있다.[11]

10 기업(은행 및 금융지주사 등)이 증권발행 시 정한 특정 요건이 발생하는 경우 원금이 상각되거나 보통주로 전환되는 자본증권을 조건부자본증권(CoCo Bond, Contingent Convertible Bond)이라 하는데, 신종자본증권(후순위채보다 후순위)과 후순위채(예금 및 일반채권보다 후순위)로 구분된다.

11 특히 감독당국은 시스템적으로 중요한 금융기관(SIFI)이 추가 자본을 보유하도록 요구하고 있다. 홍콩, 스웨덴, 영국, 노르웨이, 체코 등 상당수 국가들은 미국보다 과잉금융현상이 심하지 않음에도 불구하고 경기대응완충자본을 이미 최대 2%까지 인상하였으나, 미국은 아직 부과하지 않고 있는데, 최근(2018년 9월) 경기대응완충자본을 확대해야 한다는 주장이 Fed 내에서 제기되고 있다.

둘째, 레버리지가 높은 금융기관의 경우 위기발생시 레버리지 감축압력을 크게 받아 금융제도에 큰 영향을 미칠 우려가 있으므로 과도한 레버리지 증가를 억제하기 위해 레버리지비율(기본자기자본/명목자산금액(total exposure))이 3%를 초과하도록 하는 레버리지비율규제를 도입하였다.[12] 셋째, 위기상황에서는 보유자본이 충분하더라도 신용경색으로 자금조달이 어려워지고 이로 인해 금융제도의 안정성확보에 한계가 노출됨에 따라 유동성비율규제를 도입하였다. 즉, 자기자본비율이 은행의 지급능력과 유동성문제를 동시에 해결할 것이라는 종래의 낙관론을 수정하여 단기유동성지표인 **유동성 커버리지비율(LCR, liquidity coverage ratio)** 및 중장기 유동성지표인 **순안정자금조달비율(NSFR, net stable funding ratio)** 규제를 도입하였다. 그러나 유동성이 높은 자산에 대한 수요가 이전보다 크게 높아져 유동성자산의 수급불균형을 유발할 것이라는 문제점이 지적되고 있다.

(2) 우리나라의 은행자본충실도규제[13]

우리나라의 경우에도 은행의 자기자본충실화를 위하여 적용하고 있는 규제는 BIS 기준 자기자본비율규제이다. 우리나라는 1992년 7월부터 경영지도기준의 하나로 BIS의 자기자본비율규제(바젤 I)를 도입하여 은행을 대상으로 위험가중자산에 대한 자기자본의 비율을 1993년 말부터 7.25%, 1995년 말부터 8% 이상 유지하도록 하였다. 그리고 금융위원회 또는 금융감독원장은 현행 규정상 BIS 기준 자기자본비율을 충족하지 못하는 은행을 대상으로 적기시정조치(prompt corrective action)를 발동할 수 있다.

우리나라는 1996년 1월의 수정 자기자본규제(바젤 I 수정기준)가 도입될 당시 BCBS의 회원국이 아니었기 때문에 1996년 1월의 수정 자기자본규제제도는 2002년 1월부터 시행하고 있다. 그래서 금융위원회는 2002년 1월부터 트레이딩목적의 자산 및 부채가 1조원 이상이거나 총자산대비 10% 이상인 은행에 대해서는 자기자본비율 산정 시 기존의 신용위험 외에 시장위험을 반영하도록 하고 있다. 또 우리나라는 바젤 II를 2009년 초부

12 레버리지비율은 간단하게 발하면 위험별로 조정되지 않은 은행총자산에 대한 총자기자본의 비율인데 최소 레버리지비율을 옹호하는 사람들은 바젤 II와 III의 복잡한 위험기반의 기준을 은행들이 너무 쉽게 조작할 수 있기 때문에 이러한 자기자본에 대한 추가적 규제가 필요하다고 본다.

13 한국은행(2011, 2018) 참고.

터 의무도입하기로 하였으나 2008년 이후의 글로벌 금융위기로 사정이 변경되어 이후 연장되어 도입되었다. 이는 은행의 중소기업에 대한 신용공급축소 요인을 감소시켜 실물경제의 자금난을 완화시키는 측면에서 나온 것이라고 볼 수 있다.

그리고 2008~2009년의 글로벌 금융위기를 겪으면서 바젤 III가 도입되어 시행되고 있다. 바젤 III의 도입으로 은행에 대한 자본규제는 보통주자본(tier 1)의 개념을 도입하여 최소자본비율체계를 보통주자본비율(4.5%), 기본자기자본비율(6%), 총자기자본비율(8%)로 개편하였다. 자본조달비용을 낮추기 위한 각종 금융혁신으로 인해 자본의 질적 수준이 과거에 비해 크게 저하된 것이 은행에 대한 시장신뢰가 무너진 근본원인이라는 인식에 따라 자본인정요건을 엄격하게 하였다. 또한 완충자본(capital buffer)을 신설하였는데 이는 위기기간 동안 은행이 손실을 흡수하거나 신용공급기능을 지속하면서도 최저규제비율수준 이상으로 자기자본비율을 유지하기에 충분한 자본량을 의미한다. 완충자본은 위기시의 손실흡수를 목적으로 하는 자본보전완충자본과 신용팽창기에 자본을 적립하여 경기침체기에 사용함으로써 대출의 경기동반성을 완화하는 경기대응완충자본으로 구분한다.[14] 완충자본 미준수 시에는 이익금의 재량적 처분(배당금, 자사주매입, 임직원 보너스 등)을 제한한다.

또한 레버리지비율규제를 신규로 도입하였는데 이는 급격한 디레버리징이 금융위기를 악화시킨다는 인식하에 은행의 과도한 레버리지를 사전에 관리하기 위한 규제이다. 또한 유동성규제도 도입하였는데 이중 유동성커버리지비율(LCR)규제는 심각한 유동성 위기상황에서 향후 30일간 발생하는 순현금유출에 대비한 고유동성 자산의 보유수준을 100% 이상으로 평소 유지하고자 하는 것이며, 순안정자금조달비율(NSFR)규제는 운용측면에서 1년 이상 필요한 안정자금규모에 비해 조달측면에서 1년 이상 사용가능한 안정자금규모를 100% 이상으로 평소 유지하고자 하는 것이다. 한편 시스템적으로 중요한 은행에 대한 자본규제강화에 따라 우리나라도 국내의 시스템적으로 중요한 은행(D-SIB, Domestic Systemically Important Banks)에 대해 추가적인 자본을 적립하도록 하였다.[15]

---

14 우리나라 금융당국은 경기대응완충자본규제를 2016년 도입하였으며 가계부문 경기대응완충자본규제(가계신용의 과도한 팽창에 대비)를 2019년부터 도입할 예정이다. 금융연구원(2018a) 참고.

15 글로벌 금융규제강화의 방법으로 바젤 III와 더불어 SIFI에 대한 규제가 도입되었다. SIFI규제의 핵심은 대형 금융기관에 대해 더 강화된 규제를 적용하는 것이다. 2010년 10월 FSB는 BCBS와 공동으로 SIFI규제 강화를 위한 종합적인 체계와 일정을 수립하고 이를 기반으로 세부과제들을 추진하였다. 그 결과 시스템적으로 중요한 글로벌 은행(G-SIBs, Global Systemically Important Banks) 및 시스템적으로 중요한 국

3. 자산보유(운용)규제[16]

기본적으로 은행은 레버리지(부채비율)가 높아 많은 위험을 택할 유인(도덕적 해이)을 가지고 있다. 즉, 은행파산의 사적비용이 은행파산의 사회적 비용보다 더 적기 때문에 은행은 과도하게 위험한 자산을 보유하는 경향이 있다. 은행의 자산보유규제도 은행의 자본규제와 마찬가지로 은행의 도덕적 해이(은행이 지나친 위험을 택하는 경향)를 최소화하는 데 목적이 있는 거시건전성규제수단의 하나이다. 주식이나 파생금융상품과 같은 위험자산을 은행이 소지하지 못하게 하는 은행규제는 은행의 지나친 위험을 피하려는 직접적인 수단이다. 또 은행규제는 대출에서의 다변화를 조장하고 자산의 건전성을 적절하게 유지하도록 하고 있으며 주택담보대출(가계부채)이 과도하게 늘어나지 않도록 규제하고 있다.

편중여신규제: 대출다변화 편중여신규제는 은행의 기업(산업)지배를 방지하고 특정 기업에 대한 대규모 여신이 부실화되는 경우 은행의 신용도가 저하되는 위험을 사전에 방지하기 위하여 운용되고 있는 규제이다. 우리나라의 경우 구체적으로는 동일차주(同一借主)신용공여한도, 동일인(同一人)신용공여한도, 거액(巨額)신용공여한도 등이 이에 해당된다(은행법 35조). 즉, 은행은 동일차주(동일한 개인·법인 및 그와 신용위험을 공유하는 자)에게 자기자본의 25%를 초과하는 신용공여(대출, 지급보증 및 유가증권의 매입, 기타 금융거래상의 신용위험을 수반하는 금융기관의 직접·간접적 거래)를 할 수 없다. 또한 은행은 동일한 개인이나 법인(동일인) 각각에 대하여 당해 은행 자기자본의 20%를 초과하는 신용공여를 할 수 없다. 아울러 거액신용공여(동일인 또는 동일차주에 대한 신용공여가 당해 은행 자기자본의 10%를 초과하는 신용공여)의 총 합계액은 당해 은행 자기자본의 5배를 초과할 수 없다.

내은행(D-SIBs, Domestic Systemically Important Banks)에 대한 평가방법 및 추가자본 부과방안, 효과적인 정리체계 권고안, SIFI 감독강화 권고안 등이 마련되었다. BSBS는 2011년부터 G-SIBs 명단을 매년 공표하고 있으며, 선정된 G-SIBs는 시스템적 중요도 점수구간에 따라 1.0~3.5%의 보통주자본을 추가로 적립할 의무가 있다. 2013년 7월에는 시스템적으로 중요한 글로벌 보험사(G-SIIs, Global Systemically Important Insurers)에 대한 평가방법 및 정책수단을 공표하였으며 매년 G-SIIs 명단을 발표하고 있다.

16 한국은행(2011, 2018) 참고.

유가증권투자 및 파생상품업무규제 일반은행은 조달한 자금을 대출에 운용하는 외에 유가증권투자를 통하여 보유자산의 다변화와 수익성 제고를 도모하고 있다. 일반은행이 보유하고 있는 유가증권으로는 국고채, 통화안정증권, 금융채, 지방채, 주식, 사채 등이 있다. 그러나 유가증권은 시장가치가 수시로 변화하는 위험자산이므로 은행법에서 은행경영의 건전성 확보를 위해 과도한 유가증권투자를 규제하고 있다. 이에 따라 지분증권(주식), 상환기간 3년을 초과하는 채무증권, 그리고 파생결합증권 등에 대한 투자를 자기자본의 100% 이내(은행법 시행령에 의해 자기자본의 60% 이내)로 제한하고 있다(은행법 38조).[17] 그러나 국채와 통화안정증권은 재정·통화정책 운용상의 필요성 등에 의해 보유한도 산정대상에서 제외된다. 또한 은행은 다른 회사 등의 의결권이 있는 지분증권의 15%를 초과하여 소유하는 것이 금지되고 있다(은행법 제37조).

자산건전성 규제: 자산건전성 분류 및 대손충당금 적립 은행은 위와 같이 편중여신과 위험자산투자를 못하도록 규제를 받고 있을 뿐 아니라 자산의 건전성을 지속적으로 유지하기 위하여 보유자산을 건전성에 따라 분류하고 부실자산에 대해서는 일정비율 이상의 대손충당금을 적립하여야 한다. 자산건전성분류제도는 금융기관 보유자산의 신용위험 정도에 대한 평가를 통해 대손충당금을 적절히 적립하여 부실자산의 발생을 사전에 예방하고 이미 발생한 부실자산의 조기정상화를 촉진함으로써 금융기관 자산운용의 건전화를 도모하는 것을 목적으로 한다. 금융기관은 차주의 채무상환능력과 금융거래내용 등을 감안하여 보유자산의 건전성을 정상, 요주의, 고정, 회수의문, 추정손실의 5단계로 분류하여야 하며 차주의 채무상환능력은 과거 원리금 상환실적뿐 아니라 미래 채무상환능력까지 감안(FLC, forward looking criteria)하여야 한다.

---

17 유럽의 경우에는 겸업은행제도(universal banking system)의 채택으로 은행의 자산보유에 제한이 없으나 미국의 경우에는 1933년의 Glass-Steagall Act에 의해 은행의 주식보유를 금하고 있었고 2008~2009년의 글로벌 금융위기 이후 2010년의 금융개혁법(Dodd-Frank Act)을 통해 은행의 트레이딩계정거래(proprietary trading)를 통한 비여신 사업에 대한 투자를 축소하거나 금지하였고 부보금융기관의 파생상품업무를 사실상 금지하였다. 특히 CDS, 합성CDO, 주식스왑 등은 어떠한 경우에도 부보금융기관이 취급할 수 없도록 규제하는 등 은행의 자산운용에 대한 규제가 더욱 강화되었다. 일본의 경우에도 은행의 주식보유에는 제한을 두고 있으나 기타 유가증권에 대해서는 포괄적으로 허용하고 있다. 일본의 은행법에서는 은행의 증권 투자를 원칙적으로 금지하고 있으나, 금융상품거래법에서는 은행이 '등록 금융기관'으로 등록할 경우 별다른 투자 규모의 제약 없이 자기계정에 의한 유가증권의 매매 업무를 영위할 수 있도록 하고 있다(하나금융경영연구소(2011) 참고).

주택담보대출규제 우리나라 주택담보대출시장(모기지시장)은 다른 나라와 비교할 때 최근에 와서 다소 완화되기는 하였지만 짧은 만기, 만기 일시상환방식, 그리고 변동금리 대출의 비중이 높다는 특징을 갖고 있다. 따라서 경기침체나 주택가격 충격에 매우 취약한 구조를 갖고 있다.[18] 이러한 문제를 해결하여 금융기관의 건전성을 확보하고 금융제도의 안정성을 유지할 수 있도록 은행은 주택담보대출에 대해 규제를 받고 있다.[19] 우리나라의 주택담보대출과 관련된 규제의 주 수단으로 활용되고 있는 것은 담보인정비율(LTV)과 총부채상환비율(DTI)에 대한 규제이다.[20] **담보인정비율(LTV, loan to value)**은 주택가격에 비해 주택담보 대출금액이 어느 정도 차지하는지를 나타내는 비율이다. 은행의 주택담보대출 취급 및 한도를 산정하는 기준의 하나이다. 즉, 담보인정비율은 부동산 등을 담보로 대출하는 경우 부동산 감정가액의 일정비율 이내에서 대출하게 하여 위험을 관리하는 제도이다. **총부채상환비율(DTI, debt to income)**은 연간 총소득에서 연간 상환액(원금 상환액 + 이자 상환액)이 차지하는 비중을 말한다. DTI가 낮을수록 부채를 상환하는 능력이 높다고 할 수 있다. 총부채상환비율(DTI)규제는 상환능력을 감안하여 부채를 소날하도록 함으로써 가계, 금융기관, 금융시장, 우리경제의 건전한 성장과 발전을 도모하기 위한 금융의 기본원칙이다. DTI규제는 주택담보대출의 구조적 취약성을 해결할 수 있는 가장 강력한 규제수단인데 우리나라의 경우 DTI규제는 도입이 늦어 2005년 8월 30일에 부분적으로 도입되기 시작하였다.[21]

---

18 이하 금융연구원(2013) 참고.

19 그러나 우리나라의 주택담보대출규제는 금융기관의 건전성이나 금융제도의 안정성보다는 주로 부동산 시장의 경기를 조절하여 금융기관의 건전성과 금융제도의 안정성을 위협하는 요인을 차단하는 간접적 수단으로 주로 사용되어 왔다고 볼 수 있다.

20 2002년 이후 10여 차례에 걸쳐 발표된 규제조치 전부가 LTV상한을 하향 조정하거나 DTI적용 대상을 확대하는 내용을 포함하고 있다(금융연구원(2013, p.98)). 이외에도 변동금리대출을 제한하거나 네거티브 상환대출(negative amortization loan)이나 무자료대출을 제한하는 방법도 있다.

21 이외에도 총부채원리금상환비율(DSR, debt service ratio) 규제도 이용되고 있다. 이것은 차주의 상환능력 대비 원리금상환부담을 나타내는 지표로서 차주가 보유한 모든 대출(주택담보대출, 마이너스통장, 카드론, 신용대출, 전세자금대출, 자동차할부대출 등 모든 대출 포함)의 연간원리금상환액을 연간소득으로 나눠 산출된다. 부동산시장안정을 위해 2018년 초부터 시행된 DTI가 원래의 기준을 확대하여 연간총소득 대비 주택담보대출 원리금에 신용대출 등 다른 대출의 이자를 더한 금융부채를 대출 한도로 계산하는 반면 DSR은 더 넓은 범위의 부채원금과 이자를 모두 더한 원리금 상환액으로 대출상환 능력을 심사하기 때문에 더 엄격한 기준이라고 볼 수 있다.

4. 인허가규제와 검사규제[22]

(1) 인가규제 및 검사규제

은행을 인가하고(인가규제) 인가된 은행의 운영상태를 검사하고 감시하는 것(검사규제)은 **미시건전성감독**(microprudential supervision)의 대표적인 수단이며 이것은 은행의 역선택과 도덕적 해이를 감소시키기 위한 중요한 수단이다.

은행인가규제: 역선택 감소 은행은 기본적으로 자기자금보다는 주로 차입자금으로 운영되기 때문에 매우 투기적이거나 위험을 과도하게 선호하는 사람에 의해 운영될 경우 심각한 역선택문제를 유발할 수 있으며 따라서 자격과 능력이 있는 사람이 은행을 인가받아 운영하도록 규제할 필요가 있다. 그러므로 은행업의 인가를 원하는 사람은 인가당국의 인가를 받아야 하며 인가(규제)당국이 인가여부를 평가할 때는 자기자본의 규모, 은행경영자의 자질, 은행의 영업전망 등을 면밀히 검토하여 역선택이 일어나지 않도록 하고 있다.

은행검사와 감시규제: 도덕적 해이 감소 또 은행이 인가된 이후에는 원래 계획대로, 규정대로 잘 운영되고 있는지 주기적으로 은행의 현장을 검사하고 감시할 필요가 있는데 이것은 도덕적 해이를 제한하는 중요한 기능을 한다. 은행검사자는 은행에 대해 주로 **CAMELS기준**(capital adequacy, asset quality, management, earnings, liquidity, sensitivity to market risk rating)을 중심으로 평가한다. 즉, 은행이 적절한 자본을 유지하여 자본요구량을 잘 충족하고 있는지, 우량한 자산을 보유하고 있는지, 경영관리는 잘하고 있는지, 수익성은 적절하게 유지되고 있는지, 유동성을 적절하게 유지하여 지급요구에 대응할 수 있는지, 시장위험에 얼마나 민감하게 노출되어 있는지를 평가한다. 은행활동에 대한 이러한 정보를 가지고 규제자는 은행(금융기관)에 대해 적기시정조치와 같은 여러 가지 조치를 취할 수 있다. 이러한 검사와 감시는 또 역선택문제를 감소시키는 데도 도움이 된다. 왜냐하면 이러한 주기적 검사는 위험선택기회를 줄임으로써 위험을 선호하는 사람이 은행의 운영에 관심을 가질 가능성을 줄여주기 때문이다.

---

22 한국은행(2018) 참고.

(2) 우리나라의 인허가 및 검사규제

1) 인허가규제 및 퇴출규제

우리나라에서 금융기관을 설립하여 특정 금융업을 영위하기 위해서는 민법 및 상법상의 법인요건 이외에 은행법, 자본시장법, 보험업법 등 개별 금융업법에서 요구하는 기본요건을 갖추고 금융당국인 금융위원회의 적격성심사를 거쳐 인허가를 받아야 한다. 금융기관의 설립에 금융당국의 인허가를 받도록 하는 이유는 인허가규제가 부적격자의 시장진입을 막고 과당경쟁이나 독과점에 따른 피해를 최소화할 수 있기 때문이다. 신규설립 인허가 심사에 있어 주요 검토항목은 자본금 및 주주구성과 주식인수자금의 적정성, 경영진의 전문성 및 성실성, 사업계획의 타당성, 물적 시설과 전문인력의 구비 여부 등이다.

은행과 관련된 적격성 심사제도는 일반적으로 은행 대주주 혹은 지배자본에 대한 적격성 심사와 은행임원을 포함한 경영진에 대한 적격성 심사로 구분된다. 이 중에서 지배주주에 대한 적격성 심사의 경우 은행산업 진입자본의 성격과 은행업 수행능력에 대한 사전적 심사를 목적으로 하고 있으나 실제로는 주식보유한도초과 주주에 대한 적격성 심사에 주로 치중하여 시행되어 왔다.[23] 한편 은행경영진 및 임원에 대한 적격성 심사는 주로 과거 위법 및 징계 사실 여부 등의 확인에 초점을 맞추어 운용되어 왔다.

한편 금융위원회는 개별 금융업법 및 '금융산업의 구조개선에 관한 법률(금산법)'에 의거 금융기관의 자율적인 영업종료 및 행정조치에 의한 강제퇴출과 관련하여 퇴출업무를 수행한다. 금융기관은 영업의 양수도, 합병, 계약이전 또는 해산 등을 통해 자율적으로 금융업영위를 종료할 수 있다. 다만 퇴출결정에 앞서 금융위원회의 사전인가를 받아야 한다. 이는 퇴출로 인해 금융거래가 위축되거나 금융기관간 경쟁이 과도하게 제한될 수 있을 뿐 아니라 퇴출과정에서 금융소비자나 투자자가 부당한 재산상의 피해를 입을 가능성이 있기 때문이다. 그리고 금융위원회의 행정조치에 의한 강제퇴출은 관련법규를 위반하거나 재무상태가 기준에 미달한 금융기관을 대상으로 하며 영업정지나 인허가취

---

23 이와 관련된 문제점들을 해결하기 위해 2016년 8월부터 시행되고 있는 '금융회사의 지배구조에 관한 법률'을 보완·개선하려는 노력이 진행되고 있다. 최근의 개선안에 따르면 은행은 지금까지 지배구조법의 예외를 적용받아 은행법에 따른 초과한도보유주주에 대한 적격성심사가 이루어지고 있는데 은행의 경우도 실질적 영향력을 행사하는 주주를 보다 포괄적으로 심사할 수 있도록 지배구조법 규정을 적용할 필요가 있다는 것이다.

소 등의 형태로 이루어진다. 금융위원회는 허위로 영업인허가를 받거나 인허가 내용·조건 또는 금융위원회의 시정명령을 위반하는 등 중대한 법규위반을 한 금융기관에 대해 일정기간 영업을 정지하거나 영업인허가 자체를 취소할 수 있다. 또한 뒤에서 보듯이 금융위원회는 재무상태가 일정기준에 미달하거나 미달할 것으로 예상되어 적기시정조치를 받은 금융기관이 필요한 경영개선대책을 이행하지 않거나 이행할 수 없을 것으로 판단되는 경우 영업정지, 영업인허가 취소 및 계약이전 등을 통해 해당금융기관을 퇴출시킬 수 있다.

2) 경영실태평가

금융감독당국(금융위원회와 금융감독원)은 금융기관의 재무상태, 경영건전성, 법규준수상황 및 리스크 관리실태 등 다양한 부문을 종합적이고 통일적인 방식에 따라 일정한 등급으로 평가하는 경영실태평가제도(일반은행에 대한 경영실태평가제도는 1996년 10월 도입)를 운용하고 있다. 금융감독원의 일반은행(일반은행 본점 및 해외현지법인)에 대한 경영실태평가는 임점(臨店)검사를 중심으로 이루어지는데 구체적으로는 CAMEL-R 방식에 의해 수행되고 있다. 즉, 일반은행의 경영실태를 자본적정성(C, capital adequacy), 자산건전성(A, asset quality), 경영관리 적정성(M, management), 수익성(E, earnings), 유동성(L, liquidity), 그리고 리스크 관리(R, risk management) 등 6개 부문을 대상으로 계량지표 및 비계량지표별로 점검하고 이를 부문별 및 종합적으로 평가하여 수행하고 있다. 경영실태의 평가등급결정은 우선 각 부문별로 평가등급을 확정한 다음 이를 바탕으로 종합평가등급을 결정하는 방식으로 이루어진다. 각 부문별 평가등급 및 종합평가등급은 1등급(우수), 2등급(양호), 3등급(보통), 4등급(취약), 5등급(위험) 등 5단계로 구분된다.

금융감독원장은 이러한 경영실태평가의 결과를 **적기시정조치(prompt corrective action)**에 반영할 수 있다. 즉, 특정 은행이 종합평가등급 3등급(보통) 이상으로서 자산건전성 또는 자본적정성부문의 평가등급을 4등급(취약) 이하로 판정받은 경우에는 경영개선권고를, 종합평가등급 4등급 이하로 판정받은 경우에는 경영개선요구를 각각 발동할 수 있다. 그리고 자산건전성 또는 자본적정성부문의 평가등급이 5등급(위험)으로 판정받은 경우에는 부실금융기관 결정을 위한 자산과 부채의 평가 및 산정을 실시할 수 있다.

3) 적기시정조치제도

적기시정조치제도(prompt corrective action)는 부실 가능성이 있는 금융기관에 대하여 단계별로 미리미리 조기에 적절한 경영개선조치(경영개선권고, 경영개선요구, 경영개선명령)를 취함으로써 조기에 금융기관의 경영을 정상화하거나 정상화 가능성이 없는 금융기관을 퇴출시킴으로써 금융제도의 안정성을 강화하기 위한 제도이다. 우리나라의 금융기관에 대한 적기시정조치제도는 1998년 4월 '금융산업의 구조개선에 관한 법률(금산법)'이 개정되면서 도입되었는데 대상 금융기관에는 일반은행, 금융투자업자, 보험회사, 상호저축은행 등 거의 모든 금융기관이 포함된다.

적기시정조치의 발동기준 및 조치내용 우리나라의 적기시정조치는 금융위원회가 발동할 수 있는데 은행의 경우 금융위원회는 은행에 대한 적기시정조치 발동의 주요 판단근거로 자기자본의 충실도 및 경영실태평가 결과를 활용하고 있다. 즉, 특정 은행의 BIS 기준 자기자본비율이 최저기준(8%)에 미달하거나 경영실태평가 결과가 일정등급 이하 또는 사고가 발생한 경우 그 미달정도에 따라 금융위원회는 경영개선권고, 경영개선요구, 경영개선명령 등 적기시정조치를 부과하는 것인데 이것은 의무조항이다. 적기시정조치가 발동된 경우의 조치내용은 **경영개선권고**(인력 및 조직운영의 개선, 경비절감, 영업소 관리의 효율화, 고정자산투자, 신규 업무취급 및 신규출자 제한, 부실자산의 처분, 증자 또는 감자, 이익배당의 제한, 특별대손충당금의 설정, 조치내용이 반영된 경영개선계획의 제출), **경영개선요구**(경영개선권고시의 조치내용에 추가하여 점포 및 조직의 축소, 위험자산보유 제한 및 자산의 처분, 수신금리수준의 제한, 자회사 정리, 임원진 교체, 영업의 일부 정지, 합병 또는 금융지주회사로 편입, 제3자 인수, 영업의 전부 또는 일부 양도계획의수립), **경영개선명령**(경영개선요구시의 조치내용에 추가하여 주식의 전부 또는 일부 소각, 임원의 직무집행정지 및 관리인의 선임, 합병 또는 금융지주회사로의 편입, 제3자 인수, 영업의 전부 또는 일부 양도, 계약의 전부 또는 일부 이전, 6월 이내의 영업정지)에 따라 다르다.

적기시정조치의 효과 이와 같이 적기시정조치는 금융기관의 자기자본수준과 경영실태평가에 의해 순차적으로 발동되기 때문에 많은 유익한 효과를 가진다. 첫째, 은행(금융기관)의 위험채택 유인을 감소시켜 은행의 도덕적 해이를 감소시킨다. 왜냐하면 은행의 자기자본이 많고 건전하게 운영될수록 적기시정조치를 받을 가능성이 적기 때문이다. 둘째, 적기시정조치는 예금보험기관의 손실을 감소시킬 수 있다. 적기시정조치로 은행이 자기자본을 더 많이 가지게 되면 은행의 파산 가능성이 적으므로 예금보험기관의 잠재적 손실도 감소한다. 또 부실은행의 순자산이 0이 되기 전에 예금보험기관이 조기에 은행을 폐쇄함으로써 부실은행이 회생을 위한 도박을 할 여지를 줄이므로 예금보험기관의 손실을 줄일 수 있으며 아울러 폐쇄의 지체에 따른 사태의 확산을 막아 납세자의 부담도 줄일 수 있다. 셋째, 적기시정조치는 정치인과 규제자의 주인·대리인문제를 감소시키는 데도 크게 기여할 수 있다. 이 조치로 인해 규제자들은 은행의 도덕적 해이의 유인을 증가시키는 **규제적 관용정책**(regulatory forbearance policy)을 덜 취하게 될 것이다.[24]

(3) 위험관리체계의 평가

전통적으로 현장은행감독은 검사시점에서의 은행대차대조표의 건전성의 평가와 은행의 자본요구량과 자산보유에 대한 규제를 충족시키는지에 주로 초점이 맞추어져 있다. 그러나 금융혁신으로 인해 새로운 시장과 새로운 수단을 창조하여 은행이 단기간에 큰 모험을 할 수 있는 오늘날의 현실에서는 대차대조표의 건전성이 급속하게 변동할 수 있으므로 이러한 정태적 은행감독은 결코 적합하지 않다. 금융환경이 계속 변화하는 상황하에서는 은행의 현재의 포지션(상태)에만 초점을 맞추는 은행검사는 은행의 미래의 위험을 평가하는 데 유효하지 않다. 이러한 환경변화로 이제 은행을 검사하는 경우 현재의 포지션검사가 아니라 은행의 위험통제체계 및 위험관리과정의 건전성의 평가에 훨씬 더 큰 중요성을 두고 있다.

우리나라에서도 1997년 말의 외환위기는 금융기관의 경영에 있어 위험관리의 중요

---

24 적기시정조치에도 불구하고 재량이 많이 허용되기 때문에 규제자들의 규제적 관용정책의 가능성이 여전히 있을 수 있다. 그러므로 예금보험기관에 비용을 유발하는 은행의 모든 파산에 대해서는 사후적으로 강제적으로 재검토를 할 필요성이 있다. 재검토보고서는 공개되어야 하며 정부의 감사당국은 이 보고서를 반드시 점검하여야 한다(파산은행에 대한 재검토보고서의 작성과 공개). 규제자의 결정내용의 공개와 검증은 규제적 관용을 덜 유발할 것이며 따라서 주인·대리인문제를 감소시킬 것이다. 또 정치인들이 규제자들에게 규제감독의 완화를 요구하는 유인도 감소할 것이다.

성을 인식시키는 계기가 되었다.[25] 더욱이 금융중개기능의 효율성제고를 위해서는 금융기관의 자율경영체제가 확립될 필요성이 높아졌고 이에 따라 금융기관 스스로 신용위험, 이자율위험, 시장위험 등 각종 위험을 체계적으로 관리할 수 있는 능력을 배양할 필요가 있었다. 이에 따라 금융감독당국은 1999년 이후 종합위험관리체계의 도입을 추진하였는데 1999년 7월 위험관리위원회와 위험전담조직을 은행에 처음 도입하였다. 또한 금융기관은 금융기관의 임직원이 직무를 수행함에 있어 따라야 할 기본적인 절차와 기준(내부통제기준)을 정하고 이의 준수여부를 감시할 준법감시인을 두도록 하였다. 그리고 금융위원회는 금융기관 검사결과 법령을 위배한 사실이 드러난 금융기관에 대하여 법령위반행위의 재발방지를 위하여 내부통제기준의 변경을 권고할 수 있다. 이러한 위험관리체계가 제대로 구성되고 작동하고 있는지를 평가하는 것이 보다 중요하고 필요하다.

(4) 금융기관의 보상체계규제

2008년의 금융위기를 겪으면서 위기를 유발한 하나의 중요한 요소로 금융기관의 단기실적에 따른 인센티브 보수체계의 문제점을 지적하고 이러한 도덕적 해이를 줄이기 위한 규제개혁이 필요하다는 견해가 널리 제시되었다. 금융기관의 보상체계의 문제점은 비록 주주 이익에 맞게 보상체계가 만들어졌다고 해도 그것이 사회적으로 바람직하지 않은 과도한 위험을 선택하는 인센티브를 유발할 수 있다는 점이며 이러한 인센티브는 규제될 필요가 있다는 것이다. 왜냐하면 최근 위기에서 드러났듯이 금융기관이 파산하면 부분적으로라도 납세자와 경제 전체가 비용을 부담하기 때문이다. 따라서 주주 이익만 좇다 보면 지나치게 위험한 사업상 결정이 내려질 수 있으므로 그런 결정을 규제하는 것 역시 정당하고 필요하다고 볼 수 있다.

이러한 문제인식으로 인해 일부 금융기관이 보수지급방식을 자체적으로 변경하려고 시도하고 있음에도 불구하고 각국 정부는 금융기관들의 보상체계에 대한 규제를 심각하게 고려하고 있으며 바젤은행감독위원회(BCBS)는 최근 그런 규제에 찬성하는 입장을 밝혔다. 또 미국은 2010년 금융개혁법(Dodd-Frank Act)의 제정으로 경영진 보상에 관한 공시를 강화하는 한편 상장법인은 최소 3년에 1회 이상 경영진의 개별보수에 대해 주주총

25 한국은행(2005) 참고.

회의 심의를 받도록 하였다.[26] 영국정부는 2009년 8월 초에 은행성과보수체계 규제강화 방안을 마련하였는데 영국정부는 금융기관 성과보수 책정시 장기성과를 바탕으로 한 보수책정을 의무화하고 위험자산 보유정도에 따라 의무 기본자기자본비율(tier 1 capital ratio)을 상향 조정하여 과도한 성과연동보수 지급을 사전에 방지할 방침이다.

우리나라도 '금융회사의 지배구조에 관한 법률(2015년 7월 제정, 2016년 8월 시행)'에서 금융회사는 보수위원회를 두어 임직원이 과도한 위험을 부담하지 아니하도록 보수체계를 마련하여야 하며 특정한 임직원에 대하여 성과보수(보수의 일정비율 이상을 성과에 연동하여 미리 정해진 산정방식에 따른 보수)를 일정기간 이상 이연(移延)하여 지급하고 이러한 임직원의 보수지급을 공시하여야 한다고 규정하고 있다.[27]

그러나 이에 대한 반론도 만만치 않다. 반론을 제시하는 사람들은 금융전문인력의 해외이탈 등에 따른 국제경쟁력 저하를 막기 위해 이러한 규제가 있어서는 안 된다는 것이다. 우수한 인재를 붙잡아 두려면 자유롭게 보상 패키지를 만들 수 있어야 하고 또 그런 인재들이야말로 세계 금융시스템을 되살리기 위해 꼭 필요하다고 주장한다. 또 이들은 이러한 인력이탈로 인한 자산운용업무의 위축에 따른 경제회복세 둔화 등을 우려하고 있다.

5. 공시제도: 시장규율기능강화[28]

무임승차문제로 인해 은행의 예금자와 채권자들은 은행자산의 건전성에 대해 개별적으로 알아볼 충분한 유인을 가지지 못한다. 이러한 문제를 해결하는 하나의 방법은 정부가 규제를 통해 은행이 표준적인 회계원칙을 따르고 은행의 성과를 평가하는데 도움이 되는 광범한 정보를 공개하고 알릴 것을 요구하는 **공시제도**(disclosure

---

26 금융연구원(2010.9) 참고.

27 아울러 금융위원회는 2018년 말 현재 지배구조법을 개정하여 금융회사임원의 보수공시를 강화하고 내실화하려고 준비하고 있다. 즉, 보수총액 또는 성과보수총액이 일정액 이상인 임원의 개별 보수총액, 성과보수총액, 산정기준 등을 보수체계연차보고서를 통해 공시하도록 의무화하고 대형 상장금융회사의 임원(업무집행책임자 제외)에 대한 보수지급계획을 임기 중 1회 이상(임원 선임시 포함) 주주총회에 설명하는 것을 의무화하고자 하고 있다.

28 한국은행(2011, 2018) 참고.

requirements)를 도입하는 것이다. 이와 같이 은행의 **경영정보공시제도**는 은행의 경영 상태(재무상태) 및 위험에 대한 충분한 정보를 주주, 예금자, 여신거래처 등 이해관계자(stakeholder)는 물론 불특정 다수에 제공하여 은행의 불공정행위나 부실로부터 금융소비자를 보호하고 나아가 이해관계자에 의한 **시장규율**(market discipline)기능을 강화함으로써 은행의 건전경영 및 책임경영체제의 정착을 유도하기 위한 제도이다. 왜냐하면 더 많은 정보의 공개는 주주나 채권자, 예금자와 같은 이해관계자들(stakeholders)이 은행을 평가하고 감시하는 것을 가능하게 하며 따라서 지나친 위험선택에 대한 억제책으로 작용할 수 있기 때문이다.

은행의 경영정보공시뿐 아니라 **금융상품공시**(금융거래조건공시)도 중요하다. 이것은 특히 금융소비자를 보호하는 데 초점이 있다. 금융상품공시는 약관, 약정이율, 이자지급 시기 및 방법, 부대비용, 계약해지, 거래제한 등 금융상품의 거래조건과 관련된 정보를 금융소비자에게 제공하는 것으로 금융상품의 구조가 복잡, 다양해지고 명칭만으로는 상품의 내용 및 거래조건을 파악하는 것이 어려워짐에 따라 이에 대한 필요성이 더욱 커지고 있다.

우리나라의 경우 은행, 금융지주회사, 금융투자업자, 보험회사 등 금융기관은 경영정보공시에 관한 규제를 받고 있다. 이들 금융기관은 조직 및 인력에 관한 사항, 재무 및 손익에 관한 사항, 자금의 조달·운용에 관한 사항, 건전성·수익성·생산성 등 경영지표에 관한 사항, 위험관리에 관한 사항 등 은행(금융기관)의 경영에 중요한 영향을 미치는 사항을 정기적으로 공시하고 일반인이 열람할 수 있도록 하여야 한다. 또한 부실여신 또는 금융사고 등으로 인해 손실이 발생하거나 발생이 예상되는 경우, 적기시정조치를 받은 경우, 금융기관 재무구조나 경영환경에 중대한 변동을 초래하는 사항이 발생한 경우에는 이를 즉시 공시하도록 되어 있다. 그리고 2001년 1월부터는 금융감독원에 의해 전자공시제도가 도입되어 시행되고 있다. 또 은행, 금융투자업자, 보험회사 등 금융기관은 금융상품에 대한 공시를 하게 되어 있다. 은행에 있어서는 예치의 경우 약정이율, 수익률, 수수료, 그리고 대출의 경우 대출금리, 상환기간, 상환방법, 변동금리 혹은 실적배당상품 여부 등 주요 거래조건에 대한 정보를 고객에게 제공하여야 한다.

6. 금융소비자보호규제[29]

(1) 금융소비자보호규제의 필요성

금융상품이 복잡해지고 다양화하면서 불공정거래의 발생 가능성이 점차 커짐에 따라 금융소비자보호문제는 매우 중요한 문제로 등장하고 있다. 특히 2008년의 글로벌 금융위기를 계기로 금융소비자보호가 금융제도의 안정성과 지속성에 핵심적인 요소라는 인식이 강화되면서 금융감독정책의 핵심과제로 부각되고 있다. 앞에서 언급한 바와 같이 사실 금융기관에 대한 많은 규제는 금융소비자, 특히 소매금융소비자를 보호하기 위한 규제이다. 예컨대, 개별금융기관의 안전성과 건전성을 유지하는데 필요한 미시건전성 규제인 금융기관의 인가와 검사, 경영실태평가, 공시요구, 보유자산규제 등은 모두 금융소비자보호를 위한 것이라고 볼 수 있다. 그러나 보다 직접적으로 금융소비자를 보호하기 위한 규제들도 있다. 여기서는 이러한 직접적인 금융소비자보호규제에 대해 살펴본다. 금융당국이 규제를 통해 직접금융소비자를 보호해야 하는 이유는 금융소비자에게 충분한 정보제공이 이루어지지 못하거나(정보의 비대칭성) 비경쟁적 시장에서 소비자가 충분한 교섭력을 갖지 못하는(교섭력의 부족 또는 불균형) 경우 소비자들이 스스로를 완전히 보호하지 못하여 시장실패가 발생할 수 있기 때문이다.

특히 2008~2009년의 글로벌 금융위기를 계기로 주요 선진국을 중심으로 금융소비자보호를 규제의 중요한 목표로 설정하고 금융소비자보호조직의 재구축과 금융소비자전담감독기구의 설립이 활발하게 촉진되고 있다. 미국은 2010년 7월에 금융개혁법(Dodd-Frank Wall Street Reform and Consumer Protection Act)을 제정하여 금융소비자보호를 주요한 목적으로 제시하고 **금융소비자보호국(CFPB, Consumer Financial Protection Bureau)**을 신설하였다.[30] 또 영국은 통합금융감독기관인 금융감독원(FSA,

---

29 김병연(2009), 삼성경제연구소(2011), 보험연구원(2011) 참고.

30 CFPB는 명목상으로는 Fed의 소속이나 실질적으로는 Fed로부터 독립적인 기관이다. 이에 의해 Fed는 소비자보호업무에서 완전히 배제되었다. 그러나 그 이전에는 소비자보호역할을 하였다. 예컨대, 1969년의 소비자보호법(Consumer Protection Act of 1969)에 의해 도입된 '대출에서의 진실(truth in lending)'규제(연방은행 규정 Z)를 개정하여(2009년 10월 1일 발효) 불공정 수수료에 의한 금융기관의 폭리를 금지하였다. 즉, 금융기관은 주택담보대출상품 취급 시 소비자의 변제능력을 확인할 의무가 부여되었으며 금융기관은 신용카드나 주택담보대출과 관련하여 금융소비자에게 불공정한 수수료를 받을 수 없게 하였으며 총자산 100억 달러 이상 은행이 발행하는 신용카드 등의 수수료에 대해 Fed는 합리적 기준을 마련할 의무가 부과되었었다.

Financial Services Authority)을 폐지하고 금융소비자보호 전담기구인 **금융행위규제기구(FCA, Financial Conduct Authority)**를 설치하였다.[31] 또한 2011년 11월의 G-20 칸 정상회의에서는 OECD가 제안한 금융소비자보호 10대 원칙을 채택하였다.[32]

(2) 우리나라의 금융소비자보호규제

우리나라의 경우 금융소비자보호와 관련된 법규로는 예금자보호법, 약관의 규제에 관한 법률, 표시·광고의 공정화에 관한 법률, 신용정보의 이용 및 보호에 관한 법률, 금융실명거래 및 비밀보장에 관한 법률, 소비자기본법, 독점규제 및 공정거래에 관한 법률 등이 존재하며 경영지도를 통한 소비자보호활동은 각종 업법에 구체화되어 있다. 이러한 법률과 규정에도 불구하고 우리나라의 경우 금융시장의 미성숙(자본시장과 보험시장의 발달부진), 금융기관의 경쟁체제부족(진입규제, 대형금융기관의 독과점) 그리고 금융상품의 판매채널과 판매방법의 낙후성으로 인해 다양한 금융소비자보호문제가 계속적으로 제기되어 왔다.

우리나라에서 금융소비자보호와 관련되어 제기되고 있는 이슈는 매우 다양하다. 중요한 금융소비자보호이슈로는 공시수준의 개선(공시는 소비자의 4대 권리인 알권리, 피해보상권리, 선택할 권리 및 의견 반영할 권리가 충분히 보장될 수 있도록 되어야 함), 거래약관제도의 개선(우리나라 금융거래 약관제도는 전통적으로 금융기관들의 면책범위는 극대화된 반면 소비자보호측면의 반영은 미미한 수준임), 거래규제제도의 개선(광고, 끼워 팔기, 담합과 관련된 규제제도의 개선), 금리 및 수수료규제, 불완전판매방지(소비자의 합리적인 선택, 거래과정의 공정성 및 금융기관의 합리적 상품개발이 모두 이루어져야 불완전판매 방지 가능), 투자상품의 판매와 투자자 보호(금융상품 공시와 금융거래자문 제공),[33] 신

---

31 영국의 경우 2000년에 '금융서비스 및 금융시장법(FSMA, Financial Service and Market Act of 2000)'을 제정하여 모든 금융관련 법령을 통합하였으며 FSA가 FSMA에서 부여된 권한에 의거하여 각종 소비자 관련 규정을 제정하였으며 이에 따라 FSA가 모든 업권의 금융소비자보호업무를 담당하였다. 그러나 이제 FSA는 폐지되고 2013년 4월부터 FCA가 금융소비자보호업무를 담당하게 되었다.

32 자세한 내용은 삼성경제연구소(2011, p.2) 참고.

33 최근에는 금융투자상품의 구조화와 고도화로 인해 금융상품의 이해에 상대적으로 어려움을 겪는 고령의 투자자에 대한 보호의 필요성이 증가함에 따라 고령층 금융소비자보호가 강화되는 추세에 있다. 예컨대, 미국은 2017년 10월에 고령층의 금융사기 등 피해방지를 위해 '고령자 착취방지 및 기조법'을 제정, 공포하였

용정보의 집중과 이용, 소비자피해 구제제도(금융분쟁조정제도),[34] 개인정보보호제도, 금융교육의 강화, 금융소비자보호조직의 재구축, 금융소비자전담감독기구 설립문제 등 다양한 이슈들이 있다.

앞에서 언급한 국제적 추세와 2011년에 발생한 저축은행사태에 대한 대응책으로 금융당국(금융위원회)에서도 금융소비자보호의 실효성 제고와 법 운용과 집행상의 일관성 및 체계적 접근을 위하여 2011년 11월과 2017년 5월 등 몇 차례에 걸쳐 '금융소비자보호에 관한 법률'을 발의하였으나 논의 중이다. 이 법안들의 주 내용은 다음과 같다. 첫째, 감독체계를 업권별 규제체계에서 기능별 규제체계(동일기능-동일규제)로 전환하여 규제의 공백을 최소화한다. 둘째, 금융소비자의 선택권을 강화하고 불완전 판매에 대한 규제를 강화한다(사전정보제공의무의 강화, 비교공시, 설명의무강화, 부당권유행위 금지). 셋째, 불완전판매를 방지하기 위해 징벌적 과징금제도와 판매제한명령권을 도입하여 규제위반행위를 강력히 제재할 수단을 마련한다. 넷째, 금융소비자보호기구를 신설하여 분쟁조정, 금융교육, 민원처리 등을 전담하도록 한다.

7. 경쟁규제: 금산분리규제[35]

금융업종 간 또는 동일금융업(예컨대, 은행업) 내의 기관 간의 경쟁의 증가는 금융기관으로 하여금 더 많은 위험을 취하도록 하는 도덕적 해이를 증가시킬 수 있다. 따라서 많은 나라는 경쟁으로부터 은행 등 금융기관을 보호하는 규제를 도입하였다. 대표적인 것이 미국의 지점설치규제와 Glass-Steagall Act에 의한 은행업과 증권업의 분리규제이다. 그러나 경쟁의 억제가 금융기관의 건전성을 유지시켜줄지는 모르지만 이것은 소비자에

으며, 우리나라도 자본시장법 시행령을 개정하여 2018년부터 고령자(70세 이상)를 대상으로 고위험상품 판매 시 녹취와 보관의무를 도입하였다.

34 금융분쟁조정제도는 예금자 등 금융고객(또는 기타 이해관계인)과 금융기관 간 분쟁이 있을 경우 분쟁당사자의 주장과 사실관계를 조사·확인한 후 합리적인 해결방안이나 조정의견을 제시함으로써 소송이 아닌 당사자 간 합의를 통해 분쟁을 해결하는 제도로 1987년 12월에 처음 도입되었다. 도입 당시에는 금융업종별로 금융분쟁조정기구를 두었으나 1999년 금융감독원 설립과 함께 금융업종별 분쟁조정기구를 금융감독원 내 금융분쟁조정위원회로 통합하였다.

35 이병윤(2006.8) 참고.

게 더 많은 부담을 지울 수 있으며 또 금융기관의 효율성을 감소시킬 수 있다는 심각한 단점을 가질 수 있다. 따라서 경쟁을 제약하여 금융기관을 보호하려는 정부의 노력은 감소하여 왔다. 그러나 최근의 금융위기를 겪으면서 금융업 간의 경쟁을 제약하는 것이 바람직한 것인지, 경쟁을 더 확대하는 것이 바람직 한 것인지에 대한 논란이 커지고 있다. 여기서는 금융업에서의 경쟁문제와 관련된 규제에 대해 살펴본다. 이것과 관련하여 가장 중요한 이슈는 은행업과 증권업의 분리문제이며 또 하나의 이슈는 금융자본과 산업자본의 분리(금산분리)문제이다. 은행업과 증권업의 분리문제는 이미 13장 3절에서 자세히 살펴보았으므로 여기서는 후자의 금산분리문제에 대해 살펴보기로 한다.

금산분리(金産分離)란 금융자본과 산업자본의 분리를 의미하는데 이것은 광의로는 은행자본을 비롯한 증권, 보험 등 모든 금융자본과 산업자본의 분리라는 의미이지만 협의로는 은행자본과 산업자본의 분리, 즉 **은산분리**(銀産分離)라는 의미를 갖는다. 특히 우리나라에서는 산업자본의 은행소유지배를 금지하고 있는데, 우리나라에서 은산분리를 주장하는 근거는 다음과 같다. 첫째, 은행업(넓게는 금융업)의 본연의 기능은 기업에 자금을 제공하는 기능(자금중개기능)인데 이를 원활하게 하기 위하여 기업의 역선택과 도덕적 해이문제를 해소하여야 한다. 이를 위해서는 은행의 기업에 대한 심사와 감시가 가장 중요한데 심사와 감시의 대상인 기업(산업자본)이 심사와 감시의 주체인 은행(금융기관)을 지배하는 것은 문제가 된다는 것이 은산(금산)분리 논쟁의 핵심이다. 둘째, 은산분리규제는 은행(금융기관)이 다른 비금융회사를 지배하여 관련 시장에서의 경쟁을 실질적으로 제한하는 것을 막고 또 산업자본이 은행(금융기관)을 지배하여 대출(금융)시장에서의 경쟁을 제한하는 것을 막으려는 것이다.[36, 37]

---

36 최근 ICT(정보통신기술)와 금융의 융합(핀테크) 트렌드가 확산되면서 인터넷 전문은행의 설립과 관련된 논의가 활발하게 진행되었다. 우리나라의 경우 온라인 전문회사가 증권사(이트레이드 증권 등), 보험사(다음 다이렉트 등) 등 비은행금융권에는 진입해있음에도 불구하고 인터넷 전문은행이 허용되지 않고 있다가 2015년 한국카카오은행과 케이뱅크은행이 허용되었는데, 이를 허용하는 과정에서 은산분리원칙(KT, 카카오 같은 ICT 기업 등 비금융기관의 은행진입 허용 여부)과 금융전업주의를 재검토해야 한다는 주장이 제기되었다.

37 우리나라의 경우 은행을 포함한 금융업 전반에 대해 볼 때 2019년부터 금융업권 내 경쟁유도와 함께 비금융회사의 금융업 진입을 허용하는 등 진입규제완화를 통한 경쟁촉진정책을 본격적으로 추진하려 한다고 볼 수 있다. 정책당국은 금융업권별 경쟁정도의 분석을 통해 경쟁이 낮은 업권에 신규 인허가를 진행하고(증권, 카드사에 해외송금 및 자금정산 업무를 허용하고 외화송금업자 및 단위농협의 해외송금한도를 확대하는 등 기존 은행의 독점적 경쟁우위 약화) 인가단위를 세분화하는 등 진입정책을 적극적으로 확대하여

(1) 산업자본의 은행 소유 및 지배제한[38]

1) 산업자본의 금융기관(은행) 소유지배의 장단점

산업자본(비금융기업)이 금융기관을 소유지배할 경우 경영효율성제고(자금조달비용의 절감), 업무다각화에 따른 시너지창출(규모 및 범위의 경제, 공동판매의 시너지효과, 상품 및 지역다변화를 통한 위험 및 비용절감) 등의 장점이 있다. 반면 산업자본이 금융기관을 지배하는 경우의 단점으로는 다음의 몇 가지가 지적될 수 있다. 첫째, 금융기관의 기업규율기능이 약화될 수 있다. 여신 회수를 통한 부실기업퇴출 등 기업구조조정의 주체인 은행을 기업구조조정의 대상인 산업자본이 지배하게 된다면 부실한 계열사에 대한 구조조정이 제대로 이루어질 수 없을 가능성이 있다. 둘째, 산업과 금융의 동반부실화에 따른 금융제도의 불안정성이 증대될 수 있다. 기업경영의 부실로 인해 금융기관이 부실화될 가능성이 크며 예금보험제도 및 중앙은행의 최종대부자기능이 금융기관을 소유하고 있는 기업에 대한 지원제도로 변질될 가능성이 존재한다. 셋째, 공정경쟁이 저해될 수 있다. 산업자본 소속 금융기관이 산업자본의 자금조달 창구 역할을 할 경우 경쟁업체에 비하여 절대적인 경쟁력 우위에 놓여 불공정 경쟁이 될 수 있다. 넷째, 금융기관의 대기업 사금고화에 따른 피해가 나타날 수 있다. 금융기관의 자산은 유동성이 매우 높기 때문에 산업자본의 계열기업을 쉽게 지원할 수 있으며 지배 대주주를 위한 불법적인 자금운용 및 사금융화를 통하여 지배주주·소액주주·고객 간 이해상충문제가 발생할 수 있다.

대형 금융회사에서 다루지 않는 틈새영역을 보완하기 위해 소규모 특화 금융회사의 설립(소액단기보험사, 온라인전문보험사, 특화보험사 등 다양한 형태의 보험사, 특화신탁사 설립허용을 통해 종합금융회사에서 제공하지 않는 맞춤형 상품을 제공)을 유도하고 있다. 또한 이와 함께 정부에서 금융혁신 관련법률 정비를 본격적으로 추진함에 따라 비금융회사의 금융업 진입이 확산될 수 있는 법적 기반도 마련하였다. 즉, 은산분리완화내용을 포함한 인터넷 전문은행 특별법과 한국판 규제 샌드박스인 금융혁신지원 특별법(혁신금융사업자로 선정 시 다른 금융관련 법령의 규정에도 불구하고 지정받은 범위 내에서 해당서비스의 영위가 가능하며 정식 인허가 시 최대 2년간 혁신금융서비스를 배타적으로 운영가능)이 제정되었고, 데이터 기반 생태계 육성을 위한 신용정보법 개정(본인신용정보관리업(MyData사업자)을 도입하여 개인신용정보 이동권 보장)이 추진되고 있다. 하나금융경영연구소(2019) 참고.

38 우리나라의 독점규제 및 공정거래에 관한 법률(공정거래법)에서는 일반지주회사와 금융지주회사가 상호 주식을 보유하는 것을 금지하고 있기 때문에 지주회사의 경우에도 금산분리원칙이 확고하게 되어 있다고 볼 수 있다.

2) 우리나라에서의 산업자본의 은행지배[39]

우리나라의 경우 산업자본의 은행지배제한은 은행법에서의 소유규제(은행법 16조의 2)에 의해 규율되고 있다. 1982년 시중은행의 민영화 과정에서 산업자본과 금융자본을 분리하여 은행이 산업자본에 의하여 사금고화되는 것을 방지하기 위해 동일인의 은행주식 소유한도를 최초로 규제하기 시작하였다(은행법 제15조).[40] 즉, 1983년 1월부터 합작은행을 제외한 시중은행의 경우 동일인의 은행주식 소유한도를 발행주식총수의 8% 이내로 제한하기 시작하였다(지방은행에 대해서는 소유한도 적용 배제). 그리고 1992년 5월부터 은행주식의 소유분산을 위해 지방은행에 대한 동일인의 소유한도(15%)를 도입하였고 동일인 범위를 확대(대규모기업집단을 지배하는 경우에는 그가 지배하는 대규모기업집단 소속 기업체를 동일인 범주에 포함)하였다. 그리고 1995년 1월부터는 은행의 소유·지배구조 다원화를 통한 경쟁력 강화를 위하여 순수금융자본을 육성하고 산업자본의 은행소유를 제한하기 위해 **금융전업가제도**(금융업만 영위하고 대기업집단과 동일인 관계가 아닌 개인으로 은행감독원장의 승인을 얻은 자)를 도입하여 금융전업가의 은행주식 소유한도를 12%로 확대하였다. 대신 동일인의 은행주식 소유한도를 8%에서 4%로 축소하였다. 그리고 1997년 1월부터는 금융개방정책의 일환으로 은행소유 제한제도를 완화하여 금융전업가의 경우 12% 한도를 폐지(은행감독원장 승인한도까지 허용)하고 합작은행의 경우 4%를 초과하여 은행감독원장이 승인한 한도까지 소유가 가능하게 하였다.

그 이후 1997년 외환위기를 경험하면서 1998년 1월부터는 사전 소유제한을 완화하고 사후적 금융감독 강화로 은행주식의 소유규제 방향을 변경하였으며 외국인 투자 활

---

39 미국의 경우 1956년의 은행지주회사법(Bank Holding Company Act of 1956)에 의해 산업자본의 은행 소유 및 지배가 금지되었다. 그리고 1999년의 금융서비스현대화법(Financial Services Modernization Act of 1999)에서는 일반기업의 금융업종에의 진입장벽을 더욱 강화하여 산업자본의 금융기관 지배를 방지하고 있으며 일반기업이 S&L(저축은행)을 설립하거나 인수를 통해 금융업에 진출하는 것을 금지하고 있다. 독일에서는 산업자본과 은행자본의 결합이 허용되며 이에 따른 부작용을 방지하기 위하여 이사회를 외부인을 중심으로 하는 감독이사회와 경영이사회로 이원화하여 내부통제를 강화함으로써 문제를 해결하고 있다. 다만 내부통제의 미비점을 보완하기 위하여 독일 은행법은 은행의 소유 및 의결권에 대한 직접적 규제권한을 금융당국에 부여하고 있다(박중민(2006) 참고).

40 우리나라의 경우 은행에 대해서는 산업자본의 소유제한이 있으나 은행 이외의 금융기관에 대해서는 산업자본의 소유제한이 없어 소유측면에서는 금산분리보다는 은산분리가 우리나라 금융정책의 기본원칙이라고 할 수 있다.

성화를 위하여 외국인의 은행소유 규제를 완화하고 금융전업가제도를 폐지하였다. 이에 따라 외국인은 일정한 요건만 갖춘다면 금융감독위원회에 지분취득의사를 사전 신고하여 금융감독위원회가 이를 수리할 경우 은행의 의결권 있는 발행주식총수의 10%의 주식을 보유할 수 있게 되었다. 더욱이 보다 강화된 주주적격성 요건을 충족하는 외국인이 금융감독위원회로부터 승인을 받는다면 은행의 의결권 있는 발행주식총수의 33% 이상도 보유할 수 있게 되었다. 이에 반하여 내국인(내국 법인 포함)은 단지 4%의 주식만을 보유할 수 있었고 외국인의 신고가 수리되거나 승인을 받아 외국인 최대주주가 존재하는 은행에 한하여 외국인 보유지분만큼 주식을 취득할 수 있었다.

2002년 7월 이후에는 내국인에 대한 은행주식 소유한도 규제도 완화하였다. 즉, 내국인의 경우에도 은행의 의결권 있는 발행주식총수의 10%를 보유할 수 있게 되었고(은행법 제15조), 내국인도 외국인과 마찬가지로 금융당국의 승인을 받는다면, 10%, 25% 또는 33%를 초과하여 은행주식을 보유할 수 있게 되었다. 그러나 내국인이라고 하더라도 **비금융주력자**(산업자본)인 경우에는 발행주식총수의 4%를 초과하여 주식을 보유할 수 없게 새로이 규정하였다(은행법 16조의 2). 그리고 **사모투자전문회사(PEF, private equity fund)**를 이용한 산업자본의 은행 우회지배를 방지하기 위해 '자본시장과 금융투자업에 관한 법률(자본시장법, 2009년 2월 4일 시행)'에서는 비금융주력자가 사모투자전문회사의 유한책임사원으로 출자총액의 10%를 초과하거나 4~10% 이하를 보유하며 최대주주인 경우, 또 무한책임사원인 경우 등은 이를 은행법상의 비금융주력자로 간주하여 은행소유에 제한을 두고 있다(자본시장법 제275조 1항). 즉, 산업자본이 사원으로 참여한 사모투자전문회사도 산업자본으로 간주하여 은행주식 보유를 규제하고 있다.

그러다가 2009년 4월 30일 국회는 은행법 개정안과 자본시장법 개정안을 통과시켰다. 은행법 개정안(2009년 6월 9일 시행)은 비금융주력자(산업자본)의 은행에 대한 지분한도를 4%에서 9%(지방은행의 경우 15%를 유지)로 높였다. 그러다가 2013년 8월 13일 재개정(2014년 2월 14일 시행)하여 비금융주력자의 지분한도를 다시 4%로 환원하였다(은행법 16조의 2, 일반 내국인의 지분한도는 10%로 유지[41]). 그리고 은행법 15조의 2를

41 인터넷 전문은행의 설립 및 운영과 관련하여 산업자본의 은행지배에 관한 과도한 규제로 제 역할을 수행하지 못하고 있다는 비판이 제기됨에 따라 국회는 "인터넷 전문은행 설립 및 운영에 관한 특례법"(2018.9.20. 국회본회의 통과)을 제정하였다. 이에 따르면 인터넷 전문은행(은행업을 주로 전자금융거래의 방법으로 영위하는 은행)의 경우 비금융주력자(예컨대, KT, 카카오 등 산업자본)는 은행법 제16조의2 제1항 및

삭제하였다. 또 은행법 제2조(정의)에서 비금융주력자의 정의를 변경하여(2015년 7월 24일 개정) 경영참여형 사모집합투자기구의 무한책임사원이거나 유한책임사원으로 출자총액의 10%를 초과하거나 또는 다른 상호 출자제한 기업집단에 속하는 각각의 계열회사가 취득한 경영참여형 사모집합투자기구의 지분의 합이 경영참여형 사모집합투자기구 출자총액의 30%를 초과하는 경우에 비금융주력자로 간주하도록 규정하였다.

(2) 은행의 산업자본(기업) 소유제한

은행이 기업과 오랫동안 밀접한 관계를 유지하면서 해당기업에 필요한 자금을 자본참여의 형태로 제공하고 주주로서 활동하는 것은 주식발행을 통한 자본조달에서 발생하는 주인·대리인문제를 해결하거나 감소시키는 중요한 수단이 될 수 있다. 일본의 주거래은행제도나 독일의 Hausbank제도에서와 같이 은행의 기업주식 소유를 허용하는 것은 주인·대리인문제라는 도덕적 해이문제를 감소시키는 기능을 수행한다고 볼 수 있다. 그러나 이러한 은행의 기업주식보유와 기업경영참여는 많은 부작용도 발생시킨다.[42] 무엇보다도 주식(지분증권)의 보유와 투자는 위험이 크다는 것이다. 주식보유(경영참여)를 단순히 기업의 경영상태나 경영진의 사업계획에 대한 정보를 얻어 기업을 감시하고 주인·대리인문제를 해소하려는 목적이 아니라 주식을 수익자산으로 보유하려는 목적이 큰데 이 경우 주식가격의 변동성 때문에 매우 위험하여 은행의 건전성을 해칠 수 있다는 것이다. 이러한 문제점이 크기 때문에 은행의 주식보유를 금하고 있다.

우리나라에서 은행의 산업자본(기업)에 대한 소유지배문제는 은행의 자산운용 규제로 규율하고 있다. 은행법 제37조에서 은행은 다른 회사 등의 의결권 있는 지분증권(주

제2항에도 불구하고 인터넷 전문은행의 의결권 있는 발행주식총수의 100분의 34 이내에서 주식을 보유할 수 있도록 특례를 인정하되, 은행법 제15조 제3항에 따른 한도를 초과하여 인터넷 전문은행의 주식을 보유할 수 있는 비금융주력자의 자격 및 주식보유와 관련한 승인의 요건은 출자능력, 재무상태 및 사회적 신용, 경제력 집중에 대한 영향, 정보통신업 영위회사의 자산비중 등을 감안하여 따로 정하도록 하고 있다.

42 은행의 기업주식보유와 기업경영참여의 부작용으로는 예컨대, 기업 인센티브의 왜곡(정보독점에 의해 은행이 기업을 볼모로 기업의 투자결정에 영향을 미쳐 기업의 인센티브를 감소시킴), 은행의 자금경색파급효과(은행이 어려운 경우 은행의 문제가 기업으로 전파되고 기업의 투자가 제한됨), 은행과 기업 간의 사업관련 거래에 따른 이해의 갈등(기업경영진의 압력을 받기 쉽고 의결권을 경영진이 원하는 쪽으로 행사 가능) 등과 같은 문제점이 제기될 수 있다. 강준구(1998) 참고.

식)의 15%를 초과하여 소유할 수 없다고 규정하고 있어 은행의 산업자본(기업)지배를 제한하고 있다. 또 금융지주회사법 제44조에 의해 금융지주회사는 5% 이내에서만 자회사가 아닌 다른 회사의 주식소유가 가능하다.

(3) 금융기관을 이용한 기업결합의 제한[43]

'금융산업의 구조개선에 관한 법률(금산법)' 제24조의 제정(1997년 3월 1일 시행) 이전인 1990년대 초반 경제력 집중을 억제하는 정책수단은 크게 두 가지였다. 하나는 공정거래법상의 규제[44]이고 다른 하나는 계열기업군 여신관리제도[45]의 운영이었다. 그러나 이러한 정책방식은 정부의 공시의무 강화, 공정거래법 강화 및 여신관리제도 완화에 따른 심각한 경제력 집중 문제 등으로 변화하게 되었고 그 결과 금산법 제24조의 제정으로 이어졌다. 개별 금융관계법에서는 금융기관별로 자산운용의 건전성을 위하여 타 회사 주식취득한도를 두고 있으나 동일계열 금융기관이 연합하여 다른 기업을 실질적으로 지배하고자 하는 경우 이에 대한 규제 장치가 결여되어 있어 이를 시정하기 위하여 금산법 제24조가 제정된 것이다.

금산법 제24조(다른 회사의 주식소유한도)에 의하면 금융기관 및 그 금융기관과 같은 기업집단에 속하는 금융기관(동일계열금융기관)이 일정비율 이상[46] 다른 회사주식을 보유하려고 할 때는 금융위원회의 승인을 얻도록 되어 있다. 따라서 금산법 제24조는 금융기관이 타 회사를 실질적으로 지배하려는 관계가 형성되는 경우 이를 제한함으로써 금융자본의 산업자본 지배 가능성 및 이를 통한 기업결합을 방지하여 관련 시장에서의

---

43 박중민(2006) 참고.

44 이는 지주회사 설립금지, 상호출자의 금지, 출자총액의 제한, 금융회사의 의결권 제한 등의 규제장치 신설을 골자로 하고 있다.

45 이것은 주거래은행을 통한 기업의 자금운용에 대한 규제장치로서 대출금 기준 상위 30대 계열기업군 소속기업이 투자를 하는 경우 주거래은행이 사전에 승인해야 하고 이를 위반하는 경우 금융상 불이익이 따르도록 하는 제도이다.

46 여기서 일정비율은 다음과 같은 경우를 말한다. 즉, 다른 회사의 의결권 있는 발행주식총수의 20% 이상을 소유하는 경우, 그리고 다른 회사의 의결권 있는 발행주식총수의 5% 이상을 소유하고 당해회사를 동일계열 금융기관 또는 동일계열 금융기관이 속한 기업집단(독점규제 및 공정거래에 관한 법률 제2조 제2호의 규정에 의한 기업집단)이 당해 회사를 사실상 지배하는 것으로 인정되는 경우로서 대통령이 정하는 경우이다.

경쟁을 실질적으로 제한하는 것을 막기 위한 제도이다. 여기서 승인조건을 매우 엄격하게 해석하고 있기 때문에 사실상 금융기관이 기업을 지배하는 것은 매우 어렵다.

8. 국제적 금융규제[47]

최근처럼 은행이 국제은행업무에 대거 참여하고 따라서 다른 나라로 은행업무를 쉽게 확장할 수 있는 경우에는 은행을 규제하는 데 특별한 문제가 제기된다. 왜냐하면 국내은행 규제자들은 국내의 은행업무는 면밀히 감시할 수 있지만 외국에서의 활동에 대해서는 면밀히 감독하는 것이 어렵거나 불가능하며 또 은행이 여러 나라에서 영업을 하는 경우에는 어느 나라의 규제당국이 그 은행을 감시할 책임을 가질 것인지 명확하지 않기 때문이다.

은행산업의 비대칭적 정보문제는 전 세계적으로 공통적 문제이기 때문에 어느 나라에서나 은행규제는 서로 유사하다. 또 금융의 글로벌화로 인해 금융거래가 국경을 넘어 이루어지고 있기 때문에 은행뿐 아니라 다른 금융부문도 국제적인 협조나 표준화의 필요성이 크다. 이에 따라 〈표 15-4〉에서 보듯이 각국의 금융규제당국은 심각하고 중대한 금융위기가 발생할 때마다 국제적인 금융규제에 대한 필요성을 인식하고 국제적 기구나 장치를 도입하여 왔다. 예컨대, 제1차 세계대전과 독일의 전쟁배상문제를 둘러싸고 1931년에 BIS(Bank for International Settlements, 국제결제은행)가 설립되었으며 대공황과 제2차 세계대전 그리고 전후복구의 과정에서 1945~1948년 사이에 **IMF(International Monetary Fund, 국제통화기금)**, **세계은행(World Bank)**, 그리고 **OECD(Organization for Economic Cooperation and Development, 경제협력개발기구)**가 설립되었다.

그러나 1970년대 초까지만 하여도 금융규제는 거의 전적으로 개별국가의 노력에 의해 개별적으로 발전하였다. 그러다가 1974년에 독일의 Herstatt은행이 파산하였는데,[48] Herstatt은행사태가 가지는 다국가 간 연관성 때문에 G-10국가[49]와 룩셈부르크가

47 Rottier and Veron(2010) 참고.

48 1974년 6월 26일 독일의 민간은행인 Herstatt은행이 파산하였는데 이 은행의 파산으로 국제적 외환결제 위험의 문제가 전 세계적인 관심을 끌게 되었다. 자세한 내용은 16장 주40 참고.

49 G-10은 1962년에 설립되었는데 벨기에, 캐나다, 프랑스, 독일, 이태리, 일본, 네덜란드, 스웨덴, 영국, 그리고 미국으로 구성되며 1983년에 스위스가 공식적으로 참여하였다. 그래서 G-10에는 실제로는 11개국이 참여한다.

〈표 15-4〉 ▸ 주요위기와 국제적 금융규제기구 및 규제 장치

위기	규제기구 및 규제 장치	시기(년)
제1차 세계대전/독일전후배상	BIS	1931
대공황/제2차 세계대전/전후복구	IMF, 세계은행, OECD	1945~1948
Herstatt Bank의 파산	바젤은행감독위원회(BCBS)	1974
미국 저축은행(S&L)위기	바젤 자본협약(바젤 I)	1988
공산권 국가의 체제전환	유럽부흥개발은행(EBRD)	1991
아시아 금융위기	금융안정포럼(FSF), 금융부문 평가프로그램(FSAP), G-20	1999
엔론사 등 회계부정사태	독립적 감사규제자 국제포럼(IFIAR)	2006
글로벌 금융위기	G-20 정상회의, 금융안정위원회(FSB)	2008~2009

자료: Rottier and Veron(2010)

BIS(1931년 설립)의 주관 하에 바젤은행감독위원회(BCBS, Basel Committee on Banking Supervision)를 만들었는데 이 위원회는 각국의 중앙은행과 규제당국대표로 구성되었다.

1980년대에 와서 미국의 저축은행(savings and loan association, mutual savings bank 등)이 엄청난 규모로 파산함(미국 저축은행위기)에 따라 미국 규제당국은 미국에서 더욱 엄격한 자본규제를 도입하였다. 그러자 상대적으로 불리해진 미국의 은행들은 동일한 규제가 다른 국가, 특히 일본의 은행에도 적용되어야 한다고 주장하였다. 그래서 1988년에 BCBS는 첫 번째 바젤협약(Basel Accord, 바젤 I)을 도입하였고 이후 2004년에 BCBS는 바젤 II라는 새로운 합의를 도출하였고 앞에서 본 바와 같이 2010년에는 바젤 III가 도입되었다.

이와는 별도로 전 세계적인 금융보고 및 감사체제(financial reporting and auditing framework)가 출현하였다. 이러한 체제는 처음에는 1973년 국제회계기준위원회(IASC, International Accounting Standards Committee)와 1977년 회계사국제연맹(IFAC, International Federation of Accountants)을 통해 국제회계전문가들에 의해 민간부문에서 시작되었다. IASC는 2001년에 전문가단체에서 독립되어 **국제회계기준이사회(IASB, International Accounting Standards Board)**로 개명되었다. 많은 나라들은 2000~2002년에 있었던 EU의 선구적인 결정을 따라 IASB의 **국제회계기준(IFRS, International**

Financial Reporting Standards)을 채택하는 데 합의하였다.[50] 지난 2000년대 초반 유럽에서 싹튼 IFRS의 개념은 기존의 구체적인 규정 중심에서 벗어나 원칙과 방법론을 제시하고 기업에 자율권을 많이 주는 원칙 중심(principle-based) 기준으로 요약된다. 이 때문에 원칙의 해석과 관련하여 논란이 제기될 수 있다.

증권관련 규제자들도 1983년에 창설된 **증권위원회국제기구**(IOSCO, International Organization of Securities Commissions)를 통해 글로벌 수준에서 조정하고 있다. 보험관련감독은 1994년에 설립된 **보험감독자국제연합**(IAIS, International Association of Insurance Supervisors) 내에서 논의되고 있다. 2000년대 초에 엔론사(Enron corporation)의 파산 등 회계부정사태가 발생한 이후 미국 등지의 공공부문 감사감독자들은 2006년에 **독립적 감사규제자 국제포럼**(IFIAR, International Forum of Independent Audit Regulators)을 설치하였다.

1990년대 말에 발생한 아시아 등 신흥시장의 외환위기는 금융제도의 취약성이 국제적으로 거시경제적 불안정을 유발할 수 있다는 것을 보여주었다. 이에 대응하여 선후진국의 재무장관과 중앙은행 총재들이 다양한 그룹으로 모여 이 문제를 논의하였다. 이러한 그룹은 1998년에는 G-22, 1999년 초에는 G-33, 그리고 결국에는 1999년 말에 G-20으로 변모하였다. 이와 동시에 선진국들은 상호조정과 협조를 향상시키고 글로벌 기준을 발전시키기 위하여 **금융안정포럼**(FSF, Financial Stability Forum)을 설치하였다. 또한 1999년에 IMF는 **금융부문평가프로그램**(FSAP, financial sector assessment program)을 통해 각 나라의 규제 및 감독체제를 평가하는 업무를 갖게 되었다.

2008년에 시작된 글로벌 금융위기도 금융규제라는 것이 개별규제기구들(금융감독원, 중앙은행, 예금보험기구 등)만이 다루는 기술적인 문제가 아니라 정치지도자들이 관심을 가져야 할 문제라는 인식을 크게 높였다. 1970년대 이래로 G-7/G-8 모임은 국제적인 거시경제문제와 무역문제에 초점을 맞춘 경향이 있었지만 2008년 이래로 G-20 정상

---

50 IFRS는 기업의 글로벌시장에서 활동하는 일이 많아지면서 기업을 평가할 수 있는 객관적인 세계 공통기준이 필요하다는 인식에서 탄생하였다. 전 세계 140여 개국이 채택한 글로벌 공용회계기준으로서 1973년 설립된 IASC가 만든 국제회계기준(IAS)이 모태이다. IASC가 2001년 IASB로 개편되면서 종전의 IAS도 IFRS로 대체되었다. EU는 2005년부터 상장기업에 IFRS의 적용을 의무화하였다. 미국은 여기에 참여하지 않고 있고 일본은 IFRS를 의무화하지는 않았지만 회사들이 국내기준대신 이 기준을 사용하는 것을 허용하고 있다. 우리나라에서도 2010년 말까지 삼성과 LG그룹 등 60여 개 회사가 IFRS를 조기 도입한 데 이어 2011년부터는 자산 2조 원 이상의 상장기업들에 IFRS를 적용하기 시작하였고 2013년부터 모든 상장기업에 적용하고 있다.

회의는 매우 포괄적으로 금융규제를 보고 있다. 2009년 4월에 G-20 정상들은 FSF(금융안정포럼)를 주요 신흥국가로 확대하였으며 그 이름을 **금융안정위원회(FSB, Financial Stability Board)**로 변경하였고[51] 또 BCBS 등 바젤관련위원회의 회원국구성을 모든 G-20국가로 확대하였다.

여러 나라의 규제당국 간의 협력과 규제의 표준화가 국제적 금융규제문제에 대한 잠재적 해결책을 제공할 것이지만 이들이 장래의 국제금융규제의 문제를 무리없이 해결할 것인지는 아직 미지수이다. 규제당국 간의 협력과 국제적인 규제원칙의 강화에도 불구하고 허점이 생기며 또 새로운 규제영역이 발생하고 있기 때문에 앞으로도 이러한 국제적인 규제강화와 규제공조가 더욱 필요할 것이며 지속적으로 활발한 논의가 있어야 할 것이다.

51 FSB는 1999년 선진 7개국(G-7)이 아시아 외환위기의 재발방지와 국제협력을 목적으로 설립한 금융안정포럼(FSF)을 확대 개편해 새로 탄생했다. FSB는 2009년 4월 G-20의 런던정상회의에서 창설되었다. FSB는 IMF와 함께 각국의 거시경제와 금융위험성을 점검하고 이를 조정하는 권한을 갖게 되었다. 요컨대, 글로벌 금융경찰기능을 IMF와 FSB가 함께 담당하는 셈이다. FSB회원국은 G-20국가, 스페인, EU집행위원회를 포함하고 있다.

참고문헌

강준구, 은행 중심의 기업지배구조: 산업에 대한 은행자본참여의 득과 실, 한국은행, 계간 경제분석 제4권 제4호(1998 12)

김규영 · 양채열 · 이창호 · 조담, "금융규제의 새로운 방향," 계간 KDIC 금융연구 제3권 제3호(2002.9) pp.3-42

김병연, 금융소비자보호제도의 주요이슈와 개선방안, 한국금융연구원, 2009.11

금융연구원, 미국금융개혁법의 주요 내용 및 시사점, 2010.9

금융연구원, 바젤III 자본규제의 주요내용, 주간금융브리프 19권 38호 2010.9.25

금융연구원, 가계부채백서, 2013.3

금융연구원, 경기대응 완충자본제도 운영 시 고려사항, 주간금융브리프 27권 15호(2018.7.14a)

금융연구원, 핀테크 시대에 대응하는 일본금융규제체계 재편방향, 주간금융브리프 27권 15호(2018.7.14b)

금융위원회, G20 글로벌 금융규제개혁 -안정적이고 회복력 높은 금융시스템의 구축-, 2010.11.11

박중민, 금융자본과 산업자본의 분리에 대한 소고, 증권 127호(2006년 여름호)

보험연구원, 금융소비자법(안)에 대한 검토 및 제언, KiRi Weekly 2011.12.12

삼성경제연구소, 최근 금융소비자보호정책의 동향과 시사점, SERI 경제포커스 제361호(2011.12.13)

이병윤, 금산분리 관련제도의 현황과 논점, 금융연구 20권 별책, 2006.8

하나금융경영연구소, 국내금융산업의 경쟁촉진, 하나금융포커스 제9권 1호(2019.1.14)

하나금융경영연구소, 국내은행 수익구조의 문제점과 대응방안, 하나금융정보 90호(2011.12.16)

한국은행, 한국의 금융제도, 2005.12, 2011.12, 2018.12

한국은행, 바젤 III 규제개혁완료, 보도자료, 2017.12.8

S. G. Cecchetti, Money, Banking, and Financial Markets, McGraw-Hill/Irwin, 2006, Chapter 14

C. Goodhart, P. Hartmann, D. Llewellyn, L. Rojas-Suarez and S. Weisbrod, Financial Regulation: Why, How and Where Now?, Routledge Press, 1998. 김규영 · 양채열 · 이창호 · 조담(공역), 금융규제: 이유, 방법 및 방향, 학현사, 2002

R. Glenn Hubbard, Money, the Financial System, and the Economy, 6th ed(2008), Pearson International Edition, Chapter 15

F. S. Mishkin, The Economics of Money, Banking and Financial Markets, 7th ed(2004), Pearson, Chapter 11

S. Rottier and N. Veron, Not all financial regulation is global, Policy Brief #PB10-22(Sept. 2010), Peterson Institute for International Economics

연습문제

1. 은행에 대한 규제와 비은행금융기관에 대한 규제는 차별되어야 하는가?
2. 2008년 이후의 글로벌 금융위기 이후 은행에 대한 규제가 전반적으로 강화되고 있는데 그 이유는 무엇인가?
3. 은행에 대한 규제 중 은행의 역선택문제를 줄이기 위한 은행규제로는 어떤 것이 있는가? 이런 규제는 제대로 잘 작동하는가?
4. 은행에 대한 규제 중 은행의 도덕적 해이문제를 줄이기 위한 은행규제로는 어떤 것이 있는가? 이들 규제는 도덕적 해이문제를 잘 제거하는가?
5. 미국의 2010년의 금융개혁법(Dodd-Frank Act)에서 도입된 금융감독제도에 대해 설명해 보시오.
6. BIS의 자기자본규제체계(바젤 I, II, III)가 갖는 문제점은 무엇인지 논의해 보시오.
7. 금융기관의 임직원에 대한 보상체계를 규제할 필요가 있는가?
8. 규제자들이 은행의 역선택과 도덕적 해이문제에 대처하기 위하여 사용하는 인허가규제, 은행검사규제, 위험자산보유규제, 은행자본규제 등은 12장에서 본 것과 같이 은행이 대출에 있어서 기업(차입자)의 역선택과 도덕적 해이문제를 해결하기 위하여 사용하는 대출심사, 제약약관부과, 기업순자산보유(담보)요구, 대출감시와 밀접하게 대응된다. 어떻게 대응되는지 설명해 보시오.
9. 적기시정조치제도의 의의에 대해 설명하시오.
10. 금산분리(은산분리)규제의 의미와 이유는 무엇인가?

CHAPTER

16

주요 금융안전망의 형태와 기능

1. 예금보험제도
2. 부실금융기관 정리제도
3. 거시건전성감시제도
4. 지급결제제도
5. 최종대부자제도

금융제도의 안정성을 위해서는 우선 금융하부구조를 잘 구축하고 이를 통해 어떤 금융기관의 부실이나 위기가 전체 금융기관으로 확산되는 것을 막는 조치가 필요하다. 특히 은행제도의 안정(은행위기의 방지 및 처리)이 중요하므로 정부와 중앙은행은 은행을 중심으로 다양한 금융안전망을 제공하는 등 금융하부구조를 구축하고 있다. 즉, 정보비대칭성 때문에 예금자들이 은행을 불신하게 되는데 정부는 예금보험제도를 통해 예금의 안전을 보장하고 부실은행이 발생하면 부실은행의 신속한 정리를 통해 은행제도의 오염을 방지하려고 노력하고 있다. 또한 중앙은행은 은행이 유동성위기에 처하는 경우에 신속하게 충분한 자금을 지원하는 최종대부자제도를 통해 은행의 위기를 방지하며, 또 중앙은행은 금융제도의 건전성을 체제적 관점에서 감시하고 지급결제제도를 안전하게 유지하는 역할을 하고 있다. 16장에서는 이러한 중요한 금융안전망에 대해 살펴본다. 먼저 1절에서는 예금보험제도에 대해 살펴보고 2절에서는 부실금융기관의 정리제도에 대해 살펴보며 3절 이하에서는 금융제도의 안정성을 보장하기 위해 중앙은행이 주로 갖고 있는 거시건전성감시기능, 지급결제제도의 감시기능 그리고 최종대부자기능에 대해 살펴본다.

1. 예금보험제도[1]

예금자들은 은행에 대한 정보의 비대칭성으로 인해 어느 은행이 좋은 은행인지, 나쁜 은행인지를 잘 알 수 없기 때문에 은행에 예금을 하는 것을 꺼리게 된다. 또 예금자의 은행에 대한 정보부족으로 예금인출사태가 발생하고 이것이 다른 은행으로 파급되어 은행공황(bank panic)이 발생할 수 있다. 이러한 상태에서는 은행산업이 건전하게 발전할 수 없고 경제적 기능을 제대로 수행할 수 없다. 그래서 정보비대칭성의 문제를 해결하기 위하여 은행 스스로도 예금자에게 안전하다는 것을 보이기 위하여 다양한 관리(자본적정성관리, 운영위험관리, 유동성위험관리, 자산관리, 부채관리 등)를 하지만 이에 추가하여 정부도 15장에서 본 바와 같이 다양한 규제도 하고 다양한 **금융안전망(financial safety net)**을 제공하고 있다. 여기서는 1933년에 미국에서 도입된 이후 금융안전망에서 중요한 역할을 하는 예금보험제도에 대해 살펴본다.

(1) 예금보험제도의 필요성과 개요

예금자보호를 통해 은행의 비대칭적 정보문제를 해결하는 대표적인 것이 예금보험제도이다. **예금보험제도(deposit insurance system)**는 금융기관이 경영부실 등으로 예금원금이나 이자를 지급할 수 없을 경우 예금보험기구가 해당 금융기관을 대신하여 예금주에게 원리금의 전부 또는 일부를 지급하는 보험제도이다. 예금보험제도는 금융기관의 경영건전성을 판단할 전문지식이나 정보가 부족한 소액예금자들을 금융기관의 경영부실로부터 보호하는 데 일차적인 목적이 있다. 아울러 예금의 원리금을 보장해 줌으로써 막연한 불안심리나 부정확한 정보로 예금인출사태(bank run)가 발생하지 않도록 방지하는 중요한 기능을 한다. 예금보험제도로 인해 예금자(가계)는 은행의 역선택과 도덕적 해이에 상관없이 은행에 예금을 할 수 있게 되었다(그림 16-1 참고).

대공황 당시인 1933년의 Glass-Steagall Act에 의해 1934년에 설립된 미국의 연방예금보험공사(FDIC, Federal Deposit Insurance Corporation)가 은행에 대한 예금보험을

1 한국은행(2005, 2018) 참고.

〈그림 16-1〉 ▸ 예금보험제도의 기능

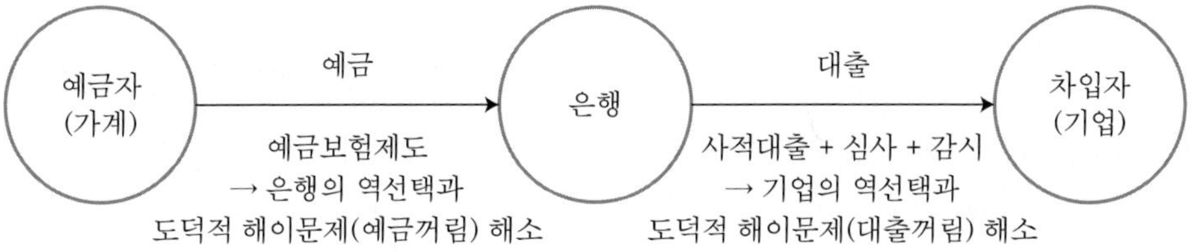

처음 도입한 이후 1990년대부터 각국으로 확산되었다.[2] 예금보험이 정부가 예금자에게 제공할 수 있는 유일한 안전망은 아니지만 현재 예금보험제도가 전 세계적으로 널리 보편화된 것은 금융위기가 빈발하면서 금융안전망의 확충필요성이 크게 높아졌기 때문이다. 이전에는 각국정부가 제도적인 뒷받침 없이 예금지급을 암묵적으로 보증해 오다가 이러한 암묵적 보증으로 인한 은행(금융기관)의 도덕적 해이가 금융위기의 단초를 제공한데다 위기극복을 위한 정부의 재정부담이 늘어나는 등 부작용이 커짐에 따라 예금보험제도를 서둘러 도입하게 되었다.[3]

예금보험제도를 도입한 국가의 대부분이 부보(附保)대상(예금보험대상) 금융상품을 취급하는 금융기관의 예금보험가입을 의무화하고 있는데 그 이유는 예금보험가입을 자율화할 경우 경영이 부실한 금융기관만 보험에 가입하는 역선택문제가 발생할 수 있기 때문이다. 또 대개의 경우 보험료를 사전에 징수하여 기금으로 적립하는 기금적립방식(ex-ante funding)을 채택하고 있다. 예금보험제도의 운영주체는 정부인 경우가 많으며 특히 최근에 도입한 국가일수록 금융위기에 안정적으로 대처할 수 있도록 책임과 권한을 부여받은 정부기구형태를 채택하고 있으며 예금보험기금의 주된 재원은 부보대상 금융기관이 매년 납부하는 보험료이다.

---

2 FDIC는 처음 Glass-Steagall Act에 의해 설립되었으며 1950년 연방예금보험법(Federal Deposit Insurance Act)이 별도로 제정되었다. 그리고 2015년 12월 말 현재 121개 국가에서 예금보험제도를 도입하고 있다.

3 예금보험기구는 부실정리권한, 위험감시권한 등에 따라 보험금지급형(예금대지급), 기금손실최소화형(예금대지급 + 부실금융기관정리), 위험최소화형(예금대지급 + 부실금융기관정리 + 부실사전감시기능)으로 구분될 수 있다.

(2) 예금보험제도의 문제점

예금보험제도와 같은 정부의 금융안전망은 소액예금자의 보호나 은행공황의 방지에 성공적이었으나 많은 문제점도 갖고 있다. 첫째(**은행의 도덕적 해이유발**), 은행의 도덕적 해이(과도한 위험선택의 유인)를 유발한다는 심각한 문제점이 있다. 도덕적 해이(moral hazard)는 보험제도에서는 항상 중요한 관심사이다. 예금자들은 이제 예금보장이 되기 때문에 은행을 잘 감시할 이유가 없으며 은행은 예금자의 견제를 받지 않으므로 더 큰 위험을 택할 유인을 가지고 있다.[4] 둘째(**은행의 역선택유발**), 예금보험제도는 은행의 역선택(adverse selction)문제를 유발한다. 즉, 예금보험제도로 보호되는 예금자들은 은행에 대해 감시하고 견제할 이유가 없기 때문에 위험을 선호하는 사람이 은행의 운영을 특히 선호할 가능성이 있으며[5] 더구나 정부의 간섭이 없다면 위험을 선호하는 사람들이 은행을 매력적인 사업으로 생각할 것이다.[6] 셋째(**대마불사유발**), 예금보험제도는 대마불사(too big to fail)의 경향을 유발한다. 대규모은행의 파산은 경제에 매우 큰 영향을 미치고 예금보험금지급도 크고 예금자의 손실도 크기 때문에 은행규제자들은 대규모은행이 파산하는 것을 가급적 허용하지 않으려고 한다. 즉, 은행을 파산시키는 것보다는 가급적 자본을 투입하고 합병대상자를 물색하여 은행을 살려 모든 손실을 보상해 주려고 한다. 문제는 이러한 대마불사정책이 대규모은행의 도덕적 해이를 더욱 증가시킨다는 것이다. 일반적으로 너무 중요하고 너무 크다는 이유로 금융기관의 파산을 억지로 막으면(대마불사) 이윤은 금융기관이 차지하면서 비용은 정부(납세자)에 떠넘기는 도덕적 해이의 부작용을 유발한다.[7]

---

4 이에 따라 각국은 예금자의 감시유인을 증가시키고 금융기관의 도덕적 해이(위험추구유인)를 완화하기 위하여 대개 예금의 일정부분만 보장하는 부분보호 예금보험제도를 채택하고 있다. 아울러 금융기관별로 위험도에 따라 보험료를 차등부과하는 방식의 필요성을 인식하고 미국의 경우 2005년의 연방예금보험개혁법을 제정하여 위험기준 차등보험료 체계를 수정할 권한을 FDIC에 부여하였다.

5 2011년에 발생한 우리나라의 상호저축은행위기는 저축은행의 역선택과 도덕적 해이문제를 극명하게 보여 주었다.

6 예금보험제도가 가져오는 도덕적 해이 및 역선택과 같은 부정적 효과는 법원칙의 부재, 금융부문에 대한 비효과적인 규제와 감독, 심각한 부패 등 취약한 제도적 환경을 지닌 신흥시장국가에서 주로 나타난다고 볼 수 있다. 따라서 신흥시장국가에서의 예금보험제도의 도입은 신중하여야 한다.

7 대마불사문제가 2008~2009년의 글로벌 금융위기로 크게 문제되자 미국은 2010년 7월 Dodd-Frank Act의 제정을 통해 대마불사방지를 위해 금융기관의 대형화를 제한하고 Fed의 긴급대출을 개별금융기관의 지원(구제금융)에 사용할 수 없도록 금지하였고(Fed의 유일한 선택은 FDIC와 협력하여 문제의 금융기관을

(3) 우리나라의 예금보험제도

1990년대 이후로 우리나라도 금융환경의 급변으로 금융기관이 부실화되거나 도산할 위험성이 높아짐에 따라 이에 대비하기 위해 공적 금융안전망을 확충하기 시작하였고, 1995년 12월 예금자보호법을 제정하여 은행 예금보험제도를 도입하였다(예금보험공사와 예금보험기금은 1996년 6월에 설치). 그러다가 예금보험공사는 예금자보호법 개정을 통해 1998년 4월 1일에 예금보험공사, 증권감독원, 보험감독원, 신용관리기금 등으로 금융업별로 분산되어 있던 예금보험관련 기금들을 흡수하여 예금보험기금으로 일원화(통합)하였다.[8] 이에 따라 현재 예금자보호법 적용대상 부보금융기관은 은행, 투자매매·중개업자, 보험회사, 종합금융회사, 상호신용금고(저축은행) 등이며, 부보대상 금융상품은 금융회사가 취급하는 예금, 보험계약, 예탁금 등의 원금과 이자이다.[9]

우리나라의 경우 금융기관의 예금보험가입을 의무화하고 있으며 공적기구인 **예금보험공사(KDIC, Korea Deposit Insurance Corporation)**가 운영주체이며 기금적립방식을 택하고 있다. 예금보험기금의 주된 재원은 부보대상 금융기관이 매년 납부하는 보험료인데 우리나라의 경우 현재 보험료율은 예금잔액의 0.08~0.4% 범위 내이나 동일업종 내 기관별로 차등이 있는 차등보험요율제를 실시하고 있다.[10] 현재 예금보험한도는 5,000만

안전하게 정리하는 것으로 한정) 중소형은행을 주로 정리해 온 연방예금보험공사(FDIC)가 금융제도의 안정을 해칠 수 있는 시스템적으로 중요한 대형 부실금융기관을 정리할 수 있도록 FDIC의 권한을 확대(질서있는 청산을 위한 특별정리권한 제공)하였다. 이에 의해 미국은 사실상 대마불사정책의 종식을 선언하였다.

8 그 이전에 우리나라에서는 보험보증기금(보험회사를 대상으로 1989년 4월에 설치), 신용관리기금(종합금융회사, 상호신용금고를 대상으로 1983년 5월에 설치), 신용협동조합중앙회 안전기금(신용협동조합을 대상으로 1984년 1월에 설치), 새마을금고연합회 안전기금(새마을 금고를 대상으로 1983년 7월에 설치) 등에 예금보험관련 기금이 각각 설치되어 운용되고 있었다. 또한 증권투자자의 고객예탁금 보호를 위해 증권거래법을 개정하여 증권투자자보호기금을 설치(1997년 4월)하였다.

9 예금보험공사는 예금보험가입 금융기관(부보금융기관)이 취급하는 예금만을 보호한다. 여기서 중요한 점은 모든 금융상품이 모두 예금은 아니라는 것이다. 예금이란 금융기관이 만기일에 약정된 원리금을 지급하겠다는 약속 하에 고객의 금전을 예치받는 금융상품만을 말한다. 따라서 CD, RP, 금융투자상품(수익증권, 뮤추얼펀드, MMF 등), 금융채 등은 보호대상에서 제외된다.

10 우리나라 경우 2009년 1월 13일 예금자보호법 개정안을 국회본회의에서 통과시켜 차등보험요율제의 실시 근거조항을 강행규정으로 변경하고 5년 내 시행을 의무화하였다(2014년 시행). 위험에 따른 차등보험요율제는 은행의 도덕적 해이유인을 크게 감소시킬 것이며 또 은행의 자본이 증가함에 따라 위험기준 보험료가 하락하므로 은행이 더 많은 자본을 보유하도록 유인할 수 있다는 장점이 있기 때문에 이 제도를 도입하려고 하는 것이다. 그러나 이 제도의 문제점은 은행이 택하는 위험(신용위험뿐 아니라 이자율위험과 운영위

원이다. 한편 예금보험공사는 예금보험기금의 관리 및 운용이 주 업무이지만,[11] 이와 관련하여 금융기관의 부실을 사전에 예방(리스크 감시 및 예금보험기금의 적립)하고 부실금융기관으로 결정이 되면 부실금융기관을 정리(적기정리 및 부실책임조사)하며 부실금융기관의 사후관리(지원자금회수)를 수행한다.

2. 부실금융기관 정리제도[12]

(1) 부실금융기관의 정리방식

부실금융기관의 정리도 정부의 금융안전망의 중요한 부분이 된다. 금융기관의 파산이 전염을 통해 체제위기(systemic crisis)를 야기할 위험이 높으므로 정부가 적극적으로 개입하여 다른 금융기관이나 다른 분야로 파급되지 않게 신속하게 부실금융기관을 정리해야 하기 때문이다. 부실금융기관의 정리방식은 해당 금융기관의 영업지속여부, 공적자금의 지원정도, 정부의 경영참여 정도에 따라 여러 가지로 구분할 수 있는데 일반적으로 부실금융기관의 처리에는 부실자산매각(배드뱅크 설립 등), 부실금융기관의 청산(부보예금지급방식, 부보예금이전방식), 제3자 인수(M&A 유도, P&A, 가교은행), 그리고 비폐쇄형 자금지원(국유화 등) 등의 방식이 있다. 특히 2008년의 금융위기에서와 같이 부실자산매매시장이나 M&A 시장이 정상적으로 작동하지 않는 경우 정부의 직접개입이 불가피하다.

1) 부실자산매각

이것은 부실금융기관의 원인이 되는 부실자산을 매각하여 자산건전성을 회복하는 방안이다. 이에는 금융기관 자체적으로 또는 정부지원으로 별도의 **배드뱅크**(bad bank)를 설립하는 방안도 포함된다. 통상 부실자산 매각에 따른 손실로 인해 자본확충이 병

험)의 크기를 정확하게 측정하는 것이 어렵다는 것이다.

11 예금보험공사가 1997년 11월 이후 2005년 말까지 출자, 출연, 예금대지급 등의 형태로 110조 원을 지원한데 이어 2006년부터 2018년 6월말까지 0.9조 원을 추가 지원함에 따라 총 자금지원 규모는 110.9조 원에 이르고 있으며 2018년 6월말까지 이 중 58.5조 원을 출자금회수, 파산배당, 자산매각 등을 통해 회수하였다.

12 예금보험공사(2001), 삼성경제연구소(2009) 참고.

행되는 경우가 많다. 이러한 방식은 부실자산의 손실로 인한 불확실성을 차단할 수 있는 장점이 있지만 부실자산의 가격산정이 어려워 부실정리가 지연될 수 있는 단점이 있다.

2) 청산방식

청산방식이란 부실금융기관을 폐쇄시키면서 부보예금(예금보험에 가입되어 있는 예금)을 지급하는 방식으로 두 가지 방식이 있다.[13] 하나는 **부보예금지급방식**(insured deposit payoff method)인데 이것은 예금보험기관(우리나라의 KDIC)이 은행의 파산을 허용하고 예금자에게 한도금액(우리나라의 경우 5천만 원)까지 예금을 지급하는 것이다. 또 하나는 **부보예금이전방식**(insured deposit transfer method)인데 이것은 부실금융기관을 폐쇄시키고 부보예금을 다른 건전한 금융기관으로 이전하는 방식이다. 이 방식은 부실금융기관의 회생이 불가능하고 그 금융기관의 폐쇄에 따른 충격이 상대적으로 적을 경우에 적용된다. 이러한 청산방식은 인위적인 구제없이 시장기능에 따라 정리되므로 가장 시장친화적인 방식으로 금융산업을 구조조정할 수 있다. 그러나 시장심리의 악화가 있는 경우 리스크가 금융제도 전반의 불안으로 확산될 우려가 있다는 단점이 있다.

3) 제3자 인수

제3자 인수에는 몇 가지 방식이 있다. 첫째, 정부의 지원 하에 건전하거나 자본력이 있는 금융기관이 부실금융기관을 인수하도록 유도하는 것이다(M&A 유도). 둘째, 인수금융기관이 부실금융기관의 자산의 일부나 전부를 취득하고 모든 부보예금을 포함한 부채의 일부나 전부를 인수하는 방식이다. 이 방식은 **자산부채이전방식**(P&A, purchase and assumption method)이라고 하는데 P&A방식의 순효과는 예금보험기관이 보험한도를 초과하는 모든 예금을 보장하는 것이다. 셋째, **가교은행방식**(bridge bank method)으로 새로운 가교은행을 설립하여 부실은행의 처리가 이루어질 때까지 일시적으로 그 은행의 자산과 부채를 인수시키는 방식이다. 이 방식은 파산은행의 규모가 매우 커서 청

---

13 미국은 2010년의 Dodd-Frank Act(금융개혁법)에서 파산위기에 처한 시스템적으로 중요한 금융기관(SIFI)들을 구제하는 대신 질서정연하게 청산하는 권한을 새로이 설정하였다. 이 권한에 따라 재무장관은 대통령과 상의하고 Fed 및 FDIC 이사회의 승인을 받은 후 파산기관을 FDIC에 넘길 수 있게 되었다. 이에 따라 이제 연준은 구제금융업무에서 제외되었다.

산에 시간이 많이 걸리는 경우 예금보험기관이 최종적인 처리방안이 결정될 때까지 잠정적으로(통상 2년 이내) 가교은행을 통해 파산금융기관을 경영하는 방식을 말한다.

이러한 제3자 인수과정에서 정부는 보조적인 대출을 하거나 파산은행의 부실대출의 일부를 매입하여 줌으로써 인수금융기관을 지원할 수 있다. 이 제3자 인수방식은 금융기관의 파산에 따른 부작용을 최소화하면서 정리비용도 절감할 수 있어 가장 일반적인 정리방식이라고 할 수 있다. 그러나 부실금융기관의 부실이 인수금융기관으로 전이될 위험이 있다는 단점이 있다. 특히 2008년의 글로벌 금융위기 경우와 같이 금융산업 전반이 부실화된 경우에는 인수금융기관을 찾기 어렵고 부실이 전이될 위험도 높다.

4) 비폐쇄형 자금지원

비폐쇄형 자금지원(open bank assistance transactions)이란 정부, 중앙은행 또는 예금보험기관 등이 출연, 출자, 대출 또는 지급보증 등을 통하여 경영정상화(자체정상화)를 도모하는 방식이다. 국유화도 이 방식의 하나이다. 비폐쇄형 자금지원은 금융기관의 폐쇄에 따른 비용을 절감하고 금융제도 전체에 미치는 충격을 최소화할 수 있다는 장점이 있으나 공적자금투입에 따른 세금낭비와 정부지원에의 의존으로 인한 경영진의 도덕적 해이의 발생, 부실정리지연에 따른 부실의 장기화 우려 등의 문제점이 있다.

국유화(nationalization)는 전면적인 정부지원을 통해 금융기관을 정상화하는 방법이다. 민간은행의 경영권을 정부가 갖는 국유화는 부실금융기관 구제의 최종적 수단이다. 대형은행이 부실화되는 경우 국유화는 즉시 선택하기 어려운 대안이나 체제위험을 야기할 수 있는 대형 금융기관의 부실이 심각하여 자구노력이나 정부의 부실자산매입 등에도 불구하고 파산위험이 높을 때 마지막 수단으로 국유화가 가능하다. 즉, 금융제도 붕괴로 발생하는 비용이 국유화 비용보다 크다고 판단되는 경우 민간은행의 파산위험을 정부의 파산위험으로 대체하는 것이다. 국유화의 장점으로는 금융기관의 손실이 더 커지기 전에 불확실성을 제거할 수 있다는 점, 금융기관의 회생 가능성을 높여 궁극적으로 납세자의 부담을 경감시킬 수 있다는 점, 부실은행의 주주와 경영진에 대해 책임을 물을 수 있다는 점 등을 들 수 있다. 반면, 단점으로는 납세자의 부담 증대, 정부의 경영에 따른 상대적 비효율성, 여타 은행의 동반 부실화 우려(국유화된 은행으로의 자금쇄도(reverse bank run)가 발생하여 국유화되지 않은 은행의 경영악화를 유발할 우려), 그리고 소유권이전에 따르는 비용이 발생하고 정부가 필요 이상 은행을 오래 소유할 수 있으며 정치적 압력에서 자유롭지 않다는 점 등이 있다.

(2) 부실금융기관 정리의 예

1) 2008년 글로벌 금융위기에서의 미국의 부실금융기관 정리방식

2008~2009년의 심각한 금융위기 상황에서는 청산이나 제3자 인수는 대안으로 고려하기 어렵다. 따라서 다음과 같은 세 가지 대안이 고려되었다.[14] 첫째, 부실자산처리를 위한 배드뱅크의 설립이다. 배드뱅크 설립은 금융기관으로부터 부실자산을 분리하여 불확실성을 제거함으로써 자체적인 자본확충을 통해 회생을 도모하는 방법이다. 2009년 1월 출범한 미국 Obama 정부는 금융위기 해소책의 일환으로 은행대출 활성화와 주택차압 억제 등의 효과가 기대되는 정부주도의 단일 배드뱅크 설립을 통한 부실자산 처리를 구상하였다. 그러나 배드뱅크 설립은 부실자산의 규모 파악, 부실자산의 가치산정, 막대한 재정부담 등의 선결과제를 안고 있으며 부실자산 제거가 대출 증가에 미치는 영향이 제한적이고 국가의 재정리스크를 높인다는 비판적 견해가 대두되었다.

둘째, 배드뱅크의 문제점을 회피하기 위한 대안으로 2009년 2월 10일 Obama 정부의 금융안정계획(FSP)에서 제시된 부실자산처리대책의 명칭은 **민관투자프로그램(Public-Private Investment Program)**인데 이것은 정부와 민간부문이 공동 참여하는 PPIF(Public-Private Investment Fund, 민관투자펀드)를 설립하여 금융기관 부실자산을 인수하는 방안으로 배드뱅크의 한 변형이다. 이것은 금융기관으로부터 부실자산을 매입

14 부실금융기관 정리방안을 마련하기 위해 미 재무부는 부실금융기관 정리에 대한 각국의 다양한 경험을 참고하였다. 즉, 미 재무부는 미국의 부흥금융공사(RFC, Reconstruction Finance Corporation, 1930년대 대공황 당시의 부실금융기관처리담당기구), 정리신탁공사(RTC, Resolution Trust Corporation, 1980년대 후반 저축은행위기사태 때의 부실자산처리기관. 1995년에 FDIC로 이관)는 물론 일본(공동채권매수기구, 정리회수기구, 산업재생기구, 1990년대 초반~2000년대 초반)과 스웨덴의 다양한 사례를 참고하였다. 일본에서는 1993년 162개 금융기관의 공동출자로 공동채권매수기구가 발족되었으나 자금조달 부담 등으로 인해 부실채권의 최종처리에 한계가 노정되면서 1999년 들어 미국의 RTC와 유사한 정리회수기구가 발족되었다. 또한 일본에서는 지난 2003년 금융과 산업의 동반회생을 목적으로 산업재생기구가 발족되었으며 정부와 민간자금을 사용하여 과잉채무 기업들의 채권을 매입함에 있어 민간출신 전문가들을 적극적으로 활용한 바가 있다. 한편 스웨덴에서는 은행국유화로 금융위기를 극복하였으나 미국은 금융시스템이 스웨덴과 다르고 더 복잡하여 시장원리를 활용한 부실금융기관 정리방식이 오히려 바람직할 수 있다(금융연구원(2009)).

함에 있어 민간투자자의 출자액에 따라 재무부는 자본을 제공하고 FDIC와 Fed는 각각 보증 및 융자를 제공하는 체계로서 악성자산의 지급보증방식이라고 볼 수 있다. 실질적으로 미국정책당국은 이러한 방식을 주로 채택하였다고 볼 수 있다.

셋째, 정부가 보유한 우선주의 보통주 전환 또는 추가 자본확충 등을 통해 금융기관의 소유권 또는 경영권을 민간주주로부터 정부로 이전하는 **국유화(nationalization)**방식(완전국유화 또는 부분국유화)이 대안으로 고려되었다. 금융안정대책에서 민관투자펀드(PPIF)가 제시되었으나 이 방식보다는 잠재손실이 큰 금융기관(예컨대, Citigroup 및 BOA 등)의 국유화가 효과적이라는 주장이 설득력을 얻었다. Paul Krugman, Nouriel Roubini 교수 등은 미국 금융기관의 잠재손실이 자본금을 초과하여 이미 미국의 금융제도가 파산상태(insolvent)에 직면해 있다면서 국유화가 금융시장의 불확실성을 제거하는 가장 유효한 정책수단이라고 주장하였다.[15]

2) 2008년 금융위기에서의 우리나라의 부실자산처리방식

2008년의 글로벌 금융위기에서 우리나라의 금융여건은 상대적으로 양호한 상황이었지만 글로벌 위기에 효과적으로 대응하여 금융의 실물지원기능을 강화하고 체제위험을 사전에 차단하기 위해 금융기관의 자산건전화 노력을 선제적으로 추진할 필요가 있었다. 이에 따라 정상적인 금융기관의 부실채권을 조속히 매입·정리하여 금융기관의 건전경영을 유도하기 위해 한국자산관리공사(KAMCO) 내에 **구조조정기금**을 설치하여 운영하는 방안을 발표하였다(2009년 2월 19일).[16] 이를 위해 관련법(금융기관부실자산 등의 효율적 처리 및 한국자산관리공사의 설립에 관한 법률)을 개정하여(2009년 5월 13일) 자산관리공사 내에 구조조정기금을 설치하였으며 2009-2010년도에 발행되는 구조조정기금채권 원리금 총 40조 원에 대한 국가보증 동의안도 4월 29일에 국회에서 의결되었다. 이 기금의

15 일부 전문가들은 금융안정신탁(Financial Stability Trust, 2009년 2월 10일에 발표된 금융안정계획에서 금융안정신탁을 통한 은행자본금 확충방안이 제시되었음)을 통한 은행의 자본금 확충이 국유화의 전 단계가 된다고 보았다.

16 우리나라의 경우 예금보험공사가 부실금융기관의 정리를 담당하고 있다. 예금보험공사는 부보금융기관과 부실금융기관 또는 부실우려금융기관 간의 인수나 합병이나 영업의 양도를 알선할 수 있다. 그러나 정상적인 금융기관의 부실채권의 매입은 예금보험공사의 업무가 아니므로 자산관리공사(KAMCO)에서 맡도록 하였다.

운용기간은 2014년 말까지 한시적이었다. 이 기금은 설치 후 약 5년간 6조 2,000억 원으로 저축은행 PF채권, 부실위기의 해운업계 선박 등 부실자산매입에 투입하여 6조 5,000억 원을 회수하였다. 기금운용 후 최종수익 등 잔여재산은 전액 정부에 귀속된다.

3. 거시건전성감시제도[17]

(1) 거시건전성감시제도의 필요성과 의미

1) 거시건전성감시의 필요성

물가가 안정된 상황에서 저금리로 신용이 과잉 공급되어 자산버블이 발생하고 이러한 버블의 붕괴로 금융위기가 자주 발생하고 있으며 또한 중앙은행이 갖고 있던 은행감독권한이 외부의 독립적 감독기관에 이관·통합되는 1990년대의 추세로 인해 중앙은행은 새로운 도전에 직면하고 있다. 지난 20여 년간 많은 금융위기와 금융불안정사태가 전반적인 물가안정의 환경에서 발생하였다. 낮고 안정적인 인플레이션환경이 안정과 성장에 대한 과도한 낙관과 자산에 대한 과도한 투기를 가져오고 이것이 금융위기를 유발하였다. 또 통합 금융감독당국의 기본임무는 미시건전성감독(microprudential supervision)을 하는 것으로 이것의 목적은 개별금융기관(개별금융시장)의 경영성과에 초점을 맞추어 경제의 전반적 충격과는 무관하게 개별금융기관(개별금융시장)이 도산(붕괴)하지 않도록 만드는 것이다. 이러한 감독당국의 입장은 개별금융기관과 개별금융시장이 안전하게 되면 금융제도전체도 안정된다는 것이나 이러한 입장은 최근에 와서 그렇지 못한 것으로 판명되고 있다. 물가도 안정되어 있고 개별금융기관들과 개별금융시장이 상당히 건전함에도 불구하고 금융위기가 발생하는 경우가 흔히 있기 때문이다. 이러한 상황은 물가안정과 개별금융기관 및 개별금융시장의 안정(미시건전성감독)만으로는 금융안정이 달성되지 않는 금융안정의 사각지대(구성의 오류의 발생)가 있다는 것을 보여주고 있다. 이러한 금융안정의 사각지대는 바로 거시건전성위험 때문에 발생하는 것이며 따라서 이러한 사각지대는 거시건전성위험에 대한 감시강화에 의해 해소될 수 있을 것이다.

1990년대 이후로 거시건전성위험이 크게 발생하고 있는데 이것은 경기변동과정에

17 안철원(2007), Squam Lake Working Group on Financial Regulation(2009), 한국은행(2015) 참고.

서 금융적 요인이 매우 큰 파급력을 가지게 되었기 때문이다. **거시건전성위험(macro-prudential risk)**의 발생에 대해 Andrew Crockett(2002)는 아래의 두 가지 원천을 제시하고 있는데 만약 전적으로 금융기관에 대한 감독(미시건전성감독)에만 초점이 맞추어진다면 거시건전성위험에 대해서는 거의 주의를 기울이지 못할 위험이 있다.[18]

거시건전성위험의 첫 번째의 원천은 경기순환과정에 내재된 다변화할 수 없는 절대적 위험이다. 사후적으로 생각해 보면 경제의 위험은 경기순환의 정점, 즉 경제가 막 하강하려고 하는 시점에서 급격히 커진다는 것을 알 수 있다. 예컨대, 거시건전성위험(체제위험)은 주로 금융 및 경기순환의 확대국면에서 경제주체의 과도한 쏠림행위로 인해 경제에 과도하게 공급된 신용이나 유동성이 금융 및 경기순환의 침체국면에서 급속히 되돌려지면서 발생하게 되는데 이러한 다변화할 수 없는 절대적 위험의 평가는 쉽지 않다. 주어진 시점에서의 상대적 위험을 측정하는 통상적인 상대적 위험평가지표를 이용하는 경우 이 시기는 위험이 가장 작은 시기가 될 수 있지만 그것으로는 동태적 과정에서의 절대적, 총체적 위험을 알 수 없다. 그러므로 경기순환과정에서 발생하는 위험의 절대적인 수준을 평가하고 측정하는 것이 필요하다.

거시건전성위험의 두 번째 원천은 개별적으로 합리적인 행동과 사회적으로 바람직한 결과 간의 상충 가능성에 있다. 개별은행들은 경제상황이 좋을 때는 서로 대출을 늘리고 경제가 하강국면에 들어가면 서로 대출을 줄여 위험노출을 줄이려고 시도하는데 이것은 개별은행의 입장에서는 매우 합리적인 행동이다. 그리고 모든 은행들은 동일한 외부적 환경에 반응하기 때문에 유사한 집단적 행위가 나타난다. 따라서 경기가 나빠지면 모든 은행이 대출을 줄이고 이에 의해 경제상황은 더욱 악화되어 전체경제는 크게 위축되는 결과를 초래한다. 반면 경기전망이 좋아지면 모든 금융기관들이 대출을 늘리고 이에 의해 전체경제가 과도하게 팽창될 가능성이 있다. 이 경우 개별금융기관의 건전성에 관심을 갖는 미시건전성감독당국은 개별기관의 이러한 반응을 합리적이고 바람직한 것으로 받아들일 것이지만 거시적 건전성은 크게 악화된다. 은행의 경영자들이 보여주는 이러한 합리적 반응은 신용사이클(credit cycle)의 진폭을 확대시키며 따라서 실물경제의 가변성을 증대시키는 결과를 가져온다. 이와 같이 경기가 상승하면 대출이 늘어나고 경기가 나빠지면 대출이 줄어드는 현상을 **대출의 경기동반(순응)성(procyclicality of**

18 거시건전성위험은 체제위험(systemic risk: 금융활동과정에서 광범위한 혼란을 발생시켜 경제전반에 심각한 악영향을 미칠 수 있는 위험)이라고도 불린다.

loan)이라고 하는데 이러한 현상을 회피하기 위해 거시적 관점에서 감독의 메커니즘을 설계하는 것이 바람직하다.

2) 거시건전성감시의 의미와 내용

거시건전성(위험의) 감독은 무엇인가? 거시적 건전성감독은 금융제도 전반을 대상으로 연쇄적 도산위험의 예방에 초점을 둠으로써 금융제도 전체의 붕괴를 억제하고 따라서 전체 경제에 나쁜 영향을 초래하는 위험을 억제하는 감독을 말한다. 이를 좀 더 풀어서 보면 "거시적 건전성감독이란 감독기준의 획일성을 탈피하여 경기상황이나 금융기관의 금융시장에서의 중요도에 따라 감독기준을 탄력적으로 적용하는 한편, 거시금융환경의 변화에 따른 거시건전성위험 요인을 적절히 관리, 감독함으로써 금융제도 전반의 안정성을 높이는 감독"이다.[19] 이 정의를 원용할 때 먼저 거시적 건전성감독은 금융위기의 발생에 대한 사전적 조치라는 것을 알 수 있다. 그리고 이 정의의 전반부(감독기준의 탄력적 적용)와 후반부(거시금융환경의 변화에 따른 거시건전성위험 요인의 관리 및 감독)의 기능은 서로 크게 다른데 전자를 **거시건전성감독**(macroprudential supervision), 후자를 **거시건전성감시**(macroprudential surveillance)라고 구분할 수 있을 것이다.[20]

그리고 전자(거시건전성감독)는 금융감독기관에서, 그리고 후자(거시건전성감시)는 중앙은행에서 담당하는 것이 타당해 보인다.[21] 이렇게 보는 데는 감독기관에서 수행

19 도보은(2005) 참고.

20 후자의 업무는 구체적인 규제내용과 기준의 준수여부를 감독하는 것이 아니라 금융제도 전반에 대한 사태의 추이를 감시하는 것이므로 거시건전성감시라고 구분하였다.

21 글로벌 금융위기 이후 주요국에서는 거시건전성감시책무(거시건전성정책)의 수행을 대개 단일기관에 부여하거나 여러 기관으로 구성된 위원회에 부여하고 있다. 거시건전성감시책무를 단일기관에 부여한 나라들은 대부분 중앙은행에 부여하고 있다. 이는 중앙은행이 체제위험분석에 꼭 필요한 거시경제 및 금융시장에 대한 전문성과 함께 금융안정을 달성하려는 강한 유인을 갖고 있는 데다 정치적 독립성도 보장받고 있어 거시건전성정책을 가장 효과적으로 수행할 수 있다고 보기 때문이다. 중앙은행이 거시건전성감시책무를 담당하고 있는 나라로는 영국, 벨기에, 포르투갈, 그리스, 아일랜드, 헝가리, 체코, 슬로바키아, 말레이시아 등이 있으며 이들 국가의 중앙은행은 대부분 미시적 금융감독기능도 함께 수행하고 있다. 거시건전성 책무를 정부에 부여한 나라는 노르웨이가 있으며 감독기관이 이를 수행하고 있는 나라는 스웨덴, 핀란드 등이다. 한편 금융안정유관기관들로 구성된 위원회에 거시건전성감시책무를 부여한 나라로는 미국(금융안정감시위원회, FSOC), EU(유럽체제위험위원회, ESRB), 독일(금융안정위원회, Financial Stability Committee, FSC), 프랑스(금융안정협의회, Haut Conseil de Stabilité Financière, HCSF), 이탈리아, 스페인, 네덜란드, 덴마크 등이 있다. 이들 국가의 위원회에는 중앙은행, 정부(재무부), 감독기관 등의 장(長)이 참여하고 있다. 한국은행(2015, p.53-54) 참고.

하는 거시건전성감독과 중앙은행이 수행하는 거시건전성감시에는 명백한 차이가 있기 때문이다. Goodhart 등(1998, p.5)은 금융감독기관이 수행하는 건전성 규제(prudential regulation)와 금융제도의 안정성규제(systemic regulation)를 다음과 같이 구분하고 있다. '금융제도의 안정성규제는 순수하게 체제적 이유 때문에(즉, 어떤 금융기관의 부실이 다른 금융기관으로 전염되고 확산되기 때문에) 금융기관의 안전과 건전성에 대해 규제하는 것이다. 그러나 건전성 규제는 금융기관이 부실하게 될 때 금융제도의 안정성에 크게 영향을 미치지 않지만 금융소비자가 손실을 입게 되는 경우에 대비하여 금융소비자보호를 위해 금융기관의 안전과 건전성을 규제하는 것'이라고 본다. 이렇게 보면 금융제도의 안정성규제도 어디까지나 금융기관에 대한 규제를 의미하며 그 목적(금융제도에 미치는 전염을 차단하기 위한 목적)은 건전성 규제(미시건전성 규제)와 다르지만 규제대상은 어디까지나 금융기관(특히 은행)이며, 따라서 이 금융제도의 안정성규제(systemic regulation)가 금융감독당국이 생각하는 거시건전성감독(규제)이라고 볼 수 있다.

그러나 중앙은행의 거시건전성감시는 이와는 달리 개별금융기관(은행)에 대해 구체적인 규제내용과 기준에 따라 직접 규제하고 감독하는 것은 아니고 금융제도의 관점(거시적 관점, 체제적 관점)에서 금융제도 전반이 건전한 상태에 있는지 점검하기 위하여 거시금융환경과 금융제도의 상호연계성을 모니터링하고 분석하고 감시하는 것이다. 특히 금융제도의 난관은 단순히 금융제도내부의 문제에 의해서만 유발되는 것이 아니고 금융제도 밖의 국내외적 여러 사태진전에 의해 발생할 수 있다. 예컨대, 가계와 기업의 금융적 상황(가계부채나 기업채무의 증대 등)이나 해외의 금융적 충격이 중대한 문제를 유발할 수 있다. 이런 면에서 중앙은행의 거시건전성감시가 감독기관의 거시건전성감독과 구분된다. 더구나 중앙은행은 금융불안정이 거시경제(실물경제)에 미치는 영향을 차단하기 위하여 금융제도의 안정에 대해 특히 관심을 가진다. 따라서 중앙은행은 금융안정을 거시경제와의 관계에서 파악하는 입장을 취한다. 그래서 거시건전성감시(macroprudential surveillance)를 '거시경제의 안정을 위하여 거시금융환경의 변화에 따른 금융제도 전체의 거시건전성 위험(체제위험)을 관찰, 관리, 감시함으로써 금융제도 전체의 안정성을 달성하려는 활동'이라고 정의할 수 있을 것이다.[22] 이러한 거시건전성감시활동을 위한 장치와 수단을 중앙은행이 적극적으로 마련하여 금융안정을 유지하여야 한다. 물

22 윤경수(2006) 참고.

론 이러한 거시건전성감시의 과정에서 필요에 따라 개별금융기관에 대한 정보와 감시가 필요할 것이다. 예컨대, 최근에 많이 논의되고 있는 시스템적으로 중요한 금융기관(SIFI, Systemically Important Financial Institution)의 지정 및 감시도 당연히 거시건전성감시 활동에 포함될 수 있을 것이다.

우리나라의 경우 1997년의 외환위기 이후에 거시적 건전성감독의 필요성과 당위성이 강화되어 왔다. 그래서 모든 금융안정관련기관이 거시적 접근방법을 강화하여 왔다. 예컨대, 금융감독원은 2005년 2월에 거시감독국을 신설하였다. 그러나 그것만으로는 한계가 있다. 왜냐하면 앞에서 지적한 바와 같이 감독기관의 접근방법은 기본적으로 개별기관 및 개별시장을 대상으로 감독하는 것이기 때문이다. 따라서 거시건전성감시를 위한 중앙은행의 역할이 강화될 필요가 있다.[23] 왜냐하면 중앙은행은 본질적으로 거시적 관점을 갖고 행동하며 거시건전성감시의 목적이 금융제도 전반을 대상으로 연쇄적 도산위험의 예방에 있다고 할 때 이러한 역할을 할 기구가 중앙은행 외에는 없다고 볼 수 있기 때문이다. 이에 따라 한국은행은 한국은행법 제8차 개정(2011년 12월 17일 시행)에 의해 금융안정을 목적조항에 도입하였으며 이 목적을 수행하기 위해 2012년 1월 거시건전성분석국(2015년 1월 금융안정국으로 개칭)을 신설하여 조기경보지표(early warning indicator)의 개발 및 활용, 거시스트레스테스트모형(macro stress test model) 구축, 거시-금융연관분석모형(macro-financial linkage model) 개발, 경기동반성(순응성) 완화 및 금융위험의 전이 억제를 위한 정책수단 개발, 글로벌 금융규제기준 세정기구 등과의 정책협력 강화, 체제위험 등에 대한 체계적 조사연구 등을 본격적으로 수행하기 시작하였다.

거시건전성감시활동을 위해서는 특히 중앙은행의 조사연구 및 통계편제활동이 필수적이다. 중앙은행의 조사연구활동은 원래 물가안정을 위한 통화신용정책의 수립을 위해서 필요한 것이었으나,[24] 이제 거시건전성감시가 더욱 필요해지면서 거시건전성감시를

23 Bernanke(2013, p.96)도 글로벌 금융위기를 회상하면서 당시 미국의 규제체계에서 개별금융회사에만 국한하고 금융제도 전반에 영향을 미칠 수 있는 요인들에 대해 충분히 주의를 기울이는 역할이 근본적으로 배제되어 왔다는 사실을 중대한 취약점으로 인정하고 있다. 이러한 인정은 금융위기를 극복하기 위해서는 중앙은행뿐 아니라 모든 금융주체와 감독주체가 폐쇄적이고 미시적인 사고와 관점에서 벗어나 전체적, 거시적 사고와 관점을 가질 필요가 있다는 것을 의미한다.

24 우리나라의 경우 한국은행법 제86조에 '한국은행은 통화신용정책의 수립에 필요한 통화와 은행업무, 재정, 물가, 임금, 생산, 국제수지, 기타 경제일반에 관한 통계자료의 수집, 작성과 경제에 관한 조사를 할 수 있으며 이를 위하여 필요한 자료와 정보를 정부기관이나 법인 또한 개인에게 요구할 수 있다'고 규정하고 있다.

위한 조사연구 및 통계편제기능도 매우 중요하게 되었다. 예컨대, 거시건전성을 강화하기 위한 중앙은행의 조사연구 및 통계편제기능에서의 중심적인 분석적 문제로 다음과 같은 것을 들 수 있다.[25] 첫째, 금융제도가 어떤 위험에 얼마나 노출되어 있는지, 그리고 금융제도가 그러한 충격을 흡수하는 데 얼마나 견고한가 하는 것을 파악하는 것이다. 즉, 거시경제와 금융경제의 위험요인에 대한 모니터링을 하는 것이다. 이것은 거시경제적 또는 금융시장적 상황전개(공통적 충격)와 체제위험에 대한 노출로부터 발생하는 금융안정에 대한 잠재적 위협에 대한 평가와 모니터링을 포함한다. 이러한 활동에는 예를 들면 한국은행의 금융안정국이 수행하고 있는 거시건전성지표 또는 금융시장안정성지표의 개발, 조기경보시스템의 구축, 금융제도의 스트레스테스트, 시나리오분석 그리고 금융제도 전반의 위험에 대한 평가보고서(예컨대, 금융안정보고서)의 작성, 시의적절하고 객관적이고 투명한 경기지표의 개발 등이 포함될 것이다.

둘째, 금융적 불균형이 지속 불가능한 수준에 도달하였는지를 분석하는 것이다. 이러한 문제는 앞으로 많은 연구와 발전이 필요한 분야이다. 특히 이러한 문제는 금융제도 밖의 사태진전(가계와 기업의 금융적 상황변화)에 의해 크게 영향을 받기 때문에 거시적 분석이 필요하다. 중앙은행이 충격의 발생을 정확하게 예측하는 것은 어렵다고 하더라도 충격이 와서 경제가 하락하는 경우의 잠재적인 위험을 평가하는 것은 중요하다. 예컨대, 자산가격 버블이 터지기 전에는 자산가격 버블이 실제로 발생하고 있다는 명백한 증거를 갖기는 어려우며 또 많은 논란의 여지가 있다. 많은 지표들을 이용하여 증거를 찾고 역사적 규범수준에 비추어 비교될 수는 있으나 건전한 수익예상과 보장되지 않은 위험선택을 구분하는 것은 쉽지 않다. 그럼에도 불구하고 이와 같은 금융적 불균형의 잠재적 영향을 지속적으로 평가하여야 한다.

그러나 근본적으로 거시 및 미시 건전성분석과 통제는 동전의 양면처럼 분리될 수 없는 것이다. 미시건전성분석이 거시건전성분석과 목적이 다소 다르더라도 궁극적으로는 금융제도 전체의 안정성에 관련되는 것이다. 그래서 점점 더 많은 감독당국이 개별기관의 안전성을 유지하는 것에서 나아가 전체의 금융위험을 억제하고 금융안정을 유지하는 임무에 익숙해지고 있다. 이들 간의 엄격한 분리는 중앙은행도, 감독기관도 그들의 기능을 만족스럽게 수행할 수 없는 상황으로 유도할 위험이 있다. 그러므로 이들 간에는

25 Padoa-Schioppa(2002), Crockett(2002) 참고.

상호보완이 필요하고 중요하다. 물론 때로는 감독당국의 거시건전성감독과 중앙은행의 거시건전성감시의 중복이 불가피할 수 있다. 비록 중복규제를 최소화하는 것이 바람직하지만 그렇다고 너무 엄격히 구분하는 것도 감시의 사각지대를 유발할 가능성이 있기 때문에 중복규제의 불가피성을 인정하여야 할 것이다.

또한 중앙은행과 감독당국 간의 긴밀한 협력과 두 기관 사이의 정보의 자유로운 교류는 반드시 필요하다.[26] 감독당국과 중앙은행의 협력과 교류가 필요한 이유는 다음과 같다. 첫째, 감독기관의 감독정보의 투입이 거시건전성감시의 수행을 위해 중요하기 때문이다. 아마도 최선의 결과는 감독기관, 중앙은행 그리고 시장으로부터 오는 정보를 결합함으로써 달성될 수 있을 것이다. 특히 거시건전성분석은 만약 총량적 자료와 평균적 행동에만 초점을 맞춘다면 매우 잘못될 수 있다. 왜냐하면 평균은 위기를 촉발할 수 있는 개별적 특이상황을 숨겨버리기 때문이다. 실제로 특정기관에서의 중요한 위험노출이 금융불안정의 중요한 원천이 될 수 있으며 이와 관련된 감독정보가 중앙은행의 거시건전성감시에 큰 도움이 될 것이다. 이러한 점을 반영하여 앞으로 시스템적으로 중요한 금융기관(SIFI)의 지정 및 감독이 중앙은행의 중요임무로 부과될 필요성이 있으며 그렇지 못할 경우에도 상호협력은 꼭 필요하다. 둘째, 중앙은행이 행하는 전체경제와 은행 및 금융부문에 대한 거시건전성분석이 감독기관에게 매우 가치 있는 정보가 될 수 있기 때문이다. 왜냐하면 이러한 분석은 부분적으로는 중앙은행에만 이용 가능한 정보(예컨대, 지급결제제도와 통화정책운용에 관한 정보)에 의거하고 있기 때문이다. 이와 같은 상호협력과 정보교류를 통해 금융불안정의 원인과 치료에 대해 중앙은행과 감독기관이 공통적인 관점을 발전시키는 것이 중요하다.[27]

26 일본의 경우 일본은행과 금융청(감독당국)이 거시건전성위험 대응과 관련하여 금융안정협의회 등을 설치하여 정기적으로 관련 정보를 공유하고 있으나 동 협의회 등은 법령에 근거한 공식적, 법적 기구가 아니며 의사결정권한이 없는 단순한 의견교환채널의 역할을 수행하고 있다.

27 이런 점에서 거시건정성위험에 대한 대응체계를 여러 기관이 참여하는 협의체 형태로 운영하는 것이 필요한데, 현재 미국이나 EU 등 많은 나라들이 이러한 협의체 형태로 운영되고 있다. 반면 일본도 우리나라와 같이 개별기관별로 고유 또는 공통의 역할을 수행하고 있다. 예컨대, 사전적 예방이나 치유를 위해 일본은행과 금융청이 각각 기관 나름의 거시건정성위험의 측정, 분석 및 거시건정성정책수단을 실행하고 있고 사후적 정리업무는 일본예금보험공사(SIFI에 대한 체계적 정리 등)와 재무성(재정지원, 외환시장인정)이 수행하고 있다.

〈그림 16-2〉 ▸ 미국의 거시건전성감시기구

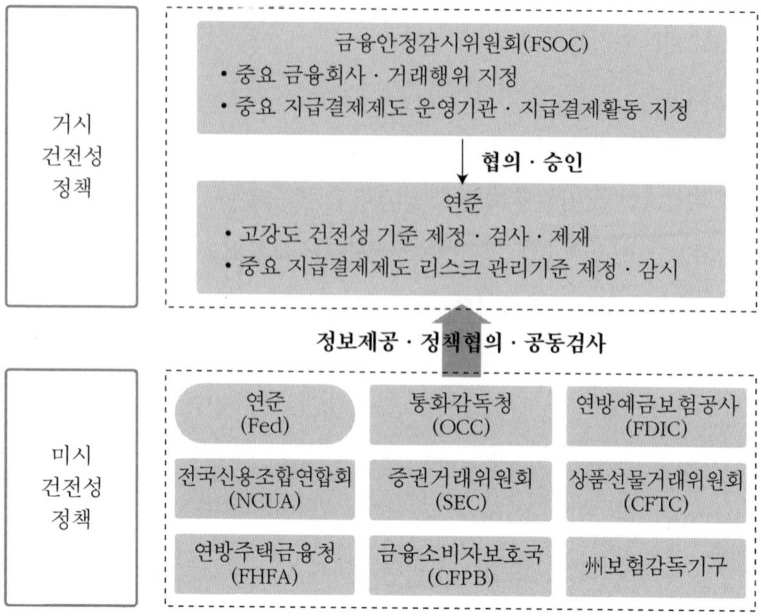

자료: 김인규 · 조용범 · 조성민(2011, p.34)

(2) 거시건전성감시기구의 예

2008년의 글로벌 금융위기이후 전 세계적으로 진행 중인 거시건전성감시의 강화 추세와 관련하여 미국은 2010년 금융개혁법(Dodd-Frank Act)의 제정으로 제재 등의 강력한 권한을 갖는 합의제 의결기구인 **금융안정감시위원회(FSOC, Financial Stability Oversight Council)**를 통해 거시건전성을 감시하기로 하였다. 미국의 거시건전성감시기구를 보면 〈그림 16-2〉와 같다. FSOC는 10명의 위원(의장인 재무장관, Fed, OCC, FDIC, SEC, CFTC, FHFA, CFPB, NCUA의 수장과 대통령이 임명하는 민간보험전문가로 구성)과 5명의 보조위원(금융조사국장, 연방보험국장, 주보험위원회대표, 주은행감독당국대표, 주증권위원회대표)으로 구성되며[28] 실무기구로 독립성이 보장된 금융조사국(Office of

28 OCC(Office of the Comptroller of Currency)는 통화감독청, CFTC(Commodity Futures Trading Commission)는 상품선물거래위원회, FHFA(Federal Housing Finance Agency)는 연방주택금융청, NCUA(National Credit Union Administration)는 전국신용조합연합회, 그리고 CFPB(Consumer Financial Protection Bureau)는 금융소비자보호국을 말한다.

Financial Research)을 재무부 내에 설치하였다. 금융조사국은 거시건전성위험과 관련된 금융통계 및 정보를 수집하여 분석하고 정책대응보고서를 작성하는 것이 의무이다. FSOC는 체제위험의 관리를 위해 보고서요구, SIFI의 지정 및 규제강화 권고(위원 2/3 이상의 찬성으로 가능), 주요 지급결제기관 지정(위원 2/3 이상의 찬성으로 가능) 및 정보요구 등의 권한을 가지며 그 집행의 주요한 부분은 중앙은행인 연준(Fed)이 수행한다.

EU(European Union, 유럽연합)도 전 금융권(은행, 증권, 보험)의 거시건전성위험(체제위험)의 측정, 분석, 조기경보 및 정책권고를 위해 협의체기구인 **유럽체제위험위원회(ESRB, European Systemic Risk Board)**를 2011년 1월 설립하여 EU 내 거시건전성위험의 방지 및 완화를 추구하고 있다. 특히 은행권에 대해서는 은행동맹(Banking Union)의 한 축으로 단일은행감독기구(SSM, Single Supervisory Mechanism)를 설치(유럽중앙은행(ECB) 내에 별도 감독위원회로 설치)하여 구속력 있는 거시건전성정책(주요은행에 대한 완충자본 확대, 배당축소, 레버리지 규제 등)을 추진하고 있다.

한편 영국에서는 2010년 6월의 보수당정부의 금융개혁계획에 의거 거시건전성분석과 대응을 강화하되 영란은행(영국중앙은행, Bank of England)이 통화정책에 더하여 거시건전성감시(금융정책위원회(Financial Policy Committee)가 거시건전성감시에 관한 정책을 결정)와 미시건전성감독(영란은행 자회사인 건전성감독기구(PRA, Prudential Regulatory Authority)가 담당. PRA는 거시건전성정책의 집행도 담당)을 모두 담당하게 되었다. 이는 글로벌 금융위기보다 1년 앞서 발생한 Northern Rock 은행의 파산과 국유화 과정에서 관련기관 간 정보교환과 위기대응이 원활하지 않아 기존의 3자 감독체제(재무부, 영란은행, 금융감독원)에 대한 비판이 고조되었기 때문이다. 영란은행에 감독권한을 집중하기로 한 것은 중앙은행이 금융제도 전체를 평가하는 능력에서 경쟁력이 있으며 중앙은행이 미시정보를 확보하는 것이 평상시의 유동성공급과 비상시의 최종대부자기능의 수행 등 통화신용정책의 유효성 세고를 위해서도 바람직하다고 판단되었기 때문이다.[29]

---

29 김인규·조용범·조성민(2011), 예금보험공사(2011), 한국은행(2018) 참고. 이러한 체제개편에 의해 거시건전성책임은 새로 신설된 영란은행의 금융정책위원회(FPC, Financial Policy Committee)가 수행하며 금융감독정책결정기구인 건전성규제위원회(PRC, Prudencial Regulation Committee)도 도입하였다. 그리고 2013년 4월부터 금융감독원(FSA, Financial Services Authority)은 폐지되고 그 기능이 영란은행과 몇몇 신설기구(FCA, PRA)로 분산되었다. 금융행위규제기구(FCA, Financial Conduct Authority)는 금융시장과 은행제도를 관리하고 금융소비자보호를 담당하며 영란은행의 자회사인 건전성규제기구(PRA, Prudential Regulatory Authority)는 금융기관(은행, 투자은행, 주택금융조합, 보험회사)의 미시건전성 규제를 담당한다.

4. 지급결제제도

금융안정을 유지하기 위해 중앙은행이 제공하는 또 하나의 중요한 기능은 **지급결제제도**(payment and settlement system)의 안정성을 유지하고 감시하는 것이다. 효율적이고 안정적인 지급결제제도가 있어야 거래가 안정되므로 이것은 금융을 위한 가장 중요한 금융하부구조(금융인프라)이다. 물건을 구매하고 화폐(돈)를 지불하여 거래가 완료되는 과정을 지급결제라고 한다. 즉, **지급결제**(payment and settlement)란 경제활동의 결과 발생한 거래당사자 간 채권·채무관계를 화폐가치의 이전을 통해 종료하는 것을 말한다.

(1) 지급제도의 발전

1) 지급수단의 진화

지급(payment)은 채무를 해소하기 위해 현금, 수표 등을 제시하거나 계좌이체를 신청하는 것을 말하는데 지급에 필요한 지급수단(화폐)은 역사적으로 다양하게 변화되어 왔으며 최근에는 매우 빠른 속도로 변화하고 있다. 첫째, **상품화폐**(commodity money)이다. 교환경제의 초기에 물물교환에 의존하다가 경제규모가 확대되고 노동의 분화가 심화되면서 교환을 원활하게 하기 위하여 물건자체로도 가치가 있는 상품이 화폐로 이용되어 왔는데 그러한 화폐를 상품화폐라고 한다. 교환경제의 초기에 모든 사람에게 일반적으로 받아들여질 수 있는 것은 상품자체로도 가치가 있는 물건이었다. 대표적인 것이 금이나 은과 같은 귀금속이었고 동(구리)과 같은 금속이 주조되어 사용되었다(주조화폐). 그러나 이러한 상품화폐는 무겁고 부피가 커 수송과 대규모거래에 불편하며 유통과정에서의 마모 가능성과 모조의 가능성이 크다는 등의 단점을 여전히 갖고 있었다. 그리고 경제의 발전과 더불어 거래량이 커감에 따라 금속으로는 거래에 필요한 화폐의 양을 충족시키는 데 한계를 갖게 되었다.

둘째, 이에 따라 등장한 것이 **불환지폐**(paper money)이다. 거래를 하는데 편리하기만 하면 되고 다른 사람이 물건의 대가로 받아만 주면 되므로 그 화폐가 종이냐, 금속이냐 하는 것은 문제가 되지 않는 것이었다. 이와 같이 지폐는 개인적으로는 휴대하기 편하고 마모 가능성도 없어 거래에 아주 편리하고, 사회적으로는 자원의 소모나 낭비를 줄이는 등 금속화폐가 갖는 많은 단점을 해결하며 특히 공급의 신축성을 갖고 있으므로 화폐로서 훌륭한 역할을 하게 되었다. 그러나 상품화폐든, 지폐든 다수의 공급자에 의하여 경쟁적으로 공급되는 것은 화폐가 지니는 공공성, 화폐발행의 과잉에 따른 화폐가치의 불안정성 등의 관점에서 문제를 야기하므로 발행을 통제할 필요성이 제기되고 이에 따라 점차 지폐의 발행은 법률에 의해 정부 또는 정부에 의해 위임을 받은 기관(중앙은행이 주로 담당)에 의해 독점화되었다. 이처럼 법에 의하여 강제적 통용력을 가지게 된 지폐를 **법화**(legal tender)라고 한다. 이에 따라 통상 중앙은행이 지급제도의 발전에 핵심적으로 관여하게 되었다.

셋째, 은행에 있는 예금(deposits)에 기반을 둔 **은행화폐**(bank money, **수표 및 어음**)의 등장이다. 자본주의 시장경제가 더욱 발전하여 고도화되고 이에 따라 거래의 양과 질이 증대함에 따라 대규모거래가 빈발해지고 따라서 지폐만으로는 여러 가지 불편(도난 위험이 크며 수송에 불편하고 특히 대규모거래에 불편)이 유발되었기 때문이다. 수표는 현금(지폐)을 대신하는 증서로서 거래자 상호 간의 신용을 기초로 하여 유통되는 것이기 때문에 **신용화폐**(credit money) 또는 **예금화폐**(deposit money)라고 한다. 수표는 액면금액이 자유롭기 때문에 대규모거래에 적합하며 서로 청산결제를 함으로써 거래가 완료되기 때문에 현금이 이동될 필요가 없어 먼 거리 지급에 유용하다. 따라서 지급과 관련된 수송비를 줄이고 효율성을 개선할 수 있는 장점이 있다. 그러나 수표도 몇 가지 단점을 갖고 있다. 첫째, 다른 지역으로 지급하고자 하는 경우 시간이 소요되며 수표로 입금된 경우 현금화하는 데 다소 시간이 걸린다. 둘째, 수표를 발행하고 청산하고 관리하는 데 많은 비용이 소요된다. 예컨대, 2008년의 경우 자기앞수표의 1일 결제규모가 439만 건인데 이것의 발행 및 관리비용이 엄청나다.

넷째, **전자지급수단**(EMOP, electronic means of payment)의 등장이다. 전자지급수단(EMOP)이라고 불리는 이 화폐는 물리적인 모습을 드러내지 않고 옮겨 다니며 거래에서 중요한 역할을 한다. 지급수단은 현금(지폐)과 비현금 지급수단으로 구분되며 비현금 지급수단은 다시 장표지급수단과 전자지급수단으로 구분된다.[30] 장표지급수단에는 어음(약속어음과 환어음), 수표(자기앞수표, 당좌수표, 가계수표), 은행지로의 일반계정이체가 있다. 그리고 전자지급수단은 은행에 보관되어 있는 금전적 가치(예금)를 전자적 방식으로 이전하는 수단들을 말하는데 현재 이용되고 있는 전자지급수단에는 타행

30 한국은행(2009) 참고.

환(타 은행으로의 계좌이체수단), 은행지로의 자동계좌이체 및 대량지급(1인의 지급인이 다수의 수취인에게 지급하는 경우), 카드(신용카드, 직불카드 및 체크카드), 현금자동인출기(cash dispenser)나 현금자동입출금기(ATM, automated teller machine)를 통한 계좌이체, 자금관리서비스(CMS, cash management service),[31] 텔레뱅킹, PC뱅킹, 인터넷뱅킹, 모바일뱅킹(휴대전화 등 스마트기기를 수단으로 금융서비스를 이용하는 것으로 스마트뱅킹이라고도 함),[32] 전자상거래지급결제중계[33] 등이 있다. 최근 컴퓨터, 스마트 기기 등 전자통신기술의 발전에 힘입어 금융전산화와 공동금융망이 크게 확충되면서 종래의 지폐(현금), 수표 위주의 장표지급수단에서 전자지급수단으로의 전환이 활발히 이루어지고 있으며 앞으로 그 비중이 더욱 확대될 전망이며 화폐경제의 효율성을 크게 증대(거래비용의 감소)시켜줄 전망이다.[34] 그런데 전자지급수단(EMOP)이 엄청난 속도로 확대되고 있지만 이 영역은 중앙은행이 직접 통제하기 어려운 영역이기 때문에 지급제도가 혼란에 처할 위험성이 있다.

2) 전자금융과 핀테크[35]

금융기관이 컴퓨터, 정보통신기술(ICT) 등을 활용하여 전자지급수단(EMOP)을 제공할 뿐 아니라 금융업무와 관련된 시스템을 전산화하고 전자방식으로 금융기관의 새로운 금융서비스를 제공하는 한편 전자상거래 관련 지급결제 등 금융영업 및 이와 관련된 업무를 전자적으로 처리하는 것을 **전자금융(electronic banking)** 또는 **디지털금융(digital banking)**, 더 넓게는 금융의 디지털화라고 한다.

---

31 여러 은행과 거래하는 기업 등이 모든 거래은행과 접속할 필요 없이 CMS센터인 금융결제원이나 한 은행과의 접속만으로 전체 거래은행의 펌뱅킹서비스를 제공받는 계좌이체수단이다.

32 최근에는 삼성페이, 카카오페이, QR코드 결제와 같은 스마트기기를 이용하는 다양한 간편지급수단이 속속 등장하고 있다.

33 인터넷을 통한 전자상거래에서 구매자계좌에서 판매자계좌로 자금을 이체하는 서비스로서 B2C의 경우 전자지급결제대행(PG, payment gateway) 서비스업체가 수행하는데 판매자를 대신하여 구매자의 거래은행으로부터 대금을 수령한 후 수수료를 제하고 나머지를 판매자에게 지급하는 서비스이다.

34 최근에는 비트코인(Bitcoin)과 같은 다양한 형태의 가상화폐(암호화폐)가 등장하여 일반시장 참여자와 정책당국의 관심을 끌고 있다. 또한 최근에는 이동통신회사, 전자상거래 플랫폼사업자 및 단말기 제조업자 등 대형 IT 기업들이 소액지급서비스 시장에 참여하면서 지급결제의 모든 단계로 서비스를 확대해 나가고 있다.

35 한국은행(2017), 박창균(2018) 참고.

이러한 전자금융의 발전과정을 간략히 살펴보면 첫 번째 단계는 네트워크의 구축단계로 금융기관의 전산망을 확립하고 기존의 금융업무를 자동화(전산화)하고 빠르게 처리하는 단계이다. 두 번째 단계는 정보통신기술(ICT)과 금융의 융합(핀테크, Fintech)이 등장하는 단계(전통적 핀테크)로 네트워크, 저장장치 등을 이용하여 다양한 새로운 금융서비스를 빠르고 정확하게 제공하는 단계이다. 세 번째 단계는 ICT와 금융의 융합이 더욱 심화되고 발전하는 단계(신흥 핀테크)이다. 금융부문에서 디지털 기술의 활용이 심화됨에 따라 기존 금융기관이 담당하던 소비자금융, 자금이체 및 결제, 투자 및 자산관리 등의 영역에서 기술을 보유한 비금융회사의 역할이 더욱 확대되고 금융부문에서도 디지털혁신이 확산되어 이전에 볼 수 없었던 서비스가 출현하며 비금융회사의 시장진입으로 협력과 경쟁이 심화되는 단계이다. 디지털혁신(digital innovation)이란 정보, 컴퓨팅, 통신, 네트워크 등의 디지털 기술 또는 그러한 기술의 조합을 이용하여 새로운 형태의 제품 및 서비스를 만들어내는 최근의 산업트렌드를 통칭하는데 핀테크는 바로 금융부문의 디지털혁신 현상으로서 기술과 금융의 융합으로 기존 서비스가 획기적으로 효율화되거나 새로운 금융서비스가 출현하는 것을 의미한다.

핀테크가 최근에 빠르게 확산되고 금융의 주요한 추세로 등장하게 된 데는 여러 요인이 작용하였다고 볼 수 있다. 핀테크의 빠른 확산을 촉진시킨 요인으로는 다른 금융혁신의 경우와 마찬가지로 소비(시장)환경의 변화, 기술환경의 변화, 금융규제환경의 변화 등을 들 수 있다. 정보통신기술의 발전이 중요하고 정보통신기술의 발전이 없다면 핀테크가 불가능하지만 기술이 아무리 발전하고 이를 이용하는 새로운 금융서비스가 아무리 혁신적이라도 이를 수용하고 선호하는 수요가 존재하지 않는다면 시장에 성공적으로 안착할 수 없다는 측면에서 혁신에 대한 소비자 선호의 변화는 핀테크 확산을 촉진한 핵심요인 중 하나라고 할 수 있다. 특히 컴퓨터와 모바일기기에 익숙한 소위 밀레니엄세대가 구매력을 가진 계층으로 성장하고 있다는 인구구조상의 변화가 핀테크에 기반한 금융서비스에 대한 수요증대에 기여하였다고 볼 수 있다. 핀테크의 확산에는 규제도 중요한데 앞으로 핀테크의 발전은 금융규제의 정도에 크게 영향을 받을 것이라고 볼 수 있다. 규제가 상대적으로 적은 중국이나 다른 중진국들에서 핀테크가 급속도로 성장하고 있는 반면 우리나라에서는 발전이 상대적으로 제한적인 것을 보면 규제의 정도가 매우 중요하다고 볼 수 있다.

핀테크는 금융서비스의 성격과 유형, 혁신의 정도에 따라 전통적 핀테크(traditional Fintech)와 신흥 핀테크(emergent Fintech)로 구분할 수 있다. 전통적 핀테크는 금융기관의 업무를 지원하는 IT서비스, 정보기술솔루션, 금융소프트웨어 등을 의미하며 기존의 전자금융에 해당된다고 볼 수 있다. 여기서는 기존 금융서비스의 자동화를 추구하는 금융기관이 가치창출과정의 핵심에 위치하고 IT기업은 이를 보조하는 역할을 수행한다. 신흥 핀테크는 간편지급결제, 클라우드 펀딩(cloud funding), 인터넷 전문은행(우리나라의 경우 케이뱅크은행, 한국카카오은행 등장), 직접송금서비스, P2P 대출중계 등과 같이 기존의 서비스를 대체하는 새로운 금융서비스를 의미하며 ICT기술을 가진 핀테크기업이 중요한 역할을 수행한다. 통상 핀테크는 정보통신기술 및 대량정보처리기술에 기반하여 혁신적 금융서비스를 제공하는 것을 의미하는데 이러한 의미에서 핀테크는 신흥 핀테크를 말한다고 볼 수 있다. 신흥 핀테크는 기존 금융서비스의 전달체계를 완전히 바꿀 수 있는 파괴자의 속성을 보유하고 있으며 플랫폼(기업과 고객들이 금융기관의 개입 없이 자유롭게 금융거래를 할 수 있는 거래기반)을 제공하는 IT기업이 가치창출과정의 핵심을 담당하고 있다.

핀테크의 진출영역은 광범위하다. 전 세계 정보통신기술(ICT) 기업과 신생 핀테크기업들이 기존의 모든 금융부문에 도전장을 내밀거나 기존의 금융기관들과 협업하고 있다. 단순히 지급결제업(모바일 결제, 송금)으로의 진입을 넘어 은행업(인터넷 전문은행, 예금, P2P 대출중계, 송금 등), 보험업(인슈테크. 의료 빅데이터를 이용한 맞춤형보험, 소비자별 위험평가에 따른 보험료차등 등), 금융투자업(금융 빅데이터분석을 통한 AI자산관리, 로보 어드바이저 등), 신용평가(빅데이터 기반 신용평가) 등 금융업 전 분야에서 뛰어난 접근성(금융플랫폼 제공), 신속 투명한 정보제공(금융소프트웨어 제공), 빅데이터 활용(금융데이터 분석)을 바탕으로 첨단 ICT기술이 활용되고 있다.

(2) 결제제도[36]

결제(settlement)는 비현금 결제수단이 금융기관 간의 교환과정(청산)을 거쳐 수취인의 예금계좌로 입금되거나 한국은행에 설치된 금융기관의 당좌계정을 통해 차액이 정산되는 것을 의미한다. 물건을 사고 현금을 제공하는 경우에는 바로 결제가 완료되지만 비현금 간접 거래의 경우 결제가 되어야 거래가 완료된다. 비현금 간접 거래는 가계나 기

36 한국은행(2009, 2014) 참고.

업의 통상적인 거래뿐 아니라 금융기관 간에도 발생하고 금융기관과 정부의 거래에서도 일어나며 증권의 거래, 외환의 거래에서도 발생한다. 이러한 모든 비현금 간접 거래는 청산을 통해 결제가 완료되어야 한다.

우리나라의 주요 **결제제도**(settlement system)로는 거액결제시스템, 소액결제시스템, 증권결제시스템 및 외환결제시스템 등이 있다. **거액결제시스템**은 금융기관 간 자금거래 등을 결제하는 시스템으로서 건당 거래금액이 크고 거래량은 많지 않은 거액소량 결제시스템이다. 한국은행이 운영하는 **한은금융망**(BOK-wire+)과 미국의 Fed-wire가 이에 해당된다.[37] 한은금융망은 기본적으로 한국은행과 각 금융기관의 전산시스템을 통신망으로 연결하여 금융기관 간 자금이체를 한국은행에 개설되어 있는 해당 금융기관의 당좌예금계정을 이용하여 건별로 즉시 처리하는 **실시간총액결제시스템**(RTGS, real time gross settlement)이다.[38] 금융기관들은 한은금융망을 이용하여 원화자금이나 외화자금을 이체하고 있으며 정부기관들도 국공채를 발행하거나 상환할 때 한은금융망을 통해 자금을 결제하고 있다.

소액결제시스템은 개인이나 기업 간 거래 등 주로 금융기관의 대고객거래를 결제하는 시스템으로 건당 거래금액은 크지 않으나 거래량이 많은 소액대량 결제시스템이다. 우리나라의 소액결제시스템은 거의 대부분 **금융결제원**이 운영하고 있는데,[39] 어음교환시스템, 지로시스템, 금융공동망, 전자상거래 지급결제시스템 등이 대표적이다. 그리고 소액결제시스템에서는 주로 **차액결제방식**(net settlement)이 이용된다. 금융결제원이 운영하는 소액결제시스템 이외에도 신용카드사가 운영하는 신용카드결제시스템(삼성카드, 현대카드, 롯데카드 등 전업카드회사의 신용카드를 이용하여 물품을 구입하는 경우의 결제

37 한국은행은 1994년 12월 개시된 금융기관 간 거액자금거래를 전자자금이체방식에 의해 건별로 즉시 지급결제하는 실시간총액결제시스템(RTGS)인 한은금융망(BOK-wire)에 혼합형결제시스템을 도입하고 기존 단말기 접속방식 외에 서버 간 직접접속방식을 추가한 **한은금융망**(**BOK-Wire+**)을 개발하여 2009년 6월부터 가동 중이다.

38 은행 간 자금결제를 건별로 처리하는 것을 **총액결제방식**(gross settlement)이라고 하고 일정기간(통상 영업일)동안 은행 간 거래에 따른 대차금액을 모두 상계하고 차액만을 결제하는 방식을 **차액결제방식**(net settlement)이라고 한다. **혼합형결제시스템**(hybrid system)은 총액결제시스템의 장점인 거액자금의 신속한 결제와 차액결제시스템의 장점인 결제자금의 절감을 함께 구현하는 결제시스템이다.

39 금융결제원은 1980년대 중반 개별 은행별로 운영하던 전산망을 하나의 네트워크로 연결하고자 당시 어음교환과 지로업무를 각각 전담하여 수행하던 전국어음교환관리소와 은행지로관리소를 통합하여 1986년 6월 비영리 사단법인으로 설립되었다.

시스템), 이동통신회사가 운영하는 모바일결제시스템, 전자화폐결제시스템 등 다양한 형태의 소액결제시스템들이 생겨나고 있다.

증권결제시스템은 주식이나 채권 등을 사고팔 때 그 증권의 소유권을 이전하고 매매대금을 결제하는 지급결제시스템인데 금융기관 간 채권거래에 따른 결제위험을 원천제거하기 위하여 증권거래시 대금이 동시에 결제되는 **증권·대금동시결제제도(DVP, Delivery vs. Payment)**를 1999년 1월부터 시행하고 있다. 증권실물은 한국예탁결제원에서 증권의 소유권을 장부상으로 매도자에서 매수자로 이전하는 계좌대체를 통해 이루어지며 증권매매대금은 한은금융망을 통하거나 시중은행상호 간의 계정을 통하여 결제된다. 증권결제시스템에는 유가증권시장결제시스템, 코스닥시장결제시스템, 파생상품시장결제시스템, 주식기관투자자결제시스템, 채권기관투자자결제시스템 등이 있다.

외환결제시스템은 외환시장에서 외환의 매도기관과 매입기관 간에 사고판 통화를 서로 지급함으로써 채권, 채무관계를 종결시키는 지급결제시스템이다. 일반적으로 외환거래는 환거래은행을 통한 건별 결제방식(SWIFT망, Society for Worldwide Interbank Financial Telecommunication을 통한 결제)으로 결제가 이루어지는데 이는 참가기관이 거래통화별로 지정된 환거래은행에 거래 건별로 매도통화의 지급을 지시하고 해당 환거래은행은 해당통화의 지급결제시스템을 통하여 거래상대방의 환거래은행에 자금을 이체함으로써 결제가 종료되는 방식이다. 한편 환거래은행을 통한 결제방식은 국가 간 시차에 따라 발생하는 외환결제위험이 있기 때문에 이를 제거하기 위해 **CLS은행(Continuous Linked Settlement Bank International)**이 1999년 뉴욕에 설립되었다.[40] CLS은행을 통해 외화가 동시에 결제되는 **외환동시결제시스템(continuous linked settlement platform)**이 2002년 9월 구축되어 국제적으로 가동되고 있으며 우리나라의 경우 2004년 12월 원화가 CLS시스템의 결제 통화로 지정되어 원화와 미 달러화 등 17개

---

40 국제적 외환결제위험의 문제는 1974년 6월 26일 독일의 민간은행인 Herstatt은행의 파산으로 전 세계적인 관심을 끌게 되었다. 독일금융당국은 1974년 6월 26일 문제가 있는 Herstatt은행을 폐쇄하도록 결정하였다. 그런데 그날 많은 은행들이 프랑크푸르트에 있는 Herstatt은행에 독일마르크를 제공하고 뉴욕에 있는 은행으로 달러를 보내도록 요청하였다. 그러나 시간대가 다르기 때문에 지불이 완결되기 전에 Herstatt은행의 영업이 중단되었다. 그래서 상대방은행들은 달러를 지불받지 못하는 사태가 발생하였고 큰 혼란이 야기되었다. 그래서 이러한 형태의 결제위험(외환거래에서 한 당사자는 판매하고자 하는 통화를 지불하였으나 구매하고자 하는 통화를 받지 못하는 위험)을 흔히 **Herstatt리스크**라고 부른다. Herstatt은행의 파산이 있은 약 30년 후인 2002년에 이러한 결제위험을 해소하기 위해 외환동시결제시스템(CLS)이 만들어졌다.

〈그림 16-3〉 ▸ 우리나라의 지급결제제도의 개요

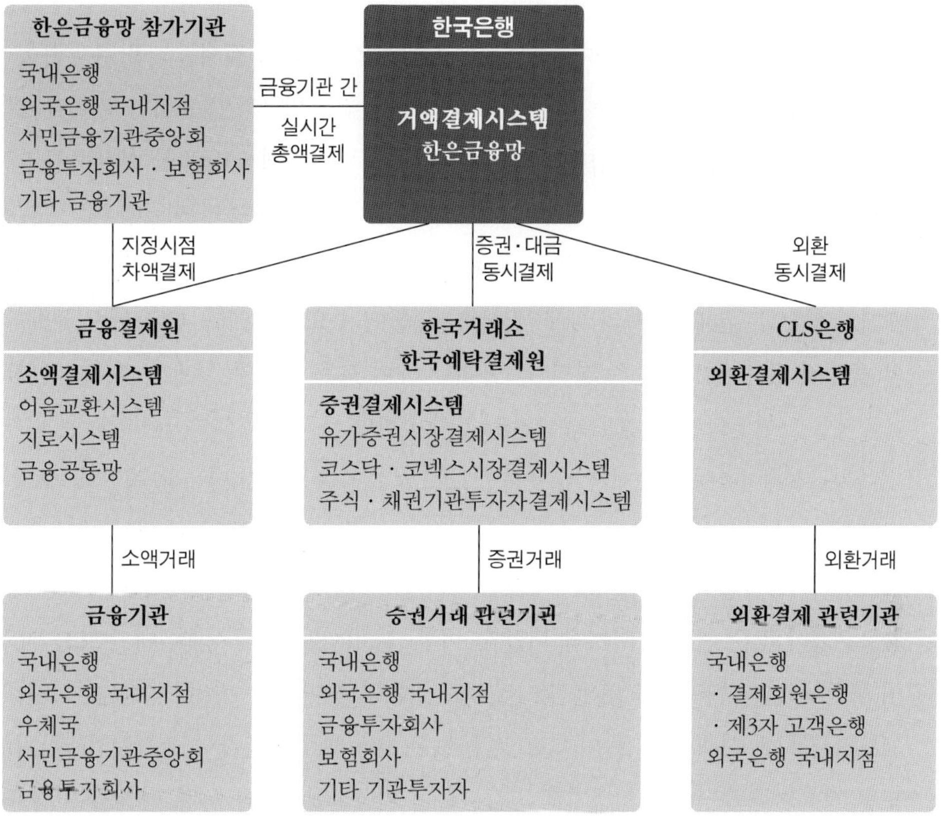

자료: 한국은행(2018, p.97)

통화의 외환 동시결제(PvP, Payment vs Payment)가 가능해졌다. 이러한 우리나라의 결제시스템을 요약하면 〈그림 16-3〉과 같다.

(3) 지급결제제도의 안정성감시

위에서 본 바와 같이 경제주체 간의 개별적 채권 및 채무의 결제는 은행을 통해서, 그리고 최종결제는 중앙은행 계정을 통해 이루어진다. 그 과정에서 어느 한 은행이라도 자금을 결제하지 못하면 그 여파가 다른 은행에 연쇄적으로 파급됨으로써 금융제도가 일시에 불안해질 수 있다. 이와 같이 예기치 못한 사정으로 결제가 예정대로 이루어지지 않을 가능성 또는 그로 인하여 야기되는 손실발생 가능성을 결제위험(settlement risk)이라고 한다. 결제위험은 신용위험, 유동성위험, 체제위험(신용위험, 유동성위험 등으로 발생한 특정 금융기관의 결제불이행이 다른 금융기관의 연쇄적 결제불능을 유발하여 지급결제제도 전체 기능의 마비를 가져오는 위험) 등의 금융위험과 법률위험, 위변조위험, 운영위험(전산설비, 건물, 전기설비, 지하공동구 등의 지급결제제도를 구성하는 물리적 하부구조에 이상이 생김으로써 결제가 이행되지 못하는 위험) 등의 비금융위험으로 나누어 볼 수 있는데 이러한 결제위험은 금융기관의 지급시점과 자금결제시점의 차이, 지급결제제도의 오류, 결제참가자의 재무건전성미흡 등이 주요 원인이다. 따라서 지급결제제도의 중심에 있는 중앙은행은 결제위험을 방지하여 모든 거래의 결제가 빠르고 안전하고 효율적으로 이루어질 수 있도록 만전을 기해야 한다.

지급결제시스템의 문제가 금융불안으로 발전한 예는 1974년 6월 독일의 Herstatt은행의 파산에 따른 국제금융시장불안과 1985년 11월 뉴욕증권결제은행의 전산설비고장으로 인한 금융불인[41] 등을 들 수 있다. 이러한 사태를 계기로 지급결제제도의 안정성에 중앙은행이 많은 관심을 가지게 되었다. 이후 Healey(2001)의 서베이에서 보는 바와 같이 모든 중앙은행은 법에 의해 명시적으로 권한이 주어지든 아니든 상관없이 지급결제제도의 감시에 대해 역할을 가지고 있다. 많은 경우에 중앙은행이 핵심적인 지급결제제도를 직접 소유하거나 운영하지만 민간부문이 지급결제제도를 운영, 관리하는 경우에도 중앙은행은 동 시스템을 감시하는 기능을 수행한다.

또한 대부분의 선진국은 1990년대 중반을 전후로 법의 제정과 개정을 통해 지급결제제도의 안정성을 확보하기 위한 중앙은행의 책임과 권한을 명시하는 가운데 지급결제제도에 대한 감시업무에 대한 근거도 구체화하였다.[42] 예컨대, 이탈리아는 1993년 은행법 개정을 통해, 프랑스와 일본은 1998년 중앙은행법을 통해 중앙은행의 지급결제제도 감시권한을 명시하였다. 영국의 경우 1997년 영란은행, 재무부, 금융감독원(FSA) 간의 양해각서에서 중앙은행의 지급결제제도 감시권한을 명시하였다. 우리나라도 한국은행법 제7차 개정(2003년 8월 12일)에서 지급결제제도에 대한 책임 및 감시기능(한국은행법 81조)을 한국은행에 명시적으로 부여하였다.

---

41 당시 뉴욕증권결제은행의 전산설비고장으로 인해 해당 은행에 대한 일중대월이 마감시간에 해소되지 않아 미 연준은 단일 건으로는 최대 규모인 230억 달러의 긴급대출을 실시한 바 있다.

42 한국은행(2009) 참고.

이처럼 지급결제제도의 안정성을 위한 감시(oversight)는 최근에 와서 중앙은행의 중요한 기능의 하나로 명시적으로 등장하게 되었는데 그 이유는 다음과 같다. 첫째, 지급결제제도의 안정성은 체제위험의 방지에서 매우 중요한 위치를 차지하기 때문이다. 즉, 금융문제의 전염은 특히 지급결제제도를 통해 급속도로 전파될 수 있기 때문이다. 둘째, 중앙은행은 자본주의경제의 핵심보루인데 자본주의 시장경제가 제대로 작동하기 위한 가장 기본적인 조건은 지급결제가 빠르고 안전하고 효율적으로 이루어져야 하기 때문이다. 셋째, 중앙은행은 공공 지급수단의 안전성에 책임이 있기 때문이다. 이는 지급결제제도 이용자 및 지급수단 이용자의 신뢰뿐만 아니라 통화에 대한 국민의 신뢰유지에도 매우 중요하다.

지급결제제도의 안정성 감시에 있어서의 중앙은행의 구체적 활동은 다음과 같다. 첫째, 중앙은행 또는 민간에 의해 운영되는 지급결제제도의 안전성, 건전성 및 효율성을 촉진하기 위한 원칙과 기준을 정의하고 제정하고 집행하고 그리고 그것의 준수를 보장하는 것이다. 둘째, 지급결제제도에 내재된 위험의 성격과 크기를 평가하기 위해 지급결제제도 분야의 발전상황을 모니터링하고 지급수단과 서비스에 관한 규약의 투명성을 보장하는 것이다. 예컨대, 비트코인과 같은 새로운 형태의 화폐가 등장하는 경우 이러한 가상화폐의 성격, 역할, 체제위험에 미치는 영향 등을 검토하고 분석하여 새로운 화폐의 의미를 분명하게 규정하여야 한다. 셋째, 지급결제제도에 문제가 발생하는 경우 일시적인 자금의 제공이라는 금융안전망을 통해 지급결제제도를 안전하게 유지하는 것이다. 예컨대, 한국은행은 은행의 하루 중 일시적인 지급결제 부족자금을 지원하기 위하여 2000년 9월 은행을 대상으로 일중당좌대출제도를 도입하였다. 또한 한국은행법 제8차 개정(2011년 8월 31일)을 통해 한은금융망 참가기관에 대한 일시결제부족자금지원근거를 마련(한국은행법 제81조의2 신설)하여 비은행금융기관의 결제지연 또는 불이행 가능성에 효율적으로 대처할 수 있도록 하였다. 비은행금융기관은 지급준비금 예치의무가 없어 한은에 개설되어 있는 예금계정에 최소한의 결제 유동성만을 보유하기 때문에 일시적으로 결제자금이 부족하게 되는 경우가 발생할 소지가 있기 때문이다.

또 지급결제제도의 안정성을 평가하고 거래상대방이 건전한 기관이라는 것을 확인하기 위하여 그리고 민간부문의 지급결제제도의 안정성을 감시하기 위해서 중앙은행은 지급결제제도의 운영기관과 참여기관 및 시장에 대한 미시적 정보를 필요로 한다. 중앙은행이 운영하는 각종 제도에 참여할 자격이 있는 기관을 선택할 때 중앙은행은 건전성을 충분히 보장하지 못하는 기관을 배제할 의무와 권한을 모두 가지고 있다. 따라서 지급결제제도의 안정적 운영을 위해서 중앙은행은 항상 그들의 거래상대방에 대한 상시적인 자료접근권이 있거나 거래상대방에게 정보를 제공하도록 요구할 수 있어야 한다. 또한 중앙은행은 지급결제제도의 원활한 운영을 위하여 지급결제제도의 운영기관에 대하여 지급결제 관련 자료를 요구할 수 있어야 한다.[43]

5. 최종대부자제도[44]

금융위기나 금융불안이 발생하면 가장 먼저 중앙은행이 위기의 해결을 위해 개입한다. 중앙은행은 통상 전통적인 수단인 정책금리조절을 통해 간접적으로 나서지만 때로는 보다 직접적으로 위기해결에 관여할 수 있다. 위기해결을 위한 중앙은행의 직접적 개입은 위기대부자(crisis lender)와 위기관리자(crisis manager)로서의 활동을 의미하는데 이러한 활동은 중앙은행의 초기부터 중앙은행에 부여되어 온 중요한 기능이다. 이 중에서도 위기대부자의 기능인 최종대부자기능이 중앙은행의 사후적 위기해결을 위한 핵심적 기능이다.

최종대부자(LLR, lender of last resort)의 기능(또는 **긴급유동성지원기능**)은 '유동성에 대한 비정상적인 수요의 증가를 유발하는 위기가 발생하였을 때 다른 방식으로는 그 유동성이 충족될 수 없는 경우에 중앙은행이 개별금융기관 또는 금융시장에 유동성을 재량적, 일시적으로 공급하는 것'을 의미한다. 이와 같이 LLR기능은 사후적으로 금융위기를 해결하기 위한 하나의 방안이다. LLR은 유동성공급경로와 심리적 경로의 두 가지 경로를 통해 금융위기의 확산방지 및 금융제도의 안정성유지기능을 발휘한다.[45] 첫째, 유동성공급을 통한 안정화경로는 금융불안이 발생한 후에 사후적으로 중앙은행이 위기에 처한 금융기관에 자금을 직접 지원하거나 공개시장운영(OMO, open market operation)을 통해 시중에 긴급히 유동성을 증가시켜 비정상적인 유동성수요를 충족시키는 것이다. 이것이 LLR의 가장 기본적인 금융안정(금융위기의 사후적 치유)기능이다. 둘째, 심

---

43 한국은행의 경우 한국은행법 제7차 개정(2003.8.12)으로 지급결제제도의 운영기관과 참가기관에 대하여 필요한 자료의 제출을 요구할 수 있다(한국은행법 제81조).

44 안철원(2006, 2009), 한국은행(2005.7) 참고.

45 최원형·이용규(1998) 참고.

리적 경로는 위기 시에 최종대부자(LLR)가 존재한다는 그 자체 또는 최종대부자가 언제든지 필요하면 지원할 의지가 있다는 것을 확고히 밝히는 공개발언활동(open mouth operation, 공개구두조작)으로 경제주체들에게 금융안정에 대한 믿음을 주는 것을 말한다. 금융위기의 초기에 경제주체들이 LLR의 즉각적인 대응이 있을 것이라고 믿고 불필요하게 동요하지 않는다면 LLR이 자금을 실제로 지원하지 않거나 비교적 적은 자금을 지원하더라도 예금인출사태나 금융위기의 확산을 방지할 수 있게 된다.

(1) 중앙은행의 최종대부자기능의 필요성과 실제

1) 최종대부자기능의 필요성

금융기관(은행)이 다른 방식으로는 즉각적으로 유동성을 구할 수 없을 때 마지막으로 의지하는 곳이 중앙은행이다. 할인창구나 공개시장운영을 통한 중앙은행의 긴급유동성의 지원은 통상 다음과 같은 두 가지의 금융안정의 목표를 위해 필요하다고 볼 수 있다. 첫 번째 목표는 개별금융기관의 유동성위기(liquidity crisis)가 불필요하게 시불불능사태(insolvency)로 이행되는 것을 방지하기 위한 것이다. 개별금융기관이 정당한 근거없이 갑자기 인출사태(bank run)에 빠져 빨리 자금을 조달하지 못한다면 긴급하게 자산을 처분하여 유동성을 조달해야 하는데 이 경우 긴급판매손실(fire sale loss) 때문에 그 금융기관이 자칫 지불불능에 빠질 가능성이 있게 되므로 개별금융기관을 보호하기 위하여 필요하다는 것이다.

이 목표와 관련하여 다음의 두 가지 문제를 살펴볼 필요가 있다. 첫째, 유동성위기에 빠진 금융기관이 꼭 중앙은행으로부터 차입을 해야 하는가 하는 문제가 제기된다. 갑자기 유동성(현금)에 대한 수요가 증가하여 은행예금이 이탈하는 경우에는 일반적으로 LLR로서의 중앙은행의 역할이 요구되지만 여러 은행이 한꺼번에 인출사태에 빠지는 은행공황은 매우 드물며 대개 예금이 한 은행으로부터 빠져나가 다른 은행으로 이전되는 경우가 많으므로 반드시 LLR의 역할이 요구되는 것은 아니다. 금융기관은 통상적인 상황에서도 항상 자금과부족의 문제를 갖고 있으므로 은행간시장(interbank market, 콜시장, 미국의 연방기금시장)이 비교적 잘 발달되어 있다. 따라서 건전한 은행이 갑자기 부당한 이유(터무니없는 소문)로 인출사태에 빠진다면 은행간시장에서 다른 은행으로부터 차입을 하면 될 것인데 왜 중앙은행에 의존하는가? 그 이유는 비록 은행간시장이 정상적인 상태에서는 잘 운영되고 효율적이라고 하더라도 위기가 오게 되면 이 시장이 잘 작동하지 않을 가능성이 크기 때문이다. LLR의 필요성에 대한 논란에서 가장 중요한 문제는 바로 이 은행간시장의 효율성문제이다. 위기 시에도 이 시장이 잘 작동한다고 보면 할인창구를 통해 개별기관에게 긴급유동성을 지원할 필요가 없다고 볼 수 있고 정보의 비대칭성이 크기 때문에 위기 시에는 이 시장이 작동하지 않거나 붕괴될 가능성이 크다고 보면 중앙은행의 지원이 필요하게 된다.

둘째, 건전하지만 근거없는 오해로 유동성위기를 겪는 은행(illiquid but solvent bank)인지, 아니면 아예 지불불능은행(insolvent bank)인지를 은행간시장에서 은행들도 잘 구분할 수 없는데 중앙은행은 그들을 구분할 수 있는가 하는 문제가 제기된다. 즉, 중앙은행이 시장보다 우월한 정보를 가지고 있는가 하는 문제가 있다. 그러한 정보우월성이 없다면 중앙은행의 긴급대출은 손실을 유발할 가능성이 크다. 왜냐하면 시장에서 대출을 거부당한 금융기관에 대해 중앙은행이 대출을 하는 것은 그만큼 상환 가능성이 적기 때문이다. 만약 중앙은행이 은행의 금융적 상태를 더 잘 관찰할 입장에 있거나 중앙은행이 감독정보에 접근할 수 있다면 정보우월성을 가질 수 있을 것이다.

LLR의 두 번째 목표는 개별금융기관(은행)의 문제가 확대되고 전염되어 체제위험의 문제로 비화되는 것을 방지하기 위한 것이다. 개별은행의 파산은 나쁜 외부효과를 가질 것이며 이러한 외부효과는 은행과 은행의 관계를 통해 확산될 수도 있고 은행과 은행고객(기업과 가계)의 관계를 통해 확산될 수도 있다. 또한 금융기관이 아니라 금융시장에 대한 나쁜 충격이 금융제도전체에 위험을 유발할 가능성에 긴급하게 대처하기 위해서 LLR이 필요하다는 것이다. 이 목표와 관련한 주요 논점은 다음과 같다.

첫째, 은행 간의 전염문제에 관한 것이다. 만약 예금자들이 은행들은 서로 유사하다고 생각한다면 한 은행의 위기나 파산은 다른 은행에 대한 인출쇄도를 유발할 것이다. 그러나 때로는 한 은행의 파산이 은행 간의 자산의 유사성과는 상관없이 다른 은행의 지불가능성에 대한 예금자의 신뢰를 변화시킬 수 있다. 많은 학자들은 순수 공황적(비정보적) 전염보다는 정보기반적 전염이 훨씬 더 중요하다고 제시하고 있지만 어느 경우이든 은행 간의 전염에 의해 체제위험으로 전환될 가능성에 대처하기 위해 LLR이 필요하다고 본다.

둘째, 은행 간의 다양하고 광범위한 상호연관성 때문에 한 은행이 의무를 수행하지 못하게 되면 다른 은행에 즉각적이고 직접적인 전염효과를 미치게 된다. 이것이 일어나는 하나의 메커니즘은 은행간시장에서의 대출이다. 한 은행이 인출사태에 빠지면 다른 은행에 제공한 대출을 즉각 회수하며 이것이 다른 은행으로 하여금 유동성위기에 빠지게 한다. 또 하나의 메커니즘은 지급결제제도와 관련된다. 한 은행의 결제불능은 다른 은행의 결제불능을 유발하며, 이러한 은행간 결제위험노출 때문에 전염이 유발될 수 있으며 이에 대처하기 위해 LLR이 필요하다.

셋째, 은행이 파산하면 은행만 파산하는 것이 아니라 은행에 의존하던 많은 기업과 가계가 대출을 확보할 수 없게 되어 전체 경제에 심한 타격을 주게 된다. 이러한 파산은 금융제도가 일차적인 기능(자금의 연결, 지급수단의 공급, 위험의 효율적 배분)을 수행하는 능력을 위협할 수 있다. 더구나 은행은 차입자에 대한 정보수집(정보생산)에 전문화하는 기관인데 이러한 정보는 그 은행에 고유한 것이고 이전이 불가능하기 때문에 은행이 파산하면 그 정보가 고스란히 손상된다. 특히 은행의 신용제공은 중소기업과 가계와 같은 일부의 차입자에게는 매우 중요하며 개별은행의 파산은 이러한 차입자에 대한 신용위축을 유발한다. 실물경제에 대한 이러한 충격에 대처하기 위해 LLR이 필요하다.

넷째, 은행의 유동성문제뿐 아니라 때로는 금융시장에 대한 나쁜 충격, 특히 금융시장에서의 불시의 유동성 충격에 따른 자산가격의 붕괴에 대비하기 위해 중앙은행의 LLR 기능이 필요하다.[46] 금융시장이 점점 더 효율적이 됨에 따라 한편으로는 유동성을 제공하는 메커니즘이 개선되었으나 그와 동시에 거래속도와 거래량의 증가로 급작스러운 가격변화와 긴급판매의 잠재성을 크게 증가시켰다. 이러한 사태에 긴급하게 대처하기 위해 LLR이 필요하다고 본다.

2) 우리나라에서의 최종대부자기능의 실제

이러한 필요성에 따라 현재 한국은행은 금융기관과 금융기관 외의 영리기업(금융기관이 아닌 자로서 금융업을 영위하는 자 등)에 대해 긴급유동성(최종대부자기능)을 제공

---

46 Kaufman(1991)에 의하면 LLR에 대한 초기의 학자들은 경제에 대한 나쁜 충격이 통화공급의 감소를 유발하여 다른 부문 그리고 경제 전체에 퍼져나가는 것으로 보았기 때문에 LLR개입을 통한 통화공급의 확대를 매우 중시하였다. 그러나 불환지폐의 관리통화제도를 도입하고 또 예금보험이 도입된 이후로 통화공급의 급격한 감축은 거의 발생하지 않게 되었다. 따라서 이제 전염은 중요하지 않으며 오히려 시상의 나쁜 충격으로부터 나타나는 일시적인 유동성압박에 따른 자산가격붕괴가 더 중요한 문제라고 본다. 이에 따라 W. Buiter 등의 학자들은 이제 중앙은행이 단순히 유동성을 공급하여 은행을 살리는 '최종대부자'가 아니라 금융시장 전체를 살리는 '최종시장조성자(last resort of market maker)'가 되어야 한다고 주장한다(차현진(2013, pp.247-248)).

할 수 있게 되어 있다(한국은행법 제28조, 제65조, 제80조). 또 2008년부터 시작된 글로벌 금융위기의 수습과정에서 종전의 중앙은행제도로는 효율적인 위기대응이 어렵다는 인식 하에 한국은행법 제8차 개정안이 2011년 8월 31일에 국회본회의를 통과하여(2011년 12월 17일 시행) 한국은행의 금융안정기능이 강화되었다. 개정 한국은행법은 목적조항(제1조)에 제2항(한국은행은 통화신용정책을 수행함에 있어 금융안정에 유의하여야 한다)을 신설하여 물가안정(price stability)과 함께 금융안정(financial stability)을 도모하도록 명시하였으며 이와 함께 긴급유동성 지원제도를 개선하여 보다 신속하고 적극적으로 지원이 가능하도록 하였다. 즉, 위기 시에 금융기관 및 금융시장에 대한 신속하고 효과적인 유동성 지원이 가능하도록 우선 한국은행 대출의 적격담보증권을 금융통화위원회가 금융시장상황에 따라 탄력적으로 조정할 수 있도록 하고 금융기관에 대한 긴급여신(제65조)의 실행요건을 완화하였고 영리기업(비은행금융기관을 포함)에 대한 여신(제80조)의 실행여지를 확대하였고 여신결정시 정부의 의견을 듣도록 하였다.[47]

한국은행이 금융시장안정을 도모하기 위해 최종대부자로서 지원하는 대출을 특별대출이라고 하는데 필요시 금융통화위원회의 별도 의결을 받아 지원하게 된다. 한국은행은 1997년 하반기에 외환위기의 우려로 금융시장이 크게 불안해지자 이에 대처하여 총 10조 7,656억 원의 특별대출을 실시하였다. 또 1999년 8월에는 '컴퓨터 2000년 문제(Y2K)'로 인한 은행의 지급결제자금 부족발생 가능성에 대비하여 1999년 11월부터 2000년 4월까지 6개월간 Y2K 특별대출제도를 시한부로 도입하였다. 그리고 2009년 3월에는 글로벌 금융위기에 대응하여 은행의 자본을 확충함으로써 신용공급확대 및 원활한 기업구조조정추진 등을 유도하기 위해 한국산업은행을 통해 은행자본확충펀드에 3조 2,966억 원을 지원하였다. 은행자본확충펀드에 대한 대출은 2010~2013년에 대출금액 등을 조정하여 네 차례 재대출을 실시하였으며 2014년 3월 31일까지 전액 회수하였다. 그리고 2014년 3월과 2015년 10월에는 회사채시장의 불안요인을 완화하기 위해 마련된 '회사채시장 정상화 방안'과 관련하여 한국산업은행(당시 한국정책금융공사)에 대한 대출 및 통

---

47 한국은행법 제8차 개정에서는 이와 함께 신용경색기에 금융기관이 자금을 원활하게 조달할 수 있도록 공개시장운영방식에 증권의 대차(貸借)를 추가하였으며 또한 금융시장안정 등을 위해 공급된 초과유동성을 효과적으로 흡수하기 위해 증권차입을 활용할 수 있게 되었다. 그리고 한은금융망 참가기관에 대한 일중(日中)의 일시결제부족자금지원근거(제81조의 2)를 마련하여 비은행금융기관의 결제지연 또는 불이행 가능성에 효율적으로 대처할 수 있도록 하였다.

화안정증권 상대매출을 실시함으로써 한국산업은행이 신용보증기금에 출연하는 데 필요한 유동성을 지원하였다. 이 대출금은 2015년 3월 26일과 2016년 10월 14일에 각각 전액 회수되었다.

(2) 최종대부자기능에 대한 반론

중앙은행이 LLR로서 적극적 기능을 수행할 필요가 있다는 주장에 대해 중앙은행이 LLR의 기능을 할 필요가 없거나 그 기능을 해서는 안 된다는 반론도 지속적으로 제기되고 있다. 이에 대한 대표적인 견해가 **자유은행주의**(free banking school)의 견해와 **통화견해**(money view)이다.[48] 자유은행주의는 중앙은행의 존재자체를 부정하므로 당연히 중앙은행의 LLR기능을 부정하는 것이고 따라서 여기서는 통화견해를 중심으로 반론을 살펴본다. 이들은 LLR의 존재 자체를 부정하는 것이 아니라 LLR활동은 공개시장운영(OMO, open market operation)을 통해 금융시장에의 유동성 제공에 한정해야 하며 할인창구를 통한 개별기관에 대한 지원을 해서는 안 된다고 주장한다. 이렇게 보는 이유는 우선 LLR의 목적이 개별금융기관을 구제하는 것이 아니라 개별기관의 문제나 기타 금융적 난관으로 인한 전염효과를 차단하여 금융제도의 안정성을 유지시키는 것이라고 보기 때문이다. 보다 자세히 이러한 견해를 살펴보면 다음과 같다.

첫째, 통화견해는 은행간시장이 매우 효율적이고 위기 시에도 원활하게 작동하며 따라서 위험에 따라 이자율을 조정함으로써 자금이 원활하게 이동될 수 있다고 본다. 효율적인 은행간시장에 의해 유동성을 가장 긴급하게 필요로 하는 은행에 유동성이 원만하게 배분될 것이며 따라서 지불능력이 있는 은행은 결코 자금을 구하지 못해 비유동적이 되지 않는다고 본다.

둘째, 중앙은행이 금융시장에 비해 정보의 우월성을 갖고 있지 않다고 본다. LLR의 전통적 이론에 의하면 할인창구를 통한 긴급대출은 통상 유동성 위기를 겪고 있는 건전

---

48 LLR에 대해서는 통화견해와 은행견해의 두 견해가 대립되고 있는데 **통화견해**(money view)는 중앙은행의 최종대부자기능을 통화량의 변화를 유발하는 것으로 보는 견해로 공개시장운영을 통해서만 긴급유동성을 제공하여야 하며 개별기관에 대한 유동성제공은 안 된다고 보는데 Anna Schwartz와 같은 통화론자들이 주장하고 있다. **은행견해**(banking view)는 통화견해와는 반대로 개별기관에 대한 긴급유동성제공만을 LLR의 기능으로 보아야 한다고 주장하는데 통상 영국적 전통(Charles Goodhart 등)으로 볼 수 있다.

한 금융기관에 국한되어야 하며 지불불능인(insolvent) 금융기관에 제공되어서는 안 된다. 그런데 유동성을 필요로 하는 금융기관이 일시적 유동성부족상태에 있는지, 아니면 지불불능상태에 빠져 있는지에 대해 중앙은행이 시장보다 더 나은 정보를 가지고 있지 못하다는 것이다.

셋째, 중앙은행은 정치적으로 매우 취약하며 따라서 개별기관에 대한 LLR기능은 정치적으로 이용될 가능성(예컨대, 대마불사정책의 채택)이 크다고 본다. 즉, 중앙은행을 포함한 규제자들은 통상 정치적 압력에 직면하는데 개별기관에 대한 긴급유동성 지원을 허용하게 되면 정치적 이유로 지원하도록 압력을 받게 되며 따라서 부실지원에 따른 많은 손실을 유발할 수 있다. 그러므로 정치적 이유로 긴급유동성을 지원하는 것을 방지하기 위해 OMO를 통해 시장에 맡겨야 한다고 주장한다. 실제의 경험에 의하더라도 중앙은행이 정치적 판단으로 부실한 금융기관에 긴급대출을 하여 많은 손실을 입었다.

넷째, 최근에 와서 은행과 기타 금융기관 간의 구분이 더욱 모호해지고 이로 인해 중앙은행의 할인창구의 적격기관이 모호해지고 있기 때문에 할인창구를 통한 개별기관에 대한 긴급지원을 중앙은행이 해서는 안 된다고 주장하고 있다. 자칫 LLR기능이 비은행금융기관으로 확대되면 긴급유동성지원이 크게 확대될 수 있고 이를 위해 필요한 감독자원이 엄청나게 많이 요구될 수 있다. 그런데 만약 이렇게 많은 감독자원의 투입이 불가능하다면 중앙은행이 할인창구의 범위를 확대하는 대신 오히려 할인창구를 아예 폐쇄하여야 한다는 것이다. 더구나 최근에 나타난 바와 같이 중앙은행이 금융감독(은행감독)에서 배제되고 있으므로 더욱 더 할인창구의 사용을 억제하거나 폐지하여야 한다는 것이다.

(3) 최종대부자지원의 비용

LLR지원은 금융안정의 유지 또는 금융위기의 확산방지라는 순기능을 갖지만 다른 한편으로 많은 비용과 역기능을 수반한다. 만약 비용이 크다면 LLR기능이 아무리 필요하다고 하더라도 실행되어서는 안 될 것이다. LLR기능은 긴급유동성의 제공자(중앙은행)와 수혜자(금융기관) 모두의 도덕적 해이의 유발, 시장규율의 약화, 통화정책과의 상충, 그리고 사회적 공평성 훼손 등의 비용을 수반할 소지가 있다. 이 중에서 무엇보다도 도덕적 해이의 유발이 가장 중요한 문제가 된다.

첫째, 중앙은행의 **도덕적 해이**(moral hazard)를 유발한다. 중앙은행의 LLR지원은 불가피하게 지원에 따른 손실의 가능성이 어느 정도 있을 때, 때로는 매우 큰 잠재손실의 가능성이 있을 때에 시행된다. 그런데 손실이 실제로 발생하게 되면 그 비용은 납세자들이 부담하게 된다. 즉, 손실의 일부가 그 손실을 유발한 의사결정자와는 아무런 관계도 없는 사람에 부과될 수 있다. 이와 같이 손실을 발생시키는 의사결정자 따로 있고 손실을 부담하는 사람 따로 있는 경우 의사결정자로 하여금 도덕적 해이에 빠지게 하여 더 쉽게 결정을 내리도록 만들 수 있으며 이러한 이유로 LLR기능이 잘못 운영될 가능성이 크다. 즉, 중앙은행은 부담이 없기 때문에 긴급유동성지원을 쉽게 결정하게 되는 도덕적 해이를 유발한다.

둘째, 금융기관의 도덕적 해이를 유발한다. 시장에서 발생할 수 있는 손실보다 손실을 줄여주는 어떠한 정부지원도 시장참여자들이 미래의 시장충격으로부터 스스로를 보호하려는 행동을 줄이는 위험을 가지고 있다. 따라서 금융적 어려움이 발생할 때 LLR에 의해 구제되고 손실보전이 될 수 있을 것이라고 기대하는 것은 금융기관의 과도한 위험추구행위를 조장하는 도덕적 해이의 요인이 될 수 있다. 이러한 금융기관의 도덕적 해이 문제는 LLR이 경영실패로 인해 지급불능의 가능성에 빠진 금융기관까지를 구제하는 경우 특히 심각하게 나타난다. 경제적으로 지불불능인 은행에 대한 지원은 그 은행으로 하여금 위험노출을 더욱 증가시키도록 할 뿐 아니라 다른 은행들도 위험노출을 증가시키도록 하며, 예금보험에 가입하지 않은 예금자(고액예금자)들이 그들의 예금을 인출할 충분한 시간을 갖도록 한다. 이러한 지원으로부터 나오는 모든 손실은 예금보험기관 그리고 결국은 납세자의 부담이 된다.

셋째, LLR에 의한 부실금융기관구제가 일반화되는 경우 예금자, 채권자 등 시장참여자들의 금융기관경영에 대한 감시기능도 기대하기가 어렵게 되어 시장규율(market discipline)기능의 약화를 가져온다. 이와 같은 금융기관의 과도한 위험추구행위(도덕적 해이)와 금융기관에 대한 시장규율기능의 약화는 오히려 전체 금융제도의 건전성을 저해하는 요인으로 작용할 수 있다.

넷째, LLR기능은 중앙은행의 가장 중요한 책임인 통화의 안정적 관리(물가안정)와 상충될 가능성이 있다. 중앙은행이 금융적 난관의 수습을 위해 확대 공급한 유동성을 위기상황의 장기화 등으로 조기에 환수하지 못할 경우 기존 통화정책목표의 수정이 불가피해지는 등 적정통화관리에 애로를 겪게 된다. 이것이 흔히 말하는 출구전략(exit strategy)의 문제이다. 위기 시에 위기방지나 위기대처를 위해 일시적으로 공급한 유동성을 적절한 시기가 되면 이를 흡수하여 원래의 상태로 되돌려 놓아야만 물가안정과의 상충을 회피할 수 있다. 언제 어떤 방식으로 환수할 것인가가 중요한 문제이다.

다섯째, LLR기능의 수행시 효율성만을 고려하는 경우에는 사회적 공평성(fairness)이 훼손되는 부작용이 발생할 수 있다. 공평성이란 LLR이 모든 시장참여자에 대하여 차별을 두지 않는 것을 말하며 이는 공평한 접근과 공정한 대우의 두 가지 측면으로 나누어진다. 예를 들어 LLR이 효율성을 중시하여 전염효과가 적은 소규모 금융기관이나 지역소재 금융기관을 긴급자금지원대상에서 제외한다면 이들 기관의 입장에서는 불공평한 대우를 받는 것이 된다. 또한 LLR이 부실금융기관을 지원하는 것은 금융위기의 수습차원에서 그 유효성이 인정될 수 있으나 건전하게 운영해 온 금융기관들이 상대적으로 불이익을 보게 되는 문제를 초래한다. 그밖에 금융위기의 조기수습을 위해서는 중앙은행이 비은행금융기관에 대하여 직접 자금을 지원할 수 있으나 비은행금융기관은 은행과 달리 지준예치의무를 부담하지 않는 등 중앙은행의 정책대상에서 제외되어 있을 경우 비은행금융기관에 대한 자금지원은 은행들이 상대적으로 불이익을 받는 결과가 된다. 그리고 LLR기능이 수행됨으로써 발생하는 직접적인 이익은 LLR로부터 자금지원을 받은 금융기관의 주주, 예금자 및 채권자에게 주로 귀속되는 반면 늘어난 유동성으로 인해 장기적으로 물가가 상승할 경우 그 부담은 모든 국민이 지므로 수익자와 비용부담자가 일치하지 않는다는 문제점도 있다.

이와 같이 LLR기능은 금융위기의 확산방지라는 순기능을 갖지만 다른 한편으로 많은 비용을 수반한다. 따라서 긴급유동성을 지원해야 할 것인지의 결정은 불가피하게 금융안정의 유지에 따른 이득과 그러한 지원의 현재와 미래비용의 상대적 크기에 달려 있다고 볼 수 있다. 즉, 지원에 따른 이득(금융안정의 유지)이 비용(특히 도덕적 해이와 이에 따른 납세자에 대한 잠재적 손실비용)을 초과하는 경우에 지원을 하여야 한다. 따라서 기본적으로 LLR이 지원되는 경우는 체제위험의 가능성이 있는 경우에 한정될 필요가 있으나 이러한 평가는 매우 자의적일 가능성이 크다. 따라서 사후적 투명성(LLR지원에 대한 보고서의 작성 및 사후적 공개 그리고 보고서의 공개적 검토와 책임추궁)을 강화하여 이러한 평가가 비교적 객관성을 가지도록 만들 필요가 있다.

참고문헌

금융연구원, 미국 재무부의 부실자산 처리구조, 주간금융브리프 18권 13호(2009.3.28)

김인규 · 조용범 · 조성민, 거시건전성 논의 추이와 과제, 조사통계월보 2011년 4월호, 한국은행

도보은, 신BIS 자기자본규제 제도와 거시건전성 감독: 문헌연구, 금융안정연구 제6권 제2호(2005.11)

박창균, 핀테크와 시스템 위험, 금융리스크리뷰 2018년 봄호(제15권 제1호), 2018.5

삼성경제연구소, 주요국의 금융기관 국유화 동향과 전망, Issue Paper 2009.3.20

안철원, 최종대부자기능을 통한 중앙은행의 금융안정역할, 산경논집 제21권 제1호(2006.2), 서울시립대학교 산업경영연구소

안철원, 금융감독권이 없는 중앙은행의 금융안정역할, 산경논집 제22권 제1호(2007.2), 서울시립대학교 산업경영연구소

안철원, 최종대부자기능: Bagehot 원칙의 현대적 해석, 경제학연구 제57집 제1호(2009년 3월)

예금보험공사, 금융구조조정의 방법과 사례, 연구총서 2001-1, 2001.1

예금보험공사, 영국금융안전망 현황, 해외예금보험동향, 2011.12

윤경수, 거시건전성 감독과 중앙은행의 역할, 금융시스템 리뷰(2006.7), 한국은행

차현진, 금융오디세이, 인물과 사상사, 2013

최원형 · 이용규, 중앙은행의 최종대부자기능, 조사통계월보 1998년 4월호, 한국은행

한국은행, 감독권이 없는 중앙은행의 금융안정기능, 금융안정분석국, 2005.7

한국은행, 한국의 지급결제제도, 2009.12, 2014.12

한국은행, 한국의 거시건전성 정책, 2015.5

한국은행, 한국의 금융제도, 2011.12, 2018.12

한국은행, 디지털 혁신과 금융서비스의 미래: 도전과 과제, 지급결제조사자료 2017-1, 2017.1

B. S. Bernanke, The Federal Reserve and The Financial Crisis, Princeton Univ. Press, 2013. 김홍범 · 나원준(역), 벤 버냉키: 연방준비제도와 금융위기를 말하다, 미지북스, 2013

S. G. Cecchetti, Money, Banking, and Financial Markets, McGraw-Hill/Irwin, 2006. Chapter 14

Andrew Crockett, "Institutions for Stability: Current and Past Experience," Speech given at the 1st Conference of the Monetary Stability Foundation, held in Frankfurt, Germany(6 December 2002)

Juliette Healey, "Financial stability and central bank: International evidence," in R. A. Brealey, A. Clark, C. Goodhart, J. Healey, G. Hoggarth, D. Llewellyn, C. Shu, P. Sinclair, F. Soussa, Financial Stability and Central Banks: a global perspective, Routledge, 2001

G. G. Kaufman, "The Lender of Last of Resort: A Contemporary Perspective," Journal of Financial Services Research, Vol.5 (1991)

T. Padoa-Schioppa, "Central Banks and Financial Stability: Exploring a Land in Between," in V.Gaspar, P.Hartman, O.Sleijpen(eds), The Transformation of the European Financial System, European Central Bank, Oct. 2002

Squam Lake Working Group on Financial Regulation, "A Systemic Regulator for Financial Markets," Working Paper, Council on Foreign Relations, Center for Geoeconomics Studies, May 2009

연습문제

1. 예금보험제도가 오히려 은행의 위험을 확대시키기 때문에 예금보험의 금액을 제한하거나 예금보험제도를 아예 폐지하는 것이 바람직하다고 주장하는 견해에 대해 논평하시오.
2. 은행이 가지는 위험한 자산의 크기가 클수록 더 높은 예금보험료를 부과하는 것이 바람직한가?
3. 2008년 이후의 글로벌 금융위기와 같은 심각한 금융위기 상황에서는 부실금융기관의 처리방안으로 청산이나 제3자 인수방식은 대안으로 고려하기 어렵다. 그 이유는 무엇인가?
4. 거시건전성감시가 필요한가? 필요하다면 그 이유는 무엇인가?
5. 거시건전성감시와 거시건전성감독이 상호 협력해야 하는 이유는 무엇인가?
6. 지급결제제도가 금융불안정을 유발하는 이유와 과정은 무엇인가?
7. 전자금융(디지털금융)과 핀테크의 발전이 경제에 미치는 좋은 영향과 나쁜 영향에 대해 설명해 보시오.
8. 최종대부자기능에 대한 통화견해에 의하면 최종대부자는 개별금융기관이 아니라 시장에 대해 공개시장운영으로 유동성을 제공하여야 한다고 주장한다. 이 주장에 대해 찬성하는가? 반대하는가? 찬반에 대한 논거를 제시해 보시오.
9. 최종대부자로서 중앙은행이 도덕적 해이에 빠지는 이유와 그 방지방안에 대해 논의하시오.
10. 통화견해는 개별은행의 유동성위기를 해결하고 전염을 방지하기 위한 최종대부자기능이 필요하지 않다고 하지만 현실적으로 보면 은행의 위기 시 중앙은행이 위기은행에 최종대부자기능을 수행하여 왔다. 왜 그러한 지원을 하였는지 그 이유를 설명해 보시오.

INDEX

찾아보기

ㄱ

ㄴ

ㄷ

ㅅ

ㅇ

ㅈ

ㅊ

ㅋ

ㅌ

ㅍ

ㅎ

번호

A

B

C

D

E

F

G

N

O

P

Q

R

S

T

U

V

W

Y

저자 **안철원** cwahn@uos.ac.kr

서울대학교 상과대학 경제학과(경제학 학사)

서울대학교 대학원 경제학과(경제학 석사)

미국 Vanderbilt University 대학원(경제학 박사)

서울시립대학교 경제학부 명예교수(현재)

논문 The Choice of a Monetary Instrument in a Small Open Economy: The Case of Korea (Journal of International Money and Finance, Dec.1985, with Woo Jung)

Longterm Contracts and the Optimal Choice of Monetary Instruments (Seoul Journal of Economics, June 1991, with Woo Jung)

중앙은행의 통화목표관리행태의 분석: 기준이동을 중심으로 (국제경제연구, 1996년 6월)

환율변동의 가격전가도 결정요인에 관한 연구 (무역학회지, 1997년 11월, 공동연구)

최종대부자기능: Bagehot 원칙의 현대적 해석(경제학연구, 2009년 3월)

저서 통화정책과 거시경제, 한경사, 2014년 8월

금융경제학(2판)

저　　자	안철원
발 행 일	2019년 3월 4일 1쇄
발 행 서	**한경사**
발 행 인	이계남
등록사항	제10-1951호 2000년 4월 14일
주　　소	서울시 마포구 신수로 59-1 3층
전화번호	02_717_7264/5
팩스번호	02_717_7226
홈페이지	hankyungsa.co.kr
전자우편	hankyungsa@hanmail.net
I S B N	978-89-6844-193-6　(93320)
가　　격	35,000원